白话文运动的危机

李春阳 著

生活·讀書·新知 三联书店

谨以此书献给五四运动一百周年！
献给我的父亲母亲！

目 录

序言一　蒋　寅　　1

序言二　陈丹青　　6

绪　论　　1

第一章　什么是白话文运动　　8

　　　　　　——对《中国大百科全书》"白话文运动"词条的症候辨析式阅读

　　第一节　白话文运动的背景　　9

　　第二节　白话文运动的经过　　22

　　第三节　白话文运动的成就　　36

　　第四节　白话文运动的影响　　49

第二章　白话文运动的内与外　　53

　　第一节　胡适　　56

　　第二节　鲁迅　　66

　　第三节　周作人　　80

　　第四节　西化思潮下的"文艺复兴"论述　　93

第三章　白话文运动向何处去　110

　　第一节　大众语运动　112

　　第二节　"民族形式"论争　130

　　第三节　白话偏至论　148

　　第四节　旧诗与新诗　166

第四章　汉语文脉的断与续　197

　　第一节　汉字与文言　197

　　第二节　古文运动与科举　206

　　第三节　骈文与散文　217

　　第四节　简化汉字不该仓促而行　228

第五章　言文一致问题　247

　　第一节　言文一致的由来　247

　　第二节　言文关系简论　256

　　第三节　方言和方言写作　271

　　第四节　口语和书面语的关系　288

第六章　汉语欧化问题　307

　　第一节　欧化问题的缘起　308

　　第二节　欧化诸现象分析　320

　　第三节　对欧化的评价　331

　　第四节　翻译文体对现代汉语的影响　341

第七章　修辞思维与写作伦理　358

　　第一节　西方的修辞思维　358

　　第二节　在修辞立诚和方便法门之间　377

　　第三节　著述传统与写作伦理　403

　　第四节　风雅久不作，何日兴再起　420

结　语　439

附　录：本书涉及的百余年来语言文字及文学大事简表　441

主要参考文献　451

致　谢　468

序言一

蒋　寅

　　本书是对二十世纪白话文运动及其影响的一个全面反思，是对这一重大学术课题的再度深入考察。我们都知道，对白话文运动的评价是与运动相伴而生的一个老问题，一个世纪来论者之多，如过江之鲫。但篇幅如此庞大、视野如此开阔的论著似乎尚未出现过。作者的观点很清楚：白话文运动的初衷是提倡白话文，但结果却导致文言文被废弃。作者在今天为文言申冤，不是反对白话，而是要重新确立文言在语文教育中的地位，弥补白话的不足，有益于白话的成长。一句话，白话的发达、成熟、伟大，不必以文言的废弃为前提。无论从哪个角度看，这应该说是很理性的看法，是涉及民族语言发展方向的重要观念。

　　这些观点在作者李春阳二○○九年完成的博士论文中即已表达。论文答辩时，蒙刘梦溪先生错爱，以同行专家评审相嘱，实则我对新文化运动和语言学夙无研究。但接到论文，阅读之下深获我心，觉得郁积多年的骨鲠，都快然一吐，不由得为之振奋。

　　关于白话文运动的兴起，近年的研究较以往已有较大突破，愈益注意到晚清社会生活的变革及其影响，这对理解白话文运动的社会基础无疑是很有帮助的。但白话文运动的理论核心——言文一致的假说，是无论如何绕不过去的石头，本书作者用了很大的篇幅来讨论这一问题。就我所知，言文一致大概从来就是个神话，在语言史上得不到证实，就是拼音文字也绝不等于言文一致。问题的关键还不在这里，即便有过言文一致的情形，又能怎样？

　　海纳川《冷禅室诗话》载傅山与其子眉一札云："老人家是甚不待动，书是两三行，瞌如胶矣。倒是那里有唱三倒腔的，和村老汉都坐在板上，听什么飞龙闹栏，消遣时光倒还使得。姚大哥说十九日请看唱，割肉二斤，烧饼煮茄，尽足受用。不知真个请不请！若到跟前无动静，便过红土沟，吃两碗大锅粥也好。"这是清代初年的家常书札，一如父子对面，娓娓道来，最近口语，足见当时口语已与今天相去不远。如果这便是言文一致，又能说明什么问题呢？白话文运动的目标不是要记录口语，而是要创造一种用口语写作的文学。单纯口语的记录，是不足以成为文学的。这原本是个常识，但在那一味思变的年代，人们似乎忘忽了这一点，以为文言改作口语便是进步。三十年代官方刊发一则何键的消息，指定题目为《何省长昨日去岳麓山扫其母之墓》，第二天被报人改作《何省长昨日去岳麓山扫他妈的墓》！

如果说这不属于文学的范围，那么民初陈景寰《观尘因室诗话》还有一个有趣的例子。陈氏举杜甫《咏怀古迹》"群山万壑赴荆门，生长明妃尚有村"一联，说写成新诗必作："这一大些山头和那些山涧沟子一齐都对荆门，路旁边有一个小村子里头有一位美貌的佳人。"白话倒是白话了，但能否被视为文学呢，还要打个问号。当然，今天谁也不会将如此幼稚的白话视为文学语言变革的成功。经过几十年，现代汉语写作早已度越童稚年代，具有相对成熟的品格。但是，要确定白话文学的评价标准，判定其得失，恐怕还为时过早。正像现代性是个未完成的过程，在一个时期被视为惊天动地的变革，随着过程的推移，其权重会逐渐变轻。语言也同样如此，改革之初，难以预计未来的发展。相比当今"新新人类"的火星语言，清末民初的文白之变，似乎又不算很大的诧异了。然而无论如何，弃置数千年累积的语言艺术和文化传统的沃土，徒手白战，想在贫瘠而日常的白话荒原上创辟一种伟大的新文学，肯定不能说是一种明智的想法。

不是没有人意识到这个问题，《学衡》杂志的简章中有"体裁及办法"一项，出自吴宓手笔。其辞曰："本杂志行文，则力求明畅雅洁，既不敢堆积饾饤，古字连篇，甘为学究，尤不敢故尚奇诡，妄矜创造。总期以吾国文字，表西来之思想，既达且雅，以见文学之效用，实系于作者之才力，苟能运用得宜，则吾国文字，自可适时达意，故无须更张其一定之文法，摧残其优美之形质也。"这样的态度，即便在今天看来，仍然可以说是睿智而不失自信的。文学不同于日常说话，即与学术论文相比，它也是一种更讲究修辞的雅言。汉语文学绝不可能以放弃甚至牺牲汉语固有的优美形质为代价而获得成功。哪怕这种盲目的勇气可能成为流行的征候，哪怕其幼稚的实验成果可能风靡一时，但历经时间的淘汰，终究会在闪耀着汉语优美形质的古典作品面前黯然失色。

一百多年前，阮元在《文言说》中写道："为文章者，不务协音以成韵，修辞以达远，使人易诵易记。而惟以单行之语，纵横恣肆，动辄千言万字。不知此乃古人所谓直言之言、论难之语，非言之有文者也。"[1]这通常被视为替骈文辩护之辞，不知它实际上是近代社会来临前夕，一种坚守汉语形质之美的文学态度，也可以说是

---

[1] 阮元:《研经室三集》卷二下册，中华书局1993年版，第605页。

文学史上保守主义的前驱。余英时认为中国没有保守主义，因为没有可以保和守的东西。他似乎未注意到晚近以来一部分文化人的想法。

事实上，面对白话文学的兴起，也曾有人用另一种思路来设想文学的未来。比如未被划入学衡派而实为派中人的李审言，就对阮元的《文言说》"尤所心醉"[1]，在"白话诗出，为大革命"的形势下[2]，思量着要走出一条能发挥汉语形质之美的路，并自信坚守阮元自命的"子派杂家"之学[3]，据以为诗文，未尝不能有所成就。他对古文辞偶俪传统的张扬，实在是出于现实中对传统文学审美特质沦丧的恐惧。其保守主义的立场至今仍是值得我们尊敬和反省的。然而，"此情可待成追忆，只是当时已惘然"。在那个时代，没有人会将李审言们的想法认真掂量一下，他们的微弱声音最终湮没在白话文运动的强势洪流中。如今看来，白话文运动最根本的问题，不在于放弃文言本身，而在于它同时断绝了其他的可能性。从这个意义上说，反思白话文运动的得失，确实是关涉现代文学、文化转型与中国未来文学、文化发展方向的重大问题。

当然，受语言学知识的局限，尤其是在计算机汉字处理技术发明之前，白话文运动的鼓吹者和实践者们对汉字和文言的悲观是可以理解的。但到今天，还有人出于语言的自卑，而导致董乐山说的"汉语的自我殖民地化"，那就肯定与汉语教育的失误有关了。从决定一种语言诸多基本特征的音节数量说，汉语在所有语言中居中等水平，学习难度大致也是中等，并不比学习许多语言更困难。这一点当年文廷式与李提摩太辩论中文的繁简问题，即已阐述得很明白：

> 西人李提摩太，尝谓中国文繁，余应之曰：中国文不繁。李提摩太请其说，余告之曰：西人拼音，凡数万音。而中国所用之音，不过数千。此简一也。西人字典不下十万字，其常用之字亦将近万。而中国所有之字，除别体讹体外，不过一万；所常用之字不过四千。其简二也。且数千之音，大半分以四声，道之语言，则平、上、去三音不甚分别，是音尤简矣。各国语言凡衬字余音皆著之笔画。中国则以数虚字形似之，而一切起音、收音概置不用，此所以简而足用也。问曰：然则中国学童每至七八年、十年，犹有文理不通者，其故何欤？余曰：此求工求雅之过，非文字之咎也。中国文法，大半沿之周、秦、汉者十七八，沿之唐、宋者十二三。若近千年之名物则不登于文字，近五百年之语言则不书之简牍。是学者读古书，通文理，其中已兼两次翻译之功，安得不迂缓

---

[1] 李审言：《与钱基博》其二，《李审言文集》下册，江苏古籍出版社 1989 年版，第 1050 页。

[2] 李审言：《与陈石遗》其一，《李审言文集》下册，江苏古籍出版社 1989 年版，第 1041 页。

[3] 阮元：《书梁昭明太子文选序后》，《研经室三集》卷二下册，中华书局 1993 年版，第 609 页。

乎？且闾里之女子，乡井之细民，但能阅戏文、看小说，不一二年，便可亲笔写家信。若谓非十年不可，岂此等人之聪明转过于在塾肄业者乎？故但令识字能书之后，即改学化学、算学等艺，度其用文字之功，虽至愚之人，三年，无不能操笔记事者矣。以是言之，不必再造简便文字也。[1]

若从数千年不断的历史和强大的构词能力来说，则汉语毫无疑问是世界上最伟大的语言之一。不仅拥有数量最丰富的词汇，而且它强大的构词能力足以消化任何外来语，这只消看看汉语可以不用音译法来吸收任何外来语就知道了。很多语言都做不到这一点，最为我们熟悉的例子是日语。

因为有了比较语言学，让我们知道，汉语是世界上最简洁的语言。联合国使用的文件，汉语本是最薄的，若用文言还会薄许多。当年黄季刚先生讲课，盛赞文言的简洁，因胡适提倡白话文，便举例说："如胡适的太太死了，他家人电报必云：'你的太太死了，赶快回来啊！'需要十一个字。文言只需'妻丧速归'四字，电报费就可省三分之二。"在白话文牺牲掉这种简洁性后，我看到日本店铺"年中无休"的牌子，竟不觉有礼失求诸野的感慨，国内通常写的是"节假日照常营业"。

读完春阳这部书稿，觉得她许多想法都与我不谋而合。比如她说："就掌握白话、文言的一般情况而言，前者易而后者难，国家的教育政策当应先易后难而循序渐进，绝不可舍难就易而自甘浅陋。"我也认为，一个人要想学好汉语，写好语体文，首先必须学好古汉语。林琴南说"非读破万卷，不能为古文，亦并不能为白话"，确为至理名言。我甚至认为，中学语文课就可以不教白话作品，只读文言。白话自幼使用，到了中学就不用再学，自己阅读文学作品即可；而文言则需要花时间来学习，一旦学好，自然提升语文水平。看港台电视节目，日常措辞明显比大陆文雅。台湾电子通信产品的广告会说"无远弗届"，警察调查交通事故现场，面对电视镜头，会说"事主已往生"。想想我们一般会怎么说？

读春阳还在修订中的书稿，的确给我很多触动、很多启发。对一个涉学未深的年轻学者来说，驾驭如此重大的课题，是需要极大的勇气和胆识的，更需要具备相当的学养、才能。我觉得春阳不仅表达了自己的想法，还表达得很有力。第一章对《中国大百科全书》"白话文运动"词条的逐句解读和评点，便颇见功力，澄清不少似是而非的不确论断。众所周知，《中国大百科全书》的编纂曾集合了各学术领域的专家，但受当时观念和学术积累的局限，论述中还是存在不少问题。经春阳一番

---

[1] 汪叔子编：《文廷式集》下册，中华书局1993年版，第804页。

分疏，其失实和不严密之处——暴露出来。第二章逐个剖析白话文运动中的五位重要人物，让我们看到周作人、废名、李长之他们对文言、白话与新文学关系的认识，其实都是很通达而妥帖的。随后她又梳理了现代白话文运动涉及的"大众语""民族形式""整风""文革语言""帮八股""言文一致""欧化""翻译的白话"等一系列概念，并将这些时尚话语背后的文化焦虑和意识形态背景作了详尽的剖析。贯穿于其中的历时性眼光，不仅有文化批评的视野，也不乏历史反思的深度。

当然，我同时也感觉到，作者对白话文运动乃至文学语言变异的合理性，似乎估计不足。文学本质上就是一种语言的游戏，故而绝不肯屈从于日常语言。贾平凹的小说语言就是商洛方言吗？不是，是商洛方言和《水浒传》式的明清白话的混杂体。网络文学更充斥着改造日常语言习惯的缩略、错位、双关等各种语言花招。这本是后现代写作的一种常态，但春阳似乎出于对语言纯洁性的理想，而明显持否定态度。这或许与个人趣味有很大的关系。她说鲁迅、周作人而外，几乎所有白话作家的创作，都不能令她满意。周作人我从来不喜欢，读得很少，无法评论。但鲁迅我还是熟悉的，并不觉得鲁迅的白话怎么好，非但文白夹杂，还带有浓厚的日语语法痕迹（这也是当时留日文人的通病），现在看来仍是现代汉语初期较为幼稚的白话。我的判断也可能比较主观，难得专家首肯。但文学评价原本与批评者的知识背景有关，许多人称赞金庸的语言好，文史知识渊博，而在我这个古典文学研究者看来，金庸小说的语言有点粗糙，文史知识也一般，他真正的本领乃在奇幻的想象力、驾驭复杂情节的魄力和刻画人物的功力。

这些问题都容有讨论，但有一点似乎值得作者注意。我在阅读中不时感觉到，作者才气横溢，而且急于表达平时积累的有关历史人物和文化问题的许多想法，写着写着就跟随史料议论开去。胡适、鲁迅等五位先贤，本来只需讨论他们与白话文运动的关系，最终都写得近似作家论。这是作者需要斟酌的问题，但在我们读者，固不妨将这部著作当作中国二十世纪的语言文化史来读。语言原是文化最基本的载体，在语言中发生的一切都密切关系着我们的生活。这一点，对经历"史无前例"的语言洗礼的我辈来说，再容易理解不过。

转眄三年过去，春阳的书稿经反复修订，行将授梓，因为我毕业于南京大学，春阳认作学长，遂嘱我为新稿写个序。本来我既无能力评价她的研究，也不足为她的大作增重，既承重嘱，只好聊陈管见以塞责，不想一气写了五千字，大概也是有感而发罢。春阳和读者们觉有不妥，自可一笑置之，不值得指正的。

二〇一〇年十一月二十六日　于台湾花莲

序言二[1]

陈丹青

> 一国之语言文字，其语文亡者，则其国亡，其语文存者，则其国存。语言文字者，国界种界之鸿沟，而保国保种之金城汤池也。

以上这番话，是晚清官员邓实所说，文言句式，不难懂。逾百年后，中国没有亡，而且正在崛起；汉字迄未废除，由繁体而简体，仍在使用。中国的"语文"则发生空前巨变：文言文早经废弃，现代语文一律是白话文，能读古文者，固然有，但恐怕没人再如邓实辈这般思维而说话了。

这样的"中国语文"是怎样一种语文？由这语文而言说的中国，是怎样一个中国？

语言亡失继而亡国的古例，并非没有。邓实说这话，时在国难逼近之际，朝野救国，议论滔滔，他独取"语文"一节而发此危言，不知当初获致怎样的应和。百年迄今，救国强国的无数实践多半奏效，或在试图奏效的路途，其中，始于民初的白话文运动及其后果，则要比其他革命——国体、政治、经济、科技、文艺——所付出的巨大代价，来得更为深刻、更为久长、更难评估。

李春阳女士《白话文运动的危机》，似在回应邓实以上这番话。昔邓实以四十八字出之，本书逾六十万字——前年、今年，我居然逐字通读了两遍，其中布满许许多多我所不知道的掌故与识见，更有我大欠明白的道理在。我愿以这篇序言感谢李春阳。

    *   *   *   *   *   *

白话文运动、文化激进主义、五四启蒙的政治化、文言传统的丧失……这些语词，我平时随口说、随手写，自以为历史的是非早已清晓。读过这篇详详细细的账，这才知道我于白话文运动，以及今日白话文的种种来历，根本不知道。

零碎的例，太多了。譬如，白话刊物的初起，远自清末，主事者大抵是洋人传

---

[1] 编者注：陈序援引论文系博士论文原稿，此书稿在出版时多有删节修改。

教士，并非始于民国初年那场白话文运动；一九二〇年，北洋政府教育部即训令全国初级小学改"国文"为"国语"，"以期收言文一致之效"，虽说形同空令，究竟是官府的文告，并非一班书生闹运动；白话文运动的目标是"言文一致"，首倡者，想当然耳，胡适之、陈独秀，其实有言在先的却是晚清的黄遵宪；而在鲁迅提议年轻人"少读，或不读中国书"之前——至少早了近半个世纪吧——吴汝纶就扔出更为决绝的话，说是除了一册《古文辞类纂》，中国的古书一概不必读……

这等事情，我从来不知道。

除了陈述白话文运动的原委，本书持续接引语言学观点，与白话文运动的史料时相穿插，层层揭示运动的内因和外因、远因和近因。如古代开科取士与文言文的关系，近世废除科举与白话文的关系，孙中山的立国"五权"何以特设"考试权"，周作人为什么以"十二分的诚意"提请给大学生排几课"八股文"，这些，我都不知道——当章太炎为汉语汉字严正辩护，同期，结构主义语言学祖宗索绪尔在巴黎开课，章太炎也完全不知道——至于什么是汉语的"字本位"，什么是印欧语系的"音本位"，什么是汉语书写的"意"和"象"，什么是八股文的"破题"与"束股"，什么是"义理""考据""词章"，什么是唐宋八大家，什么是公安派、竟陵派、桐城派……我原本不知道，略微知道的，也不甚了然，现在由作者领着一路读下去，这才望见白话文运动闹起来，或故意、或无意，处处和语言学发生大错位。当初，新旧文人对文言文的辩护有理有据有远见，从胡适、陈独秀、鲁迅那边看过去，莫不是强词夺理的混账话，如今远隔是非，始得看清强词夺理之辈，反倒是五四运动的健将和大佬。

李春阳是要来质疑启蒙前辈吗？不是；是为清末旧党抱屈吗？也不是。通篇读下来，李春阳的工作，就是方方面面一五一十告诉你：白话文运动的前前后后，哪些关节究竟发生了什么事，哪些人物当时说了什么话，哪些文本针对什么问题，哪些问题被什么缘故或支离、或利用、或完全掩盖了……所有这一切，据实说，我一概不知道。

我乐意公布我的不知道。我亟愿确信：当今若干文学教授、语言学家和历史学者，应该知道；眼下的密密麻麻的文科研究生，也该大约知道的。但以上细故，仅仅关乎知识？白话文运动，只是语言专业的学术课题吗？

我对本书的深度认同，大约以下几点：一、材料的看法与用法，超越学术；二、大规模犯难，难度可惊，勇气尤为可惊；三、对传统中国语文，耿耿挚爱——没有这份挚爱，仅着眼于史料与学术，不可能有这部书。

*　　　*　　　*　　　*　　　*　　　*

先说第一点。

本书成稿，历时五年，初稿二〇〇九年通过博士论文答辩。我初读，即有感于作者对中国语文的命途与是非，异常敏感，且于历来研究白话文运动的文本，显然早经追究；而兹事体大，论者累累，倘非长期浸淫大量史料，反复辨读，不可能是这等审慎而富野心：此是书写论文最可宝贵的状态。

白话文运动的起止，大致是一九一五年至一九三七年抗战爆发。按论文通例，此一时期的重要材料均被收入，鲜有遗漏——包括部分启动的所谓大众语、世界语、拉丁化新文字等改革及这一过程中的著名论争——几乎是运动史料的一览表。但这份一览表仅占全篇史料十之二三：作者的史识远过于此。就我二度阅读的记忆，不断使我开眼而此前无缘一见的文本，远比民初白话文运动的已知史料，更具历时感与说服力。

撮要说来，大幅扩增的材料是：

一、官方文本，包括北洋政府、民国政府和新中国政府的明令、文告、社论、专著、辞典、批判稿、会议文件、政策条款，等等。

二、一改相关研究历来聚焦民国的旧例，一九四九年后涉及语言改革的大事记，包括重要文献、发布年份、执行机构、从事研究或制定语言政策的人物等，多所记存。

三、议论白话文问题的人物身份，大幅扩充，包括革命家、哲学家、史学家、美学家、翻译家、官员、诗人、书画家、文艺评论家，甚至烈士遗属、中小学生、老百姓。至此，"白话文运动"的主角与焦距，易为"白话文"本身。

四、国家及国家首脑对语言改革的强度介入、长期掌控，可能首次被纳入白话文运动研究，时段跨越七十多年，历经延安时期、内战时期、新中国成立后、"文革"、"后文革"迄今。其中以毛泽东及中共高层的相关指示与宣传，为最重要。

五、除白话文运动著名文本之外，百余年来的大量白话文文本，包括晚清、民国、共和国迄今的各种公文、作文、小说、诗歌、发言、辩论、通信、杂谈、俚语、方言、网民语言……总之，以往同类研究仅限于文字学、语言学与文学创作的材料范围，至此扩充到白话文波及的几乎所有层面。

至此，李春阳打通学科，串联古今，将白话文运动被长期支离的历时性与影响面，完整地还给了白话文，白话文运动的语言问题和历史问题，终告合流；白话文研究的方法、观念，为之一变；白话文研究的历史视野，为之大开，白话文运动被一举带出五四语境——同时，也被全方位置入长期支配这一运动的历史情境——进入远为庞大的领域。在被白话文全面覆盖渗透的所有领域中，白话文运动漫长遍在的后果（包括无法预估的前景），可能首次——至少，以此前未便点破的要点——

被置于权力的景观。

这是一部不惮其繁，事事处处以材料组构叙述的书稿。所有扩增的材料，为白话文一案展开全新的证据，其说服力，即在揭示了中国现代政治与白话文运动的关系。这一关系的公然呈示，终于在白话文史料与中国现代史之间，清理出一整条错综复杂而清晰可辨的因果链。自白话文运动大面积失控到深度质变的全过程，初告揭示：当年这场语言运动设置的种种话头，日后，几乎全部坐实为不折不扣的政治命题——换言之，回避政治，无以谈论白话文运动。

在已知的白话文运动研究中，"政治"以及政治的历史作用，照例被审慎带入，作为背景，作为暧昧的补充，和语言问题区隔处理，以安全的距离织入理论性评述；但在本书中，每一份材料呈现为政治的，同时是语言的自供状，阅读全篇的过程，即是语言如何作为政治、政治如何成为语言的呈示过程，以递进的、渐强的方式，李春阳使扩增的材料源源提供了一组又一组政治真相：这些政治真相的每一部分，每一个面，体现为语言——就是语言。

是故李春阳的材料不再只是材料，而是白话文运动政治性格的自行叙述。经审慎调理后，各种文本的政治性或从语言表层凸显，或使语言的真问题从政治话语中被剥离，而后，同步植入书稿的多声部结构，甚至，成为主唱：书稿的章节，由此清晰，并予确立。

譬如，据材料的类别与类比，划分专章（如"破除文言白话之执""汉语欧化问题""新旧白话问题"等）；追踪材料的要义和疑点，聚焦专题（如"白话偏至论与儿童八股""现代翻译问题对白话的影响""从张恨水到张爱玲与赵树理""鲁迅与毛泽东文体的差别"等）；利用材料的对立或关联，显示异同（论及翻译问题一节，《天演论》的严复文言版与后世的白话译文，两相对照）。如此，白话文与白话文运动，该运动与政治、历史、语言学等过于复杂、专业或非专业的种种关系，被所有材料的语言性能，彼此照亮——此前，这种语言性能未被发掘、未予彰显——并跃出材料，与本书形成交相辨识、彼此辩难的互文关系，所有材料于言事之际，同时便在说理。

书稿的材料部分，通常枯燥乏味，以我有限的阅读，此前鲜少在论著中遭遇如此富有活力的材料：在其他命题的论著中，书与材料大致处于从属关系，在李春阳这里，材料就是语言，作者的见解和材料中的见解，彼此出入，与本书不相区隔。我不愿说，这是一种叙述的策略——任何策略不免倾向选择的偏见——毋宁是纷繁的材料导引李春阳步步窥见白话文运动的惊人的轻率，在在触探政治和语言、语言和政治的双重陷阱，经由大量史料的反方向跋涉，李春阳详细清理了白话文运动的斑斑后事，以一种并非意在理论的论辩方式，翔实估算白话文影响的是非凶吉：理论不可能凌越语言，理论就是语言，是语言政治之一。面对理论的语言和语言的理论，李春阳的警策与细察，近乎张爱玲发掘人性琐屑的文学敏感：材料，特别是语言改革的官方权威史料，处处给她看出无所不在的似是而非，包括逾半世纪之久被置若罔闻的大错大谬——如政治和语言、语言和政治的同一性——书稿开篇，李春阳即截取权威工具书关于白话文运动的大段明文，从容拆卸，分段究诘。此后，本书与材料的关系难分难解，形同语言和语言的辩论。

然而，白话文运动的政治性格，并非本书的要旨，而是期使语言问题归位，或者说，作者试图揭示，白话文运动的语言问题为什么始终无法归位——其间，语言问题的"正位"，于焉显示：作为以上材料的遥远对比，李春阳持续接引先秦至清末的中国文论，连同欧美语言学观点，在扩增材料中穿插并置，将白话文占据的现代史与前白话文运动的漫长语言史，纵向衔接，兼以西方语言学理论的横向比照，展开多维的纵深对话——准确地说，将之交付语言的对决——白话文运动的政治性格，以及这场运动本应针对的问题，因此获致必要的分殊、有效的平衡。

这时，良性的悖论出现了：我不敢判断作者是否古典语文的饱学之士，而我无学，仅读懂小半。但是，极度荒谬而亲切地，在我不能懂得的古典引文中，我从每一字句（包括不识不解的字词）获得汉语的归属感：一种不再为我所属的归属感。我不得不由此确认，自己是白话文运动的隔代子民。

所有书稿期待辩难。对于本书，则今后的辩难者恐怕先要面对的是官方材料与国家文本。换言之，仅就李春阳目前所能收揽归置的新旧史料，这部著作即难以撼动。即便剔除文中全部观点——如上述，其中逾半观点已在材料与材料的关系中自行呈示——我们（至少，就我而言）对白话文运动，对白话文的认知，足以被这些材料有效地照亮、变更，以致颠覆。

我所感到最为窘迫而富有兴味的是——这兴味，处处来自真相的豁然——我从此不再信任白话文及其种种权威论述。但是，我属于白话文，就是白话文。我与本应归属的中国传统语文（包括上溯宋代的旧白话）以及这份遗产所能蕴藉的全部文化，早经中断线索——除了简体汉字，还有，喧哗至今的现代白话文——我相信，五四前辈奋然争得的所谓白话文，根本不记得李春阳摊开的这些旧材料，一如这场大获全胜的语言革命，成功取消了古典汉语的漫长记忆：到今天，中国语文只剩了白话文。

*　　*　　*　　*　　*　　*

现在可以理解本书的冒犯与危险：它针对今日人人使用的语言。

五四及今，九十多年过去了。从鸦片战争算起，文化转型、国家转型则过去一百六十多年。其间多少大事，众所周知，在当今的学术语境中，一面，亟待史料见光，重作评估；一面，做不得，太难做，便是做了，也做不深透，做不开。若干曾经犯忌的题目，如北洋史研究、民国研究、抗战研究、两党两岸关系研究……早在做，正在做，有人做。当援引资料、触探问题时，学者们所能把握的政治尺度，主动囿于学界、位于边缘，求取大致的安全，可就学术的名义自我维护，并获得维护。时间的长距离已向当今学术研究展开逐渐可为的空间：要之，这类富含当代价值的历史研究毕竟是在处理过去的是非，多少享有学术的超然。

研究白话文运动，无法享受学术的超然——白话文运动，是历史旧案，白话文不是：涉及所有人、占据所有文本，白话文的书写言说，自动处于历时状态，既指向问题的起始与根源，也自动处于现在时。

明面上，白话文运动研究无关政治，也不是历史与思想史（虽则在在触动思想与历史）；看内里，则白话文再怎么弄，汉语还是汉语，汉字仍是汉字，是唯中国才有的语言和文字，有这语言文字，于是中国叫作"中国"——李春阳的冒犯，是追究汉语便即牵动中国的一切。前引清末邓实的那段话，或可视为严重的警告：不论今人是否同意，是否明白，无妨放下权力的傲慢——即白话文一统天下的当然傲慢——冷静想一想。五四一代的激愤、焦虑，早经远隔，如今再来想想前清士子的话（那些话，亦曾被视为旧势力的傲慢），可就完全不一样了。

民初的白话文运动，是本书的主线，但不是主旨。白话文运动的研究专著，层层叠叠，今李春阳弄这数十万言，摊一大堆材料，其实并非与学界辩难、对学者说话：我是读到后来，后来再细读，这才看清书稿的这股清正与蛮劲，指向所有人的精神处境，这处境，难有别种指归，具体说，便是实实在在的语言处境——犹如检视细胞而非病的诊断，李春阳试图清点而究诘的问题，涵盖文化与文明的基本单元，占有每一位言说的个体，直指今天。易言之，但凡历史研究因远隔历史而被天然赋予的安全感，被这份书稿撤除了。

白话文运动之于传统中国（亦即文言）的威胁，早经撤除了：它的胜利，被公认是新文化的奠定，相应地，中国传统的文字（繁体字）和书写格式（竖排）除特定环境下鲜少使用，新中国不再有一份书刊承袭完整如昔的汉语形态。今天，所有再版的古文著作，严格说，不是原典，而是由简体字排版、白话文译注的读物，今之所谓国学教育，则形同外语教育。总之，当年白话文运动的仇敌：万恶的古文——出于半真实、半假想——从现代中国的语言谱系中，被全面铲除了，成为历史名词。我们有理由认为，白话文运动竭力扑灭的旧势力，白话文运动恶毒描述中国语文的噩梦般的过去，统统消失了。

是这样吗？是的，除了白话文。近百年来，可能没有一次革命的覆盖面、有效性、渗透力——不论是灾难抑或福祉——如白话文运动那样，在中国形成具体而微的历时性后果，恒久生效，人人有份。战争、暴力、运动、镇压……那些颠覆历史的现代往事，固然改造社会、改造人，然其侵蚀毁坏（或曰除旧布新）的深巨与久长，均难和语言革命相颉颃：现代白话文，一种被人为所极度改变的语言，字字句句，反过来塑造人，置人的种种可能与不可能，于言辞、书写和思维之间，遍布国民教育的每一阶段、每一层面、每一角落，形同语言的水土与空气。

这是五四文化激进主义最富活力的一份遗产吗？它超规模繁殖，无可计量，你开口说话，下笔写字，你就是影响与被影响的一环，证据是：你习焉不察，同时，别无选择。

当今古典语文读本及所谓"国学教育"，对白话文既不构成丝毫威胁，也无能襄助，足以平衡语言生态、行使语言辨识的大统，中国古典语文（包括上溯北宋的白话文），不复存在。现代白话文，自然而然，铸成每一位使用者的日常独裁，并被独裁；没有监督，不受制约，无须检测，自行关闭了语言的出入与生机，如白话文运动诅咒攻击的千年古文，停在超稳定形态，虽生犹死，然而空前肆虐。

在可见而难以预估的未来，现代白话文看不到语言及语言之外的任何出路与挑战——此书题曰《白话文运动的危机》，事实是，现代白话文的真正危机，是没有危机。

但在白话文运动时代，语言危机不但显在，且因其显在，而被过度醒觉、肆意夸大了。迎对清末民初种种危亡意识，胡适一群新党独取语言文字的大关节，相率造反；而鲁迅试以"最黑最黑的毒誓"诅咒文言文，又是何其怨怼——现在，百年后，却有李春阳单独一个，没有契机，没有同志，除了冷却遗散的历史文本，不具任何可资借助的时势，居然在白话文运动九十多年后，放胆抖开运动的旧案，死命咬住，百般纠缠：她与胡适一样，意在掀动当年文化叛徒群相标举的命题吗？

我愿贸然断定：这份孤胆远远超乎五四前辈的集体勇敢。犹如触动历史的铁案，李春阳在做一件不可能之事。

百年前做同一件事，则非但可能，而且聚众，标举国家民族的大纛，其势汹汹，汇通后续不止的其他革命与其他势力，果然将两千年以上的语言大统，合力扳倒了——被这洪流无情玷污的名字，包括白话文运动的所有主事者——白话文运动赢了，传统汉语的降伏、衰竭而败亡，是中国语文的新生，抑或历史终结？相比今日李春阳这篇孤零零的文稿，胡适们当年实在有福了：白话文运动曾经悍然招致无数旧党与之辩难，辩难双方，乃成全一场角色相当而声色齐全的大革命——百年后，汉语生态毁损殆尽，白话文势力，业已强大到不必称之为势力了。

一九四九年迄今的白话文，不仅是学术问题，或者说，主要不是学术问题而是政治问题。当白话文运动展开之际、推进之时，如魏晋、唐宋、明清文人之于时文的痛诋或反拨，有没有呢？自一九一七年至一九四九年，有，如语丝派、论语派、学衡派，及梅光迪、胡先骕、周作人、吴宓、废名、李长之（更不必说章太炎、严复）等人，均在胡适派之外，先后给出丰富的见解，鲁迅之于古文的姿态，则呼来唤去，情状奢侈而复杂……而一九四九年至八十年代末，整整四十年，白话文一统天下，未闻一句拂逆之言；迄至九十年代，知识界略微醒觉，始有若干学者有感于时文的荒败、历史的疑点，乃讷讷为文，有所辨析，是为白话文运动半个世纪之后，稀散零星的质疑之声。

就李春阳的材料所提示，九十年代以来，大陆学界先后曾有郑敏论文学写作与母语问题，许明论语言革命与意识形态关系，郜元宝检视文学语言的古今之别与精粗之别，陈方竞延展张灏关于"承续和断裂"的论说，陈平原追述严复、王国维、章太炎在古语和新学间的贡献，陈来揭示文白之争与文化激进主义的渊源……这些论说，或此或彼，点到白话文运动的若干疑点及局部遗患。

此外，老一辈语言学家如吕叔湘、徐通锵等，则以相对超然的立场，冷静研析白话文：前者的重要观点是将现代汉语归入近代汉语范畴，"近代汉语"，系指唐五代以来书面汉语的连续体；后者，乃对应西方语言的"音本位"，整合国内语言学前辈（包括赵元任、王力、陈望道、张志公、朱德熙、陈承泽）的相关见解，平实申明汉语的"字本位"概念。

较五四前后的言论空间与争鸣维度，今日的学术言动虽难项背而望，但上述观点毕竟是书稿史料中时段切近、犹富理性的部分。以上议论虽无全般质疑白话文的意思，然亦应者寥寥，刊行之初，略有小议，旋即归于默然，便在圈内也难发生响动——漫无边际的白话文，当然，无动于衷：覆盖一切而丧失生态，现代白话文问题早已越出学术与文学，当代小说、诗歌、理论、学术，只是被白话文全面统辖、深度支配的汉语文本之一小部分。

是故文白之争的余绪、文学创作的语言、历史人物的再评价、激进主义的旧是非……不是本书的焦点。作者的视野与关切，是在现代中国的语文——亦即白话文运动的总后果——所能涵盖辐射的全息景观。在这景观中，李春阳的大面积追究，既针对五四前辈与新中国语言革命，自亦囊括当代学者和她自己在内的所有写作及其语言——书稿题旨的所谓"危机"，非指五四那场运动，而分明说的是今天，一如九十多年前的语言革命，指向历代群儒、朝廷群臣和所有读书人。

话无须说白，也说不下去。总之，一九一五年，有来自美国康奈尔大学中国留学生的一篇短文《文学改良刍议》；二○○九年，有中国艺术研究院博士生的一篇长文《白话文运动的危机》；易言之，一个濒临崩解的文言文的旧中国，是白话文运动的总背景；一个日益富强的白话文的新中国，是本书的总背景——由时间此端遥看彼端，今李春阳的文化劣势，无可对应，因而，无可同情。有如强大的敌阵，当年，是文言文成全了白话文运动；现代白话文，则自我灭绝了任何异端，它的敌方，它的病灶，它的致命的根源，是白话文自身。目下，中国学术的权力网络——其编织与肌理，全部是白话文——会如近百年前新党旧党群相虎视《文学改良刍议》那般，正视本书吗？

此所以我愿斗胆指明李春阳的这份勇敢：它不是唐·吉诃德式的勇敢，而是万分真实之事。

＊　　　＊　　　＊　　　＊　　　＊　　　＊

《周易》与先秦诸子的"修辞"，为后世建立了"文教"。直到五四新文化运动前，这"修辞"与"文教"在当时整体文化语境中仍然存在，也仍然有效——白话、文言不过是语体的差别，二者使用的汉字，几乎每一个都同样古老。

我不想依从今时的滥调，将李春阳博士的这段话说成全篇书稿的"关键词"，但李春阳所以有此书，便在这末一章的矜矜告白。其中若干段落，理致平正，语气则慨然沉痛。以下摘录的段落不为说理——以为不值一驳者，想必势众；有诚意的读者，自当阅读全文——意在正视李春阳挚爱汉语的耿耿之心，我深度认同本书的理由，不全在文稿的理致，而是这份挚爱。

此下且看李春阳对汉字与白话文的关系，如何陈述：

即便白话文运动为了新时代而蓄意造成文化断裂，白话文所使用的每一字依然是汉字，凝铸于汉字的所有文化符码和信息作用，不可能在同一个字里被肢解、被排除。没有汉字，我们无法说话作文，每一汉字会自动坚守其意指及其界限，换言之，当白话文试图重组汉字，犹如车道脱轨，被错置或被滥用的一系列汉字（欧化，以及外来的语法加剧了这种错置和滥用）会拒绝执行清晰正确的文句——不幸的是，无数白话文正以灾难性的错误，书写大量不堪卒读的文章，在表达、沟通、教育、传播中留下无可估量的连锁后果……白话文意图摆脱文言，或误以为与文言了无干系，是一种语言的错觉，同时，成为一种充满错觉的语言。

现代白话文乃是"充满错觉的语言"？好大胆的说话，但我无能反驳。倘若我们多少读过几句古文，又指望以白话文写出清通的文句，并被清通地阅读，则作者指称当今市面上"大量不堪卒读的文章"，便是一句平实的话——细想，则万分乖谬：

今天，我们要拿汉语汉字的一字一句完全当汉语汉字对待，已很难做到。绝大多数人既没学过语法也不通外文，却用"印欧语的眼光"或一种莫名其妙的语言观看待汉语，一边使用汉语，一边又不把汉语当作汉语，这种现象每日每时在发生，我们不必出门，打开电视看看听听，汉语就是这种状况……

"一边使用汉语，一边又不把汉语当作汉语"，哪位当代白话文作者愿意坦然承认不尊敬汉语、不懂得修辞呢？

修辞思维绝不仅仅是文句词章之事，所谓思想的重估、道德的重建，终究归结为语言、归结为修辞！《周易》曰："鼓天下之动者，存乎辞。"诸如文风、格调、观念，甚至包括全球化、经济危机、人权状况、个体权利意识、法治、政治制度等命题，能否获致精确而丰富的阐述，在在取决于修辞思维。脱离修辞思维，什么问题都难免于空论与误谈……近来"普世价值"之类话语，唯修辞之善，可得超越，因"普世"云云，原亦不过修辞而已。

是的，"不过修辞而已"，这是致命的话——到了本章，李春阳取"修辞"发难，对白话文运动，对当代白话文，开始凛然侧视：

或许白话文本身就是一个被无限放大的修辞，假设它的宏愿是另立文教——其实亦属妄想——汉语的词汇还是那些，汉字的绝大部分是传承字，简化字不过是繁体字拙劣的替代品……新兴白话文批判文言文，急于宣布旧文化崩溃了，为白话之必然取代文言，预先设置了意识形态神话……白话文运动的严重失误，是使白话写作与文言和旧白话为敌，不肯植根于汉语的字词和语源，久而久之，既丧失修辞思维，也不知有修辞思维。出离汉语规律的白话文，唯委身于政治。

莫说"文教"——"文教"一词，久已失落，今几人识得、几人在乎？——而"委身于政治"的白话文（即"意识形态神话"），经此劫持而催眠、复由催眠而发昏，乃大规模"出离汉语的规则"。这是白话文运动的正果吗？这就是今日的汉语和写作："既丧失修辞思维，也不知有修辞思维。"后一句，更为可悲——以历史的立场看待语言，曾为白话文运动所标举；以语言的立场看待历史，即本书的要害：为等待这份语言的立场，九十多年过去了。

"历史"一词，或也出于"修辞"吧：在五四以来的语境中，"历史"其实意指政治。不是吗？自来白话文的倡导者辩护者，撮其要，莫不出于历史的大立场：所有现代中国的大事件，包括白话文运动，从来被要求"历史地看待"——西语的说法，即以赛亚·柏林痛诋的所谓"历史必然性"——读李春阳排列的"正面材料"，当初白话文悍将的大道理，说来头头是道，万般确当：历史到了危亡关头，岂可死抱着万无一用的古文！连当年旧党为古文辩护，也多出以历史的名义——其间秉承理性者，则于历史考量之外，一再返顾语言的立场，如昔时的章太炎、梅光迪及近时的徐通锵辈。他们亲历历史的胁迫，历史再严峻，国事再切迫，他们仍然试图申说：语言终究是语言，语言从历史中来，语言就是历史——这里所说的"历史"，则是"历史"一词的本义了。

现在，李春阳试以语言的立场所针对者，既是白话文运动全盘否定的中国语言史，也包括白话文运动裹挟其间的历史——不论白话文如何、古文又如何，汉语自身的历史，理应置于其上。

"白话、文言不过是语体的差别，二者使用的汉字，几乎每一个都同样古老。"换言之，白话文、文言文，都为做文章，都能做文章。李春阳苦苦提醒、反复举证：清末的语言旧党如林纾、章太炎、梁启超，俱为思想的新党，是中国第一代传播域外新学问、新观念、新文学的革命家；而通行未久的白话文，照样速速演成语言的八股、文章的套路，喋喋不休，织成意识形态的大罗网，其负面，尤甚于古文所曾被诋毁者。

这便是语言的悖论——也是语言的能量：

从一开始，白话文运动就与晚清传统白话刻意区别，其实出于汉语的自为性质，旧白话会自动跟进并融入新白话，因为汉字原本深具调节功能，旧白话之脱胎于文言，即是古例。毛泽东文体由文言而旧白话而新白话的如意转换，也是一例。旧白话因远离主流话语形态而获晚清文士如梁启超等青睐，也是今日之所以出现非政治化语言环境的内在原因。如果白话文试图摆脱危机，第一步，就是放弃文白划分，把白话文纳入汉语修辞的正途，以语言的整体立场看待汉语、整合汉语。

"晚清的白话传统"，上溯北宋，渊源久长，民初一代不是不知道。刻意抹煞文白的对立，已不是语言的立场。所谓"语言的整体立场"，无非政治意图、政治立场。其大门面，或曰大修辞，即是历史：时当清末民初，谁敢逆历史而动？以历史的名义，五四运动及其后续革命所要中国捐弃的大代价，首推中国的语言。

如今要来"放弃文白划分"，可能吗？文言没有了，何来划分。当初的理由，视语言为工具，白话文易学易懂，自然用白话文。但语言仅仅是工具吗？

哲学、科学、政治、学术、教育、文学，字字句句离不开语言，并取决于语言，但在哲学史、科学史、政治史、学术思想史、教育史和文学史的研究中，语言的位置是次要的、暧昧的，仿佛这些研究不使用、也可以不考量语言，然而每一领域的学术文本——知识系统、理论阐述、概念的界定等——自始至终形诸语言和文字，遍布修辞的期待与介入。任何一篇科学的或者政治文论，其对错高下，难道仅仅事关科学学理或政治是非，难道无关乎语言，无关乎理知被如何表达、如何呈现吗？

这等明白的道理，久已为各学科所摒弃而相忘——近年花样百出的所谓"国学热"，迄无道及语言。今日的童子初读国学原典，但凡识得字词，朗声一读，道理未必懂，已得修辞之善，领受语言的美感。"道可道，非常道"，是理，也是语言；"知之为知之，不知为不知，是知也"，是理，也是语言：不是这样的语言，何来国学。

修辞之为修辞，必慎待语体，计较文体，孜孜于句式的营造，字词的锤炼，咬文嚼字，换取风格，最终落实为一种得体的、优美的、有尊严的书面语……五四一代写文章，白话正当创生途中，不论修辞功夫如何，以他们的旧学底线，尚能在文白之间作出选择和调理。今时绝大多数写家则唯余白话一途。以如今的白话文而谈论语体和文体，进而追究修辞思维，不禁起荒凉之叹。

其实，何必"语体""文体"，寻常交谈，何尝不涉修辞。此刻无端想起明人话本的四句话，是西门庆、潘金莲被假定初会于宋代的问答：

"不敢动问娘子青春。"
"奴才虚度二十一载。"
"小人痴长七岁。"
"大人将天比地。"

这是白话还是文言文？是书面语还是口语？是俚语、大众语还是国语？何必追究。直到我记事的上世纪五六十年代，沪上里巷、穷乡僻壤，还常亲耳听得长辈用了几乎同样的词语和机锋，一问一答、一去一来，知进退，守分寸，暗示明说，闪烁语言的活泼与狡黠。在市井村野未被现代白话渗透的二十世纪，甚至"文革"初年，这类日常话语仍未根绝，在南方，在我落户的山乡，目不识丁的妇孺一开口，分明是前朝的旧白话：称青年为"后生"，称俊美为"标致"，称可怜为"作孽"……

语言文字兼具天然的保守性与活跃性，保守，是因一民族的语言必与这民族的历史同样长久，不可率尔更动；活跃，是因语言永远繁忙，渴望被使用，人人用，时时用，无一事不用，又被不同的人以不同的理由使用。当语言的保守性与活跃度被强行改变、强行抑制，语言进入既被动又任意的状态：它不再聪明，不再主动寻求机会，修辞变得多余；它又被轻率地，有时几乎是无羞耻地滥用，无视语法，或者，夹杂太多外来的语法，不忍卒读——这正是新白话日益贫薄荒败的根源。

这段描述，准确而紧要。"贫薄荒败"的写作，不忍卒读，粗暴乖张的说话，不忍卒听，而今时的写家读者、说者听者，不觉有异。是的，"不再主动寻求机会"，语言必定失去知觉，"不再聪明"——更糟的是自作聪明，"轻率地""无羞耻地滥用"语言。对应《水浒传》那对妖男魔女的初见，今时北大、清华若干教授私下与同行打照面，"语体"如何：

"你哪儿的？我的书读过没有？"

这甚至难说是一句"问话"，听来与今时任何门房、保安、信访办科员的说话，没有两样。某位学者初来京城，饱受学界日常话语的侮辱性"洗礼"，向我诉苦。但他怎样表达自己的反感呢？——"你不知道啊，都这么说话，牛着呢，一个个都很牛！"——"牛"，也是"活跃而繁忙"的语言之一例吧，而今忙着活着的，是只剩伟大的白话与白话文：

　　过去百年来，白话文运动成功地使今日绝大部分中国人不识文言，也不会使用文言，识了白话，也未见得写好白话。文言、白话，曾经并存千年，主从尊卑，自然而然。文言依凭丰富的字形弥补字音的相对贫乏，与此相应，中国人的认知经验，目治重于耳治。历史演进，白话趋时，是情理中事，晚清白话文运动是此一趋势的加速，到了五四文化激进主义，整套意义系统骤然更替，白话文运动的震荡，至今犹在。白话的绝对优势，已不可逆转，文言作为汉语的精华与有效性，除了古文专业而外，几荡然无存。

据李春阳告知，今日极少数专研古文的中青年学者，深藏古籍之内，不读五四文章，更不读时文。但这不是语言的生态，而是白话文帝国的微型孤岛，是古文尚未死绝的微喘余息，虽非"无存"，却已"荡然"，绝不是活的语言场，犹难滋生精美的语言，更不能推出高明的写家。

白话文胜利了。今若干喜好文墨、追慕经典的青年书生，倒也试着写那么几句文白掺杂的词语，全篇文言的短章，也未绝迹，前些年南京高考状元的"文言作文"即是盛传一时、旋即忘却的个例；而八〇后记者的手机短信，也常以连连"顿首"收句，引以为雅，虽"雅"得可怜，浑然不知其错——自宋及清，及民国，识文言而用白话，乃平常事，用得精彩而怡然，便是上引潘金莲西门庆的问答；今天，会用且用对文言者，即便心诚意正，也落得一个奇怪的异类，不免做作之态、乖张之嫌。这类形迹可疑的语言"返祖"现象，并不能视作语言的机会，半点无助于语言传统的起死而回生，唯反证一件事：白话文胜利了。

　　自从革命以其粗暴性格闯入汉语，强求汉语，汉语从此失去斯文，又在失去规范的同时，被剥夺自为的余地……写作伦理消失了。多少以作家自居的人口口声声要为社会承担责任，却对文字极端不负责任，下笔之轻率、粗暴，趣味之粗鄙、平庸，从文字开始即取消了他所宣称的价值。难以想象，一个造成文字灾难的人，如何造福于社会。顾彬说"中国作家语言水平太低"，这话初听荒唐，然而任何国家，作家都是指那些善用语言、精通语言的人。倘若一国的作家而语言水平太低，岂非噩梦？

岂是汉语失去斯文，便是"斯文"一词，也已失落，亿万人口行事说话而闪过"斯文"一念者几稀。域外文人如德国顾彬的批评，其实要算斯文的，记得此言一出，本土文坛的愕然与惊怒，即大欠斯文，而回应此说的文章，我约略一读：何谈修辞？

> "凡是成功的修辞，必定能够适合内容复杂的题旨，内容复杂的情境，极尽语言文字的可能性，使人觉得无可移易，至少写说者自己以为无可移易。"（语出陈望道《修辞学发凡》）此"无可移易"一句，正是修辞学要害，修辞之所以是修辞，一如字词之所以是字词。白话文的大病与通病，即不知一字一词须得不可移易。

其实当今汉语"无可移易"之辞，并非没有，而且多得很，唯其"无可移易"，而成大病久病，以致无望治愈的顽症——拿起报纸，打开电视："各级领导必须重视起来"，"进一步加强落实各项基本工作"，等等等等，就都是——如何移易？岂容移易？于是天天讲、年年讲，倏忽六十年过去，无可移易。清末邓实忧心忡忡在兹念兹的"中国语文"，如今便是这样一种语文，谁敢说，这不是"保国保种的金城汤池"？是故李春阳以下数语，也可句句反证今时的语文和中国人：

> 人的思考的密码，乃是语言，语言，岂能离开字词。知识系统、价值系统，不但和言语密切相关，而且起于语言，体现为语言。

这一切，在在"起于语言，体现为语言"。固然，李春阳的意思，不是这意思：

> 人的创造活动，俱皆归因于如何使用语言，或者说，莫不以语言求得理知，求得阐释，最后，语言作为现象，行使观察，也被观察。教育，意味着从无量的书面语获得无数资源，丰富言说，扩大存在的幅度、维度以及人性的深度。

而当今白话文的"创造活动"是在求得控制。控制既久，早已塑成当代中国语文的"幅度"与"维度"，当今中国的知识结构与思考模式，早经层层圈定，形成国人的另一层"深度"，或曰"浅度"，年深月久，已如文言文和旧白话的幅度与维度，塑造了那个消失的旧中国。

白话文运动作为中国二十世纪最为庞大的修辞意图——这意图本身早已实现为庞大的事实——既是知识建构，又以此建构新的权力。

一九四九年之前和之后毛文体的巨变，即为一例。读解毛时代的毛文体，今已不算太难——虽说仍未解、仍待解——难的是下文提及的语言现状：这现状，很难说是毛文体的"形变"或"泛化"，论文采，论修辞，论影响力，远不及毛文体，然其陈腐之状、泛滥之姿、流布之广、统御之效，则为昔时的毛文体所远不及。

今时中国的语文——不论何种类型的写作，不论为何而写、为谁而写——多么需要新的修辞，然而没有；多么需要知识的权力，然而不能。知识应有的权力，众人得不到，于是无权无势的人满口权力语言；语言应有的修辞，众人不会，亦且不知，于是文理不通的文章势成语言的泥浆。古文所曾富有的修辞，随古文的消失而消失了。梁启超辈及五四一代写手之于文白之间的余裕，今人更是休想——"丧失修辞思维，不知有修辞思维"的汉语，于是"委身于政治"：这是当今汉语难以展望的未来，也是现代白话文进退失据的语言现实。

白话文运动可能要对我们至今幼稚的理解力——也即可悲的语言状态——负有责任。无所感应于西方文本的修辞手腕，其结果，只能是轻信与盲从，同时，流于浅薄的认知，进而是国内主流话语的昧于修辞。昧于修辞者而被认作知识分子，是当今社会的常态，一如贫薄芜杂的白话文，早已见怪不怪了。

"轻信与盲从"对应"幼稚的理解力"；"社会的常态"对应"贫薄芜杂的白话文"。白话文运动曾经抱有伟大的责任感，如今的白话与白话文，承担什么责任？怎样承担？靠什么承担？除了权力性格，莫说责任，白话文作为一种语言、语体，可曾赢得当然的敬爱、起码的护惜？

九十多年前，白话文运动恶毒攻击文言文，然昔时的文士便知古文总得革除，语言不免革新，也还挚爱文言文、惜护文言文：那是历史的遗赠，成熟的语言，但知善用，古文便玉成书写古文的人。鲁迅痛诋古文，算得激越，偶或弄几段，文辞间难掩享受之状；胡适俨然新派，老来读古书、参古经，他已憬悟，并且说出：白话文运动后来成了一场祸——今世，人人都说白话文，谁人挚爱谁人敬、谁人知惜护？倘若爱敬惜护白话文，白话文便不会是今日的白话文。

　　人不爱自己的语言，语言便不肯施惠于使用语言的人。当代的书写不再聪敏，市面的言说渐失生机，莫说西门庆、潘金莲的泼辣而斯文，如今撞见个会说话的人，已是稀有的福分，稍一辨听，也不过黄段子或江湖语，唯较"加强落实"之类，略有人间味。据说，古语旧说而有所沿用、仍然奏效者，眼下留在中医界、佛学界、书画圈——虽佛界早经行政化，书画圈更是分饼夺利之地——文界、学界，敢说精通而爱敬白话文者，大约有谁？能有谁？写着白话文，不爱白话文，早已是文界的常态，读到本书的观点，倒会昂然起身，为白话文辩护吧。我读到书稿材料中那些为白话文严正辩护、慨然说项的种种腔调，不禁想：很好，你主张白话文，你爱不爱白话文？你爱白话文，你想必懂得、应该懂得，倒来说说白话文的好，怎样的好法，文章写来，又该如何有招有式使用白话文——

　　　　首尾开阖，繁简奇正，各极其度，篇法也。抑扬顿挫，长短节奏，各极其致，
　　句法也。点掇关键，金石绮彩，各极其造，字法也。篇有百尺之锦，句有千钧
　　之弩，字有百炼之金。文之与诗，固异象同则。

　　各极"其度""其致""其造"，白话文怎么说？"开阖""奇正""百尺之锦"，白话文又怎么说？注而释之，说得像了，好看好听、可感可用吗？读李春阳上引王世贞《艺苑卮言》的段落，我竟起可笑可怜之叹。我笑这腐儒的眉飞色舞得意洋洋，读来如闻梦呓：今白话文蚁民谁晓得这一套？谁吃这一套！我犹可怜李春阳四顾时语的大荒凉，搬出这死灭的文言文，聊以为寄，据以辩难，其说梦之感，尤甚于王世贞。

　　古文丧失，不独汉语的意义链断失，语言的声色，便即消褪，人和语言的关系、语言和文章的关系，随之亡失。这关系不失，于是人对自己创造的语言、语言对创造自己的人，彼此有爱，往来有灵犀。精彩的文白相间、上好的白话文章，自有新的声色，新的意义链，新的可能性，新的好辞章。可是那样一种新语言、好语言，唯在清末民初那一代，如梁任公的恣肆雄辩，如周氏兄弟的洁净而沉稳……彼时，白话文运动虽已闹起来，文白固有的血脉，尚且交融，文白间的往还，犹如姻亲——事到如今，选来选去反复读，近百年的好文章、好写家，还是清末民初那些篇、那几个人。此后半个多世纪，失去爱敬的白话文降得住几篇好文章？

　　此所以李春阳要来披头散发，成数十万字，由白话文运动从头说起吧。其发难的勇气，只因挚爱汉语，这大爱，表之于顽强的质询，写到本章，忽而转为近乎母

性的，准确地说，对母亲般的，那样一种爱：不容亵渎，义无反顾，又如失母的孤雏，无可寄。此是稀奇之事，同时，极度严肃——怎样才叫作爱国？你爱这国家的什么？倘若爱国而不知爱这国家的语言，爱国一说便是大欠诚实的修辞，如泛滥无际的白话文，成一句空谈，等同谎言。

*　　*　　*　　*　　*　　*

李春阳的感喟，实属恳切：

> 白话取代文言，是极其复杂的精神、社会事件，深涵中国近代以来，甚至千年以来的文化矛盾。精英主义与民粹主义的对决，改良和革命的消长，启蒙与救亡的冲突，保守与激进的起伏，全盘西化和保存国粹的对立——单一角度、单一学科的析评，不足以解读这一事件的全部复杂性及其影响。

这番话，确是议论白话文是非的大难。何止单一学科无以应对，单一国度的事相，也须持论审慎：白话取代古文，非仅中国的语言官司。全球范围现代化、工业化、大众化、商业化，语言兴替的需求，语言变异之疾速，各国皆然。拉丁文、古英语之在欧陆与英美，历史典籍之在中亚、印度、日本，境遇类似。亚洲地区，则各国国粹与西化、保守与激进、民粹主义和精英主义的种种语言剧情，其性质、缘由，程度的轻重、后果的大小，各相类似，各存差异，要来比较，怕要有另一篇大论。

上百年前，文言文被虚拟的绝境尚能从白话文窥见广大的出路，于是起语言运动，今时，白话文若欲振作，靠什么破局？向哪里求生？在纽约，我长期旁看各族裔移民如何与母国的传统相周旋，久而久之，未曾见任一民族如中国人这般，冥顽抱守民族主义，同时，怡然自安于文化的失据而无根，证之于语言，则种种民族主义的叫嚣，无有一句是民族的语言。

原因无他：白话文，已是一种失忆的语言。这失忆，非指所谓国学——冷落典籍，非唯中国，不懂古文，无关宏旨——要害是，当今荒败不堪的语文课只是识字，不再能称之为语文教育。在绝大部分中国人、年轻人及未来一代代"炎黄子孙"那里，这样一种失忆的白话文，是没有未来的语言。

但亿万人唯余白话文，白话文不会死——三十多年来，国正当崛起，党、政府、公司企业、各行各业、各色人等，语言需求空前迫切，语言市场无可限量。而经济锐意前行，社会日夕变异，人心不复既往。明面上，唯体制事事掣肘，步步滞后；向内看，则语文实与体制同病，在超速巨变的时势与国势间，梗横阻滞，呈大脱节而大错位。更大的错位是，亿万人已然适应了体制，在这近乎钙化的漫长过程中——因其漫长，实属被迫抑或主动，已难分清——中国人所适应的另一巨大之事，无过于白话文：这一失去记忆的超级语言联盟，经久酿成亿万国民的集体人格，这集体人格的单面性、平面感、空心化，无可挽回地趋向语言的枯竭，因其枯竭而加剧语言的耗损。每一个中国人参与了这场语言的灾变式狂欢：初起，缘自革命年代的白话文，终于实现为芸芸众口的白话文。

人受困于语言，并为语言所反制，若欲挣扎逃出，求助者，仍是语言；反之亦然。毛泽东那代人所曾浸润的汉语资源，大可调度，大可选择。而今人们抛弃了毛语言，自亦连带失去汉语的一大资源，纵有话说，却没有语言，遂循环咬嚼另一路陈腔、另一套滥调。这语言的绝境，其实是白话文运动的世纪报应。

这不是语言的危机、语言的歧路，而是，实实在在的穷途。这穷途，如何对应前路昭昭、大有余地的国势？媒体娱乐语言、商业广告语言、学界文论语言、世俗人情语言、网络流行语言……看似喧腾，花样百出，盖同出于长期政治化的单一白话文，为敷衍各个殊异的语言需求，唯支离挪腾，搅拌兑水，兑水而复搅拌，使白话文语体肿大起泡、状若汪洋而已。这样的白话文，实在连"语体"也难成立。即便零星异议的语言，无一例外，源自早经用滥而仍在滥用的白话文。

五四一代，曾将古文与文言文骂得一文不值，百般不堪。今李春阳独自给白话文作此庞大的诊视，通篇用的是政治正确的白话文——白话文可有迎对诅咒的气量？读李春阳引述世纪以来有关白话文的种种辩词，在在刚愎而强横，但我仍愿领教，白话文的辩士们还能吐纳什么新的大道理。

没有用的。当初清人为古文苦苦辩护，是为徒劳——百年前，更大的是非、更大的命运，不肯停下来听取文言的辩护——今天，福兮祸兮？白话文不存在自守自辩的语境，因白话文的植被和疆域，远远甚于古文：失去记忆的语言，势必规则荡然，无所谓自为自证，正因此，白话文空前顽健恣肆，休想有别种语体给它挑衅、威胁，或予襄助而制衡。放眼看去，日益溃散而同质的白话文，不具任何语言的层级、派别、质地、表征——所有人只会说白话文，但白话文不属于任何人。它甚至不再是语言，而是无关尊严和美感的低级工具，演绎为不同权势的简陋副本。

本书的要义，即白话文运动是由语言的权力蜕变为权力语言的历史。然而这部书稿难道不存在问题或错失吗？或许有，但我不在乎，一如我不在乎本篇序言涉嫌无知而偏激。我愿高声说：当年白话文运动的大问题、大过失，何止百千倍——我们，包括"语文节"的动议人，倘若早已不安于当今的语言困境（说是"困境"，仍属客气的修辞）——李春阳的功绩就在告诉我们，白话文运动究竟是怎样一场革命，堂堂汉语，何以一至于此。

最后，我对本书的唯一意见，是嫌篇幅过于冗长——包括这份序——此即白话文。古文与文言，不曾，也不必周旋于这等长篇的官司：时代到底不同了。揭示历史的"全部复杂性"，需要太多篇幅，太多篇幅，需要太多新的语言：汉语的能量、幅度、词语、文类，确乎因白话文运动而大大拓展了。新的汉语的可能性（这可能性，其实大半来自百年以来的翻译之功），空前丰富了汉语的言说与写作——是的，被改造、被丰富的现代汉语，可以被称为"白话文"，但绝不仅仅归因于五四前启动的白话文。白话文的历史，远及宋代，白话文的能量，原本就是汉语的能量，汉语的千年档案，从来葆有完满自适的语言逻辑，只是料不到自己的命。

白话文运动的初衷，是消灭古文，解放汉语；但白话文运动所瞩望的语言未来，是不是今天这种白话文——凡同情历史而敏感于语言的人，可能会抱着两种难以调和的心理：白话文运动是一场语言的灾变，抑或救赎？今天，当我们下笔开口，理应对白话文心存警惕，抑或，对当初白话文运动的兴起，保留一份有所保留的同情和敬意？

我因此赞同李春阳在完篇之际二〇〇九年未曾定夺的副标题，即：献给五四运动一百周年。

二〇一一年一月二十一日——

二〇一二年七月七日

写在北京、霍州、纽约

绪 论

一

吕叔湘先生有一个重要的观点，把现代汉语归入近代汉语的范畴，而近代汉语指唐五代以来书面汉语的连续体。这一看法是在研究了公元九世纪以来大量汉语文献基础上得出的，其语言学同行多同意或认可这个结论。它促使我们在思考白话和文言之间的断裂时采取一种更为审慎的态度，由此，对于白话文运动中一些长期视作当然的结论，产生了怀疑。

反思现代汉语的由来、中国现代文学的起源，须重新审视白话文运动。

狭义的白话文运动，指五四时期那一场以白话替代文言为目标的文体革新运动，实乃二十世纪中国的激进思潮推动下的语言革命，它带来的影响及由此形成的国家的语言文字政策，直接造成了几代中国人的母语现状。白话文从一开始就不仅是知识建构，也是一种权力建构。

现代白话文的写作，只有近百年的历史，与三千年的文言文和一千年的旧白话相较，时间还太短，文体粗糙简陋，好作品少，大师少，许多入选语文课本的白话范文，经不起大家反复阅读，也经不起深入分析，人为地经典化，适足伤害教学双方，假如教师处理不当，足以败坏学生对母语的兴趣。

二

晚清的改良派，由于接触西方的语言和文字，开始觉得汉字繁难、文言艰深，推进切音字运动之余，大力提倡白话文，试图把白话变成维新变法的宣传工具，办白话报传播其主张，影响力有限。黄遵宪一九〇二年《致严复信》明确提出了文体改良的意见，乏有响应者。章太炎等革命派，政治立场激进，思想和文体上守旧，坚持国粹主义，在文学上以复古为革新，驳斥所谓采用万国语（世界语）的论调。

晚清的白话文运动无果而终。

辛亥革命取得了表面上的成功，革命的冲动向思想和文化领域扩展，而自唐宋以来书面语的双重格局为这一冲动提供了适当的场所，文言与白话的"对立关系"或称"统治模式"被迅速构造出来并加以颠覆，建构的目的是为了颠覆，在文本领域掀起的一场史无前例的革命，由少数先知先觉者在小的圈子实行起来，迅速扩至整个社会的范围。

民族国家的重建和迈向现代化，是近代以来无法回避的历史使命。统一国语，言文一致，被认为是建立现代民族国家的前提。改造中国的巨大冲动，被少数激进者首先落实在改造书面语上。白话文运动和国语运动的合流，表明了事情的复杂性，语言运动旗号下的政治运动，创生出现代中国所特有的语言政治。

思想上的反叛传统，重新估定一切价值的冲动，在书面语的重建中展开，新思想和新观念带来的新气象，影响一时文风，并不能动摇社会的基本结构和根深蒂固的习俗，牢不可破的传统和专制权力的寄生物，乔装打扮之后再次回来。白话文运动以追求多元始，以重建一元终，势有必至。

三

白话文运动最大的幻想在于，以为消灭了文言，就可以彻底摆脱过去的不良影响，把外国好的思想尤其是德赛二先生译为白话，就可以得到文化上的更生了。

依照洪堡特的看法，语言本身就是世界观，语言介于人与世界之间，人必须通过自己生成的语言并使用语言去认识、把握世界。依靠翻译，一些人相信自己所采取的是西方的世界观，这或许是一种错觉和误解，语言的不透明性使世界观几乎无法进行跨语言的移植，或曰任何一种外来的价值，欲在别的语言中被接纳、生根立定，不得不依靠翻译目的语本身的创生能力。佛理的汉族特色，是汉字还是汉僧赋予的，几无以辨别。

中国书面语的双重格局——文言白话并存已然千年，为什么要打破它？

自古以来从事汉语写作的人，没有只会白话而不通文言者。汉语是一个整体，识文断字与通文言从来是一个意思，每人掌握的程度不同而已。不必通文言也称会汉语，是现代人的偏颇定义。鲁迅和周作人是白话文运动的发起人和倡导者，但他们的文章实在不是白话文运动的产物，念古书考科举，熟稔典籍擅长文言，古典诗词修养深厚，他们写白话与吴敬梓、曹雪芹写白话没有分别，这些作家身上葆有完整的语言生态，行文过程中需要文言资源，会本能地应用，这种情况延至二十世纪四十年代之后，有了彻底的不同。

百年来主张不管怎样不同，西化的趋势没有停止过它的脚步，工业科技、生活用品及风尚，直至最后剩下一个领域无法西化，就是汉语和汉字。有人认为中国没有保守主义，因为没有可以保和守的内容，我们是有的，是汉语和汉字。本书作者是汉语和汉字意义上的保守主义者。

四

把汉语当作一个整体来进行思考，把百年来的语言变革运动，放在千年来汉语书面语的双重机制——文言白话并存的背景上加以考察，并且把后者的观照放在三四千年的汉语发展史上。本书重视百年来在文学、史学、哲学、语言学等各门相关学科的研究成果，更重视未能纳入这些学科体系的汉语使用经验，包括书面语和口语的大量实践以文本和非文本的方式存在于复杂多彩的现实生活当中。二十世纪八十年代初中国民间文艺家协会发起并组织实施的《中国民间故事集成》《中国歌谣集成》和《中国谚语集成》，共收集民间故事一百八十七万篇，歌谣三百余万首，谚语七百四十八万条，编印资料本三千余种，总字数超过四十亿。尽管质量参差不齐，未可一概而论，但总体上具有无可怀疑的价值，无论语言抑或文学，远超过同时期作家文人的创作。

现代中国有两种白话文，五四白话文运动影响下的新白话和晚清小说传承的旧白话。《新青年》除了与文言你死我活之外，与鸳鸯蝴蝶派的旧白话亦势不两立，后来的大众语运动指向五四时期的"新白话"，而后"文革"前的"十七年"也是全盘否定。五四新白话，让位于五十年代的"新新白话"，及"文革"中大批判式的"新新新白话"，意识形态领域的风云变幻，使不断更迭的新语言亦难以适应，白话文运动走到这一步，具有逻辑的必然性。"文革"结束之后，读者于旧白话的发现，犹如哥伦布之于美洲，台湾香港作家之于大陆，语言上"被发现"的新鲜感起了作用，在旧白话传统那里，许多读者惊讶于有一个未了解的汉语。

必须探索超出白话文运动所界定的那些语言资源，尤其是被白话文运动轻易否定的文言和旧白话，以及后来被普通话压抑的方言土语，这些被语言政治所排斥的，多是当代大部分读者所陌生的，而实际上它们亦是传统汉语和汉文的正宗和主体，只有认识到这些资源的深广，才能突破白话文运动的限制，获得比较完备的汉语和白话的总体立场，写作者将自己的文脉潜入鲜活的母语大地，血脉贯通，源远流长，取精用弘，才有可能创造出与这一语言传统相称的作品来。

五

白话文运动被这样几种强势思潮影响和左右：民粹主义，全盘西化，权力至上，全能主义的语言政治，大规模的群众运动。合力作用的结果，终使白话文变成了意识形态的工具。

本维尼斯特认为，"语言是人类的自然本性，人类并没有制造语言"，"人在语言中并通过语言自立为主体"。[1] 工具主义的语言观，乃是对语言的自大和对自身的误解。视语言为动员民众的工具，改革社会的利器，权力斗争的武库，以及交流信息的手段，功利主义的态度和实用主义的目标，在这场语言运动中贯彻始终。

白话文假若真的想自立，应当依靠典范的白话文学作品，桃李不言，下自成蹊。未立己而先树敌，未成立而先破坏，诋毁文言的负面作用是明显的。今时受过高等教育的人，对文言文普遍没有阅读能力，连过去的蒙童都比不上，这在历史上可以说是前所未有，从前识字率低，但文盲和识文断字之间界限清楚，知之为知之，不知为不知，时下几乎全民识字，拿段古文给专业而外的硕博之士，未必能点断得出来。

在文化认同上缺乏归依，未知安身立命之所在，那曾经数千年绵延不绝的传统，仿佛与今人不相关。在古代历史、古典文学、古代汉语等学科那里，更多的是专业化的知识，即便读得懂古书，也趋于把它们仅仅作为典籍之研究，与自己的生活、思想、情感和个人成长缺乏联系。我们文学研究的传统还在，文学创作的传统已失！
…………

六

打破白话文运动的神话，走出其意识形态话语空间，个人的写作伦理才能建立。下笔为文，首先要言之有物，其次要言之有序，立诚达意，公之于众，期望影响他人，不惜祸及梨枣，刊刻成书，总为流传后世。暂不言社会责任，起码要承担起语言文字的责任。写作是个人行为，且是主动行为，文章质量，源于作者个人的自律和自我期许。为稻粱谋，虽不必回避，却亦不值得夸耀。庖丁解牛，技近乎道，才是真境界。从这个意义上讲，写作是英雄的事业，没有出乎其类拔乎其萃的志向和与之相称的才华不宜从事。文如其人是残酷的判决，以文传世等于以己示众，美丑

---

[1]［法］本维尼斯特著，王东亮等译：《普通语言学问题》（选译本），生活·读书·新知三联书店 2008 年版，第 357—358 页。

妍媸显辨。谚曰："骑奇马，弓长张，琴瑟琵琶八大王，王王在上，单戈力战；伪为人，龙衣袭，魑魅魍魉四小鬼，鬼鬼犯边，合手擒拿……"

是白话文运动出了问题，不明就里的人质疑汉语，怀疑甚至否定汉语的表现力，不惜以此夸耀白话文运动的正当性。为了维护现代开端的成就，宁肯牺牲历史和未来，这是现代人的偏执。不宜对五四运动、新文化运动、白话文运动的成绩夸大过甚，那不过是一种仓促之间的应对之策罢。如若想以此一百年否定过去的三千年，有问题的肯定是这一百年，或说是看待这百年的眼光有了问题，而不会是那数千年。拯救汉语的说法过于自大，与当年改造汉语仍然同样的思路，表征了这一危机的深度。

"汉语殖民地化""汉语自我次殖民化"的说法没有冤屈白话文运动。"因为它并不是殖民主义势力强加于我们头上的，而是国人之中有一部分人崇洋心理所造成的自觉的行为，把它称为'自我殖民地化'也许更恰如其分一些。"[1]近代以来，国人的心态是宁肯认为中国文化、汉语出了问题，也不承认自身存在误区，这是担当不起责任者的做法和说法。检讨自己的行为而不是自己的传统才是应该做的，我们的行为能配得上我们的传统吗？我们只有汉语和汉字，传统已被丢得只剩下汉文了，连汉文也差点丢掉，是书面汉语不肯抛弃我们，而不是我们舍不得它。汉语的智慧和汉语的生殖力，远远大过我们的想象，在失败中的自觉即维护汉语，世上唯一的统一多元的汉语。

七

本书提倡修辞批评，致力于揭示白话文运动的意识形态本质，但并不是反对白话文。这一运动的初衷是提倡白话文，其结果却损毁了白话文。重新认识白话文的第一步，须先替文言真正平反。鲁迅著《孔乙己》《阿Q正传》以白话、写《中国小说史略》《汉文学史纲要》用文言，毛泽东写"老三篇"用白话、寄蔡元培蓝公武信以文言，钱锺书写《围城》用白话、著《管锥编》以文言，张荫麟著《中国史纲》以白话、为该书献词乃骈文……鱼与熊掌罢，不好的是将此置于非此即彼势不两立的想法与做法。为文言平反，不是反对白话，而是有益于白话，促白话成长。白话的发达、成熟、伟大不必以文言的没落衰朽为前提，几部典范的白话小说写出来，不是倾覆庄骚史记，是以此明证能与后者比肩而立。

---

[1] 董乐山：《文化的误读》，中国社会科学出版社1997年版，第116页。

就掌握白话、文言的一般情况而言，前者易而后者难，国家的教育政策当应先易后难而循序渐进，不可舍难就易而自甘浅陋，养成国民智力上的懒惰习惯和文字上的粗糙品位。应积极鼓励学有余力的人，在领悟书面语上知难而进。

科举制度于文言的传播，功不可没，废除科举之后，本当以"整理国故"之类的事业，为习文言者提供动力和出路。一九四九年之前，去古未远，白话文运动的影响尚有限，旧学的积累以及社会习俗，共同养育比较正常的汉语语境，写作者的语言资源丰富，可以多方借鉴，鲁迅、周作人、林语堂、钱锺书、沈从文、废名、李长之、李健吾、老舍、曹禺、张恨水、张爱玲、胡兰成、赵树理、穆旦、汪曾祺等，各有千秋，既通古文，亦通外文，传世文字，多姿多彩，皆有所成就。这一正常的个人体悟语言文字的生态环境，一九四九年之后，因观念上的"文言歧视"愈演愈烈而大为改观。今时从事写作的人，普遍没有受过诗骚熏陶，未窥班马，何论骈俪，头脑里缺失古人只言片语，下笔时尽享广播电视报纸之陈词滥调，以及为应付高考作文阅卷者的刻意逢迎，普通民众如此，职业作家概莫能外，汉语之厄，未有以今日为盛者也！由于白话文运动的偏颇之见，制造了文言百年的冤案，就三千年的文言辉煌历史来说，即使当代无一文之增，无损其伟大与浩瀚，但几代国人却因此而止于仅仅会白话而沾沾自喜，以燕雀之志为荣。

八

白话文运动的危机，恰是汉语的生机。

在中国古典文学传统当中，文化的延续，艺术的生发，文体自身的发达和演变，特别是于文字技巧的高度追求，作家个人性情的吟咏，个人精神上成长和自娱，于专制权力的反抗和社会丑象的批判，是深入民族灵魂的文学基调。

"我们看了鲁迅的例子便能明白'五四'的新文化运动，其所凭借于旧传统者是多么的深厚。当时在思想界有影响力的人物，在他们反传统、反礼教之际首先便有意或无意地回到传统中非正统或反正统的源头上去寻找根据。因为这些正是他们最熟悉的东西，至于外来的新思想，由于他们接触不久，了解不深，只有附会于传统中的某些已有的观念上，才能发生真实的意义。所以言平等则附会于墨子兼爱，言自由则附会于庄生逍遥，言民约则附会于黄宗羲的《明夷待访录》。"[1]外来的新价值，引入的新观念，需要接生在旧的枝条上。

---

[1] 余英时：《五四运动与中国传统》，《现代危机与思想人物》，生活·读书·新知三联书店 2005 年版，第66—67页。

白话文运动在创立之初，主张尽管激进，口号慑人，动辄除旧布新，仿佛一切可以推倒重新来过，但所从事的实际工作，往往以嫁接为多，胡适把"整理国故"当作"新思潮的意义"的一部分，是清醒而有远见的。但后来所发生的事情，却把白话文的激进主张落实为事实，在不知传统为何物的状况下，想西化亦无从化起。母语和外语之间，在学习和掌握上不仅不妨碍，反而能够彼此促进，没有语言能力的人，丧失了学习语言最佳时机的人，学会哪种语言都是困难的。

西方的知识分类体系和价值标准，须与中国旧有的系统加以比照才能够有效地取舍。全球化的形势，不在于外来力量的咄咄逼人，而是面对国际资本压力的时候，我们是否失去了文化上的依托，嫁接无缘，乃因本我的根枝被剪除了。拼音化汉字并没有实行，但早已提前以拼音的眼光看待汉字，以外国人的眼光看待汉语，这是不可理喻的，但确实是事实，且构成了现代汉语的语义前提。

民族的思想语言和制度密不可分，中国的西化体制，实是一种似是而非且莫名其妙的事物，白话文已费力将自身连根拔起，欲远走高飞而不能，深入泥土融入大荒又不甘，或不愿，抑或不能。

本书的写作，从构思之日起，已深深卷入这一未经反思的西化体制之中。作者力争打破学科的限制，站在整体汉语的立场上，在近二十年来诸多学者研究成果的基础上，梳理史实，形成自己的认识和判断，尽量客观公正地看待百年来白话文运动的成绩，以哪吒剔骨还父析肉还母的精神质疑白话文。如今把这一质疑本身形成白话文，实不知是在建构本书的解构，还是解构本书的建构。本人深知自我学养有限，既没有坚实的小学基础与国学功底，又缺乏严格的西学训练。然既与语言文字打交道，白话文的问题实不容回避，亦无处藏身，它早已与你我生存深度相关，汉语的问题，是每一个中国人的问题。历史与现实纠缠一处，如果能够独立思考，不得不思考此首要问题，假若要写作，不得不尝试去面对和解决这一问题。

白话文运动正在经历着作者自身能感受到的危机，本人把此书献给一切有同样危机感受的人。百年来所有参与或被卷入这一运动的文本，皆是本书的材料，行文过程中的语言表述和思维方式的局限，也是本书作者日常省思的对象。现代书面汉语是怎么来的，它能够说清楚自己的来历吗？在当下的口语和古今一致的整体汉语的背景下，白话文能否彻底地认清自己的处境？本书的写作从构思至成题、答辩，之后又有深入修改，历时五年，操斧伐柯，能走多远，不得而知，可以肯定，不是本书的着力处，而是本书的缺陷，向读者昭示了白话文运动的危机。

第一章　什么是白话文运动

——对《中国大百科全书》
"白话文运动"词条的症候辨析式阅读

查《中国大百科全书·语言文字卷》,有关"白话文运动"(Vernacular Movement)的词条,陈述如下:

> 一九一九年五四运动前后从北京推向全国的一场划时代的文体改革运动。它提倡书面语不用文言,改用白话或语体。白话文运动先在"文学革命"的口号下发动,进而在"思想革命"中发展,是新文化运动的一个重要环节。运动的提倡者主要是胡适、陈独秀、钱玄同、鲁迅等。他们以《新青年》为主要阵地,以北京大学进步师生为主力,同形形色色的文言维护者开展论战,赢得了白话文的胜利。[1]

这一词条由胡奇光撰写。简短定义后,分别就"白话文运动的历史背景""白话文运动的经过""白话文运动的成就""白话文运动的影响"四个方面作出论述。该书出版于一九八八年,代表了当时学界的共识。

本章节以该词条的论述标目为线索,展开较为详细的评注式讨论(每节起始的仿宋体部分为该词条原文,来源同上,不再出注)。

如果承认胡适是首倡者,那么这场波澜的初潮之涌实际上发生在美国。与几位留学生之间关于文字和文学的争论,由于胡适将它们写成通信和文章发表于陈独秀主编的《新青年》杂志而广为人知。胡适《逼上梁山》一文言之甚详,不必赘述。"五四前后"的说法特别耐人寻味,它实际上在暗示白话文运动与五四运动之间的联系,但以史实探究,这一少数人提倡的文体革新与一九一九年五月四日发生的群众游行毫不相关。如果一定要把它与某个"大写日期"联系起来共同注释历史,应当是一

---

[1]《中国大百科全书·语言文字卷》,中国大百科全书出版社 1988 年版,第 13 页。

九一一年的辛亥革命。民国的成立，使少数得风气之先的人觉得应该以一种新的书面语言来写作了。二十世纪，系列大事相继发生，起先取消了科举考试，使八股文没了出路，接下来宣统皇帝退位，中华民国甫一成立，立刻颁布大总统令，强迫剪辫，禁止缠足，一时间移风易俗气象一新，虽然政治在实质上实现民主还有很长的路要走，毕竟体制变了，一整套术语也不得不跟着变，推翻帝制给国人带来的鼓舞是时下的人无法想象的，从这个意义上讲，五四运动也是辛亥革命的一个效应。帝制下的表达方式乃是"公车上书"，只有先取得国民资格，才可以上街游行的方式表达自己的政治诉求。清末的白话文运动，包括多种注音字母方案，皆是上奏朝廷，希冀得到圣上的认同，一纸诏书下来，风行天下。民国之后，这个途径断绝了，于是主张便以报刊杂志直接面向公众，陈独秀同意胡适之并与之呼应，本是两人相契，与君何涉，但由《新青年》公之于众，而成了惊天动地的大事。公共言论空间的建立，给问题与主义的争论以可能，有没有这样的言论空间，乃是帝制和民国的根本差异。

　　"划时代"云云，乃是对于所谓"时代"的一种定义，定义乃是如此去定义的权力。"五四"已经被最高权力定义为"划时代"了，前后略一延伸，何等轻巧。以白话做书面语，并不自今日始，白话小说即使从明代起算，也有五百年以上的历史。当初胡适与梅光迪、胡先骕等人的分歧主要在白话能不能作诗这个问题上，所以才有《尝试集》的写作和出版，白话诗是写出来了，成为了名著，但是否就意味着成功了呢？诗人胡适，并不为人认可。胡适之后，还有更多的尝试者，白话能写诗吗，肯定者有之，否定者也不少。一九六五年毛泽东给陈毅信中明确说："用白话写诗，几十年来，迄无成功。"[1] 当然，这是他个人的意见，但不是他一个人的意见。白话写诗，假若还不好说成功，白话写小说呢，五百年前已获成功，然而那是先人的成就，论者匆忙宣布的"白话文的胜利"到底指的是什么呢？后来几乎所有论者，亦皆认为白话文运动成功了，这成功又指的是什么呢？

第一节　白话文运动的背景

　　　文言文原是古人口语的摘要，早在先秦时代就已经出现。到西汉，封建统治者独尊儒家学派，记载这些经典的文言文也就成了不可更改的万古楷模。越到后世，文言文同实际口语的距离越远。这种情况是不能适应社会和语言的发

---

[1]《毛泽东文集》第八卷，人民出版社 1999 年版，第 422 页。

展的。从唐宋以来，白话文书面语逐渐兴了起来。先是采用比较接近口语的"变文""语录"一类文体，传播佛教教义，后来随着资本主义因素的萌芽和市民阶级的抬头而出现了用当时口语来书写的明清章回小说。不过直到清代末年，白话文还只是局限在通俗文学的范围之内，未能改变文言文独尊的局面而作为通用的书面语。

历代不少学者为了让更多的人看懂书面文字，都主张书面语同口语相一致。一八六一年，洪仁玕（一八二二～一八六四）根据洪秀全的指示，颁布《戒浮文巧言谕》，提出了改革文体的方针："不须古典之言"，"总须切实明透，使人一目了然"。又过了二三十年，资产阶级改良派为宣传变法维新、开发民智而提倡白话文。如黄遵宪（一八四八～一九〇五）引俗话入诗，宣称"我手写我口"（《杂感》）；裘廷梁（一八五七～一九四三）认为"白话为维新之本"，发出了"崇白话而废文言"的口号；陈荣衮第一个明确主张报纸应该改用白话；王照更声明自己制定的官话字母，只拼写"北人俗话"，不拼写文言。同时，他们还积极写作通俗浅显的文章。梁启超（一八七三～ 一九二九）最先向霸占文坛的桐城派古文挑战，创制了"新文体"，用的虽还是文言，但平易畅达，杂以俚语、韵语及外国语法，已向着白话文迈出了第一步。接着白话书报在各地涌现，日见兴盛，其中白话报纸有十多种，白话教科书有五十多种，白话小说有一千五百多种。可是直到辛亥革命（一九一一）之前，还没有人自觉地去实现以白话文代替文言文这个重大的变革。从清代末年到民国初年，接连出现了几件可以决定文体改革方向的大事：一是科举制度的废除（一九〇五）；二是辛亥革命推翻了封建皇帝；三是粉碎了袁世凯的称帝迷梦（一九一六），《新青年》发出提倡科学和民主、打倒孔家店的口号。思想的解放带来文体的解放，觉醒了的广大人民群众，掀起了民主主义的浪潮，为白话文运动打下了群众基础。

文言文原是古人口语的摘要，早在先秦时代就已经出现。

文言与口语在先秦时代的真实状况，至今无从确定。为何上文首句即断定"文言文是古人口语的摘要"呢？是根据鲁迅《门外文谈》的观点，然而，鲁迅当初审慎、推测的语气不见了，更由于一九四九年后鲁迅先生不可怀疑的权威性，此说俨然成为定论。而白话文运动之初的纲领性理论，即采取西方语言学对文字的定义：文字是声音的记录，是语音的符号，而西方文字属于"表音文字"，"语音中心主义"占据语言的主导地位，文字是语音的附属。但是，汉字是"表意文字"，不存在"表音文字"的类比性。吕叔湘早年曾说："文字的起源大致和语言无关"，并且"一部分文言根本不是'语'，自古以来没有和它相应的口语"。[1]但长期以来，这一认识未能得到传播和重视，于是以西方文字定义硬套汉语和汉字，乃相沿成习，铸成共识。语言学研究著作《马氏文通》以印欧语性质为标准看待汉语，"把印欧语所有而汉语所无的东西强加给汉语"（朱德熙语）。由此可见，始于"言文一致"的倾向，在百年汉语研究中未得到质疑，而视之当然，直至近年，有人从理论上提出汉语的"字本位"，[2]认为文言为口语摘要的判断，出于西方的语言观。

> 到西汉，封建统治者独尊儒家学派，记载这些经典的文言文也就成了不可更改的万古楷模。

语言为全民所共有，无阶级性，此乃语言学界的共识。若说西方"语音中心主义"是白话文运动主动上当的第一次，那么，第二次便是语言学的所谓"阶级论"。五四时期，文言被指为封建统治阶级的语言，白话是人民的语言，由此二分，意识形态话语于焉形成，"文言"从此被判决为腐朽的、落后的、统治阶级和没落文人所使用的死语言。否定文言文，与否定由文言文所书写、记载的儒家经典（当不限于儒家），成为五四新文化运动的纲领。钱玄同在《新青年》上说："中国文字，论其字形，则非拼音而为象形文字之末流，不便于识，不便于写；论其字义，则意义含糊，文法极不精密；论其在今日学问上之应用，则新理新事新物之名词，一无所有；论其过去历史，则千分之九百九十九为记载孔门学说及道教妖言之记号。此种文字，断断不能适用于二十世纪之新时代。"又道，"我再大胆宣言道：欲使中国不亡，欲使中国民族为二十世纪文明之民族，必以废孔学，灭道教为根本之解决，而废记载孔门学说及道教妖言之汉文，尤为根本解决之根本解决"。[3]今日读这些话，偏激之甚，错谬之深，已无须辨析了。

> 越到后世，文言文同实际口语的距离越远。这种情况是不能适应社会和语

---

[1] 参见吕叔湘：《文言和白话》，《国文杂志》1944年第三卷第1号。

[2] 参见徐通锵：《汉语结构的基本原理——字本位和语言研究》，中国海洋大学出版社2005年版；参见潘文国：《字本位与汉语研究》，华东师范大学出版社2002年版。

[3] 钱玄同：《中国今后之文字问题》，蔡尚思主编：《中国现代思想史资料简编》第一卷，浙江人民出版社1982年版，第416页。

言的发展的。

书面和口语的不一致[1]，自古已然，明清尤甚，其原因在于文言文写作以复古为时尚，唐宋八大家便是明清作文的楷模。[2]但白话文的滋生与蓬勃，亦正在此一时期。之所以文言与口语的不一致成为问题，是与西方语言接触后，两相比较的结果。语言学的进化论，一度被国人奉为真理，而作为印欧语言之特色的"言文一致"，成为改造汉语的最终诉求，这一努力至今未见成效。现代白话文，依然言文不一致。朱德熙认为，五四之后的白话文学作品也不是真正的口语，而是"拿北方官话做底子，又受到明清白话小说相当大的影响，还带着不同程度的方言成分以及不少新兴词汇和欧化句法的混合的文体"。[3]言文不一致的根本原因在于，汉字是形意文字，而非写音文字，除非采用拼音取代汉字，否则永远不可能一致。走拼音化道路，在数十年时间曾经是国家文字改革的方向。越南、朝鲜、韩国、日本，都有不同程度的"去汉字化"运动。

从唐宋以来，白话文书面语逐渐兴了起来。先是采用比较接近口语的"变文""语录"一类文体，传播佛教教义，后来随着资本主义因素的萌芽和市民阶级的抬头而出现了用当时口语来书写的明清章回小说。

以上"唐宋说"，采纳的是胡适在《白话文学史》中的观点，王力亦有相近看法。《古代汉语·绪论》认为，古汉语有两个书面语系统，"一个是以先秦口语为基础而形成的上古汉语书面语言以及后来历代作家仿古的作品中的语言，也就是通常所说的文言；一个是唐宋以来以北方话为基础形成的古白话"[4]。徐时仪的《汉语白话发展史》，是系统探讨汉语白话发展史的著作，在文白长期并存的古代汉语书面语系统中，将白话的历史分为露头期（先秦和魏晋南北朝）、发展期（隋唐五代宋元）和成熟期（明清）。事实上，汉语第一次与印欧语言的接触从东汉佛教传入便已开

---

[1] 台静农认为，"中国语言与文字分离，并不是单纯的时间因素，而文字本身实是最大的因素"。参见台静农：《龙坡论学集》，辽宁教育出版社 2000 年版。

[2] 朱德熙认为，"书面语和口语的差别一直相当大。在五四时期白话文运动以前，书面语和口语的区别实际上是古今语的区别。以唐宋时代为例，当时人口里说的是白话，笔下写的是文言，即是以先秦诸子和《左传》《史记》等广泛传诵的名篇为范本的古文文体。这种情形往上大概可以推到两汉时期，往下一直延续到二十世纪初叶"。参见《中国大百科全书·语言文字卷》，中国大百科全书出版社 1988 年版，第 132 页。

[3] 同上，第 13 页。

[4] 王力：《古代汉语·绪论》，中华书局 1982 年版。

始，梵文不但影响了汉语对音韵的重视，且佛经的汉译所形成的"内典"，也成为首个与文言文形成差别的独特文体。王国维认为，楚辞、内典、元剧的文章，在美学风格上可鼎足而立。《朱子语类》乃朱熹门人记录其讲学语录的汇编，为使听者易于理会，语不求深，多方设喻，如话家常，以明白显豁为追求。记录者虽难免加工，仍保存了大量时语。以口语宣讲理学，由此成为一种传统，王阳明《传习录》即为一例。朱熹、王阳明以达意为目的，文言便任其文言，白话亦任其白话，没有非此即彼，或以彼此的高低相较。至于明清是否出现过所谓"资本主义萌芽"颇费争议，中国历史自具轨迹，套用西方历史模式，有蓄意误导之嫌，况语言的发展演变，与资本主义何涉？"市民阶级"一语也嫌牵强，城市人口或可统计，是否称得上阶级，尚存疑问。明清章回小说的古代白话与文言一样，属书面语系统，认为明清章回小说使用的是一种不同于文言的"白话书面语"则可，若说他们"用当时口语来书写"则未必。今天的白话文也不是以今天的口语书写，有谁会像新闻联播那样说话的吗，但写起文章来，却不自觉与某种腔调保持惊人的一致。书面语和口语的界限不容混淆，白话书面语，也并不等于口语，其差别在于一是用来阅读，一是用以倾听，"目治"与"耳治"有别，岂可不论。由于广播电视网络视频等技术手段的出现，我们还须区分"原生口语"和"次生口语"的不同，媒体上的"领导讲话""辩论会场""谈话节目""主持人语"以口说的形式传达，但并非真正的口语，有时被讥为"不说人话"其实自有不得已之处。

　　不过直到清代末年，白话文还只是局限在通俗文学的范围之内，未能改变文言文独尊的局面而作为通用的书面语。

　　其实，白话文并不局限于通俗文学。上述佛家的"变文""俗讲"、儒家的"语录"虽则通俗，但不在文学之列。文言亦非一成不变，之所以长期居于"独尊"地位，乃因文言能够顺应历代语言的变化而变化。有人指出，韩愈的文章明显不合先秦语法，证明唐朝的口语到底还是侵入了文言。钱基博评梁启超政论体有言："醋放自恣，务为纵横铁荡，时时杂以俚语、韵语、排比语及外国语法，皆所不禁，更无论桐城家所禁约之语录语、魏晋六朝藻丽俳语、诗歌中隽语及南北史佻巧语焉。"[1] 梁体不仅为当时报章杂志争相刊发，今时台港海外中文报刊依然沿用其绪，并无难懂之弊。由此可见推断文言与白话自古以来的对立，是虚构的、夸张的，更未有文言与白话

---

[1] 钱基博:《现代中国文学史》，中国人民大学出版社 2004 年版，第 343 页。

之间不可兼容的紧张仇怨。文与白、书与言，曾经长期共存、并行、辅助、长育，虽偶或相犯，但井水河水，两相活泛。是故白话文运动从颠覆到成功，一跃而居至尊地位，进而废除文言，也许可视作某一底层叛逆故事在语言变革中的假想剧情。

把明代的四大奇书视作通俗文学，本身即为新文学运动的偏见，汉学家浦安迪称之为"文人小说"乃卓异之见，更准确的看法是民间流传过程中多次加工的文人小说，在此问题上若还存在争议的话，那么《红楼梦》《儒林外史》《镜花缘》等伟大白话经典作品广为人知之后，硬说白话文"局限在通俗文学的范围之内"就太不顾事实了。曹雪芹和吴敬梓无疑是那个时代最优秀的作家，他们以娴熟的白话书面语写作之时，从来不知什么叫作文言独尊，略早于他们的蒲松龄以文言撰写《聊斋志异》，亦绝不会看不起白话。科举考试不以文言、不写八股不行，而创作特别是著小说，以白话还是文言悉听君便。四大奇书问世已百年，白话章回体小说的伟大传统，在十六世纪奠定，寂寞了一个世纪再次焕发异彩，经过李卓吾、毛宗岗、金圣叹、张竹坡等人评点鼓吹，《三国演义》《水浒传》这样的白话文体，已与庄骚史记并列成为经典。

历代不少学者为了让更多的人看懂书面文字，都主张书面语同口语相一致。

所谓"历代"学者，哪代谁何？最早作此主张者黄遵宪，在《日本国志》中说："余闻罗马古时，仅用腊丁语，各国以语言殊异，病其难用。自法国易以法音，英国易以英音，而英法诸国文学始盛。耶稣教之盛，亦在礮《旧约》《新约》就各国文辞普译其书，故行之弥广。盖语言与文字离，则通文者少；语言与文字合，则通文者多，其势然也。"[1]此书据推断最晚于一八九五年公开刊行，此前已广为人知，作者做过十年外交使节，又以"诗界革命"之倡见重于仕林，此论一出，影响之巨，不难推想。以欧洲近代民族语言从中世纪统一的拉丁语中分离而出的例，对照汉语的自我更新，对后来的"白话文运动"思路，发生决定性影响。胡适后来即有此类比。裘廷梁著文《论白话为维新之本》把书面语和口语的分离，当作大问题，可谓是对黄氏论述的回应。所谓"一人之身，而手口异国，实为二千年来文字一大厄"。[2]然而，从今时汉语依然不能言文一致的现状看，书面语与口语的一致，毕竟属于西方表音文字的议题，汉语作为表意文字，安不上这一题，若要改革，也未见走得通西方这条路，

---

[1]《黄遵宪全集》下卷，中华书局 2005 年版，第 1420 页。

[2] 裘廷梁：《论白话为维新之本》，张枬、王忍之主编：《辛亥革命前十年间时论选集》第一卷上册，生活·读书·新知三联书店 1977 年版，第 38 页。

硬要去走，不但言文仍然不一致，亦且伤害了汉语。

　　一八六一年，洪仁玕（一八二二～一八六四）根据洪秀全的指示，颁布《戒浮文巧言谕》，提出了改革文体的方针："不须古典之言"，"总须切实明透，使人一目了然"。

太平天国政权内部的一项改革措施，似乎不值得这样单独提出来，有一阵子，农民起义的先进性被夸张了。洪仁玕乃洪秀全堂弟，这位《资政新篇》的作者，生活简朴，喜欢读书，主持太平天国朝政后，与幼赞王蒙时雍、贰天将李春发联名颁发了这份文告。将其说成是文体的改革，既夸张也不准确，无非是对于其治下案牍公文的强行要求而已。洪仁玕在《资政新篇》的开头对于洪秀全的称谓，读来颇有意趣："小弟仁玕跪在我真圣主万岁万岁万万岁陛下，奏为条陈款列，善辅国政，以新民德，并跪请圣安事：……"要说此一时期真正对汉语革新发生深远甚至决定性影响者，乃是在华传教士的积极活动，包括大量的言语辅助活动。西方传教士提出了至少十余种方案，以罗马字母为汉字注音，这一方法深刻启示了中国学者，于是有一八九二年卢戆章的《一目了然初阶（中国切音新字厦门腔）》，此后十数年间，几乎每年都有国人提出字母注音的新方案。劳乃宣的"简字全谱"曾惊动朝廷，引起慈禧太后的关注。[1]

　　又过了二三十年，资产阶级改良派为宣传变法维新、开发民智而提倡白话文。

以上陈述粗略，不仅简化，而且失实。宣传维新的改良派并不尽皆提倡白话文，梁启超自创文体，后被称为"新民体"，属于文言上的改良派，杂文言白话而用之，其卓越的文采，以带情感的笔锋，抒发得淋漓尽致，影响力远非倡导白话者所可比拟。甚至可以说，没有梁启超被当时的保守派视作洪水猛兽的文章和宣传，就不会有辛亥革命的轻易成功，胡适有此说法可以为证。革命派对语言变革虽然态度保守，对文言却情有独钟，但与其后白话文领袖攻讦文言不同，他们并不排斥白话。被张舜徽称为"清代扬州学派殿军"的刘师培，善以白话解读传统，曾为《中国白话报》

<hr>

[1] 参见袁进：《中国文学的近代变革》，广西师范大学出版社 2006 年版。此书第二章以 27 页篇幅论述"西方传教士的努力"，作者认为"欧化白话文在中国已经存在了一个漫长的时段，到五四时期，它至少已经存在了半个世纪"。这些欧化白话文由传教士郭实腊、马礼逊等人翻译、创作而成。

主稿人，章太炎于一九二一年出版《章太炎的白话文》，章太炎、黄节、刘师培在政治立场上力主排满革命，与五四一代否定传统文化、以文体革命为政治工具不同，他们致力于"用国粹激动种姓，增进爱国的热肠"（章太炎语）。木山英雄认为："在章的宏图大略里，固有的生活样式或诸种文化（国粹）和学问（国学）的自律，是国家民族独立的基础，正因如此，它们不是为政治目的服务的手段。恐怕这是问题的关键。"[1]

> 如黄遵宪（一八四八～一九〇五）引俗话入诗，宣称"我手写我口"（《杂感》）；裘廷梁（一八五七～一九四三）认为"白话为维新之本"，发出了"崇白话而废文言"的口号；陈荣衮第一个明确主张报纸应该改用白话；王照更声明自己制定的官话字母，只拼写"北人俗话"，不拼写文言。同时，他们还积极写作通俗浅显的文章。

裘廷梁那篇著名的文章，字两千余。许多观点直接影响了后来的"白话文运动"："二千年来海内重望，耗精敝神，穷岁月为之不知止，自今视之，仅仅足自娱，益天下盖寡，呜呼，使古之君天下者，崇白话而废文言，则吾黄人聪明才力，无他途以夺之，必且务为有用之学，何至暗没如斯矣。"[2] 马建忠著《马氏文通》，尤望国人毋再耗时费心于读写，多学有用之学。裘廷梁的结论简而惊人："愚天下之具，莫文言若；智天下之具，莫白话若。吾中国不欲智天下斯已矣，苟欲智之，而犹以文言树天下之的，则吾所云八益者，以反比例求之，其败坏天下才智之民亦已甚矣。吾今为一言以蔽之曰：文言兴而后实学废，白话兴而后实学兴；实学不兴，是谓无民。"[3]

以上竭力倡导白话的议论，均出之于文言，并未一味"愚"天下人，反而以文言文锐利的逻辑性和说服力，为日后白话文运动的兴起张目。陈荣衮云："今夫文言之祸亡中国，其一端矣，中国四万万人之中，试问能文言者几何？大约能文言者不过五万人中得百人耳，以百分一之人，遂举四万九千九百分之人置于不议不论，而

---

[1]［日］木山英雄著，孙歌译：《"文学复古"与"文学革命"》，《学人》第十辑，江苏文艺出版社1996年版，第242—243页。

[2] 裘廷梁：《论白话为维新之本》，张枬、王忍之主编：《辛亥革命前十年间时论选集》第一卷上册，生活·读书·新知三联书店1977年版，第39页。

[3] 同上，第42页。

惟日演其文言以为美观，一国中若农、若工、若商、若妇人、若孺子，徒任其废聪塞明，哑口瞠目，遂养成不痛不痒之世界……"[1] 先说文言不能开启民智，又道会文言者是极少数，民智之未开，非文言之使然，倒是其太多的人不能文言而使然也。王照参与戊戌变法，亡命日本，潜回国后隐居天津，为普及教育，令齐氓细民"各精其业各扩其职各知其分"，发愤要造出一种统一中国语言文字的官话字母，即"合声字母"，共六十余母，采用两拼之法。王氏字母运动，赢得多人支持，中有桐城派领袖吴汝纶，亦有北洋大臣袁世凯。黎锦熙《国语运动小史》于字母运动言之甚详，胡适在为《中国新文学大系》第一集所写"导言"中亦有涉及。国语运动与白话文运动有重叠交叉，但两者的着眼点不同，前者的目标是国语统一，后者则是书面语的革新，不可混为一谈。最后一语，尤值得注意。写通俗浅显的文章，并不意味着以白话写文章，文言并不一定深奥，白话难道尽都浅显通俗？再者，通俗浅显是优点抑或缺点亦需因人因文因用途场合而论。

梁启超（一八七三～一九二九）最先向霸占文坛的桐城派古文挑战，创制了"新文体"，用的虽还是文言，但平易畅达，杂以俚语、韵语及外国语法，已向着白话文迈出了第一步。

梁启超的书面语既然"用的还是文言"，则以文言而能承载新的思想，传播广泛，影响至巨，不正显示了文言的能量吗？白话文运动发起人胡适也承认这种影响："我个人受了梁先生无穷的恩惠。现在追想起来，有两点最分明。第一是他的《新民说》，第二是他的《中国学术思想变迁之大势》。""我们在那个时代读这样的文字，没有一个不受他的震荡感动的。他在那时代主张最激烈，态度最鲜明，感人的力量也最深刻。""梁先生的文章，明白晓畅之中，带着浓挚的热情，使读的人不能不跟着他走，不能不跟着他想。"[2] 在几无保留的赞誉中，胡适将梁任公的影响视为个人的威力，而不是写作和文采——文言文——的威力。

白话也好，文言亦罢，并不等于文章。文章的高下，乃看作者为谁。从实用看，人们多以为白话比文言文易作，但周作人以为相反。我们也可设问于胡适：梁氏倘若用白话，可否有此凌厉的文采、广泛的影响呢？

严复之于鲁迅的影响也是一例。《天演论》译笔的仿古文言，深奥典雅，据说凡汉代以降词语不选。我们能说当初少年周树人感动于《天演论》者，仅仅是赫胥

［1］陈荣衮：《论报章亦改用浅说》，谭彼岸：《晚清白话文运动》，湖北人民出版社 1957 年版。
［2］胡适：《四十自述》，岳麓书社 1998 年版。

黎的进化论思想，而与严氏文采之快感毫无关涉吗？不仅在《摩罗诗力说》《文化偏至论》中看到端然的文言，鲁迅日后的白话杂文亦深谙此道，以文入白，发挥得淋漓尽致，至今仍是文白书写的绝佳典范。出于白话文运动的立场，鲁迅讥嘲自己早岁的古文写作，然而，鲁迅明白，他的笔力与文采实乃处处受惠于文言的妙要，唯其渊深的文言教养，这才有足够的余裕和高度。鄙视并攻击文言——是五四第一代文人的奢侈，他们奢侈得起，后人以之为真，遂成遗患。当初鲁迅一辈真诚期待于未来的新语言，而今日白话文的现状，许是五四同人未可预见的。

出于事功之念，他们乐于承认梁启超文体于辛亥革命的作用。胡适在日记中说："梁任公为吾国革命第一大功臣，其功在革新吾国之思想界。十五年来（一八九八～一九一二），吾国人士所以稍知民族思想主义及世界大事者，皆梁氏之赐，此百喙所不能诬也。去年武汉革命，所以能一举而全国响应者，民族思想政治思想人人已深，故势如破竹。使无梁氏之笔，虽有百十孙中山、黄克强，岂能成功如此之速耶！"[1] 这段话，胡适点出梁氏之"笔"，已是指"文采"的意思了，而这文采当然归因于文言的妙用，其力量，竟能胜于"百十孙中山"。

接着白话书报在各地涌现，日见兴盛，其中白话报纸有十多种，白话教科书有五十多种，白话小说有一千五百多种。

以上"白话书报"是谁创办的呢？语焉不详，仿佛是资产阶级改良派提倡白话的结果，其实不然，绝大多数是外国传教士。据统计，从一八一五年到十九世纪末，洋人在华创办中文和外文报刊近二百种，占当时全国报纸总数百分之八十以上。[2] 此一史料殊为重要，即五四白话文运动之前，晚清时期流行欧化的白话，基础已定，白话文的普及，势成大局，其历史功绩与主事者，乃外国传教士。胡适一辈的"革命"相较此前的史迹，不免失色，甚或失实了。

可是直到辛亥革命（一九一一）之前，还没有人自觉地去实现以白话文代替文言文这个重大的变革。

---

[1] 参见《胡适日记》，转引自何九盈：《汉语三论》，语文出版社 2007 年版，第 26 页。高玉认为梁启超是失败的，"根本上不得要领"，因为"新思想必须有新语言，梁启超总是把西方的术语、概念、范畴以中国古代语言体系，以中国的思维方式，用古代的话语和思维方式来表达，自然是'旧皮囊装新酒'，不伦不类"。参见高玉：《现代汉语与中国现代文学》，中国社会科学出版社 2003 年版，第 91 页。

[2] 参见赵春晨、雷雨田、何大进：《基督教与近代岭南文化》，上海人民出版社 2002 年版，第 122 页。

袁进在《中国文学的近代变革》中发掘披露了大量晚清史料，鲜为人知——马礼逊、郭实腊等西方传教士的翻译和汉语白话创作，今日读来，与通行白话一样，甚至更为自如。然而这些刊布其时的白话文章比五四白话文运动早出半个世纪，作者的结论是："根据以上大量的事实，我们有理由说，与文言文和古白话不同的新白话，也就是后来的现代汉语在十九世纪七十年代正在形成，其代表作就是西方传教士翻译和创作的作品，它们的流行遍布全国各地，而且常常在下层社会。它们包括了诗歌、散文、议论文、小说等各种样式的文学作品。简言之，现代汉语的文学作品是由西方传教士的中文译本最先奠定的，它们要比五四新文化运动宣扬的白话文早了半个世纪。它们在社会上自成一个发展系统，连绵不断。""在某种意义上，我们甚至可以说，中国文学的近代变革，首先是由西方传教士推动的，他们的活动是五四新文学的源头之一。"[1]刘进才《语言运动与中国现代文学》一书也列有专章"现代语言运动发生的异域资源"，副题为"西方传教士与白话文体的先声"，其对《圣经》翻译和早期白话文的关系，作了详尽的探讨。

周作人一九二〇年说过这样的话："我记得从前有人反对新文学，说这些文章并不能算新，因为都是从《马太福音》出来的；当时觉得他的话很是可笑，现在想起来反要佩服他的先觉：《马太福音》的确是中国最早的欧化的文学的国语，我又预计他与中国新文学的前途有极大极深的关系。"[2]作为五四文化新党，这话再明白不过了。

王治心一九四〇年出版《中国基督教史纲》，不仅视《圣经》翻译为后来文学革命的先锋，且把太平天国的文告，也视作后来平民文学的先导。[3]

语言文字乃全民使用，演变过程中有自然而然的趋势，社会环境起了变动，会影响到大家的说话和写作，这是一件天天发生而未中断的事。近代以来汉语书面语的白话趋势的确越来越明显了，有加快的倾向，却不宜夸大顺势引导者的作用，外国传教士在翻译使用中文写作时选择白话，除了考虑下层读者的易懂之外，一个重要的原因是学会文言文太困难了。教育的普及，识字的人数增加，通文言者似应多起来，由于白话文运动的结果，却使几代人整体上自外于文言阅读和写作的能力，这在过去教育不发达的几千年里，从来没有发生过。

[1] 袁进:《中国文学的近代变革》，广西师范大学出版社 2006 年版，第 88、91 页。
[2] 周作人:《圣书与中国文学》，钟叔河编《周作人文类编》第八卷，湖南文艺出版社 1998 年版，第 452 页。
[3] 参见王治心:《中国基督教史纲》，上海古籍出版社 2004 年版，第 153、254 页。

从清代末年到民国初年，接连出现了几件可以决定文体改革方向的大事：一是科举制度的废除（一九〇五）；二是辛亥革命推翻了封建皇帝；三是粉碎了袁世凯的称帝迷梦（一九一六），《新青年》发出提倡科学和民主、打倒孔家店的口号。

废除科考与文言的没落，因果关系分明。文言（尤其八股）是天下读书人进身谋职的要务，一朝绝了此路，攻习文言的最大动力立刻失去了。是故文言文并非为白话文所"打倒"，毋宁是废科举而渐趋没落。曾有人模仿以上胡适评价梁启超"之笔"于辛亥革命的话，认为假如没有废除科举的釜底抽薪之举，纵有百十胡适之陈独秀，也未可导致白话革命的速成。周作人多次将白话取代文言视为正宗，与推翻帝制相比拟，但他的意思显然是对文言的肯定而非否定，因文言丧失至尊地位与废除文言，纯然两件事，他认为，"五四前后，古文还坐着正统宝位的时候，我们的恶骂力攻都是对的，到了已经逊位列入齐民，如还是不承认他是华语文学的一分子，正如中华民国还说满洲一族是别国人，承认那以前住在紫禁城里的是他们的皇上，这未免有点错误了"[1]。白话文运动是拉丁化文字运动的先导，或说拉丁化中国文字是白话文运动的必然趋势，就此而言，废除文言乃是废除汉字的第一步，唯有循此思路，才可理解白话文运动之于文言文，何以发生如此极端的态度。上论作者在论述文白演替的语境中，谈论袁世凯的复辟帝制，其隐喻，即是将文言文的复兴视作一场持续了八十三天的闹剧。文言与封建制度之间，被如此暗示所绑定，已经不是认知，而是意识形态作怪了。莫说文言与旧制度不是一回事，即使封建帝制本身也有种种差别，秦始皇之前是一种，其后又是一种，唐宋的帝制，与明清的帝制亦有大不同。袁氏未能在皇帝宝座上长久，因其暴病而死，并非谁粉碎的结果，皇权和专制在中国有很大的潜力，洪宪之后几十年仍意犹未尽。

明末清初的顾、黄、王诸士，作文俱以文言，以文言传达民主的诉求和种种新思潮毫无妨碍，《明夷待访录》《原君》《日思录》等，是晚清民主革命思想的重要来源。而章太炎等国粹派鼓吹革命排满共和，文言一样在其手中成为利器。孟德斯鸠的三权分立思想，首次为国人所了解，乃由严复的文言翻译，《法意》一书今译为《法的精神》，欧洲的进化论思想，经典雅的文言润饰之后，如虎添翼，成一时之显学。

《新青年》杂志是白话文运动之嚆矢，一九一五年九月十五日由陈独秀于上海创办（上海群益书社印行，月刊，六期为一卷，首卷名《青年杂志》，自二卷一号

---

[1] 周作人：《圣书与中国文学》，钟叔河编：《周作人文类编》第八卷，湖南文艺出版社1998年版，第452页。

更名为《新青年》)。[1]

《新青年》的特色，除了主张激进，便是语言的激进，这一层，直接塑造了白话文运动的品性：一种激烈、夸张而极具意图性的语言。有人将《新青年》的特征概括为"实效至上的功利主义""措辞激烈、不惜在论述上走极端的习气""绝对主义的思路"以及"以救世主自居的姿态"，认为《新青年》同人的努力，至少极大地影响了中国现代文学的诞生方式：它是先有理论的倡导，后有创作的实践；不是后起的理论给已经存在的作品命名，而是理论先提出规范，作家再按照这些规范去创作；不是几个缪斯的狂热信徒的个人创作所造成，而是由一群轻视文学自身价值的思想启蒙者所造成。我简直想说，它是一种理智的预先设计的产物了"。[2]

> 思想的解放带来文体的解放，觉醒了的广大人民群众，掀起了民主主义的浪潮，为白话文运动打下了群众基础。

以上是白话文运动的典型句式和标准腔调，读到这样的句子，你会惊叹八股文生命力之强大，改头换面之后，它成功地在白话文中得以实现，长长的句子，节奏明快、音节顿挫，读起来让人舒服，却大而化之什么也没有说。

"人民群众"以何种方式参与早期的"白话文运动"，当然语焉不详。时隔九十多年，当初"群众基础"云云，不过是民粹主义的假想与神话。白话文运动的早期反对派曾认为，那场运动始终是少数激进分子对无知学生施行蛊惑，于己于人，有百害而无一利。二十世纪三十年代兴起的大众语运动，亦曾尖锐地批评五四白话文运动"脱离群众"，造成了所谓"新文言"。若把"运动"二字去掉，白话文字自身倒是天然具有"群众基础"的，白话文这种书面语，与文言比起来，究竟离口语切近许多。说得出、听得懂的语言，自然能够从群众中来，也容易到群众中去，但这一"群众基础"不是浪潮作用的结果，也与觉醒与否无涉。马克思主义的意识形态，得白话之助，如虎添翼，在群众中迅速传播，经过二十八年的艰难曲折，成为巨大的政治力量。

---

[1] 1917年初，陈独秀出任北京大学文科学长，编辑部自上海迁至北京。1918年，扩大改组，李大钊、鲁迅、钱玄同、刘半农、沈尹默、胡适、高一涵、周作人等参与其事，一度实行轮流编辑的办法。1919年6月，因陈独秀被捕停刊五个月，同年12月1日出版的七卷一号起，仍改为陈独秀一人主编。至1920年9月八卷一号起，迁回上海印行，事实上成为中国共产党在上海举事的机关刊物。1921年10月出至九卷六号后停刊。复出的《新青年》季刊与不定期刊，已是政治刊物，于1926年7月停刊。

[2] 王晓明：《刺丛里的求索》，上海远东出版社1995年版。

第二节　白话文运动的经过

一九一七年一月，胡适在《新青年》发表题为《文学改良刍议》的文章，这是白话文运动的公开信号。文中提出：白话文学为文学之正宗。这个纲领性的意见，很快就得到陈独秀的响应。钱玄同也及时发出打倒"桐城谬种""选学妖孽"的口号，最先把反对文言文同反对"独夫民贼"、反对弄坏白话文章的"文妖"联系起来，并在陈、胡强调"文学革命"的时候，第一个考虑到应用文的改革。一九一八年一月，《新青年》实现自己的主张，全部改用白话文。五月，鲁迅在《新青年》上发表《狂人日记》，标志着白话文运动在文艺方面首先突破，显示实绩。年底，李大钊（一八八九～一九二七）、陈独秀创办白话周刊《每周评论》，北京大学学生傅斯年（一八九六～一九五〇）、罗家伦（一八九七～一九六七）等创办白话月刊《新潮》。不久，鲁迅指出，白话文应该是"四万万中国人嘴里发出来的声音"（《杂感录五十七·现在的屠杀者》），这就把白话文放在现代中国人口语的基础上。

白话文运动的各种口号提出以后，遭到一些支持文言文的学者的猛烈攻击。如古文家林纾（一八五二～一九二四）攻击白话文为"引车卖浆者言"，南京东南大学教师胡先骕（一八九四～一九六八）认为白话文"随时变迁"，后人看不懂，等等。当时北京大学校长蔡元培（一八六八～一九四〇）等据理驳斥，引起一场白话文和文言文的论战。

一九一九年反帝反封建的五四运动爆发，白话文运动得到突飞猛进的发展。一年之内，白话报至少出了四百种。一九二〇年，北洋政府教育部命令，小学教科书改用白话。新文学的团体如文学研究会、创造社等也相继成立。

一九二一年以后，胡适去"整理国故"了。胡先骕的《学衡》杂志、章士钊（一八八二～一九七三）的《甲寅》周刊，为迎合封建势力复辟，先后对白话文进行反攻。共产党与国民党合作，进行反帝反封建的斗争，在文化上以《向导周报》、上海《民国日报》等为阵地，共同反对文言文，提倡白话文。在这种形势下，鲁迅先后发表了《估学衡》（一九二二）、《答KS君》（一九二五）、《再来一次》（一九二六）等文章，大抵采取"以毒攻毒"的方法，用古书作法宝，证明鼓吹文言的"学衡"派和"甲寅"派实际自己也作不通古文，错用典故；白涤洲（一九〇〇～一九三四）、唐钺（一八九一～一九八六）也在《雅洁与恶滥》（一九二五）、《告恐怖白话的人们》（一九二五）等文中给以批驳，这才把那批反对派打退了。

一九一七年一月，胡适在《新青年》发表题为《文学改良刍议》的文章，这是白话文运动的公开信号。

无论白话文运动或新文学运动，《文学改良刍议》一文无疑是纲领性文本，历来为研究者所称引。[1]此文成于一九一六年十一月，胡适时在美国哥伦比亚大学求学。

文章分述"八事"："须言之有物，不摹仿古人，须讲求文法，不作无病之呻吟，务去滥调套语，不用典，不讲对仗，不避俗字俗语。"[2]但首次公开这八个主张，并不在此文。一九一六年十月一日出版的《新青年》二卷二号上刊载胡适致陈独秀的信，已列出八事（排列顺序与后来不同），明确提出"今日欲言文学革命，须从八事入手"，但又说"此八事略具要领而已，其详细节目，非一书所能尽，当俟诸他日再为足下详言之"。此言或许是对后来《文学改良刍议》的预告。既如是，白话文运动的公开信号应定为一九一六年十月《新青年》发表《寄陈独秀》和一九一七年一月发表《文学改良刍议》。[3]须要留意的是，胡适《寄陈独秀》信曾不经意间拈出的爆炸性词语"文学革命"，在《文学改良刍议》中则易为"文学改良"。两个关键词的区别，差异分明，却被"文学革命"的响应者们故意忽视了。胡适于一九一五年六月另有万字长文《论句读及文字符号》，刊在《科学》月刊第二卷第二期上，该杂志创于一九一五年，是中国最早采用横排和新式标点的刊物。时光荏苒，白话文与新文学运动之间的联系早已成旧闻，但白话文运动与科学话语的共生关系，却鲜有人探究。汪晖曾撰长文专门论述，"不是白话，而是对白话的科学化和技术化的洗礼，才是现代白话文运动的更为鲜明的特征"[4]。

陈独秀在接下来的《新青年》二卷六号上发表了《文学革命论》[5]，提出了著名的三大主义："推倒雕琢的阿谀的贵族文学，建设平易的抒情的国民文学；推倒陈腐

---

[1] 据作者胡适回忆，用复写纸抄了三份，一份给《留美学生季报》，一份寄给陈独秀，刊载于1917年1月1日《新青年》二卷五号上，又载于1917年3月《留美学生季报》春季第一号；后收入1921年12月亚东图书馆初版《胡适文存》卷一；又收入1923年新文化出版社出版的《新文学评论》；又收入1935年10月良友公司出版的《中国新文学大系·建设理论集》。文末所注时间（民国六年一月）是收入《胡适文存》时所署的发表时间。

[2] 梁宗岱认为"八不主义"是从美国人约翰·尔斯更（John Erskine）那里抄来的。还有说与庞德（Ezra Pound）1913年发表的《几个不》观点相近。周作人认为，胡适的"八不主义"，是复活了明末公安派"独抒性灵，不拘格套"，"信腕信口，皆成律度"的主张。

[3] 参见胡适：《寄陈独秀》，《胡适文存》第一卷，亚东图书馆1921年版；参见胡适：《文学改良刍议》，胡适：《中国新文学大系·建设理论集》，良友公司1935年版。

[4] 汪晖：《现代中国思想的兴起》第二部下卷，生活·读书·新知三联书店2004年版，第1139页。

[5] 夏志清称之为"内容泼辣，文字异常浮夸"。

的铺张的古典文学，建设新鲜的立诚的写实文学；推倒迂晦的艰涩的山林文学，建设明了的通俗的社会文学。"这段饱含政治性的文字，阶级划分意识初露端倪，意识形态色彩浓厚，以新兴的民粹主义立场讨伐没落过时的精英主义，所谓摧枯拉朽，似有雷霆万钧之势，这是白话文在此后百年中经常使用的策略，经"文革"的滥用之后，成为一种虚张声势夸夸其谈的修辞，而在当时此言此语却令读者耳目一新，有很强的冲击力。

　　　文中提出：白话文学为文学之正宗。这个纲领性的意见，很快就得到陈独
　　秀的响应。

　　胡适文章原文，是"然以今世历史进化的眼光观之，则白话为中国文学之正宗，又为将来文学之利器，可断言也"。紧接着一句置于括号内的附注："此'断言'乃作者自言之，赞成此说者今日未必甚多也。"其语气审慎，对自己作此断言的主观性及可能招致的不合时宜有所省思，这符合胡适惯常的理性态度。但"白话为文学之正宗"的断语，胡适则终身未改，这也是白话文运动诸位倡导者的共识，而其他问题歧见纷呈，却难于一致。依照时下流行的观念，文言变成白话仍属于形式革命，内容，则是另一回事。

　　陈独秀在《答胡适之》中说："鄙意容纳异议，自由讨论，固为学术发达之原则；独至改良中国文学，当以白话为文学正宗之说，其是非甚明，必不容反对者有讨论之余地，必以吾辈所主张者为绝对之是，而不容他人之匡正也。"[1]其主张与语气之决绝霸道，与胡适适成对比。陈、胡个人未来的不同道路，在这语气中已可以见出。鲁迅曾撰文比较两者："假如将韬略比作一间仓库罢，独秀先生的是外面竖一面大旗，大书道：'内皆武器，来者小心！'但那门却是开着的，里面有几支枪，几把刀，一目了然，用不着提防。适之先生的是紧紧的关着门，门上粘一条小纸条道：'内无武器，请勿疑虑。'这自然可以是真的，但有些人——至少是我这样的人——有时总不免要侧着头想一想。"[2]

　　　钱玄同也及时发出打倒"桐城谬种""选学妖孽"的口号，最先把反对文
　　言文同反对"独夫民贼"、反对弄坏白话文章的"文妖"联系起来，并在陈、
　　胡强调"文学革命"的时候，第一个考虑到应用文的改革。

　[1] 陈独秀：《答胡适之》，胡适选编：《中国新文学大系·建设理论集》，上海文艺出版社1981年版，第56页。
　[2] 鲁迅：《忆刘半农君》，《且介亭杂文》，上海三闲书屋1937年版，第80—81页。

钱玄同（一八八七~一九三九），五岁从师读经，一九〇六年留学日本，从章太炎研习国学，攻音韵训诂与《说文解字》。曾在章氏主办的白话文刊物《教育今语杂识》发表文字学文章。时留法学生吴稚晖、李石曾等人在其创办的《新世纪》周刊上提倡废除汉字，采用"万国语"（即世界语），章太炎撰文批驳，钱玄同亦力决拥戴其师主张，说"我国汉字发生最早、组织最优、效用亦最完备，确足以冠他国而无愧色"，并言"夫文字者，国民之表旗；此而废弃，是自亡其国也"。[1]一九一〇年钱玄同归国，一九一五年任高等师范国文系教授兼北京大学教授，并在清华、燕京大学兼课，讲授中国文字学、音韵学、《说文》研究、经史说略、周至唐及清代学术思想概要、先秦古书真伪略说等课程。后与黎锦熙创办并主持《国语周刊》（一九二五），任《中国大辞典》总编纂（一九三二），乃国语运动的中坚。其学术代表作《文字学音篇》（一九一八），是一部全面论述传统音韵学的著作。

钱玄同是位五四白话文运动的猛将，攻击古文与汉字，言论之极端，无人能及。他动员鲁迅为《新青年》写文章，如鲁迅所言，《狂人日记》的诞生出于他的劝说之功。[2]在《新青年》同人以文言文提倡白话之际，率先发表致陈独秀的白话信，敦请大家以白话作文。正是在他的提议下，《新青年》于一九一八年四卷一号始以白话文出版。他化名"王敬轩"与刘半农在《新青年》四卷三号上合演了一场文白论战的"双簧"吸引眼目，引起反对者的抗议。同样是被攻击的古文，因章太炎、刘师培的缘故，"桐城谬种"与"选学妖孽"实际上是被不同对待了。[3]是故，这场看似文白之争的运动，背后潜伏并延续晚清文坛桐城派与文选派的门户是非。

钱玄同之前，陈独秀的革命对象是"十八妖魔"：明朝前后七子、归有光、方苞、刘大櫆、姚鼐。胡适说："钱教授是古文大家，居然也对我们有如此同情的反应，实在使我们声势一振。"[4]钱玄同曾说，早在民国元年，章太炎先生在浙江省教育会上的演讲就提到："将来语音统一之后，小学教科书，不妨用白话来编。"所以钱玄同又说："我对于白话文的主张，实在根植于那个时候。"[5]

一九一八年一月，《新青年》实现自己的主张，全部改用白话文。五月，鲁迅在《新青年》上发表《狂人日记》，标志着白话文运动在文艺方面首先突破，

---

[1] 钱玄同：《刊行〈教育今语杂识〉之缘起》，《教育今语杂识》第一卷。

[2] 在《呐喊·自序》中，鲁迅将这位老朋友称作"金心异"，语出林纾小说《荆生》，林氏用以影射钱玄同。

[3] 陈平原认为，"新文化人批桐城是实，攻选学则虚"。参见陈平原：《现代中国的"魏晋风度"与"六朝散文"》，王晓明主编：《二十世纪中国文学史论》上卷，东方出版中心2003年版，第364页。

[4] 唐德刚：《胡适口述自传》，安徽教育出版社2005年版，第164页。

[5] 熊梦飞：《记录钱玄同先生关于语文问题的谈话》，《文化教育》第27期。

显示实绩。

鲁迅的第一篇小说并非《狂人日记》，而是文言体短篇《怀旧》，发表于一九一三年四月二十五日上海出版的《小说月报》第四卷第一号，署名周逴，在鲁迅生前出版的个人文集中，从未收录，一九三八年《鲁迅全集》出版时由许广平编入《集外集拾遗》。鲁迅出版翻译小说更早一些，以文言译就《域外小说集》初版于一九〇九年，至一九二二年出版《现代小说译丛》第一集时，已是白话翻译了。

《狂人日记》导言虽为文言，但被公认是现代第一部白话小说。有人认为"它的现代性不仅体现在采用了从西方引进的日记体，而且也体现在十三篇日记之间紧密的秩序结构，在互为衔接的情节和解释的层面上，这种现代性扬弃了在传统中国小说中占主导地位的简单的事件串联。其根本性的、不容低估的影响，则是对旧中国及其意识形态基础——儒学——的新视角"[1]。至一九二一年八月止，鲁迅在《新青年》上发表小说、新诗、杂文、译文等五十余篇，奠定了他在五四新文化运动中实践白话文创作的先驱地位。毛泽东发表在《新青年》唯一的文章是以文言写的《体育之研究》，署名"二十八画生"，这个谜语一样的名字，后来的岁月里逐渐露出谜底，不仅改变了中国社会，也极大地改变了白话文的走向。

年底，李大钊（一八八九～一九二七）、陈独秀创办白话周刊《每周评论》，北京大学学生傅斯年（一八九六～一九五〇）、罗家伦（一八九七～一九六七）等创办白话月刊《新潮》。

报纸形式的周刊《每周评论》为《新青年》同人所创办。年青一代迅即在《新青年》的影响下渐次成长，时代的风向，已大为不同。在北京大学学生组织"新潮社"编辑出版的《新潮》月刊创刊号上，罗家伦与傅斯年分别发表《今日之世界新潮》《社会革命——俄国式的革命》，显示出不同于上代人的追求。白话文运动在向前推进，傅斯年的名文《怎样做白话文？》、鲁迅的小说《明天》和翻译的尼采《察拉图斯忒拉的序言》（译文），也首次发表在这里。该刊创于一九二二年三月，出至三卷二号停刊，胡适说："我必须再补充一句，这份《新潮》月刊表现得甚为特殊，编写皆佳。互比之下，我们教授们所办的《新青年》的编排和内容，实在相

---

[1]［德］顾彬著，范劲等译：《二十世纪中国文学史》，华东师范大学出版社 2008 年版，第 37 页。

形见绌。"[1]自五四事起，文化激进主义很快进入竞赛的状态：这"相形见绌"一词，不过是《新潮》一代比《新青年》的激进姿态，走得更远罢。《新潮》月刊，英文名 *The Renaissance*，中文意即"文艺复兴"，两名不符，其英文含义始终处于中文刊名的遮蔽之中。陈平原认为："如果排列欧洲思想运动对中国人的深刻影响，晚清崇拜的是法国大革命，五四摹仿的是启蒙运动；至于文艺复兴，始终没有形成热潮。"[2]李长之一九四二年出版《迎中国的文艺复兴》一书，认为"五四并不够，它只是启蒙。那是太清浅、太低级的理智，太移植，太没有深度，太没有远景，而且和民族的根本精神太漠然了！我们所希望的不是如此，将来的事实也不会如此。在一个民族的政治上的压迫解除了以后，难道文化上不能蓬勃、深入、自主，和从前的光荣相衔接吗？"[3]然而，这文艺复兴不虚的征兆和于它热切的期待，终于没有变为现实。

不久，鲁迅指出，白话文应该是"四万万中国人嘴里发出来的声音"（《杂感录五十七·现在的屠杀者》），这就把白话文放在现代中国人口语的基础上。

顾彬称鲁迅的杂感录为"格言"："在我看来，'格言'这个词最贴切地表达了它与跳跃性文体的联系，同时兼具了讽刺和尖锐和哲学的深度。"[4]问题是，口语能作为白话文的基础吗？在白话/文言的二元对立模式中，又引入了语言/文字这一对应关系，而口语和白话文之间的天然联系，至少在汉语当中，使人经常忽视两者之间的差别——口头语/书面语，但说和写毕竟是两件事，且是差别很大的两件事。写出来的"对话"和说出来的"文章"，把这种差别弄得更为复杂了。

梁实秋的看法是，"晚近的白话文学运动是划时代的大事，在文学发展上是顺理成章的向前一大步迈进，这是无人可以否认的，但是白话文学仍是通过文字才得表现，文学作品无法越过文字的媒介而直接地和语言接触。现代的白话文实际上是较浅近的文言文，较合逻辑的浅近文言文"[5]。此说洵为冷静而理性的分析。口语固然是书面语的资源之一，但直接记录口语的文学，并非即是好的文学。汉语不同于

---

[1] 唐德刚：《胡适口述自传》，安徽教育出版社 2005 年版，第 186 页。常乃惪在《中国思想小史》中认为："讲到内容上是非常幼稚浅薄的，他们的论断态度大半毗于武断，反不如《甲寅》时代的处处严守论理，内中陈独秀、钱玄同二人的文字最犯武断的毛病，《新青年》之不能尽满人意在此。"

[2] 陈平原：《现代中国的"魏晋风度"与"六朝散文"》，王晓明主编：《二十世纪中国文学史论》上卷，东方出版中心 2003 年版，第 322 页。

[3]《李长之文集》第一卷，河北教育出版社 2006 年版，第 5 页。

[4]［德］顾彬著，范劲等译：《二十世纪中国文学史》，华东师范大学出版社 2008 年版，第 97 页。

[5] 梁实秋：《语言·文字·文学》，《梁实秋散文》，中国广播电视出版社 1989 年版，第 257 页。

西方语言的显性在于文字对语言的制约，这也是汉语"字本位"理论的要义。瞿秋白说："汉字不是表音符号……汉字存在一天，中国的文字就一天不能和言语一致。""总而言之，要写真正的白话文，要能够建立真正的现代中国文，就一定要废除汉字，就一定要废除汉字采用罗马字母。"[1]今日回看这类推论，五四运动的激进态度仅在文字一项，即如此果敢而激烈，"改良"面对"革命"，已没有商量的余地了。不做"现在的屠杀者"，便只能做"过去的屠杀者"，"与其……不如……"的句式，革命的逻辑咄咄逼人，连鲁迅先生也被卷入这必然性的洪流中了。

　　白话文运动的各种口号提出以后，遭到一些支持文言文的学者的猛烈攻击。如古文家林纾（一八五二～一九二四）攻击白话文为"引车卖浆者言"，南京东南大学教师胡先骕（一八九四～一九六八）认为白话文"随时变迁"，后人看不懂，等等。当时北京大学校长蔡元培（一八六八～一九四〇）等据理驳斥，引起一场白话文和文言文的论战。

　　这是一场口号的论争，其中包括"白话文为正宗"，胡适的"八不主义"，陈独秀的"三大主义"，钱玄同废除汉文式的"彻底解决"等，虽则刺目，即便学界的反响也有限，不然刘半农和钱玄同何必出演"双簧"，表演论战引人注目。林纾的发难体现在《论古文白话之相消长》《致蔡鹤卿太史书》和文言小说《荆生》中，其《论古文白话之相消长》一文，于唐以降的文脉流变，颇多心得，不乏真知灼见，但通篇并没有攻讦白话，写到自己与白话的关系时云："忆庚子客杭州林万里汪叔明创为白话日报，余为作白话道情，颇风行一时。""今官文书及往来函札，何尝尽用古文，一读古文，则人人瞠目，此古文一道，已厉消烬灭之秋，何必再用革除之力。"可见林纾哀叹文言之没落，似在白话提倡之先。其结尾曰："今使尽以白话道之，吾恐浙江安徽之白话，固不如直隶之佳也。实则此种教法，万无能成之理，吾辈已老，不能为正其非，悠悠百年，自有能辨之者。请诸君拭目俟之。"时林纾六十六岁，作为古文大家，深受吴汝纶推崇，自诩"六百年中，震川（归有光）外无一人敢当我者"（《林畏庐先生手札》）。林译小说，多至百八十余种。《致蔡鹤卿太史书》云："若尽废古书，行用土语为文字，则都下引车卖浆之徒，所操之语，按之皆有文法，不类闽广人为无文法之啁啾，据此则凡京津之稗贩，均可用为教授矣。""总之，非读破万卷，不能为古文，亦并不能为白话。"[2]相对于口号式的论争，倘若不带历史的

---
[1]瞿秋白：《鬼门关以外的战争》，《瞿秋白文集·文学编》第三卷，人民文学出版社1989年版。
[2]梁实秋也曾把语言分为三个阶层：粗俗的、标准的、文学的。参见梁实秋：《中国语文的三个阶层》，《梁实秋散文》，浙江文艺出版社2000年版，第166页。

宿见而再读五四反派的这些话，倒是比较言之有物、言之成理。

在文白论战中，白话文的拥护者使的是白话，反对者用的乃文言。今朝双方论文即便全部公开出版，两相对照，读者已不能读懂文言，纵有公平之意，也未免偏听偏信——言语作为权力而行使"统治"的公案，莫此为甚。以文言文反驳白话的文人，不论主张为何，在获取公听与说服读者的环节上，初始即处于劣势。

一九一九年反帝反封建的五四运动爆发，白话文运动得到突飞猛进的发展。一年之内，白话报至少出了四百种。一九二〇年，北洋政府教育部命令，小学教科书改用白话。新文学的团体如文学研究会、创造社等也相继成立。

胡适说："当我在一九一六年开始策动这项运动时，我想总得有二十五年到三十年的长期斗争才会有相当的结果；它成熟得如此之快，倒是我意料之外的。"这符合胡适一贯的审慎态度。他认为，五四运动于白话文运动是一个干扰，"它把一个文化运动转变成为一项政治运动"，但又看到"对传播白话来说，倒是功不可没的"。[1]

事实是，不论这运动偏于"文化"还是"政治"，是偏于人为还是由因语言自身的发展，其效应，是迅即体现在国家与政府的层面。一九二〇年，教育部颁令改"国文"为"国语"，白话文运动与国语运动遂告合流。胡适后来说："这个命令是几十年第一件大事。它的影响和结果，我们现在很难预先计算。但我们可以说：这一道命令，把中国教育的革新，至少提早了二十年。"[2]汪晖认为："五四启蒙思想在批判中国传统的过程中，提出了'民主'和'科学'以及有关'自由'的现代命题，完成了它的伟大的历史使命，但由于缺乏那种分析和重建的方法论基础，从而未能建立一种向社会传播的、有意识地加以发展和利用的理论和实践体系。作为一个例外，五四白话文运动的成功，正是由于白话文的倡导者建立了这样一种理论和实践的体系，从而使得社会及政府把白话文的实践作为一项持续进行的工作制度。"[3]这就不再是一班文人的学术实践或文化运动了。

文学研究会又是怎样的性质呢？王晓明以为"沈雁冰等人的最终目的，原本就不是建立一个新潮社那样的文学社团，他们是要建立一个能够代表和支配整个文学界的中心团体，一个类似后来'作家协会'那样的'统一战线'"。"创造社所以要

---

[1] 参见唐德刚：《胡适口述自传》，安徽教育出版社 2005 年版，第 177 页。

[2] 胡适：《〈国语讲习所同学录〉序》，《新教育》1921，3（1），转引自刘进才：《语言运动和中国现代文学》，中华书局 2007 年版，第 29 页。

[3] 汪晖：《中国现代历史中的五四启蒙运动》，《汪晖自选集》，广西师范大学出版社 1997 年版。

打出他们自己并不十分信仰的为艺术而艺术的旗帜，就是为了向文学研究会争夺理论的主导权。"[1] 这番分析，道出五四运动的政治性格与权力本质，而权力所至，必有对立，国语运动中的"国罗方案"与"拉丁方案"亦复如是。总之，五四新文学运动自产生之日，开启了无所不在的权力场。

> 一九二一年以后，胡适去"整理国故"了。胡先骕的《学衡》杂志、章士钊（一八八二～一九七三）的《甲寅》周刊，为迎合封建势力复辟，先后对白话文进行反攻。

胡适一九三〇年十二月六日在历史语言研究所的茶话会上，诉说一生三大志愿：提倡新文学，提倡思想改革，提倡整理国故。可以揣度的是，胡适在初期的倡导之后，即为文学革命的杀伐之气所困扰。

《学衡》杂志创刊于一九二二年一月，编辑部设在南京东南大学，停刊于一九三三年七月。杂志发起人为梅光迪（一八九〇～一九四五），吴宓长期担任主编。吴宓的《论新文化运动》，郑振铎编《中国新文学大系·文学论争集》时未选，因为他的观点击中了新文学运动的要害。始终陷在新旧、文白、中西这样的二元对立的模式中，如何能走得脱。吴宓说："苟虚心多读书籍，深入幽探，则知西洋真正之文化，与吾国之国粹，实多互相发明裨益之处，甚可兼蓄并收，相得益彰。诚能保存国粹而又昌明欧化，融会贯通，则学艺文章必多奇光异彩。"[2]

谈及《学衡》，阿英在编辑《中国新文学大系·资料索引》卷时，采取的策略与郑振铎如出一辙，只收录其《学衡·弁言》："一、诵述中西先哲之精言，以翼学；二、解析世宙名著之共性，以邮思；三、籀绎之作，必趋雅音，以崇文；四、平心而言，不事谩骂，以培俗。"而将其办刊宗旨附于文末最不显眼处。宗旨曰："论究学术，阐求真理，昌明国粹，融化新知；以中正之眼光，行批评之职事；无偏无党，不激不随。"[3] 激进主义一向不怕遇到反对派，但却竭力否认有所谓"第三条道路"，遇到真想走第三条道路的人，故意视而不见。罗岗说："我渐渐有些明白，从二十年代的周作人、胡适到三十年代的郑振铎、阿英，他们之所以揪住梅（光迪）、胡（先骕）不放，关键不在两位是否代表或领导《学衡》，而是因为他们反新文学运动'甚

---

[1] 王晓明：《刺丛里的求索》，上海远东出版社1995年版。

[2] 吴宓：《论新文化运动》，《学衡》第四期，1922年4月。

[3] 阿英编：《中国新文学大系·资料索引》，上海良友图书公司1935年版，第162—163页。

烈'乃至'最烈'."[1]

《学衡》简章中有"体裁及办法"一项,由吴宓执笔,其辞曰:"本杂志行文,则力求明畅雅洁,既不敢堆积饾饤,古字连篇,甘为学究,尤不敢故尚奇诡,妄矜创造。总期以吾国文字,表西来之思想,既达且雅,以见文学之效用,实系于作者之才力,苟能运用得宜,则吾国文字,自可适时达意,故无须更张其一定之文法,摧残其优美之形质也。"[2]这些话语,分明针对《新青年》和白话文运动而发,但求讲理,不事争斗。一九四九年后通行的文学史和教科书接引这些言论时,取政治判决式断语,如"为迎合封建势力复辟,先后对白话文进行反攻"等,于这些异见的原文,或断章取义、或避而不引,五十年代后的读者难以翔实准确地了解白话文反对派究竟说了什么,又是怎样说的——文学史的书写权力已被"白话文运动"的继承人单方面垄断了。一九三四年,周作人在孙席珍编《现代散文选》序中说:"只有《学衡》的复古运动可以说是没有什么政治意义,真是为文学上的古文殊死战,虽然终于败绩,比起那些人来要更胜一筹了。"[3]

胡先骕(一八九四～一九六八),一位留美归来的植物学家,"同光体"诗人沈曾植的门生,时任东南大学生物系主任。在美求学之时,曾与胡适等在《留美学生季报》上发表旧体诗词,于《新青年》所提倡的文学革命,在《南京高等师范日刊》发表《中国文学改良论》,与胡适等辩驳,《东方杂志》予转载,罗家伦随即在《新潮》第一卷第五号发表《驳胡先骕君的中国文学改良论》。

胡先骕的辨析,今天看来清醒而准确,他写道:"文学自文学,文字自文字,文字仅取其达意,文学则必达意之外,有结构,有照应,有点缀。而字句之间,有修饰,有锻炼。凡曾习修辞学作者,咸能言之,非谓信笔所之,信口所说,便足称文学也。故文学与文字,迥然有别,今之言文学革命者,徒知趋于便易,乃昧于此理矣。"他断然指出:"且言文合一,谬说也,欧西言文何尝合一,其他无论矣……徒以白话为贵,又何必作诗乎,不特诗尚典雅,即词曲亦莫不然……且语言若与文字合而为一,则语言变而文字亦随之而变。故英之 Chaucer(乔叟)去今不过五百年,Spencer(斯宾塞)去今不过四百余年,以英国文字为谐声文字之故,二氏之诗已如我国商周之文之难读,而我国则周秦之书尚不如是,岂不以文字不变始克臻此乎。向使以白话为文,随时变迁,宋元之文,已不可读,况秦汉魏晋乎。此正中国言文分离之优点,

---

[1] 罗岗:《历史中的〈学衡〉》,王晓明主编:《二十世纪中国文学史论》第一卷,东方出版中心 1997 年版,第 396 页。

[2] 张弘:《吴宓》,文津出版社 2005 年版,第 134 页。

[3] 钟叔河编:《周作人文类编》第三册,湖南文艺出版社 1998 年版,第 660 页。

乃论者以为劣，岂不谬哉。"[1]以上议论，非仅是意赅言简、词严而义正的一流论战文字，且对中西言文关系的认知，精确而深刻。倘若我们对过去六十年的文章和语言的现状知所痛惜，有所警醒，则胡先骕当年的醒豁之语，直可视为棒喝。

盖五四新文化运动之在当年，确乎所向披靡，占尽种种正确。而以南京高等师范为核心的"学衡派"同人，尚存传统文化脉息，不惮保守之讥，与北大一派激进主义文化立场俨然对峙，不就范于新文学运动的话语霸权。

查吴宓一九六一年八月三十、三十一之日记，对陈寅恪的桀骜不屈，感叹如下："（他）始终不入民主党派，不参加政治学习……不经过思想改造，不作颂圣诗，不作白话文，不写简体字，而能自由研究，随意研究，纵有攻讦之者，莫能撼动。"[2]这段话写在新文化运动假政治势力全面得胜之后，原本一场书生论战，早经变质为单方面的改造、肃清，吴宓所言已非仅感佩之意，而是无比地沉痛了。

章士钊（一八八一～一九七三），字行严，湖南长沙人，曾主编《苏报》，因鼓吹革命而入狱，一九〇五年留学日本，一九〇八年赴英攻读政法与逻辑，一九一一年归国后任总统府顾问、参议员，一九一四年因反对袁世凯流亡日本，创办《甲寅杂志》，一九一六年回国后主编《甲寅月刊》，一九一八年任北京大学教授，讲授逻辑，一九二四年出任北洋政府司法总长，兼任教育总长。一九〇七年出版的《中等国文典》是《马氏文通》之后最早的语法著作之一，以古代汉语为研究对象，专讲词法。陈望道认为，在早期的几部语法书中，此书"最能说得清浅宜人，读起来几乎有点文学风趣"。章士钊是古文作家，于唐宋八大家中，独称柳宗元，有《柳文指要》传世。钱基博《现代中国文学史》"新文学"目下，将章士钊与严复作为"逻辑文"的代表，有所详述。胡适与章士钊的合影，各有题诗，行严先生写"白话诗"，适之先生则赋"旧体诗"，彼此反串对应。[3]一九二五年，《甲寅》以周刊复刊，鼓吹复古，反对白话文，明确宣布"文字力求雅洁，白话恕不刊布"。[4]

---

[1] 郑振铎选编：《中国新文学大系·文学论争集》，上海文艺出版社 2003 年版，第 103 页。

[2] 吴宓：《吴宓日记续编》第五册，生活·读书·新知三联书店 2006 年版，第 161 页。

[3] 胡适：《胡适学术文集：新文学运动》，中华书局 1993 年版，第 166 页。

[4] 与鲁迅同庚的章士钊，作为鲁迅的论敌而被知，他的交游之广以及长寿使他参与史实甚多。早年在日本，孙中山劝他参加同盟会不允，派女留学生吴若男苦劝无功，反使吴成为章的第一位太太，并以"赔了夫人又折兵"相讥。因与章太炎同姓且友善，称"吾家太炎先生"。陈独秀被捕后，作为陈的辩护律师出现在民国的法庭，其辩词成为当时法学院的教科书。一九四九年三月，被李宗仁任命为南京国民政府代表团成员赴北平参加和谈。1949 年后长期出任中央文史馆馆长，"文革"开始后给毛泽东和刘少奇分别写信，企图调和两人的冲突，虽未能奏效，但其努力有案可稽。1973 年以九十二岁高龄赴香港，欲促成国共两党之间谈判，未果而病逝香港。

白话文运动之为"运动",在章士钊看来,"必且期望大众彻悟,全体参加可知。独至文化为物,其精英乃为最少数人之所独擅,而非土民众庶之所共喻"。"下里巴人,为其帜志,乃无疑义,信如斯也。凡为文化运动,非以不文化者为其前矛,将无所启足。今之贤豪长者,图开文运,披沙拣金,百无所择。而惟白话文学是揭,如饮狂泉,举国若一。"[1]从反对派的言论,颇能够窥知当时新文学运动的乖张与戾气,只是其后果,是要到后面几代人才有可体味了。

常乃惪认为,培植新文化运动种子的人既不是陈独秀也不是胡适而是章士钊,"章士钊虽然也并不知道新文化运动是什么,但他无意间却替后来的运动预备下几个基础。他所预备的第一是理想的鼓吹,第二是逻辑式的文章,第三是注意文学小说,第四是正确的翻译,第五是通信式的讨论。这五点——除了第二点后来的新文化运动尚未充分注意外——其余都是由《甲寅》引申其绪而到《新青年》出版以后才发挥光大的,我们认《甲寅》为新文化运动的鼻祖,并不算过甚之辞"[2]。在《新青年》与《新潮》而外,如何评价《学衡》与《甲寅》的精神与价值,需要史料的充分,需要时间的距离。

共产党与国民党合作,进行反帝反封建的斗争,在文化上以《向导周报》、上海《民国日报》等为阵地,共同反对文言文,提倡白话文。

一九一七年苏联十月革命之后,孙中山致电:"中国革命党对贵国革命党所进行的艰苦斗争,表示十分钦佩,并愿中俄两党共同团结奋斗。"示好之后,并没有马上行动,双方在观望。直至一九二三年,孙中山与苏俄驻华全权代表越飞秘密会谈后发表宣言,为联俄政策之起始。同年召开的共产党三大,确定了与国民党合作的方针。在共产国际和共产党的协助下,孙中山改组了国民党,于一九二四年一月在广州举行了国民党的第一次全国代表大会。陈独秀、毛泽东、瞿秋白等九位共产党员被选为中央委员,是谓第一次国共合作。

国民党的前身,是孙中山一九〇五年创立的同盟会,往前追溯,则是一八九四年创立的兴中会,"三民主义"纲领,十次武装起义,辛亥革命后,国民党曾经短时间掌有政权,影响大,势力广,共产党明确承认它在国民革命中的主导地位。国

---

[1] 章士钊:《评新文化运动》,郑振铎选编:《中国新文学大系·文学论争集》,上海文艺出版社 2003 年版,第 198 页。

[2] 常乃惪:《中国思想小史》,上海古籍出版社 2005 年版,第 137 页。常乃惪认为,"为《新青年》作文章的人有一多半都是《甲寅》上作过文章的人"。

民党严重的缺点之一，在于单纯依赖军事的思想，共产党的第三次全国代表大会宣言（一九二三年六月），指出国民党的错误观念，"集中全力于军事行动，忽视了对于民众的宣传。因此，中国国民党不但要失去政治上领袖的地位，而且一个国民革命党不得全国民众的同情，是永远不能单靠军事行动可以成功的"[1]。这话说得坦率，早期的共产党人，以无私无畏的气概，把自己的独得之秘与友党分享。在第一次国共合作期间，共产党人身体力行帮助国民党组织宣传，毛泽东本人做过国民党中央宣传部的代理部长，主编过一份《政治周报》，汪精卫曾经赏识毛泽东的才华。

共产党早期领导人，皆擅写文章，重视宣传。陈独秀是《新青年》的创办人和主编，文学革命的倡导者和核心人物，不仅著作等身，《独秀文存》风靡一时，影响深远。李大钊也属《新青年》的核心成员之一，北大任教期间编有《唯物史观》《史学思想史》等讲义，出版《平民主义》《史学要论》等专著，一九二七年被害时年三十八岁。瞿秋白的杂文，有鲁迅之风，八篇被收录进《鲁迅全集》，其译著《海上述林》系鲁迅亲手编定，在福建就义时年三十五岁，身后留有百万字著述。[2]共产党早期的影响大，与这些卓异之才大有作为密不可分。

在这种形势下，鲁迅先后发表了《估学衡》（一九二二）、《答 KS 君》（一九二五）、《再来一次》（一九二六）等文章，大抵采取"以毒攻毒"的方法，用古书作法宝，证明鼓吹文言的"学衡"派和"甲寅"派实际自己也作不通古文，错用典故；白涤洲（一九〇〇～一九三四）、唐钺（一八九一～一九八六）也在《雅洁与恶滥》（一九二五）、《告恐怖白话的人们》（一九二五）等文中给以批驳，这才把那批反对派打退了。

国共之间暂时的联合，似乎体现了同为革命党的进步性，他们共同的敌人在政治上是帝国主义和封建主义，在文化上表现为文言文的复辟倾向。文言文与封建主义之间的联系仿佛与生俱来，无须论证，但这却离事实很远。中华民国《大总统令内务部晓示人民一律剪辫文》《大总统令内务部通饬各省劝禁缠足文》是以文言写就，丝毫不影响它的反封建性。"学衡"派和"甲寅"派与白话文倡导者的分歧，实际上源于思想认识和文化追求上的差异，他们也是广义的新文化运动的一个组成部分，以保守的立场批评激进主义，属于新文化内部的冲突。

反对派被"打退"，是站在打的这边的看法。吴宓在《论新文化运动》中说："吾

---

[1] 胡华主编：《中国新民主主义革命史参考资料》，商务印书馆1951年版，第86页。
[2]《瞿秋白文集》计十四卷，政治理论编八卷，文学编六卷，分别由人民出版社和人民文学出版社出版。

之所以不慊于新文化运动者，非以其新也，实以其所以主张之道理、所输入之材料，多属一偏，而有害于中国之人。"[1]针对胡适的八不主义，《学衡》发表了吴芳吉《再论吾人眼中之新旧文学观》一文，因未被选入"大系"，早已退出公众的视野，如此有价值的文章，读者已不易寻到了。

《甲寅》周刊第一卷六号有一篇短文，瞿宣颖所作的《文体说》，在精心观察古今文章演变的事实之上，说理允当，所言之事，大抵是今天的读书人不易懂得的："至若文言时代之别，固甚微而弥显。昌黎号曰复古，而昌黎之文，决为唐文。昌黎且如此，其他更莫外此例。大抵一代之文，缘其风俗习尚之殊，事物制度之变，类必自成风貌，莫可强同，数百年一大变，数十年一小变。博观文字，寻其历史嬗蜕之迹，盖跃然而可见，犹之鉴别古器。花纹色泽，题识体裁，质地形式，在在可供研证。纵或刻意作伪，决难悉出自然，而泯其时代不侔之迹也。由此可以谈，甲寅之文字，自是民国十四年之文字。其所标举，乃是文言，以对今日通行之白话，非古文也，岂独不侔于古文。作者之笔墨蹊径不同，靡不自成杼轴，盖难概目为一体。良不似白话文既限于今日通行之一种，永永自缚于枯槁生硬之境。是知欲求文体之活泼，乃莫善于用文言。缘其组织之法，粲然万殊。既适于时代之变迁，尤便于个性之驱迁。百炼之钢，可化为绕指之柔，因方之珪，亦倐成遇圆之璧。若八音之繁会，若五色之错呈，世间难状之物，人心难写之情，类非日用语言所能足用。胥赖此柔韧繁复之文言，以供喷薄。若泥于白话而反自矜活泼，是真好为捧心之妆，适以自翘其丑也。作文体说以祛惑。"[2]那时非难文言的人为强势，替文言辩护者乃弱势。强势者疏于讲理，常在文章中以势压人，弱势方全凭一个理字，而且他们只是作无罪辩护，并不想也未敢捍卫文言的所谓正宗地位。瞿氏批评的并非白话本身，而是"泥于白话"者，欲作好白话文者，岂可以白话自限。

瞿宣颖，即瞿兑之（一八九四～一九七三），湖南善化瞿鸿禨后人，从王闿运读书，著有《中国骈文概论》，编有《补书堂文录》，有人把他与陈寅恪相比，被称"一时瑜亮，铢两悉称"。

不管遭遇怎样的围剿，一九四九年之前，欢喜著文言的少数人，尚有容身之所。文言体的文章，以后便少有人写，甚至白话文中也要除尽文言的痕迹，却总不能遂愿。譬如"白话为文学之正宗"，这句话本身即为文言，且是典型的文言判断句"为……之……"，若改以白话，当作"白话是文学的正宗"，即使这样，也还未彻

---

[1] 吴宓:《论新文化运动》,《学衡》第四期, 1922 年 4 月。

[2] 瞿宣颖:《文体说》,郑振铎选编:《中国新文学大系·文学论争集》,良友图书公司 1935 年版,第 202—203 页。

底，因为"正宗"乃是文言词汇，恐还得换成"正尔八经的祖宗"才可以。提倡白话文的人张口闭口"白话为文学之正宗"，不仅说得顺口，且似乎只有这样才顺口，可见"文言"离口语并不远。"白话是文学的正宗"非纯正的白话，而是欧化的白话。在欧化和文言化两可之时，习惯总是会自动地选择文言化而非欧化，口语当中尤如是，因为欧化别扭，讲起来不很自在，只有少数食洋不化之读书人，才会紧紧抓住主谓宾等洋教条不愿意松手。

第三节　白话文运动的成就

　　白话文运动的结果，是使白话文在文学作品和一般学术著作的范围内取得了合法的、正统的地位。它的成就首先表现在白话文理论的建设上。一、关于以白话文代替文言文的学说。这学说的框架有三条：a.白话为文学之正宗。为打倒文言文的正统提供了历史的根据。b.用白话作各种文章。让白话文成为通用的书面语，为白话文的推行提出了奋斗的目标。c.白话文以现代中国人的口语为源泉。为白话文的建设指出了正确的方向。二、关于文体改革的具体规划。主要在散文、应用文、诗歌三个方面。第一，对散文文体改革的要求，胡适概括为四条主张：a.要有话说方才说话；b.有什么话说什么话，话怎么说就怎么说；c.要说我自己的话，别说别人的话；d.是什么时代的人，说什么时代的话（《建设的文学革命论》）。第二，对应用文文体改革的意见。钱玄同在《论应用文之亟宜改良》（一九一七）里，提出不少切实可行的主张，如改用白话（国语）；选取最普通的常用字；多义字只用最普通常用的一义，不许用倒装移置的句法；"书札之款式称谓，务求简明确当。删去无谓之浮文"；文中加标点符号；数目字改用阿拉伯字，"用算式书写"；改右行直排为左行横排；用世界通用的公元纪年；"印刷之体，宜分数种"等等。第三，对诗体改革的主张分为两派，一派由钱玄同、胡适带头提倡"自由体"。另一派由宗白华（一八九七～一九八六）、闻一多（一八九九～一九四六）带头主张"格律体"，这两派对新诗的形式，都作了认真的探索。

　　白话文运动的成就，主要表现在白话文的作品上。白话文能不能代替文言文，要看写作实践。五四时期，白话论文在表现新思想、批判旧思想上，发挥了巨大的威力。如李大钊、陈独秀、鲁迅、胡适、钱玄同、刘半农等人的论文，虽在语言上有不同的风格，但在说理上都有明白、清晰、准确、富有逻辑力量的特点。这就叫那种不宜说理的文言文相形见绌。在文学上，散文、小说、诗歌等文体，都开了新生面。特别是一九二一年，鲁迅的中篇小说《阿Q正传》的发表，郭沫若诗集《女神》的出版，为白话文学奠定了坚实的基础;《阿Q正传》更是中国现代白话文学中赢得世界声誉的第一部杰作。

五四白话文运动，是一个活泼的、前进的、革命的运动，它在文艺语言上宣告了文言文时代的结束、白话文时代的开始。数千年来，中国通用的书面语没有白话文的合法地位，只有与口语脱节的文言文才算正统。直到五四时期，才把这种反常局面翻了过来，开辟了一个白话文学的新纪元。这正好与中国社会在五四期间实现了从封建向民主的转变相适应。

白话文运动的结果，是使白话文在文学作品和一般学术著作的范围内取得了合法的、正统的地位。

白话文取得合法而正统的地位是显相，向"言文一致"本旨的努力是其志之所之，标志是什么? 应当不止一个:

第一个标志，一九二〇年，教育部下令改小学课本"国文"为"国语"，采用白话文入教科书。

第二个标志，一九二二年，为纪念《申报》五十年，胡适写就长文《五十年来中国之文学》，论及近五六年的文学革命运动，说"《学衡》的议论，大概是反对文学革命的尾声了"。他总结道:"我可以大胆说，文学革命已过了讨论的时期，反对党已经破产了。从此以后，完全是新文学的创造时期。"[1]

第三个标志，一九三四至一九三五年的大众语论战中，批评者视白话文为"新文言"。

第四个标志，一九三五年上海良友公司出版《中国新文学大系》十卷本，总结了一九一七至一九二七年十年的文学成绩。

第五个标志，一九三五年十二月蔡元培、鲁迅等六百八十八人签名的《我们对于新文字的意见》发表。后日寇入侵，抗战爆发，使新文字的实行被打断。

第六个标志，《人民日报》一九五一年六月六日社论《正确地使用祖国的语言，为语言的纯洁和健康而斗争》发表，号召"建立正确地运用语言的严肃的文风"，指明"我国现代语言是比古代语言更为严密，更富于表现力了。毛泽东同志和鲁迅先生，是使用这种活泼、丰富、优美的语言的模范。他们的著作，表现了我国现代

---

[1] 胡适:《胡适学术文集·新文学运动》，中华书局1993年版，第158页。

语言的最熟练最精确的用法，并给了我们在语言方面许多重要的指示。我们应当努力学习毛泽东同志和鲁迅先生，继续发扬我国语言的光辉传统"[1]。

第七个标志，一九五四年十二月，中国文字改革委员会成立（撤销原来的研究会），作为国务院直属的二十个业务部门之一，从研究机构变成了职能部门，这意味着汉字的拼音化进程启动。推广普通话，以汉语拼音为汉字注音，以及简化汉字，都是其阶段性成果，为拼音化所做的准备。

它的成就首先表现在白话文理论的建设上。

所谓"理论的建设"，沿袭的乃是十卷本《中国新文学大系》第一卷《建设理论集》的说法。胡适发起的白话文运动，有没有理论支柱？如果有，是什么？以时下的眼光看，其一是语言学上的进化论观念，认为方块字落后，拼音文字先进，以言文一致为大目标；其二，以欧美的价值为普世价值，认为中国文化落后，西化唯恐不甚；其三，以欧洲文艺复兴时期各民族语言从拉丁文中独立出来自行发育比附汉语白话之脱离文言，盲目效仿。不论当时的倡导者自觉与否，从眼界到行动，皆笼罩在这样三种势力中而不得脱身。

胡适曾说他们的纲领乃是"国语的文学，文学的国语"，这又意味着什么？一九五二年十二月八日胡适在台北"中国文艺协会"座谈会上，专有所答："所谓国语，不是以教育部也不是以国音筹备会所规定的作标准，而是要文学家放胆地用国语做文学，有了国语的文学，自然有文学的国语。后来的文艺都是朝这个方向走的。"[2]此即是说，新文学诞生之初，已经被赋予了国家的使命，民族国家之建立，需要国语，既然没有这样的国语，需要文学家们赶快把这国语创造来。在数千年的汉文写作史上，从未有过如此的要求。

胡适一九一八年刊发《建设的文学革命论：国语的文学——文学的国语》一文，对于这种国家使命和工具主义理念，有清晰的表述："要在三五十年内替中国创造出一派新中国的活文学。""我们所提倡的文学革命，只是要替中国创造一种国语的文学。有了国语的文学，方才可有文学的国语。有了文学的国语，我们的国语才可算得真正国语。国语没有文学，便没有生命，便没有价值，便不能成立，便不能发达。

---

［1］《正确地使用祖国的语言，为语言的纯洁和健康而斗争》，《人民日报》1951年6月6日社论，转引自张寿康：《文章丛谈》，知识出版社1982年版，第86—87页。

［2］胡适：《胡适学术文集·新文学运动》，中华书局1993年版，第288页。

这是我这一篇文字的大旨。"[1]就此意义，鲁迅也承认自己是这一"大旨"中的一员，明示"听将令"之愿，甚至不惜"曲笔"而为。《在延安文艺座谈会上的讲话》与胡适的主张一致：白话文运动，文学革命，创造新文学，是为国家利益服务，民族利益高于一切。以一位军事家的直率，毛泽东宣布文艺是一条战线，贯彻战略全局的意图，服从大局的需要。

胡适后来力图把白话文运动放在所谓"中国的文艺复兴"这一框架内予以理解并重新定义，包括研究当前的实际问题，输入学理，整理国故，再造文明这样一个相互联系的四个义项。

　　一、关于以白话文代替文言文的学说。这学说的框架有三条：a. 白话为文学之正宗。为打倒文言文的正统提供了历史的根据。b. 用白话作各种文章。让白话文成为通用的书面语，为白话文的推行提出了奋斗的目标。c. 白话文以现代中国人的口语为源泉。为白话文的建设指出了正确的方向。

书面语之有文言与白话，已逾千年，彼此消长的趋势，白话会越来越重要，或是自然而然的过程，本不必人为干预的。清初，金圣叹视水浒、西厢与史记、杜诗并列齐观，同为"天下才子书"。成熟的白话小说《红楼梦》在乾隆五十六年（一七九一）面世，风靡一时，所谓"开口不谈红楼梦，纵读诗书也枉然"，在在显示白话语言广被阅读深获人心的韧性与气度。

某一文体或书写风格获得"合法性"，必由漫长的濡染化育，端赖一部部作品持续影响、长期积累的自然过程。直至晚清，白话与文言依然处于良性并存、良性互补、良性的交融与渗透，絮絮绵绵，不绝如缕，期以俘获读者之心，没有革命，不求速成，更不见权力的烟火。

胡适在一九一八年四月十五日所写《中国今后之文字问题》的附识中说："凡事有个进行的次序。我以为中国将来应有拼音的文字。但是文言中单音太多，绝不能变成拼音文字。所以必须先用白话文字来代替文言的文字；然后把白话的文字变成拼音的文字。"[2]这段话透露了白话文运动的底细，以白话代替文言的目的，乃是为了拼音化的方便实行。如此说来，站在汉字和汉文的立场上看，白话文运动与其说

---

[1] 胡适：《建设的文学革命论：国语的文学——文学的国语》，胡适选编：《中国新文学大系·建设理论集》，上海良友图书公司1935年版，第128页。

[2] 胡适：《〈中国今后之文字问题〉附识》，《胡适学术文集·语言文字研究》，中华书局1993年版，第288页。

是建设，不如说是破坏。以破坏为目的，才会把破坏的达成当作自己的成就，所以，在很长的历史时期，不管自己的白话文作得好坏，我们一直是以消灭了文言文感到自豪的。

这是什么历史根据呢？

全盘西化如此迅速就走到了最后一个环节——废除汉字，改用拼音文字。章太炎在一九〇八年作《驳中国改用万国新语说》时，面对的不过是几个无政府主义者的奇思异想，四十年之后，却成为一项国家政策。

拼音化的工作，自新政权建立之日，便提上议事日程。一九四九年十月十日，中国文字改革协会在北京正式成立，吴玉章主其事，选出庞大的七十八人理事团。以当时的看法，汉字是工业化的最大障碍，须以新文字来替代。一九五二年一月，在文化教育委员会下设立中国文字改革研究委员会，主任马叙伦。成立大会上传达毛泽东指示：文字必须改革，要走世界文字共同的拼音方向；形式应该是民族的，字母和方案要根据现有汉字来制定。一九五三年十月，在中国共产党内设立中央文字问题委员会，胡乔木任主任。一九五四年十二月，成立中国文字改革委员会（撤销原来的研究会），作为国务院直属的二十个业务部门之一，从研究机构变成了职能部门。箭在弦上，替汉字捏一把汗，可以设想一朝醒来，忽然看到所有报刊杂志是拼音版，满纸字母单词。

以白话作各种文章，实行起来原比文学领域难度大。文言文两千余年，种类繁多，体裁不同，各异其趣。《典论·论文》列为四类："奏议宜雅，书论宜理，铭诔尚实，诗赋欲丽。"至《文心雕龙》，讨论了三十五种文体：骚、诗、乐府、赋、颂、赞、祝、盟、铭、箴、诔、碑、哀、吊、杂文、谐、隐、史、传、诸子、论、说、诏、策、檄、移、封禅、章、表、奏、启、议、对、书、记。《古文辞类纂》将入选的古今文章分为十三大类：论辩类，序跋类，奏议类，书说类，赠序类，诏令类，传状类，碑志类，杂记类，箴铭类，颂赞类，辞赋类，哀祭类。取消了文言，也就取消了这些文类，社会结构的变动，生活方式的改换，许多文体已没有多少用处，所谓白话作得"各种文章"，不过是说以白话文应付一些事情而已。

白话文以口语为源泉，但不是唯一的源泉。口语并不能直接自动变为白话文，口语的简洁和生动，只有经过提炼加工才能成为白话文的优长。同样是口语，口才好的人口若悬河，出口成章，不善言语的人前言不搭后语，白话文写作上的口语本位主义，以混淆口语和书面语的差别始，以彻底否定白话文的文本地位和文体追求终。一九五二年，郭沫若发表《爱护新鲜的生命》，认为"我们中国现行的汉字是比较难于驾驭的工具。汉字将来是会改革的，并采取拼音化的道路……但在汉字采取拼音化之前，我认为我们的文章必须先走上写话的道路……旧文言固不用说，五四以来的新文言也不用说，近来的理论文字和文艺作品又显然有'新新文言'的倾向了。主要恐怕依然是汉字在作怪。用汉字来表达，总想少写几个字以求效率的提高，因而有意无意之间，便不免和语言脱离了。在今天鼓励以工农兵或少年为对象而写作，也就是鼓励我们写话，减少不常用的汉字的使用，使文章和语言愈见接近起来，做到言文一致，对于汉字改革无疑是会减少许多困难的"[1]。勒令书面语向口语看齐，作文，势必要走到以常用汉字写话，下一步，即以拼音写话。互联网普及之后，中国迅速进入全民写话的时代，半个多世纪所接受的语文教育是写话训练，写的未必是自己的话，我们能否认身边回响的官话、套话、谎话，报纸上教科书里的大话、空话吗？白话文，此三字的排列顺序已将它自身定义了，第一重要的是白，直白也好，浅白也罢，清白无辜，错白不计；第二重要的是话。抓住白和话，方向已正确，成不成文，似乎没有什么大碍了。

二、关于文体改革的具体规划。主要在散文、应用文、诗歌三个方面。第一，对散文文体改革的要求，胡适概括为四条主张：a. 要有话说方才说话；b. 有什么话说什么话，话怎么说就怎么说；c. 要说我自己的话，别说别人的话；d. 是什么时代的人，说什么时代的话。(《建设的文学革命论》)

关于文体改革的规划，说来令人啼笑皆非。散文、应用文、诗歌三种文体，是否有必要"规划"呢？如何"规划"，谁又能规划得了、去负责落实呢？除了"八不主义"而外，胡适还真的有分三步走的规划：第一是工具，多读模范的白话文学，用白话作各种文学；第二乃方法，其中又分成收集材料的方法，结构的方法，描写的方法；而最重要的方法，则是"赶紧多多的翻译西洋的文学名著做我们的模范"；第三是创造，胡适说："我以为现在的中国，还没有做到实行预备创造新文学的地步，尽可以不必空谈创造的方法和创造的手段，我们现在且先去努力做那第一第二步预备的工夫罢！"[2]这是胡适《建设的文学革命论》结尾的最后一句。看来，他认为创造的时代，还没有来到，《尝试集》的第二部，需等到《白话文学史》下卷完成后才予以考虑。

章士钊《答适之》曰："愚以谓白话文者，固非不可为也，特以适之之道为之，

---

[1] 郭沫若：《爱护新鲜的生命》，《人民日报》1952 年 5 月 28 日。

[2] 胡适：《建设的文学革命论》，胡适选编：《中国新文学大系·建设理论集》，良友图书公司 1935 年版，第 127—140 页。

则犹航于断港绝潢而不可通者也。适之已矣，今之纷纷藉藉，回环于断港绝潢而不得出者，愚念民口之瘩可痛，包胥之志未忘，子能亡之，吾未见不能兴之。夫天运未可知，而人力期于必尽。愚与适之，共拭目以观其后焉可已。"[1]

章、胡之间的笔仗，后者轻易占了上风。胡适的文章，一向平和说理，不以气势夺人，但一呼百应的威势树立了白话文运动的大纛，"时代要求"与胡适在一起，只这么轻轻一句，似乎就驳倒了行严先生的鸿篇大论。

章士钊《评新文化运动》曰："善为今人之言者，即其善为古人之言，而扩充变化者也。适之日寝馈于古人之言，故其所为今人之言，文言可也，白话亦可。大抵具有理致条段。今为适之之学者，乃反乎是。以为今人之言，有其独立自存之领域。而所谓领域，又以适之为大帝，绩溪为上京，遂乃一味于胡氏文存中求文章义法，于《尝试集》中求诗歌律令，目无旁骛，笔不暂停，以致酿成今日的底他它吗呢吧咧之文变。"[2]

胡适反驳的文章名为《老章又反叛了！》，话说得果然轻松："行严是一个时代的落伍者；他却又虽落伍而不甘心落魄，总想在落伍之后谋一个首领做做。所以他就变成了一个反动派，立志要做落伍者的首领了。梁任公也是不甘心落伍的；但任公这几年来颇能努力跟着一班少年人向前跑……其实行严自己却真是梦想人人'以秋桐为上帝，以长沙为上京，一味于《甲寅》杂志中求文章义法'。"[3]这后一句，是胡适的反唇相讥，后来的历史给出答案，无论是章文或者胡文，皆没有成为时代文章的楷模。

胡乔木一九五一年三月三十一日在《光明日报》上发表《新语文》，提出："鲁迅先生和毛主席的文章是我们民族优美的语言，我们应该作为学习语文规律的基础。"

鲁迅与章士钊同年，此时作古十五年，在鲁迅骂过的人里章士钊赫赫有名，但未读见他批评或回应鲁迅的文字。陈独秀在一九三七年的文章中说："世之毁誉过当者，莫如对于鲁迅先生。在民国十六七年，他还没有接近政党以前，党中一班无知妄人，把他骂得一文不值，那时我曾为他打抱不平。后来他接近了政党，同是那一班无知妄人，忽然把他抬到三十三层天以上，仿佛鲁迅先生从前是个狗，后来是个

---

[1] 章士钊：《答适之》，郑振铎选编：《中国新文学大系·文学论争集》，良友图书公司1935年版，第219页。

[2] 章士钊：《评新文化运动》，郑振铎选编：《中国新文学大系·文学论争集》，良友图书公司1935年版，第197页。

[3] 胡适之：《老章又反叛了！》，郑振铎选编：《中国新文学大系·文学论争集》，良友图书公司1935年版，第203页。

神。我却以为真实的鲁迅并不是神，也不是狗，而是个人，有文学天才的人。"[1]早在五四时期，章士钊喜讲"愚所引为学界之大耻者，乃读书人不言理而言势"，鲁迅之毁誉，非理使然，势使然也。

毛泽东对章士钊敬若上宾，一九五九年其旧著《逻辑指要》修订再版，毛泽东亲自（"借先生之箸，为之筹策"）为他写了一篇文言短序。章士钊为此书所写而未用的再版序言介绍："北京解放后，一日，主席毛公忽见问曰：'闻子于逻辑有著述，得一阅乎？'予踌躇答曰：'此书印于重庆，与叛党有关，吾以此上呈一览，是侮公也，乌乎可？'公笑曰：'此学问之事，庸何伤！'"后来毛泽东看完《逻辑指要》，对章士钊说："吾意此足为今日参考资料，宜于印行。"[2]章士钊主编《甲寅》之时，是白话文运动的反对派，四十年过去，依然不改其文言，即使写的是对话，悉以文言出之，在举国白话文的压力下，不为风动不改汉节，使毛泽东把自己的白话暂时收了起来。

第二，对应用文文体改革的意见。钱玄同在《论应用文之亟宜改良》（一九一七）里，提出不少切实可行的主张，如改用白话（国语）；选取最普通的常用字；多义字只用最普通常用的一义，不许用倒装移置的句法；"书札之款式称谓，务求简明确当。删去无谓之浮文"；文中加标点符号；数目字改用阿拉伯字，"用算式书写"；改右行直排为左行横排；用世界通用的公元纪年；"印刷之体，宜分数种"等等。

晚清的白话文运动，实用的主旨非常分明，既然着眼于实用，当从应用文入手。五四时期，白话文运动兴起，偏偏从最不实用的文学开始。文体乃是在写作中自然形成的文章体裁分类，"规划"之说，太过煞有介事。白话的文体到底怎么划分，它们与古文中固有的文类是何关系，始终没有解决。周作人晚岁称自己作品为"文章"，可以涵盖今天通常所说散文、小品文、批评类文字及杂感等。鲁迅在小说而外，其他作品可以归入杂文，而鲁迅的杂文，与一般意义的杂文区别甚大。

公文是比较顽固的领域，文言的使用沿至一九四九年政权的更迭，"等因奉此"才寿终正寝。新生的人民政权，以白话作公文是顺理成章的事，但这并不意味着文言词汇和句法的彻底退出，在非正式公文中，比比皆是。介绍信开首第一字"兹有……"，结尾"接洽为盼"，不这样写，大家觉得不合适。贺信、邀请函、祝词、

[1]陈独秀：《我对于鲁迅之认识》，《我们断然有救》，东方出版社1998年版，第242页。
[2]《毛泽东书信选集》，人民出版社1983年版，第561页。

请柬等这些书面文本，为了强调它的正式性，须以与口语有明显差异的书面语措辞和语气，否则就不伦不类，最随意的请柬上也得注明"敬请光临"，而不能就写成"请来一趟"。

一九六〇年，废名著文谈及文章格式上的古今差异，它的重要性及由此带来的后果，可能至今还没有被认识到。他说："今文所以大异于古文，是从新式标点符号和提行分段的办法引来的，这却是最大的欧化。这个欧化对我们今天的白话文体所起的作用太大了。"[1]

> 第三，对诗体改革的主张分为两派，一派由钱玄同、胡适带头提倡"自由体"。另一派由宗白华（一八九七～一九八六）、闻一多（一八九九～一九四六）带头主张"格律体"，这两派对新诗的形式，都作了认真的探索。

若说分成自由和格律两派差强人意的话，这四个带头人的选择，便不是很恰当。钱玄同为胡适的《尝试集》作序，里边一句不知是为作者打气还是令他泄气的话，他举《诗经》《楚辞》《汉魏乐府》，陶渊明、白居易、宋词、元曲等例之后说："可见用白话作韵文，是极平常的事。"幸好他开头有言"用今语达今人的情感，最为自然"[2]，道出了新诗存在的理由。章太炎是以有韵与否来区别诗与非诗的，其弟子钱玄同也直截了当地把胡适提倡的白话作诗改称白话作韵文，在他看来，韵文就等于诗，这与胡适的看法相差甚远。说钱玄同带头提倡自由体，令人费解。

胡适虽带了头，但他的自由体，无论主张还是实践，远不够做"自由体"的标本。胡适的《谈新诗》主张"压韵乃是音节上最不重要的一件事"，"至于句中的平仄，也不重要"。他认为"诗的音节全靠两个重要分子：一是语气的自然节奏，二是每句内部所用字的自然和谐"。[3]这样一来，就与散文没有什么区别了，这等于从形式上取消了诗的特征。

一九二〇年之后，郭沫若的自由诗，创作和主张——还原主义语言观加上自发主义创作论，迅速取代了胡适的影响，因为郭沫若在追求白话诗的自由度上比胡适走得更远，恐怕比任何人走得也都更远，他认为"诗的本职专在抒情，抒情的文字

---

［1］ 废名：《毛泽东同志著作的语言是汉语语法的规范》，《废名集》第六卷，北京大学出版社 2009 年版，第
3060 页。

［2］ 钱玄同：《尝试集·序》，胡适选编：《中国新文学大系·建设理论集》，良友图书公司 1935 年版，第
105—109 页。

［3］ 胡适：《谈新诗》，胡适选编：《中国新文学大系·建设理论集》，良友图书公司 1935 年版，第 302—303 页。

便不采诗形，也不失其为诗"。[1]正是这样的主张，导致了早期白话诗在艺术上的粗率，也败坏了白话诗的声誉。为矫正这一时弊，格律派出现，或称白话诗写作的第二次兴起。

新格律诗派的正式出场，以徐志摩主编《晨报·诗镌》在一九二六年创刊为标志，闻一多、朱湘等人参与其事。这一"新诗形式运动"思潮的源头却可溯至刘半农、陆志韦更早时期的探索。朱自清在《中国新文学大系·诗集》的导言中说："第一个有意实验种种体制，想创新格律的，是陆志韦氏。"[2]陆志韦认为："诗的美必须超乎寻常语言之上，必经一番锻炼的功夫。节奏是最便利、最易表情的锻炼。"[3]

梁宗岱，通常不被归入新格律派，二十世纪三十年代主持《大公报·诗特刊》，他撰写的发刊词，描述了当时的诗歌现状："如果我们不为'新诗'两字底表面意义所迷惑，我们将发现在诗坛一般作品——以及这些作品所代表的理论（意识的或非意识的）所隐含的趋势——不独和初期作品底主张分道扬镳，简直刚刚相背而驰；我们底新诗，在这短短的期间，已经和传说中的流萤般认不出它腐草的前身了。"[4]

解志熙曾披露了唐钺、潘大道、李思纯三人在新诗形式探索上曾经的见解，这是鲜为人知的材料。[5]

诗歌新形式的探索，在二十世纪五十年代以《文学评论》为主要阵地，有过热烈深入的讨论，何其芳、王力、卞之琳、林庚、陈义劭等人纷纷撰文，在什么是格律的核心，以及平仄、音尺、音步、顿、押韵、节奏的重要程度等系列问题上，彼此的意见分歧很大，古诗的影响，外国诗的影响，以及民歌的影响，可以在这些争论中觅得回声。

综观新格律诗派走过的道路，学理上的探寻范围很广，各种主张之间的交锋相当深入，但是模范的白话格律诗作品太少，因此未能对于新诗的读者产生广泛的影响。一种新诗体，端赖优秀的诗人和诗作才能成立。今日写新诗评新诗的人，可以从早年这些有价值的讨论中获得进益。

毛泽东一九六五年给陈毅的一封信中说："诗当然应以新诗为主体，旧诗可以写一些，但是不宜在青年中提倡，因为这种体裁束缚思想，又不易学。""要作今

---

[1] 郭沫若：《论诗三札》，杨匡汉、刘福春编：《中国现代诗论》上编，花城出版社 1985 年版，第 60 页。

[2] 朱自清编：《中国新文学大系·诗集》，良友图书公司 1935 年版，第 6 页。

[3] 陆志韦：《我的诗的躯壳》，《渡河》，上海亚东图书馆 1923 年版。

[4] 梁宗岱：《新诗的分歧路口》，《诗与真·诗与真二集》，外国文学出版社 1984 年版，第 167 页。

[5] 参见解志熙：《和而不同——新形式诗学探源》，《和而不同：中国现代文学片论》，清华大学出版社 2002 年版。

诗，则要用形象思维方法，反映阶级斗争与生产斗争，古典绝不能要。但用白话写诗，几十年来，迄无成功。民歌中倒是有一些好的。将来的趋势，很可能从民歌中吸引养料和形式，发展成为一套吸引广大读者的新体诗歌。"[1] 这是他于诗歌的意见。

毛泽东所写五十首左右古体诗词，一九五七年公开之后，无疑成为那个时代被阅读最广的诗歌文本。"文革"当中，红卫兵和造反派组织编辑和印刷过多种版本的毛主席诗词，虽然大抵不是正式的出版物，但其中不乏封面设计精美，注释详尽的善本，还有将数十位权威人士的评论汇集于一册，显示出这些不署名的编者良好的古典文献素养。

　　白话文运动的成就，主要表现在白话文的作品上。白话文能不能代替文言文，要看写作实践。五四时期，白话论文在表现新思想、批判旧思想上，发挥了巨大的威力。如李大钊、陈独秀、鲁迅、胡适、钱玄同、刘半农等人的论文，虽在语言上有不同的风格，但在说理上都有明白、清晰、准确、富有逻辑力量的特点。这就叫那种不宜说理的文言文相形见绌。

曾国藩云："古文无施不宜，但不宜说理耳。"这是他之前的状况，其后，康有为的古文、梁启超的新民体擅长说理，虽已不是古文，尚未脱文言；章太炎的古文，讲论道理不比白话文逊色，章士钊的古文被钱基博目为逻辑古文，另有严复的古文，不仅言说中国固有之理，外国的道理也不成问题，此五位为曾文正公所不及见也。鲁迅早年所著《文化偏至论》《摩罗诗力说》以及《破恶声论》，可以视作文言说理文很好的例证。以《新青年》为例，当初创办之时，皆以文言出之，包括提倡白话的文章，亦文言所作。后来从一九一八年四卷一号起改用白话行文，并非是感到文言之不敷用，乃是为了率先实行自己的主张有意为之。文章本为达意而作，什么文体，首先取决于作者的修养或说武库，其次是读者对象，第三应当考虑欲达之意适合哪种文体，白话文之被古代作者选中不外乎此，《朱子语类》和《金瓶梅》，只有用白话文才作得。

白话论文这个概念是含糊的。学术论文、文学评论、科学论文等皆位列其中。王国维的《红楼梦评论》《屈子文学之精神》《文学小言》等，开新式文学论文之先河。说它新，乃作文的理念和使用的方法，表述上以文言还是白话，远没有那么重

---

[1]《毛泽东文集》第八卷，人民出版社1999年版，第422页。

要。写文言的人，没有不会口语的，为了达意的需求，将必要的口语说法引入文中，从来不被禁止，也没有人画地为牢。文言本身既有古今一致处，也多有每个时代的变通处，且此两处之间没有明确的界限。深奥典雅或是浅显直白，乃个人的文风和行文策略，文言可以写得浅白，白话亦颇能典奥，笼统地认为文言"不宜说理"，是一种意识形态的偏见。《科学》杂志创刊于一九一五年，是中国最早采用横排和新式标点的刊物，但直至五四之后，它的论文还是文言体，此前的《万国公报》《格致汇编》也有大量的文言体科学论文或著作，无论作者还是读者，没有觉得形式与内容之间有不相容处。刘师培《中古文学史》，王国维《宋元戏曲史》，鲁迅《汉文学史纲要》《中国小说史略》，晚近钱锺书《管锥编》，咸以文言出之，后来出版的大量同类题材的白话文学史和学术文章，未见得让前者"相形见绌"。

新思想、旧思想的根本差别在哪里？德赛二先生在中国社会中遭到挫折的程度，恰成为衡量其真伪的一个标志，如果畅通无阻大行其道，是否正说明了它并不是真科学、真民主，而是旧势力临时打扮成科学和民主的样子了呢？

在文学上，散文、小说、诗歌等文体，都开了新生面。特别是一九二一年，鲁迅的中篇小说《阿Q正传》的发表，郭沫若诗集《女神》的出版，为白话文学奠定了坚实的基础；《阿Q正传》更是中国现代白话文学中赢得世界声誉的第一部杰作。

郭沫若回忆往事："说来也很奇怪，我自己就好像一座作诗的工厂，诗一有销路，诗的生产便愈加旺盛起来。在一九一九年与一九二〇年之交的几个月间，我几乎每天都在诗的陶醉里。每每有诗的发作袭来就好像生了热病一样，使我作寒作冷，使我提起笔来战颤着有时候写不成字。"[1] 大约中国自有诗以来，很少有这样"扶着乱笔"作诗的。

郭沫若的诗歌成就怎样？有论者言其"意象运用也很多，比方万里长城、金字塔、太平洋、北冰洋、太阳、地球、扬子江、梅花、凤凰、煤、宇宙，但都空泛简单，是一些概念的对应物，缺乏具体丰富的意蕴，因而不具感人的力量"[2]。废名特别推崇郭沫若一首只有六行的短诗《夕暮》，认为"是新诗的杰作，如果中国的新诗只

[1] 郭沫若：《创造十年》，《沫若文集》第七卷，人民文学出版社1958年版，第59页。
[2] 邓程：《论新诗的出路》，中国社会科学出版社2004年版，第133页。

准选一首，我只好选它"[1]。

五四白话文运动，是一个活泼的、前进的、革命的运动，它在文艺语言上宣告了文言文时代的结束、白话文时代的开始。数千年来，中国通用的书面语没有白话文的合法地位，只有与口语脱节的文言文才算正统。直到五四时期，才把这种反常局面翻了过来，开辟了一个白话文学的新纪元。这正好与中国社会在五四期间实现了从封建向民主的转变相适应。

毛泽东在《反对党八股》中写道："五四运动时期，一班新人物反对文言文，提倡白话文，反对旧教条，提倡科学和民主，这些都是对的。在那时，这个运动是生动活泼的，前进的，革命的。"此三个形容词即来源于此。

白话文运动本质上不是语言运动，而是革命运动和政治运动。

中国的书面语，白话文言并行已经千年，写作人在选择什么语体上，皆从修辞的需要出发，文言作为书面语历史更长些，但后起的白话却更通行、更方便，离现在越近，白话在书面语中占有的份额也越大（尤其说部），这是语言发展的自然趋势，正统与否，合法与否，本不存在，元朝皇帝的诏书以白话文行文，没有人会因为文体的缘故而抗旨不遵。中华民国成立之初，大总统令以文言写就，它在政治上的进步性超过元朝的白话诏书，这点亦没有人怀疑。一个国家的法律，通常会规定其法定语言是什么，但国民在使用书面语写作时，有权自己选择文体和语体，也有权合法地坚持自己的偏好，主张白话的人可以使用自己的白话，却不应攻击他人使用文言的权利。从语言学的角度说，汉语是一个整体，文言白话皆是民族文化宝贵的遗产，国家的教育体制更应该给国民提供一份完整的语言教育而不仅仅是所谓国学的提倡。由于难易程度有别，文言需要更多的教育投入，教育本身即是文化的薪火相传，弃难就易，在国家危难中尚可以轻重缓急为由，而以革命的名义自毁其文化传统，却非明智之举。

任何时代写文言的人，没有拒绝过从当代的现实生活和口语中吸收语言的成分，任何时代写白话的人，也不可能拒绝从先贤的书面语中学习需要的语言成分，这是常识。白话文运动改变了这一点，从这个意义上讲，假革命之名，借政治之势，人为推动语言演变的自然进程，系前无古人。为了政治的需要，虚构了所谓古代的语言局面，再把它加以翻转，以排斥和消灭文言，为开创新纪元的大功绩，一九四九

---

[1] 冯文炳:《谈新诗》，人民文学出版社 1984 年版，第 217 页。

48　　白话文运动的危机

年之后，白话滥调流行，不以为失策反以为成就，其豪情万丈，百年下来，排斥了文言，也损毁了白话。

即使在政治上，五四时期并没有实现从封建向民主的转变。军阀混战和国民党名义上的统治，未可被称为真正的民主。短暂的民主之后，迅速地重新封建化，白话能够成为专制的利器，也许还要胜过文言百倍。

第四节　白话文运动的影响

由于历史的局限，白话文运动不可能迅速彻底完成它的任务。直到第二次世界大战以前，政府的公文、法律，报纸的新闻等等，仍用文言或半文言。在文学作品上取得"正宗"地位的白话文，也夹杂着脱离人民口语的文言腔。但从五四开始，白话文的推行，已成了时代的潮流，历史之必然。三十年代又进而发起大众语运动。一九四九年中华人民共和国建立后，报纸、公文和法律都一律采用白话文。

白话文运动的任务是取代文言，不仅成为正宗，且要成为唯一合法的书面语。若从单纯语言角度看，或说为了白话文自身的声誉与成长，其实不必如此。一切有利于白话文的资源，皆可以保存、学习和使用，为什么强调要消灭文言呢？原来白话文运动并不是如它字面说的那样，止于取得正宗地位，它是连自己也要消灭的，它是另一革命运动的第一步，拼音化文字是它最终的目的，这一点从开始就不曾掩饰过，不仅明确，亦且得到多数读书人的支持。要顺利地实现拼音化，须先消灭文言，因为文言的单音词太多，大量音同字不同的单音词在拼音中无法区分，白话当中，或者复音词当中，仍然有音同字不同的词汇，只能到时候再说。汉字一定要被革命掉，所谓走世界文字共同的拼音化道路。[1]一九四九年之后，文字改革机构派人专门研究越南、朝鲜的拼音化经验，一个正部级机构的职能部门，雇用了大批官

---

[1] 拼音文字的易学，在那个时代被夸张了。胡适的学生唐德刚认为："拼音文字由于字汇之多，所以'认字'也是学习拼音文字的最大麻烦之一。在中文里我们如果认识四五千字，则所有报章杂志便可以一览无余。但是一个人如果想把五磅重的星期日的《纽约时报》全部读通，则非认识五万单字不可！五万字比《康熙字典》上所有的字还要多！我们非要认识全部《康熙字典》上的字，才能看懂星期天的报纸，岂非二十世纪一大笑话？！但是，朋友！拼音文字就是如此啊！"参见唐德刚：《胡适杂忆》（增订本），华东师范大学出版社 1999 年版，第 134 页。

员和专家，在报纸上造舆论，说尽汉字的坏话，只因最高决策者的慎重才没有酿成毁灭汉字的文化灾难。一九四九年十月十日文字改革研究会在北京成立，标志着白话文运动已经完成它第一阶段的任务，所谓"报纸、公文和法律都一律采用白话文"。第二阶段的目标就是拼音化了。推广普通话，用汉语拼音为汉字注音，以及简化汉字，是其阶段性成果，是为拼音化而进行的准备。要谈历史局限的话，拼音化的目标，是最大的历史局限，这么一个荒唐的想法，曾是我们的一项基本国策，并且差一点就实行起来。

一九〇八年，章太炎在《国粹学报》上发表《驳中国改用万国新语说》，提出他反对改用拼音文字的五条理由：一、文化发达不发达与文字拼音不拼音没有关系；二、教育普及不普及与文字拼音不拼音没有关系；三、汉字与拼音文字各有优劣；四、汉语是单音节语，只能使用汉字；五、汉语方言分歧，要用拼音文字也不可能。简单明了的五条理由，不需语言文字学的专业知识也能理解、也能看出来问题，胡适之、陈独秀等人倡导白话文运动之时，太炎先生话音未落，拼音化的目标暂时藏在背后，其后，拉丁字方案和国语罗马字方案你争我夺，左冲右突；一九三五年十二月蔡元培、鲁迅签名的《我们对于新文字的意见》发表，半年后太炎先生病逝，汉字和汉语失去了它的守护者，四个月后鲁迅离世，汉语的一位文体家猝然而去，郭沫若为鲁迅写的挽词是："旷世名著推阿Q，毕生杰作尤拉化。"抗战爆发后，新文字的实行被打断了。

一九八五年十二月，中国文字改革委员会更名为"国家语言文字工作委员会"，仍是国务院的直属机构，在改名的通知中，它的职责仍然包括"继续推动文字改革工作"，这是把"拼音化"三字藏起来的做法，但并没有否定。在此之前，计算机汉字排版、输入技术已获成功，从技术处理上再论汉字妨碍现代化已不成立。

一九八六年召开的全国语言文字工作会议建议宣布废止"二简方案"。对于文改的态度是，"文字改革必须稳步进行，不能急于求成；脱离实际超越历史条件的改革，是得不到大多数人支持的。在今后相当长的时期，汉字仍然是国家的法定文字，还要继续发挥其作用"[1]。护照虽然延期，但究竟还未获永久性的公民资格。一个国家对于自己的语言文字采取这种态度，在世界历史中是罕见的。国家给予公民的是不完整的汉语教育，公民的书面表达能力下降是理所当然的后果。简化汉字的根本性伤害在于，为了某种政治的需求，力图降低全民族的文化追求和文化品格。"后"与"後"合并成一个汉字，"前后""先后""事后""今后"本来有它自己的"後"

---

[1] 转引自费锦昌主编：《中国语文现代化百年记事》，语文出版社1997年版，第447页。

字，为了少几个笔画，征用了古代王者之"后"，使帝王之尊充贱役之劳，给阅读典籍制造了麻烦，把延续的文化弄得不伦不类。

一九九四年十月中国语文现代化学会成立，它的任务包括：推广普通话和普及民族共同语；现代汉语汉字的规范化和标准化；进一步完善《汉语拼音方案》，并扩大它的应用范围，充分发挥它多功能的作用；中文信息处理的技术和我国社会信息化的发展前途对语文的要求等。不再提拼音化汉字和文字改革，但也并未明确宣布放弃。

二〇〇〇年十月三十一日，第九届全国人民代表大会常务委员会第十八次会议通过《中华人民共和国国家通用语言文字法》，其第二条规定：本法所称的国家通用语言文字是普通话和规范汉字。可以说，拼音化的阴影，至二十一世纪才勉强摆脱。

既然汉字不再是姑且一用即将淘汰之具，就应当给国民以完整的汉字、汉语教育，尤其是书面语，文言必须得到彻底的平反，白话文才能走出目前的困境，汉语书面语才能逐步健康发育。以文言疗白话之积弊，以传统文化和思想资源解现代之困境，本书认为值得尝试。

朱光潜写于二十世纪四十年代的一篇文章《从我怎样学国文说起》，对于文言白话，具有适当的态度：

> 文言白话之争到于今似乎还没有终结，我做过十五年左右的文言文，二十年左右的白话文，就个人经验来说，究竟哪一种比较好呢？把成见撇开，我可以说，文言和白话的分别并不如一般人所想象的那样大。第一就写作的难易说，文章要做得好都很难，白话也并不比文言容易。第二，就流弊说，文言固然可以空洞俗滥板滞，白话也并非天生地可以免除这些毛病。第三，就表现力说，白话和文言各有所长，如果要写得简练，有含蓄，富于伸缩性，宜于用文言；如果要写得生动，直率，切合于现实生活，宜于用白话。这只是大体说，重要的关键在作者的技巧，两种不同的工具在有能力的作者的手里都运用自如。我并没有发现某种思想和感情只有文言可表现，或者只有白话可表现。第四，就写作技巧说，好文章的条件都是一样，第一要有话说，第二要把话说得好。思想条理必须清楚，情致必须真切，境界必须新鲜，文字必须表现得恰到好处，谨严而生动，简朴不至枯涩，高华不至浮杂。文言文要好须如此，白话文要好也还须如此。话虽如此说，我大体上比较爱写白话。原因很简单，语文的重要功用是传达，传达是作者与读者中间的交际，必须作者说得痛快，读者听得痛

快，传达才能收到最大的效果。为作者着想，文言和白话的分别固然不大；为读者着想，白话却远比文言方便。不过这里我要补充一句：白话的定义很难下，如果它指大多数人日常所用的语言，它的字和词都太贫乏，绝不够用。较好的白话文都不免要在文言里面借字借词，与日常流行的话语究竟有别。这就是说，白话没有和文言严密分家的可能。本来语文都有历史的赓续性，字与词有部分的新陈代谢，绝无全部的死亡。提倡白话文的人们喜欢说文言是死的，白话是活的。我以为这话语病很大，它使一般青年读者们误信只要会说话就会作文章，对于文字可以不研究，对于旧书可以一概不读，这是为白话文作茧自缚。白话文必须继承文言的遗产，才可以丰富，才可以着土生根。[1]

---

[1] 朱光潜:《从我怎样学国文说起》,《我与文学及其他》, 广西师范大学出版社 2004 年版, 第 102—103 页。

第二章　白话文运动的内与外

胡适小鲁迅十岁，小周作人六岁，一九一七年白话文运动一呼百应，即刻名满天下。二十六岁任北大教授，每遇演讲，人海如潮。胡适很仗义，对朋友慷慨，有求必应。他位高名重，然而除抗战时期的驻美大使外，拒绝从政，从行政院长到总统候选人，胡适在进退宠辱之间保持着清醒，虽然时而与国民党政权走得近，却始终保持个人的独立性，与鲁迅晚年的靠拢左派组织，周作人的附逆比起来，胡适倒是超乎狂狷之上的中道而行，以他的话来说："在我成年以后的生命里，我对政治始终采取了我自己所说的不感兴趣的兴趣（disinterested-interest）。我认为这种兴趣是一个知识分子对社会应有的责任。"[1] 当社会成为几种势力的角逐场之时，个人很难置身事外。鲁迅生前身后的毁誉交加，周作人的寿则多辱，固然是时代馈赠，也是个人选择。胡适曾被大陆长期定论为国民党反动派、帝国主义的代理人，这些批判也未能影响其特立独行的一生。

鲁迅死得早，鲁迅的著作也印行得最多。在"文革"中能与毛主席语录同享覆以红书封者，唯鲁迅语录耳。直至"文革"后期，中央党校编写组还出版了一部《鲁迅批判孔孟之道的言论摘录》，一九七六年人民文学出版社出版《鲁迅言论选辑》其一其二，将鲁迅言论分列九题：一、论阶级和阶级斗争；二、支持新生事物；三、坚持革新，反对倒退；四、批判投降主义；五、反对调和、折中；六、论无产阶级革命和无产阶级专政；七、论教育革命；八、论文艺革命；九、论科技革命。这些新题目与四十年前的旧文字，竟能被统一于时势政治的手册里，鲁迅实在够得上一位先知了，这是对启蒙者的反讽吗？

事情似乎不是这样。"对于旧社会和旧势力的斗争，必须坚决，持久不断，而且注重实力。旧社会的根底原是非常坚固的，新运动非有更大的力不能动摇它什么。

---

[1] 胡适：《自述》，子通主编：《胡适评说八十年》，中国华侨出版社 2003 年版，第 10 页。

并且旧社会还有它使新势力妥协的好办法，但它自己是绝不妥协的。在中国也有过许多新的运动了，却每次都是新的敌不过旧的，那原因大抵是在新的一面没有坚决的广大的目的，要求很小，容易满足。"[1]这话今日读来，仍然令人感佩。鲁迅当年果然目光如炬，从未低估旧势力的实力。不过，我们现在的理解与一九六七年的含义正好相反，红卫兵"破四旧"所使用的暴力方法，使它成为旧势力的工具了。

接续这言论之后的一段话，被《鲁迅语录》的编者省略了，鲁迅这样说："譬如白话文运动，当初旧社会是死力抵抗的，但不久便容许白话文底存在，给它一点可怜地位，在报纸的角头等地方可以看见用白话写的文章了，这是因为在旧社会看来，新的东西并没有什么，并不可怕，所以就让它存在，而新的一面也就满足，以为白话文已得到存在权了。"[2]

这是在一九三〇年左翼作家联盟成立大会上鲁迅的演讲。当时听讲的人明白鲁迅的意思，还是一九六七年的人们更懂得，还是我们今天更理解呢？如今白话文占据的不仅是报纸一角而是几乎全部，旧的势力也并没有消退，与各种势力厮混的日子长了，白话文早已忘记自己原本曾经有过一个反对旧势力的宗旨，至少在鲁迅看来是有过的，本书也承认这一点。白话文目前的自我满足，正是它潜在的危机，揭示它的危机，是真正爱护白话文，像鲁迅那样，去反对一切旧势力，特别是那些以新白话文把自己装扮成新事物的旧势力。新旧势力的短兵相接中，鲁迅向是新事物的真先锋，旧社会恶势力的死敌，假若我们遇到自己无法区分新旧复杂情况，只要敢于与鲁迅站在一起，或许就还有希望。

启蒙的本义，指人摆脱自身造就的蒙昧，作为"在一切人生问题及思想问题上要求明白清楚的精神运动"，它的理性主义色彩非常突出。康德认为"革命也许能够打倒专制和功利主义，但它自身绝不能够改变人们的思维方式。旧的偏见被消除了，新的偏见又取而代之。它像锁链一样，牢牢地禁锢着不能思考的芸芸众生"。二十世纪的中国，没有做好准备去面对启蒙的巨大困难。在《何谓启蒙》中，康德认为："任何一个个人要从几乎已经成为自己天性的那种不成熟状态之中奋斗出来，都是很艰难的。……因此就只有很少数的人才能通过自己精神的奋斗而摆脱不成熟的状态，并且从而迈出切实的步伐来。"[3]

敢于认知，遵从自我的理解力，便是启蒙的格言。以知堂自号的周作人，是中

---

[1] 武汉钢九·一三热风战斗队、新北大公社文艺批判战斗团编：《鲁迅语录》，第104页。参见《鲁迅全集》第四卷，人民文学出版社1995年版，第235页。

[2] 《鲁迅全集》第四卷，人民文学出版社1995年版，第235页。

[3] [德]康德著，何兆武译：《历史理性批判文集》，商务印书馆2005年版，第24页。

国二十世纪启蒙运动最值得尊重的成果。若真有这一运动的话，那是一个人的启蒙运动。周作人留下千万文字，无一字含糊，无一字苟且，出自他清明的理性与清楚的判断。他把孔子和原始儒家的理性主义与西方启蒙运动的理性精神结合起来，在希腊古典和中国诸子那里找到了可以会通之处。周作人的思考力和判断力，在一点一滴地告诉我们什么是理性的自由和理性的尊严。还是康德的话，"启蒙运动除了自由而外并不需要任何别的东西，而且还确乎是一切可以称之为自由的东西之中最无害的东西，那就是在一切事情上都有公开运用自己理性的自由"。周作人做到了一生"公开运用自己的理性"，他始终享有这一最无害的"自由"。如若鲁迅的感受力和表达力出于强烈的情感，周作人的文字则出自于同样强大的理智。鲁迅是创作家，周作人是批评家，二十世纪初的中国，我们同时拥有自己的唐·吉诃德和哈姆雷特。

唐·吉诃德和哈姆雷特的火炬不应熄灭，废名与李长之一智一情，亦乃一创作一批评。不过换了位置，这一次智性的偏向创作，感性的却情钟批评。鲁迅对废名没有好感，他是周作人最得意的门生，而李长之的第一部批评文集，请周作人作序，因故未能出版，他首部书则被认为是一九三五年在天津报纸上连载后的《鲁迅批判》。批判一词拉丁文的原义是判断，在李长之看来，鲁迅是感情炽烈的诗人和战士，还够不上思想家。鲁迅看了稿子后给李长之回了信，鼓励他出版，但鲁迅并没把他视作知己。

废名生于一九〇一年，一九二九年毕业于北大外文系。喜读莎士比亚和庾信，古诗欣赏温李和杜甫，小说、新诗、散文和评论而外，他事古典文学研究，有阐释佛理的《阿赖耶识论》。从性格上说废名是智性的，小说却写得主观，如梦境一般。他的诗中出现最多的意象是梦和泪，镜子与死亡。废名的诗与小说至今未被充分理解，同时代的周作人、朱光潜、李健吾或许是懂得的，理解废名，实在是需要知道些西学和中学的。与二周不同，废名、李长之一生被政治的变动分为两部分，其主要作品均著于五十年代之前，成就逊色于周氏兄弟，除了才情因素外，还有一个原因是后二十年的光阴无法自由地从事自己的工作。

李长之生于一九一〇年，一九三五年毕业于清华大学哲学系。二〇一〇年适逢李长之百年诞辰，二〇一一年适逢鲁迅一百三十周年诞辰。鲁迅书信中，两封写给李长之；给胡风的信中亦曾提及，在胡风的圈子里，李长之被称作"李天才"。李长之既不属京派文人圈，亦非沪上左翼同人，无党无派。周作人在一九三四年打算为李长之出版的批评文集《论"救救孩子"》作序，发表于一九三四年十二月八日的《大公报》，收入《苦茶随笔》。李长之见过周作人，而没有与鲁迅谋过面，他与二周、胡适没有私交，但在精神血脉上，与此三者联系紧密，这一点从他撰写的评论鲁迅、周作人和胡适的文章上可以见出。抗战期间，李长之在重庆中央大学任教授，讲授中国文学批评史，四十年代是他写作的高峰，差不多每年有著作或译著出版，兼有大量论文发表。以批评家自任的李长之，性格上像鲁迅，继承的却是胡适的事业。四十年代启蒙运动显然破产，正值盛年的李长之却不甘心，他开始了一个人的文艺复兴。时代当然不能配合，抗战救亡才是大事。新政权的建立，使超出政治之外的文化努力越来越困难重重。他的古典文学研究和批评，延至一九五七年，终结于一顶右派的帽子，那年他四十七岁。此后的二十多年里，他列过《杜甫论》的计划，终没有写出。"文革"开始后，被批斗、劳改，打扫楼道和厕所，后有两年参与《新华字典》的修订工作，但因严重的类风湿关节炎而无法握笔，一九七八年抱恨而逝。与废名的晦涩相反，李长之的文章"向来是简劲明晰的"（宗白华语），但他的著作，无论一九四九年前出版抑或之后印行，均不易搜求。二〇〇六年十卷本《李长之文集》出版之前，他的大量著述很少被人提及。

历史仿佛被封存起来，沉湎于历史的人，会因注意力的分散而失去现实中的优势。白话文的写作和阅读与这样的生存现状是呼应的，文坛的名利性质与精神和艺术缺乏相关性，这一写作难以获得应有的历史感。在诸先贤那里，可以忽略他们与现实的联系，但不能无视其与历史的联系，他们似乎是某种历史冲动的体现，而非现实某种势力的反响。所谓中国式的现实主义，是精神的大敌，艺术的大敌，文学的大敌。艺术有现实主义吗？现实乃是一种强权，它的要求无非是普遍掩饰着的屈服罢，反抗现实也不过是另一种方式的屈服。精神、艺术包括文学，乃是历史中伟大事物的投胎转世，再次来到世上，不是为了与现实相关，他另有根源，别有来历，托生于时代，会有其烙印，但从时代的角度是无法解释的，他来路和去路如此深远，带来的是世界以外的消息。他本人即是精神、艺术和文学不会消亡的明证，离开这样的证据，以什么来谈论艺术呢？批评是对天才的识别和宣扬，是对天才重现人世的一种赞颂："岐王宅里寻常见，崔九堂前几度闻。正是江南好风景，落花时节又逢君。"

第一节　胡适

一九二三年一月十二日，胡适为钱玄同编《国语月刊》"汉字改革号"所写"卷头言"，将他个人的语言文字观和改革语言文字的思路讲得明白，这些观念不仅仅是他个人的，也是白话文运动的基本信念：

我是有历史癖的；我深信语言是一种极守旧的东西，语言文字的改革绝不是一朝一夕能做得到的。但我研究语言文字的历史，曾发现一条通则：

在语言文字的沿革史上，往往小百姓是革新家而学者文人却是顽固党。

从这条通则上，又可得到一条附则：

促进语言文字改革须要学者文人明白他们的职务是观察小百姓语言的趋势，选择他们的改革案，给他们正式的承认。

这两条原则是五年来关于国语问题一切论著的基本原理，所以我不须举例子来证明了。

小百姓二千年中，不知不觉的把中国语的文法修改完善了，然而文人学士总不肯正式承认他；直到最近五年中，才有一部分的学者文人正式对二千年无名的文法革新家表示相当的敬意，俗语说："有礼不在迟。"这句话果然是不错的。

然而这二千年的中国小百姓不但做了很惊人的文法革新，他们还做了一件同样惊人的革新事业：就是汉字形体上的大改革，就是"破体字"的创造和提倡。[1]

晚清书面语的白话化倾向体现为两点：其一，传教士翻译的白话书籍、白话报纸大量发行，使白话在书面语中占有的份额扩大了；其二，文言文中白话的成分显著增加，成为一种浅近的文言，以梁启超的"新民体"为影响最大。

胡适这段话，是对这一白话化倾向的解释，然而这解释却远离了事实。国人经常不懂得语言和文字的区别，张荫麟认为连胡适也不能例外。所谓"小百姓的文法革新"指的是什么？白话作为口语是全民族通用的口头交际工具，小百姓用，士大夫也同样使用，口语的功绩为何归给小百姓呢？况且口语再有功绩也不能代替书面语。书面语中的白话表现力的增长，贡献归于吴敬梓、曹雪芹、李汝珍等文人，与小百姓何涉。"破体字"是民间俗字，与官方的正字稍有不同，实际上是不规范的汉字，使用不规范字，假如别人终能识别，最多取得与使用规范字同样的效果，何以见得是一种进步？

五年来的白话文运动，提高了白话文的声望，使少数原来一向使用文言写作的文人，有意采用白话，而更大的影响还谈不到。胡适这里却强调向小百姓表达迟到

---

[1] 转引自唐德刚：《胡适杂忆》（增订本），华东师范大学出版社 1999 年版，第 129—130 页。

的敬意，尤其费解。先讲语言是极守旧的东西，又道在语言文字的沿革上，小百姓是革新家，文人学者顽固，使人不得其解。在价值观上，识字与不识字，会作文与不会作文，小百姓与士大夫可有不同，但在对于语言和文字的态度上，却不可能有什么分别。

语言文字是全民性的，口语和书面语，因为文字的缘故，会有明显的不同，但作为同样的语言系统，语法（文法）却基本上是一致的。赵元任《中国话的文法》序中说："这里关于国语的讨论，特别是文法方面，大部分都适用于整个的中国话，甚至连文言也可以有一部分包括在内。"[1]

在白话与文言的二元对立模式中，胡适这些意见不经意地暗设了小百姓与士大夫的对立，革新家和顽固派的对立，且以某种知识论的形式，仿佛没有成见地把它叫作"通则"和"附则"，白话文运动，乃是"观察小百姓语言的趋势，选择他们的改革案，给他们正式的承认"，仿佛把不成文法变成成文法一样自然而然、合情合理。

但这不是科学，是政治。语言学上的事实被革命的政治需求取代了，而革命是需要确立革命对象的，胡适是文学革命的首义者，他把文言错误地当作了革命对象，郑重地要求参与白话文运动的人，不再使用文言。文章本为达意而作，"八不主义"不管任何具体的条件和上下文语境，只能变成新教条。一九二一年胡适安葬母亲时以文言写下《先母行述》："适归国后，即任北京大学教授；是年冬，归里完婚，婚后复北去，私心犹以为先母方在中年，承欢侍养之日正长；岂意先母屡遭患难，备尝劳苦，心血亏竭，体气久衰，又自奉过于俭薄，无以培补之；故虽强自支撑，以慰儿妇，然病根已深，此别竟成永诀矣。"[2]此文正须以文言才得当，而作者在结尾处却给自己添出了一个理由："此篇因须在乡间用活字排印，故不能不用古文。"受提倡白话文之累若此。另有一例也颇能说明问题：三十年代官方一则何键的消息刊发的指定题目为《何省长昨日去岳麓山扫其母之墓》，翌日被报人轻松改换成《何省长昨日去岳麓山扫他妈的墓》发表了出来。

除了对时代风潮有着先知般的感应外，胡适对于文本的形式要素也很敏感。一九一五年写就万字长文《论句读及文字符号》发表于《科学》月刊第二卷第二期上，毫无疑问是提倡标点符号的先锋。他对于"破体字"的提倡也非常早，可以视作汉字简化的先驱。在国内出版的第一本著作《中国哲学史大纲》，排版上就很特别。学术著作通常是对于经典的注疏，排版的时候，原文是正文，以大字顶格写，注疏

---

[1]《中国现代学术经典·赵元任卷》，河北教育出版社1996年版，第4页。
[2] 胡适：《大宇宙中谈博爱》，东方出版社1998年版，第261页。

是注解，用小字低一格写。胡适的著作并非对于经典的注疏，他以自己的文字为正文，以大字顶格，他引用经典著作里的话，以小字低一格写，这一颠覆性的排版格式，今日看来平淡无奇，但当时在读书界引起的震动却是巨大的。时下流行横排简体古籍，以方便阅读为目的，线装书和旧式排版的规矩细则鲜有人知，比胡适小五岁、一九一八年毕业于北京大学哲学系的冯友兰，对于其师这部名著在排版上的革命印象很深，《中国现代哲学史》中曾论及此事。

文学革命和语言革命纠缠一处，新的话语方式，容易被误作新的语言。白话文运动，说到底不过是一种话语变革，而非语言变革，但它实在从开始就误解了自己的使命，不仅以语言变革为目标——还要进一步用拼音取代汉字，为几千年的中国文化创立所谓新文字。

以白话取代文言，对于当时和从今以后的写作来说有可能，却不能以此要求古人。民族的文化遗产是在历史过程中积累起来的，既然古代文献以文言写就，后人便依照文言去接受，如果感觉繁难，只能使读者自绝于遗产之外。当代人五十年不识文言，对于积累了三千年的文献来说丝毫无损，文化的延续在历史上偶有中断，出现在两三代人身上的文化倒退也司空见惯，时下一切不满足于报纸、电视白话滥调的人，多多少少会回归于历史之中。一个民族，不可能长期将他自己书面语中九成以上的文献和遗产束之高阁，陶醉在眼前百年的文字中沾沾自喜。大凡历史上新王朝建立之初，文化退步为常态，中华民国是一个例外，其在政治、军事、经济上姑且不论，但文化和教育上却硕果累累。白话文运动至一九四九年之前，基本上没有造成破坏性的后果。文言被打倒，是一个缓慢的过程，由于战乱和行政力量的缺乏，语言文字的使用处于听其自然的状态，是正常也是健康的，国民未必能够获得完整的语言教育，但起码不必被强加一种不完整的教育。

胡适没有建立哲学理论，并非没有自己的哲学主张。他明确区分"哲学家的问题"和"人的问题"，其兴趣与目标始终倾向后者。他说："真正的哲学必须抛弃从前种种玩意儿的'哲学家的问题'，必须变成解决'人的问题'的方法。""这个'解决人的问题的哲学方法'又是什么呢？这个不消说的，自然是怎样使人能有那种'创造的智慧'，自然是怎样使人能根据现有的需要，悬想一个新鲜的将来，还要能创造方法工具，好使那个悬想的将来真能实现。"[1]

胡适一生致力哲学主张的实践，这一点比任何同代的中国知识分子做得更彻底。就人的思想于历史和社会所能发生的影响而言，忽视胡适的贡献，便是忽视了五四

---

[1] 胡适：《实验主义》，蔡尚思主编：《中国现代思想史资料简编》第一卷，浙江人民出版社1982年版，第284页。

以来的最为珍贵的那部分历史。杰佛逊从欧洲启蒙运动中获得民主自由的理念，而后应用于新大陆，创建了美国，胡适则从美国获得关于人的理念，拿来改造中国。但中国的情况异常复杂。欧洲移民创建的美利坚合众国，与当地原住民印第安人文化并无瓜葛，如绘画之于白纸。中国文化在西风东来之前，独具四千年漫长深厚的传统。胡适作为设计师，而中国不是白纸。自然，当时的国人渴望崭新的蓝图，以胡适的话说是"一个新鲜的将来"，但是，胡适看重怎样实现这"将来"，为了实现它，须"能创造方法工具"。"我常说中国人（其实不单是中国人）有一个大毛病，这病有两种病症：一方面是'目的热'，一方面是'方法盲'。"这番话说于一九一九年，四十年后，席卷中国的"大跃进"和全民总动员，这一热一盲被完全证实，而大炼钢铁的第二年，三联书店出版了八卷本的《胡适思想批判》。

作为五四启蒙者，胡适属意的是启国人的方法之蒙。《四十自述》中专门谈及"文学革命的开始"，题曰"逼上梁山"。一九一五年夏，胡适就文言白话的问题及文学改良的疑难，与朋友辩难近一年，先在日记里形成自己的看法，再展开讨论，遭遇反驳，重来检讨，或坚持己见。一九一五年八月二十六日日记所载，是"如何可使吾国文言易于教授"的论文，一九一六年八月写成《寄陈独秀》与《文学改良刍议》，即起轩然大波，与他辩诘者有任鸿隽（叔永）、梅光迪（觐庄）、杨铨（杏佛）、唐钺（擘黄）。其中与任鸿隽关于文学改良的通信，是过去争论的继续。梅光迪后回国创办《学衡》，继续与胡适论战，有《评提倡新文化者》和《评今人提倡学术之方法》等篇，是新文化运动的有力批评者。[1]唐钺也写了两篇重要文章《文言文的优势》《告恐怖白话文的人们》，收录于《中国新文学大系》之《建设理论集》和《文学论争集》中。当然，改变了历史的是《文学改良刍议》及其激发的回响，陈独秀、钱玄同、刘半农等人相继为文响应，白话文运动于焉诞生。

困难在于第一呼。胡适的问题意识非常敏锐，为何能最早发现和提出这些问题，除了自己说出的理由外，与他在美国的演讲训练颇有关联，胡适说："在我当学生时代我便一直认为公开讲演对我大有裨益。我发现公开讲演时强迫我对一个讲题作有系统的和合乎逻辑的构想，然后再作有系统的又合乎逻辑和有文化气味的陈述。"他认为："大凡一个人的观念和印象通常都是很空泛的，空泛的观念事实上并不是他的私产。但是一个人如他的观念和感想，真正按照逻辑，系统化地组织起来，在这种情况下——也只有在这种情况下——这些观念和感想，才可以说是真正属于他的了。"

---

[1] 周作人认为，只有"学衡"派拥护文言是真心如此，没有别的目的。

胡适是讲求实际的人，善于从书本外求知，抑或得之于遗传。他的父亲胡传是能干的官吏，曾任台湾的知州和统领，殉职于任上之时，胡适五岁，日后似乎间接接受到父亲务实作风的影响，并贯彻终生。胡适说过，主持学生俱乐部或者学生会议，使他于西方的民主议会程序有所体会。在他的留学日记里，曾经有主持学生会议的经验之谈。他说："那一小时做主席的经验，实远胜于对'罗氏议事规程'作几个小时的研读。"

胡适发表的第一篇改革语文的文章，既不是《寄陈独秀》，亦非《文学改良刍议》，而是《论句读及文字符号》。他在日记中说："吾之有意于句读及符号之学也久矣。此文乃数年来关于此问题之思想结晶而成，初非一时兴到之作也。后此，文中当用此制。"可见他于自己的主张，自始即身体力行。

对标点符号这样，于白话新诗亦复如此。当论敌承认"小说词曲固可用白话，诗文则不可"时，胡适认为自己只剩下一条路可走——用全力去做白话诗。《尝试集》便是这样被逼出来的。"我的决心实验白话诗，一半是朋友们一年多讨论的结果，一半也是我受的实验主义的哲学的影响。实验主义教训我们：一切学理都只是一种假设；必须要证实了（verified），然后可算是真理。证实的步骤，只是先把一个假设的理论的种种可能的结果都推想出来，然后想法子来试验这些结果是否适用，或是否能解决原来的问题。"[1]但这实在不是创作的状态，尤其有悖于写诗的心理，《尝试集》没有多少好诗，不难理解，以科学实验之方法，怀抱功利目的，这对后来的文艺创作，是一个坏的先例，但《尝试集》的影响巨大。根据汪原放的统计，《尝试集》仅亚东图书馆一家到一九五三年为止，印了四万七千册。[2]废名说过："然而对于《尝试集》最感得趣味的，恐怕还是当时紧跟着新文学运动而起来的一些文学青年。像编者个人就是，《尝试集》初版里的诗，当时几乎没有一首我背不出来的。"[3]

胡适善开风气，待他人参与进来，又琢磨别的去了。胡适喜言自己是新文艺的逃兵，却实是一位不断开辟战场的闯将。一九一九年文白之争方兴未艾，他在《每周评论》挑起"问题与主义"之争，在无人响应之际，甚至写过剧本。另一面，他的许多著作是未完成状态。《中国哲学史大纲》只有上卷，《白话文学史》亦只有上卷，《国语文学史》写到南宋之后没有了。总之，胡适有太多未竟之业，其中最大一桩是白话文运动。

大约从一九一九年开始，中国问题的政治化解决似乎成为众人的基本思路，并

[1] 胡适：《逼上梁山》，《胡适说文学变迁》，上海古籍出版社 1999 年版，第 209 页。
[2] 汪原放：《亚东图书馆与陈独秀》，学林出版社 2006 年版，第 56 页。
[3] 冯文炳：《谈新诗》，人民文学出版社 1984 年版，第 1 页。

渗透许多领域（包括语言文字）。白话文运动演变为一种语言政治，意识形态色彩浓重，功利目的过强，这类倾向伴随白话文运动，或许适合宣传动员，却未必宜于文学的创作。

白话文运动与五四运动的关系，也是有待清理的历史课题。谈及五四运动，胡适曾说："这项学生自发的爱国运动的成功，使中国的政党因此颇受启发。他们觉察到观念可以变成武器，学生群众可以形成一种政治力量……五四以后事实上所有中国政党所发行的报刊尤其是国民党和研究系在上海和北京等地所发行的机关报都增加了白话文学副刊。国民党的机关报《民国日报》的文学副刊便取名《觉悟》。梁启超派所办的两大报《北京晨报》和《国民公报》里很多专栏，也都延揽各大学的师生去投稿。当时所有的政党都想争取青年知识分子的支持，其结果便弄得知识界里人人对政治都发生了兴趣。因此使我一直作超政治构想的文化运动和文学改良运动的影响也就被大大地削减了。"[1]可见胡适很早就觉察并清楚文学改良与五四运动的政治后果，并即时开出他的药方："我曾向我的同事们建议，我们这个文化运动既然被称为'文艺复兴运动'，它就应撇开政治，有意识地为新中国打下一个非政治的文化基础。我们应致力于研究和解决我们所认为最基本的有关中国知识、文化和教育方面的问题。我并且特地指出我们要'二十年不谈政治；二十年不干政治'。"[2]于是才有那篇《多研究些问题，少谈些主义》，但迅即引起激烈争论。李大钊与蓝公武接口，意见大有不同。[3]胡适又著《三论问题与主义》，对蓝公武所推崇的抽象性和神秘性，胡适认为"实在是人类的一点大缺陷"，"因为愚昧不明，故容易被人用几个抽象名词骗去赴汤蹈火，牵去为牛为马，为鱼为肉。历史上许多奸雄政客，懂得人类有这一种劣根性，故往往用一些好听的抽象名词，来哄骗大多数的人民，去替他们争权夺利，去做他们的牺牲。不要说别的，试看一个'忠'字，一个'节'字，害死了多少中国人？""我们做学者事业的，做舆论家生活的，正应该可怜人类的弱点，打破他们对于抽象名词的迷信，使他们以后不容易受这种抽象名词的欺骗。"

在白话文运动中，胡适所体现并坚守的这种个人性，未必是白话文运动的个性。

---

[1] 唐德刚：《胡适口述自传》，安徽教育出版社2005年版，第199页。

[2] 同上，第205页。

[3] 知非（蓝公武笔名）：《问题与主义》，参见蔡尚思主编：《中国现代思想史资料简编》第一卷，浙江人民出版社1982年版，第536页。蓝公武认为："理想乃主义的最要部分。一种主张，能成主义与否，也全靠这点。""自来宗教上，道德上，政治上，主义能鼓动一世，发生极大的效力。都因为它涵盖一切，做各部分人的共同趋向的缘故。""若是在那文化不进步的社会，一切事物都成了固定的习惯，则新问题的发生，须待主义的鼓吹成功，才能引人注意。……故在不进步的社会，问题是全靠主义制造成的。"他得出的结论是，"主义的研究和鼓吹，是解决问题的最重要最切实的第一步"。

胡适的哲学追求与实践成果之间，充满对立。个人在政治势力面前异常渺小，哪怕是杰出的个人，语言拒绝依附政治，但也绝非易事，换言之，自外于权力的白话文写作，能否独立，能走多远，这才是胡适之一生既重要又艰难的"尝试"，而这种尝试，似乎看不到尽头。胡适说："我们那时可能是由于一番愚忱想把这一运动维持成一个纯粹的文化运动和文学改良运动，但是它终于被政治所阻挠而中断了。"

一九二九年，因连续发表《人权与约法》《知难，行亦不易》《我们什么时候才可以有宪法？》《新文化运动与国民党》等批评文章，胡适受到国民政府的警告。日后他出任驻美大使，与蒋介石的关系众所周知，但他毕生没有改变个人主义立场。他所信奉的易卜生主义，亦始终未易："你要想有益于社会，最好的法子莫如把你自己这块材料铸造成器。"晚年的胡适曾公开为《自由中国》半月刊争取言论自由而努力。

多年过去，有谁还在认为胡适当年心忧的"五鬼"（贫穷、疾病、愚昧、贪污、扰乱）闹中华不是严峻的政治问题？有谁能够说，胡适的政治主张在当下的政治现实中已经过时？[1]

如果仅选一位二十世纪新思潮的代表人物，诚非胡适莫属。

胡适的官话未脱徽音，英语说得也不地道，但他一生对演讲情有独钟。一九一二年美国大选，二十一岁的胡适在奥兹教授的影响下，成为老罗斯福的支持者，选战中的演讲给他印象很深。其时，辛亥革命后初建中华民国，美国对于亚洲唯一的共和国新政府深感兴趣，这给了留学生宣传中国的好机会。工学院四年级学生蔡吉庆擅长于此，经由他举荐，胡适选修了训练演讲的课程，由此开始了演讲的生涯。他回忆道："我在康奈尔时代，讲演的地区是相当的辽阔——东至波士顿，西及俄亥俄州的哥伦布城。这个区域对当时在美国留学的一个外国学生来说是相当辽阔的了。为着讲演，我还要时常缺课。但我乐此不疲，这一兴趣对我真是历四五十年而不衰。"[2]他甚至为演讲而不惜荒废学业，错过奖学金。一九三八至一九四二年抗战时期，胡适以驻美大使身份在美国各地巡讲，为中国的抗战争取世界同情和支持，俨然职业演说家。一九六二年二月二十四日，台湾"中央研究院"选举新院士，胡适作为院长发表演说，六点三十分讲完最后一句话，心脏病突发，倒在讲席上，未

<hr>

[1] 胡适晚年曾力劝蒋介石放弃做第三届"总统"的打算，给"宪法"点面子，但没有成功。余英时《从〈日记〉看胡适的一生》写道："不过今天从长程回溯以往，宪法的法统毕竟延续了下来，这才有以后一步一步地弄假成真。个人的生命无论如何长，总比不过基础巩固的制度。胡适在这一方面的关怀和努力，用他自己的话说，可谓'功不唐捐'。"参见余英时：《重寻胡适历程》，广西师范大学出版社2004年版，第119页。

[2] 唐德刚：《胡适口述自传》，安徽教育出版社2005年版，第57页。

再醒来。

胡适的一生，尽领风骚。二十多岁名满天下，执教北大，发起白话文运动，首举文学革命义旗，倡导整理国故，开创了学术思想的诸多领域，影响了至少两代学人与学风。这些成就至今无人能及。胡适的历史性建树与论辩—演讲关系密切。白话文运动的初起之念是在胡适和留美同学的辩论中产生的。他的口述自传与晚年谈话录，比他的思想著述更有价值。甚至可以认为，胡适的成就和影响是"说"出来的，他的言说比他的书写更为见效，胡适之"学"建立于胡适之"说"，可能不是夸张的评议。我们不能从胡适之"体"去寻求胡适。[1]他不是"文体家"，他的价值是在学说，而胡适的学说却对白话文体的长育，至关重要。

胡适名气大，误解与是非毕生相随。一九四九年后定居美国十年，这十年，大陆学术思想界最大的批判对象是胡适，一九五九年仅三联书店出版的《胡适思想批判》就有八册，其他论文汇编与各种单行本、小册子加起来，字数不下百万，而全部批判内容无非是反马克思主义，发表于一九一九年的那篇《多研究些问题，少谈些主义》尤其是批判的重点。但事实上，说胡适主张全盘西化，却难以找出这主张的出处，相反，他反复鼓吹的"中国文艺复兴"，所谓研究问题、输入学理、整理国故、再造文明四个目标合称"中国的文艺复兴"，见识可谓高远。

胡适总能说在点子上。任一问题，一语中的。有人请他谈读书方法，他说：读书的习惯比方法重要，因他深知人类习惯的强大，习惯未成，习惯有错，谈不上方法，偶尔读书、不得已读书、自以为是的读书，即便有方法，亦属空话。胡适从书斋型学者变为学术明星，得助于口才和风尚。讲演是那个时代的新事物，其核心是语言在公共空间的传播性。梁启超认为，公开演讲、现代教育制度、报章书局，构成"传播文明三利器"。胡适擅长说话，又长年授课，担任北大文学院院长、北大校长，早岁编辑《新青年》，中年主编《独立评论》，晚期鼎力支持《自由中国》，可谓集"三利器"于一身。

白话文运动的动机，即追求浅易，普及教育，民众至上。在工具论意义上，浅易固然是正面价值，但文学语言的浅易是指某种风格，并非文学的价值，文学写作倘若为浅易而浅易，文学性等于被取消，哪里谈得上与文言抗衡的语言魅力？白话文运动的提倡者，个个寝馈于文言典籍，一朝改写白话文，绝非追求白话之浅易，他们熟谙古文，懂得什么才是语言，一旦曲尽其才，以白话入于文章，乃成美文，

---

[1] 郜元宝认为："讲二十世纪中国文学的语言，一般都要追溯鲁迅、胡适的有关理论主张，却未曾深察他们的文体差异。"参见郜元宝：《作为方法的语言："胡适之体"和"鲁迅风"》，《在语言的地图上》，文汇出版社1999年版。

这是对那代人语言文章须明了的要点。

胡适是白话文运动的发起者，也是最早撤离的人。一九二三年始，他的志业是整理国故。他的新国学研究大纲包含三项：用历史的眼光来扩大国学研究的范围；用系统的整理来部勒国学研究的资料；用比较的研究来帮助国学的材料的整理与解释。郑振铎讲得明白："我以为我们所谓新文学运动并不是要完全推翻一切中国固有的文艺作品，这个运动的真意义，一方面在建设我们的新文学观，创作新的作品，一方面却要重新估定或发现中国文学的价值，把金石从瓦砾堆中搜找出来，把传统的灰尘，从光润的镜子上拂拭下去。"因此他明确主张"在新文学运动的热潮里，应有整理国故的一种举动"。[1]

表面看，白话文运动是书面语文体的变革，胡适的"目标限制"亦即于此，并非意图将这变革扩展到思想和意识形态领域。然而一朝举事，难以控制，白话文运动迅即成为"主义"，不但无法远离政治，且既受干扰也被利用，直至被现实政治所掌控。五四运动的发生使这批学者目击宣传鼓动所能具有的实效，各种势力随之介入白话文运动，直接利用语言重建的良机，培植各自的意识形态，多年后胡适承认，"共产党里白话文写得最好的还是毛泽东"。

胡适方案是中国走向现代化的一个整体设计，白话文运动是其前提与先导。作为乾嘉学派的传人，胡适达成了中国知识主义传统与西方科学主义的结合。近代思想家，唯胡适完全不落民粹主义陷阱，始终抱持"个人"的信念，这一信念源于西方个人主义和理性主义，并获个人张力，但胡适所遭遇的历史远未具备实行这一方案的现实条件。他的理想持续面对严重的挫折，以历史的维度看，胡适的主张没有失败——迄今，也未获得他所寄望的成功。"胡适全集之所以编印无期，多少是因为他的思想，在国共两面都不讨好。这点双方都觉得'违碍'的事实，正是胡适'独立自主'最佳的说明。"[2]

胡适去世，林语堂曾著文追悼："鲁迅政治气味甚浓，脱不了领袖欲。适之不在乎青年之崇拜，鲁迅却非做得给青年崇拜不可，故而跳墙（这是我目击的事），故而靠拢，故而上当，故而后悔无及。"[3]林语堂说，"不在乎"三字，正是"胡适之先生高风亮节的注脚，是胡先生使我们最佩服最望风仰景、望尘莫及的地方"，他认为胡适"眼光气魄，道德人品"在鲁迅之上。

---

[1] 郑振铎：《新文学之建设与国故之新研究》，张若英编：《中国新文学运动史资料》，光明书局1934年版，第207页。

[2] 周质平：《胡适与鲁迅》，子通主编：《胡适评说八十年》，中国华侨出版社2003年版，第203页。

[3] 同上，第220页。

思想上尽可以全盘西化，但语句欧化是胡先生不赞成的。北大同学会送的挽联如下——生为学术，死为学术，自古大儒能有几？乐以天下，忧以天下，至今国士已无双。

胡适的墓碑，出自原北京大学图书馆馆长毛子水手笔，他用的全部是白话，欧化的白话，新式标点符号，四个"为……"，堪比"横渠四句"的"四为"之真切具体，起始并列的超长定语，评价并无过誉，但句子不是地道的汉语——既不顺口，又不好记，像是自外文译过来似的：

> 这是胡先生的墓。这个为学术和文化的进步、为思想和言论的自由、为民族的尊荣、为人类的幸福而苦心焦虑、散精劳神以致身死的人，现在在这里安息了！[1]

第二节　鲁迅

"我总要上下四方寻求，得到一种最黑，最黑，最黑的咒文，先来诅咒一切反对白话，妨害白话者。即使人死了真有灵魂，因这最恶的心，应该堕入地狱，也将决不悔改，总要先来诅咒一切反对白话，妨害白话者。……只要对于白话来加以谋害者，都应该灭亡！"[2]

这是鲁迅有名的言说，然而并不出自他的杂文，而是《二十四孝图》的开篇语，写在一九二六年五月十日，次年与另外九篇散文编入《朝花夕拾》。这样地写出自己的诅咒，是极端的情绪，是孩子的态度，由童年回忆引出的诅咒是有原因的："自从所谓'文学革命'以来，供给孩子的书籍，和欧、美、日本的一比较，虽然很可怜，但总算有图有说，只要能读下去，就可以懂得的了。可是一班别有心肠的人们，便竭力来阻遏它，要使孩子的世界中，没有一丝乐趣。"[3]

提倡白话文的先驱，理由各不相同，鲁迅看重的是语言之于孩子的天趣，这与《狂人日记》中"救救孩子"的呼喊，出于同样的慈悲心——胡适想通过"国语的文学"来实现"文学的国语"，陈独秀侧重于三个推倒，周作人则为达意而已。胡适是设计家的思路，陈独秀是革命家的思路，鲁迅，是文学家的思路。

［1］转引自欧阳哲生：《胡适与北京大学》，子通主编：《胡适评说八十年》，中国华侨出版社2003年版，第252页。

［2］《鲁迅全集》第二卷，人民文学出版社1995年版，第251页。

［3］同上。

然而白话文运动的始终，革命思路占上风，陈独秀到瞿秋白，从文人蜕变为职业革命家，而追求"言文一致"的白话文运动本身即富于革命性，按其逻辑，最后的解决之道是废除汉字，改用拼音文字。

鲁迅是真实的文学家，虽则有过革命言论，晚年甚而与职业革命者有往来、存私谊，但未走出文学的园地，更未发布像胡适那样清晰的政治主张。竹内好在《鲁迅》一书中说："他有一种除被称为文学家以外无可称呼的根本态度。"

今人了解鲁迅，比他的同代人更为便利。七十年来，鲁迅研究过分发达，《鲁迅全集》不断编纂再版，大量传记、年谱、史料面世，包括日记、书信、手稿，都是当时无法读到的。鲁迅下功夫最多之古籍校勘《嵇康集》，始校于一九一三年，一九三五年止。二十三年间反复校阅对勘此书超过十次。若非出于深挚的爱好，这类毫无事功目的的案头消磨，不可能持续如此，且生前并未出版。他自己说："此非求学，以代醇酒妇人者也。"他一生辑录古籍的数量，不可谓不大，人民文学出版社一九九九年出版四卷本《鲁迅辑录古籍丛编》收录二十种，一百四十余万字，可见鲁迅有限的年命中，除了大量创作和翻译，投入传统遗产的整理，何其绵长而谨严。学者鲁迅，长期被思想家、杂文家、小说家鲁迅所遮掩。他的《中国小说史略》和《汉文学史纲要》是中国文学史的开山著作。读吴俊《鲁迅评传》和王晓明《鲁迅传》，会觉得有两个鲁迅。

从一九〇七年在《河南》杂志发表《文化偏至论》《摩罗诗力说》到一九一八年在《新青年》刊发《狂人日记》，鲁迅白话文学创作的准备期，经历十一年之久。期间重要的活动，一是在东京从章太炎听讲，筹备《新生》杂志的创刊，并与周作人共同翻译出版《域外小说集》；一是辑录古籍，写作文言小说《怀旧》。这些活动，周作人称为"鲁迅的学问艺术上的工作的始基"，充分而扎实。而鲁迅做这些事，不求闻达。晚年的周作人写道："他做事全不为名誉，只是由于自己的爱好。这是求学问弄艺术的最高的态度，认得鲁迅的人平常所不大能够知道的。"[1]《新青年》没有稿费，一九一八年五月至一九二一年八月，鲁迅在《新青年》上发表作品五十篇。《阿Q正传》在《晨报副刊》发表，署名"巴人"，鲁迅时在教育部任职，明知同事们传阅谈论，也未言明自己的作者身份。鲁迅一生所用笔名之多，没有第二个中国作家能及。

一九二五年孙伏园编《京报副刊》征求"青年必读书"于鲁迅，鲁迅的回答是"从来没有留心过，所以现在说不出"。并在附注里明确回答："我以为要少——或者竟

---

[1] 周作人：《关于鲁迅》，钟叔河编：《周作人文类编》第十卷，湖南文艺出版社1998年版，第114页。

不——看中国书，多看外国书。"此说后来成为著名的公案，相关文章达六十余篇。而鲁迅在附注中的说明，计四条，以上摘引仅为最著名的第三条，这四条附注不应被分开理解，为免断章取义，兹录全文如下：

> 但我要趁这机会略说自己的经验，以供若干读者的参考——
>
> 我看中国书时，总觉得就沉静下去，与实人生离开；读外国书——但除了印度——时，往往就与人生接触，想做点事。
>
> 中国书虽有劝人入世的话，也多是僵尸的乐观；外国书即使是颓唐和厌世的，但却是活人的颓唐和厌世。
>
> 我以为要少——或者竟不——看中国书，多看外国书。
>
> 少看中国书，其结果不过不能作文而已，但现在的青年最要紧的是"行"，不是"言"。只要是活人，不能作文算什么大不了的事。[1]

在六十余篇争论中，一篇文章题曰《鲁迅先生的笑话》针对鲁迅的第四条附注，引了鲁迅在另外场合的言语：

> 讲话和写文章似乎都是失败者的征象。正在和命运恶战的人，顾不到这些，其有实力的胜利者也多不做声。譬如鹰攫兔子，喊叫的是兔子不是鹰；猫捕老鼠，啼呼的是老鼠不是猫；鹞子捉家雀，啾啾的是家雀不是鹞子。又好像楚霸王救赵破汉，追奔逐北的时候，他并不说什么，等到摆出诗人面孔，饮酒唱歌，那已经是兵败势穷，死日临头了。最近像吴佩孚名士的"登彼西山，赋彼其诗"，齐燮元先生的"放下枪杆，拿起笔杆"，更是明显的例子。[2]

鲁迅一贯的意思，是行胜于言，而外国书有利于"行"，中国书却是未必，甚至有碍于行动的。时过境迁，我们不能脱离那时的语境，认为鲁迅反对青年读中国书。须知早在鲁迅之前，清末古文大家吴汝纶即曾公开主张青年专读"西书"，认为一切中国古籍皆可废，只留一部《古文辞类纂》以供习诵便可以了。[3]

---

[1]《鲁迅全集》第三卷，人民文学出版社 1995 年版，第 12 页。

[2] ZM：《鲁迅先生的笑话》，《京报副刊》1925 年 3 月 8 日。参见王世家：《青年必读书：1925 年京报副刊"二大征求"资料汇编》，河南大学出版社 2006 年版，第 250 页。

[3] 参见吴汝纶：《答严几道》，郭绍虞主编《中国历代文论选》第四卷，上海古籍出版社 1980 年版，第 150 页。吴汝纶云："本意谓中国书籍猥杂，多不足行远。西学行，则学人日力，夺去太半，益无暇浏览向时无足轻重之书。而姚选古文，则万不能废，以此为学堂必用之书，当与六艺并传不朽也。"

鲁迅《写在〈坟〉后面》一文，重申自己的主张："去年我主张青年少读，或者简直不读中国书，乃是用许多苦痛换来的真话，决不是聊且快意，或什么玩笑，愤激之辞。"[1] 就中应看出鲁迅的为人迥异于常人，这一点实不易被了解。孙伏园向社会名流征求青年必读书，希望这些成功人士为青年推荐好书。鲁迅身为新文学运动的首席作家，自然被列为征求对象，但鲁迅并不认为自己成功，也不情愿青年走自己的路：他是真心这样想的。鲁迅一九二四年《致李秉中》私信，是理解以上附注更为恳切而可靠的说明。李秉中时为北大学生，后入黄埔军校，转赴苏联学习军事，归国后在国民党军中任职。鲁迅在信中写道：

> 我恐怕是以不好见客出名的。但也不尽然，我所怕见的是谈不来的生客，熟识的不在内，因为我可以不必装出陪客的态度。我这里的客并不多，我喜欢寂寞，又憎恨寂寞，所以有青年肯来访问我，很使我喜欢。但我说一句真话吧，这大约你未曾觉得的，就是这人如果以我为是，我便发生一种悲哀，怕他要陷入我一类的命运；倘若一见之后，觉得我非其族类，不复再来，我便知道他较我更有希望，十分放心了。

> 其实我何尝坦白？我已经能够细嚼黄连而不皱眉了。我很憎恶我自己，因为有若干人，或则愿我有钱，有名，有势，或则愿我陨灭，死亡，而我偏偏无钱无名无势，又不灭不亡，对于各方面，都无以报答盛意，年纪已经如此，恐将遂以如此终。我也常常想到自杀，也常想杀人，然而都不实行，我大约不是一个勇士。现在仍然只好对于愿我得意的便拉几个钱来给他看，对于愿我灭亡的避开些，以免他再费机谋。我不大愿意使人失望，所以对于爱人和仇人，都愿意有以骗之，亦即所以慰之，然而仍然各处都弄不好。

> 我自己总觉得我的灵魂里有毒气和鬼气，我极憎恶他，想除去他，而不能。我虽然竭力遮蔽着，总还恐怕传染给别人，我之所以对于和我往来较多的人有时不免觉到悲哀者以此。

> 然而这些话并非要拒绝你来访问我，不过忽然想到这里，写到这里，随便说说而已。你如果觉得并不如此，或者虽如此而甘心传染，或不怕传染，或自信不至于被传染，那可以只管来，而且敲门也不必如此小心。[2]

鲁迅不止一信，也不止对一人表达过以上深挚的意愿。有谁比鲁迅更爱护青年、

---

[1]《鲁迅全集》第一卷，人民文学出版社1981年版，第286页。

[2]《鲁迅全集》第十一卷，人民文学出版社1981年版，第430—431页。

看重青年，希望对青年有所助益？这一点在鲁迅与青年木刻家的交往中更能看出，有人说鲁迅老于世故，诚不知哪位世故者会为了青年的前途而不惜遭受误解、承受种种糊涂的，或是恶意的攻击。

理解鲁迅的意思难，理解鲁迅的心思更难。[1]

"一个人处在沉闷的时代，是容易喜欢看古书的，作为研究，看看也不要紧，不过深入之后，就容易受其浸润，和现代离开。"[2]在国家没有灭亡之虞的时代，假如一个人选择"和现代离开"，无伤私利，更不会有严重后果，或殃及他人，而鲁迅的时代却大不然。

"菲薄古书者，惟读过古书者最有力，这是的确的。"当个人生存与文化传承发生尖锐冲突，要求鲜明的抉择时，鲁迅始终坚持个人生存为首要。主张"救救孩子"，与诅咒白话文的反对派，出于同一立场。这立场以鲁迅一九一九年的语言，概括为"自己背着因袭的重担，肩住了黑暗的闸门，放他们到宽阔光明的地方去；此后幸福的度日，合理的做人"[3]。有论者认为，鲁迅"自觉地认识到自己属于'旧'一代，而将自己置于这一位置去和社会的黑暗作斗争"，与鲁迅不同，"胡适、陈独秀是站在青年的前面为他们指示新道路的指导者。也就是说，他们是把自己置于'新'的位置的"。[4]

一九二七年在香港青年会的演讲中，鲁迅说："中国的文章是最没有变化的，调子是最老的，里面的思想是最旧的。"谈及中国的"特别国情"，鲁迅归纳为两样："第一，是因为中国人没记性，因为没记性，所以昨天听过的话，今天忘记了，明天再听到，还是觉得很新鲜；第二，是个人的老调子还未唱完，国家却已经灭亡了好几次了。"鲁迅的感慨是"老调子将中国唱完，完了好几次，而它却仍然可以唱下去"。[5]这里指从宋元到明清的调子。

当人们陶醉于白话文运动速成之时，鲁迅的洞见，却是老调子又唱进白话文里，会作文言八股的人尚未绝迹，白话八股已然出现。这种大忧患为同代人所不解，细忖今日的现实，尤可钦佩鲁迅的深刻与远见，因为种种改头换面的老调子，依然在唱！

---

[1] 有人认为鲁迅是在作秀："这本是一件很平常的媒体问卷调查，鲁迅却利用这个机会狠狠地作了一回'秀'，借一些夸张的措辞制造了一个有刺激性效果的说法。"参见张闳：《走不近的鲁迅》，子通主编：《鲁迅评说八十年》，中国华侨出版社 2005 年版，第 372 页。

[2]《鲁迅书信集》下卷，人民文学出版社 1976 年版，第 671 页。

[3] 鲁迅：《我们现在怎样做父亲》，《鲁迅全集》第一卷，人民文学出版社 1981 年版。

[4] 参见相浦杲：《中国现代文学的诞生和鲁迅、胡适、陈独秀》，《考证·比较·鉴赏》，北京大学出版社 1996 年版。

[5]《鲁迅全集》第七卷，人民文学出版社 1981 年版，第 309 页。

至于书目，鲁迅还是开过一份的。以旧学的深修、独到的目光，今时的读书人，尤其爱鲁迅文字者，在了解鲁迅的批判态度之余，或可一阅他亲自开出的书目——一九三〇年，许寿裳长子许世瑛考入清华大学，鲁迅为他特意开列十二部古籍，每部附有说明：计有功《唐诗纪事》、辛文房《唐才子传》、严可均《全上古三代秦汉三国六朝文》、丁福保《全汉三国晋南北朝诗》、吴荣光《历代名人年谱》、胡应麟《少室山房笔丛》《四库全书简明目录》、刘义庆《世说新语》、葛洪《抱朴子外篇》、王充《论衡》、王晫《今世说》、王定保《唐摭言》。[1]

这份书单，一九二五年的鲁迅自然心中有数，但他偏不肯说出来，供在《京报副刊》上与那些名流凑热闹，然而阅读鲁迅推荐的书却不轻松，严可均那部《全上古三代秦汉三国六朝文》有十巨册，字数逾千万，不含注释。

在鲁迅遭受误解的无数案例中，这是比较容易清理的一端。

"汉字不灭，中国必亡"这句话，是当时诸多极端言论之一，至今仍被引用，据传乃鲁迅所出。它出自《新文字运动》，这篇短文最早见载于一九三七年春流书店出版的《鲁迅访问记》。许广平《鲁迅与汉字改革》（载《语文学习》一九五六年十月号）与《光明日报》（一九五六年十月十日）登载的鲁迅论文字改革语录，皆引了这篇短文，此后广为流传。唐弢与冯雪峰并不认为是鲁迅所作，而《鲁迅全集》也未收《新文字运动》一文，一九七九年山东人民出版社出版《鲁迅论文字改革》作为附录列于书末。本书认为此非鲁迅所言。

一九一九年鲁迅《致许寿裳》信曰："汉文终当废去，盖人存则文必废，文存则人当亡，在此时代，已无幸存之道。"[2]这番话与"汉字不灭，中国必亡"看似相同，但它透露着对"汉文"的情感。鲁迅一生弄文字，辑录古籍、学术著述、创作小说、翻译文学，累计逾四百万字，几乎全是毛笔书写，字迹沉静工秀，手稿俱在，可资证明。故鲁迅对中国的文字和语言，其情之深，终身未改，论及文字的兴废存亡，惋惜之意，溢于言表。即使痛感"汉字是愚民政策的利器"，是"劳苦大众身上的结核"，也是由爱之深而恨之切，诚如他自己所言"憎人却不过是爱人者的败亡的逃路"。总之，无论爱恨，鲁迅未曾轻薄汉字和汉语，他曾打算写一部《中国字体变迁史》，终未完成，我们在《汉文学史纲要》中，仅能读到他关于汉字初创之时的论述，扼要精准，弥足珍贵：

[1]《鲁迅全集》第八卷，人民文学出版社1982年版，第441页。

[2]《鲁迅书信集》上卷，人民文学出版社1976年版，第20页。

虞夏书契，今不可见，岣嵝禹书，伪造不足论，商周以来，则刻于骨甲金石者多有，下及秦汉，文字弥繁，而摄以六事，大抵弇合。意者文字初作，首必象形，触目会心，不待接受，渐而演进，则会意指事之类兴焉。今之文字，形声转多，而察其缔构，什九以形象为本柢，诵习一字，当识形音义三：口诵耳闻其音，目察其形，心通其义，三识并用，一字之功乃全。其在文章，则写山曰峻嶒嵯峨，状水曰汪洋澎湃，蔽芾葱茏，恍逢丰木，鳟鲂鳗鲤，如见多鱼。故其所函，遂具三美：意美以感心，一也；音美以感耳，二也；形美以感目，三也。[1]

对于胡适的《白话文学史》，鲁迅并不满意。[2]在新文学运动早期有限的几部文学史著作中，他对刘师培以文言所著篇幅不大的《中古文学史》赞美有加。他的《汉文学史纲要》于一九二六年在厦门写就，原名《中国文学史略》，亦以文言所写，拟作中山大学的讲义。至于鲁迅计划纂写而未写成的《中国文学史》，以他精熟于文言的洗练简赅，恐也会像《中国小说史略》一样，以文言行文。

本人时时觉得，胡适提倡白话的成功不如他促成废除文言的效绩那样大。破易而立难，"崇白话"和"废文言"看似一体之两面，实行起来则大不然。胡适曾说："我们有志造新文学的人，都该发誓不用文言作文：无论通信，作诗，译书，作笔记，作报馆文章，编学堂讲义，替死人作墓志，替活人上条陈，都该用白话来作。"[3]鲁迅虽力拥白话，诅咒一切妨碍白话文的行径，但从未停止使用文言。他的第一部小说即以文言写就。[4]早期在日本写成《文化偏至论》《摩罗诗力说》等文章，不但是文言文，且相当艰深，是追求美文风格的古体，并收入他亲自编订的文集《坟》。《中国小说史略》与《汉文学史纲要》，还有毕生辑录的二十种古籍的序和跋，尽皆文言。日记与通信也遍布文言，一九三三年为《北平笺谱》所制《序》，是一篇十分风雅别致的古文。鲁迅的旧体诗，多有名句，投入唐宋集部，亦不逊色，但鲁迅写过的新诗却少人问津。[5]鲁迅之未肯完全使用白话而时时沿用文言，表面上与他掊击古

---

[1] 鲁迅：《汉文学史纲要》，人民文学出版社 1973 年版，第 2—3 页。

[2] 鲁迅曾在信中谈道："我是从来不肯轻易买一本新书的。而其实也无好书；适之的《白话文学史》也不见得好。"参见鲁迅：《致章廷谦》，《鲁迅全集》第十一卷，人民文学出版社 1981 年版，第 691 页。

[3] 《胡适学术文集·新文学运动》，中华书局 1993 年版，第 47 页。

[4] 参见周逴（鲁迅笔名）：《怀旧》，《小说月报》1913，4（1）。

[5] 夏济安认为，"在他的创作的冲动偶然趋向于诗的方面时，他也就只好求诸具有他这种文化背景者手头最便捷的工具——文言——了。其实他在传统诗的格律限制下，非但不十分不快，有时倒觉得是一种达成目的的满足；一种挑战"。参见《夏济安选集》，辽宁教育出版社 2001 年版，第 18 页。

文的立场相左，深究起来，其实是他对于语言和文体始终持有深刻的理解、眷爱与敬意。他深知"写什么"与"怎么写"，必牵动语言、文体的种种差异和微妙选择：有些文章适宜白话，甚至放胆杂以方言和口语（如《呐喊》《彷徨》中的许多段落），有些则必须文言（如晚年给中日年轻亡友写的墓志铭，其文采，以白话写来是不可想象的）。作为卓越的文体家，鲁迅的革命立场和语言立场是审慎的，有时是二元的：出于五四文学革命的大立场，他赞成变革，写作实践，则始终遵从文字语言的内在规律，不是在文言与白话之间作简单的是非抉择，也不理会文白论争的"政治正确"，而是明察文白两端的各自的能量、优劣、限制，以不同的文章和文风，选择文白——评价鲁迅，文言与白话不应是死标准。五四一代写家，文白兼能、文白兼顾、文白俱佳，鲁迅无疑是第一人。尤可珍贵者，是他在同一篇文章中，文白相间的妙用与妥帖。鲁迅之所以作为五四以来仅见的文体家，不在他鼓吹白话、实践新小说，而在他文白相间的个人写作中臻于成熟的实验。白话文运动之于鲁迅个人，不是废文言、用白话，而是怎样调动文白两端的优势，实践新的语言。至今，鲁迅研究与白话文运动研究，远未对鲁迅这一至关重要的贡献予以深入的分析。[1]

然而鲁迅的谦逊与深沉，是他几乎未曾对自己文白相间的写作实验作出哪怕是轻微的告白，而在公开言说中，则慷慨声援语言革命。细察他对白话文运动的分析，异常平实在理。一九二七年，鲁迅在香港青年会发表演讲，题曰《无声的中国》："在中国，刚刚提起文学革新，就又反动了。不过白话文却渐渐风行起来，不大受阻碍。这是怎么一回事呢？就因为当时又有钱玄同先生提倡废止汉字，用罗马字母来替代。这本也不过是一种文字革新，很平常的，但被不喜欢改革的中国人听见，就大不得了了，于是便放过了比较平和的文学革命，而竭力来骂钱玄同。白话乘了这一机会，居然减去了许多敌人，反而没有阻碍，能够流行了。""中国人的性情是总喜欢调和，折中的。譬如你说，这屋子太暗，须在这里开一个窗，大家一定不允许的。但如果你主张拆掉屋顶，他们就会来调和，愿意开窗了。没有更激烈的主张，他们总连平和的改革也不肯行。那时白话文之得以通行，就因为有废掉中国字而用罗马字母的议论的缘故。"[2]

在《坟》后记中，鲁迅说："当开首改革文章的时候，有几个不三不四的作者，是当然的，只能这样，也需要这样。他的任务，是在有些警觉之后，喊出一种新

———————————

［1］汪晖曾简要谈及鲁迅文字不文不白、不中不西的"中间物"状态。参见汪晖：《反抗绝望》，河北教育出版社 2000 年版，第 254—255 页。

［2］《鲁迅全集》第四卷，人民文学出版社 1981 年版，第 13—14 页。

声；又因为从旧垒中来，情形看得较为分明，反戈一击，易制强敌的死命。"[1]这番话以很低的姿态，间接说出他自己的实验。而从"新生"到"新声"，我们看出鲁迅审慎的历史态度，"新生"是远景，"新声"则当下即可喊出，一字之易，可以看作教条与实践、运动与个人的差异。鲁迅终生同情于革命的愿景，但从来不喊口号，而专注于实行。处在发端与过渡的时期，鲁迅成为异常复杂的矛盾体，集时代的冲突与悖论于一身，鲁迅所承当的复杂性，便是五四新文化运动尚待清理的复杂性。

然而这复杂性之在五四时期，被归结并简化为新文化运动的大纛："文字交给大众"是五四一代，也是鲁迅一生的理想，而理想与现实的冲突，或许是鲁迅这矛盾体的诸般反射。夏济安的分析可资参考："我们且慢为白话文运动的成功觉得欣喜。假如白话文只有实用的价值，假如白话文只为便于普及教育之用，白话文的成就非但是很有限的，而且将有日趋粗陋的可能。假如白话文不能成为'文学的文字'，我们对于白话文，始终不会尊重。对于文字之美的爱好，是文明人精神生活里很重要的一部分，我们假如在白话文学里得不到'美'的满足，我们只有到旧文学里去找；而懂洋文的人，只好去崇拜洋人了。白话文能不能成为'美'的文字？假如不能，白话文将证明是一种劣等的文字；白话文既是大家写作的工具，那么中国文化的前途也就大可忧虑的了。"[2]

而鲁迅自始至终写的是"文学的文字"，五四一代，他几乎是唯一懂得如何使白话写作也如文言那般，可以具有文字的"美"。因此，在夏济安看来，鲁迅最大的功绩是"他把白话文带出了平民化主义之理想的窄径"。

与夏济安的看法不同，毛泽东对于鲁迅的评价，令人印象深刻："鲁迅，就是这个文化新军的最伟大和最英勇的旗手。鲁迅是中国文化革命的主将，他不但是伟大的文学家，而且是伟大的思想家和伟大的革命家。鲁迅的骨头是最硬的，他没有丝毫的奴颜和媚骨，这是殖民地半殖民地人民最可宝贵的性格。鲁迅是在文化战线上，代表全民族的大多数，向着敌人冲锋陷阵的最正确、最勇敢、最坚决、最忠实、最热忱的空前的民族英雄。鲁迅的方向，就是中华民族新文化的方向。"[3]今天的学者另有一套学术话语和解析工具，可能不满足于那样的概括，比如汪晖运用法兰克福学派与杰姆逊式的术语，重述毛泽东的旧评，以一种长句新文体说得也很有理据：

---

[1]《鲁迅全集》第一卷，人民文学出版社1981年版，第286页。

[2]夏济安：《白话文与新诗》，《夏济安选集》，辽宁教育出版社2001年版。

[3]毛泽东：《新民主主义的文化》，《毛泽东论文学和艺术》，人民文学出版社1958年版，第13页。

他的文化批评的核心，在于揭示隐藏在人们习以为常的普遍信念和道德背后的历史关系——这是一种从未与支配与被支配、统治与被统治的社会模式相脱离的历史关系。对于鲁迅来说，无论文化或者传统如何高妙，有史以来还没有出现过摆脱了上述支配关系的文化或传统；相反，文化和传统是将统治关系合法化的依据。

鲁迅拒绝任何形式、任何范围内存在的权力关系和压迫：民族的压迫、阶级的压迫、男性对女性的压迫、老人对少年的压迫、知识的压迫、强者对弱者的压迫、社会对个人的压迫，等等。也许这本书告诉读者的更是：鲁迅憎恶一切将这些不平等关系合法化的知识、说教和谎言，他毕生从事的就是撕破这些"折中公允"的言辞织成的帷幕。

鲁迅也并没有放弃通过文化批判创造出非主流的社会力量，甚至非主流的社会集体，他一生致力于培育新生的文化势力……最终在统治者的世界里促成非主流的文化成为支配性的或主导性的文化。

鲁迅始终关心的是统治关系及其再生产机制，因此，他急于指出的毋宁是：在不平等的社会关系中，人性概念遮盖了什么？

伴随着现代化的进程，中国社会进入了日益细密化、专业化、科层化的社会过程，知识的生产也越来越具有与之相应的特征。体制化的知识生产不仅是整个社会现代化进程的有机部分，而且它的任务本身即是为这一进程提供专家的培养、知识的准备和合法性的论证。

鲁迅的思想遗产：他揭示了历史和社会中不断出现的合法化知识与不平等关系的隐秘联系。[1]

胡适的失误或许在"以白话文为正宗"这一口号。"正宗"一词，即权力与等级的概念。不以文言为正宗，未必就以白话为正宗。白话一旦强行废除文言，俨然成为新的语言专制。胡适一再申说白话是"活的语言"，而文言在漫长的历史中也曾是活的语言，不然岂有千载的历史与多姿的文学？白话文运动一旦建立话语权势，即全盘否定并鄙视文言。自由开明如胡适之，也难察觉专制主义深入而普遍的有效性。周作人对白话的专制是有警惕的，他以理性的清明在当时对应了胡适的偏至与鲁迅的矛盾。

胡适小鲁迅十岁，《新青年》时代曾与鲁迅、周作人共事，同为白话文运动主将。

[1] 汪晖:《反抗绝望》，河北教育出版社 2000 年版，第 27—29 页。

后思想愈见分歧，胡适偏右，鲁迅偏左，历来有关胡鲁的比较，成为一宗意味深长的公案。郜元宝说："胡、鲁文体最触目的差别在于一为现代型专家语言，一为传统型通儒语言。"以鲁迅天生怀疑主义的人格，以他生前对儒教儒学儒家的厌恶，并推崇西洋语言系统的重理知重逻辑重分析，以至不惜"直译"，在欧化句式上比同时代人走得都远，而身后居然被指为"传统型通儒语言"，既存谬解亦属厚诬；胡适倒是有通儒之才，也以其为标的，但胡适著述多姿多彩，语言不拘一种面貌，笼统地指其语言为"现代型专家语言"，也是冤枉吧。《作为方法的语言——"胡适之体"和"鲁迅风"》一文有这样的表述：

> 文体的不同效果渊于语言的深层结构。"胡适之体"是语言绝对归顺于逻辑，"鲁迅风"则是逻辑寓于语言之中，化为语言的肌理。语言既丝丝入扣，逻辑更不可抵挡。胡适文章的逻辑（"理念"或"思想框架"之类）总是"在先"，即先于语言而存在。逻辑宰制着语言，语言隶属于逻辑。鲁迅文章的逻辑并无这种优先性，它直接从语言生长出来，必等语言有了 Fullstop 而后自圆。胡适之文以逻辑的整一性牺牲了语言的丰满，鲁迅文章则呈现出语言逻辑的高度化合。[1]

这段话颇嫌费解，据上下文看，大致是鲁迅的语言优于胡适，但好在哪里，怎样就是好，语焉不详。以语言与逻辑的关系评述胡鲁，似是而非，"语言的深层结构""语言的丰满"与"语言逻辑的高度化合"，具体又是指什么？胡适与鲁迅虽为五四健将，但人格、学术与思想的差异巨大。论及中国小说研究，鲁迅的重点在唐宋之前，从《太平广记》辑录大量文言笔记小说或传奇；胡适的兴趣则在明朝之后章回体小说的版本考证。胡适的文字，政论、学术、演讲，难属文学范畴，而鲁迅是小说家，终生持守文学的立场。对胡适和鲁迅的语言作对比研究，是有意味的事，但不可用抽象的方法去概括，倒应于具体的实例分析中看看有些什么发现，慎言什么"胡适之体""鲁迅风"。

一九二一年胡适的长文《五十年来中国之文学》写成后，曾寄鲁迅征求意见，得到赞扬。[2] 我们不应以文学标准来衡量一切文字，即便就文学本身，衡量语言的标准也不可划一。胡适是新文学的提倡者，不是文学家，他的语言风格无疑影响了

---

[1] 郜元宝：《在语言的地图上》，文汇出版社 1999 年版。Fullstop，句号。

[2] 鲁迅在信中说："大稿已读讫，警辟之至，大快人心！我希望早日印成。因为这种历史的提示，胜于许多空理论。"参见鲁迅：《致胡适》，《鲁迅全集》第十一卷，人民文学出版社 1981 年版，第 412 页。

现代汉语，而鲁迅的语言在现代文学中留下的痕迹，是需要专门探讨的复杂话题。胡适的"行"与鲁迅的"行"，不在一脉，而在两端，胡适重在宣讲、说理，鲁迅的精华则在文学的思想和语言的锤炼，讨论鲁迅文体的要点与正途，在于鲁迅的修辞，夏济安的《鲁迅作品的黑暗面》，虽非修辞学的专门批评，却多有精辟之论。比如用典，他认为"鲁迅在以新鲜而生动的典故，表现出中国久远的文化传统所赋予其语文的不竭的意象之源这方面，有着卓越的才华"。

他还说："他的问题比他同时代作家所碰到的更复杂，更迫人；从这方面来说他才是充满问题、矛盾和不安的时代的真正代表。把他归入一种运动，派给他一个角色，或把他放在某一个方向里都不啻是牺牲个人的天才而赞扬历史粗枝大叶的泛论。"[1]

讨论鲁迅的文字需要进入他的作品，分析语言而不逐字逐句无法奏效，木心二〇〇六年底著文《鲁迅祭：虔诚的阅读才是深沉的纪念》有所评议，首先是关于《秋夜》与《好的故事》：

> "在我的后园，可以看见墙外有两株树，一株是枣树，还有一株也是枣树。"
> 就只这几句，已是使我认知天才之迸发，骤尔不可方物。
> 当《秋夜》被选入国文课本后，全国中学教师讲课时都为难了，怎么也无法解说这两句的巧妙，为什么不是"有两株枣树"，而却要"还有一株也是枣树"呢，孩子们哈哈大笑，鲁迅先生不会写文章——这是鲁迅的得意之笔、神来之笔，从没有人用过此种类型的句法，乍看浅白、稚拙，细味精当凝练，这是写给成年人老年人看的——在文学上，凡是"只可意会，难以言传"的思维和意象，字句的功能就在于偏要绝处逢生，而且平淡天真，全然口语化，令人会心一哂，轻轻带过，不劳注目。
> 鲁迅发此一文，文坛为之震惊，它的艺术水准，可谓横绝一时。论体裁，是西洋的散文诗，论文气，是离骚、九歌的郁勃驰荡。整体深蓝，"非常之蓝"，然后配以粉红（小花）、雪白（灯罩）、猩红（栀子）、苍翠（飞虫），印象色彩，显示出一个画家的眼光和手段来。《秋夜》的调子是非常之蓝的背景，明艳的色点布置其间，读的时候宜一瞥而过，不要纠缠，这样就作者读者两潇洒，留下以后重读的余地。
> 《秋夜》虽偶露戾气，但非荒诞，夜半听到吃吃的笑声，竟发乎自己的嘴里，

---

[1]《夏济安选集》，辽宁教育出版社 2001 年版，第 28 页。

既魔幻又有深意——他退出自己，旁观自己，以构成美学：

"我即刻听出这声音就在我嘴里，我也即刻被这笑声所驱逐，回进自己的房，灯火的带子也即刻被我旋高了。"

这三个"即刻"的连续出现，意象和节奏极有力度，而且优美神秘，紧接着在深蓝的夜的氛围中，突然拈出一支猩红的栀子，是画在雪白的灯罩上的，这对比、这反差，越显得诡谲明丽——文章已告完成，但余绪未尽，精彩尚在后头：

"我点起一枝纸烟，喷出烟来，对着灯默默地敬奠这些苍翠精致的英雄们。"

前面先有"看那老在白纸罩上的小青虫，头大尾小，向日葵子似的，只有半粒麦子那么大，遍身颜色苍翠得可爱可怜"，这是充分的伏笔，然后挥下最后一句"对着灯默默地敬奠这些苍翠精致的英雄们"。神完气足，寓意深长。

再看《好的故事》：

"河边枯柳树下几枝瘦削的一丈红，该是村女种的吧，大红花和斑红花，都在水里浮动，忽而碎散，拉长了，缕缕的胭脂水，然而没有晕。茅屋、狗、塔、村女、云……也都浮动着。大红花一朵朵被拉长，这时是泼辣奔进的红锦带，织入狗中，狗织入白云中，白云织入村女中……"

此一段的绘画性之强，画家也该钦服，知先生之不尽也。画家都不忘为自己画像，尤其是伦勃朗，单凭他的几幅自画像就可名垂千古。鲁迅先生在其《一觉》篇中有意无意地作出了"文字自画像"，恬漠而庄严，一代文豪的形象永留人世：

"在编校中夕阳居然西下，灯火给我接续的光，各样的青春在眼前一一驰去了，身外但有昏黄环绕，我疲倦着，捏着纸烟，在无名的思想中静静地合了眼睛，看见很长的梦，忽而惊觉，身外还是环绕着昏黄，烟篆在不动的空气中上升，如几片小小夏云，徐徐幻出难以指名的形象。"

与《一觉》同样写得好的是《怎么写》（夜记之一）：

"我沉静下去了，寂静浓到如酒，令人微醺，望后窗外骨立的乱山中许多白点，是丛冢，一粒深黄色火，是南普陀寺的琉璃灯，前面则海天微茫，黑絮一般的夜色简直似乎要扑到心坎里，我靠了石栏远眺，听得自己的心音。"

"寂静浓到如酒，令人微醺"是我至爱之句，只有鲁迅写得出。

在《鲁迅全集》中，木心列举了自己尤为钦佩喜悦的篇幅，计有《孔乙己》《故乡》《社戏》《在酒楼上》《孤独者》《伤逝》《秋夜》《雪》《好的故事》《一觉》《无常》《范爱农》《理水》《采薇》《铸剑》《出关》与《怎么写》。而《故事新编》他认为是最具"鲁迅风"的文体：

> 这以前的散文和小说是有木刻味漫画味的，《故事新编》是文笔史笔兼施了，又好在超乎考据故实之外而入乎人性情理之中，句法老到，谐趣横生，已非"幽默"二字可资恭维了——这无疑是鲁迅的成熟之作、巅峰之作，近百年来无人可以比拟的文学杰构。[1]

对于胡适那篇掀起白话文运动狂潮的揭幕文章《文学改良刍议》，鲁迅始终没有正面评价过。也许这篇文章的价值，已不在于它到底说了些什么，而是它带来了什么结果。不过胡适的"八不主义"一定给鲁迅留下了深刻的印象。一九三一年丁玲主编的《北斗》文艺月刊以"创作不振之原因及其出路"为题向许多作家征询意见，鲁迅作了如下的答复：

编辑先生：

来信的问题，是要请美国作家和中国上海教授们做的。他们满肚子是"小说法程"和"小说作法"。我虽然做过二十来篇短篇小说，但一向没有"宿见"，正如我虽然会说中国话，却不会写"中国语法入门"一样。不过高情难却，所以只得将自己所经验的琐事写一点在下面——

一、留心各样的事情，多看看，不看到一点就写。二、写不出的时候不硬写。三、模特儿不用一个一定的人，看得多了，凑合起来的。四、写完后至少看两遍，竭力将可有可无的字、句、段删去，毫不可惜。宁可将可作小说的材料缩成 Sketch（速写），决不将 Sketch 材料拉成小说。五、看外国的短篇小说，几乎全是东欧及北欧作品，也看日本作品。六、不生造除自己之外，谁也不懂的形容词之类。七、不相信"小说作法"之类的话。八、不相信中国所谓"批评家"之类的话，而看看可靠的外国批评家的评论。

现在所能说的，如此而已。此复，即请
编安！[2]

此可以视作鲁迅版的"八不主义"。

---

［1］木心：《鲁迅祭：虔诚的阅读才是深沉的纪念》，《南方周末》2006 年 12 月 15 日。

［2］《鲁迅全集》第四卷，人民文学出版社 1981 年版，第 364 页。

第三节　周作人

胡适在一九六二年一月给李敖的信中说："我至今还想设法搜全他的著作，已搜集到十几本了；我盼望将来你可以帮助我搜集；我觉得他的著作比鲁迅的高明多了。"[1]这封信没有写完，胡适就去世了。他临终前看重的这位作者，是周作人。

"周作人是中国第一流的文学家，鲁迅去世后，他的学识文章，没有人能相比。"说这番话的是冯雪峰，时在抗战前夕，没有人怀疑三先生周建人对冯雪峰的这个回忆。[2]直至今日，这句话不但无可更改，也才显示它的分量：白话文运动的有限成就——因而更为珍贵——可以说，唯造就周氏兄弟这么两位文体家。

周作人（一八八五～一九六七）的一生，毁誉交织。他留下精美的创作与翻译文字，千余万言，是二十世纪现代汉语无可替代的财富。今天赞扬周作人，多半称道他的文章，本书更看重他一生丝毫不曾改变的"态度"。福柯在《什么是启蒙？》中说："我一直试图强调，可以连接我们与启蒙的线索不是忠实于某些教条，那是一种态度的永恒的复活——这种态度是一种哲学气质，它可以被描述为对我们的历史时代的永恒的批判。"胡适曾多次说，新思潮在根本上是一种怀疑的态度，重估一切价值的态度。胡适与鲁迅一生秉承这样的态度：鲁迅三十年代与围攻者的论战，胡适晚年在台湾为争取言论自由而表现的勇气，都是这一态度的纪念碑。但周作人的后半生深陷无可翻身的处境，而能从容镇定，一如既往，在持续的写作和翻译中未曾稍或丧失明净的理性精神。

任何写作，起于机缘。所谓"藏之名山，传之其人"，太史公终也离不开史官之位和先人的遗命。周作人最后一部著作，是篇幅最长的《知堂回想录》，也竟得自机缘。[3]一九六六年一月周作人为该书所写《后序》中说：

> 我要在这里首先谢谢曹聚仁先生，因为如没有他的帮忙，这部书是不会得出版的，也可以说是从头就不会得写的。当初他说我可以给报纸写点稿，每月大约十篇，总共一万字，这个我很愿意，但是题目难找，材料也不易得，觉得

---

[1] 周质平：《胡适与鲁迅》，子通主编：《胡适评说八十年》，中国华侨出版社2003年版，第221页。

[2] 周建人：《鲁迅和周作人》，《新文学史料》1983年第4期。

[3] 曹聚仁为香港《新晚报》向周氏约稿，经一番商议，确定为一组自述文章。自一九六〇年末开笔，一九六二年十二月完成，四卷二百〇七节近四十万字，二十世纪六十年代中期以连载方式在《新晚报》发表了一部分。一九七〇年五月由香港三育图书文具公司出版单行本。

有点为难，后来想到写自己的事，那材料是不会缺乏的，那就比较的容易得多了。我把这个意思告知了他，回信很是赞成，于是我开始写《知堂回想录》，陆续以业余的两整年的工夫，写成了三十多万字，前后寄稿凡有九十次，都是由曹先生经手收发的。[1]

鲁迅在旧中国对付书报检查与政治恶境，一是频繁更换笔名，二是藏身租界。此两种方式，周作人未用过，解放后却不得不拾来其兄的故伎。他在五十年代出版的《鲁迅的故家》《鲁迅小说里的人物》与《鲁迅的青年时代》，包括众多翻译作品，均署笔名（当时不许署本名）；香港作为跟内地有邮政联系的唯一租界，便是他得以发表文章的唯一渠道了。说来是传奇，如果没有租界，没有隐名的技巧，历史恐不能成全周氏兄弟。

租界而外，思想传播并不能被外力完全控制。在作者与读者两面，文字有它自己的传播命运。一九五八年，因"右派"被开除公职、未满三十岁的钟叔河在长沙以拖板车为生，工余闭门读书，偶然得到了周作人的地址，就近在门口小店买来纸笔，给从未谋面的前辈写了封信：

周老先生：
　　从友人张志浩君处，拜读先生手书及大著二种，得知先生仍然康健，十分高兴。
　　从四十年代初读书时起，先生的文章就是我最爱读的文章。二十余年来，我在这小城市中，不断搜求先生的著作，凡是能寻得的，无不用心地读了，而且都爱不能释。说老实话，先生的文章之美，固然对我具有无上的吸力，但还不是使我最爱读它们的原因。我一直以为，先生的文章的真价值，首先在于它们所反映出来的一种态度，乃是上下数千年中国读书人最难得的态度，那就是诚实的态度——对自己，对别人，对艺术，对人生，对自己和别人的国家，对人类的今天和未来，都能够诚实地、冷静地，然而又是积极地去看，去讲，去想，去写。无论是早期慷慨激昂的《死法》《碰伤》诸文，后来可深长思的《家训》《试帖》各论，甚至就是众口纷纷或誉为平淡冲和或詈为"自甘凉血"的《茶食》《野草》那些小品，在我看来全都一样，都是蔼然仁者之言。先生对于我们这五千年古国，几十兆人民，芸芸众生，妇人小子，眷念是深沉的，忧愤是强烈的，

[1] 周作人：《知堂回想录》下册，安徽教育出版社 2008 年版，第 495 页。

病根是看得清的，药方也是开得对的。二十余年中，中国发生了各种事变，先生的经历自是坎坷，然即使不读乙酉诸文，我也从来不愿对先生过于苛责。我所感到不幸的，首先只是先生以数十百万言为之剀切陈辞的那些事物罢了。

我最引为恨的，就是虽然经过刻意搜求，先生的一些文集仍然无法看到。如今我所藏的，不过是《自己的园地》《雨天的书》《苦茶随笔》《夜读抄》《瓜豆集》《风雨谈》以及解放后的几册回忆录而已。此外还有两本以前上海野鸡书店胡乱编印的集子，实在不能算数，只因有上述各书未收的文章，也在珍藏之列。先生究竟老了，我辈迫于生计，也无法多寻书读书，看将起来，这恐怕将会成为我永远难偿的心愿了。假如先生手边尚有留存的文集，无论旧印新刊，能够赐寄一册，那就足以使我欢喜万分了。此外，我还想学志浩君的样子，求先生为我写一条幅，字句就用先生无论哪一首诗都好。先生最喜欢的蔼理斯的那一段话，用在这里也许合适，就请先生把它当作交给别人手里的一支火把亦可耳。

回示请寄长沙市教育西街十八号。

敬祝康健！

钟叔河，十一月，二十四日

无法购置稍微合适的纸笔，要请先生原谅。又及。[1]

三十年后，钟叔河勉力促成周作人自编文集二十八种，在岳麓书社陆续出版。又十载，由钟叔河编辑的十卷本《周作人文类编》在湖南出版。但以为周氏的文章思想会怎样风靡，又是错的。

周作人认为："我一直不相信自己能写好文章，如或偶有可取，那么所取者也当在于思想而不是文章。"值新文化运动之初，他说："文学革命上，文字改革是第一步，思想改革是第二步，却比第一步更为重要。我们不可对于文字一方面过于乐观了，闲却了这一面的重大问题。"[2]

周作人的思想是什么呢？他多次说，是儒家的思想。五四新文化运动的革命对象，不正是儒家思想吗？作为五四时期首屈一指的叛逆者，周作人何以自称信奉儒家的思想？下面这段文字是一九四四年所写《我的杂学》的结尾部分，作者曾题作《愚人的自白》，后收入《知堂回想录》：

---

[1] 钟叔河编：《周作人文类编》第一卷，湖南文艺出版社1998年版，第3页。

[2] 钟叔河编：《周作人文选（1898—1929）》第一卷，广州出版社1996年版，第56页。

我从古今中外各方面都受到各样影响，分析起来，大旨如上边说过，在知与情两面分别承受西洋与日本的影响为多，意的方面则纯是中国的，不但未受外来感化而发生变动，还一直以此为标准，去酌量容纳异国的影响。这个我向来称之为儒家精神，虽然似乎有点笼统，与汉以后尤其是宋以后的儒教显有不同，但为表示中国人所有的以生之意志为根本的那种人生观，利用这个名称殆无不可。我想神农大禹的传说就从这里发生，积极方面有墨子与商韩两路，消极方面有庄杨一路，孔孟站在中间，想要适宜的进行，这平凡而难实现的理想我觉得很有意思，以前屡次自号儒家者即由于此。佛教以异域宗教而能于中国思想上占很大的势力，固然自有其许多原因，如好谈玄的时代与道书同尊，讲理学的时候给儒生作参考，但是大乘的思想之入世的精神与儒家相似，而且更为深彻，这原因恐怕要算是最大的吧。这个主意既是确定的，外边加上去的东西自然就只在附属的地位，使它更强化与高深化，却未必能变其方向。我自己觉得便是这么一个顽固的人，我的杂学的大部分实在都是我随身的附属品，有如手表眼镜及草帽，或是吃下去的滋养品如牛奶糖之类，有这些帮助使我更舒服与健全，却并不曾把我变成高鼻深目以至有牛的气味。我也知道偏爱儒家中庸是由于僻好，这里又缺少一点热与动力，也承认是美中不足。

　　我说儒家总是从大禹讲起，即因为他实行道义之事功化，是实现儒家理想的人。近时我曾说，中国现今紧要的事有两件，一是伦理之自然化，二是道义之事功化。前者是根据现代人类的知识调整中国固有的思想，后者是实践自己所有的理想适应中国现在的需要，都是必要的事。[1]

　　这篇文章除了前面的"小引"和结尾的"自白"，计有十八个标题，是他深感兴趣而素有研究的十八个领域，或可视为周作人的"十八般兵器"：非正轨的汉文，非正宗的古书，非正统的儒家，欧洲文学，希腊神话，神话学，文化人类学，生物学，儿童学，性心理学，蔼理斯的思想，医学史和妖术史，日本的乡土研究，写真集和浮世绘，川柳、落语、滑稽本，俗曲、童谣、玩具图，外文与译书，佛经与戒律。

　　在《我的杂学·非正统的儒家》中他流露出这样的思绪：

　　　　笼统地说一句，我自己承认是属于儒家思想的，不过这儒家的名称是我所自定，内容的解说恐怕与一般的意见很有些不同的地方。我想中国人的思想是

[1] 周作人：《知堂回想录》下册，安徽教育出版社 2008 年版，第 491—492 页。

重在适当的做人，在儒家讲仁与中庸正与之相同，用这名称似无不合，其实这正因为孔子是中国人，所以如此，并不是孔子设教传道，中国人乃始变为儒教徒也。儒家最重的是仁，但是智与勇二者也很重要，特别是在后世儒生成为道士化、禅和子化、差役化，思想混乱的时候，须要智以辨别，勇以决断，才能截断众流，站立得住。这一种人在中国却不易找到，因为这与君师的正统思想往往不合，立于很不利的地位，虽然对于国家与民族的前途有极大的价值。

上下古今自汉至于清代，我找到了三个人，这便是王充、李贽、俞正燮，是也。王仲任的疾虚妄的精神，最显著的表现在《论衡》上，其实别的两人也是一样，李卓吾在《焚书》与《初潭集》，俞理初在《癸巳类稿》《存稿》上所表示的，正是同一的精神。他们未尝不知道多说真话的危险，只因通达物理人情，对于世间许多事情的错误不实看得太清楚，忍不住要说，结果是不讨好，却也不在乎。这种爱真理的态度是最可宝贵，学术思想的前进就靠此力量，只可惜在中国历史上不大多见耳。我尝称他们为中国思想界之三盏灯火，虽然很是辽远微弱，在后人却是贵重的引路的标识。[1]

周作人不仅自认是"儒"，还认为中国固有的国民思想也是儒家的。他将这思想的要点概括为三项，第一利人，第二讲实际，第三中庸。上至圣人，下至百姓，莫不如此。所以对所谓保存国粹，他不以为然，理由很简单："只要中国不消灭，这种思想也不会消灭的，没有保存提倡的必要。"儒家思想原本健全，近五百年因为科举制度弄坏了。"我们要补救他，就要吸收世界的科学知识，不偏于物质，同时还要注意科学的根源，一方面发展有用的机械文明，普遍自然科学的知识，一方面顾到固有的文化，如此则中国的缺点可以补足，原有的优点也可以发扬了。"[2]周作人不以思想家名世，但在本人看来，他于儒家的见识却比今天的种种新儒家更高明、更平实。

文体家之难于被论述，在于原文不可有一字之移易。今时鲁迅研究与周作人评说，是显学，著述繁杂，但实多为啖饭之具，有些可能连爱好都谈不上。仅就文字论，引文与本书之间反差太甚，这是周氏兄弟身后的寂寞，也是白话文运动的荒凉。

据说鲁迅病危期间，读的是周作人的书，周作人临终前，读的是鲁迅的书。这对失和的兄弟在文章与文字中未曾离弃，倘若以上的传说是真实的，那么这种阅读超越兄弟关系，超越失和。统观周氏二人的文章与日期，往往发见许多大的问题，

---

[1]　周作人:《知堂回想录》下册，安徽教育出版社 2008 年版，第 466 页。

[2]　《周作人文选》第三卷，广州出版社 1996 年版，第 398 页。

本不过是兄弟之间的讨论与回应，言辞与意涵，相属相契，本书暂不详论。鲁迅是幸福的，死后还能活在周作人的文字中。周作人所写关于鲁迅的文字，最早是一九二二年在《晨报副镌》发表对《阿Q正传》的评论，精准允当，至今仍是不易之论。失和之后，周作人对鲁迅冷嘲热讽过一阵子，鲁迅则始终宽以待之。鲁迅去世，周作人于一九三六年十月二十四日发表了《关于鲁迅》，十几日后又写《关于鲁迅之二》，对当时上海文艺界和左派人士"神化鲁迅"的倾向，试图有所警醒，未见收效。五十年代后，周作人所写《鲁迅小说里的人物》《鲁迅的故家》《鲁迅的青年时代》三书，是留给后人最好的回忆鲁迅文字。他的长寿使他从容地为后代写出鲁迅，还有他自己的故事。《知堂回想录》后序的结尾说："我是一个庸人，就是极普通的中国人，并不是什么文人学士，只因偶然的关系，活得长了，见闻也就多了些，譬如一个旅人，走了许多路程，经历可以谈谈，有人说'讲你的故事吧'，也就讲些，也都是平凡的事情和道理。"[1]

周作人对自己一生的评价是："粗通国文，略具常识。"熟悉周作人遣词造句的读者，对此八字所坦然透露的谦逊与自负，只能无可奈何。他又说自己"要说多少有点了解，还只有本国的文字和思想"，意思也依然是谦逊与自负。上面谈及他的"儒家思想"，亦即他所"略具"的"常识"。下面拟就本书的主旨，谈谈他所谓的"粗通国文"。

周作人怎样看待文言（古文）？他心目中理想的白话文是怎样的？在他看来，文言和白话的关系又是怎样？其文学价值何所体现？还有汉字改革诸多问题，他皆有清晰的见解：

> 到了近年再经思考，终于得到结论，觉得改变言语毕竟是不可能的事，一民族之运用其国语以表现情思，不仅是文字上的便利，还有思想上的便利更为重要：我们不但以汉语说话作文，并且以汉语思想，所以便用这言语去发表这思想，较为自然而且充分。我们可以在可能的范围内加以修改或扩充，但根本上不能有所更张。（《国语改造的意见》，一九二二年）[2]

> 国语文学就是华语所写的一切文章，上自典谟，下至滩簧，古如尧舜，今到郁达夫，都包括在内，我相信所谓古文与白话文都是华语的一种文章语，并不是绝对地不同的东西。

［1］周作人：《知堂回想录》下册，安徽教育出版社 2008 年版，第 498 页。

［2］钟叔河编：《周作人文类编》第九卷，湖南文艺出版社 1998 年版，第 771 页。

我相信古文与白话都是汉文的一种文章语，他们的差异大部分是文体的，文字与文法只是小部分。中国现在还有好些人以为纯用老百姓的白话可以作文，我不敢附和。(《国语文学谈》，一九二六年)[1]

反对古文，尽力攻击它的原因，和要推倒满清，得骂满清怎么不好，怎么把溥仪驱逐走了一样。溥仪既被赶出，决不能说他不是中国人；现在已经实用国语，亦不能把古文完全置诸度外不生关系似的，只好把他放在文学范围以内，讲讲他就得了。

我的主见，国语古文得拿平等的眼光看他，不能断定所有古文都是死的，所有的白话文都是活的。

我们分别死的活的，必须得用自己的眼光去分别，哪是死的，哪是活的，哪是坏的，哪是好的。想有这种眼光，预先得养有简单的常识，而常识的培养，至好在中学时期间，新的文学旧的文学场地里边，多跑几趟，多尝试几次，才有成效。没有这种常识，学古文学，容易上了迷信的当；学新文学，怕也免不掉有不通的地方。

对于古文白话，拿常识去应付他，达到不要限制自由的目的。(《死文学与活文学》，一九二七年)[2]

古文者文体之一耳，用古文之弊害不在此文体而在隶属于此文体的种种复古的空气，政治作用，道学主张，模仿写法等。白话文亦文体之一，本无一定属性，以作偶成的新文学可，以写赋得的旧文学亦无不可，此一节不可不注意也。如白话文大发达，其内容却与古文相差不远，则岂非即一新古文运动乎。(《现代散文选》序，一九三四年)[3]

其一，我觉得各种文体大抵各有用处，骈文也是一种特殊的工具，自有其达意之用，但是如为某一文体所拘束，如世间认定一派专门仿造者，有如削足适履，不能行路，无有是处。其二，白话文之兴起完全由于达意的要求，并无什么深奥的理由。因为时代改变，事物与思想愈益复杂，原有文句不足适用，需要一新的文体，乃始可以传达新的意思，其结果即为白话文，或曰语体文，

[1] 钟叔河编:《周作人文类编》第三卷，湖南文艺出版社 1998 年版，第 97 页。
[2] 同上，第 103—104 页。
[3] 同上，第 661 页。

实则只是一种新式汉文，亦可云今文，与古文相对而非相反，其与唐宋文之距离，或尚不及唐宋文与《尚书》之距离相去之远也。这样说来，中国新文学为求达起见利用语体文，殆毫无疑问，至其采用所谓古文与白话等的分子如何配合，此则完全由作家个人自由规定，但有唯一的限制，即用汉字写成者是也。（《汉文学的前途》，一九四三年）[1]

白话文学的流派绝不是与古文对抗从别个源头生发出来的。

　　我对于国语的各方面问题的意见，是以"便利"为一切的根据。为便利计，国民应当用现代国语表现自己的意思，凡复兴古文或改用外国语等的计画都是不行的，这些计画如用强迫也未始不可实现，但我觉得没有这个必要，因为成效还很可疑，牺牲却是过大了。为便利计，现在中国需要一种国语，尽他能力的范围内，容纳古今中外的分子，成为言词充足、语法精密的言文，可以应现代的实用。总之我们只求实际上的便利，一切的方法都从这一点出来，此外别无什么理论的限制。（《国语改造的意见》，一九二二年）[2]

　　总之汉字改革的目的，远大的是在国民文化的发展，切近的是在自己实用的便利；至于有益于通俗教育，那是自然的结果，不是我们唯一的期望。（《汉字改革的我见》，一九二二年）[3]

　　古文不宜于说理（及其他用途）不必说了，狭义的民众的言语我觉得也决不够用，决不能适切地表现现代人的情思：我们所要的是一种国语，以白话（即口语）为基本，加入古文（词及成语，并不是成段的文章）方言及外来语，组织适宜，具有论理之精密与艺术之美。这种理想的言语倘若成就，我想凡受过义务教育的人民都不难了解，可以当作普通的国语使用。（《理想的国语》，一九二五年）[4]

　　我以为现在用白话，并不是因为古文是死的，而是尚有另外的理由在:（一）

---

[1]钟叔河编:《周作人文类编》第一卷，湖南文艺出版社1998年版，第830页。

[2]钟叔河编:《周作人文类编》第九卷，湖南文艺出版社1998年版，第778页。

[3]同上，第724页。

[4]同上，第779页。

因为要言志，所以用白话，——我们写文章是想将我们的思想和感情表达出来的。我们既然想把思想和感情尽可能地多写出来，则其最好的办法是如胡适之先生所说的："话怎么说，就怎么写"，必如此，才可以"不拘格套"，才可以"独抒性灵"。（二）因为思想上有了很大的变动，所以须用白话——假如思想还和以前相同，则可仍用古文写作，文章的形式是没有改革的必要的。新的思想必须用新的文体传达出来，因而便非用白话不可了。（《中国新文学的源流》，一九三二年）[1]

我们平日写文章，本来没有一定写法，未必定规要反古，也不见得非学外国不可，总之是有话要说，话又要说得好，目的如此，方法由各人自己去想，其结果或近欧化，或似古文，故不足异，亦自无妨。（《春在堂杂文》，一九四〇年）[2]

假如能够将骈文的精华应用一点到白话文里去，我们一定可以写出比现在更好的文章来。（《药堂杂文》，一九四三年）[3]

时下研究周作人有大量专著、专职、专家，比钟叔河先生一九五八年的条件不知好多少，周作人的著作，更不难搜寻，然而以上平易而醒豁的言论，多年来居然少被称引，未能成为白话文公案的知识背景和学界讨论近代语言问题的共识与起点。其观点过时了吗？被证明是错误的吗？非也。

周作人的文章境界，可在《雨天的书》的《自序二》里窥见。他说："我近来作文极慕平淡自然的境地。"同书的《自序一》就是一篇平淡自然的文字：

今年冬天特别的多雨，因为是冬天了，究竟不好意思倾盆的下，只是蜘蛛丝似的一缕缕的洒下来。雨虽然细得望去都看不见，天色却非常阴沉，使人十分气闷。在这样的时候，常引起一种空想，觉得如在江村小屋里，靠玻璃窗，烘着白炭火钵，喝清茶，同友人谈闲话，那是颇愉快的事。不过这些空想当然没有实现的希望，再看天色，也就愈觉得阴沉。想要做点正经的工作，心思散漫，好像是出了气的烧酒，一点味道都没有，只好随便写一两行，并无别的意

[1] 周作人：《中国新文学的源流》，华东师范大学出版社 1996 年版。
[2] 钟叔河编：《周作人文类编》第三卷，湖南文艺出版社 1998 年版，第 456—457 页。
[3] 周作人：《药堂杂文》，北京十月文艺出版社 2012 年版，第 14 页。

思，聊以对付这雨天的气闷光阴罢了。

冬雨发生不常有的，日后不晴也将变成雪霰了。但是在晴雪明朗的时候，人们的心里也会有雨天，而且阴沉的期间或者更长久些，因此我这雨天的随笔也就常有续写的机会了。[1]

朱光潜说："除着《雨天的书》，这本短文集找不出更恰当的名目了。这本书的特质，第一是清，第二是冷，第三是简洁。你在雨天拿这本书看过，把雨所生的情感和书所生的情感两相比较，你大概寻不出区别，除非雨的阴沉和雨的缠绵，这两种讨人嫌的雨幸而还没有渗透到《雨天的书》里来。"[2]

今日中国现代文学的框架（包括诗歌、小说、戏剧、散文），大致以西方文学的体裁模式——其实是程度可疑的翻译体——建构而成。周作人的汉语写作，难于归入以上所谓文学的范畴。鲁迅的《呐喊》《彷徨》《故事新编》，属小说无疑，《朝花夕拾》《野草》是纯正的散文与散文诗，但周作人始终游离于这类文体之外。他的"小品文"固然是自觉的文体追求，以他的说法，是"有知识与趣味的两重的统制"。知识，指他的十八般兵器，趣味，则雅俗兼顾。"这所谓趣味里包含着好些东西，如雅，拙，朴，涩，重厚，清朗，通达，中庸，有别择等"，融会雅趣和谐趣，似乎是他所属意的文趣。

但"小品文"也未见是周作人的志业。他多次说，闲适的小品未尝不写，却不是主要的工作。他的"绅士鬼"与"流氓鬼"之说，究竟"绅士鬼"仅居小半，而"叛徒"与"隐士"，又以前者为重。"我希望在我的趣味之文里，也还有叛徒活着。"这是大可注意的意思，他的文字与思想的进退裕如，由之而来。他说："我的学问根柢是儒家的，后来又加上些佛教的影响，平常的理想是中庸，布施度忍辱度的意识也很喜欢，但是自己所信毕竟是神灭论与民为贵论，这便与诗趣相远，与先哲疾虚妄的精神合在一起，对于古来道德学问的传说发生怀疑，这样虽然对于名物很有兴趣，也总是赏鉴里混有批判。"（《两个鬼的文章》）[3]

这话说得很明白。那么，依他看来，他自己主要的作品是什么呢？他给确定的名目，也还是叫作"文章"。他不止一处说过："我不懂文学，但知道文章的好坏。"这是说话的技巧，也是说话的境界，虽不过两句，然而直指文章与文学的要害：文学须得是好的文章，文章不可读，未必就是文学。文学与非文学的界限，在周作人

---

［1］钟叔河编:《周作人文类编》第九卷，湖南文艺出版社 1998 年版，第 532 页。

［2］转引自舒芜:《周作人概论》，湖南人民出版社 1986 年版。

［3］钟叔河编:《周作人文类编》第九卷，湖南文艺出版社 1998 年版，第 611—612 页。

那里并不被看得那么不可逾越。他说：

> 懂文学的知道文学不是专门学问，文学是借用文字了解人的意思的，写信给人，作文章和许多人作朋友，看书和古今的人作朋友，都脱不了这个范围。文学和国家是不成问题的，不一定弄弄文学就可以救国，简单说来，文学是个人与多人中间交通的媒介。[1]

他似乎看轻文学，其实又将文学的端正高明说了出来，即便周密的理论，也难以攻解这观点的。如果非要在美文与实用的文章间作取舍，他或者宁可将自己的所写归入实用一途。但他的"实用"并非指容易做到，更无涉功利。他的作文绝不是为了应用或利益，相反，倒是明知一桩难事，却使自己去做做看，近于孔子所谓"知其不可而为之"，此所以他愿称自己是儒家。在这样一种"儒"的态度中，知之为知之，不知为不知的态度中，他的文字又具有一种总体上的美文特质，以文质彬彬然后君子来形容为恰当。

在《知堂回想录》中他说："西洋的诗字的原义即是造作，有时通用于建筑，那即是使用实物的材料，从无生出有来，所以诗人的本领乃是了不得的。""十九世纪的王尔德很叹息浪漫思想的不振，写一篇文章曰《说诳的衰颓》，即是说没有诗趣，我们乡下的方言谓说诳曰'讲造话'，这倒是与作诗的原意很相近的。""我平常屡次声明，对于诗我是不懂的，虽然明知是说诳话的那些神话传说，童话一类的东西，却是十分有兴趣。"[2]像这样将文学与诗如家常般说破，今天弄理论的文学批评家们，做得到吗？

他出版过一部新诗集《过去的生命》，其中《小河》被推许为新诗的杰作。他也以旧体写过自成滋味的"杂诗"，但实在是有意与"诗"留出清淡的距离。他说："好的回想录既然必须具备诗与真实，那么现在是只有真实而没有诗，也何妨写出另一种的回想录来。"[3]六七十年后，木心以《知堂回想录》的字句材料作出一些诗来。[4]

谈及小说，周作人的意态清爽而坦然："老实说，我是不大爱小说的，或者因为是不懂所以不爱，也未可知。我读小说大抵是当作文章去看，所以有些不大像小说

---

[1] 周作人:《死文学与活文学》，钟叔河编:《周作人文类编》第三卷，湖南文艺出版社1998年版，第104页。

[2] 周作人:《知堂回想录》下册，安徽教育出版社2008年版，第440—441页。

[3] 同上，第441页。

[4] 木心以知堂的语言材料所作诗题为《道路的记忆》《辛亥革命》《北京秋》《城和桥》与《知堂诗素录》。
参见木心:《云雀叫了一整天》，广西师范大学出版社2009年版。

的，随笔风的小说，我倒颇觉得有意思，其有结构有波澜的，仿佛是依照着美国版的小说作法而做出来的东西，反有点不耐烦看，似乎是安排下的西洋景来等我们去做呆鸟，看了欢喜得出神。"[1]这类乎调笑的话语，今时的文学家们听得出意思吗？其中顶要紧的真知，是"读小说大抵是当作文章去看"。而如今的不少小说，恐怕连起码的用字造句，都还过不得关。

他未曾专门讨论过戏剧。欧里庇得斯的传世剧本，计十八种，其中十三种乃周作人所译。但他的兴趣未必在戏剧。他认为"希腊悲剧差不多都取材于神话，因此我在这里又得复习希腊神话的机会，这于我是不无兴趣和利益的"。话说得清淡，而其实是对西洋的典籍与文化，有着一种"不知为不知"的敬意与防范，审慎看待知识与知识之间的差异，对另一种文化与自己的文化，都留着明智的退路。

他的十八般兵器，除了"欧洲文学"外，均有别于所谓文学。写文章时，这些兵器都能派上用场，至少我们得承认，他武艺的一部分即是对兵器的把握，娴熟而潇洒，拿得起，放得下，因为看得开。若以文学论周作人，怕只涉及他的十八分之一，所以他自称"知道文章的好坏"，绝非谦抑，而是自负的表达。

二十世纪的中国，不拿文学当文学，唯周作人而已。但他自始至终拿汉语当汉语，以写文章当作自己的志业，这种姿态，也没有第二人！

他相当了解西洋、东洋的语言和思想，把古希腊文、英文和日文的经典，译成上好的汉语，早年自学古希腊文的目的，是想把《圣经·新约》，至少《四福音书》以文言译介，后来放弃了。他二十岁出头与鲁迅合作出版《域外小说集》，《路吉阿诺斯对话集》译成之时，已年过八旬。他对本国的文字和思想亦有相当的了解，身后存三十种自编文集（两种生前未出版，一千五百余篇），回忆鲁迅专著三本，《知堂回想录》两册，大量未刊稿计六百万字。周作人的文章实难于归类，钟叔河以十年之力编纂《周作人文类编》十卷，收录周氏一八九八年至一九六六年计六十八年间所写文章两千九百五十四篇，规模之大、用力之勤，令人钦佩，但分类之乱，却也实难以忍受。[2]

今日之学术研究和文学写作，分门别类，制式俨然，形成比较死板的格局，凡不能归顺这一格局的文本，自然被看轻、被闲置。思想史、哲学史、学术史，几乎不讲周作人，文学史也只在民国散文类分他一席地盘。研究新儒家的人几乎不知周

---

[1] 周作人:《明治文学之追忆》，钟叔河编:《周作人文类编》第七卷，湖南文艺出版社1998年版，第459页。

[2] 如第三卷《本色》的主题为"文学·文章·文化"，第九卷《夜读的境界》的主题是"生活·写作·语文"，可见其交叉与重叠。《我的杂学》本是一篇两万多字的长文，包括"小引""自白"，计二十个小标题，在这套书中不得不拆分至十卷中，给阅读带来不便，且没有索引。

作人的儒学主张，与他十八般兵器所相属的专业，也鲜有认真相待的学者，周作人的"名"，仿佛在闲适小品一类，其实，他的工作与识见，向来涵盖并超越了所谓文学与学术的层面。

胡适—鲁迅—周作人，在新与旧之间，各自给出三种不同的立场与姿态。

鲁迅被认为是矛盾的集合体。在文学宿命、道德担当与政治考验之间，他勇于承受并往来于三者的尖锐冲突，概不回避。在新文化运动史上于是形成两个鲁迅：政治的鲁迅和文学的鲁迅，毛泽东所称扬的鲁迅，与被这政治性赞美所遮蔽的另一个鲁迅。现在我们或许可以说：那是中国的鲁迅、汉语的鲁迅，国家—政治—历史语境中的鲁迅，以及个人—生存—文学的鲁迅。

在身份与形象上看，胡适是全然新型的知识分子，洋教授、学术明星、弄潮儿，是一位由英美价值观塑造的中国绅士。而鲁迅始终是新旧交织，抱持前卫的激进的思想，对美术有深刻的认识，他以文言写就《文化偏至论》和《摩罗诗力说》；他使白话具有文言般的凝练，书写尼采式的格言；他提倡并实验"欧化"文体的"硬译"；但他真正的功绩并不在此。他毕生不遗余力攻击文言和传统，但他的语言和文采，莫不得力于旧学和文言的功底。

论读书之广、知识之杂，无论西学抑或中学，周作人超过其兄，胡适更望尘莫及。鲁迅一九三六年离世，周作人的著述和翻译又延续三十余年，相当于鲁迅一生的两倍，文字总量也远超《鲁迅全集》，逾千万字。周作人精通英文、希腊文和日文，是最早在北大讲授《欧洲文学史》的教授，对西方文化的通识与领会，至今罕有人及。但他的文化认同始终是中国，迄未动摇。特别重要的是，他提出的伦理之自然化，道义之事功化，根植于中国固有的文化价值，目的却在启示未来。

世人曾予评说：周作人冷，鲁迅热，周作人疑，鲁迅信。如此粗浅的概括，岂能形容两种无比复杂的人格，但念及周氏兄弟生前身后在历史语境中的无数是非，也不失为一说。"文革"后，国人的"热"和"信"俱皆走到尽头，由冷而疑，被长期晦暗的周作人于是成为镜面。他的冷静与怀疑主义竟然在热诚信仰的年代，沉静而成熟。细味周作人并读懂他，才知道那份从容不迫的理性与自持，原是经过希腊和希伯来两大传统的洗礼。即使谈论中国，他的态度也非纯然是中国的，而又自然而然出之于儒家的适度与温润。譬如西方文化尊重妇女和儿童，他以庄子"嘉孺子而哀妇人"一语，便使两种文化的声气相交汇，以他的博识，仅庄子七字，不假多言，中西文化已然会意。这种跨文化的点化工作，看似轻松，实则尤胜于万言。

从一九四七年春夏之交翻译《希腊的神和英雄》起，至一九六六年七月八日被迫中断《平家物语》的翻译止，周作人十九年内译作近四百万字，同时另有著述约二百万字，此实非量之多寡，而是文化的跋涉之功。《苦雨斋译丛》编者止庵认为："如果想想这些成自老人六十二岁到八十一岁之间，我们合该慨叹其创造力之旺盛，之持久了。"

林语堂将周作人所有的成就归结为文章，认为"闲逸清顺，是散文应有的正宗，白话文应有的语调"。"应有"与实际之间往往有所差别，所以周作人并不容易被了解，即使是喜欢阅读其文的人，又有几人敢说读懂了他的意思呢？孔子的意思，经由别人整理加工出来，周作人的意思，出自自己的文章，即使有一天，他的意思变为了常识，他的文章依然有价值。

废名是周作人的学生，在三十年代，废名几乎每本书出版，皆由周作人制序，小说、散文到谈新诗的讲义，有的还不止一种。周作人写《怀废名》一文，使那些不懂废名文章的读者，对这个长相奇古之人不敢小视。林语堂编《人间世》时，曾专门约请废名写《知堂先生》，废名写了两篇长文，另有一文《关于派别》，写好发表时加了段编者的附言，以为"识得知堂先生面目更非私淑先生而心地湛然者莫办，废名可谓识先生矣"。废名曾赠周作人一联，其词曰："微言欣其知之为海，道心恻于人不胜天。"周作人读了叹息："所赞虽是过量，但他实在是知道我的意思之一人。"

第四节　西化思潮下的"文艺复兴"论述

一、章太炎和"古学复兴"运动

"古学复兴"是"文艺复兴"（the Renaissance）最早的中文翻译。一八七九年出版沈毅和的《西史汇函续编·欧洲史略》，是国人最早介绍欧洲文艺复兴的著作。它首次译作"古学复兴"之后，很长时期沿用了此译法。梁启超《论中国学术思想变迁之大势》有"夫泰西古学复兴，遂开近世之治"。一九〇五年邓实在《国粹学报》第九期上发表《古学复兴论》，详析了欧洲文艺复兴的条件、成因、途径及过程，且对于中国的"古学复兴"充满了期待：

> 吾人今日对于祖国之责任，惟当研求古学，刷垢磨光，钩玄提要，以发见种种之新事理，而大增吾神州古代文学之声价。是则吾学者之光也。……则安见欧洲古学复兴于十五世纪，而亚洲古学不复兴于二十世纪也。呜呼，是则所谓

古学之复兴者矣。[1]

梁启超曰："文化之所以进展，恒由后人承袭前人智识之遗产，继长增高。凡袭有遗产之国民，必先将其遗产整理一番，再图向上，此乃一定步骤；欧洲文艺复兴之价值，即在此。"[2]

一九〇五年初，邓实、黄节、刘师培、马叙伦等人在上海成立了以"研究国学，保存国粹"为宗旨的国学保存会；二月二十三日，其机关刊物《国粹学报》正式刊行。这一晚清革命派的唯一学术性刊物，办了七年，未曾中断，至一九一一年九月停刊，共出版八十二期，撰稿者百余人，包括王闿运、廖平、简朝亮、孙诒让、张謇、郑孝胥等，影响甚大，可以说，一时汇集了中国东南文化界的精英。除了杂志社外，国学保存会还有自己的图书馆、印刷所，并开办了国学讲习会。这一组织和他们的文化活动，后来被称为"晚清国粹派"。

章太炎虽然从来不是国学保存会的会员，但他无疑是"国粹派"的主帅。他先后在《国粹学报》上发表文章二十五种，此外还有许多信札。事实上章太炎是"国粹派"的灵魂，邓实、黄节等人，虽然不是章门弟子，但其思想学识深受章太炎影响。章太炎到东京主编《民报》之后，虽然该报名义是同盟会的机关刊物，实际却变成了"国粹派"的另一阵地，与《国粹学报》遥相呼应。东京的民报社代售上海的《国粹学报》，刘师培是章太炎从《国粹学报》招到日本去的，而黄侃则是章太炎荐给《国粹学报》的会员，苏曼殊经常穿梭往返于民报社和国学保存会之间。

国学保存会曾拟设国粹学堂，讲习研讨，章程公布了，因经费无着而作罢。组织讲学需要经费，但一人讲授则几乎不需要，孔子当年只收些"束脩"，厄于陈蔡，三日不食，也照样为弟子说法。国学保存会想做而没有做到的，章太炎以一人之力任之，且一生不辍。

"国粹派"是对中西文化交流的第一次反思，表面上看针对欧化主义而发，实际上应乎排满革命的需要而起。

"国粹派"的文化观，从今天的角度看，最重要的信念有两个：文化有机论和文化类型论。前者视文化为某种民族生命的"胚胎"发育生成的有机体；后者"从整体的意义上，将中西文化判为相互平行和独立的两大区域性文化体系"，"强调中国文化无论是在政治、伦理、宗教，还是在哲学、史学、文学艺术诸方面，都具有

---

[1] 邓实：《古学复兴论》，《国粹学报》1905 年第 9 期。

[2] 夏晓虹编：《中国现代学术经典·梁启超卷》，河北教育出版社 1996 年版，第 210 页。

特色，而非西方文化所能替代"。[1]这两种看法，是他们提倡"古学复兴"的信念基础。"国粹派"的视野相当开阔，他们并不以为国粹与欧化对立，而是坚持"特性者，运用文明之活力也"，"国粹者，助欧化而愈新，非敌欧化以自防"。"知其宜而交通调和之，知其不宜，则守其所自有之宜。以求其未有之宜而保存之，如是乃可以成一特别精神之国家。"[2]

孔子是中国历史上第一位私人讲学者，此前上古三代一直学在官府。此举影响深远，后来的两千多年里，私人讲学延续下来，从识字发蒙的私塾，到研讨高深学问的书院，成为社会教育的极端重要的方式之一。长期战乱，统一的国家政权不存之时，甚至是文化薪火相传的唯一渠道，中国文明能成为全球唯一一个从未中断的文化，私学功莫大焉。与此相系，私人著述也一直是中国文化不断创造发明和学术积累的主要方式，早已作为一代又一代国士的首要责任，融入了读书人忧道不忧贫的生活中而欲罢不能。章太炎说过："中国学术，自下倡之则益善，自上建之则日衰。凡朝廷所开置，足以干禄，学之则皮傅而止。不研精穷根本者，人之情也。会有贤良乐脊之士，则直去不顾，自穷其学。故科举行千年，中间典章盛于唐，理学起于宋，天元、四元与宋、元间，小学经训昉于清世。此皆轶出科举，能自名家，宁有官吏讲督之哉？"[3]若说孔子是私学开山的话，章太炎可谓私人讲学的最后一位大师。

章太炎一九〇一年曾短时间做过苏州东吴大学的教员，因在课堂上宣传种族大义被巡抚恩铭派人逮捕，他逃脱而离职，此后再也没有就任过大学的讲席。他一生的四次讲学，皆采用私人方式，无论是东京《民报》时期、北京袁世凯幽禁时期，还是晚年在上海、苏州，借馆授徒，讲习国学，章氏国学讲习会的招牌，因门下高足声名显赫者众而广为人知。时人谓众校教授，皆出章门，并非妄语。

与其师不同，章氏的门人，皆进入大学做教授，民国之后，更是逐渐取代"桐城派"姚永朴、姚永概、马其昶、林纾等，聚居北大文科讲席。一九一三年，朱希祖、马裕藻、沈兼士、钱玄同率先为北大教授，随后，陈大齐、黄侃、朱宗莱、康宝忠、刘文典、周作人亦入北大。北大教授沈尹默非章门弟子，但因他的兄弟沈兼士出自章门，他也屡被目为章氏门生，最后自己也"只好硬着头皮，挂了太炎先生门生的招牌"。鲁迅、许寿裳、吴承仕亦兼过北大教职。汪东也是章氏弟子，后为中央大学教授。四期讲学，门人不断扩充，这一名单上，有许多后来的知名教授：李亮工、

---

[1] 郑师渠：《晚清国粹派文化思想研究》，北京师范大学出版社1997年版，第134页。

[2] 同上。

[3] 《章太炎全集·太炎文录初编》，上海人民出版社2014年版，第154页。

马宗霍、马宗芗、王乘六、孙世扬、姚奠中、王謇、沈延国、姜亮夫、诸祖耿、王仲荦、徐复、汤炳正、潘景郑、朱季海、沈士远、曹聚仁、钱家治……

章太炎的讲学内容一生未改，国学或曰"国粹"，讲求不懈。鲁迅因为志在立异，于太炎先生的国学，未尝置一言加以评论，正如他自己说，后来自己因为主张白话，不敢去见先生，但他心里清楚，弘扬国粹与白话文并不对立。

官方的文学史通常不列章太炎，以其所著非文学之故。钱基博《现代中国文学史》独将他放在"上编古文学"下之"魏晋文"中，列在王闿运之后，评述详尽。

钱基博说："然世儒之于炳麟，徒赞其经子训诂之劬，而罕会体国经远之言；知赏窈眇密栗之文，未有能体伤心刻骨之意。世莫知炳麟，而炳麟纷论今古，益与世为迕；剿剥儒墨，虽老师宿学不能自解免也。"[1]"读章太炎革命之文雄，而自始于革命有过虑之谭，长图大念，不自今日。然而论者徒矜其博文，罕体其深识。"

学术与文辞虽然殊途，对于自己的文章，章太炎一向是颇为自负的："向作《訄书》，文实闳雅。箧中所藏视此者亦数十首。盖博而有约，文不奄质，以是为文章职墨，流俗所未之好也。"[2]曲求其高，和寡自在预料中，毫不介意。在《东京留学生欢迎会演说辞》中他说：

> 像他们希腊、梨俱的诗，不知较我国的屈原、杜工部优劣如何？但由我看去，自然本种的文辞，方为优美。可惜小学日衰，文辞也不成个样子，若是提倡小学，能够达到文学复古的时候，这爱国保种的力量，不由你不伟大的。

在《革命之道德》一文中他说："彼意大利之中兴，且以文学复古为之前导，汉学亦然，其于种族，故有益无损已。"这两处所谓"文学复古"，即是文艺复兴（the Renaissance）也。

章太炎的文艺复兴，是他一生最大的事业。除了他自己深奥难懂的文章，反复修改的著作（《訄书》有三个版本，第三版更名为《检论》），还有他贯彻始终的讲学，他培养出来的数十位教授，以他们的教学活动，太炎先生把自己的文艺复兴——研讨和传播国学、弘扬国粹延伸到了大学的课堂上。同时借助《民报》和《国粹学报》等新兴的传播媒介，以及由此两报和刊物聚集起来的同人，让公众和社会了解自己的想法，宣传自己的主张。

木山英雄说："在章的宏图大略里，固有的生活样式或诸种文化（国粹）和学问

---

［1］ 钱基博：《现代中国文学史》，江苏文艺出版社 2008 年版，第 80 页。
［2］ 《章太炎全集·太炎文录初编》，上海人民出版社 2014 年版，第 172 页。

（国学）的自律，是国家民族独立的基础，正因如此，它们不是为政治目的服务的手段。恐怕这是问题的关键。"[1] 后来的新文学运动，或者称白话文运动，为政治目的服务的意识，从一开始就非常明确。胡适所谓"国语的文学"——"文学的国语"，借助于新文学推动国语运动，因国语运动而促进现代民族国家的建立，思路很清晰。既然要为政治服务，就务必求其通俗简明，使下层民众便于了解。章太炎的思路，与此截然不同，他说："苟取径便而淆真义，宁勿径便也。"

白话文运动的发起者胡适，对章太炎的评价很高：

> 章炳麟是清代学术史的押阵的大将，但他又是一个文学家。他的《国故论衡》《检论》，都是古文学的上等作品。这五十年中的著书的人没有一个像他那样精心结构的；不但这五十年，其实我们可以说这两千年中只有七八部精心结构，可以称作"著作"的书，——如《文心雕龙》《史通》《文史通义》等，——其余的只是结集，只是语录，只是稿本，但不是著作。章炳麟的《国故论衡》要算是这七八部中的一部了。他的古文学工夫很深，他又是很富于思想与组织力的，故他的著作在内容与形式两方面都能"成一家言"。
>
> 总而言之，章炳麟的古文学是五十年来的第一作家，这是无可疑的。但他的成绩只够替古文学做一个很光荣的下场，仍旧不能救古文学的必死之症，仍旧不能做到那"取千年朽蠹之余，反之正则"的盛业。他的弟子也不少，但他的文章却没有传人。有一个黄侃学得他的一点形式，但没有他那"先豫之以学"的内容，故终究只成了一种假古董。章炳麟的文学，我们不能不说他及身而绝了。[2]

哪一个文学家的文学，不是及身而绝呢？学问可以上承下传，创作却凭个人自己。在作者看来，章太炎的"古学复兴"运动在文学上结出的最大的硕果，乃是鲁迅和周作人。木山英雄指出，"周氏兄弟在章氏的直接熏陶之下，与西方现代的思想、文学发生了强烈的共鸣，这一无与伦比的体验，为即将到来的新文学准备了不可替代的基础"[3]。

鲁迅继承了章太炎身上的道德热情和批判锋芒，包括骂人的脾气，所以他将章太炎定义为有学问的革命家，充分肯定他在革命史上的地位和影响。周作人继承了

---

[1]［日］木山英雄著，赵京华编译:《文学复古与文学革命》，北京大学出版社2004年版，第212页。

[2] 胡适:《胡适学术文集·新文学运动》，中华书局1993年版，第124、127页。

[3]［日］木山英雄著，赵京华编译:《文学复古与文学革命》，北京大学出版社2004年版，第209页。

章太炎的求知热情和于正统儒学的叛逆，所以他推崇章太炎的讲学而轻视他的议政。戴震所开创的儒家智识主义，经由章太炎传至周作人，达到了贯通古今、融汇中西的境界。知堂之名号，依周作人自己的解释，得自于孔子和荀子之言，孔圣固不必多言，拈出荀子却非同寻常。章太炎《訄书》初刻本首篇即为《尊荀》，荀子的传统在中国思想史上被遮掩二千载，至清代中期后渐为世人所知。而为文体家的周氏兄弟，在他们开始写作的青年时期，在日本东京结识了这位独步文坛的大师，从其游听其讲读其文眼界大开，终于成就了各自的面目。新文学运动揭幕之后，周氏兄弟能在短短数年时间把短篇小说、散文、杂感推至于典范，令无数后来者望尘莫及，岂无来由？他们晚年自己所承认的唯一的老师，是章太炎，虽然两人对于老师的看法差异很大。

晚清"国粹派"虽然是个学术团体，但以讲学促进排满的政治意图从创立之日起就十分鲜明，章太炎所以是他们的灵魂，不仅在其学问，更因他是名满天下的排满革命先驱。民国成立之后，满族皇权垮台，《国粹学报》便不再办下去了。但晚清"国粹派"的"古学复兴"事业，并没有终止："他们另辟蹊径，希望通过对传统文化重新研究，在排满革命的同时，能够找到会通中西、复兴中国文化的道路——在他们看来，这是确保中国民族独立，更为根本的东方'文艺复兴'之路。"[1]

一九一九年初，刘师培和黄侃在北京大学主办《国故月刊》，"以昌明中国固有之学术为宗旨"，意在与当时风头正健的《新青年》《新潮》杂志分庭抗礼，怎奈历史已经开始了另一个故事。

南社实际是国学保存会和《国粹学报》同人衍生出的一个文学团体。一九○九年，由陈去病、柳亚子、高天梅等人创立于苏州。第一批社员十七人中，列籍国学保存会者六人，其在辛亥革命之前不过数十人，民国建立时增至两百人，后又增至近千人。新文化运动之后，柳亚子在一九二三年曾经改组南社，以适应新的形势，并以某种特殊的方式并入新文化运动的潮流。毛泽东与之唱和的诗人，前有南社的柳亚子，后有创造社的郭沫若，而他最佩服和推崇的是章太炎的弟子鲁迅。

胡适认为，新文化运动的另一个反对派，章士钊的"甲寅"派，"是从严复、章炳麟两派变化出来的"，"'甲寅'派的政论文在民国初年几乎成为一个重要文派"，"这一派的健将，如高一涵、李大钊、李剑农等，后来也都成了白话散文的作者"。[2]

胡先骕、梅光迪亦曾是南社社员，他们在一九二二年创刊了《学衡》杂志，其

［1］ 郑师渠：《晚清国粹派文化思想研究》，北京师范大学出版社 1997 年版，第 134 页。
［2］ 胡适：《胡适学术文集·新文学运动》，中华书局 1993 年版，第 96 页。

合伙人吴宓，则是国学保存会资深会员黄节的入室弟子。《学衡》实际是民国时代的"国粹派"。这三人的留美背景，使他们一头连着白璧德的美国式人文主义，一头连着黄节、陈去病。《学衡》作为晚清"国粹派"的继承者，有自己一贯的文化上的主张。这些主张之提出，远远早于白话文运动的发起。而且晚清的白话文运动，不仅与"国粹派"不对立，它本身就是"国粹派"实现其文化主张的一种手段或者方式。到了胡适手中，再说提倡白话，已经不能占据先机，于是转而攻击文言，说出什么"文言死了"这样耸人听闻的话来，吸引天下人的注意，没有想到这么一闹，倒闹出一场轰轰烈烈的白话文运动来。

汤因比有言："在文明的一般接触中，只要被侵入的一方没有阻止住辐射进来的对手文化中的哪怕仅仅是一个初步的因素在自己的社会体中获得据点，它的惟一的生存出路就是来一个心理上的革命。"[1]

白话文运动与其说是语言革命，不如说是一场心理革命。心理革命不诉诸理性，而诉诸人的道德热情。甲午战败之后，沮丧的情绪起初还局限在士大夫阶层，经过八国联军的火烧圆明园，辛亥革命后的洪宪复辟，北洋军阀的混战，绝望已扩至社会的所有阶层。再提什么保存国粹，"古学复兴"，实在太不合时宜了。

迎合时代风潮固然可以立名，但要真正解决中国的问题从来不能依靠名利之徒，也不能寄望于远未觉醒的民众。章太炎很快成为人们眼中的落伍者，与时代隔绝了，"用自己所手造和别人所帮造的墙"。但他的"古学复兴"的初衷，至死未改。

戴震有言："守一说之确者，终身不易乃是。"[2]

王国维认为，西方文化的输入"非与中国固有之思想相化"，绝不能有真正的善果。这与鲁迅的主张相近："外之既不后于世界之思潮，内之弗失固有之血脉，取今复古，别立新宗。""取今复古"的主张，应当说直接来自于"国粹派"主帅章太炎的影响。

章太炎说："我们若不固步自封，欲自成一家言，非但守着古人所发明的于我未足，即依律引伸，也非我愿，必须别创新律，高出古人才心满意足。这便是进步之机。我对于国学求进步之点有三：1. 经学，以比类知原求进步；2. 哲学，以直观自得求进步；3. 文学，以发情止义求进步。"[3]这里的"发情止义"，是有特殊含义的。"情"指的是"心所欲言，不得不言"，"义"指的是"作文的法度"。他认为"在现在有情既少，益以无义，文学衰堕极了"。

［1］［英］汤因比著，曹未风等译：《历史研究》下册，上海人民出版社 1986 年版，第 275 页。

［2］汤志钧校点：《戴震集》，上海古籍出版社 1980 年版，第 489 页。

［3］章太炎讲演，曹聚仁整理：《国学概论》，上海古籍出版社 1997 年版，第 67 页。

"国粹派执著'古学复兴'的实践，事实上也结出了注入章太炎《诸子学略说》《齐物论释》，刘师培《周末学术史序》等一系列诸子学研究的丰硕果实，有力地推进了中国传统学术的近代化。"[1]

姚奠中先生于二〇一四年过世，章门弟子凋零已尽。一九八二～一九九四年陆续出版了八卷本《章太炎全集》，在这一年里，又出了规模更大收录更齐的新版，目前所见已有八册，皮面精装，定价不菲，仍不是名副其实的"全集"。本人于二〇一四年嘉德拍卖图册上，见到章门弟子马宗霍所藏章太炎手迹多种，其全集未收录的古诗有十六首，章氏散佚文字之多，由此可以见出。

章太炎在政治和学术上的论敌梁启超，一主革命，一主改良；一古文学，一今文学，在诸多问题上针锋相对，但在倡导中国之"文艺复兴"事业上，却惊人的一致。

蒋方震编成《欧洲文艺复兴史》，请梁启超作序，梁启超于是有《清代学术概论》之作。其中有云："'清代思潮'果何物耶？简单言之，则对于宋明理学之一大反动，而以'复古'为其职志者也。其动机及其内容，皆与欧洲'文艺复兴'绝相类。而欧洲当'文艺复兴期'经过以后所发生之新影响，则我国今日正见端焉。"[2]在梁启超看来，清代的今文经学，尤其是龚自珍到康有为，充分体现了以复古为革新的宗旨。

蒋方震《欧洲文艺复兴史》自序曰："欧洲近世史之曙光，发自两大潮流。其一，希腊思想复活，则'文艺复兴'也；其二，原始基督教复活，则'宗教改革'也。我国今后之新机运，亦当从两途开拓，一为情感的方面，则新文学新美术也；一为理性的方面，则新佛教也。"

二、胡适和"新思潮"运动

胡适晚年回顾往事的时候说："从我们所说的'中国的文艺复兴'这个文化运动的观点来看，那项由北京学生所发动而为全国人民一致支持的，在一九一九年所发生的'五四运动'，实是这整个文化运动中的一项历史性的政治干扰。它把一个文化运动转变成一个政治运动。"[3]在一九一九年之后的三十年里，政治运动当然是决定中国历史之走向的主导性力量，但与此同时文化运动却从未终止，因为这期间还

---

[1] 郑师渠：《晚清国粹派文化思想研究》，北京师范大学出版社 1997 年版，第 129 页。

[2] 梁启超：《清代学术概论》，东方出版社 1996 年版，第 4 页。

[3] 胡适口述，唐德刚整理翻译：《胡适口述自传》，安徽教育出版社 2005 年版，第 198 页。

不存在一个统一的强有力的政治权威，政治的力量不足以全面侵入文化的领域并支配其生长，新生的政治力量，充分利用了这一点，藏身于社会的文化运动中，一方面躲避政府的围剿，一方面又可以吸纳文化运动中涌现出来的才智之士壮大自己的组织。一九三〇年代以上海为中心的左翼文化运动，于中国的共产主义运动而言，实际上既提供卵，又充当孵化器。延安假如失去它与上海和重庆的文化上的联系，是不可能成为一支政治力量的。偏远地区的武装割据，在中国历史上屡见不鲜，从未能创立一个全国性的政权。

胡适因新文化运动而得名，他并没有在这一运动中花费太多的时间和精力，因为他知道自己的才能不在文学上。小说、新诗、短小的独幕剧、白话散文虽均有所尝试，此后很快就自动离开了。他"整理国故"的成绩，主要在于对《红楼梦》和《西游记》的考证上。一九五八年五月四日，胡适在台北"中国文艺协会"八周年纪念会上的演说，题曰《中国文艺复兴运动》，对自己发起的这一个白话文运动，他这样说："我们回头来想一想，我们这个文学的革命运动，不算是一个革命运动，实在是中国文艺复兴的一个阶段。因此我们常常说笑话：我们是提倡有心，创作无力；提倡有心也不能说提倡有功。陈独秀、胡适之、钱玄同、刘半农这一班人，都不完全是弄文学的人，所以我们可以说是提倡有心。可是我们没有东西。"[1]

一九一九年刊在《新青年》上的文章《新思潮的意义》，有一个十六字的副标题，扼要地说出了"新思潮的意义"——"研究问题，输入学理，整理国故，再造文明"。这与"国粹派"的主张，并没有什么大的不同。他所倡言的"重新估定一切价值"的工作，章太炎在《訄书》和《国故论衡》中，早已经开始做了，而且没有人能比他做得更好。其中影响大者，是将经学还原为诸子学，撤销了孔子的圣人地位。两百年前戴震以经学取代了宋儒的理学，章太炎作为戴震的四传弟子，又向前迈了一步。

胡适与"国粹派"的分歧，主要在对中国旧学术的态度上，胡适宣称自己采取"评判的态度"："第一，反对盲从；第二，反对调和；第三，主张整理国故。"[2]他认为，新思潮的唯一目的，就是"再造文明"：

> 现今的人爱谈"解放与改造"，须知解放不是笼统解放，改造也不是笼统改造。解放是这个制度的解放，这种那种思想的解放，这个那个人的解放，是一点一滴的解放。改造是这个那个制度的改造，这种那种思想的改造，这个那

---

[1] 胡适：《胡适学术文集·新文学运动》，中华书局1993年版，第295页。
[2] 胡适：《胡适学术文集·哲学和文化》，中华书局1993年版，第131页。

个人的改造，是一点一滴的改造。

但胡适的新思潮运动，事实上被他的白话文运动掩盖了。掩盖的根源在于，中国自秦汉儒法整合之后延续了两千多年的文化政治模式，逐渐让位于一种新的模式——语言政治，新兴的革命意识形态是其核心。而真正创建了这一现代意识形态观念和话语的，不是新思潮运动，而是白话文运动。

"再造文明"听上去激荡人心，但实在是无从措手。文体的解放，书面语言的改造，成为当下容易着手的问题，于是被说成最紧迫的问题，接下来便是被公认为——社会改造中成效最大者。白话文运动据说短时间内取得了巨大的成功，因为文言被打倒了。胡适后来干脆把白话文运动，叫作中国的文艺复兴。但白话文运动就其实质而言，它的特别之处，在于与历史和传统的断裂而非联系。连宋元本已发达的白话，也被贴上旧白话的标签，新白话刻意突出自己跟它的区别，而非共同点。新旧白话之间的差别，始终是话语（discourse）上的，而非语言（languages）上的。胡适曾说：

> 这五百年中，流行最广，势力最大，影响最深的书，并不是《四书》《五经》，也不是性理的语录，乃是那几部"言之无文行之最远"的《水浒》《三国》《西游》《红楼》。这些小说的流行便是白话的传播；多卖得一部小说，便添得一个白话教员。……但丁（Dante）、鲍高嘉（Boccacio）的文学，规定了意大利的国语；嘉叟（Chaucer）、卫克烈夫（Wycliff）的文学，规定了英吉利的国语；十四五世纪的法兰西文学，规定了法兰西的国语。中国国语的写定与传播两方面的大功臣，我们不能不公推这几部伟大的白话小说了。[1]

蔡元培在北京高等师范国文部的演说中曾说：

> 欧洲十六世纪以前都用拉丁文。就是主张实用科学的培根也还用拉丁文著书，其他可想而知了。从宗教改革时代，路德等用国语翻译《新旧约》，后来又有多数国民文学家主张国民文学，便一概用国语了。又如德国十八世纪以前，崇尚法语，几乎不认德语有文学上的价值；后来雷兴等提倡德语著书，居然自成一种文学了。所以现在科学，就只有动植物医术上的名词是拉丁文，其余一

---

[1] 胡适：《胡适学术文集·新文学运动》，中华书局1993年版，第148页。

概不用，我们中国文言，同拉丁文一样，所以我们不能不改用白话。[1]

胡适曾引用蔡元培的这一观点，作为提倡白话文的根据之一。把白话文视作意大利语、法语、英语、德语这些近代民族语言，将文言视作拉丁语却是错误的比附。当时许多饱学之士，也认为欧洲民族语言兴起后迅速取代了拉丁文。事实上欧洲文艺复兴的人文主义者，普遍提倡学习希腊文和拉丁文，后来又加上希伯来文，这一状况持续至十九世纪末。"二十世纪的一个明显特征是，一千年以来，知识阶层第一次不需要至少掌握两种语言。"[2] 辜鸿铭对于这样的欧洲知识阶层，是瞧不起的。余英时说：

> 当时人的口号是，非精通拉丁文即不足与语发展土语文学。而且各国土语文学之兴起亦不能真正代替拉丁文学，因为国际间仍需要一种共同的语言以为沟通学术文化之工具。十五世纪以来欧洲各国之个别发展虽说已在突飞猛进中，但在文化意识上欧洲人仍自觉同属于一文化整体，并具有共同的理想。因此，在文艺复兴时代及其后数世纪中，拉丁文即一直被用为一种国际性的文字。[3]

对于欧洲文艺复兴的另一重误解乃是，以理性主义为核心的人文主义和科学精神迅速战胜了中世纪的宗教和神学禁锢。事实上文艺复兴和宗教改革，是欧洲十六世纪这驾马车的两轮，缺一不可。就其影响后来的历史进程而言，孰轻孰重至今恐怕还没有定论。依照马克斯·韦伯的看法，资本主义发展最重要的动力——新教伦理，是宗教改革的直接产物。甚至有学者认为，人文主义的世俗性，五百年来于宗教的侵蚀，是西方文化衰落的根本原因。因为"人文主义从一诞生就注定失败，它的种子内部携带了毁灭的因子"。[4]

尼采对于文艺复兴的理解，与通常的看法差距很大。他把路德的宗教改革，称为"一个修士的灾祸"，认为它导致了文艺复兴的终结，于基督教而言，则可以说挽狂澜于既倒，并为现代观念铺平了道路。尼采看重的是希腊启蒙，远在苏格拉底之前，德谟克利特、希波克拉底、阿里斯托芬、修昔底德所达到的高度是后人不可企及的。在尼采看来，苏格拉底和柏拉图背叛了希腊启蒙的精神，为哲学向基督教

---

[1] 蔡元培：《蔡子民先生言行录》，岳麓书社 2010 年版，第 69 页。
[2] [美] 雅克·巴尔赞著，林华译：《从黎明到衰落：西方文化生活五百年》，世界知识出版社 2002 年版，第 46 页。
[3] 余英时：《余英时文集》第二卷，广西师范大学出版社 2004 年版，第 107 页。
[4] [美] 约翰·卡洛尔著，叶安宁译：《西方文化的衰落：人文主义复探》，新星出版社 2007 年版，第 8 页。

的屈服做好了准备，虽然在柏拉图那里，希腊启蒙也得以保存，但基督教的胜利却完全扭转了历史的方向："古代世界的全部劳作都落空了：对这样重大的事件，我无言表达我的感觉。"王阳明的心学之于宋明理学，与路德主义之于基督教相当。

以中国的文言"四书"和白话"四大奇书"为例，它们之间是大传统、小传统的关系，雅俗的关系，"四书"在先，科举制度为其支撑，"四大奇书"就某种程度而言，正是"四书"广泛传播深入人心之后收到的民间反响，虽各行其道，自是其是，宗旨之悖谬中处处可见反叛之后的回归。从某种意义上说，离开了"四书"和修齐治平的纲领，"四大奇书"反而变得无法理解。文化领域内的许多对立因素之间的斗争，从来都不是谁取代谁，而是互相交融渗透，并长期共存。欧洲文化中的希伯来传统和希腊传统之间是这样，宗教改革和文艺复兴也是这样，中国文化中的儒教、道教，也一直是这样，后来又加上佛教，新儒学内部的尊德性传统和道问学传统之间，也是交融渗透长期共存。

胡适倡导的白话文运动，比五百年来的俗文学界白话早已通行无阻所多出来的，不过是它公开宣布这样的一个耸人听闻的结论："古文死了两千年了，他的不孝子孙瞒住大家，不肯替他发丧举哀；现在我们来替他正式发讣文，报告天下：'古文死了！死了两千年了！你们爱举哀的，请举哀罢！爱庆祝的，也请庆祝罢！'"[1]

海德格尔说："尼采用'虚无主义'这个名称来命名一种由他本人最先认识到的历史运动，一种已经完全支配了先前各个世纪、并且将规定未来世纪的历史运动；对于这种历史运动，尼采用一句简洁的话作了最本质性的解释：'上帝死了'。"[2]照约翰·卡洛尔的理解，这就是五百年来逐渐支配欧洲思想，既创造了巨大的技术进步，又最终导致欧洲衰落的人文主义。胡适说："与陌生文明的接触带来了新的价值标准，本族文化被重新审视、重新评估；而文化的自觉改革、更新就是此种价值转换的自然结果。没有与西方文明的紧密接触，就不可能有中国的文艺复兴。"

胡适借来的这句话，意味着中国历史中正面价值的断裂。一种在民族历史和文化上的虚无主义之来临，意味着我们对于国粹的有意诀别，"国糠"的复活也因此而变本加厉。清帝退位，民国建立，两千年来中国还从未有过这样的剧变发生，本来应该宣布的是"皇权死了"，不幸"古文"做了替死鬼。

胡适实际上将文艺复兴运动缩小了，以他的实用主义哲学的眼光和功利主义的近期目标："我的'建设新文学论'的唯一宗旨只有十个大字：'国语的文学，文学的国语。'我们所提倡的文学革命只是要替中国创造一种国语的文学。有了国语的文学，

---

[1] 胡适:《胡适学术文集·新文学运动》，中华书局 1993 年版，第 149 页。
[2] ［德］海德格尔著，孙周兴译:《尼采》下卷，商务印书馆 2002 年版，第 671 页。

方才可以有文学的国语。有了文学的国语，我们的国语方才算得真正国语。"

　　蔡元培在为十卷本《中国新文学大系》所写《总序》的开头便说："欧洲近代文化，都从复兴时代演出；而这时代所复兴的，为希腊罗马的文化，是人人所公认的。我国周季文化，可与希腊罗马文化比拟，也经过一种烦琐哲学时期，与欧洲中古时代相埒，非有一种复兴运动，不能振发起衰；五四运动的新文学运动，就是复兴的开始。"看起来他没有把"国粹派"的古学复兴，算作中国文艺复兴的开始。二十世纪的时代风气是，每一代人出现在历史舞台上，都要有意与上一代划清界限，标新立异是他们的基本策略。蔡元培虽是新文学的前辈，但这篇总序却是替晚辈说话的。

　　在整个新文学运动中，周作人是始终把这一运动当作中国自己的文艺复兴来理解的一位。他在《现代散文导论》中说："我常这样想，现代的散文在新文学中受外国的影响最少，这与其说是文学革命的，还不如说是文艺复兴的产物，虽然在文学发达的程途上复兴与革命是同一样的进展。""现代的散文好像是一条湮没在沙土下的河水，多少年后又在下流被掘了出来，这是一条古河，却又是新的。""这风致是属于中国文学的，是那样地旧而又这样地新。""我相信新散文的发达成功有两重的因缘，一是外援，一是内应。外援即是西洋的科学哲学文学上的新思想之影响，内应即是历史的言志派文艺运动之复兴。假如没有历史的基础，这成功不会这样容易，但假如没有外来思想的加入，即使成功了也没有新生命，不会站得住。"[1]

　　人们对一种思潮、运动的看法、评价总是包含了自己的知识背景和价值预期。历史上曾经扎下根来的一些真正具有生命力的想法，总是顽强地改头换面，执着地回到现实中来。文艺复兴，既然是一种文化生命体的生长方式，自有其不得已的逻辑。提倡未必能增加它的势力，摧折也无法夺去它的未来。外力假如局限在一定的作用范围之内，可以这样看待。梁启超在《论中国学术思想变迁之大势》（一九〇二~一九〇四）中曾说："要而论之，此二百余年间，总可命为'古学复兴时代'。特其兴也，渐而非顿耳。然固俨然若一有机体之发达，至今日而葱葱郁郁，有方春之气焉。"[2]

　　The Renaissance（《新潮》）是北大的学生一九一八年自己创办的一个刊物的名字，它的英文名直译过来，就是"文艺复兴"，但创办者自己为它取的中文名字，却是《新潮》。为首的是胡适的学生傅斯年、罗家伦，他们后来成为五四运动的学生领袖和二十世纪重要的知识分子。

---

[1] 蔡元培等：《中国新文学大系导论集》，上海良友复兴图书印刷公司 1940 年版，第 189、190、192 页。

[2] 夏晓虹编：《中国现代学术经典·梁启超卷》，河北教育出版社 1996 年版，第 119 页。

三、李长之和"战火中的文艺复兴"

一九三六年章太炎和鲁迅相继谢世，中国学术思想上和文学创作上最伟大的两颗巨星陨落了。蔡元培于一九三六年六月五日在大夏大学发表了一次题为《民族复兴与学生》的演说，他说：

> 复兴二字，在西方本为 Renaissance 一词，在西洋中世纪以前，本有极光明的文化，后为黑暗时期所埋没，后来又赖大家的努力，才恢复以前的光明，因而名之曰复兴。中国古时文化很盛，古书中常有记载，周朝的文物制度与希腊差不多，周季，有儒、墨、名、法、道家的哲学，此后如汉、唐的武功，也不能抹煞的。但到了现在，我们觉得事事都不如人，不但在军事上、外交上不能与列强抗衡，就是所用的货物也到处觉得外国的物美价廉，胜于国货，这不能不说是我们的劣点。然而我们不能自认为劣等的民族，而只认为民族的退化，所以要复兴。[1]

这一次他把"文艺"之复兴，换作了"民族复兴"，征引的还是欧洲的 Renaissance，其事其实不类。近代民族国家的兴起，对于欧洲文艺复兴而言，是不期然而然的一件事，列强们在文化源头上无不认同希腊，但希腊无论民族还是国家却从未能复兴后跻身于列强之中。

一九三六年的中国，面临着严重的考验和挑战，日本军国主义的全面入侵已经箭在弦上，鸦片战争以来的各种危机首次变成了亡国在即。章太炎在遗嘱中要求自己的子孙，不食其官禄。在这样的严峻形势下，思想和文化上的民族主义转向，立即成为抗战动员的一部分，假如南京政府能把全民族的人组织起来投入战争的话，也许在这个决定性的战争中，我们古老的民族经过血与火的洗礼，可以获得盼望已久的新生：

> 战争一面是过去文化的清算，一面却也是未来文化的胚胎和萌芽。
>
> 战争是文化的触媒，战争是文化的播音机，战争是现代化的文明之催生婆，战争是社会上一切形形色色的放大镜，但却也是试金石！
>
> 中国经过这次战争以后，无疑是急速迈进资本主义的工业社会了，机器文

---

[1] 蔡元培：《黑暗与光明的消长》，东方出版社1998年版，第194页。

明将要普遍地为人享受着。这种变动之影响到思想上去，也是无疑的事，虽然在现在还看不出来什么太明确的面目。[1]

李长之一九四二年出版的《迎中国的文艺复兴》一书中，对五四以来的思想和文化的运动，做出"重估一切价值"的反思。值得注意的是，他的参照系仍是欧洲的历史。在他看来，五四运动"倘若她在文化史上有意义的话，乃是一个启蒙运动（Aufklärung）"，是一个移植的资本主义的文化运动，西洋思想的"匆遽的重演"，"文化上是一个未得自然发育的民族主义运动"，它的最大的成就是自然科学。"五四精神的缺点就是没有发挥深厚的情感，少光，少热，少深度和远景，浅！在精神上太贫瘠，还没有做到民族的自觉和自信。"[2]

在他眼里，文艺复兴的意义是"一个古代文化的再生，尤其是古代思想方式，人生方式，艺术方式的再生"。所以他不同意蔡元培、胡适等把新文化运动视作中国的文艺复兴。

他说："启蒙运动的主要特征，是理智的，实用的，破坏的，清浅的。我们试看五四时代的精神，像陈独秀对于传统的文化之开火，像胡适主张要问一个'为什么'的新生活，像顾颉刚对于古典的怀疑，像鲁迅在经书中所看到的吃人礼教，这都是启蒙的色彩。"[3]他明确说"白话文运动不妨看作是明白清楚的启蒙精神的流露"。"话说穿了，新文化运动只是一个西化运动罢了。"他把冯友兰一九三八年出版的《新理学》看作"到现在为止，国人在哲学上最高的成就的代表"，"但它终于是五四时代以来的理智主义的结晶"：

> 哲学和文艺都是一种文化运动经过长期努力之最提炼也是最后的一点精华，原不能期诸仓促。[4]

他认为到一九三一年"九一八"事变之时，五四文化运动的精神，"事实上已渐见结束"。他把接下来的这个时代称作"中国的文艺复兴"：

> 文化是不能专靠移植的，根深蒂厚的培养还是在本土。我们觉得并没有那

---

[1]《李长之文集》第1卷，河北教育出版社2006年版，第101、102页。

[2] 同上，第26页。

[3] 同上，第20页。

[4] 同上，第25页。

种废弃中国一切传统的必须。而且也不可能！[1]

文化是有机的，决不能截取。文化是绵延的，绝不能和传统中断。但文化也是生长的，它需要外界的营养，正如它需要原来的土壤和水分。就其接受传统而言，就其需要原来的土壤而言，则中国现阶段的文化运动乃是一个"文艺复兴"！[2]

凡是一个民族在文化吸收上最猛烈的时代，也往往是在创造气魄上最雄厚的时代，盛唐即是一例。吸收并不完全是被动的。我很愿意见到这样一个黄金时代的再现！[3]

中国近百年来的思想，太偏于理智的了，末流而入于急功近利，投机取巧是无怪的。胜利以后的文化运动，我相信可以变一副样子。那将是由清浅而变为深厚，由理智而兼有热情。由启蒙运动式而变为文艺复兴式。[4]

我们今天回顾这段历史，觉得可以说是新文化运动的第二期，与五四的第一期相比，的确有很大的不同。我认为分期也许应该界定在一九二七年，王国维的自沉是一个标志性的事件，这一年还有许多大事发生，叶德辉被杀，蒋宋缔结婚姻，国民党北伐，与二十世纪的前三十年截然分开了。在接下来的二十二年中，中国经历了战火的洗礼。救亡运动虽是最重大的主题，但在文学艺术方面、思想学术方面的进步和积累未因战火而有稍减，反而更加辉煌。一批出生于二十世纪初、接受五四新文化哺育而成长起来的思想家、学者、诗人、艺术家迅速创作出他们的作品，在文学（诗歌、小说、戏剧、散文、批评、翻译）、美术、音乐方面，在哲学、史学、佛学、考古等领域，作出了杰出的贡献，成为今日依然未可企及的高峰。冯友兰、贺麟、熊十力、马一浮、钱穆、张荫麟、梁漱溟、蔡尚思、翦伯赞、嵇文甫、李长之、梁宗岱、穆旦、沈从文、废名、钱锺书、张爱玲、李健吾等，甚至包括艾思奇这样的马克思主义哲学的通俗传播者，侯外庐和他一九四四年出版的《中国古代思想学说史》。侯外庐其后主编并组织编写五卷六册规模宏大的《中国思想通史》，历时十余年于一九五九年完成。

上述这些写作活动沿至上世纪五十年代甚至更晚，其范围之广、数量之大、质

---

[1][2][3][4]《李长之文集》第1卷，河北教育出版社2006年版，分见第56、57、84、130页。

量之高令今天的学人赞叹不已。以李长之为例，二〇〇六年出版的《李长之文集》有十卷之多。那个时代的物质生活条件艰难，学术机制不健全，创造力却生机勃勃。无论在什么样的环境下，总有原创性的作品问世。孤岛时期的上海有张爱玲、苏青的小说，杨绛的戏剧，还有在国统区不可获准出版的未经删节的二十卷《鲁迅全集》。昆明西南联大，冯友兰完成了他的《贞元六书》，汪曾祺写出了他最初的短篇小说。重庆李庄，傅斯年麾下的历史语言研究所，始终没有停止专业研究，张恨水的报纸连载小说，也带到了重庆，且转向抗战题材，巴金在重庆写出了他最好的小说《寒夜》。废名躲进了湖北乡下，抗战甫一结束就出版了《莫须有先生坐飞机以后》，钱锺书在一九四五～一九四八年出版了《人、兽、鬼》《围城》与《谈艺录》。

与五四那一代知识分子的激烈反传统以及"全盘西化"的主张不同，第二期这批人做了大量的对传统的重新阐释的工作，并且着眼于文化建设，在诸多学科和领域中卓有建树，称之为文艺复兴，不为过也。

第三章　白话文运动向何处去

　　改造中国，使其适应现代民族国家的政治使命，是中国百年革命的总方向；改造汉语，使其成为民族国家的现代"国语"，是白话文运动的历史任务。

　　汉语与汉字的殊相，在与其他语言的比照中显现。汉语的历史及其叙述，则为其殊相提供论证。从汉语之外审察汉语，在汉语内部自我省视，同步构成白话文运动的张力与境遇。百年前，汉语的内外处境发生大幅度激荡与切换，对立的语言观，于焉展开。白话文运动与"国语"运动，无疑倾向自外部审察汉语的立场。由《马氏文通》启始的近现代语法研究，代表外部视角，废除汉语、汉字，是外部视角的极端化。

　　但是，白话文运动或国语运动难以涵盖汉语使用的面积与生态。人时时刻刻离不开文字和语言。假如某一个体对创建"国语"不发生兴趣，也未认同白话文运动的理念，而他个人生存的语言不可能中断，换言之，语言遍布于个体，人无法在语言中缺席。白话文运动的种种是非与状态，须得置入每位汉语使用者无间断的语言背景。日常生活的口语，个人事务性书写，民间故事的传播，大片乡村和边缘地区的语言生态，均未纳入，也不可能纳入主要由北京、上海等都市发起的少数知识分子参与的白话文运动。

　　白话文运动之前，最重要的文章革新运动，是一千多年前导源于韩愈的"唐宋古文运动"。这一运动的成果——八大家文，在明清被纳入科举制度，是为八股文的渊源。桐城派，清朝最主要的文章流派，是古文运动持续千年的终结。唐德刚把胡适比作"文起八代之衰"的韩退之，虽不甚准确，作为首倡者，大体相当。论及白话文运动的文章楷模，足当韩柳者，无疑周氏兄弟。

　　张中行认为："现代白话打倒了文言，已经取得独霸地位。这样，文言销声匿迹了，自然就不会再出现越界现象。这意思还可以说得具体一些。五四前后，积极参加文学革命的那些人都会文言，可是他们拿起笔，时时不忘革命，就是说，要视文言如仇，所以笔下不容易混入文言的格调。下一代以及下两代，有的接触过文言，有的没有接触过文言，总之，与老一代相比，都是不通文言，自然也就不会用文言表情达意。就因为这样，半个多世纪以来的白话作品都是纯粹的白话（意指非文言格调的白话，不是同于口语的白话），几乎没有文白夹杂的。"[1]

白话与文言的关系，你中有我我中有你，怎能截然分开？纯粹白话像某种蒸馏水，长期饮用，几代人营养不良，这样的语言生态下，出大作家的可能性有多少？

新文化运动，越走离文艺复兴越远。李长之认为，"文艺复兴是对过去的中国文化有一种认识，觉醒，与发扬"。认识的前提是能够阅读，文言读不懂，不能了解什么是中国文化，无法了解过去，就不能把握现在，也自然失去了未来。

郭沫若一九三〇年在《文学革命之回顾》中说：

> 古人说"文以载道"，在文学革命的当时虽曾尽力的加以抨击，其实这个公式倒是一点也不错的。道就是时代的社会意识。在封建时代的社会意识是纲常伦教，所以那时代的文所载的道便是忠孝节义的讴歌。近世资本制度时代的社会意识是尊重天赋人权，鼓励自由竞争，所以这时候的文便不能不来载这个自由平等的新道。这个道和封建社会的道根本是对立的，所以在这儿便不能不来一个划时期的文艺上的革命。
>
> 这就是文学革命的意义，所以它的意义是封建社会改变为资本制度一个表征。白话文的要求只是这种表征中所伴随着一个因子，它是第二义的。因为有了这样的一种革命过程，便需要一种更自由的文体来表现，它的表里要求其适合，所以第一义是意识的革命，第二义才是形式的革命。有了意识的革命，就用文言文来写那种革命的意识，不失为时代的文学……所以文言文不必便是不革命或反革命，白话文不必便是革命。文言自身是有进化的，白话自身也是有进化的。我们现在所通行的文体，自然有异于历来的文言，而严格的说时，也不是历来所用的白话。封建时代的白话是不适宜于我们的使用的，已成的白话大多是封建时代的子遗。时代不断的在创造它的文言，时代也不断地在创造它的白话，而两者也不断的在融洽，文学家便是促进这种文化、促进这种融洽的触媒。所以要认识文学革命的人第一须打破白话文与文言文的观念。兢兢于固执着文言文的人固是无聊，兢兢于固执着所谓白话文的人也是同样的浅薄。时代把这两种人同抛撇在了潮流的两岸。[2]

[1] 张中行：《文言和白话》，黑龙江人民出版社 1988 年版，第 200 页。
[2] 郭沫若：《文艺论集续集》，人民文学出版社 1979 年版，第 81—83 页。

郭沫若虽有这样的见识，但似乎缺少将这一见识向社会传播的勇气。在此后的三十余年中，他地位显赫，屡居要职，而从五十年代提倡"写话"运动等行为看，他是打定主意自甘浅薄。时代在创造它的文言和白话文之外，它的潮流更是强大的势力。"郭老不算老，诗多好的少。大家齐努力，学习毛主席。"这样的诗脱口而出，明白如话，大体整齐押韵，押时代之韵。

第一节　大众语运动

白话文文脉的延续，端赖写作上的实绩。

以鲁迅、周作人为核心的《语丝》，创刊于一九二四年十一月十七日，至一九二九年停刊，共刊出二百六十期，累计发表文章约八百篇，发刊词宣布"以简短的感想批评为主，兼采文艺创作"，《语丝》比《新青年》具有更加明确的文体意识，虽然它的"随感录"延续了《新青年》开创的这一文体。它随后成为创造社攻击的目标，也说明《语丝》不容小觑的影响力。

一九二三年七月十九日，周作人将绝交信送至鲁迅手中，兄弟失和。一九二四年五月，鲁迅迁居阜成门内宫门口西三条胡同二十一号"老虎尾巴"，一九二六年八月二十六日，鲁迅离京南下，辗转厦门、广州，最后于一九二七年十月三日定居上海。周氏兄弟虽不在一个屋檐下，甚至南北相距千里，却仍在同一刊物上发表文字。鲁迅在《语丝》上发表小说、杂文、散文、诗和译作一百三十九篇，周作人在《语丝》刊发一百二十篇各类文章。二周是名副其实的《语丝》主将。木山英雄曾经注意到，"在兄弟俩对'革命文学'论所作反应的根底里仍然有某种重要的一致性存在着。所谓的一致，是指两人都将革命与文学的关系置换为实力与文章乃至语言的关系，而鄙视那种夸夸其谈的议论"[1]。

与创造社的宗派作风相比，语丝派是一个松散的群体，《语丝》编辑孙伏园说："我们最尊重的文体的自由，并没有如何规定的。四五十期以来渐渐形成的文体，只是一种自然的趋势；既是自然的趋势，那么渐渐转移也是无碍。"[2]

周作人以他特有的方式，这样评价《语丝》："《语丝》还只是《语丝》，是我们

[1]［日］木山英雄著，赵京华译：《实力与文章的关系》，《文学复古与文学革命》，北京大学出版社 2004 年版，第 79 页。

[2]孙伏园：《语丝的文体》，姜振昌编：《时政炼语 燕赵悲歌：语丝派杂文选》上册，文化艺术出版社 1996 年版，第 222 页。

一班不伦不类的人借此发表不伦不类的文章与思想的东西，不伦不类是《语丝》的总评，倘若要给他下一个评语"，"不用别人的钱，不说别人的话，本不是什么为世稀有的事，但在中国恐怕不能不算是一种特色了罢"。[1]

鲁迅一九二九年写过一篇《我和〈语丝〉的始终》："于是《语丝》的固定的投稿者，至多便只剩下五六人，但同时也在不意中显了一种特色，是：任意而谈，无所顾忌，要催生新的产生，对于有害于新的旧物，则竭力加以排击，——但应该产生怎样的'新'，却并无明白的表示，而一到觉得有些危急之际，也还是故意隐约其词。"[2]

《语丝》之后，文体上能够继其余绪者要算上海的《论语》了。

《论语》半月刊杂志创刊于一九三二年九月，终刊于一九四九年五月（一九三七年八月暂停，至一九四六年十二月复刊），出刊一百七十七期。在当时的文学刊物中，乃历时最长、期数最多、销量最大的刊物之一，它的七位编辑分别为林语堂、陶亢德、郁达夫、邵洵美、林达祖、李青崖、明耀五，作者包括鲁迅、周作人、刘半农、老舍、俞平伯、朱光潜、李长之、沈从文、徐訏、许钦文、丰子恺、何容、老向等。

《论语》的编作者，过去曾是《语丝》周刊的同人或撰稿人，故文章风格上尤其是文体意识上能够延续《语丝》的传统，使语丝体散文得到了继承和发扬。《语丝》停刊后，语丝派大致向两个方向演变，左翼文学的所谓匕首投枪式杂文，主要指后期鲁迅及鲁迅周围的几位年轻作者，另一个方向是所谓"论语派"了。一九九六年上海书店编辑出版十卷本《〈论语〉选萃》丛书，使读者对于这一派文字有了些感性的认识。徐訏曾在《论语》发表《论文言文的好处（附官例二则）》，没有引起论战或争议。

《论语》的办刊宗旨，有《论语社同人戒条》十律："一、不反革命。二、不评论我们看不起的人；但我们所爱护的，要尽量批评（如我们的祖国、现代武人、有希望的作家及非绝对无望的革命家）。三、不破口骂人（要谑而不虐，尊国贼为父固不可，名之为王八蛋也不必）。四、不拿别人的钱，不说他人的话（不为任何方做津贴的宣传，但可做义务的宣传，甚至反宣传）。五、不附庸风雅，更不附庸权贵（决不捧旧剧明星、电影明星、交际明星、文艺明星、政治明星以及其他任何明星）。六、不互相标榜，反对肉麻主义（避免一切如'学者''诗人''我的朋友胡适之'等口调）。七、不做痰迷诗，不登香艳词。八、不主张公道，只谈老实的私见。九、不戒癖好（如吸烟、啜茗、看梅、读书等），并不劝人戒烟。十、不说自己的

[1] 周作人：《答伏园〈论语丝的文体〉》，姜振昌编：《时政炼语 燕赵悲歌：语丝派杂文选》上册，文化艺术出版社1996年版，第224页。

[2] 《鲁迅全集》第四卷，人民文学出版社1995年版，第16—17页。

文章不好。"[1]

以此标准衡量当今的文坛，除了第一和最后一条大家能做到外，中间的八律，颇可以对照对照罢。林语堂明确提出，只有通过文白之间的融通，才能洗练白话文体。林语堂一九三二年之后创办的杂志中，《论语》而外，《人间世》《宇宙风》也值得一提。他提倡轻松、闲适、自由的议论散文文体，被称为语录体派，在《人间世》发刊词中，主张小品文应"以自我为中心，以闲适为格调"，"宇宙之大，苍蝇之微，皆可取材"。

创造社、太阳社对于语丝派的攻击，开始集中于鲁迅个人，后由于政治形势的变化，演变成了意识形态的论战。冯雪峰一九二八年五月著《革命与智识阶级》（署名画室）一文谈及"创造社改变了方向，倾向到革命来，这是十分好的事；但他们没有改变向来的狭小的团体主义的精神，这却是十分要不得的。一本大杂志有半本是攻击鲁迅的文章，在别的许多的地方是大书着'创造社'的字样，这只是为要抬出创造社来"[2]。

在创造社以扳倒老将、将时代主题从"文学革命"改写为"革命文学"而自以为领先之时，他们实际上已经落伍了，因为新时代的主人翁已不再是知识阶级，而是人民大众了。白话文运动于是演进成为大众语运动。

《中国大百科全书·语言文字卷》有"大众语运动"词条，该词条的作者，与"白话文运动"词条的作者为一人，两词条在语义上互为呼应，内容则前后补充。词条的文字并不多，为便于讨论，先把词条的原文完整列出如下：

> 一九三四年在上海掀起的一个要求白话文写得更加接近大众口语的文体改革运动。运动的起因是当时南京国民政府的报刊上接连发表反对白话文、主张学校教文言甚至提倡小学读经等文章，提出"文言复兴运动"。与此相反，上海的文化教育界人士陈望道、陈子展、胡愈之、叶圣陶、黎烈文等发起，并得到鲁迅的支持，在《申报》副刊《自由谈》上发起了"大众语"的讨论。讨论迅速在全国报刊展开，延续三四个月，发表了两三百篇文章，头两个月每天平均有四篇新文章发表。讨论中批判文言文，也批判五四以来半文半白的白话文，要求白话文进一步大众化，而且认为要彻底改革文体必须同时改革文字，提出了文字拼音化的问题，介绍了在苏联制订的中国拉丁化新文字。
>
> 五四运动以后，白话文在小说、散文、诗歌、戏剧文学等方面，取得了很

---

[1] 转引自林达祖、林锡旦：《沪上名刊〈论语〉谈往》，上海书店 2008 年版，第 4 页。

[2] 李何林编：《中国文艺论战》，陕西人民出版社 1984 年版，第 18 页。

大的进步，但在文学作品和一般学术著作之外的文化领域，如报纸上的社论、新闻，政府的公文、法律条文，学校的国文、作文及试卷，中上层社会交往的信札、应酬文等，仍是文言文残存的地盘。在白话文学里，虽然有一部分为人民群众欢迎的好作品，但是，仍有不少作品连"明白如话"也没有做到，常常夹杂许多文言的字眼和句子，滥用欧化的句法、日语的句法，造成了严重违背现代中国人民的语言习惯的文腔和洋腔。因此，有必要对这种文言化或者欧化的白话文作进一步的改革。

大众语运动提出了五四白话文运动尚未触及的新问题，如怎样防止白话文变质，如何使白话文成为大众的工具等。这些问题的提出，促使人们对"大众语"讨论的重视。经过讨论，大家明确了一条基本原则：即要从人民大众的实际需要出发，去看待文体改革上的问题。

具体说就是：

一、关于大众语的特点。从语言形式上看，大众语是大众"说得出，听得懂，写得来，看得下"（陈望道《大众语论》）的语言。从它所表达的内容看，应是代表大众意识的语言。这样的大众语，才能为大众所有，为大众所需，为大众所用。

二、关于大众语的前提。一要明白大众语与大众生活的关系。陈望道提出，建设大众语，必须实际接近大众，向大众学习语言（《关于大众语文学的建设》）。二要弄清大众语与白话文的关系。讨论中，既反对在大众语与五四以来的白话文或国语之间划一等号，更反对把白话文同大众语对立起来，而认为，建设大众语，要对五四以来的白话文进行合理的扬弃，即吸收白话文中合乎大众需要的部分，排除白话文中不合乎大众语需要的部分。

三、关于大众语提高的途径。为了使大众语更加丰富、精密，需要输入一些外来语及欧化句法，起用一些古典语，择取一些方言词。这些纯属语言成分上的问题，与所要反对的语录体、文言腔、洋腔之类语体风格上的问题不同。陈望道还提出"三路并进"，建立"普遍"的大众语的路线。这"三路并进"是：方言土语"从下送上"，即从语言流入文字；文学科学等用语"从上迎下"，即从文字流入语言；中间由普及教育、语言教育等编定通用的语汇、语法"从横通过"（《怎样做到大众语的"普遍"》）。

大众语运动还提出了一些促进语文改革的新课题：

一、关于大众语与现代口语的关系。这里包括两个相关的问题，即大众语的基准问题，普通话与方言的关系问题。在大众语的基准问题上，多数人认为，大众语应该就是现代中国普通话。鲁迅在《门外文谈》里就指出大众语的主力是北方话。

二、关于大众语与汉字、拉丁化新文字的关系，讨论中较多地强调用拉丁化新文字比汉字更容易做到"话文合一"，认为新文字是大众语最理想的书写工具。

大众语运动的结果，是彻底击退复兴文言、废止白话的逆流，并把中国语文改革运动提高到一个新的阶段，即推动了白话文的大众化，促成了拉丁化新文字在国内的研究推行。大众语运动是五四白话文运动在新的社会语境中合乎逻辑的发展，对于文学创作运用群众语言、形成独创的民族风格起了积极的促进作用。[1]

词条的文本大致可以分为四部分：一、背景及经过；二、讨论的三项具体内容；三、由讨论带出来的两个新问题；四、成果和意义。下面依照这样的顺序分别讨论。

一

一九三四年的争论这样开始。五月初，苏州中学校长汪懋祖于《时代公论》上著文《禁习文言与强令读经》和《中小学文言运动》，公开批评新文化运动，主张小学必习文言，中学必读孟子。继汪懋祖之后，许梦因在《中央日报》和《时代公论》上分别发表《文言复兴之自然性与必然性》《告白话派青年》等文，称赞文言是"治学之利器"，认为"白话必不可为治学之工具，今用学术救国，急应恢复文言"。

由于当时的国民政府明令禁止文言课本，故教育部官员吴研因发文——《驳小学参教文言中学读孟子》《读汪文〈中小学文言运动〉后的声明》予以反驳。

六月，陈子展在《申报·自由谈》发表《文言—白话—大众语》，提出"从前为了要补救文言的许多缺陷，不能不提倡白话，现在为了要纠正白话文学的许多缺点，不能不提倡大众语"。

讨论升温。叶圣陶、夏丏尊、曹聚仁等人参与进来。

---

[1]《中国大百科全书·语言文字卷》，中国大百科全书出版社 1988 年版，第 46—47 页。

胡适在《独立评论》发表了题为《所谓"中小学文言运动"》的文章，重申自己十几年前的观点，低调地表示，"今日社会上还有一部分人对着白话文存着轻蔑的态度，我们提倡白话文学的人，不应该完全怪他们的顽固，我们应该责备我们自己提倡有心，而创作不够，所以不能服反对者之心"。这是可贵的自知与自省。他最后说，"对付这种顽固的反对，不能全靠政府的'再革一下命'——虽然那也可以加速教育工具的进步，必须还靠第一流白话文学的增多"。对于汪懋祖提倡读经的理由，几乎没有人认真对待，胡适只点了被汪视为"豪杰之士"的两人何键与陈济棠。

陈望道《关于发起大众语运动的通信》说，"弟近鉴于复古气味极重，如不努力，连以前我们拼命挣得的一点白话，也将不保。已约了十几人，做比白话稍进一步的文学运动"。

陈望道后来回忆道："当时的复古思潮很厉害。汪懋祖在南京提倡文言复兴，反对白话文，吴研因起来反对汪的文言复古。消息传到上海，一天，乐嗣炳来看我，告诉我说，汪在那里反对白话文。我就对他说，我们要保白话文，如果从正面来保是保不住的，必须也来反对白话文，就是嫌白话还不够白。他们从右的方面反，我们从左的反面反，这是一种策略。只有我们也去攻白话文，这样他们自然就会来保白话文了。我们决定邀集一些人在一起商量商量。第一次集会的地点是当时的'一品香'茶馆。应邀来的有胡愈之、夏丏尊、傅东华、叶绍钧、黎锦晖、马宗融、陈子展、曹聚仁、王人路、黎烈文（《申报》副刊《自由谈》主编），加上我和乐嗣炳共十二人。会上，大家一致决定采用'大众语'这个比白话还新的名称。"[1]

除《申报·自由谈》而外，参与讨论的有《中华日报·动向副刊》《大晚报·火炬副刊》《新生周刊》《新语林》等。后对此讨论的文章有整理与汇编。[2]

关于大众语的争论，是三十年代以来文艺大众化思潮的一部分。一九七九年上海教育出版社出版的五卷本《文学运动史料选》中，把大众语的讨论文章编入其第二册，置于"文艺大众化问题的讨论"这一题下。

文艺大众化是随着一九二八年无产阶级革命文学的提倡而提出来的。一九三一

---

[1] 陈望道：《谈大众语运动》，《陈望道文集》第三卷，上海人民出版社1981年版。

[2] 1934年任重编：《文言·白话·大众话论战集》由民众读物出版社出版，文逸编：《语文论战的现阶段》由天马书店出版，两编收入民国丛书第一编第52种，后又出版宣浩平编：《大众语文论战》及其续编，民国二十四年由上海启智书局印行。

年十一月"左联"执委会通过决议《中国无产阶级革命文学的新任务》指出:"为完成当前迫切的任务,中国无产阶级革命文学必须确定新的路线。首先第一个重大的问题,就是文学的大众化。"[1]鲁迅一九三〇年在《文艺的大众化》中说:"在现下的教育不平等的社会里,仍当有种种难易不同的文艺,以应各种程度的读者之需。不过应该多有为大众设想的作家,竭力来作浅显易解的作品,使大家能懂、爱看,以挤掉一些陈腐的劳什子。但那文字的程度,恐怕也只能到唱本那样。"[2]

在瞿秋白看来,五四新文学运动不过是小圈子里的文人唱和罢了,充其量不过一万人。这一文学革命的失败是注定了的。他一九三一年撰写长文《鬼门关以外的战争》,明确提出了第三次文学革命和所谓"文腔革命"——为了创造"现代普通话的新中国文"。但这一新的中国文却是罗马字拼音字,废除汉字之后的所谓新文字。

如若文言和白话的两分,分成死人的语言和活人的语言,到此地步后,在活人的语言里,又生出这么个"大众语"的名堂来,就是在活人的语言中,再划分一个等级,判定大众语为最先进最革命的用语,这实际是白话文运动内在逻辑的必然延伸。

"大众语运动"(Popular Language Movement)是白话文运动在新历史环境下的展开。大众语运动,今天看来,与同时期的这样几个运动密切相关,甚至彼此渗透:关于无产阶级革命文学的论战、文艺大众化运动、持续十年的中国社会性质的论战(一九二八~一九三八)、新文字运动、新启蒙运动、民族形式问题的论争、整风运动。不仅是时间上有关联,在因果关系和逻辑关系上也存在千丝万缕的联系。

谈到文言文的残存,非欲肃清不可。盲目追求白话的"明白如话"或者称"纯粹白话",乃是意识形态作怪,汉字与文言是天造之合,欲彻底灭净文言,只有一个法子,那就是汉字的拼音化。夹杂文言的字眼和句式,本是不可避免的事,即使白话口语当中,到底包含着多少文言的成分,非专门研究语言或文字学深厚的人亦不能够了解。章太炎曾说:"今通行之白话中,鄙语固多,古语亦不少,以十分分之,常语占其五,鄙语、古语复各占其半。古书中不常用之字,反存于白话,此事边方为多,而通都大邑,亦非全无古语。"[3]用的人没有文字学知识,不知其为文言,错认它作白话,这样的例子原本很多,谁在开口说话之前,先在脑子里辨别一番,或竟然真的能够辨别一番呢?

[1]《中国无产阶级革命文学的新任务》,《文学导报》第一卷第8期(1931年11月)。

[2]鲁迅:《文艺的大众化》,《鲁迅全集》第七卷,人民文学出版社1982年版,第349页。

[3]章太炎:《白话与文言之关系》,《章太炎讲国学》,东方出版社2007年版,第136页。

二

如果说文言和白话的差别，从表面上看起来还比较直观，似乎容易分辨，那么什么是大众语，它与非大众语的差异在哪里却是一个不容易讲清楚的问题。黎锦熙是位训练有素的语言学家，在《大众语真诠》一文中，他的看法是，"大众语""白话""国语"名异而实同。

胡适一九三四年写过一篇题为《大众语在哪儿》的文章，认为"大众语不是在白话之外的一种特别语言文字。大众语只是一种技术、一种本领，只是那能够把白话做到最大多数人懂得的本领"。"提倡大众语的人，都应该先训练自己做一种最大多数人看得懂、听得懂的文章。"[1]

陈子展一九三四年六月十八日发表在《申报·自由谈》上的《文言—白话—大众语》一文说："现在我以为要提出的是比白话更进一步，提倡大众语文学。这理由并不怎样高深繁重，就极浅薄极简单的说，十多年来的白话文学虽然比较文言的东西是要和大众接近些儿，可是事实上告诉我们，这个显然还不够。目前的白话文学只是知识分子一个阶层的东西，还不是普遍的大众所需要的。再添上一句简单的话说，只因这种白话还不是大众的语言。"[2]这个论调通俗易懂，却毫无新意。除了大众语这个名称外，不过是瞿秋白两年前论点的温和化与修正版。瞿秋白认为五四的白话文由于其贵族化倾向，已经变成"新文言"，因此有必要发起新的文学革命，创造一种以正在形成中的无产阶级普通话为主体的"现代中国语文"。

瞿秋白一九三二年发表在"左联"的《文学月报》创刊号上的《大众文艺的问题》（署名宋阳）说："大众文艺应当用什么话来写，虽然不是最重要的问题，却是一切问题的先决问题。"他的回答是："要一切都用现代中国活人的白话来写，尤其是无产阶级的话来写。""现在中国文字的情形是：同时存在着许多种不同的文字：（一）是古文的文言（四六电报等等）；（二）是梁启超式的文言（法律、公文等等）；（三）是五四式的所谓白话；（四）是旧小说式的白话。中国的汉字已经是十恶不赦的混蛋而野蛮的文字了，再加上这样的复杂的，互相之间显然有分别的许多种文法，这叫三万万几千万的汉族民众怎么能够真正识字读书？这差不多是绝对不可能的事。""新兴阶级在五方杂处的大都市里面，在现代化的工厂里面，他的语言事实上已经在产生一种中国的普通话（不是官僚的所谓国语），容纳许多地方的土话，消磨各种土话的偏僻性质，并且接受外国的字眼，创造着现代的政治技术科学艺术

［1］胡适：《大众语在哪儿》，《胡适学术文集·语言文字研究》，中华书局1993年版，第326—327页。

［2］陈子展：《文言—白话—大众语》，《文学运动史料选》第二册，上海教育出版社1977年版，第436页。

的新的术语。这种大都市里，各省人用来互相谈话演讲说书的普通话，才是真正的现代的中国话。"[1]

十月革命后苏联以波格丹诺夫为首的"无产阶级文化派"认为，必须对俄罗斯语言进行革命，销毁旧的语言，创立新的语言。瞿秋白受其影响，强调语言的阶级性。据说苏联加盟共和国的本地语言，在斯大林的要求下，从拉丁字母拼写，改为俄文字母拼写。汉语拉丁化方案，从研究到在苏联远东的十万华工中推行试验，得到了苏联政府的资助。

黎锦熙于一九三四年十二月出版的《国语运动史纲》中认为拉丁化新文字是苏联人"越俎代庖"，他批评新文字"所采字母，系统不全；加以拼法粗略，声调不分；注音尚可，代汉字必生困难"，他赞成的是国语罗马字方案。

斯大林的《马克思主义和语言学问题》，明确否定了语言的阶级性，提出"民族语言不是阶级的，而是全民的，对每个民族的成员是共同的、对整个民族的统一的"[2]。此前的几十年里，在苏联占据主导地位的马尔的语言学一直认为语言具有阶级性，瞿秋白等左翼的理论家们受此影响很大。

在瞿秋白和茅盾的论战中，虽以大众文艺为主线，但实际上已触及了语言文字问题。瞿秋白在《再论大众文艺答止敬》中对于茅盾与他的分歧讲得清楚："原则上的分别是在于他不觉得肃清文言余孽应当是一个群众的革命运动，他只要求作家'多下工夫修炼'；而我以为一定要一个自觉的革命的斗争，领导群众起来为着活人的言语而斗争。分别在于发动一个攻击'新文言和死白话'的运动，还是不要。"瞿秋白坚信"中国是在中世纪的末期——各个地方的偏僻的土话是在消灭下去，各个较大的区域的普通话是在形成起来，甚至于全国范围里的口头上的普通话也正在产生着"。这还是以欧洲的语言历史过程为参照而产生的看法。

止敬（茅盾）的《问题中的大众文艺》认为，宋阳先生"描写得活龙活现的真正的现代的中国话"，实际上并不存在，"新兴阶级中并无此全国范围的'中国话'"。[3]

胡愈之一九三四年六月二十三日发表在《申报·自由谈》上的《关于大众语文》提出了三个要点："（一）大众语应该解释作'代表大众意识的语言'。'大众语文'和五四时代所谓'白话文'不同的地方，就是'白话文'不一定是代表大众意识的，而大众语文决不容许没落的社会意识混进了城门。（二）'大众语文'一定是接近口语的。但是绝对的'文话合一'当在话的组织有相当进步的时候。（三）中国语言最

---

[1] 瞿秋白：《大众文艺的问题》，《文学运动史料选》第二册，上海教育出版社1977年版，第394—395页。

[2] 斯大林：《马克思主义和语言学问题》，人民出版社1972年版，第9页。

[3] 宋阳：《再论大众文艺答止敬》，《文学运动史料选》第二册，上海教育出版社1977年版，第431页。

后成为大家用的最理想的工具，必须废弃象形字，而成为拼音字。"他关于这三个要点的论述却非常简单："在我们这个社会里，几千年来一向占着支配地位的某一个社会层，眼见得是在很快地没落了。跟着这社会层的没落，凡是代表这社会层的一切文化——哲学，道德，教育，法律，恋爱观，文学，艺术——也都在没落的过程中。代表着社会层的意识的语文，自然也没有例外。"[1]

陶行知对于胡愈之的说法非常赞同，"大众语是代表大众前进意识的话语；大众文是代表大众前进意识的文字。大众语与大众文必须合一：在程度上合一，在需要上合一，在意识上合一"[2]。

语言和思想意识本来难分难解，容易混淆，陈望道给出"说得出，听得懂，写得来，看得下"的标准，是专就语言的形式而论的，胡愈之"大众意识"的介入，使到底什么是大众语又变得无法定义了。令人费解的是，叶圣陶反而说："胡愈之先生更给大众语下了个内容和形式都包括在内的规定，说这是表达大众意识的文学，尤其使人容易辨认。"[3]陈子展的意见是，眼下看不清的事物，也许未来可以看得清楚，他说："标准的大众语，似乎还得靠将来大众语文学家的作品来规定。"[4]十年之后，赵树理的《小二黑结婚》《李有才板话》发表，大约才第一次有了大众语的文学家和模范作品。

关于大众文艺的讨论和无产阶级革命文学的论争一样，局限在左翼文艺的圈子里，大众语的讨论却是在更广的范围内进行，但无论是思路还是眼界，都笼罩在了政治的影响之下。

就白话文与大众语的关系而言，有两种截然不同的看法。部分极端论者认为要建设大众语，必须反对白话文。因为"白话文正潜伏着封建意识的妖孽和含蓄帝国主义的毒素"，"随着社会意识的演进与大众需要，我们须得来建设与提倡大众语，向死了的'文言文'作战，同时，也得向'洋八股'的白话文进攻！"[5]

另一种观点认为，白话文是大众语的基础，大众语不可能凭空产生，"白话文与大众语并不矛盾，正相反，大众语是从白话与文言文的战斗中发展出来的。大众语是白话的发展，是进步"[6]。

---

[1] 胡愈之:《关于大众语文》,《文学运动史料选》第二册,上海教育出版社1977年版。

[2] 陶行知:《大众语文运动之路》,宣浩平编:《大众语文论战》,上海益智书局1935年版,第442—444页。

[3] 叶圣陶:《杂谈读作文和大众语文学》,宣浩平编:《大众语文论战》,上海益智书局1935年版,第87页。

[4] 陈子展:《文言—白话—大众语》,《文学运动史料选》第二册,上海教育出版社1977年版,第436页。

[5] 家为:《关于批判与认识》,宣浩平编:《大众语文论战》,上海益智书局1935年版,第136页。

[6] 王钢:《建设大众语并不反对白话文》,任重编:《文言·白话·大众语论战集》,民众读物出版社1934年版,第31页。

词条中那个简短的结论性的话，来自于一九五九年由北京师范学院中文系汉语教研组编的一本书《五四以来汉语书面语言的变迁和发展》，它的原话是："由提倡白话文到提倡大众语，也标志着汉语书面语言发展的两个阶段。五四初期，白话文还只是知识分子的交际工具，这时，是要使它为广大的劳动人民服务了。"[1]

三

一九三四年七月二十五日《社会月刊》编者曹聚仁发出一封征求关于大众语意见的信，请包括鲁迅在内的知名人士回答。信中提出五个问题：

> 一、大众语的运动，当然继承着白话文运动国语运动而来的；究竟在现在，有没有划分新阶段，提倡大众语的必要？二、白话文运动为什么会停滞下来？为什么新文人（五四运动以后的文人）隐隐都有复古的倾向？三、白话文成为特殊阶级（知识分子）的独占工具，和一般民众并不发生关涉；究竟如何方能使白话文成为大众的工具？四、大众语文的建设，还是先定了标准的一元国语，逐渐推广，使方言渐渐消灭？还是先就各大区的方言，建设多元的大众语文，逐渐集中以造成一元的国语？五、大众语文的作品，用什么方式去写成？民众所惯用的方式，我们如何弃取？[2]

鲁迅的答复如下（此信当时未公开，一九四六年由许广平编入《鲁迅书简》）：

> 我对于大众语的问题，一向未曾研究，所以即使下问，也说不出什么来。现在但将得来信后，这才想起的意见，略述于下——
> 有划分新阶段，提倡起来的必要的。对于白话和国语，先不要一味"继承"，只是择取。
> 秀才想造反，一中举人，便打官话了。
> 最要紧的是大众至少能够看。倘不然，即使造出一种"大众语文"来，也还是特殊阶级的独占工具。
> 先建设多元的大众语文，然后看着情形，再谋集中，或竟不集中。

---

[1] 北京师范学院中文系汉语教研组编：《五四以来汉语书面语言的变迁和发展》，商务印书馆 1959 年版，第 15 页。

[2] 转引自鲁迅：《致曹聚仁》，《鲁迅全集》第十二卷，人民文学出版社 1981 年版，第 497 页。

现在答不出。

我看这事情复杂，艰难得很。一面要研究，推行罗马拼音字；一面要教育大众，先使他们能够看；一面是这班提倡者先来写作一下。逐渐使大众自能写作，这大众语才真的成了大众语。

但现在真是哗啦哗啦。有些论者，简直是狗才，借大众语以打击白话的，因为他们知道大众语的起来还不在目前，所以要趁机会先将为害显然的白话打倒。至于建立大众语，他们是不来的。

中国语拉丁化；到大众中去学习，采用方言；以至要大众自己来写作，都不错。但迫在目前的明后天，怎么办？我想，也必须有一批人，立刻试作浅显的文章，一面是试验，一面看对于将来的大众语有无好处。并且要支持欧化式的文章，但要区别这种文章，是故意胡闹，还是为了立论的精密，不得不如此。

照现在的情形看来，倘不小心，便要弄到大众语无结果，白话文遭毒打，那么，剩下来的是什么呢？[1]

鲁迅在一九三四年七月二十九日写了上面的答复文字之后，又于八月二日写下《答曹聚仁先生信》，发表在八月出版的《社会月报》第一卷第三期上，与上文的出入较大。虽然还分成五项意见，但却并不是对于曹聚仁五个问题的一一答复。比如第一条意见，只一句——"汉字和大众，是势不两立的"是新加上的，且答非所问。大概是这一系列问题引起了鲁迅的深思，接连在八月的酷暑中撰写了长文《门外文谈》（分十二小标题），九月又著《中国语文的新生》等文，集中谈语言文字问题。鲁迅的态度和认识越来越激进，到《中国语文的新生》落笔之时，已经得出"中国等于并没有文字"这样惊人的结论，论据只有一句话，"我们倒应该以最大多数为根据，说中国现在等于并没有文字"。因为"识字的却大概只占全人口的十分之二，能作文的当然还要少"，结果必然是"如果不想大家来给旧文字做牺牲，就得牺牲掉旧文字"。[2]

鲁迅识字早，考过科举，一辈子读中国书，于汉字有极深的情感，也异常懂得文字的艺术，其心血凝聚于二十几种文集之中。晚年得出"等于没有文字"的结论，这实是勇于自我否定了，其热爱大众不惜牺牲自己的感情，不可谓不浓烈真挚而至于盲目。托尔斯泰晚年放下小说不写，要自己种地，自己劳作操持衣食，不再过剥削他人的生活，其道德上的严酷与内心的自律，非常人所能理解。鲁迅在认识上的

---

[1] 鲁迅:《致曹聚仁》,《鲁迅全集》第十二卷，人民文学出版社 1981 年版，第 495—496 页。

[2] 鲁迅:《中国语文的新生》,《鲁迅全集》第六卷，人民文学出版社 1981 年版，第 114—115 页。

确有一个失误。依照鲁迅的逻辑，聋哑人超过一定的比例，就等于没有语言了。语言和文字从来属于全民族所有，是民族最大的文化遗产，与使用人数比例无关。汉字从诞生之日起，在塑造着汉语，影响和规范着汉语的发展与走向，即使对于不识字的百姓而言，汉字的伟力，也通过口语间接作用于大家，塑造了世界观和对于人生的态度。礼义廉耻，国之四维，百姓多有不识此四字者，但生而为人已在五伦之中，岂有超出四维之理？既然使用语言，人就不可能自绝于文化，尽管自我意识不到，但这丝毫不改变汉字的伟力乃是真实的存在，且是巨大的不可忽视的文化力量。汉字和汉语的这种关系是独一无二的，中国文化的延续和中国的一统，端赖于此。少年立志"我以我血荐轩辕"如鲁迅者，着了什么样儿的魔，使他未能或回避知悉这个并不复杂的道理？

与白话文运动相呼应的国语运动，有两个口号，一是统一国语，一乃言文一致，此两个基本的主题，回响于运动的全过程。白话文运动发轫之初，也是冲着"言文一致"去的，白话文又称语体文，即突出它的追求与口语一致，文言文的最大的缺陷，也被认为是言文不一致，这种认识似乎有些道理，实际是未经思索的想法。口语与书面语最大的不同，在于文字的有无，一诉诸听觉，一诉诸视觉，一依赖在场的语境，一不依赖在场的语境，这些差别无论如何不可能取消。口语和书面语的关系，是白话文的核心问题。本书第五章专有论述。

鲁迅是少数几个懂得书面语和口语差别的国人。他说："语文和口语不能完全相同，讲话的时候，可以夹杂许多'这个这个''那个那个'之类，其实并无意义，到写作时，为了时间、纸张的经济，意思的分明，就要分别删去的，所以文章一定应该比口语简洁，然而明了，有些不同，并非文章的坏处。"[1]

写信给鲁迅的曹聚仁，也参与了关于大众语的论战，他写了篇文章《什么是文言》："将'文言'和'白话'对立，以为两者绝不相侔；他们自以为霸了那个营垒，竖起帅旗，和白话这营垒对敌起来，这是一应错误观念的根源。"[2] 这话当时是说给那些主张复兴文言的人听的，本人觉得对于竭力主张消灭文言和排斥文言的人，也同样有效，假若事实上根本没有文言，那么白话文的所谓胜利岂不是成了泡影。曹聚仁说："我不过如收了几个劣等生，再三耳提面命，希望他们既莫自误，更莫误尽天下苍生。最要紧的，他们该明白所谓文言者，根本没有这样东西，不必再作梦想，说梦话了！"[3] 既然没有文言，却又围剿文言，必欲灭尽而后快，这才是误尽了

[1] 鲁迅：《答曹聚仁先生信》，《鲁迅全集》第六卷，人民文学出版社1981年版，第77页。
[2] 曹聚仁：《什么是文言》，宣浩平编：《大众语文论战》，上海益智书局1935年版，第23页。
[3] 同上。

天下苍生。

周木斋《大众语与大众》结尾说："过去文言文与白话文的斗争，是'文统'的斗争，文白连环，永无了期。今后，白话文将藉大众语而毁灭文言文，但白话文也将随文言文的毁灭而粉碎于大众语的面前。然这必须大众语真正成为大众的工具，才是文言文白话文斗争告终的时候，才是文言文白话文同归于尽的时候。"[1]

"同归于尽"四字实在下得狠，这也不是一个人的意见。白兮《文言·白话·大众语》一文也称："在目前提倡建设大众语，是必然的要把文言文跟白话文完全抛弃。"[2]大众语的论战距今近八十载矣，在那个年代，热谈大众语，实际上大众语并不存在，一如瞿秋白谈普通话，普通话不存在一样。如今，倒是可以说，既没有文言，也没有白话，差不多是大众语和普通话的一统天下了。空洞而生硬、清晰而决断的普通话极端强势，由于得到了政治力量和技术手段的支持，正在湮灭生动而鲜活的各地方言。大众的滥调唱了七十多年，还没有要停下来的意思，似乎要无限地唱下去。辜鸿铭曾说："在欧美，自废弃拉丁文之后，口语和书面语的明显差别就消失了。随之产生了半文盲阶层，他们与真正的受教育者使用相同的语言，他们可以奢谈文明、自由、中立、军国主义和斯拉夫主义，而对这些词的真实含义一无所知。人们说，普鲁士的军国主义是对文明的威胁。我倒觉得，今日世界的半文盲，由半文盲组成的群氓才是对文明的真正威胁。"[3]

四

大众语讨论的结果，引出了所谓新文字。鲁迅在《中国语文的新生》中说得明白，"待到拉丁化的意见出现，这才抓住了解决问题的紧要关键"。

自王照、劳乃宣始，拼音化成为中国文字改革一项无法完成的庞大工程。一九三一年九月二十六日海参崴召开中国新文字第一次代表大会，通过了《中国汉字拉丁化的原则和规则》，认为"中国汉字是古代与封建社会的产物，已经变成统治阶级压迫劳苦群众工具之一，实为广大人民识字的障碍，已不适应现在的时代"。

此后有拉丁化和国语罗马字的论争，黎锦熙于拉丁化的批评，以及聂绀弩几篇于国罗派的批评，倪海曙编《中国语文的新生》（一九四九年时代书报出版社）第四编收录了双方论争的文字。

---

[1] 周木斋：《大众语与大众》，宣浩平编：《大众语文论战》，上海益智书局1935年版，第160页。

[2] 白兮：《文言·白话·大众语》，宣浩平编：《大众语文论战》，上海益智书局1935年版，第53页。

[3] 汪家堂编译：《乱世奇文：辜鸿铭化外文录》，上海人民出版社2002年版，第351页。

一九三四年，黎锦熙的《国语运动史纲》由商务印书馆出版，他在序言中说："四十年来的国语运动，是把'工具'的改进问题作中心的……国语运动乃是根据着专科学理而发生的一种实际运动"，他希望只站在技术的立场说话，"完全离开政治的立场"，"其本身只是些实际问题，实际以外，用不着那些很广泛的理论，它的理论就包括在实际的过程中"。[1] 至此，以国语罗马字为标志的国语运动已经终结了，取而代之的是拉丁化新文字运动。

聂绀弩在读了黎锦熙的著作之后评论道："国语运动已经失败了，可是《史纲》底作者好像还以为将来的中国会是国语罗马字的天下似的，这真是个美丽的梦。市民阶级现在正带着它底国语运动随帝国主义和封建势力一同到他们应该去的地方去，代之而起的是另外的势力，自然也有另外的语文运动，并且现在已经有了。"[2] 他所说的另外的语文运动，即拉丁化的新文字运动。

一九三五年十二月，上海中文拉丁化研究会发起签名活动，蔡元培、鲁迅等六百八十八人发表了《我们对于新文字的意见》，反对国语统一运动。他们认为："国语罗马字崇奉北平话为国语，名为提倡国语统一，实际是来它一个北平话独裁。"当时国民政府于国语标准音的规定，形同空文。《意见》认为，"就时间金钱方面看，新文字是普及大众教育的最经济的文字工具"。

抗战爆发后，拉丁化运动不仅没有停歇，反而更加活跃起来："在取向上，拉丁化运动没有特别强调'国语'问题，反而出现了大量的方言拉丁化方案，如上海、广州、潮州、厦门、宁波、四川、苏州、湖北、无锡、广西、福州、温州等方言都有了拉丁化方案。……在抗日救亡运动高涨之际和抗日战争全面爆发之后，拉丁化运动适应了动员群众、普及教育、宣传抗日的需要，迅速席卷全国。不仅出版物之多前所未有，而且诸如成千上百的难民新文字班、'农民新文字夜校'、大批'拉丁化干部训练班'，以及各类相关协会组织的建立，都是清末以来拼音文字运动的高峰。"[3]

一九四〇年十一月，延安为了推行拉丁化新文字，组织成立了"陕甘宁边区新文字协会"，宣布的缘起是这样表述的："我们并不企图目前即刻用新文字代汉字，也不停止进一步对于新文字的改造，我们拥护文字革命，也不妄想一举完成。汉字虽然已经不合时宜，必须采用拼音文字，但汉字有悠久的历史，不是轻易可以废弃，而必须使其逐渐演变，才能完成文字改革。目前我们所要做的便是：利用新文字来

---

[1] 黎锦熙：《国语运动史纲》，商务印书馆 1934 年版，第 115 页。

[2] 聂绀弩：《语言·文字·思想》，大风书店 1937 年版，第 119—120 页。

[3] 汪晖：《现代中国思想的兴起》下卷第二部，生活·读书·新知三联书店 2004 年版，第 1519—1520 页。

教育文盲，使他们最短时间内可以用新文字学习政治与科学，也还可以利用新文字去学习汉字，但新文字必须学到能写、能拼、能读后，才可能再经过它来学习汉字，而同时新文字又能单独自由使用。"缘起署名的发起人有林伯渠、吴玉章、董必武、徐特立、谢觉哉、罗迈、艾思奇、茅盾、周扬、萧三、丁玲等九十九人，署名赞助人是毛泽东、朱德、任弼时、范文澜等五十二人。[1]

国语罗马字与拉丁派的分歧，看上去似乎成为了两大政治势力的分歧。一九四九年之后，新文字派并没有得胜，新政权采取了国语罗马字派方案，但使用了拉丁派的名称，称之"普通话"而不叫"国语"。统一国语，在改换了名称之后，逐渐地实现了。

普通话的标准，正是当年国语的标准，以北方话为基础，北京方音为标准音。从语言学角度看，也不尽然是"北平话的独裁"，李荣认为："总而言之，普通话拿北京话做底子，以北京语音为标准音，是七百年来历史的选择，不是一朝一夕之功；是事实公认的，不是谁谁谁的爱好。"[2]

另一个大题目"言文一致"也提上了日程。先统一国语，才好谈拼音化，否则就会出现不止一种文字。汉字的拼音化，应在推广普通话完成之后才有可能逐步实行，政策已然确定无疑。一九五二年二月，中国文字改革研究委员会召开成立大会，主任马叙伦传达了毛泽东的指示："文字必须改革，要走世界文字共同的拼音方向。"陈伯达回忆道："毛主席和斯大林会谈时，斯大林也说到这个问题，说，'你们的汉字太难学了，所以文盲多，还是应该改成拼音文字。'毛主席面对国内外的这种主张，有些犹豫，也曾讲过要走世界各国的拼音化的道路。我对毛主席说，'不能搞完全拼音化，那样中国的文化就断了。为了方便普及文化，可以实行简体字，中国历史上就有过一些简体字。'毛主席考虑后，表示同意我的意见，决定成立一个文字改革委员会。"[3]

新文字的好处，以鲁迅的话来说："它和旧文字的关系轻，但和人民的联系密，倘要大家能够发表自己的意见，收获切要的知识，除它以外，确没有更简易的文字了。而且由只识拉丁化字的人们写起创作来，才是中国文学的新生，才是现代中国的新文学，因为他们是没有中一点什么《庄子》和《文选》之类的毒的。"[4]

---

[1] 倪海曙：《中国拼音文字运动史简编》，杜子劲：《1949 年中国文字改革论文集》，大众书店 1950 年版，第 90 页。

[2] 李荣：《普通话与方言》，《中国语文》1990 年第 5 期，参见何九盈：《汉语三论》，语文出版社 2007 年版。

[3] 陈晓农编：《陈伯达最后口述回忆》，东方出版社 2010 年版，第 143 页。

[4] 鲁迅：《论新文字》，《鲁迅全集》第六卷，人民文学出版社 1981 年版，第 443—444 页。

从最好的意图来推测，也只是一种理论的可能性。鲁迅自己大概没有使用过拼音这样的新文字，据说黎锦熙曾经以拼音写日记，日后翻阅，连自己也认不出了。

赵树理的小说在四十年代出版后，白话文似乎找到了一种真正大众化的语言，但它依然是汉字。今天的不少汉语作家，倒是普遍没有中过《庄子》和《文选》的任何毒，因为看不大懂，恐怕也不曾看过，写出来的作品，却也不大能证明中国语文获得了新生。

五

一九三四年下半年，上海良友图书公司一位年轻人赵家璧，策划编辑了十卷本《中国新文学大系》，副题为"现代文学运动第一个十年（一九一七～一九二七）的再现"。"大系"是从日文借来的新名词，编者刻意引入，以替代"丛书"。蔡元培制总序，五四以来几乎所有活跃的作家与批评家均参与其间，一九三五年起，由于精心策划的广告效应，印行六千套的丛书在出版前已预售大半。

五四时期白话文作品的经典化，看上去在巩固早期白话文运动的成果，与大众语运动的方向背道而驰。陈望道说："文学并非单有语言就行的。一切的文学都需要会看现实，看现实又需要有一定的态度。态度的修养，实际又比语言的修养更重要。有些语言上的问题，也需要从态度上去选择，去决定。"[1]五四运动时期的启蒙态度，这时发生了绝大的变化，马克思主义的阶级斗争理论，已经普及到大批党外人士和知识分子之中，一时之间，似乎人人皆能运用唯物辩证法来分析社会问题。比如这样的看法："至于从五四运动所兴起来的白话，是那时新兴资产阶级要求民主政治的一种表现，在反封建上果然已尽过很大的任务，但因他们阶级本身的缺陷，不能进一步干个彻底。他们只在字面上'白''不白'的兜圈，不敢深入到社会的底层去和大众相联系，所以留了一条给'封建'复兴的路。另一方面，更因战后国际帝国主义的加紧压迫和其他的关系，反使他们远离了大众而回头去和封建携手妥洽了。"[2]此论调在那时诸多文章中非常普遍，一时成为定论，难以反驳。

聂绀弩说得好："大众语问题不是一个单纯的言语学上的问题，而是一个以大众底生活需要为基础的文化运动的问题。"[3]"文化运动不能是孤立的存在，倒是和整个社会运动相连接、相配合的东西。如果主导的社会运动没有得到完全的胜利，文化

---

[1] 陈望道：《关于大众语文学的建设》，宣浩平编：《大众语论战》，上海益智书局1935年版，第62页。
[2] 若生：《建设大众语文应有的认识》，宣浩平编：《大众语论战》，上海益智书局1935年版，第110—111页。
[3] 聂绀弩：《由反对文言文到建设大众语》，《语言·文字·思想》，大风书店1937年版，第36页。

运动也是不能得到完全的胜利的。"[1]

与此同时，郑振铎的《世界文库》也面世了。预计每月出版一册，年十二册，每册四十万字，其中，中国和外国文学名著各占其半，第一集打算以五六年的时间刊行六十至八十册。由于抗日战争，只出了十二册。鲁迅翻译的果戈理的《死魂灵》从第一期开始连载，至第六期终止，刊完了这部长篇小说的第一部。《世界文库》的《发刊缘起》认为：

> 文学名著为人类文化的最高成就。古语有云："历史是一部相斫书。"但文学史在一般历史里却是最没有血腥气的，伟大的文人们对于人群的贡献，是不能用语言形容之的。他们不以掠夺侵凌的手腕、金戈铁马的暴行，来建筑他们自己的纪念碑。他们是像兄弟似的、师友似的，站在我们的前面，以热切的同情、悲悯的心怀，将他们自己的遭遇，将他们自己所见的社会和人生，乃至将他们自己的叹息、的微笑、的悲哀、的愤怒、的欢悦，告诉给我们，一点也不隐匿，一点也不做作。
>
> 在文学名著里，我们读到了整个人类的最真实、最动人的历史；那许多动人的记载，都是一般所谓"相斫书"的历史所不会有的。那是不隐匿的人间的活动，那是赤裸裸的社会的诸相的曝露。历史是常被改造，被涂饰而失其真的，但文学名著却给我们以永不会变色的人类活动的真相。[2]

聂绀弩当时把郑振铎的行为与所谓"存文会"十教授《中国本位的文化建设宣言》联系起来，视作一丘之貉，名之为"第十一教授"，"郑振铎先生以名著欣赏之类的理由翻印古书，我从语文运动的立场来批判他，这是我们根本不能统一的地方"。"对中国的旧古董里面较好的东西加以整理或批判，我们现在也未尝不需要，可是那要对现代中国文化运动有真正的了解，有为未来的文化而奋斗的决心，同时又有真正能够消化那些旧东西的能力的人才谈得到。像《世界文库》那样无批判地翻印，对证几种不同的本子或校勘几个不同的字的办法，是相差十万八千里的。"[3]

聂绀弩的批评反映当时知识人内部剧烈的文化矛盾，新文化真正的出路不在于空谈大众化，而要拿出具体的办法来有效地化大众。理论假若能够掌握群众，思想力量可以迅速转化为物质力量，二十四岁的哲学家艾思奇，似乎让我们看到了这种

---

[1] 聂绀弩：《关于世界文库底翻印古书》，《语言·文字·思想》，大风书店1937年版，第167页。

[2] 郑振铎主编：《世界文库》第一册，河北人民出版社1991年影印，第1页。

[3] 聂绀弩：《语言·文字·思想》，大风书店1937年版，第173—180页。

可能性。

艾思奇，原名李生萱，云南腾冲人，生于一九一〇年。一九二七～一九三一年间两度留学日本，阅读了大量马克思主义原典。一九三四年十一月起，他在《读书生活》杂志陆续发表二十四篇《哲学讲话》，作为"良才业余学校"的哲学课讲稿。一九三六年一月读书生活出版社出版单行本，半年内印至四版，更名为《大众哲学》。

作者说："我只希望这本书在都市街头，在店铺内，在乡村里，给那失学者们解一解智识的饥荒，却不敢妄想一定要到尊贵的大学生们的手里，因为它不是装潢美丽的西点，只是一块干烧的大饼。"到一九三八年，这本十万字的小书印至第十版，一九四八年底，共印行三十二版，不仅为大学生喜爱，一些教授也在读。延安及其他根据地和解放区的学校、部队用作学习哲学的入门书，被称为"我们的火炬"，毛泽东在信中称《大众哲学》是"通俗而有价值"的著作。国民党当局曾责备自己的党员无能，不能写出与《大众哲学》相抗衡的著作。艾思奇写作该书之时没有加入共产党，一九三三年他是中国社会科学家联盟的成员，一九三七年十月，他应召去了延安。

大众语运动的宗旨，不外以著述影响大众，就此而言，似乎没有一本书比得上《大众哲学》。李公朴的评价是："这本书是用最通俗的笔法，日常谈话的体裁，融化专门的理论，使大众的读者不必费很大气力就能够接受，这种写法，在目前出版界中还是仅有的贡献。""我敢说是可以普遍地做我们全国大众读者们的指南，拿它去认识世界和改变世界。"[1]

小说和哲学，这两样从西方传来的文体，在新文化运动中，本是少数知识分子的高等文化载体，因为有了赵树理和艾思奇，竟然走出了象牙之塔，成为大众能够懂得的文字。

第二节　"民族形式"论争

一九四〇年四月一日，一份名曰《战国策》的半月刊杂志在昆明创刊。几位西南联合大学和云南大学的教授，林同济、雷海宗、陈铨、何永佶、沈从文等人，怀着"书生论政，文章报国"的愿望，在国难当头的危急时刻，发表自己的意见，主张博采并蓄西方文化，唤回中华民族早已失落的雄强，以"文化形态史观"为理论方法，以"战国时代重演论"判断国际形势，以"第三期中国学术思潮"标榜当下，

---

[1] 许全兴、陈战难、宋一秀：《中国现代哲学史》，北京大学出版社1992年版，第282页。

明确提出《抗战建国方略》，"抱定非红非白，非左非右，民族至上，国家至上之主旨，向吾国在世界大政治角逐中取得胜利之途迈进"。[1]雷海宗写了《此次抗战在历史上的地位》《建国——在望的第三周文化》《总论——抗战建国中的中国》等系列文章，他说："两千年来，中华民族所种的病根太深，非忍受一次彻底澄清的刀兵水火的洗礼，万难洗净过去的一切肮脏污浊，万难创造民族的新生。"[2]

在民族危亡之际，战国策派主张明确无误的民族主义。陈铨说，民族主义作为时代精神，"不是肤浅的理智所能分析的，它是一种感情，一种意志，不是逻辑，不是科学，乃是有目共见，有心同感的。具体事实，一经分析，就瓦解冰销，其他如系战斗精神，英雄崇拜，美术欣赏，道德情操，都要靠意志感情和直观来把握事实"。[3]"民族主义根本建筑在热情上，而人类惟有在羞愤时其情绪最为激越，最不受理智的控制，最容易横决。"[4]

陈铨把五四以来的新文艺分作三个阶段，"自从五四运动以来，中国的思想界经过三个显明的阶段：第一阶段是个人主义，第二阶段是社会主义，第三阶段是民族主义。中国的新文学也随着这三个不同的阶段，表现出不同的色彩"。他认为第一阶段产生的文学，大部分都模仿西洋。"个人主义，无疑的是这一个阶段的时代精神。一般的文学作品，所要表现的，都是个人问题；就是政治社会问题，也站在个人的立场来衡量一切。"他认为五四时代不能产生伟大的文学，"因为它没有得着一个巩固不摇的基础"。第二阶段，"刚好翻过来了，大家认为没有社会自由根本就没有个人自由。社会怎样才可以自由呢？第一要政治平等，但是政治平等必须先要有经济平等。经济是一切问题的中心，社会主义是解决的方法。他们把全世界的人类，分成两种不同的阶级。在这一个时期，中国的民族意识最薄弱了"。"到了第三阶段，中国思想界不以个人为中心，不以阶级为中心，而以全民族为中心。中华民族是一个整个的集团，这一个集团，不但要求生存，而且要求光荣的生存。我们可以不要个人自由，但是我们一定要民族自由。""中国的文学，从现在起，一定有一个伟大的将来。因为，我已经说过了，只有强烈的民族意识，才能产生真正的民族文学"。[5]

---

[1]《代发刊词》，《战国策》第二期，1940年4月15日。

[2]转引自桑兵、关晓红主编：《先因后创与不破不立：近代中国学术流派研究》，生活·读书·新知三联书店2007年版，第526页。

[3]陈铨：《五四运动与狂飙运动》，《民族文学》第一卷第3期，1943年9月7日。

[4]谷春帆：《中国会成为近代民族主义国家么？》，《今日评论》第二卷第5期，1939年7月23日。

[5]陈铨：《民族文学运动》，《文学运动史料选》第四册，上海教育出版社1979年版，第359—363页。

从法西斯主义的诞生发展来看，民族主义是他们实施动员最有效的旗帜，但并不能把民族主义等同于法西斯主义。况且，中国那时候是在遭受日本军国主义的占领和侵略下提倡民族主义，他们的爱国热肠和自卫立场不言自明，但战国策派长期以来却背负了法西斯主义的罪名。

以胡适、陈源（西滢）为代表的亲英美派，从留学背景、思想倾向等，把战国策派视作亲德国分子，在国共政治对垒中，几个无党派读书人的以天下为己任的抱负，显得异常天真。问题的要害，并不在于民族主义，而要看谁的民族主义。战国策派的观点和理论，在两大阵营之外，得到了中国青年党的赞同和响应。中共机关刊物《解放日报》《新华日报》《群众》，从一九四二年开始，对战国策派进行了持久的批判。后雷海宗、王赣愚虽加入了国民党，陈铨的剧本《野玫瑰》也一时被国民党看重，但战国策派始终没有得到国民党的认可，被共产党说成是"御用文人"，亦实在名不副实，法西斯主义的罪名，则更为荒唐了。沈从文迫于压力在五十年代初自杀未遂，后放弃小说转向文物服饰研究，四十年代参与战国策派，成为他一生的罪与罚。

早在五年前，执政的国民党就在考虑"民族主义"的问题。一九三五年一月十日，上海十位大学教授王新命、何炳松、武堉干、孙寒冰、黄文山、陶希圣、章益、陈高傭、樊仲云、萨孟武联名发表《中国本位的文化建设宣言》。表面上看，十教授属于民间人士，但此宣言却有官方背景。陈立夫的"唯生哲学"、戴季陶主义、蒋介石的"力行哲学"和"新生活运动"，与本位文化建设相呼应的意思是明显的，这项宣言是国民党政治全能主义向社会所作的推广，为党治文化与所谓权威主义政治张目。

《宣言》说："新的觉醒要求新的活动，引导辛亥革命的中华革命党遂应时改组，政治运动大为展开。打倒军阀打倒帝国主义的声浪遍于全国，由此形成了一个伟大的国民革命，其间虽有种种波折，但经过了这几年的努力，中国的政治改造终于达到了相当的成功。""除却主张模仿英美的以外，还有两派：一派主张模仿苏俄；一派主张模仿德意。但其错误和主张模仿英美的人完全相同，都是轻视了中国空间时间的特性。目前各种不同的主张正在竞走，中国已成了各种不同主张的血战之场；而透过各种不同主张的各种国际文化侵略的魔手，也正在暗中活跃，各欲争取最后的胜利。我们难道能让他们去混战吗？"他们最后提出的主张是，"不守旧，不盲从，根据中国本位，采取批评态度，应用科学方法来检讨过去，把握现在，创造未来"。[1]这话说得既稳妥又正确，与五四运动以来的激进口吻差别较大，照理说应该得到多

---

[1] 王新命等：《中国本位的文化建设宣言》，蔡尚思主编：《中国现代思想史资料简编》第三卷，浙江人民出版社 1983 年版，第 763—767 页。

数人赞成的。

上海一些文化人发表了《我们对于文化运动的意见》，主张"向'维新'的路上走"来求得民族的自救，反对读经和做古文。署名者包括十七个团体：文学社、中学生杂志社、世界知识社、现代杂志社、新生周刊社、读书生活社等，一百四十八人中有艾思奇、老舍、李公朴、柳亚子、郁达夫、陈望道、傅东华等。其中包括对于《宣言》起过重要作用的叶青（任卓轩）和在《宣言》上署名的樊仲云。虽然《意见》和《宣言》并非针锋相对，却扭转了它的基本论调和民族主义指向。与此同时，蒋廷黻发起、胡适响应的"民主与独裁"问题论战烽火燃起，矛头指向国民党的独裁政治，而陈序经针对《宣言》提出"全盘西化"的口号，改变了争论的方向。这说明国民党没有完整的宣传计划和思想纲领，更没有去选择一个适当的时机，对舆论加以引导。它始终没有取得文化上的领导权。

胡适发表文章认为："中国的旧文化的惰性实在大的可怕，我们正可以不必替'中国本位'担忧。我们肯往前看的人们，应该虚心接受这个科学工艺的世界文化和它背后的精神文明，让那个世界文化充分和我们的老文化自由接触，自由切磋琢磨，借它的朝气锐气来打掉一点我们的老文化的惰性和暮气。将来文化大变动的结晶品，当然是一个中国本位的文化，那是毫无可疑。如果我们的老文化里真有无价之宝，禁得起外来势力的洗涤冲击的，那一部分不可磨灭的文化将来自然会因这一番科学文化的淘洗而格外发辉光大的。总之，在这个我们还只仅仅接受了这个世界文化的一点皮毛的时候，侈谈'创造'固是大言不惭，而妄谈折衷也是适足为顽固势力添一种时髦的烟幕弹。"[1]

胡适的态度，应该说代表了当时进步立场对于"本位文化建设"的普遍看法。加之全面抗战尚未爆发，危机面前依靠民族主义凝聚人心的最佳时机没有到来，国民党想借助"中国本位的文化建设"来强化其意识形态的目的没有达成，与共产党清醒的阶级自觉和明晰的政治理想相比，国民党在文化上的软弱显而易见。日本军国主义这时对华北的全面入侵彻底改变了局面。民族解放的旗帜被举起，应者云集，赢粮而景从。一九三八到一九四二年，党员的数量从四万人激增至八十万人，这是中国共产党建立二十年来未有过的。

若说一九二七到一九三六年十年间，是阶级分化对立的时期，大众语运动正演示了这一阶段语言上的聚讼，是阶级意识于五四新白话的第二次洗礼，也可视作白话文运动的第二部曲。接下的八年抗战，民族矛盾上升，使阶级矛盾有所缓和，围

---

[1] 胡适：《试评所谓"中国本位的文化建设"》，《胡适学术文集·哲学与文化》，中华书局 2001 年版，第 300 页。原载 1935 年 3 月 15 日《大公报》。

绕着文艺的"民族形式"而展开的论争，实际是一场有准备、有计划、组织严密的文艺论战。语言上的大众指向比三十年代更为具体，已不再单独成为问题，而是包含在更大的构想之中。

周扬说："假如说新文学运动初期白话与文言之争是市民阶层与封建势力斗争在文学上的反映，那么革命文学的异军突起正又是反映了新文学运动内部的分化，警报了新的社会力量登上政治舞台。而文学上统一战线的形成却表现着在空前的民族危机面前民族内部各阶层之空前的大结合。"[1]分化也好，结合亦罢，关键在于谁控制这件事情。三十年代的大众语论战，如果说还具有自发性质，一个左翼话题，听任社会各界发表意见，左翼力量仅仅作为讨论中的一种势力参与其中。那么到了民族形式，情况已有不同。四十年代前后是抗战最困难的时期，重庆与延安各自在经历自己的艰难困苦。延安在意识形态领域的影响力和控制力波及重庆、香港和桂林等地，能组织起这样一个规模的讨论，无异于对文化和宣传队伍的一次检阅，受阅者数量之大，超过了检阅者的预料。

《中国大百科全书·中国文学卷》收录由徐迺翔撰写的"民族形式问题论争"词条，简要涉及二十世纪三十年代末四十年代初这场论战，本节仍然采用评注式讨论的方式，以下是这一词条的原文（为方便论述，重新进行了分段）：

> 抗日战争时期关于文学的民族形式问题的讨论，讨论的中心是探索新文学如何与本民族的特点、与人民群众相结合，是"五四"以来新文学大众化讨论的继续与发展。
>
> 一九三八年十月，毛泽东在题为《论新阶段》（收入《毛泽东选集》时题为《中国共产党在民族战争中的地位》）的报告中，提出了"把国际主义的内容和民族形式""紧密地结合起来"，创造"新鲜活泼的、为中国老百姓所喜闻乐见的中国作风和中国气派"的号召；虽然并非专门针对文艺问题，但在文艺界引起热烈反响。
>
> 从一九三九年初开始，首先在延安及各个抗日民主根据地展开讨论。延安的《新中华报》《文艺突击》《文艺战线》，晋察冀边区的《边区文化》，相继发表了艾思奇、何其芳、柯仲平、萧三、冼星海、沙汀、刘白羽、劳夫、陈伯达等人的文章，联系利用旧形式问题，围绕着创造文艺的民族形式展开了讨论。

---

[1] 周扬：《从民族解放运动中来看新文学的发展》，《文学运动史料选》第四册，上海教育出版社 1979 年版，第 95 页。

稍后，在国民党统治区的《文艺阵地》《西线文艺》《文学月报》《大公报》《国民公报》《新蜀报》等报刊上，发表了黄绳、巴人、张庚、罗荪、魏伯、冯雪峰、王冰洋等人的文章。中华全国文艺界抗敌协会桂林分会召开了有艾芜、鲁彦等人参加的座谈会。在香港地区，以《大公报》的《文艺》副刊为中心，召开了座谈会，开辟"创造文艺民族形式的讨论"专栏。黄药眠、杜埃、宗珏、黄绳、袁水拍等人纷纷著文讨论。

最初阶段的讨论，在如何建立民族形式问题上已有明显的意见分歧，但尚未形成论争。

正当民族形式问题讨论方兴未艾之时，一九四〇年初，毛泽东在《中国文化》创刊号上发表了《新民主主义的政治和新民主主义的文化》（收入《毛泽东选集》时题为《新民主主义论》），进一步提出了"中国文化应有自己的形式，这就是民主形式。民族的形式，新民主主义的内容——这就是我们今天的新文化"。对于民族文化遗产的继承，既强调"凡属今天我们用得着的东西，都应该吸收"，又反对"生吞活剥地毫无批判地吸收"；指出应当"排泄其糟粕，吸收其精华"。对于正在开展的民族形式问题的讨论，进一步指出了明确方向，推动了讨论的深入。

国民党统治区的民族形式问题讨论，由意见分歧发展为论争。一九四〇年三月二十四日，向林冰在重庆《大公报》副刊《战线》发表了《论"民族形式"的中心源泉》。强调要以民间形式为民族形式的中心源泉。葛一虹在《文学月报》第一卷第三期上发表《民族遗产与人类遗产》，对此表示异议。由此引起了一场范围十分广泛的论争。最初主要围绕着所谓"中心源泉"问题，涉及民族遗产的批判继承、"五四"新文学的历史功过等。

一种意见以向林冰等人为代表，他们重视利用民间的旧形式。认为"民间形式的批判运用，是创造民族形式的起点，而民族形式的完成，则是运用民间形式的归宿"（方白《民族形式的"中心源泉"不在"民间形式"吗？》），他们把创造民族形式与"五四"新文学对立起来，对后者作了较多的否定。认为新文学是"以欧化东洋化的移植性形式代替中国作风与中国气派的畸形发展形式"（向林冰《再论民族形式的中心源泉》）。

另一种意见，批评了向林冰在利用旧形式、对待"五四"新文学问题上的错误观点，却又无视旧形式中的精华和新文学本身存在的缺点，一方面对旧形式采取全盘否定的态度,另一方面又认为"新文艺在普遍性上不及旧形式",其原因不在于新文学本身,"主要还是在于精神劳动与体力劳动长期分家以致造成一般人民大众的知识程度低下的缘故",因此,如果新文学利用旧形式,就是"降低水准"(葛一虹《民族形式的中心源泉是在所谓"民间形式"吗?》)。在对待旧形式和新文学的问题上,胡风基本上也是持后一种观点。批评了对于民族遗产的全盘继承的错误观点,但是却认为民间艺术"本质上是用了充满毒素的封建意识来吸引大众",认为"五四"新文学是从"世界进步文艺""接受了思想、方法、形式",是"移植"过来的(《论民族形式问题》)。

一九四〇年底,关于"中心源泉"的论争基本上平息下来,对于创造民族形式的探讨,进一步向深广发展。在国民党统治区的重庆和桂林召开了关于戏剧形式问题座谈会。郭沫若的《"民族形式"商兑》,茅盾的《旧形式、民间形式与民族形式》,以及潘梓年、胡风等人的文章,逐渐地接触到问题的实质,在当时产生过广泛的影响。在延安的《解放日报》《中国文化》《草叶》和晋察冀的《晋察冀日报》《华北文艺》等报刊上,发表了田间、左唯央、孙犁、蒋弼、刘备耕、王实味等人的文章,联系抗日民主根据地的群众文艺运动和秧歌剧等实际问题,展开热烈的讨论。与此同时,受国民党当局控制的《中央周刊》《文艺月刊》《民族文化》等报刊上,也发表了唯明、郑学稼等人的文章,对民族形式问题的提出与讨论持否定态度。他们主张"中国现在需要的文学,是说明'国家至上''民族至上',怎样表现这一内容,任何文学形式都可以的"(郑学稼《论民族形式的内容》)。

这次论争在十几个城市,四十余种报刊上展开,发表了约二百篇文章与专著,召开了十多次大型座谈会,有近百名作者参加了讨论,涉及从理论到创作的一系列重要问题,通过讨论对于正确认识与解决文艺的民族化与群众化问题,起了积极的推动作用;澄清了认识上的模糊与偏差,绝大多数人取得了比较一致的看法,对于创作实践也产生了积极的影响。主要缺点是比较偏重于形式的讨论,对内容的重要意义重视不够;在遗产继承问题上有形而上学观点;特别是对于作家深入生活和改造思想,在创造民族形式上的重要性认识不足。[1]

---

[1]《中国大百科全书·中国文学卷》第一卷,中国大百科全书出版社1992年版,第558—559页。

中国文学和文章几千年来主要的"民族形式"是文言文，它是民族文化遗产主要的保存方式，也是复杂难通的各地方言的共同的书面语。白话文运动打倒了文言之后，并没有能够解决向大众传播和普及的根本问题，自己倒变成了"新文言"，于是大众语运动兴起，要二次革命，打倒新文言。在语言学家看来，大众语与白话是一样东西，意识的差别属于内容，与语言形式是两回事。凡是报刊杂志热烈讨论，人们广泛参与的论战所涉及的，肯定不止于语言问题，而必然是思想和意识形态的问题、政治问题，否则不可能那么热闹。大众语论战中的阶级对立情绪和民粹主义倾向非常突出，"大众"在三十年代是个有魔力的词语，与它沾染的任何事物，都能发出声响来，四十年代这个词汇被"民族"取代了，战国策派的林同济说："大政治眼光是对现代世界生活最重要、最不可缺的眼光。"[1]他们敏锐地抓住了"民族"这个词，但却不知道通过它去谋取怎样的未来，可以称之为"为民族而民族"派。

艾思奇认为："五四是中国的一个很大的启蒙运动，然而当时的新文学运动，一开始就是包含它的发展的限制。首先，这运动并不是建立在真正广大的民众基础上的，主要的是中国的力量薄弱的市民阶级的文艺运动，它并没有向民间深入。其次，它对于过去的传统一般的是采取极端否定的态度，因此它的一切形式主要地是接受了外来的影响，或外来的写实主义的形式，而忽视了旧形式的意义。新的文艺，一开始就有了这样的矛盾：一方面有现实主义和平民化的要求；另一方面，生活在广大的民众之外的作者和外来的写实形式，不能达到真正现实主义和平民化的目的。"[2]这一内在矛盾，大众语运动欲想解决，但是没有解决。关于文艺民族形式的讨论，延续的还是这个没有解决的大问题。不过这次讨论，却不是由文艺界的人士发起的，这一点很不同寻常。

毛泽东在一九三八年十月《论新阶段》里说："我们这个民族有数千年的历史，有它的特点，有它的许多珍贵品。对于这些，我们还是小学生。今天的中国是历史的中国的一个发展；我们是马克思主义的历史主义者，我们不应当割断历史。从孔夫子到孙中山，我们应当给以总结，承继这一份珍贵的遗产。这对于指导当前的伟大的运动，是有重要的帮助的。共产党员是国际主义的马克思主义者，但是马克思

---

[1] 林同济：《大政治时代的伦理——一个关于忠孝问题的讨论》，《今论衡》第一卷第5期，1938年6月15日。

[2] 艾思奇：《旧形式运用的基本原理》，胡采编：《中国解放区文学书系：文学运动／理论编》，重庆出版社1992年版，第1314页。

主义必须和我国的具体特点相结合并通过一定的民族形式才能实现。"[1]

陈伯达去延安之前曾是"新启蒙运动"的发起人，到延安之后和上海来的艾思奇，一起成为毛泽东成立的"新哲学研究会"的主要成员，进入中央宣传部，陈伯达担任毛泽东秘书，两人直接领导了这次关于"民族形式"的论争，论争中多有文章出自于陈艾二人。

陈伯达说："新文化的民族化（中国化）和大众化，二者实是不可分的。忽视民族化而空谈大众化，这是抽象的，非现实的，在伟大抗战的前面，我们急需唤醒数万万同胞群众的兴起，以争取民族之伟大的胜利。"[2] "旧的文化传统，旧的文化形式是根深蒂固地和人民年代久远的嗜好和习惯相联结的。最广大下层的人民群众最习惯于旧的文化形式，经过那旧形式而传播给他们以新的文化内容、新的东西，他们是最容易接受的。"[3]

一九三九年二月十六日陈伯达在《新中华报》上发表《关于文艺的民族形式问题杂记》透露，开展新文艺运动中央开过座谈会，张闻天提出了具体的要求，初步确定未来的文艺运动以"旧形式利用"为主题。

同日，周扬、艾思奇、陈伯达同时在延安的《文艺战线》和《新中华报》上发表三文。有论者认为，经考证是陈伯达第一个明确将"民族形式的问题"，与毛泽东《论新阶段》中所说"新鲜活泼的、为中国老百姓所喜闻乐见的中国作风和中国气派"联系起来的。并且认为这场讨论实际是一个指向明确的文艺运动，其任务、方向、目标和使用的口号都很明确，有组织有计划地为全国的文艺运动制定政策，规定道路和方向。[4] 它与通常意义上的讨论和论争有着根本的区别。

一九四〇年《中国文化》在延安创刊，艾思奇任主编，创刊号发表了毛泽东《新民主主义论》（原名《新民主主义的政治和新民主主义的文化》），提出"中国文化应有自己的形式，这就是民族形式。民族的形式，新民主主义的内容——这就是我们今天的新文化"。对于民族文化遗产的继承，文章说，"凡属我们今天用得着的东西，都应该吸收"，同时又反对"生吞活剥地毫无批判地吸收"，应当"排泄其糟粕，吸收其精华"。

---

[1] 毛泽东：《论新阶段》，《文学运动史料选》第四册，上海教育出版社 1979 年版，第 382—384 页。文章收入此书更名为《中国共产党在民族解放战争中的地位》。

[2] 陈伯达：《我们关于目前文化运动的意见》，《延安文艺丛书·文艺理论卷》，湖南人民出版社 1984 年版，第 388 页。

[3] 陈伯达：《论文化运动中的民族传统》，《解放》第 46 期，1938 年 7 月。

[4] 参见石凤珍：《文艺"民族形式"论争研究》，中华书局 2007 年版，第 38、42 页。

《新民主主义论》是有严密理论体系的长文，十五个标题，且具有很强的论战性质。毛泽东经过长时期酝酿，写作过程中反复修改，并征询意见。二十多年后他谈起"《新民主主义论》初稿写到一半时，中国近百年历史前八十年是一阶段、后二十年是一阶段的看法，才逐渐明确起来，因此重新写起，经过反复修改才定了稿"。连一向攻击共产党没有自己理论的叶青也表示，自从读了《新民主主义论》，"我对于毛泽东，从此遂把他作共产党理论家看待了"。文章在党内外引起重大反响，使许多人对当前奋斗的目标和中国未来的方向有了清楚明白的了解，使越来越多的人奔集到新民主主义的大旗下来。[1]

"抗战爆发以后，中国共产党从原来遭受严密封锁的狭小天地里走出来，变成全国性的大党，公开走上全国政治生活的大舞台，受到人们越来越密切的关注。他们渴望了解中国共产党对时局和中国未来前途的看法。"[2]

新的政治力量，新的经济力量，新的文化力量，都是中国的革命力量，它们是反对旧政治旧经济旧文化的。这些旧东西是由两部分合成的，一部分是中国自己的半封建的政治经济文化，另一部分是帝国主义的政治经济文化，而以后者为盟主。所有这些，都是坏东西，都是应该彻底破坏的。中国社会的新旧斗争，就是人民大众（各革命阶级）的新势力和帝国主义及封建主义的旧势力之间的斗争。这种新旧斗争，即是革命和反革命的斗争。

五四运动是在一九一九年，中国共产党的成立和劳动运动的真正开始是在一九二一年，均在第一次世界大战和十月革命之后，即在民族问题和殖民地革命运动在世界上改变了过去面貌之时，在这里中国革命和世界革命的联系，是非常之显然的。由于中国政治生力军即中国无产阶级和中国共产党登上了中国的政治舞台，这个文化生力军，就以新的装束和新的武器，联合一切可能的同盟军，摆开了自己的阵势，向着帝国主义文化和封建主义文化展开了英勇的进攻。[3]

一九四〇年于延安的共产党人来说，是一个艰苦的时期。国民党停发八路军军饷，并对抗日根据地实行经济封锁，与此同时，边区内遭受了严重的旱病水雹风五灾侵袭，几乎波及每个县。陕甘宁边区地广人稀，一百四十万农户，土地贫瘠，保

[1] 金冲及主编：《毛泽东传（1893—1949）》，中央文献出版社1996年版，第567—568页。
[2] 同上，第556页。
[3] 毛泽东：《新民主主义论》，《毛泽东选集》第二卷，人民出版社1991年版，第662—711页。

证军队机关学校大量人员的供给困难很大。萧劲光回忆道："一天，毛泽东同志把林伯渠、高岗和我找去，对我们说：我们到陕北来干什么的呢？是干革命的。现在日本帝国主义、国民党顽固派要困死、饿死我们，怎么办？我看有三个办法：第一是革命革不下去了，那就不革命了，大家解散回家。第二是不愿解散，又无办法，大家等着饿死。第三靠我们自己的两只手，自力更生，发展生产，大家共同克服困难。"[1] 在发动大家自己动手丰衣足食的时候，毛泽东开始重新定义五四运动，实际是重新定义中国的革命和未来的中国。

> 民族的科学的大众的文化，就是人民大众反帝反封建的文化，就是新民主主义的文化，就是中华民族的新文化。
>
> 新民主主义的政治、新民主主义的经济和新民主主义的文化相结合，这就是新民主主义共和国，这就是名副其实的中华民国，这就是我们要造成的新中国。
>
> 新中国站在每个人民的面前，我们应该迎接它。
>
> 新中国航船的桅顶已经冒出地平线了，我们应该拍掌欢迎它。
>
> 举起你的双手吧，新中国是我们的。[2]

这是《新民主主义论》的结尾，略带些欧化味道的新白话，表达了整个时代的理想与憧憬。它写于一九四〇年初，那样一个艰难的时期，陕北杨家岭偏僻的窑洞里，这些眺望与向往，九年之后成为了现实。我们不能不承认这白话的力量，新中国是通过白话文提前到来的，我们甚或可以说，没有白话文，就没有新中国。

民族形式是一个相当含混的概念，既暗示了民族主义的政治诉求，又没有多么明确的价值指向与实质内容，与民族主义的意识形态之间还有相当距离。民族主义于共产党人来说，也许更多的是策略。马克思、恩格斯亲自撰写《共产党宣言》的德文版、英文版、俄文版、波兰文版、意大利文版序言，可明晓其世界主义眼界。毛泽东对曾志讲："我写《新民主主义论》时，《共产党宣言》就翻阅过多少次。"[3]《共产党宣言》中说：

---

[1]《萧劲光回忆录》，解放军出版社 1987 年版，第 298—299 页。

[2]《毛泽东选集》，人民出版社 1966 年版，第 702 页。

[3] 曾志：《谈谈我知道的毛主席》，《缅怀毛泽东》，中央文献出版社 1993 年版，第 401 页。

共产党人同其他无产阶级政党不同的地方只是：一方面，在各国无产者的斗争中，共产党人强调和坚持整个无产阶级的不分民族的共同利益；另一方面，在无产阶级和资产阶级的斗争所经历的各个发展阶段上，共产党人始终代表整个运动的利益。

共产主义革命就是同传统的所有制关系实现最彻底的决裂；毫不奇怪，它在自己的发展过程中，要同传统的观念实行最彻底的决裂。

总之，共产党人到处都支持一切反对现存的社会制度和政治制度的革命运动。

在所有这些运动中，他们都特别强调所有制问题，把它作为运动的基本问题，不管这个问题当时的发展程度怎样。

最后，共产党到处都努力争取全世界的民主政党之间的团结和协议。

共产党人不屑于隐瞒自己的观点和意图。他们公开宣布：他们的目的只有用暴力推翻全部现存的社会制度才能达到。让统治阶级在共产主义革命面前发抖吧！无产者在这个革命中失去的只是锁链，他们获得的将是整个世界。[1]

《共产党宣言》中明快的战斗性口吻与犀利的批判锋芒，毛泽东学到了。《新民主主义论》里定义新文化为"民族的、科学的、大众的"，"民族的"虽位列第一，但仅有一句"它是我们这个民族的，带有我们民族的特性"。一九三八年《论新阶段》中有从孔夫子到孙中山的说法，如今笼统概括为"中国文化应有自己的形式，这就是民族形式"。在今天看来，所谓民族形式，不过汉语和汉字而已，包括古汉语和繁体字在内的一切汉字。

《新民主主义论》接下来说，"中国应该大量吸收外国的进步文化，作为自己文化食粮的原料，这种工作过去做得还很不够"。此见固然与毛泽东对于这个问题的认识有关，但共产党人的国际主义特性不容忽视。

其后，激烈的争论发生在国统区。解放区里猛增了大量革命的新生力量，他们的组织生活和思想方法正在接受纪律的规范和约束，此乃整风前夕。合唱是就其大处而言，细处难免七嘴八舌。国统区的讨论，是在共产党的领导和控制之下，但距离延安毕竟遥远，交通不便，权力中心生发的指示，未必能及时传达，更未必能准确领会，氛围完全不同，词不达意、言不尽意的地方在所不免，况且五四运动的影响，言论自由的风潮还未远去。

---

[1] 马克思、恩格斯:《共产党宣言》，人民出版社 1964 年版，第 37—44 页。

围绕着到底什么是民族形式的"中心源泉"展开的争论最为激烈，主要有四种意见：

向林冰认为："民间形式的批判的运用，是创造民族形式的起点；而民族形式的完成，则是运用民间形式的归宿。换言之，现实主义者应该在民间形式中发现民族形式的中心源泉。"[1]把创造民族形式与五四新文学对立起来，对后者基本否定。认为新文学是"以欧化东洋化的移植性形式代替中国作风和中国气派的畸形发展形式"。

叶以群、何其芳、葛一虹代表另一种观点，他们认为五四新文艺才是民族形式的中心源泉，"民族形式的创造应该以现今新文学所已经达成的成绩为基础"，即"以新文学底既有成绩为中心源泉"。[2]强调"新文艺在普遍性上不及旧形式"，原因不在于新文艺本身，"主要还是在于精神劳动与体力劳动长期分家以致造成一般人民大众的知识程度低下的缘故"，因此，新文艺如果利用旧形式，就是"降低水准"。

第三种观点的代表是郭沫若和茅盾，认为现实生活才是中心源泉。郭沫若说："'民族形式'的这个新要求，并不是要求本民族在过去时代所已创造出的任何既成形式的复活，它是要求适合于民族今日的新形式的创造。民族形式的中心源泉，毫无可议的，是现实生活。今天的民族形式的反映，便自然成为今天的民族文艺的形式。它并不是民间形式的延长，也并不是士大夫形式的转变，从这两种的遗产中它是尽可以摄取些营养的。"[3]

第四种意见被称为外来形式接受论，代表人物是胡风，认为五四文学革命运动是市民社会突起以后世界进步文艺传统的一个新拓的支流；因为五四文艺不是从中国民族固有文学传统里，而是从世界进步文艺传统里"接受了思想、方法、形式"，"获得了和封建文艺截然异质的、崭新的姿态"，即"从先进国积累了几百年的，一般意识形态上的和文艺上的民主主义的斗争经验里"，"找到了能够组织他们对于现实生活的认识，能够说出他们对于现实生活的感应的、创作方法上的丰富的源泉"。这种接受论又称"移植论"，胡风认为，接受的基础和内在根据不是中华民族现有文艺形式，而是活的社会关系，即同质的市民社会及其民主革命实践要求。[4]意见

[1] 向林冰：《论民族形式的中心源泉》，《大公报》1940年3月24日。

[2] 以群：《文艺的民族形式问题座谈会》，《文学月报》第一卷第5期，1940年6月15日。

[3] 郭沫若：《民族形式商兑》，《大公报》1940年6月9—10日。

[4] 胡风：《对于五四革命文艺传统的一理解》、胡风：《对于民间文艺的一理解》，转引自韩立群：《中国语文革命：现代语文观及其实践》，中央编译出版社2003年版，第270—273页。

虽然看上去不一致，但却分明是一元化的发展趋势。朱自清后来的概括也许不无道理："扬弃知识阶级的绅士身份，提高大众的鉴赏水平，这样打成一片，平民化，大众化。"[1]

胡风是这次论争的一个关键人物。早在一九四六年他就编辑了《民族形式讨论集》，汇集了其时各方的文章，他个人还出版了专著《论民族形式问题》。在上面的词条中，胡风只是被轻描淡写地带了一笔，关于他的立场和观点及与他人的分歧，没有提及。《胡风回忆录》中对于这一事件有如下记述：

> 关于"民族形式"，我大约费了三个月的时间，写成了《论民族形式问题的提出、争点和实践意义》。在写的过程中，具体内容没有对向林冰露过一句。写成后分成两篇，上篇为《论民族形式问题的提出和争点》，下篇为《论民族形式问题的实践意义》。吕振羽住在隔壁，只给他一人看过，他看了非常赞成，只提了两个科学用语上的意见。

> 送审过后我回到石子山，才把原稿给向林冰看。他原来以为我会肯定他的某些论点，现在看到我对他的论点全部否定，当然非常丧气。他打算回答，但考虑了几天后，终于绝望地放弃了。这一放弃，等于他在文艺问题上丧失了发言权。但有一点他是感激的，因为我在《后记》上说了一句，他是不自觉地走上了反辩证法的反动道路，并没有暗示他是奉国民党之命干的。

> 在这篇文章中，我对一些党员作家、左翼作家在这个问题上的论点都作了指名的批评，这就造成了很不好的后果。虽然我是为讨论理论问题，但还是有人为此耿耿于怀，甚至到后来我出了问题被举国申讨时，揭发我在当时就骂尽了中国作家，这当然是我的一大罪状！[2]

李泽厚认为胡风的《论民族形式问题》，是"胡风著作中最有理论成就的一种"：

> 它的特点就在坚决维护五四的启蒙传统，反对简单地服从于救亡斗争；强调应把启蒙注入救亡之中，使救亡具有民主性的新的时代特征和世界性水平。尽管提出是在文艺领域，却具有广泛的思想文化意义。胡风在书中批评了许多人，从郭沫若到周扬，从潘梓年、艾思奇、胡绳到光未然、何其芳、张庚，等等。

---

[1] 朱自清：《文学的标准与尺度》，山东文艺出版社 2006 年版，第 76 页。

[2]《胡风回忆录》，人民文学出版社 2005 年版，第 212 页。

其主要批评目标，则以向林冰（赵纪彬）为对手。[1]

　　胡风要维护五四文艺传统，看来似乎是一件简单明了的事，其实却未必然。在实际中从而在理论上，所遇到的阻力异常强大。直到今天，不是还有这个问题吗？

　　分歧是明显而尖锐的。也如胡风所说，这次关于民族形式问题的讨论，"不是一个单纯的形式问题"，实质上是关系到整个"新民主主义文化"的具体发展途径。胡风强调的是应从现实斗争的内容出发来与大众结合，"为提高大众的认识能力而斗争"。

　　胡风从其所了解和坚持的鲁迅传统，一贯强调文艺不但要与敌人作斗争，而且也要不断揭发中国"国民性"的弱点和病态，即揭出人民群众中的"精神奴役的创伤"。他的整个理论的重点的确是"启蒙"，是"化大众"，而不是"大众化"。[2]

胡风坚守启蒙的立场，这也是五四新文化运动根本的立场，启发民智，推动社会进步。

本书特别留意这次讨论中涉及语言问题的意见和争执。

重庆《新华日报》社长潘梓年《论文艺的民族形式》一文谈到了语言问题，认为五四新文艺创造的白话文还不是中国的语言。他说："为什么五四新文艺运动以后，白话文战胜了文言文以后，在文坛上充其量也只有'白话的文言'而还没有产生出和一般老百姓日常用语合致的真正的'白话'呢？""这就说明在中国作者手里还没有从一般老百姓日常生活中产生起来的中国民族语言，有的只是文言文，有的只是外国语，结果，虽然一时把文言文推倒了，找不到新的东西来代替，只好或者使用不文不白的'语体文'，久而久之且回归到文言文怀里去，或者使用不中不西的'欧化句子'……在中国作者手里，中国语言还未成熟，就是到目下，仍然还是一个急需解决的问题。"他认为："能够表达得出一个民族的生活状态生活情形的，只有这个民族自己的语言。因为一个民族的语言，正就是这个民族在生活的长期历史中为

[1] 李泽厚：《中国现代思想史论》，天津社会科学院出版社2003年版，第70—71页。
[2] 同上，第79—81页。

了要表现生活的各个方面而锻炼出来，生长起来的一副特有的工具。"对于中国语言的改进，他提出两个意见："一方面要求有丰富的语汇，另一方面更要求有完整的语法"。"语法完整的语言，其来源，一般讲起来，不外两个，一是从古典作品中接受遗产，一是从活的语言吸收新的要素"。"作家对于活的语言——人民大众的日常用语，也不是尽量采用的问题，而须要加以洗练。不管是遗产也好，活的语言也好，对民族语言，对文艺作家，都只能作为基础，都须经过一番挑选，改作等等的琢磨工夫"。[1]

今天读到这些见解，依然觉得有价值。"中国作风和中国气派"，更多的也许是风格问题，就文学而言，语言才是首要的形式因素，民族语言乃是民族形式的核心，离开语言谈形式，往往流于空洞。潘梓年后来使用"外形式"和"内形式"的概念，瓶是酒的外形式，但色和香却是酒的内形式，内形式与内容是无法分开的。他认为民族形式主要应该是内形式，而语言则是内形式的核心，他意识到了语言问题的重要。

一九四〇年六月九日，《新华日报》在重庆举办关于民族形式问题的座谈会，潘梓年认为："在写作的实践过程中，作者不能不保有着'取之不尽，用之不竭'的工具，使写作臻于活泼、生动，就是说在作者的腕底不能不储有着丰富够用的语汇，语法，字法，手法，描写法，以至体裁，结构等等。作为由以采集这些工具的源泉的，不只有民间文艺，同样也有过去新文艺运动中积集起来'为数不多'的成果，以及国际上的佳作巨著，尤其是和工农大众解放斗争有关的佳作巨著。在这里，用不着怀着'中学为体，西学为用'的狭窄观点，在民间文艺这一源泉上特别加以'中心'的规定。必须注意到，虽然中国人自己的语汇语法天然最适合于描写中国人的生活，但近几年来艰苦斗争中的广大人民，其生活早已不是'习见常闻'的老套老调，而已溶化了不少从外吸收进来的新东西，远非原有的语汇语法所能赶得上的了。""民族形式问题的提出，不能和通俗化、大众化问题混为一谈。我们要求每一个文艺创作都用民族形式，但不能要求每一个文艺创作都是通俗化的、大众化的读物。民族形式问题的提出，不是简单地要求大众化，而是要求整个新文艺品质的提高。"[2]

---

[1] 潘梓年：《论文艺的民族形式》，徐迺翔：《文学的"民族形式"讨论资料》，知识产权出版社 2010 年版，第 137—142 页。

[2] 《新文艺民族形式问题座谈会上潘梓年同志的发言》，《文学运动史料选》第四册，上海教育出版社 1979 年版，第 479—488 页。

潘梓年出版过一部讨论辩证法和形式逻辑的书《逻辑和逻辑学》，毛泽东"只用了三天就把它读完了"，"感到颇为新鲜"。在《民族形式与大众化》中潘梓年明确说，"民族形式问题的提出，主要的要求是文艺活动与抗战建国的具体实践的结合"；"民族形式问题，可以说就是中国化问题，而不能说就是大众化问题"。[1]

民族形式问题讨论的真正结束，是一九四二年毛泽东《在延安文艺座谈会上的讲话》的发表。毛泽东出席了三次延安文艺座谈会，分别是五月二日、五月十六日与五月二十三日，第一次和第三次发了言，《讲话》发表时，把两次的内容合为一篇。

毛泽东《在延安文艺座谈会上的讲话》是在落实《新民主主义论》的思想。如"革命文化，对于人民大众，是革命的有力武器。革命文化，在革命前，是革命的思想准备；在革命中，是革命总战线中的一条必要和重要的战线。而革命的文化工作者，就是这个文化战线上的各级指挥员"。"要把教育革命干部的知识和教育革命大众的知识在程度上互相区别又互相联系起来，把提高和普及互相区别又互相联系起来。"[2]

毛泽东在《讲话》的开端说："我们今天开会，就是要使文艺很好地成为整个革命机器的一个组成部分，作为团结人民、教育人民、打击敌人、消灭敌人的有力的思想武器，帮助人民同心同德地和敌人作斗争。"

"唯物主义者并不一般地反对功利主义，但是反对封建阶级的、资产阶级的、小资产阶级的功利主义，反对那种口头上反对功利主义、实际上抱着最自私最短视的功利主义的伪善者。世界上没有什么超功利主义，在阶级社会里，不是这一阶级的功利主义，就是那一阶级的功利主义。"

又说："什么是我们的问题的中心呢？我以为，我们的问题基本上是一个为群众的问题和一个如何为群众的问题。"[3]这里的群众指四种人，除了工农兵外，还有所谓"城市小资产阶级劳动群众和知识分子"，名字实在太长，而且还是两类算作一种，最后干脆不提他们也罢，只剩下了工农兵。为群众，就这样变成了为工农兵。此三个音节的词响亮、大气，充满了新时代主人翁的自豪感和优越感，由大众，到工农兵，两字变化为三字。李泽厚在《记中国现代三次学术论战》

[1] 潘梓年：《民族形式与大众化》，蔡仪主编：《中国抗日战争时期大后方文学书系·理论·论争》第一集，重庆出版社 1989 年版，第 402 页。

[2] 毛泽东：《新民主主义论》，《毛泽东选集》第二卷，人民出版社 1991 年版，第 662—711 页。

[3] 《毛泽东论文艺》，人民文学出版社 1958 年版，第 51—82 页。

中评价道：

> 这个讲话一锤定音，从此成了中国革命文艺的理论经典。毛的讲话可说实际是这次论战的结论。尽管目标并不一定是胡风，也远远不只是论"民族形式"，但是精神实质和基本倾向，却与胡风恰好是对立面。

> 强调与工农兵的一致和结合，包括对民间形式以及传统的高度评价，构成了这个"中国化"的有机组成部分。它随着中国革命的胜利而日益巩固化、定型化和偶像化，并一直延续了下来。以至今天我们对待西方文化的某些态度和观念，比之五四和三十年代，似乎还要保守。

> 历史就是这样的残酷无情，总要以牺牲来换取前进。中国革命的道路既然是农民为主体的土地革命，一切就得服从于它，并为此服从而付出代价。值得注意的倒是，传统实用理性的文化心理构架使广大知识群体安然地接受了和付出了这一代价。[1]

一九四二年二月，毛泽东说："这样看来，五四时期的生动活泼的、前进的、革命的、反对封建主义的老八股、老教条的运动，后来被一些人发展到了它的反对面，产生了新八股、新教条。"[2]

一九四七年五月五日，朱自清在清华纪念五四运动的集会上发表题为《文学的严肃性》的演讲，他说："现在更是严肃的时期。新文学开始时反对文以载道，但反对的是载封建的道。现在快三十年了，看看大部分作品其实还是在载道，只是载的是新道罢了。三十年间虽有许多变迁，文学大部分时间是工具，努力达成它的使命和责任，和社会的别的方面是联系着的。"[3]

朱自清对于"载道"的观察是敏锐的，但正是在此，他误解了新文学。新文学若不能在"载道"之外，开拓出"言志"这一新途径，甚至新范式，它又新在哪里了呢？如若连朱自清这样的新文学运动的积极参与者也未能领会新文学的要点，谁又是新文学的实践者？文言的复辟不可怕，君权和变相的君权复辟甚可忧，以维护君权为目的的道统的复辟才可惧。

---

[1] 李泽厚：《中国现代思想史论》，天津社会科学院出版社 2003 年版，第 79—81 页。

[2] 毛泽东：《反对党八股》，《毛泽东选集》第三卷，人民出版社 1991 年版，第 830—846 页。

[3] 朱自清：《文学的标准与尺度》，山东文艺出版社 2006 年版，第 76 页。

第三节　白话偏至论

一

一九七八年四月,《中国语文》编辑部在苏州开会,批判"四人帮"破坏语言文字的罪行。以下是与会者的发言:

> "四人帮"猖獗的时候,我们那里流行这样的说法:"文章一大抄,市报抄省报,省报抄梁效,不管谈什么,全是一个调。"一位中学教师在教学生怎样写墙报、大批判稿时提出两个秘诀。一个是文章格局:"开头形势戴帽,接着批判开道,其次要表决心,结尾高呼口号。"
>
> 另一个是选题用字:"题目要大,上纲要高,用字要狠,感情要少。"
>
> 青少年在这样的指导下,更主要的是由于报刊上尽是这样的文章,几年时间就完全陷入了这一套,想拔也拔不出来。
>
> 文风问题首先是个思想问题。不过由于它是通过语言文字表现的,所以就跟语文密切相关。如何迅速地肃清帮八股的流毒,是我们语文工作者当前刻不容缓的任务。光靠报纸发几篇文章是远远不够的。我们每个同志都应该积极行动起来,围剿帮八股,宣传党的语文政策,大力提倡革命文风,争取在最短的时间里收到改进文风的效果。[1]

这段发言,是白话文的历史后果与政治处境的珍贵注脚——以语言造反,造语言的反,再造造反者的反,何止是两难。深陷"文革"话语的战阵之中,为语境所支配,无法避免。想抽身出来,始知天网恢恢。上引末段之文字,志在肃清流毒,却句句穷毒而未察:用语之霸道,口气之专断,事功之切急,对复杂问题的简单化处理,莫不令人莞尔。

白话文运动走到"帮八股"这一步,可谓一步一个脚印,文本俱在,愚鲁而粗悍,祸至今日。使用汉语汉字的前提是要有敬意,知畏惧,下笔开口,须从每一字、每一句留神,语调不恰当、字眼不准确、句子不清通,宁可沉默,三缄其口。不重复陈词,不流于滥调,洁身自好,惜墨如金,是使用语言的正道,也是写作伦理的底线,

---

[1] 于根元:《二十世纪的中国语言应用研究》,书海出版社 1996 年版,第 144 页。

非如此，不足以言改进。

几十年无法无天惯了，大字报实际是前网络时代的网络语言，匿名铺排，恶意构陷，人身攻击，借以政治术语攻击对手，是抄家和游斗行动的前奏。今天网络式的谩骂围剿之类，有大字报之风，与四十年前相比，法律制定了许多，但却约束不了人们在这个虚拟空间同时也是公共空间使用语言的方式，快意恩仇，为所欲为。

王朔说："思想解放运动开始后，老百姓第一个变化就是嘴坏了，谁都敢说。……真正使我震动的，是他的态度，不一定非要正确才能发言，怎么想的就怎么说，说了也就说了，破除迷信解放思想确实要先有这么个耍王八蛋的过程。"[1]

一九八一年二月二十五日，全国总工会、共青团中央、中国文联、中央爱委会、全国学联、全国伦理学会、中国语言学会、中华全国美学学会等九个群众团体，联合发起《关于开展文明礼貌活动的倡议》，三天后，中宣部、教育部、文化部、卫生部、公安部五个党政部门给下属机关发出《关于开展文明礼貌活动的通知》，"五讲四美"活动在全国蓬勃开展。作为四美之一的"语言美"，倡议书是这样界定的："就是要使用和推广礼貌语言，做到'和气、文雅、谦逊'，不讲粗话、脏话，不强词夺理，不恶语伤人。"

白话文运动七十年后，由党和政府机关郑重提倡"和气、文雅、谦逊"的"礼貌语言"，这是胡适鲁迅一辈所不能想象的。礼义廉耻，国之四维，口无遮拦，由因心无敬畏，即使管住口，又拿什么去制服心？

马丁·布伯认为："人以多种口舌言说：语言之舌、艺术之舌、行动之舌，但精神始终如一。精神即语言。言语首先言说于人心，继而振响于人的喉舌，然则此两者皆属本真进程的折射。因为，并非语言寓于人，而是人栖居于语言，人站在语言当中向外言说。每一言语皆是如此，每一精神皆是如此。"[2]

二

胡适在《白话文学史》中这样定义白话：

> 我从前曾说过，"白话"有三个意思：（一）是戏台上说白的白，就是说得
> 出听得懂的话；（二）是清白的白，就是不加粉饰的话；（三）是明白的话，就
> 是明白晓畅的话。依这三个标准，我认定《史记》《汉书》里有许多白话，古

［1］《王朔最新作品集》，漓江出版社 2000 年版，第 89—90 页。
［2］［以色列］马丁·布伯著，陈维纲译：《我与你》，生活·读书·新知三联书店 2002 年版，第 33 页。

乐府歌辞大部分是白话的，佛书译本的文字也是当时的白话或近于白话，唐人的诗歌——尤其是乐府绝句——也有很多的白话作品。这样宽大的范围之下，还有不及格而被排斥的，那真是僵死的文学了。[1]

一九二八年十二月三日，张荫麟对如上划分，写了《评胡适〈白话文学史〉上卷》一文，刊发于《大公报·文学副刊》第四十八期，认为胡适"将语言学上之标准与一派文学评价之标准混乱为一"，他说："夫朴素之与华饰，浅显之与蕴深，其间是否可有轩轾之分，兹且不论，用文言之文法及 Vocabulary 为主而浅白朴素之文字，吾人可包括于白话，然用语体亦可为蕴深或有粉饰之文笔。吾人将不认其为白话文乎？"[2]

文言白话的区分，有语言学上的若干事实为其标准，指陈此两者才有意义，若以思想和文学风格上的浅近和深奥为据，则两相混淆，怎能说得清楚。唐诗中元白一派，与温李相比，的确通俗易懂，甚至妇孺皆能知会其意，但不可认定其为白话，无论古风还是近体，其同为格律诗，不容置疑。《史记》《汉书》的文言性质，焉能因为整部书里混进几句白话而改变，若是如此，简直没有什么文章可以称作文言的了。钱锺书在一九三四年通信中认为，"白话至高甚美之作，亦断非可家喻户晓，为道听途说之资。往往钩深索隐，难有倍于文言者"。虽然用的文言，意思是清楚的。

后来仍不断有人犯胡适同样的错误，将语言的形式和内容不加区分，根据自己的需要定义并随时变换，令文白混淆。

一九四四年吕叔湘在《国文杂志》发表《文言与白话》，开头便说："文言和白话是互相对待的两个名词：在早先，没有白话，也就无所谓文言；将来要是有一天，文言不再在一般社会里头通行，白话这个名称大概也要跟着消灭。"这番话是常识，又是远见。他又道："文言和白话是两个不很确切而又很有实用的名称。不很确切，因为不能'顾名思义'：文言有很简朴直率的，白话也有很多花言巧语。有实用，因为没有一对更好的名词可以拿来替代。"[3]名称是词语的困境，滥用名称，却使人陷入困境。

周作人认为："对于古文白话，拿常识去应付他，达到不要限制自由的目的。"[4]这常识有两类，一为普通常识，用这语言的人都具备，如给出一段文字，让我们判

---

[1] 胡适：《白话文学史·自序》，新月书店1929年版，第13页。

[2] 张荫麟：《素痴集》，百花文艺出版社2005年版，第100页。Vocabulary，词汇。

[3] 《吕叔湘文集》第四卷，商务印书馆2004年版，第67页。

[4] 止庵编：《周作人讲演集》，河北人民出版社2004年版，第105页。

断文言还是白话，大体不会十分相左，这属于共识。第二类是语言学常识，比如说什么是语言？语言和文字关系怎样，人类语言的基本种类划分，语系和语族，语言的结构和体系，语音、语义等要素，词汇和语法，语言的历时性和共时性，语言的所指和能指，等等，对这些基本概念的了解，属于语言学常识。写文章或出版专著讨论文言白话的是非，只要涉及语言问题，除了第一类常识外，还应具备第二类常识。但情况往往不是这样的，请看以下论述：

> 汉语的"词"是由"字"组合的。表面上，古汉语和现代汉语是同一文字系统，现代汉语还是古代汉语那些"字"，现代汉语的词汇很多都是直接从古代汉语而来，但在思想体系上，现代汉语和古代汉语是两套语言系统。
>
> 现代汉语和古代汉语从根本上是两套语言系统。现代汉语是在古代汉语的基础上演化、发展、变革而衍生出来的一套语言系统，是同一文字系统但不是同一语言系统。
>
> 正是在思想的层面上，西方语言对现代汉语的影响极大并最终造成了现代汉语与古代汉语作为语言体系的分道扬镳。
>
> 古代汉语与现代汉语的根本区别在于其体系的不同，在于其思想性词汇而不是物质性词汇的不同。语音、语法以及修辞对于思想不具有根本意义。
>
> 现代汉语在形式上是白话，但它和古汉语中的白话是有本质区别的，古代白话主要在工具层面上，而现代白话作为现代汉语的主体，具有强烈的现代思想性。[1]

据思想体系（或层面、词汇）而判断语言系统，闻所未闻。古代、现代、中国、外国，思想体系何止一个，哪一种语言只负责承载一种思想体系？而任一种思想体系，莫非要创设专一的语言体系吗？

所有的语言，既有工具层面，亦有价值层面，既赋予交际功能，亦承担意识形态功能，确认语言显示何种功能，需给出具体语境和上下文，否则无从判断。古代白话"主要在工具层面上"是什么意思？说"现代白话是现代汉语的主体"，"客体"又是谁？"具有强烈的现代思想性"，属于堆积学术词语而演成学术语句的样子，但等于什么也没说。"你好，最近还好吗"，这样的现代白话，若硬置其日常交际功能于不顾，强说"具有强烈现代思想性"，则不合常识。

---

[1] 高玉：《现代汉语与中国现代文学》，中国社会科学出版社 2003 年版，第 77—82 页。

现代汉语与古代汉语"作为语言体系的分道扬镳",需要大量语言学上的事实论证,将词汇区分为"思想性词汇"和"物质性词汇",实在费解,"汉语"一词,属于哪一类?

白话与文言的关系,本来你中有我,我中有你,难以截然区分,更非生死对立,但这语言学上的事实,却常被人忽略,可以强化两者在意识形态上的对立。这种对立本身已经成为白话文意识形态的重要组成部分,一旦接受了这种意识形态的教条,在语言资源的选择上,就失去了自由,本书称之为"白话偏至论"。

白话文运动最值得自豪的业绩是以白话打倒了文言、取代了文言,这样的论调已被各种教科书重复了八十年,似乎可以得出这样的结论,白话乃另一种完全不同的语言,仿佛英语打倒了中文。从文言到白话,被认为或被宣告为中国现代化进程中一大进步:白话代表先进,代表未来,有了白话文,我们便有了进入现代社会的资格等,这观念虽然从未得到语言学研究的支持,却相当流行。与之相应,对文言的盲目贬低、拒斥、回避和歧视,既在民众层面拥有势力,又有部分学者推波助澜,未经严肃论证,夸大白话与文言的差异,夸大至白话成为另一种语言,以之敌视文言,凡此种种,通过割裂汉语来隔断历史,皆是"白话偏至论"的表现。

三

在白话偏至论者眼中,唐宋以来自然生长出来的白话文,也成了劣质的语言、带有封建主义烙印的文字。在白话之间区分新旧,以新白话打倒旧白话,又是一次伟岸的胜利。在如此从胜利走向胜利的途中,白话文的道路越来越窄。"白话偏至论"在全国蔓延之日,便是汉语写作江河日下之时。有人痛心于当代白话文的写作困境,未经省察、深究、慎思,即惊呼"汉语的危机""中文的危机",喊出"拯救汉语"的口号,实在是危言耸听。本书看来,"白话偏至论"的危机,恰是白话文的生机,走出偏至论的白话文,当有一个光明的前景。在语言资源的选择上,不拘泥成见,不画地为牢,口语取其生动,文言取其典雅,西方观念和思想,取其新异,方言方音原生百态,取其自然,海纳百川成就其大,历尽劫难修得正果,汉语的生机不敢说已经到来,却是可以期待的。

一九一九年,蔡元培在《国文之将来》中说道:"我敢断定白话派一定占优胜。但文言是否是绝对的被排斥,尚是一个问题。照我的观察,将来应用文,一定全用白话。但美术文，或者有一部分仍用文言。"[1]在他的设想中，文言作为美文的语言，不会被废除，白话文则有利于应用文，这不失为一种良性的语言生态。在五四一代所能想象的远景中，不可能预见白话文在今日成了汉语的一本坏账——以下数例取自近年的学术论著，适可具体探究"白话偏至论"之误，愿意问难并就教于同行专家。

王德后为孙郁《鲁迅与周作人》一书作序说："孙郁在读古书，要加深加厚自己的学养，这是好的。但笔头偶尔蹦出几个文言字、词、句式。这种'掺沙子'我以为不足为训，不可取的。于是觉得这是文字上的一个缺点。虽不严重，但怕他'一发而不可收'，又怕连带发生影响，想来想去还是提一句。虽然自己很惭愧。"[2]据孙郁说，这话一九九六年初版时被责任编辑删去，十年后该书再版，王先生写了新序，这才收入上文，但随即补充道："那是我对孙郁运用一种新的语言表达方式的微词。虽然现在已经成为他的语言风格，我还愿意保留这点批评。"然而孙郁并未接受王先生的意见，时时掺沙子式地就文言的范，"一发而不可收"。十年间，序者意见未变，以至新序中仍然"愿意保留这点批评"。这原属不同的主张，双方尽可自是其是。本书意不在评判，感兴趣的是两位作者的分歧点，文白应否兼用。王先生显然认为文白兼用超出个人趣味，事关当今写作的普遍标准——"这是文字上的一个缺点"，然而新版王序的首句即是成色十足的文言词"不亦快哉"，足令论者解颐，既然反对文白兼用的写手也难于自律，可见十年间语境的变化，果然"连带发生了影响"。

钱理群在《周作人研究二十一讲》中写道："他一再提醒人们注意，'古文与白话文都是汉文的一种文章语，它们的差异大部分是文体的，文字与文法只是小部分'，二者'系属与趋势总还是暗地里接续着'，'白话文学的流派决不是与古文对抗从别个源头生发出来的'。这就是说，五四文学语言的变革中，以白话文代替文言文，主要是一种文体的改变，在文字、词汇以及文法上没有、也不可能发生根本改换。当然更谈不上重建一种新的语言体系。"紧接着一段不足十行的议论后，作者说："五四文学运动的先驱们，一方面顺应时代与文学发展的要求，对中国传统语言文字进行了变革，同时又维护了汉语言体系的相对稳定性。由此建立起来的现代汉语体系，对保证中国文化的延续，民族思想情感的统一，强化民族意识，无疑具有积极价值。"[3]

上引文字观点的自相矛盾在于，先驱们的确变革了语言文字，他们是否顺应"时

---

[1] 蔡元培：《国文之将来》，《北京大学日刊》1919 年 11 月 19 日。

[2] 孙郁：《鲁迅与周作人》，人民文学出版社 2006 年版，第 2 页。

[3] 钱理群：《周作人研究二十一讲》，中华书局 2004 年版，第 132—133 页。

代"和"文学发展"的要求，尚可讨论，直接指为"顺应"，稍嫌轻率，后一句所谓"同时又维护了汉语言体系的相对稳定性"，诚不知所云。"维护"具体指哪些工作？可否举例？稳定性是任何语言体系的起码状态，不然如何通用？又岂赖"维护"始可稳定？须知当初口口声声废除汉字，变革之途唯恐不远，拼音化道路作为激进方案也长达半个世纪，何"维护"之有？文字改革上的冒进，终究没有实现，非为不敢，而是不能——这才是"汉语言体系"何以自具"稳定性"的真缘故。蚍蜉撼树不成，是蚍蜉力有不逮，树之不倒而竟是蚍蜉"维护"有功，实在是说不圆满的。所谓"现代汉语体系"——只要沿着"先驱们"的足迹继续"维护"，什么"体系"都能建立。"体系"这个学术文章里被滥用的词是何意？语言假若真有所谓"体系"，也是自然形成。文章还列出几项目标——"对保证中国文化的延续，民族思想情感的统一，强化民族意识，无疑具有积极价值"——名目之大，陈意之高，诚不容置疑。

四

"白话偏至论"的典型论调是这样的：

> 《新青年》的白话运动是一个标志，是"质变"阶段。当北洋政府教育部一九二〇年一月十二日正式确立白话文作为"国语"（见《小学改用国语之部咨》，《晨报》一九二〇年一月十四日），并且"国语"在全国范围内代替文言文而通行，中国现代文化实际上就最终从仪式上确立了，白话文的不可逆转也标志着新文化的不可逆转。白话文不仅是新文化得以发生的最根本原因，也是新文化得以确立下来的最重要的保障，只要是语言不发生根本的变革，中国文化类型就不可能发生根本的转型，只要现代白话文作为国语的地位不动摇，中国现代文化就不可能从根本上动摇。现代白话确定了，现代哲学、现代文学、现代历史学一切都水到渠成，其出现具有必然性。现代哲学、现代史学、现代文学、现代教育学甚至现代政治学其实都是现代白话的延伸和演绎，是现代白话作为思想体系思维方法和世界观的必然结论。[1]

以上集宣言、社论和总结性语气的"学术"文字，总会出现"最根本""最重要""最终""必然性"等字眼。这类看上去辩证且吓人的粗糙理论，擅长绑架论证法，

---

[1] 高玉：《现代汉语与中国现代文学》，中国社会科学出版社 2003 年版，第 101—102 页。

置事实于不顾，扩大引文内涵，其背后的思维则力求凡事毕其功于一役。

一九二〇年一月，国民政府教育部训令全国各国民学校："自本年秋季起，凡国民学校一、二年级，先改国文为语体文，以期收言文一致之效。"该训令的起因，是国语统一筹备会提出《国语统一进行方法》的议案，其中"第三件事"即"改编小学课本"，要"把小学校所用的各种课本看作传布国语的大本营"，"打算把'国文读本'改作'国语读本'"。此案和全国教育联合会的议案呈交教育部之后，教育部认为"体察情形，提倡国语难再缓"。随后，分别以教育部令修正《国民学校令》和《国民学校令实施细则》，将有关条文中的"国文"改为"国语"。修正后的实施细则，确定了初等小学四年间纯用语体文，并改其科目名称为"国语"。

将初等小学的"国文"课程改为"国语"，其有效范围连高小和中学都没有包含，被前文引用者扩大为"正式确立白话文为'国语'"。初小课程以"国语"单独设科，和"国语"作为法定的国家统一用语被确立，决然是二事，不能混为一谈。"引文"让人开眼界的是："并且'国语'在全国范围内代替文言文而通行。"

事实是怎样的呢？国语直至一九四九年底之前，从未在全国范围内代替文言文而通行，全国报刊的部分用语，公文用语，基本上仍是文言文。从一九二〇年跳至一九五〇年，其间整整三十载，便在作者的手笔中不见了。这三十年间，"国文""国语"、文白间杂的实际情形复杂，林语堂在三十年代中期曾列举"八奇"给以形容："今日中国学生学白话，毕业做事学文言，此一奇。白话文人作文用白话，笔记小札私人函牍用文言，此二奇。报章小品用白话，新闻社论用文言，此三奇。林语堂心好白话与英文，却在拼命看文言，此四奇。学校教书用白话，公文布告用文言，此五奇。白话文人请帖还有'谨詹''洁樽''治茗''届时''命驾'，此六奇。古文愈不通者，愈好主张文言，维持风化，此七奇。文人主张白话，武夫偏好文言，此八奇。"[1]真是说得再清楚不过了。抗战爆发后，出于保卫民族文化的历史需要，传统负面价值的批判暂告中止，文白对立有所缓和。朱自清在一九四五年认为："现在报纸上一般文言实在已经变得跟白话差不多，因为记录现代的生活，不由得要用许多新的词汇和新的表现方式；白话也还是用的这些词汇和表现方式。这种情形下从一方面看，也许可称为文言的白话化。"[2]可见文言和白话在那一时期出现融合的趋势，你中有我，我中有你，使汉语获得相对正常和宽松的语境。林语堂有感于"八奇"，以为文白融通益于洗练白话。他说，"将来的文体总是趋这一途，得文言之简洁而去其陈腐，得白话之平易而去其冗长"，"如此把文言白话熔炼锻合，便可有简洁的白话

[1] 林语堂：《与徐君论白话文言书》，《论语》第 63 期，1935 年 4 月 16 日。
[2] 朱自清：《国文教学》，开明书店 1945 年版，第 144 页。

文"。但是这一短暂融通的局面为四十年代末新政权的建立所改观，并迅速中止了。

"中国现代文化实际上就最终从仪式上确立了"，"从仪式上确立"，仪式指一整套程式和动作，这一文化的确立，曾动用过什么样的仪式呢？作为历史论述，作者莫非错将一九二〇年一月教育部的训令当作仪式了？但该训令的下达并没有什么仪式。胡适后来评说，这一举措（教育部训令）使白话文运动的进程提早了二十年，是从效果上说的，"仪式"一词，大概是象征意义吧。

接着，上引文连用了两句"不可逆转"："白话文的不可逆转也标志着新文化的不可逆转。"但不知根据是什么？生物进化论还是历史决定论？

先说第一个"不可逆转"。就个人而言，一旦使用白话作文，就必须一辈子白话作文，此可谓"不可逆转"，但实际上没有这样的事。鲁迅一九一八年发表白话小说《狂人日记》，到一九三四年为《北平笺谱》作序（包括为人写墓志铭等），轻易逆转而以文言，且是深奥的古文。就整个国家民族而言，白话浅易，便于普及，文言艰深，不易传授，教育不发达而新文化刚起步，一般人众以白话入手，行温饱，谋小康，逐渐长进之后，"行有余力则以学文"，始习文言，也不是大不了的事，毕竟几千年来文言是汉语的书面语言，故"不可逆转"云云，不过自说自话，一厢情愿。

再说第二个所谓"新文化的不可逆转"。文化发展，始分新旧，但新旧从来是相对而言，彼此杂糅。八股文是旧的，是一种骈散结合的文言文程式，清末遭遇时人的质疑和攻击，白话文运动的部分动机也是为了消除八股文，可是在古代白话文中，从来没有八股传统，此其一；在五四之后的白话文中，八股遗毒改头换面潜入，被称作土、洋、党、帮八股，此其二；即便到了今天，"学术八股"仍然大行其道，老调新唱，公然行世。如若一定要说"不可逆转"，未必是新文化不可逆转，反而在新文化阵营之中，旧势力相当地"不可逆转"。

写白话文并不意味着作者的思想一定是新的，著文言文也不意味着作者的思想一定是旧的。严复以文言翻译进化论著作，章太炎以古文鼓吹革命排满，乡下农民用白话口语传播迷信巫术和邪教，元朝的皇帝曾以白话颁布诏书。文白之间，新旧之间，非绑定关系，且时常逆转。

再论三个"根本"与两个"动摇"。这是现代词汇，在中学政治教科书中高频率出现。当代学者的知识学问和思维模式，无非始于新中国成立后的中学教育，动辄大言炎炎："最根本的原因""根本的变革""根本的转型"，开口论理，下笔作文，就要触其根、动其本、言其最，上下千年的学问，民族传承的语言，在这种狂妄粗鲁的话语模式中，要否即否，说变就变，翻手为云，覆手为雨。须知，语言和文化决定着我们，而非我们能够随意来更改语言和文化。唐以降，甚或早至魏晋，白话与文言已然并存，千年以来相安无事，也未见得非要造成什么"新文化运动"，不过是薪火相传而已。五四新文化运动，固有非凡的革命性和异质性，然而被人为地夸大，如今强调它与中国文化固有传统的千般联系，已无新意。"没有晚清，哪来五四"，此已是常识。

> 只要是语言不发生根本的变革，中国文化类型就不可能发生根本的转型，只要现代白话文作为国语的地位不动摇，中国现代文化就不可能从根本上动摇。[1]

这两个"只要……就"联结的条件句，是否定式的，讲的是不可能性，还是所谓"不可逆转"之意？语言不可逆转，文化就不可逆转。用词改了，意思没变，有点歇斯底里的味道，天下已经是白话的天下，江山也已经是白话的江山，文言想回来断不可能。斩钉截铁的口吻背后，隐藏着自信心的不足。

宣称"现代白话确定了"之后，作者大胆做出跨学科的论证，认为另外几个相邻的专业"水到渠成"，"具有必然性"，是"白话的延伸和演绎"，是"必然结论"。这样顺便说到不是自己的专业，倒不是涉嫌捞过了界，至少是不够尊重。

"毕其功于一役"的心理，尚可多说几句。白话文运动开始就好大喜功，操弄到第五个年头，胡适就匆忙宣布战胜了文言。不知未觉亦是身不由己，白话文已负载了太多它不该承担，也承担不起的意识形态功能，而语言学上的全盘欧化，又助长了舆论上的一边倒。"政治上正确"便成为唯一的标准和最后的裁判。一九六六年六月教育部关于教材处理意见的报告将"政治和语文合并，以毛主席著作为基本教材，选读文化大革命的文章和革命作品"。中央在该报告的批示中指出，"不论高小或初小都要学习毛主席著作，初小各年级学习毛主席语录，高小可以学习'老三篇'，以及其他适合于小学生思想政治水平和语文程度的一些文章"。从一九二〇年初级小学改国文为国语，追求言文一致，实行口语教学；到一九六六年改语文为政文，白话文运动在四十六年后又回到了书面语老路上，毛主席的话再好，也是书面语，其不宜于小学生和一九二〇年之前的文言文之不宜于学童一样——谁说白话文、新文化"不可逆转"？

在现代文学和古代文学之间，可能存在着这样的一种断裂。由于西方观念和思想的引入，新文学运动的确开创了新的意义空间。但是在语言上，是否存在同样的

---

[1] 高玉：《现代汉语与中国现代文学》，中国社会科学出版社 2003 年版，第 101—102 页。

断裂，本书非常怀疑。论证语言学上的事实，需要论者具备语言学常识，基本理论，还要从语料出发。现代汉语和现代文学，是两门截然不同的学科，跨学科的研究是令人神往的，但要真正出成果，需要扎实的功底和细致的分析。语言学家吕叔湘指出："我们认为汉语史的分期应该从汉语本身的发展经过着眼。……有同样重要的一点也必须闹清楚的是，尽管我们说古代汉语、近代汉语、现代汉语，我们却不认为把汉语史这样平分为三段是适当的。我们的看法是，现代汉语只是近代汉语的一个阶段，它的语法是近代汉语的语法，它常用的词汇是近代汉语的常用词汇，只是在这个基础上加以发展而已。"[1]吕叔湘的这个结论，并非不可更改，但假如真要推翻它，得从研究那些支持他的结论的语言材料做起，让读者知道你的论证过程。

从语言学的常识和事实出发维护汉语的统一性，是高尚的事业，至少比保卫现代文学的学科地位使之不可动摇以便从业者的饭碗不可动摇更为高尚。

文言乃白话之根底，林纾这句老话，应该不难认同。今日强调现代与历史的延续，犹如百年前强调当下与历史的断裂，出于两种不同的思潮、不同的冲动。人们认识自身的过程，往往曲折有加，选择断裂，还是延续，均受制于一时的环境、语境、心态、眼界、学识。六十年前梁思成关于保护北京城墙的远见和呼吁，并不能阻止历史做它非要做的事情，犯它注定要犯的错误。

五

《巴金传》的作者徐开垒，在一篇回忆文章中讲述自己少年时参加征文的故事。他说："一九三六年下半年，我升到初中二年级。《新少年》半月刊举办'某某访问记'征文，鼓励少年儿童到人民群众中去找访问对象。我就在自己家找到在天井里粉刷墙壁的泥水匠，问他恨不恨日本帝国主义，他说恨的，因为他们入侵我国东北地区，是我们的敌人。我说敌人给你一千元钱，你帮不帮他们做工，他说帮的，因为他有了一千元钱，就再也不必做那使他受冻挨饿的泥水生活了……我禁不住自问：'可怜的泥水匠，谁使他们变成这样的啊？！'"

"我把这次访问如实记录下来，……这篇文章还在一千二百多篇征文中当选为第一名，'编者的话'中，还说'我们欣幸，这一次征文得到相当成功。……少年诸君这次很荣幸地深入了一次民间，当了小人物大众的书记。'"[2]

徐开垒之所以这么写，开明书店出版的《新少年》欣赏他这么写，都不是没有

[1]《吕叔湘文集》第四卷，商务印书馆2004年版，第452页。
[2] 王丽编：《我们怎样学语文》，作家出版社2002年版，第68页。

原因的。叶圣陶那时是《新少年》的编辑。一九二四年，叶圣陶出版了一本《作文论》，他认为，语言的发生本是要为着在人群中表白自我，或者要鸣出内心的感兴。一个重要的衡量尺度，是看表白与感兴是否发乎作者自己。有所表白，必须合于事理的真际，切乎生活实况；有所感兴，则要求本于内心的郁积，发乎情性的自然，这种要求可以称之为求诚。所谓求诚，从原料上讲，要是真实的、深厚的，不说那些不可征验、浮游无着的话。从写作上讲，要是诚恳的、严肃的，不取那些油滑、轻薄、卑鄙的态度。作文首先要写出诚实的、自己的话。在此基础上，第二步才是要求所写的东西必须是美好的。

可以说，徐开垒就是叶圣陶作文理念的实践者，后担任《文汇报》副刊主编。一九六五年一月，《文汇报》发起讨论"如何指导和评价学生的作文"，历时八个月。徐开垒在这场讨论中持何意见，无从追究了。叶圣陶《作文论》中的思想，已经没有人能记得了。《文汇报》是党报，编辑不大可能说自己的话。讨论的"靶子"是上海市第二女中学生张伟的作文《茉莉花》：朋友送两盆茉莉花，她视作友谊的象征，爱护备至。一天下午，天气骤变，她冒着倾盆大雨冲往花园，不顾跌跤，将茉莉花抱回房间。雨过天晴，花上的水珠，闪耀着光芒。以花寓情说不上新颖，但表达真情实感，花与雨的细节也写得生动。

当时中央"以阶级斗争为纲"的"二十三条"（即《农村社会主义教育运动中目前提出的一些问题》）出台，处于政治思想文化大批判前夕，参与讨论的文章都自觉强调作文教学与阶级斗争的联系，认为《茉莉花》绝不是无产阶级的生活情趣，而是"小摆设"，必须以正确的观点指导。"要从小事情看到大问题，从烟囱、路灯、香炉、烛台引起联想，和阶级斗争、生产斗争、科学实验三大革命运动有机地联系起来。"[1]

不久，《人民教育》杂志开始了有组织的批判，这次的对象是另一名中学生的作文《母亲，我为您做了些什么》，作文的"人性论"是批判的重点。成人世界的政治是非，尤其是五六十年代的高度政治化，轻易践踏了五四运动时由周作人等所倡导的"儿童本位主义"。

张伟后来另写了作文《当我升上初三的时候》，自然趋附政治正确，文中充满豪言壮语，表明自己做好了各方面准备，为保卫祖国而奉献青春。这篇作文被评为佳作，收入《中学生优秀作文选》——童心的纯洁与纯真，被成功收编。孩子们就这样自然而然地学会了说假话、空话、大话。恶例一开，"儿童八股"于是形成。成

---

[1] 顾黄初：《中国现代语文教育百年事典》，上海教育出版社 2001 年版，第 443 页。

人八股侵入儿童心灵，本来古已有之，写"天子重英豪，文章教尔曹。万般皆下品，唯有读书高"的就是一位古代神童。儿童因此确立了政治人格的模式，成人之后习惯于满口假大空，却是这个时代特有的，白话文运动的发起人无论如何不能预料，鲁迅当年独自肩负起"黑暗闸门"，要放孩子们到光明的世界，快乐地做人，幸福地生活，没有想到孩子们从小就被逼着学习写儿童八股。

这名女生的个例，是新中国几代知识分子的集体写照。茉莉花没有被雨水浇灭，而被政治风暴连根拔起。一九二七年，鲁迅在香港的演讲中说过，老调子已经唱衰了好几个朝代，却还能唱下去，仿佛一直要唱下去——白话文运动以反对文言八股文始，以创造白话八股文终，证明了老调子的厉害。

今天虽不讲阶级斗争了，政治舆论的考验转脸成为了应试教育的压力，为了兑换分数，孩子们踊跃说谎，且对自己所写所说是不是谎言，从小即不能分辨，也懒得分辨了。一位初三学生的家长这样写道，孩子"非常熟悉表扬稿和思想汇报那类的文体。她的作文几乎是假话、假感想、假故事大全。……她们快乐地共同编着一样的故事，然后套上时间、地点、人物三要素这样的格式，去到老师那里领一个好分"。[1]

"茉莉花"事件已过四十载，谎言教育没有成人与儿童的差别。家长在叙述故事时用了副词"快乐地"，必须的、当然的、习以为常的说谎，于是成为"快乐"。

作家毕飞宇写道："毫不夸张地说，那时候我的所有的作文里头没有一句我自己的话，没有一句真正属于我内心的话。从小到大，我在作文方面得过数不清的小红旗与五角星，我成了一只快乐的鹦鹉，我意识到自己是一只鹦鹉的时候我已经是一个大学中文系的学生了。必须承认，直到那个时候我依然不会表达我自己，首先是勇气方面，然后才是技术问题。""如果让我给我们这一代人的语文教育打分，我不会打'零分'，因为它不是'零分'，而是负数。我之所以这样说，一点都没有故作惊人的意思。我们都有这样的体会，在接受了小学、中学的语文教育之后，我们不得不花上很大的力量再来一次自我教育和自我启蒙。"[2]

周作人四十年代指出科举制度的流弊有两端：第一，作文章不肯说真话，完全是说谎；第二，是胡说八道。"中国因为考试制度把中国国民思想弄坏了，只知说谎，胡说，把真实的学问都阻塞了，因此中国的科学也不能发达了。"[3]现在的"说谎"与"胡说"，与旧时科举考试只有一项差别，就是用所谓白话。

［1］邹静之：《女儿的作业》，朱竞编：《汉语的危机》，文化艺术出版社2005年版，第194页。

［2］王丽：《我们怎样学语文》，作家出版社2002年版，第377页。

［3］止庵编：《周作人讲演集》，河北人民出版社2004年版，第183—185页。

为什么没有读过、也读不懂文言八股的学生能写白话八股？不是得自遗传，而在教育体制，应试教育与科举制度并无不同。在应试教育中，"正确""积极"之类的套话，必不可少，不容商量，否则扣分降格。语文（主要以作文为例）课本来应有的功能与其他课程的差异，在于求得知识与思想的融合，独立人格的养成，而八股式作文，是彻头彻尾的奴化教育。

白话文运动已近百年，究竟什么是理想的白话文，至今有确认吗？鲁迅反复说自己处于新旧交替之间，是个"不三不四"的作家，周作人亦认为自己首先可取的乃是思想而不是文章，可见他们对白话文的期许非常之高。五四初期，急于抛出"典范"的新美文向古文示威，因为在那一代人心目中，文言始终是一种高的文化与历史的压力。他们深知文言的厉害和魅力，还敢存心与经典文言比高低，实在非同小可。但一二十年甚至一二百年，怎好与几千年的古文积累一争长短呢？

据说，陈寅恪曾向罗常培解说中文系之难办，认为现在中国文学的新旧杂糅，青黄不接。从前模仿《昭明文选》《古文辞类纂》和李白、杜甫的时代已经过去了，可是许多新作品又堕入了西洋文学家的窠臼，旧信念已失，新标准未立以前，真正创作，实在很不容易。

倘若新文学仅仅"上不了轨道"还好办，前述"茉莉花"的故事以及后来类似或经过掩饰的同样的故事，是让孩子也不得不走上规定的轨道，使原本脆弱而可疑的白话文，在学生时代开始扭曲。

六

最早把新文学课程引进大学讲堂者是朱自清，一九二九年，他在国立清华大学创立并开设"中国新文学研究"课程，并编有讲义。在现代学科体系中，增加一门新的学科，不是一件容易的事。朱自清的学生王瑶回忆道："当时大学中文系的课程还有浓厚的尊古之风，所谓许（慎）郑（玄）之学仍然是学生入门的向导，文字、声韵、训诂之类课程充斥其间，而'新文学'是没有地位的。"[1]这种风气并没有因为朱自清的努力而有所改变，一九三三年之后，他的新文学课被取消，四十年代末，大学对于新文学的排斥和轻视仍未改观。一九四○年西南联大的一次茶话会上，中文系主任罗常培不满于一名学生在调查表上填写"爱读新文艺作品，讨厌旧文学"，曾经当众说："中国文学系，就是研究中国语言文字、中国古代文学的系。

---

[1] 王瑶：《十日间》，张守常编：《最完整的人格：朱自清先生哀念集》，北京出版社 1988 年版，第 122 页。

爱读新文学，就不该读中文系！"朱自清立刻站起身："我们不能认为学生爱好新文艺是要不得的事。我认为这是好现象，我们应该指导学生向学习白话文的路上走。这应是中文系的主要道路。研读古文只不过便利学生发掘古代文化遗产，不能当做中文系唯一的目标。"[1] 这番话，理虽直而气不壮，宽容爱好与教授学问，毕竟不是一回事。朱自清自己也说"国学是我的职业，文学是我的爱好"。在这样的语境中，狷狂如刘文典诘问沈从文到底为何跑警报，并非全然无由，就中真意，是传统读书人与教书人，自认性命与学问等同。朱自清敢于站起向罗常培唱反调，并不因他的白话散文写得好，也不因他在大学里讲过"新文学研究"，而缘于他是一位古典文学专家。

朱自清今日之声誉，却主要来自他的散文创作。《背影》《荷塘月色》《匆匆》《春》《温州的踪迹》《桨声灯影里的秦淮河》入选中学语文课本，广为人知。余光中一九七七年写成《论朱自清的散文》，对作为散文典范的朱自清有相当严厉的批评，仅对《荷塘月色》的"用喻"，有十分具体的议论：

一、叶子出水很高，像亭亭的舞女的裙。

二、层层的叶子中间，零星地点缀着些白花，有袅娜地开着的，有羞涩地打着朵儿的；正如一粒粒的明珠，又如碧空里的星星，又如刚出浴的美人。

三、微风过处，送来缕缕清香，仿佛远处高楼上渺茫的歌声似的。

四、这时候叶子与花也有一丝的颤动，像闪电般，霎时传过荷塘的那边去了。

五、叶子本是肩并肩密密地挨着，这便宛然有了一道凝碧的波痕。

六、月光如流水一般，静静地泻在这一片叶子和花上。

七、叶子和花仿佛在牛乳中洗过一样；又像笼着轻纱的梦。

八、丛生的灌木，落下参差的斑驳的黑影，峭楞楞如鬼一般。

九、光与影有着和谐的旋律，如梵婀玲上奏着的名曲。

十、树色一例是阴阴的，乍看像一团烟雾。

十一、树缝里也漏着一两点灯光，没精打采的，是渴睡人的眼。

余光中列举上述引文后说："十一句中一共用了十四个譬喻，对一篇千把字的小品文说来，用喻不可谓之不密。细读之余，当可发现这譬喻大半浮泛、轻易、阴柔，

[1] 朱自清著，凌云岚考释：《文学的标准与尺度》，山东文艺出版社 2006 年版，第 63—64 页。

在想象上都不出色。也许第三句的譬喻有韵味，第八句的能够寓美于丑，算是小小的例外吧。第九句用小提琴所奏的西洋名曲来喻极富中国韵味的荷塘月色，很不恰当。十四个譬喻之中，竟有十三个是明喻，要用'像''如''仿佛''宛然'之类的字眼来点明'喻体'和'明喻'的关系。在想象文学之中，明喻不一定不如隐喻，可是隐喻的手法毕竟要曲折、含蓄一些。朱文之浅白，这也是一个原因。惟一的例外是以睡眠状灯光的隐喻，但是并不精警，不美。"[1]

从《荷塘月色》三段中截取十一个句子，予以评说，不应脱离"段"，一如"段"的评价不能脱离"篇"。是否用喻，是明喻还是隐喻，取决于段与篇的意图，兼有意思、节奏、读音等讲究，句子的长短，多一字，或省一字，均依据文章的意图作出取舍和调理。余光中既要评议，应顾及上下文以及主题。然而他没有。"隐喻的手法毕竟要曲折、含蓄一些"，这样的说法，与前半句："明喻不一定不如隐喻"，出现矛盾，单独讨论一句，又怎样判断"浮泛、轻易、阴柔"，或有无"韵味"呢？余先生于第九句的批评，也"不恰当"，作者原句是"如梵婀玲上奏着的名曲"，余光中却故意读作"西洋名曲"，"梵婀玲"乃译音，指小提琴，但其实是三个汉字，连字带读音，已是行文的美学策略，并非单指乐器，更没有"西洋名曲"之意。倒数第二句，对明喻和隐喻自相矛盾地比较过之后，陡然得出"朱文浅白"的结论，逻辑上不能成立。就修辞学而言，明喻确乎比隐喻浅白，朱自清在三个自然段用了十四个譬喻，其中十三个属于明喻，并不意味着他的文章非要"浅白"。句子浅白与文章的浅白，概念不同。至于"这位丈夫赏月不带太太，提到太太的时候也不称她的名字，只用一个家常便饭的'妻'字"，已在文学批评的界限之外了。

余光中批评朱自清"好用女性意象"，"这样的女性意象实在不高明，往往还有反作用，会引起庸俗的联想"。他说"小姑娘，处女，舞女，歌姝，少妇，美人，仙女……朱自清一写到风景，这些浅俗轻率的女性形象必然出现笔底，来装饰他的想象的世界；而这些'意恋'的对象，不是出浴，便是起舞，总是那几个公式化的动作，令人厌倦"。《荷塘月色》确有此病，本人也未必欣赏这篇被过誉的散文"典范"，只因被中学课本选入，长期诵读，师生们对这些缺点视而不见，或强测为优点。但朱自清毕竟是使用白话写散文的第一代，旧习难脱，新术有限，原不必如此苛责的。

余光中说："这种肤浅的而天真的'女性拟人格'笔法，在二十年代中国作家之间曾经流行一时，甚至到七十年代的台湾和香港，也还有一些后知后觉的作者在效

---

[1] 余光中：《余光中选集：语文及翻译论集》，安徽教育出版社1999年版，第30—53页。

�。"这倒是中肯的批评。

余光中又说："朱自清散文的滑稽与矛盾就在这里：满纸取喻不是舞女便是歌姝，一旦面临实际的歌妓，却又手足无措。足见众多女性的意象，不是机械化的美感反应，便是压抑了的欲望之浮现。"这话偏于刻薄，喜用女性意象修辞，未必等于色欲；这一层，朱自清是有自省意识的。一九二八年，朱先生出版散文集《背影》，第一篇题目就是《女人》，他说，"我总一贯地欢喜着女人"，"我到无论什么地方，第一总是用我的眼睛去寻找女人"，因为在他看来，"女人是比男人更其艺术的"。有这心念，又能写出来，说明作者对女性的态度坦然。"与因袭的玩弄的态度相差十万八千里，当可告无罪于天下。"[1]至于余光中对《桨声灯影里的秦淮河》的议论，从文学技巧上可以批评，但是用"古典文人"的"从容"和"新派作家"的"更放得下"作为嘲笑其"手足无措"的理由，并不高明。

余光中于《背影》的批评，集中于两点。其一，"失之伤感"："短短千把字的小品里，作者便流了四次眼泪，也未免太多了一点。"流泪问题，男女有别；同样是男人，性情的刚柔也有差别。原不必以自己为标准，品评他人个性。余光中认为，"今日的少年应该多读一点坚毅豪壮的作品，不必再三诵读这么哀伤的文章"，这意见尤其不必，他人的"伤感"与自己的"坚毅豪壮"，均未必适合作文学批评的标准，且"哀伤"之于文章的得失高下，亦属仁智之见，难以一概而论。

第二点批评针对《背影》首句——"我与父亲不相见已二年余了"。余光中认为"不稳妥"，"以父亲为主题，但开篇就先说'我'，至少在潜意识上有'夺主'之嫌。'我与父亲不相见'，不但'平视'父亲，而且'文'得不必要。'二年余'也太文，太哑。朱自清倡导的纯粹白话，在此至少是一败笔。换了今日的散文家，大概会写成：不见父亲已经两年多了。不但洗净了文白夹杂，而且化解了西洋语法所赖的主词'我'，句子更像中文，语气也不那么僭越了"。

这话似乎有理，深究则未必。主题与其说是"父亲"，无如说是父亲的背影；凝望背影涉及视线，从"我"说起，无可厚非。为儿而"平视"父亲，乃是白话文语境下新父子关系的写照，或也是《背影》的一层深意；家君在上，父道尊严，是文言里的尊卑关系。如果以文言写这文章，便属"僭越"，白话则不然。照白话口语的规矩——白话也是有规矩的——第一人称代词做主语往往可以省略，这是语法的惯例，如果作者有意不省略，那也许出于修辞的特殊需求。用"余"而不用"多"，可以说成文白夹杂，但文白夹杂未必就是缺点。太过文从字顺，流于平易，欲使味

[1] 朱自清:《背影》，人民文学出版社1983年版，第6页。

涩，可适当文白夹杂。"已"跟"已经"，"二年余"与"两年多"比起来，前者的确"哑"，后者颇上口。但就《背影》全文的"伤感"基调而言，首句宁可哑一点。谁能说"不见父亲已经两年多了"，必定胜于"我与父亲不相见已二年余了"。在音节上，此两句子差别甚大。"不见—父亲—已经—两年多—了。"二—二—二—三——一，"我—与—父亲—不—相见—已—二年—余—了"。——————二————二——二————一。五个音节与九个音节，论情绪的节奏感，前者直截了当，后者徐缓多姿。叶圣陶《文章例话》第一篇所选便是《背影》。他说："这篇文章通体干净，没有多余的话，没有多余的字眼，即使一个'的'字一个'了'字也是必须用才用。"[1]

余光中于朱自清的白话主张亦有所批评。朱自清说："如果白话文里有了非白话的成分，这就体例说是不纯粹，就效果说，将引起读者念与听的时候的不快之感……白话文里用入文言的字眼，实在是不很适当的足以减少效果的办法……在初期的白话文差不多都有；因为一般作者文言的教养素深，而又没有要写纯粹的白话文的自觉。但是，理想的白话文是纯粹的，现在与将来的白话文的写作是要把写得纯粹作为目标的。"[2]余光中则认为："这种白话文的纯粹观，直到今日，仍为不少散文作家所崇奉，可是我要指出，这种纯粹观以笔就口，口所不出，笔亦不容，实在是画地为牢，大大削弱了新散文的力量。文言的优点，例如对仗的匀称，平仄的和谐，辞藻的丰美，句法的精练，都被放逐在白话文之外，也就难怪某些'纯粹白话'作品，句法有多累赘，辞藻有多寒伧，节奏有多单调乏味了。"[3]余光中这一观点正确，但于批评《背影》首句并另造新句，却偏是倾向他自己反对的白话纯粹论。倒是朱自清违背了自己的主张，但在本人看来，这不是他的失败。写作本出于达意，主张云云，不必轻言，更不宜轻信。况且在那个时代，言文一致是一个大主张，极少有人能自外于此。

以上余光中批评朱自清，只是诸多白话文实践与批评的一例，并非格外地有说服力，但白话文文学标准之难以安顿，于此可见一斑。宇文所安说："中国读者大概都对汉语的文化纵深和微妙的层次感到自豪：在汉语里，某一字词，某一典故，可以引起丰富的联想。汉语的语言风格范围宽广，变化多端，'大白话'只不过是其中一种极端的可能性而已。"[4]

［1］叶圣陶：《文章例话》，生活·读书·新知三联书店 1983 年版，第 7 页。

［2］转引自《余光中选集》第四卷，安徽教育出版社 1999 年版，第 44 页。

［3］同上，第 45 页。

［4］［美］宇文所安著，程章灿译：《迷楼》，生活·读书·新知三联书店 2006 年版，第 1 页。

第四节　旧诗与新诗

一

艾略特在《诗歌的社会功能》一文中说："诗歌的最重要的任务就是表达感情和感受。与思想不同，感情和感受是个人的，而思想对于所有人来说，意义都是相同的。用外语思考比用外语来感受要容易些。正因为如此，没有任何一种艺术能像诗歌那样顽固地恪守本民族的特征。"[1]

汉语诗歌恪守其伟大的传统，顽固至晚清民初。胡适当初在美国酝酿白话文运动之时，就是对白话不能作诗不服气，于是有了《尝试集》中的那些作品，以及整个白话文运动。

夏曾佑、谭嗣同、黄遵宪，曾倡导"诗界革命"。主张用俗话作诗，所谓"我手写我口"，同时试用新思想和新材料，所谓"古人未有之物，未辟之境"入诗。这些主张，其实与胡适等人的主张差不多，俗语入诗，和白话写诗，意思恐怕很接近，差别在于对于所写之诗的看法上。黄遵宪要写的是中国诗，胡适他们打算写的却是"外国诗"。朱自清认为，"这回革命虽然失败了，但对于民七的新诗运动，在观念上，不在方法上，却给予很大的影响"[2]。民国七年，即一九一八年《新青年》四卷一号上刊出诗九首，作者三人，胡适、沈尹默、刘半农，是为新诗运动之开端。

陆厥《与沈约书》云，"质文时异，古今好殊，将急在情物，而缓于章句"[3]。就"急在情物"而言，古今未有甚于民七之时，这"章句"一缓，就放了一百年，至今还是既少章亦缺句。

白话诗已经尝试了百年，迄今还没有走出尝试的阶段。标志是除了写白话诗的人之外，很少有人愿意读它们。不论诗歌圈子里讲话多么雄辩、多么热闹，喜欢诗的人，还是多数选择读中国古诗。阅读古诗，或可治疗欲写新诗的冲动。

白话诗人兼古典文学教授林庚，曾在大学里教授"历代诗选"课，他说："在我的诗选班上，有过很多学生，他们本来都会写新诗，并且都很有希望把新诗写好，读了一年诗选之后，他们的新诗写不出来了，问他们为什么，则笑而不答，一打听，原来他们在做旧诗了。""除了这部分学生之外，还有一部分学生他们仍然自命是新

---

[1]　[英]艾略特：《诗歌的社会功能》，《西方现代诗论》，花城出版社 1988 年版，第 87 页。

[2]　朱自清选编：《中国新文学大系·诗集》导言，上海文艺出版社影印良友公司 1935 年版，第 1 页。

[3]　转引自蔡钟翔、黄保真、成复旺：《中国文学理论史》第一卷，北京出版社 1987 年版，第 212 页。

诗人，可是诗写得愈来愈旧，什么'孤雁'啊，'断肠'啊，'一腔热血'啊，'白发萧萧'啊，都渐渐地来了，我想他们迟早也是要做旧诗的，正如过去许多写得非常白话的前辈诗人都渐渐又写了旧诗一样，这文化的遗产真有着不祥的魅力，像那希腊神话中的Sirens，把遇见她的人都要变成化石吗？"[1]写这番话是在一九四三年。废名在写新诗之前，于李商隐和温庭筠的许多作品，有很深的心得，古诗不仅没有治愈这个北大外文系毕业的奇才，反而激发了他要写新诗的冲动。废名的新诗，存世九十一首，不含五十年代末写的几首民歌体。废名也是古典文学教授，抗战前在北大讲授过新诗课程，他懂得语言和文学的血肉关系，在讨论旧诗与新诗的时候，应特别留意他的意见。

林庚于八十八岁之际，回顾了自己写诗读诗和研究诗的经验："新诗坛在经过自由诗的洗礼后，正在呼唤着新格律诗的诞生，这乃是不以人们的意志为转移的。"[2]

林庚的看法似未引起写新诗的人在意，尝试新格律的运动，大概停止了吧。新诗人确有自己的意志，依然顺着当初追求自由和解放的思路，写自己跟汉语传统不相关的"新诗"，写得好的那些段落，像是从外国某诗人的集子里译过来的，说它有意思可以，承认其为中国诗则使读者犹豫。

六十年来语言体制的影响，使人几乎忘记写旧诗也是一种选择，所谓格律诗难学，青年中不提倡，倒也并没有禁止。写旧诗缺少出路，既没人教，也少人懂，会写古诗懂得古诗的老人已纷纷谢世，诗艺是否失传就看兴趣是否还在了。毛泽东诗词曾掀起古典诗词热潮，但没有培养出像样儿的诗人，风雅不作，风流焉能独存？

二〇〇二年六月，北京大学创刊了一份不起眼的繁体字印制的内部刊物《北社》，约半年刊出一期，不足百页，工本费六元，展示一些学生们自己创作的旧体诗词和辞章，虽鲜为人知，也显得很有自己的想法，比如"从辞章入手而进入义理之衢，发掘我国文字的美和美的文字，并推而化之"，在别处似没有见过这样明确的主张。与一九一九年创刊的《新潮》比起来，反响上自然小得多。《北社成立凡例》云："'北社'者，取夫子'北辰居其所，而众星共之'之意。为学以德，为文以德，则不动而化，不言而信。所守者至简，而能持万变；所处者至静，而能制群动。清风朗月，兰臭缉衣。七星以气衡，八风以调合。发皇言象，阴阳有奔命之勤；吐属宫商，球磬无遗音之区。爽籁入怀，鼓万物以含和；回庭接步，分天章而夺丽。'无偏无陂，皇建有极'，《洪范》之义也；'每依北斗望京华'，杜公之诗也。然'北社'者，亦此之谓耶？"其宗旨为"敦人品，讲士节，命体达用，转移风气，陶铸一世之人物；

[1] 林庚：《新诗的格律与语言的诗化》，经济日报出版社2000年版，第26页。Siren，塞壬，人面鸟身的海妖。
[2] 同上，第16页。

务躬行，重学识，风雅性情，经世致用，担当旧邦之新命"。

《北社》与当年的《新潮》有一个显著的共同点，就是逆潮流而动。百年前绍介欧风美雨，力倡文艺复兴，以中国社会入世界潮流之先导自任，《新青年》呼之于前，《新潮》应之于后，推波助澜，共同造就新文化运动，并以此思路改造中国社会，使其得到文化上的更生，其功效之成败姑且不论。百年之后，诗唯新体，文必白话，并非择善而从，实乃抱残守缺。《新潮》发刊旨趣曾言，"群众对于学术无爱好心，其结果不特学术销沉而已，堕落民德尤为巨"[1]。白话浅易，摇笔即来，文言艰深，苦费思量，新诗易成，为年轻人误把生命力当才华开方便之门，旧诗难工，莫谈创造，模拟已煞费苦心，合辙协律，决非轻举妄动者可制。北社诸君知难而进，逆潮流而起。

北社《凡例》将其结社之用心，概括为五端："吟咏古制，陶冶性情，有正乎人心古义者，此其一；言志怀抱，接响风骚，有化乎人性之美者，此其二；邑旨诗教，脉续文统，言情而不失其真，体物而会当乎雅，有成乎传统承继事业者，此其三；两千年文章，集千古文法诗法于一身，奥府渊蕴，花木独秀，通乎古变乎今，为当世文艺之建设有大意义者，此其四；肇乎三才，文德文心，波澜委化，匠心独运，诗文之本以立，趋衢之由以明，而后得立言之大义，无如天下之泛滥者，纲纪简明，万物不遗，有进乎立言之不朽者，此其五。"[2]《新潮》同人，当年数不足二十，学生加之教员职员亦不过两千，闹腾起来却造成了那么巨大的声势。如今之大学生数以百万计，却汲汲皇皇以求职就业为务，读书种子已少见，矢志于诗道者，能有几焉？旧邦新命，可托付于此三三两两葆有旧情怀之新新青年吗？

二

乔纳森·卡勒认为："一首诗既是一个由文字组成的结构（文本），又是一个事件（诗人的一个行为、读者的一次经验，以及文学史上的一个事件）。既然诗歌是由文字建构的，那么意义与语言的非语义特点之间的关系便成为一个主要的问题，比如声音和韵律之间的关系。语言的非语义特点是如何发挥作用的？它们（不论是有意识的，还是无意识的）具有什么样的效果？可以在语义的和非语义的特点之间期待什么样的相互作用？"[3]

---

[1] 阿英编选：《中国新文学大系·史料·索引》，上海文艺出版社影印良友公司1935年版，第59页。

[2] 柳春蕊执笔：《北社成立凡例》，《北社》第1期，2002年6月。

[3] [美]乔纳森·卡勒著，李平译：《文学理论入门》，译林出版社2008年版，第78页。

以此标准衡量汉语新诗，其一，它们仍然是以汉字写的，多分行排列；其二，对于汉字的非语义特长平仄、韵律（包括宽韵）、节奏等，基本上没有利用，或说未懂得使用；因此，其三，于新诗而言，阅读的人不必期待它能在语义之外表达出什么别的意味，晓得其大概想说什么，就已经了不起了。阅读这样的文字，类似一种创伤性的经历。

"中国当代诗人在德语国家成功的原因之一在于他们和中国传统基本上没有关系，他们的背景是西方思想史的。比方说要了解王家新的话，应该先了解古代希腊的荷马等人的作品。"[1]顾彬讲的此两个问题大致是中肯的，中国白话诗人，多数未通古文也未通外文，依靠中文翻译阅读外国诗人的作品，从中领会到什么比较可疑。诗通常是语言之中那些无法翻译的因素，即非语义特点包括韵律，依靠译文接触那些属于语言的血肉有多少可能呢？极端一点来讲，检验艺术的标准甚至可以提供译本的观察，好的艺术应是在给翻译出难题，什么是语言的艺术，至少是反对实用模式的，艺术不是为了翻译，是为了翻译不成。

早期的新诗作者，大抵是了解古典诗歌传统下写新诗的，无论钟情于温李抑或元白，皆有自己的阅读、感受、体会和心得，对于旧诗怎么写，他们多少是清楚的，有一些甚至可写出很好的旧诗来。新诗与旧诗形式可以不同，艺术性是一致的，体验过旧诗的艺术，就新诗而有了经验，今天的新诗作者，已不大清楚旧诗的传统、旧诗的艺术了。早期的新诗作者，在创作的时候有一种影响的焦虑，他们想法子摆脱传统的束缚，忘记传统，为此不惜贬低自己的传统，以域外的传统取代它。今天的新诗作者，不知道传统艺术为何物，他们在以阅读外译的经历写诗，又有意回馈出一种对外汉语而讨生活。多数新诗作者，不能以外语读懂外国诗歌，正如不能用汉语读懂古诗，而只能乞助于此两种失去了艺术的翻译，这是奇特的一代人，任何国家的历史上没有过这种现象。

乔纳森·卡勒认为："通过韵律的组织和声音的重复，达到突出语言，并使语言陌生化的目的，这是诗歌的基础。因此，关于诗歌的理论便设想出不同类型的语言组织——韵律类型的、语音类型的、语义类型的、主题类型的——之间的关系，或者用最概括的方式说，就是语义和非语义的语言范畴之间的关系，诗歌说些什么和怎么说之间的关系。诗歌是一种能指的结构，它吸收并重新建构所指。在这个过程中它的正式风格对它的语义结构产生作用，吸收词语在其他语境下的意义并使它们从属于新的组织，变换重点和中心，变字面意义为比喻意义，根据平行模式把词语

---

[1] 马铃薯兄弟：《诗人更需要对语言的责任——顾彬访谈录》，《新诗评论》2009 年第 2 辑，第 227 页。

组合起来。"[1]

诗歌理论或说诗歌的原理，是可以跨语际传播的，阅读这段从英文翻译过来的语言，同时以汉语诗歌的构造方式来验证其有效性也存在问题。作者可能精通西方多种语言，但通常不懂汉语，汉语诗歌独特的表现形式和表达效果，某种程度在其知识和经验之外。

汉语古今最大的变化，单音词为主变成了双音词为主。但汉字仍然一字一音，且有大量的同音同义字供选择，意义相同或相近，声音不同，如何选择，不能不考虑协律。古诗的要求很明确，押韵、平仄，白话诗则没有要求，没有要求其实比要求严格更难，千篇一律，容易做到，千篇千律，则非有天才不可。表面看自由诗无律，实际乃是自律，每诗自创一格，自成一律，有此成就，可称之为诗。放任自流，随意涂抹，与诗何干？明朝诗人谢榛曰："凡字异而意同者，不可概用之，宜分乎彼此，此先声律而后意义，用之中的，尤见精工。然禽不如鸟，翔不如飞，莎不如草，凉不如寒：此皆声律中之细微。作者审而用之，勿专于义意而忽于声律也。"[2]

三

古典诗歌的语言日益成熟，与日常言语逐渐分离，这一过程起始于二谢和沈约，完成于唐代。一旦形成之后，大体固定下来，成为写诗的人必须领悟的一种独特的语言模式。启功有很形象的说法，唐以前的诗是长出来的，唐人的诗是嚷出来的，宋人的诗是想出来的，再后来的诗，就都是仿出来的。[3]古典诗歌的语言与日常语言差别到底在哪里？葛兆光这样概括：

> 叙述视角：由于代表叙述主题的主语的消失，多元交叉转换的视角取代了日常语言中的固定不变视角。
>
> 描述过程：由于语序的省略与错综，平行呈列的共时性凸现取代了日常语言中的直线排列的历时性描写。
>
> 时空关系：由于标识时空的虚词的消失，感觉构架取代了逻辑构架。
>
> 语言形式：各句各联乃至全诗的匀称构造及双重对位式排列取代了日常语

---

[1]［美］乔纳森·卡勒著，李平译：《文学理论入门》，译林出版社2008年版，第83页。

[2]谢榛：《四溟诗话》卷三·七三，《四溟诗话·姜斋诗话》，人民文学出版社1961年版，第95页。

[3]参见赵仁珪、章景怀编：《启功隽语》，文物出版社2009年版，第95页。启功《论诗绝句》曰："唐以前诗次序长，三唐气壮脱口嚷。宋人句句出深思，元明以下全凭仿。"

言或散文语言的散漫形式。[1]

这种定型的语言形式，既是唐代伟大的成就，也是于后来继续写诗严重的束缚。首先面对这一双重遗产的是宋人，于是唐诗而外，又有了宋诗。元明清人们的诗歌观念，或说诗歌语言观念，又回到唐人那里，因为认同唐诗，所以批评宋诗，以文入诗，以议论入诗，以学问入诗，那曾是宋诗著名的罪状。"凡多用虚字便是'讲'，'讲'则宋调之根。""宋人作诗，欲人人知其意，故多直达。"[2]

宋人的改弦更张，既是时代风气不同造成，也是被逼出来的。

翁方纲认为，"谈理至宋人而精，说部至宋人而富，诗则至宋而益加细密。盖刻抉入理，实非唐人所能囿也"。又说："宋人精诣，全在刻抉入理。而皆从各自读书学古中来，所以不蹈袭唐人也。然此外亦更无留与后人再刻抉者。"[3]

然而宋诗的声誉却始终笼罩在唐人的荫翳中，甚至于如清人叶燮所言，"苟称其人之诗为宋诗，无异唾骂"。

缪钺说："就内容论，宋诗比唐诗更为广阔；就技巧论，宋诗较唐诗更为精细。然此中实各有利弊，故宋诗非能胜于唐诗，仅异于唐诗而已。"

钱锺书也认为，"整个说来，宋诗的成就在元诗、明诗之上，也超过了清诗"。《宋诗纪事》载作家三千八百余，《宋诗纪事补遗》又增补三千余，除去重复计算者，也比唐人多得多。《全唐诗》收录诗人两千三百余家。就个人创作数量或存世作品而言，宋人也为唐人不及。陆游一人留诗万首，苏轼、杨万里皆超过四千首，梅尧臣两千九百，王安石一千六百，黄庭坚一千五百，相比之下，李白九百余，杜甫一千四百，白居易三千余。宋代虽以词名世，但与宋词相比，宋代无论是诗人还是诗作要多得多。《全宋词》收录的词作者只有一千三百三十一人。[4]

吴小如认为，中国古典诗歌"源于《诗》《骚》，兴于汉魏，盛于唐，变于宋，衰于元，坏于明，回光返照于清"[5]。清朝后期，越来越多的人认识到宋诗的价值，由宗唐至宗宋，是清代诗歌变化的走向，从朱彝尊、查初白始以宋为宗，袁枚、赵翼、蒋士铨号称三家，未出宋人之范，同光体更是力摹江西诗派，桐城派古文的几位代表人物在诗歌创作上也推崇宋诗。

---

[1] 葛兆光：《汉字的魔方：中国古典诗歌语言学札记》，复旦大学出版社 2008 年版，第 195 页。

[2] 吴乔：《围炉诗话》卷一，郭绍虞编选：《清诗话续编》，上海古籍出版社 1983 年版，第 473 页。

[3] 翁方纲：《石洲诗话》卷四·五，《谈龙录·石洲诗话》，人民文学出版社 1981 年版，第 119、120 页。

[4] 数据引自房开江：《宋诗》，上海古籍出版社 1991 年版，第 1 页。

[5] 吴小如：《古典诗文述略》，山西教育出版社 1991 年版，第 129 页。

宋诗的影响所及，还不限于写诗的人，连选诗的人也采取了宋诗的立场，影响大者如《千家诗》，也是宋诗眼光下的产物，蘅塘退士编选《唐诗三百首》，有意要纠正其错谬，可以说明这一点。

诗之唐宋，正如学之汉宋，虽不免门户之见，却也各有所主。唐诗毫无疑问是古典诗歌的主流，宋诗的支流地位是逐渐获得认可的。葛兆光认为白话新诗的革命性主张，不过是宋诗散文化的一种实行而已，是一种打破格律束缚的现代"宋诗运动"。周作人认为新文学运动乃是明末公安派文学主张的复活，这是就散文而言，若就诗歌来说，宋诗主张之所以二度登场，因为它的事业没有完成。

中国近代的思想启蒙运动，假若不考虑外来的影响，是阳明学的发扬光大，而王学直接来源于朱子——宋学。宋学在学术思想上的影响，至民国而不衰。冯友兰的《贞元六书》，秉承宋学的问题意识，以他自己的话来说是接着讲。中国的文化自成一体，从语言到思想制度，自根自源，近代以来固然受到西学的冲击，影响一定是有的，但若以为彻底偏离了自己的路子，彻底地改弦更张，则不切实际，甚至是一时之误解。需要声明的是，这是指一九四九年之前的状况。

以新诗来说，既然白话新诗依然是汉字写就，它不能不受汉字的制约，一切与汉字相关或者由汉字生发出的种种修辞手段，不可能完全不利用，硬要模仿外国诗的种种，既难以成功，也不值得全部尝试。觉悟到新诗革命的宋诗性质，回到与传统对话的路上，才可能作出恰如其分的成绩。汉字分平仄，宛若人之有男女、天地分阴阳，是基本的事实，作新诗的人不正视它，当它如不存在，只能限制了自己的修辞手段。

四

中国的诗以汉字写成的《诗经》之前的作品，多没有传下来。《尚书》《周易》的一些断章，可靠性较大，但很难以诗称之，爻辞中的韵文也未能例外："鸣鹤在阴，其子和之。我有好爵，吾与尔靡之。"（《中孚九二》）"明夷于飞，垂其翼。君子于行，三日不食。"（《明夷初九》）另外一些像诗或歌的文字，《击壤歌》《卿云歌》之类，难于确定其年代。

唐人于中国诗的贡献，便是齐梁开始的律诗运动结成正果，五七律、绝句以及排律，称为近体诗，与古体或古风比起来，是名副其实的"新诗"。律体之成形，大体有四定，即定字，定韵，定对，定声。定字，由杂言趋于齐言。定韵，由转韵趋于连韵。定对，由散行趋于骈俪。定声，由声气趋于声调。篇幅一定，每句字数通篇一律。必用平声韵，不准换韵，押韵的位置固定。平仄调配也有一定。某些句子，比如说中间的两联必须对偶。绝句是从律诗当中截取四句，所以又称截句。排律是律诗的任意延长，除开头结尾各两句可以不对偶外，其余皆是偶句。韵数用整。

从古诗演为近体，是沿着汉语汉字的特性而充分地加以利用的。特色是在比较中产生的，于四声的觉悟，明显受到佛教传播所带来的印欧语系语言的影响，陈寅恪曾说："中国当日转读佛经之三声又出于印度古时声明论之三声也。"

汉语因为音节少，且以单音节为主，故以声调区分意义就异常重要，声调与字形配合，使汉语能以有限的音节表达丰富的意义，直至今日这一特性依然突出。

有声调是语言本身的事实，为声调命名却是另一件事。平上去入四声，是中国语言文字存在的内在因素，它的被发现并应用于诗文当中，是在南北朝时期。沈约宣称那是他个人的独得之秘，相传他曾著《四声谱》，此书已佚。平上去入四声，常与自古就有的宫商角徵羽五声相混淆，后世的研究者多有附会，陈寅恪《四声三问》说得明白：

> 宫商角徵羽五声者，中国传统之理论也。关于声之本体，即同光朝士所谓"中学为体"是也。平上去入四声者，西域输入之技术也。关于声之实用，即同光朝士所谓"西学为用"是也。盖中国自古论声，皆以宫商角徵羽为言，此学人论声理所不能外者也。至平上去入四声之分别，乃摹拟西域转经之方法，以供中国行文之用。其"颠倒相配，参差变动"，如"天子圣哲"之例者，纯属于技术之方面，故可得而谱。即按谱而别声，选字而作文之谓也。然则五声说与四声说乃一中一西、一古一今，两种截然不同之系统。[1]

近体诗之形成，正是此"中体西用"结出的硕果。陈寅恪此言大有深意。行得通与行不通，有时在于行者。历来论四声，分辨标准并不一致。

> 平声哀而安，上声厉而举，去声清而远，入声直而促。
> 其重其急，则为上为去为入；其轻其迟，则为平。
> 平声长空，如击钟鼓；上去入短实，如击土木石。
> 平声四拍以上，上声三拍，去声二拍，入声一拍或半拍。[2]

明朝人编《审音歌》流传很广，《康熙字典》亦曾沿用：

---

［1］陈寅恪：《四声三问》，《金明馆丛稿初编》，上海古籍出版社 1980 年版，第 340—341 页。
［2］李玄深：《古典诗歌常识》，百花文艺出版社 1962 年版，第 7—8 页。

平声平道莫低昂，

上声高呼猛烈强，

去声分明哀远道，

入声短促急收藏。[1]

以今天的标准衡量，语音的高低、升降、长短构成了汉语的声调，其中高低和升降是主因。以普通话的四声为例，阴平声是高平调，阳平声是中升调，上声是低升调，去声则是高降调。王惠三曾编写《标准调值口诀》："阴平声浪高而平，阳平声浪升而扬，上声声浪沉而曲，去声声浪远而坠，旧入声浪短而促。"[2]

古代汉语的四个声调，与普通话里的四声并不完全一样，差别主要在入声字上。今天有汉语拼音，讲四声无须赘言，小学生可以懂得，古人却没有这样的方便。齐梁时代，它可能是一门高深莫测的学问。梁武帝萧衍乃博学之士，却不知何为四声，一日问周舍（一作朱异）什么是平上去入？答曰：天子圣哲（一作天子万福）。四字既是称颂，又举例作答。辨别四声的办法是找例字，王鉴仿照"天子圣哲"，曾作四声纂句，以四字成语代表四声，方便了初学者。

赵元任编写国语教材也用过这个法子，他所编不是古人的平上去入，是今天的阴阳上去，四声成语计三十六句如下：

中华语调	高扬起降	开门请坐	分别长幼	三民主义	深谋远虑	灾情很重
要求免税	修桥补路	生财有道	诸承指教	非常感谢	说完好话	偏来打岔
张王李赵	专门捣乱	荤油炒肉	偷尝两块	酸甜苦辣	稀奇古怪	鸡鸣狗盗
飞檐走壁	七侠五义	青龙宝剑	三国演义	英雄好汉	爹拿椅坐	缺乏笔墨
偏旁写错	斯文扫地	登楼远望	天晴雨过	山明水秀	非常好看	阴阳上去

诸如此类[3]

对于四声——平上去入，大概唐人辨别起来也不易，所以干脆以平仄两分法处理。运用到近体诗当中，调理平仄，是相当重要的。

什么是平仄？诗人把四声区分为平仄两类，平是平声，仄即是上去入三声，简

---

[1] 李玄深：《古典诗歌常识》，百花文艺出版社 1962 年版，第 8 页。

[2] 王惠三：《汉语诗韵》，中华书局 1957 年版，第 48 页。

[3] 赵元任：《新国语留声片课本·乙种·国语罗马字》，商务印书馆 1935 年版，第 7 页。

单说就是四声的二元化。仄，意即不平。

为什么分为平仄两类呢？因为平声是没有升降的，且比较长，其他三声有升降，且较短，从声音的物理属性上，自然形成两大类型。启功在《诗文声律论稿》中说："方音差别的情况，有些地方，平上去入四声各分阴阳，甚至可多到九声、十声，但无论各有几声，都可以概括地分为两大调，即'平'（包括阴平和阳平）和'仄'（或称'侧'，包括平以外的各声）。可以说平和仄（扬和抑）是汉语声调中最低限度的差别，也可以说是古典诗文声律中最基本的因素。"[1]

此种二分也许令人联想到国人传统的阴阳观念，甚至于八卦中的两种符号，以及二进位制的计算机语言。

《宋书·谢灵运传论》云："夫五色相宜，八音协畅，由乎玄黄律吕，欲使宫羽相变，低昂互节，若前有浮声，则后须切响；一简之内，音韵尽殊；两句之中，轻重悉异。妙达此旨，始可言文。"[2]

在律诗之中，平仄在本句中是交替的，在对句中是对立的，如"池塘生春草，园柳变鸣禽"。"金沙水拍云崖暖，大渡桥横铁索寒"：平平仄仄平平仄。仄仄平平仄仄平。

饶孟侃认为，平仄事实上是单音文字特有的"保障"，"它在旧诗的音节里，位置占得最高，差不多格调、节奏、韵脚，都成为它一种音节上的附属品；换一句话来说，即它把音节上可能性一齐概括在它的范围以内"。"这种巧妙的作用是我们文字里面的一种特色，在任何外国文字里都没有。"[3]

南社诗人柳亚子一九四二年断言："平仄是旧诗的生命线，但据文学上的趋势看起来，平仄是非废不可的。那么五十年以后，平仄已经没有人懂，难道再有人来作旧诗吗？"[4]七十年过去，平仄的确是没有人懂，旧诗也乏人写了。

今天我们怎样辨别平仄呢？

首先要知道什么是四声？今天的普通话里阴平、阳平、上声、去声；前两个是平声，后两个是仄声，若是这样就简单了。语音在历史上是有变化的，我们读古诗，得依照古人写诗之时字的平仄去理解，才不误解古人，押韵也如此。汉字的平仄演化，其中最大的一项变化，是入声字在普通话里的消失。入声字本是仄声，消失归化到平上去三声当中，有的仍归入仄声，古今一致，有的却归入平声，

［1］启功：《诗文声律论稿》，中华书局 1977 年版，第 7 页。

［2］转引自蔡钟翔、黄保真、成复旺：《中国文学理论史》第一卷，北京出版社 1987 年版，第 217 页。

［3］饶孟侃：《新诗的音节》，沙似鹏编《中国文论选·现代卷上》，江苏文艺出版社 1996 年版，第 488 页。

［4］柳亚子：《新诗和旧诗》，王永生主编《中国现代文论选》第一册，贵州人民出版社 1982 年版，第 207 页。

则古今相反了。

全国约一半的方言中是有入声字的，如果母语方言里有入声字，可将普通话里的读音还原成方言读音，再判其平仄，将入声字归入仄声。

古代的入声字在普通话里，多数变成了去声，还有一部分变成了上声，去声和上声，都是仄声，所以这两部分入声字可以不管它。

只有那些原来是入声字，在普通话里变成了平声字（阴平、阳平），造成了辨别平仄的困难。要解决这个问题，只有一个法子，记住一些常用的入声字。王力《诗词格律概要》里列举了一些常用的入声字，且标示了那些在普通话里变成了平声的入声字，尤其需要记得：

一屋：屋竹服福熟族菊轴逐伏读犊粥哭幅斛仆叔淑独秃孰

二沃：俗足曲烛毒鹄督赎

三觉：觉角捉卓琢剥驳雹浊擢学镯

四质：出实疾一壹吉七虱悉侄苗漆膝

五物：佛拂弗屈

六月：骨发伐罚卒竭忽窟歇突勃筏掘核曰蝎

七曷：曷达活钵脱夺割葛拨豁掇喝撮咄

八黠：黠辖札拔猾滑八察杀刷

九屑：节绝结穴说洁缺决折拙切辙诀杰哲鳖截跌揭薛噎碣

十药：薄阁爵约脚郭酌托削铎灼凿着泊勺嚼桌礴昨

十一陌：石白泽伯迹宅席籍格帛额柏积夕革脊掷责惜择摘藉骼翮瘠昔

十二锡：锡击绩笛敌滴镝檄激翟析狄获剔踢涤戚

十三职：职国德食蚀极息直得黑贼则殖植值棘织识即逼亟

十四缉：缉辑集急湿习十拾什袭及级揖汁蜇执汲吸楫

十五合：合答杂匝阖鸽盍拉

十六叶：帖贴接牒蝶叠捷颊协谍挟辄

十七洽：狭峡匣压鸭乏劫胁插押狎柙夹浃侠[1]

一九八一年，年近九旬的赵元任回国访问，胡乔木专门拜访，并致信请教平仄的问题。他在信中解释自己"为什么要重视这个似乎不那么重要的问题"时说，平

---

[1] 王力：《诗词格律概要》，北京出版社 1979 年版，第24—27 页。本书只选取了转入阴平和阳平的入声字。

仄"这种习惯远不限于诗人文人所写的诗词骈文联语，而且深入民间。过去私塾里蒙童的对对子并不需要长时间的训练，巧对的故事也不限于文人。民歌中常有大致依照平仄规律的，如著名的：山歌好唱口难开，桃红柳绿是新春，赤日炎炎似火烧，月儿弯弯照九州等。甚至新诗中也有'教我如何不想她，太阳照着洞庭波'这样的名句"。[1]

胡乔木会写旧体诗词，一九六五年第十一期《红旗》杂志，刊发过他《诗词二十六首》，其中有"如此江山如此人，千年不遇我逢辰。挥将日月长明笔，写就雷霆不朽文"。这些诗合辙押韵固然没有问题。他能看到民歌和新诗当中存在对平仄的暗合或讲究，乃其过人之处。

五

古诗，又称古风，篇幅可长可短。句子有的整齐，有的不整齐。韵可用平声，也可以仄声，并且可换韵。句中平仄不固定，可自由调配。五古和七古是最主要的两种古体诗。

诗之声音节奏，汉魏古诗，重在声气，文情语意，一气流转，自成节奏。所谓"清浊通流，口吻调利"，多暗合于心，而非出于意匠。自齐、梁之后，有意以声调为诗，将魏晋以来的声韵研究成果运用于作诗，讲究四声，回避八病。平仄声律，由四声八病化来，成为律体之支柱。

律诗第一句第二字称作"起"，若是仄声，便叫仄起，若是平声，便曰平起。唐人五律，仄起式多于平起式，故仄起式是正格，平起式算偏格。七律则相反，以平起式为正格，仄起式为偏格。平仄变通的口诀是：一三五不论，二四六分明。五言则一三不论，二四分明。

押韵的作用，把许多涣散的音联络贯穿起来，成为一个完整的声调，使诗歌的节奏更明显更和谐。押韵的重要性，比调平仄可能还要大些。唐韵二百零六个，唐初许敬宗奏议，把二百零六韵中邻近的韵合并来用，实际上是一百一十二韵；宋代又合并为一百零七韵，就是著名的平水韵，唐人用的实际上是平水韵。元末《韵府群玉》为一百零六韵，延续明清。具体至四声，平三十、上二十九、去三十、入十七，计一百零六韵。

近体诗押韵规则：律诗、绝句不论五七言，一律押平声韵，且一韵到底，不得

---

[1]转引自苏金智：《赵元任学术思想评传》，北京图书馆出版社1999年版，第39页。

换韵。押韵位置是固定的，偶数句末。换言之，只准两句一押韵，不押韵的单数句末一字，须是仄声。一定要用本韵。绝对不允许有重复的韵脚。

律诗的八句，两两成对，构成四联，分称首联、颔联、颈联与尾联。近体诗的对偶规则是：

律诗八句四联，其中颔联和颈联必须对偶，首联和尾联可对可不对。绝句的情况，看截取的是哪二联，决定是否对仗。

意义对偶，最高要求是同类事物相对，其次是邻类相对，最低限度是词性相对。

要避免重复：避合掌，避用同字相对。同一个字不允许出现在出句和对句之中。

读诗而不通诗律，必不懂诗的好坏，不通诗律而强解诗，必是废话连篇，谈诗仅从内容从意义发挥，越讲离题越远。[1]

古人作诗的基本工具，乃是韵书，现存最早的一部诗韵是《广韵》。《广韵》的前身是《唐韵》，《唐韵》的前身是隋代陆法言的《切韵》，宋朝刘渊曾著《壬子新刊礼部韵略》，金代王文郁著《平水新刊韵略》，前者一百零七韵，后者一百零六韵，两部书合起来，是明清两朝文人作诗用韵的标准——平水韵的来历。由于诗韵的普及，后来把凡是分成一百零六韵的韵书称作"平水韵"了。清朝官家的韵书《佩文诗韵》，亦以平水韵蓝本编定。一九四一年双十节，民国政府公布《中华新韵》，以朱印白纸大本，颁行各省，但那只是仿前朝成例，实用的价值已几近于无。

一九五七年，中华书局出版王惠三编著《汉语诗韵》。一九六五年，中华书局还出版过《诗韵新编》，分为十八部，在每一韵部中，还着重分清了平声和仄声。在体例上，首先按音分列，同声字按常用罕用分先后排列，作为每一韵部各字的编排次序，字下还有例词，生僻的词语，还有简略的解释。其出版说明曰："押韵之于诗歌，是从声韵方面来增强艺术效果的一种手段，它不但在我国文学历史中是一种悠久的民族形式，而且和我国的语言文字有着不可分割的血肉联系。"[2]

与文人使用的韵书相对应的，是流行于民间的"十三辙"，历代的戏剧、曲艺、

---

[1] 1948年初版的喻守真编注《唐诗三百首详析》，选析五言古诗三十五首（另乐府十一首），七言古诗二十八首（另乐府十六首），五言律诗八十首，七言律诗五十首（另乐府一首），五言绝句二十七首（另乐府九首），七言绝句五十一首（另乐府九首），计三百一十七首，每首诗先"注解"，次"作意"，再"作法"，每类作品的第一首，详列"声调"，每首皆注明押的什么韵，每字皆标出平仄，从诗律角度解诗，此书后来多次重印，累计印数过二百万册。李玄深编著《古典诗歌常识》偏重于讲古诗的体制和格律，虽只六万余字，却讲得明白。刘永济《唐人绝句精华》和林东海《唐人律诗精华》，亦是行家之选，这些书堪称自修近体诗的门径。

[2]《诗韵新编》，中华书局1965年版，第2页。

皮簧、鼓词等民间说唱艺人，称之为十三道大辙，即中东、江阳、衣期、姑苏、怀来、灰堆、人辰、言前、梭波、麻沙、乜邪、遥迢、由求，把文人十八韵当中韵腹相近的韵合并，分为十三类，信口唱出，流传很广。也许由于样板戏的影响，劳动人民在创作戏曲、曲艺和民歌时的押韵需求，一时得到官方的认可，"文革"后期曾经编制过新的《十三辙同韵常用词表》。[1]

从"三百千千"，到《声律启蒙》《幼学琼林》《龙文鞭影》，传统的蒙学读物，皆以韵文出之，不仅便于背诵，亦且培养了儿童对于声韵调的语感，为将来读诗和作诗打下了基础。记诵大量名人事迹，历史典故，格言警句，构成了诗文的材料储备，加之熟读诗词，对诗律了然于胸，离自己作诗也只一步之遥，水到渠成了。大家多知唐诗宋诗，明清两朝诗人之众远过前代，以清为例，据计清人诗歌别集在四千种以上，可谓浩如烟海。

清朝小学家兼诗人郑珍《论诗示诸生时代者将至》曰："我诚不能诗，而颇知诗意。言必是我言，字是古人字。固宜多读书，尤贵养其气。气正斯有我，学赡乃相济。李杜与王孟，才分各有似。羊质而虎皮，虽巧肖仍伪。从来立言人，绝非随俗士。君看入品花，枝干必先异。又看蜂酿蜜，万蕊同一味。文质诚彬彬，作诗固余事。人才古难得，自惜勿中弃。我衰复多病，肮脏不宜世。归去异山川，何时见君辈。念至思我言，有得且常寄。"[2]

六

龚自珍写过一首七言为主的杂言古风《能令公少年行》，其序曰："龚子自祷祈之所言也，虽勿能遂，酒酣歌之，可以怡魂而泽颜焉。"通篇七十七句，ong 韵通押，形成一种有万丈豪情却发不出的压抑感。"蹉跎乎公！公今言愁愁无终。公毋哀吟娅姹声沈空，酌我五石云母钟，我能令公颜丹鬓绿而与少年争光风，听我歌此胜丝桐。……"此诗作于道光元年，即一八二一年，作者官内阁中书，时年三十。梁启超二十七岁（一九〇〇）著时文《少年中国说》，即源自于此（"吾尝爱读之，而有味乎其用意之所存"），梁文的结尾有四言赞语，其词曰：

红日初升，其道大光；河出伏流，一泻汪洋；潜龙腾渊，鳞爪飞扬；乳虎啸谷，百兽震惶；鹰隼试翼，风尘吸张；奇花初胎，矞矞皇皇；干将发硎，有

[1] 参见鲁允中:《韵辙常识》，人民出版社1978年版。

[2] 钱仲联编:《近代诗钞》第一卷，江苏古籍出版社1993年版，第293—294页。

作其芒；天戴其苍，地履其黄；纵有千古，横有八荒；前途似海，来日方长。美哉，我少年中国，与天公不老！壮哉，我中国少年，与国无疆！

时隔八十载，以梁氏之天分，令"少年中国"之说言出，由 ong 韵变成 ang 韵，终将这口气吐了出来。"少年中国学会"成立于一九一九年，同时，《少年中国》月刊创立。

不会写诗，必然导致不会读诗。不解一首诗的声韵调，仅仅识字是不能把它读出来的，尤其不能正确地读出来的。对于古诗，古人到底怎么读的，不得而知。西周至春秋，以雅言为正音，汉唐的官话，可能以秦晋音为主，北宋大概是开封话，中原音逐渐抬头，元明清三朝，北京话渐成官话。古典诗词的吟诵，是正在失传的艺术，口耳相传的吟诵方式，命悬一线了吗？

传统戏曲，特别是京戏，讲究唱腔和念白字正腔圆。启功认为，那只是一个笼统的要求，并不能真正做到，他说："戏曲的腔要圆了，字的读音就必须迁就这个乐腔而改变平仄声调，平仄都要改变，字音如何能正？所以在很多时候是字正腔不圆，或者腔圆字不正。"[1]

谈及吟诵，启功认为："从前文人诵读文章，讲究念字句有轻重疾徐。有人不但读诗词拿腔作调，读骈散文章也是这样。还有人主张学文章要常听善读的人诵读，最易得到启发。现在可以明白，所谓善读文章，除了能传出文中思想感情之外，还能把声调的重要关键表现出来。例如把领、衬、尾和次要的字、句轻读、快读，把音节抑扬的重要地方和重要的字、句重读、慢读。哪一句、哪一组是呼，哪一句、哪一组是应，藉此表现出来。听者不但可以从声调的抑扬中领会所读文章的开合呼应，获得更多的理解；又可在作文时把声调安排得与内容相适应，而增强文章的艺术效果。只是从前提倡这种办法的人和当时的读者与听者，都没有具体地说出其中的所以然罢了。"[2] 这实际上是语法研究者所说的"相对轻重律"以及"后重原则"。

语音有长短、轻重、高低，这些特征在同一句中，或相邻的句子里，有规律地重复、变化，与音乐的旋律构成道理相通。语言的音乐性，或许指的是这个。汉语是声调语言，每个汉字有固定的声调，声调具有区分意义的作用，主要表现为音高特征，诵读之时，四声和平仄是不能改变的，但每个语音的轻重和短长具有相当的弹性，据需要拖长、缩短、轻读、重读，甚至停顿，不会影响到意义的领会。

---

[1] 赵仁珪、章景怀编：《启功隽语》，文物出版社 2009 年版，第 102 页。

[2] 启功：《诗文声律论稿》，中华书局 1977 年版，第 189 页。

在一九八二年召开的全国唐诗讨论会上，一些年长的教授以传统的吟诗调吟诵唐诗。过去大家吟诵律诗，多是两字一顿："从实际情况来看，这个'顿'并不是真的停顿，只是每个双音节之后有个间歇，形成语音的延宕。语音的延宕使得双音节的后一个音节相对长些，与前一音节形成长短的对比；同时后一音节在延长过程中又必然加重念成一个重音，与前一音节形成轻重的对比。这样的律诗每个双音节内部形成相对的短与长、轻与重的对比，构成有规律的抑扬变化。"[1] 为什么称"相对轻重律"呢？因为这种双音节内字音的抑扬并不是汉字固有的特征，在特殊的文本中，受节奏模式的制约，人为地拉长调子而产生，一旦离开这一节奏模式，这种对比将不复存在。

相对轻重律虽然表现在吟诵上，但其依据却是出自于诗律。近体诗当中的"一三五不论，二四六分明"的原则，即逢双必究，"因为单数位置的音节，往往不在节奏点上，所以可以不论，双数位置的音节在节奏点上，所以需要分明"[2]。

"后重原则"在古代诗词当中，是一种突出的音韵现象。"比如押韵是利用不同音色韵母的对立构成的，由于汉语韵母结构较整齐，而声调又主要附着于韵母，所以古代诗歌押韵就有更丰富的内涵，除了音色的对立，还讲究声调平仄的对立及韵尾（阴、阳、入）的对立。从我国诗歌发展来看，押韵的后重原则集中体现在主韵落在一联的后句句末，即通常所谓偶句押韵。早在《诗经》里，偶句押韵的倾向已非常突出，而后诗歌一直遵循这个传统，汉武帝时曾流行过一种句句押韵的'柏梁体'诗，但很快就消失了，没有为大家所接受。"[3]

也许与古希腊语、拉丁语诗律中的既有"抑扬格"又有"扬抑格"相较，汉语诗律中的"后重原则"更为分明。

据吴为善的研究，不仅诗词当中存在明显的"后重原则"，在普通的汉语节律当中，重读音节的自然倾向也落在后一个音节上。

七

李健吾认为，新诗"最引人注目的，就是声律的破坏"。诗人写诗，使用语言文字，使用前人所用过的诗体、格律、修辞方式，受限制被束缚是一定的，在这样的前提下，言人所未曾言，道人所未曾道。黄遵宪的革新，是诗人的革新，是诗歌

---

[1] 吴为善：《汉语韵律句法探索》，学林出版社 2006 年版，第 16 页。

[2] 同上。

[3] 吴为善：《汉语韵律句法探索》，学林出版社 2006 年版，第 20—21 页。

内部的创造力，激励他写下《人境庐诗草》那些篇章，梁启超是他的知音，至少有这么一个读者，懂得他诗的好。胡适的介入诗坛是革命性的，是诗歌外部的破坏力，推动他写下《尝试集》中的文字，他称之为新诗。替白话诗开拓出道路来的第一位探路者，竟然不是一位诗人。新诗从诞生的那刻起，首先是一个事件而不是一个文本，且是一个革命事件，文学革命的标志性事件。

事件到来的时候，一些人惧怕，一些人激动。鼓吹革命的人，不必是诗人，革命事件之成立，亦不必以诗歌文本的成功为限，亦不会被诗歌文本的成就所限。

胡适的功与过可以不论，他也没有把自己当作诗人看待。在《〈尝试集〉自序》中，胡适说："若要做真正的白话诗，若要充分采用白话的字，白话的文法和白话的自然音节，非作长短不一的白话诗不可。这种主张，可叫作'诗体的大解放'。诗体的大解放就是把从前一切束缚自由的枷锁镣铐，一切打破：有什么话，说什么话；话怎么说，就怎么说。这样方才可有真正白话诗，方才可以表现白话的文学可能性。"[1]

"诗体的大解放"是个从未有过的说法，汉语诗歌的发展，从四言至五言，每句增加一字，已是了不起的改变了，再到七言，以至长短句，数百年变动一次，犹如造山运动，古诗到近体，需要多项条件具备才有可能，如四声和平仄的自觉意识，并不是谁人的突发奇想。

诗体是成熟的艺术形式，是诗人创造性成就的积累，也是写诗的人共同遵循的基本范式，乃文字艺术最高成就的集中体现。"诗体的解放"是什么意思，且还"大解放"，解放的前提是被束缚和被限制，从枷锁挣脱出来获得行动的自由，这样的说法比附诗歌创作上的诗体革新并不恰当。章太炎说："必谓依韵成章，束缚情性，不得自如，故厌而去之。则不知樵歌小曲，亦无不有韵者，此正触口而去，何尝自寻束缚耶？"[2]

艺术是非常困难的事，摆脱它却容易。假若在艺术上不满于现有的成就，表明面临着更大的困难。想写别人未写过的诗，同时认为可以不受任何限制，不必面对各种复杂的修辞手段和语义关系，不必苦心经营，不必克服太多的困难，只能说明不懂得诗。汉语和汉字，也不鼓励人这样去写和想。

什么是"一切打破"，什么又是"有什么话，说什么话；话怎么说，就怎么说"呢？人学会说话，就一直这么说，但说话归说话，写诗归写诗，区别是不言而喻的。闻一多认为，"凡是诗，都是有韵律的（Rythme）。因为有了韵律，才是可吟的东西，

---

[1]《胡适学术文集·新文学运动》，中华书局1993年版，第381页。

[2]章太炎：《答曹聚仁论白话诗》，转引自陈子展：《中国近代文学之变迁·最近三十年中国文学史》，上海古籍出版社2000年版，第301页。

否则就只成为可看的东西了"。以说话的方式写诗，实际是取消了写诗。通过取消艺术来改进艺术，这很有些强词夺理，这是艺术外部力量所能有的最大作为了。九十多年之后，仍有人在重复胡适当年的意思：

> 然而无论如何，在近千年的因袭与禁锢之后，汉诗首先需要的是自然和自由。而正是白话——自由诗潮及其诗学主张所掀起的这场诗歌革命，为汉诗写作开启了自由解放之路，这一伟大的历史功绩是不容抹杀的。至于单是自然和自由并不必然有好诗，那的确也是个大问题、大难题。对这个难题，白话——自由诗论者虽然有所意识，却无力解决且未能避免极端自然和自由的流弊。但话说回来，一切革命其实都只能完成争自由、争解放的任务，而一切争自由、争解放的革命几乎都难免极端的弊端——事实上迄今为止的人类历史里还从未发生过没有流弊的革命。就此而言，对白话——自由诗潮及其诗学主张，也就无须苛求了。[1]

自己并不写诗，不懂如何写诗，却能替写诗的别人争到自由和解放，令他们在写诗的道路上开出新的格局。这样的论调竟然能持续百年，还有人去重复它。鲁迅为什么禁止自己的儿子做空头文学家，这实是成本小收益大的行当。一部中国现代文学史，多是各色空头文学家的活动史。胡适是务实而闲不住的人，所以他很快就整理国故去了。

一九一八年任鸿隽（叔永）写给胡适的信，很有说服力，胡适似乎没有听进去[2]：

> 实在讲起来，古人留下来的诗体，竟可说是"自然"的代表。什么缘故？因为古人作诗的时候，也是想发挥其"自然"的动念，断没有先作一个形式束缚自己的。现在存留下来的，更是经了几千百年无数人的试验，以为可用。所以我要说，现在各种诗体，说他们不完备不新鲜，则可，说他们不自然，却未

---

[1] 解志熙：《汉诗现代革命的理念是为何与如何确立的——论白话—自由诗学的生成转换逻辑》，《摩登与现代——中国现代文学的实存分析》，清华大学出版社 2006 年版，第 354 页。

[2]《尝试集》出版后，胡先骕曾费一月之力，写成两万多字长文《评〈尝试集〉》发表于《学衡》第 1、2 期。文凡八章：一、绪言；二、《尝试集》诗之性质；三、声调格律音韵与诗之关系；四、文言白话用典与诗之关系；五、诗之模仿与创造；六、古学派浪漫派之艺术观与其优劣；七、中国诗进化之程序及其精神；八、《尝试集》之价值及其效用。

必然。……若要是创造文学的产品，我倒有一句话奉劝：公等做新体诗，一面要诗意好，一面还要声调好，一人的精神分作两用，恐怕有顾此失彼之虑。若用旧体旧调，便可把全副精神用在诗意一方面，岂不于创造一方面更有希望呢？[1]

即便是以旧体旧调，顾此失彼也是难免的。明朝诗人谢榛说："走笔成诗，兴也；琢句入神，力也。句无定工，疵无定处：思得一字妥帖，则两疵复出；及中联惬意，或首或尾又相妨。万转心机，乃成篇什。"[2]只有自己写过诗的人，才能体会到此种困难。

俞平伯一九一九年曾说：

> 依我的经验，白话诗的难处，正在他的自由上面。他是赤裸裸的，没有固定的形式的，前边没有模范的，但是又不能胡诌的：如果当真随意乱来，还成个什么东西呢！所以白话诗的难处，不在白话上面，是在诗上面；我们要紧记，做白话的诗，不是专说白话。白话诗和白话的分别，骨子里是有的，表面上却不很显明；因为美感不是固定的，自然的音节也不是要拿机器来试验的。白话诗是一个"有法无法"的东西，将来大家一喜欢做，数量自然增加，但是白话诗可惜掉了底下一个字。[3]

掉的那个字，恰是关键字。打算以白话写诗的人，首先应当清楚上述困难的处境，自由比束缚更为沉重，要让自己设法明白"白话诗和白话的分别"，"骨子里"的，而不是表面上的。百年来有轰轰烈烈的新诗运动，有声名卓著的新诗人和新诗流派，有不断涌现的新诗集，有大量的新诗评论和研究，有多种新诗发展史和新诗理论，我们缺少的是真正的新诗，或说白话诗。据汉语韵律的后重原则，那最后的一个字，才是最重要的字。诗最难，所以少，含糊不得，凑合不了。有一首算一首，有一句算一句。

李思纯发表于《学衡》第十九期的《与友人论新诗书》，颇能抓住要害，虽为质之于当年之新诗，同样发今人之深省：

[1]《附：任叔永原书》，转引自《胡适学术文集·新文学运动》，中华书局1993年版，第364页。

[2] 谢榛：《四溟诗话·董斋诗话》，人民文学出版社1961年版，第77页。

[3] 俞平伯：《社会上对于新诗的各种心理》，《俞平伯全集》第三卷，花山文艺出版社1997年版，第511页。

窃以文学所本，在于文字。吾国旧诗之所以有平仄音律五七言，盖本于汉字之特质而来。今苟有人提议废汉字，而用拼音文字，且于此拼音文字之下，更为拼音文字之诗，则吾决不作一语以反对之。若夫在单音独体之汉字下，而强用之以造作拼音文字式之诗，则其去常识已远。夫以蚕丝为原质而织之则成锦缎，以牛羊毛为原质而织之则成呢绒。其所以相异者，非织机之不同，工役之不同，而原质之不同也。今以蚕丝为原质而欲织成呢绒，与以单音独体文字为原质而欲成拼音文字式之诗，吾诚不能知其所异者何在。[1]

八

据废名的体会，每一首诗的创作，是作者"悟得体裁"的结果。扬长避短，锤炼文字，无中生有，稍有不慎，便成败笔废墟，谁也不能保证自己的这一次实验成功。人们喜说古诗不易写作，格律不易掌握，岂不知白话诗更不易，因为作者需要为每一首诗发明出一种形式来。没有形式，焉能以诗称之。

这是废名写在一首短诗《笼》后面的文字，发表于一九三〇年三月十六日北平《华北日报》副刊，抄在下面，去掉了前面的诗。在诗之前偶有短序，古已为之，为诗写后记、为一首只有八行的短诗写了这么长的后记颇为罕见。废名的文字向来晦涩难解，这篇却写得真切，直抒胸臆：

> 我是不能做诗的，偶尔做出一首诗来，因而想说几句话。这首诗，来得极快，而是夜半苦口吟成，自己很是爱惜。我相信它是一首新诗，严格的新诗。
>
> 中国的新诗，如果要别于别的一切而能独立成军，我想这样的一种自由的歌唱，是的。原来它有它的气候呵，自然与散文不同。然而我只有这一回。这绝不是自己想夸口，有什么可夸口的呢？生命的偶尔的冲击。自己简直想不发表，讲闲话则简直对不起自己呵。
>
> 做诗的人（这是说新诗，从来的旧诗人似乎又不同，那简直不别于散文的）实在要看他过的一种生活，这是无可如何的，我因为知道自己是非诗人，所以向来就不妄想做诗。
>
> 其次，做诗也还是运用文字，首先当然要学会作文，这并不是一件容易事呵，古之诗人似乎都有这副本领，所谓"得失寸心知"也。这当然又不是截然

---

[1] 李思纯：《与友人论新诗书》，转引自陈子展：《中国近代文学之变迁·最近三十年中国文学史》，上海古籍出版社 2000 年版，第 298 页。

的两件事，每每是互相生长，到得成功，自然有一个从心所欲不逾矩。

对于文字的运用懂得辛苦的人，每每悟得体裁，各样体裁各有其长短，而当初的创造者我们真可以佩服他，他找得了他的范围，就在这里发展，避其所不及，用其所长，结果只成就了他的长处了，成为一时代的创作，所以中国文学史上有词做得极古怪，绝不是以前的诗之所有，而其人也曾做诗，待现在我们看来，显有高下之别，这是一件有意义的事的。

——这一说真不晓得说些什么东西了，然而我关心于中国的新诗，巴不得它一下得到了它的真正的领土，它要是完全是创造的，要有它的体裁，它的文字，文学史上的事实可以证古人多不"旧"，而我们每每是旧的了，弄得牛头不对马嘴，一座荒货摊。糟蹋了新诗这颗好种子且不说，看着古人一代一代的创造的成绩，我们真好自己是奴才哩。或者这个奴才又站在西方圣人之前。

然而最要紧的自然还是生命，生命的洪水自然会冲破一切，而水也自然要流成河流。我因为不会做诗，而真的是爱它，不由己的乱说一阵，实在没有说得好。如果是我一时发了狂，那不久我也一定知道，天下诗人幸莫怪我。

三月五日[1]

抄到这里，《笼》的原诗也还是附在下面为好，免得感兴趣的读者费力查寻原书。

我把我自己锁了起来，
倪幸我的爱情是最结实的了。
我听得树上的鸟儿叫得怪好听，
原来这是猎人装就的一只笼呵。
我要飞出去我已经是个奴隶，
我再哭也不肯哭了。
关死了我不要紧，
可怜我身上还背了一个爱情呵。

九

刘半农《教我如何不想她》（一九二〇）：

---

[1] 王风编：《废名集》第三卷，北京大学出版社 2009 年版，第 1499—1500 页。原文未分段，系引者所分。

天上飘着些微云，

地上吹着些微风。

啊！微风吹动了我的头发，

教我如何不想她？

月光恋爱着海洋，

海洋恋爱着月光。

啊！这般蜜也似的银夜，

教我如何不想她？

水面落花慢慢流，

水底鱼儿慢慢游。

啊！燕子你说些什么话？

教我如何不想她？

枯树在冷风里摇，

野火在暮色中烧。

啊！西天还有些残霞，

教我如何不想她？

刘半农曾说："做诗本意只须将思想中最真的一点，用自然音响、节奏写将出来便算了事，便算极好。"这话，是说到了家了。

鲁迅一九三五年九月信札中提出对新诗的看法是："诗须有形式，要易记，易懂，易唱，动听，但格式不要太严。要有韵，但不必依旧诗韵，只要顺口就好。"[1]

依鲁迅的标准，《教我如何不想她》大体具备。此外，每四句为一节，相当于近体诗的首联和颔联，每节尾句的这七个字，仄仄平平仄仄平，是七律中最常用的一种句式。四节共用一个结句，《诗经》和民歌中尤为常见。"要有韵，但不必依旧诗韵，只要顺口就好"，这韵，可以很严格，也可以是宽韵。

---

[1]《致蔡斐君》，《鲁迅书信集》下卷，人民文学出版社1976年版，第883页。

十

穆旦的诗《冬》（节选）：

我爱在淡淡的太阳短命的日子，
临窗把喜爱的工作静静做完；
才到下午四点，便又冷又昏黄，
我将用一杯酒灌溉我的心田。
人生本来是一个严酷的冬天。

我爱在枯草的山坡，死寂的原野，
独自凭吊已埋葬的火热的一年，
看着冰冻的小河还在冰下面流，
不知低语着什么，只是听不见。
人生本来是一个严酷的冬天。

我爱在冬晚围着温暖的炉火，
和两三昔日的好友会心闲谈，
听着北风吹得门窗沙沙地响，
而我们回忆着快乐无忧的往年。
人生本来是一个严酷的冬天。

我爱在雪花飘飞的不眠之夜，
把已死去或尚存的亲人珍念，
当茫茫的白雪铺下遗忘的世界，
我愿意感情的激流溢于心间，
人生本来是一个严酷的冬天。[1]

这首长诗发表于一九八〇年《诗刊》第二期，据作者手稿收入诗集时有改动。

---

[1]《诗刊》1980 年第 2 期。《穆旦诗全集》收录的是另一版本，参见李方编：《穆旦诗全集》，中国文学出版社 1995 年版，第 362—363 页。《蛇的诱惑》收录的也是另一版本，参见曹元勇编：《蛇的诱惑》，珠海出版社 1999 年版，第 162—163 页。差别主要在每节的最后一句。

此诗作于一九七六年十二月，诗人五十八岁，两个月之后，因心脏病发作辞世。一九七七年一月三日写给朋友的信中，穆旦说："同信附一诗是我写的，请看后扔掉，勿传给别人看。我对于秋冬特别有好感，不知你在这种季节下写了什么没有？"[1]这里指的可能是《冬》。

全诗四段，六十四行，相当于杜甫《秋兴》八首的篇幅，上面选录的是该诗的首段。王佐良称"它的情调是哀歌式的"，十年浩劫，换来的不过是"人生本来是一个严酷的冬天"。以季节的自然形态，寄寓主观的情怀，乃是中国诗的旧途，诗人在信中说："不知你爱秋天和冬天不？这是我最爱的两个季节。它们体现着收获、衰亡、沉静之感，适于在此时给春夏的蓬勃生命做总结。"[2]

在新诗人中，穆旦向以对形式和技巧的追求著称，景语情语的融合，此诗的后三段明显不如第一段，情绪未尽，而意象超支，不仅措语难工，且心有余悸，似可作未成品看待。

诗歌是穆旦一生重于泰山的事业，以他的禀赋才情，应写出更多更好的诗，"文革"的厉害，还不在于它作为政治风暴引发的系列变动、制造的人间悲剧，它几乎摧毁了成年诗人对于诗的信念，这是最可怕的。与杜甫《秋兴》八首相比，穆旦的《冬》刚刚起了一个头，便匆匆煞了尾。杜甫穷愁潦倒，历经战乱败亡，未见得比二十世纪少，国家不幸诗家幸，杜诗是唐朝的灵魂，二十世纪中国究竟发生了什么，让它的诗人失魂落魄至于此——"不知哪个世界才是他的家乡"。

穆旦此诗，另有一个遗憾。本书引本是穆旦原稿和《诗刊》一九八〇年第二期发表时的原貌，但这一版本却不易被读者读到。易见的此诗主要出自三书：杜运燮编《穆旦诗选》、李方编《穆旦诗全集》、曹元勇编《蛇的诱惑》。此三书所收《冬》，皆出自于杜运燮，在他的建议下，穆旦修改了本诗的第一段，即每节的末一行叠句"人生本来是一个严酷的冬天"，分别修改为：（一）多么快，人生已到严酷的冬天。（二）呵，生命也跳动在严酷的冬天。（三）人生的乐趣也在严酷的冬天。（四）来温暖人生的这严酷的冬天。这修订稿出自于诗人自己之手，却是由于杜运燮批评作者的叠句"太悲观"而做出的更改，并非作者的初衷。

巫宁坤认为："他这是忍痛割爱，因为他接着又说：'若无叠句，我觉全诗更俗气了。'为什么呢？他又一针见血地指出：'这是叶慈的写法，一堆平凡的诗句，结尾一句画龙点睛，使前面的散文活跃为诗。'"他说："若是穆旦活到一九八六年，亲自编选《穆旦诗选》，他会采用砍掉叠句的更'俗气'的'订正'稿呢，还是采用

---

[1] 穆旦：《致郭保卫的信》，曹元勇编：《蛇的诱惑》，珠海出版社1997年版，第259页。
[2] 同上，第224页。

有'画龙点睛'的叠句的原稿呢？"[1]可惜没有编者采纳巫宁坤的意见，亦即穆旦的原稿。

<h1 style="text-align:center">十一</h1>

有人认为海子的不少诗不够成熟，"他写的《祖国，或以梦为马》……充满了假的'慷慨激昂'（Pathos）"[2]。

我们来看海子的另一首诗《熟了麦子》：

那一年
兰州一带的新麦
熟了

在水面上
混了三十多年的父亲
回家来

坐着羊皮筏子
回家来了

有人背着粮食
夜里推门进来

油灯下
认清是三叔

老哥儿俩
一宵无言

[1] 转引自陈伯良：《穆旦传》，世界知识出版社 2006 年版，第 189—190 页。

[2] 马铃薯兄弟：《诗人更需要对语言的责任——顾彬访谈录》，《新诗评论》2009 年第 2 辑，第 214 页。

只有水烟锅
咕噜咕噜

谁的心思也是
半尺厚的黄土
熟了麦子呀！[1]

　　这首诗发表于《人民文学》一九八九年第六期，诗题作《麦子熟了》，诗的正文与上文也有相当的差距：

那一年　兰州一带的新麦
熟了

在回家的路上
在水面上混了三十多年的父亲还家了

坐着羊皮筏子
回家来了

有人背着粮食
夜里推门进来

灯前
认清是三叔

老哥儿俩
一宵无言

半尺厚的黄土

---

[1] 西川编：《海子的诗》，人民文学出版社 1995 年版，第 12—13 页。西川编《海子诗全编》与《海子的诗》收录此诗一字不差，均注明 1985 年 1 月 20 日所写。

麦子熟了[1]

两种文本的优劣是明显的。其一，全编版本共八节，第一、二、八节各三行，其余的五节两行，凌乱不堪。杂志版本共七节，每节二行，整齐悦目。其二，杂志本的第四行是十七字组成的长句，与其他句子拉开了距离，更为醒目，用"还家"与下行的"回家"略有差别，避免重复。其三，"灯前"比"油灯下"简短，也更上口，邓程在引用该诗时，第十二行"一宵无言"误作"一宿无言"，以本书之见，"宵"若能改为"宿"字要好得多。"宵"不如"宿"是声音的差别，一平声，一仄声。其四，杂志本结尾要好，全编本的结尾是败笔，议论和感叹，属画蛇添足，"谁的心思也是"这样的句子，颇为幼稚。

邓程评论说（他引的是杂志本，有误）："全诗厚重，浑成，语言老练、干净，而此处的'粮食'，'麦子'没有象征的意味。结尾，'半尺厚的黄土／麦子熟了'颜色搭配醒目，尤其扣人心弦。"[2]他认为《询问》《答复》《重建家园》等诗的麦地意象"表面上增加了麦地的内涵，实际上削弱了意象的具体性和丰富性"，本书同意他的判断。

十二

顾城《佛语》：

> 我穷
> 没有一个地方，可以痛哭
>
> 我的职业固定的
> 固定地坐
> 坐一千年
> 来学习那种最富有的笑容
> 还要微妙地伸出手去
> 好像把什么交给了人类

---

[1] 海子：《麦地与诗人》，《人民文学》1989年第6期。此标题下刊发海子短诗八首。1991年南京出版社出版的由周俊、张维编的《海子、骆一禾作品集》收录这首作品时采用的是人民文学的版本。

[2] 邓程：《论新诗的出路》，中国社会科学出版社2004年版，第222页。

我不能知道能给什么
甚至也不想得到什么
我只想保存自己的泪水
保存到工作结束

深绿色的檀香全都枯萎
干燥的红星星
全都脱落[1]

顾城《我坐在天堂的台阶上》：

我坐在天堂的台阶上
我想吃点盐

你想吃什么，上帝
你是哪国人
天蓝色的胡子
你想表演杂技
我写过诗
有罪
所以坐在这
坐吧，别可惜你的裤子

下边还是人间
到那边去看，有栏杆

春天在过马路
领着一群小黄花在过马路
刚下过雨

---

[1] 顾工编：《顾城诗全编》，上海三联书店1995年版，第576—577页。

树在发霉

有蘑菇, 也有尼姑[1]

佛和上帝, 是外来文化中最庞大的事物了, 但国人对于他们的理解, 不能不受制于汉语自身, 佛和上帝, 先得是汉语中的两个词, 三个汉字。

顾城此两首诗, 与其说代表顾城本人对于西方二圣的看法, 不如说那是汉语于外来神圣的固有态度和本原眼光。一切打量者, 不得不面临被打量的处境。

顾城是当代罕见的诗人。他认为自己 "是在一片既没有东方文化传统又没有西方文化世界营养的这样一个情况下, 这样一个人类文化史上从来没有过的文化空白中间, 开始写我的诗歌的"。他天性具有诗人的观察力和感受力, "我想每个人来到这个世界上成为男人和女人之前, 都作为河水、飞鸟, 都作为千千万万种光芒生活过。当你有了眼睛看到世界, 闻到春天的气味, 这记忆就会在你生命中醒来, 使你穿越出生和死亡的墙壁, 穿越语言, 再现自身"。这话说得清晰, 只有目光如炬者看得真切, 讲得分明。顾城和中国文化之间, 具有天然的神秘联系, 这使他的诗洋溢着中国人对于万物和生命的感受。

顾城说: "对于我来说, 我们古代的诗人就如同我的一个过去的兄弟, 我们是从同一块云上落下的雨滴。不同的只是有的在两千五百年前就落下来了, 有的晚一些。有的落在大海中间, 有的落在树叶中间, 有的落在沙漠里。我有些不幸, 落在一片沙漠中间。但是在我降落的时候, 我依旧能够想起, 我和他们在一起时的生活。"[2] 又说: "另一方面, 我又是被扭断传统的小孩, 在荒地上长大, 我不能放弃快乐和任性。"一切的外来影响, 须先进入汉语当中, 被语言接纳之后, 才能因汉语而进入国人的心里。"这是一种天然对立的心态, 你既不能存在, 又不能不存在。我潜入自我意识, 想判明自身, 但每次忽然升起的光明, 都把我带入更深的黑暗, 这种悖论严酷地体现在文字上。诗人的对象是文字, 敌人也是文字。中国文字非常久远, 如玉如天, 它要你服从它, 而不是它服从你。我感到没有办法, 感到一些事儿不对。'我努力着 / 好像只是为了拉紧绳索', 各种文化事物有声有色地在我身上重演, 我变成了灯光舞台。"[3] 在新诗人中, 懂得跟意义周旋的人不多, 懂得在称谓上流连的人不多。"茶盘问花, 你是茶壶吗? 我想。花说: 不

---

[1] 顾工编:《顾城诗全编》, 上海三联书店 1995 年版, 第 563—564 页。

[2] 《我们是同一块云朵落下的雨滴——1993 年 2 月 23 日于西班牙讲话并答问》,《顾城文选》卷一, 北方文艺出版社 2005 年版, 第 323 页。

[3] 同上, 第 922 页。

对。茶盘说，噢，我知道了，你是茶杯。"[1] 茶盘诗人们，多半是这样写诗的，顾城在这里的戏仿，将时下诗人们的主观性和一厢情愿式的思维模式揭露出来，幽默风趣。

为了彻底从诗里放逐"意义"，顾城写下了《滴的里滴》，作者曾解释过这首由七个短章构成的诗："滴的里滴，这不能算语言，就是这么个声音。它是个魔鬼的精灵，它被装到一个瓶子里了，它想出来，就跟孙悟空想从镲里跑出来一样，它一会儿放大自己，一会儿缩小自己，在这个过程中呢，语言和现实的场景都给破坏了。这个挣扎一直挣扎到疲倦：'滴——'这个声音疲倦的时候呢，希望也就放弃了：这时忽然呢，它知道了这个挣扎本身就是世界的一部分，而它呢，其实不必挣扎，因为它跟这个世界原来是没有关系的——它就没有在那个瓶子里。"

"真正在梦里听到这个声音：'整个下午都是风季 / 你是水池中惟一跃出的水滴 / 一滴'这时候这个'滴的里滴'在这句话之下，一下子就安静下来，成为了一滴水，它找到了自己的形式，魂也就附体了，从而也就一下安宁了下来。"

"这时候世界便远离了，原来那不可征服的，跟你搅作一团的乱七八糟的世界中的观念都脱开了你，变成了什么呢？——盘子讲话：盘子盘子盘子——我就听见国家还在那讲话：国家国家国家；艺术讲着艺术，诗人喋喋不休着诗人，市场唠叨着市场，都是一样，而你呢，是水池中惟一跃出的水滴，你舒一口气——你并不在里边，——门开着，门在轻轻摇晃——你仍然面临着未知。"[2]

顾城没有说他的七章对应于《圣经·创世记》中的七日，他或许不想赋予一首诗任何意义，可还是禁不住透露了他于那使一切意义成为可能的开端之处的兴趣，谁若读懂了这首几乎是无法阅读的诗，或许有望成为"水池中惟一跃出的水滴"。

顾城也因写下这首诗而能够任性地说，我走到了诗歌的尽头。比他年轻的诗人海子也说过类似的话，"我走到了人类的尽头"，在反复的述说中，两个年轻的生命，一前一后，以极端残暴的方式，毁灭了自身，以及活在他们身上的汉语诗歌。

十三

当代对于新诗的认识和理解，有待于得到未来的诗人和诗作的验证，我们和汉语一起期待着。

---

[1] 顾城：《茶盘问花》，顾工编：《顾城诗全编》，上海三联书店 1995 年版，第 763—764 页。
[2]《与光同往者永驻——1992 年答德电台华语记者问》，《顾城文选》卷一，北方文艺出版社 2005 年版，第222 页。

迄今为止，当代汉语新诗尚未形成公认的、可以传授的"法度"，这是新诗尚不成熟的一个标志。只有以"法度"为标准，我们才能看到：那些标榜自己是"自然流露"的作品，不过是在偷懒，它们回避了严格性的考验，通过诉诸"感动"来自欺欺人（在诗的诸多技巧中，制造"感动"的技巧是最容易学的——大众的感情可以方便地被三流诗人如同被政客利用）；而许多自以为"技术高明"的作品，其实也缺少真正的严格性，因为它们不是在工作，使机智服务于一种客观性的要求，而只是在游戏（在这个词的普通意义上），使诗服务于展示自身的主观性和智力。

技艺是对诗人真诚性的考验。

在度过磨练技艺的学徒期后，最终是诗歌中包含的经验的活力、纯度和深度决定了诗歌品质的高下。

对瞬间和事件这两个层次经验的书写练习是诗人每日的必修课。

书写暴力说到底就是在进行解剖。但是毫无顾忌就是恶，因为它不知道节制。更重要的是，毫无顾忌也未必就能得到事情的全部真实，那种最根本的真实恰恰是要在对看的欲望（看本身就是一种欲望）的克制中才能为人所获。那是一种倾听，一种由倾听而来的诉说，亦即倾诉。与我们的灵魂靠得最近的真实是隐藏的，它们拒绝显露给自以为是的智性和意志。[1]

诗人顾城说得更直截了当，"我反对使用语言"，"人有什么样的目的就有什么样的逻辑，你一定要写一首诗的时候你才面对语言"。语言是在你真正想要写一首诗的时候，才到来的，它只对少数个人现形，它无声无息地秘密地降落在诗人的无形的机场上。

"我相信冥冥的震动产生万物的声音，只要在产生的一刹那是合适的，它就必有非如此不可的奥妙。"[2]

---

[1] 一行：《词的伦理》，上海书店出版社 2007 年版，第 8、78、90 页。
[2] 顾城：《睡眠是条大河》，江苏文艺出版社 2012 年版，第 151 页。

第四章　汉语文脉的断与续

第一节　汉字与文言

汉字是独一无二的文字系统，从甲骨文算起，距今至少有四千年的历史。在公元十五世纪之前，用汉字书写、记录和印刷的文献，比世界上用其他一切文字留下的文献总和都要多。日本、朝鲜、越南曾借用汉字记录他们的语言，形成汉字文化圈。二十世纪初，在西方拼音文字的对照之下，被目为落后，称之为方块字，与周边国家的"去汉字化"浪潮相呼应，国内也试图将汉语拼音化，废除汉字，究其实，不过是因为打字和排版、发电报、编制索引、查字典等方面的不便，教与学、认和写上的所谓"困难"，加之一些人认定汉语汉字天然缺乏严密的逻辑，不利于科学观念的传播，不擅长表达高深的思想和复杂的情感。

二十世纪七十年代出土的公元前三世纪的秦始皇兵马俑，拥有七千真人大小的陶制武士，在技术落后的时代能够制造出来，在一名德国汉学家看来，是因为国人发明了以标准化的零件组装物品的生产体系。零件大量预制，且以不同的组合方式迅速装配在一起，从而以有限的常备构件创造出变化无穷的单元。中国人那么早有零件组装的思路，是长期书写汉字的缘故。雷德侯认为："汉字可以说是人类在前现代发明的最复杂的形式系统，而且也是模件体系的完善典范。汉字的五万个单字全部通过选择并组合少数模件构成，而这些模件则出自相对而言并不算庞杂的两百多个偏旁部首。"[1]

既然以"言文一致"为目标，白话文运动注定了不会止于废除文言，还要进一步废除汉字，如今拼音化进程停了下来，汉字看上去是保住了，但实际上今日的汉字，已非昔日的汉字，时下受过高等教育的人包括作家，也未必能够把汉字当作汉

---

[1]〔德〕雷德侯著，张总等译：《万物：中国艺术中的模件化和规模化生产》，生活·读书·新知三联书店2005年版，第4页。

字来认识。今日奢谈文化复兴者众，殊不知文化复兴的前提是文字之复兴。

一九五三年编纂出版的《新华字典》，收录约万余常用汉字，解释了三千五百个复音词，"主要供中小学教师和学生使用"，"中等文化程度以上的读者"也可参考，是一部小型语文工具书。它的特点，就是差不多将文言剔除干净，好像历史上从来不曾有过似的，事实上，这万字中的每一字，皆是出身文言文的。一九五六年开始编纂，二十年后完成出版的《现代汉语词典》，收录字、词、词组、熟语、成语，五万六千余条，是一部中型语文工具书，"供中等以上文化程度的读者使用"，在对文言的区分和摒弃上，执行的政策和标准与《新华字典》如出一辙。此两部发行最广的语文工具书，犹如一道蜿蜒曲折的长城，将文言文与古代文化尽可能隔绝于长城之外，使生活在现代汉语中的年轻人，"不知有汉，无论魏晋"。

文言白话既有区别又有联系，有时直接是书面语和口语的差别，深浅、雅俗，不一而足。选择的标准，是一些字、词（或其义项）是否还在使用，这个选择却带有编者浓厚的意识形态色彩，加之社会生活和思想信念上的单一化，持续了数十年之久，为政治需求而删去字词和义项。大量不合时宜的字词义项，就这样无影无踪了，反过来加剧了白话文语境中的历史虚无主义倾向。一九七五年出版的《新华字典》，甚至明确表示该字典是"为一定的阶级服务的"，代表了语文工具书政治化的极端。"古汉语字典、词典"的专门化，等于把过去属于全体文化人的通识人为地变成了专门的知识和学问，强令大批公共词汇和术语，以及与之相关的理解力和感受力，退出大众生活的视野，成为一种少数人钻研的内容。在语言文字修养上的先天不足，难道不是白话文运动应有的题中之义吗？

汪德迈（L. Vandermeersch）认为："汉字系统与苏美尔和埃及文字的重大区别是，苏、埃文字仅仅是一种书写系统，而汉字则兼有书写系统和真正的独立的语言系统的双重功能。"[1] 作为符号的汉字和作为语言的汉字，是统一在一起的，假若不能成为汉语的符号，汉字绝不可能沿用至今。对于汉语的研究，自古就集中在汉字上，以音韵、训诂和文字学的传统延续下来，二十世纪之后，随着西方语言学的传播而大为改观。自从索绪尔将文字定义为语言的书写符号，确立了语言和文字在语言学研究中的主从关系之后，汉语语言学就从无到有地发达起来。语言学上的真正建树可以扪心自问，二十世纪末符号学在西方的兴起，汉语符号学亦热闹起来，能把乾嘉学派在文字声韵上的积累和符号学的现代眼光结合起来的研究似乎还未见到。

索绪尔多处谈到符号学，"我们可以设想有一门研究社会生活中的符号生命的

---

[1]［法］汪德迈著，陈彦译:《新汉文化圈》，江西人民出版社1993年版。

科学"，"它将告诉我们符号是由什么构成的，受什么规律支配。因为这门科学还不存在，我们说不出它将会是什么样子，但是它有存在的权利，它的地位是预先确定了的。语言学不过是这门一般科学的一部分，将来符号学发现的规律也可以应用于语言学，所以后者将属于全部人文事实中的一个非常确定的领域"。[1] 既然明确把语言学定位在符号学之下，那么批评他语音中心主义就未必妥当，德里达的《论文字学》，与其说是对索绪尔的反叛，不如说是对索绪尔的继承。

微雕艺人轻松地把一首唐人七律五十六字镌刻在米粒大的象牙上，并非依赖超常的视力与放大设备。法国汉学家白乐桑认为，长期书写汉字，可以培养中国人对于空间的感受能力，一些中国眼科医生，在仪器远不如西方的条件下，可以成功地实施某些手术，得益于其空间的感受力。白乐桑曾在法国教授学龄前儿童学习汉语，他让他们练习以声调区分意义，以此训练孩子们的听力。他对于汉语和汉字的理解，为许多国人所不及：

> 中国文化异质性的"根"在于它的符号文字：它勾画出意义而不是声音。组成汉字的符号是借助于图像而不是字母来书写的，并且在东亚国家打下了它的烙印。
>
> 西方文化和中国文化之间不可忽视的差别在于它们书写系统本质的不同：读一个汉字就像辨认一个面孔，然后和一个名字对上号；而读一个由拼音字母组成的词，相当于宣布一个名字，这个名字或许会让人联想起一个面孔。
>
> 汉语和拉丁语、斯拉夫语、阿拉伯语、希伯来语甚至日语的假名不同，它是惟一不分析语音的文字，它连缀的是个部分意义以及隐晦的谜一样的部件。
>
> 如果从语言背景出发，勾勒中国文化环境的轮廓，我们可以捋出三条主线：意义的寻求、视觉空间的联系以及模糊的逻辑。[2]

《周易·系辞》云："上古结绳而治，后世圣人易之以书契，百官以治，万民以察，盖取诸夬。"治和察均以书契为始，此可见文字之重要。所谓语言研究中的"字本位"观，实指文字研究，也只能是文字研究，与古希腊、古印度和古代阿拉伯的语言学传统及其研究根本不同，这是必须申说明了的，否则错谬不止、缠夹不清。

《荀子》的《正名篇》，大概是今日所知汉语文献中最早讨论语言文字的文章。秦一统天下，研究文字的专著开始问世。《尔雅》《方言》《说文解字》《释名》先后

---

[1]［瑞士］索绪尔著，高名凯译：《普通语言学教程》，商务印书馆1999年版，第38页。
[2]［法］白乐桑：《再见了，中国：我的"七零"印迹》，东方出版社2007年版，第103—104页。

诞生，文字学和训诂学的建立，顺理成章。围绕汉字的形音义，尤其形和义的研究，非常发达。公元一二一年许慎的《说文解字》，可视为中国最早的字典，也是世界上最早的字典之一。收录九千三百五十三个汉字，以偏旁归纳为五百四十个部首。部首的排列"始一终亥"，受到汉代阴阳五行家观念的影响，认为"万物生于一，终于亥"。为了讲明字形，每字皆用小篆书写，其编写体例为先讲字义再谈字形，附说字形与字义、字形与字音间的关系。唐李阳冰自以为李斯之后最懂篆字者，对《说文解字》妄加修改，使后人无法恢复其本来面目。今天看来，《说文解字》的不足在于对汉字的历时性重视不够，把字平铺在共时的平面上，以六书的条例分析，有时不免附会。每一汉字要寻求它的演变过程，需有地下出土器物铭文作证据与线索，许慎的缺陷清末孙诒让有所补救，甲骨文适时被发现，为孙诒让的研究提供了难得的材料，探索文字纵向历史踪迹的研究方法，引入对《说文解字》的阐释。

汉语独特的言文关系，使它发展出两种书面语系统——文言和白话。其中尤能体现汉字本性的，乃是文言——可以说，汉字实为文言而创生。

汉字与拼音文字的不同，正在逐步得到认识。汉字是自源性的表意文字，以语义为核心，重视觉，它与意义之间的联系建立在字形上，因此，它本身就是符号，而不是"符号的符号"，因此有人把以汉字为载体的中国文化概括为"重文轻言"。徐通锵认为，汉语和西方语言的根本区别，在于各自的基础单位及其编码规则不同，印欧语系的"码"是约定性的"词"（word），汉语的"码"是有理据的形音义三位一体的"字"。[1]西方语言可称为"音本位"，汉语则是"字本位"。

正因如此，欧洲从拉丁文分化创生各自的民族语言，具有必然性，可以说，从采用腓尼基字母拼写自身的语言起，欧洲语言就注定了要走上分化。自空间上说，五百公里以外，语言不同，文字既然随语言变，自然亦不同；从时间上讲，五百年前后，语言、文字差别亦极大。英、法、德、意，各有其语，今天的英国学生阅读莎士比亚困难，根源于此。

汉字是独立的符号系统，从开始就不专是口语语音的记录。汉字书面语——文言，也不是口语的记录，所以独立于任何方言之外并以此而历数千年，不曾亦不会发生大的变化。真正具有汉语阅读能力的人，读《庄子》《史记》从道理上应没有障碍。

汉字不以表音而以表意为基本取向。文言不记录口语，汉字与文言是般配的。或说汉字天然具有文言化的倾向，适合成为文言文的载体。文言文在中国能够高度

---

[1] 徐通锵：《语言论》，东北师范大学出版社 1998 年版，第 33 页。

发达并无穷地精致化的原因在此，并不是什么历代复古主义思潮使然，亦不是文人"普遍保守"可以解释。汪曾祺举过《老残游记》的例子："一路秋山红叶，老圃黄花，不觉到了济南地界。"这是文言，还是白话？他说："只要我们说的是中国话，恐怕就摆脱不了一定的文言的句子。"此乃识者之言。文言力求简洁，刻写之难，是今人须为古人设想的原因之一，阮元《文言说》云："古人无笔砚纸墨之便，往往铸金刻石，始传之远；其著之简策传事者，亦有漆书刀削之劳，非如今人下笔千言，言事甚易也。""古人以简策传事者少，以口舌传事者多，以目治事者少，以口耳治事者多。故同为一言，转相告语，必有愆误，是必寡其词，协其音，以文其言，使人易于记诵，无能增改，且无方言俗语杂于其间，始能达意，始能行远。"[1]这是十分真切的。中国社会自古注重以目治事，轻视口耳之学，上智下愚，上行下效，与金字塔式的社会结构是配套的，天不变，道亦不变。

迄至近代，天崩地解而神州陆沉，为有史以来所未见，在社会秩序的大解体中，白话文骤然被人为地抬至高位。汉字虽被简化得尽失尊严、美感和斯文，最终还是渡过难关，只要"字"被保留下来，汉字本身的文言化"基因"仍会悄然发挥作用，润物无声。从较长的历史时段观察，只要教育普及，文化发达，书面语一定程度的文言化是必然、亦是显然的。使用汉字，不大可能脱尽其历史影响，差别只在自觉与未觉，有意识与无意识。章太炎云："今通行之白话中，鄙语固多，古语亦不少，以十分分之，常语占其五，鄙语、古语复各占其半。古书中不常用之字，反存于白话，此事边方为多，而通都大邑，亦非全无古语。"此乃省察之言。又说："要之，白话中藏古语甚多，如小学不通，白话如何能好？"[2]他认为，作白话比作文言要困难得多，须定统系，明格律，识字有过于昌黎者，才能写得"正"，否则"动笔即错"。这"动笔即错"一句，诚说尽今日泱泱白话文的通病："余谓须有颜氏（之推）祖孙之学，方可信笔作白话文。余自揣小学之功，尚未及颜氏祖孙，故不敢贸然为之，今有人误读'为絺为綌'作'为希为谷'，而悍然敢提倡白话文者，盖亦忘其颜之厚矣。"[3]以太炎先生的小学修养，尚不认为自己有资格作白话文，这是对汉语真诚严谨的态度。

由于西方语言观念造成的误导，人们至今认为"文言的形成历程可以说是书面语逐渐脱离口语的历程"，并且判断"周秦时代书面语和口语基本上是一致的"。[4]

[1] 郭绍虞主编：《中国历代文论选》第三卷，上海古籍出版社 1980 年版，第 586 页。

[2] 张昭军编：《章太炎讲国学》，东方出版社 2007 年版，第 136—138 页。

[3] 同上。

[4] 徐时仪：《汉语白话发展史》，北京大学出版社 2007 年版，第 7—8 页。

这至少是事实不足、证据不清。《左传》《论语》《孟子》《老子》《庄子》《韩非子》等著述的出现，正是文言作为汉语最早的书面语系统——文言臻于成熟的标志。这些著作中的文字，不是口语的记录。《论语》虽为语录体，却非孔子言论的笔录，与同代其他非语录体著作在文字上的一致，明证其非口语。

汉代以降，书面语的写作，首先是对前代书面语典范作品的学习和模仿。说成是复古风气，实为今人的无知。临池弄笔，必以临摹碑帖起步，吟诗填词，首当熟读唐宋名家。汉语发展史上，语法、修辞、逻辑从未单独列为一科，在体会那些世代相传的典范作品中，同时学会了一切。

五四人相信甚至迷信进化论，认为汉字长期停滞于表意阶段，不能发展出拼音字母，是落后的表现。这种认识是把西方语言的演进过程错认为一切语言的普遍规律了。爱切生认为，"并无迹象可以说明有语言进化这回事"；"语言跟潮汐一样涨涨落落，就我们所知，它既不进化，也不退化。破坏性的倾向和修补性的倾向相互竞争，没有一种会完全胜利或失败，于是形成一种不断对峙的状态"。他引用叶斯帕森的话说："能用最少的手段完成最多的任务这种技艺方面做得越好，这种语言的级别也越高。换句话说，也就是能用最简单的办法来表达最大量的意思的语言是最高级的语言。"[1]

文言正是这样的语言：言简意赅。它超越地域方言，也超越朝代，是真正意义上的"立言"，文言一旦成为文本，不再被时间侵蚀，也不受空间阻隔，进入近乎恒定的状态。有人说，人类各语种的平均寿命约五百年，汉语文言，三千载一夕矣。一字一句读古文，字义字形，明晰而稳固，似可以触摸永恒本身，优美的文言经得起一读再读，代代传诵，而经典之谓，意指反复阅读的必要。汉语语境的核心部分由文言经典构成，文章同时即是文献。常年浸淫其中，极有利于写作。著述，历来被称为名山事业，因汉语写作本身，下笔即意味着永久流传与反复诵读，没有文言，不能想象《世说新语》《昭明文选》《聊斋志异》，也同样不能设想《红楼梦》与《儒林外史》。

林纾与白话文运动诸贤的分歧，并不在显扬白话，而是在是否需要打倒文言上。文言从来不是白话的对立面，毋宁说它是白话的高级阶段。

张中行从个人学习文言白话的感受出发认为："文言和现代汉语有传承关系。这种关系很微妙，你说是截然两种吗？不对；你说不是两种吗？也不对。勉强说，是藕断丝连，异中有同，同中有异。异中有同显示易学的一面，就是说，可以以今度古，

---

[1]［英］简·爱切生著，徐家祯译：《语言的变化：进步还是退化？》，语文出版社1997年版，第281—282页。

望文生义；同中有异显示难学的一面，就是说，望文生义，常常会误解。"[1]

徐时仪的观点是："文言与白话作为汉语这同一语言在发展演变过程中的两种不同表现形态，既有彼此的交融与借鉴吸收，表现为你中有我，我中有你，粗有涯界却又难以截然划分，又各循其话语规则而发展。"[2]这里使用的"话语"规则，不知他在什么意义上使用这个概念的，是否就是英文 discourse 的对等词，把文言和白话看作两种不同的"话语"，实是一种创见，话语理论也许会因为这样的创见而大为改观。

中国文化中的大小传统，亦复如此。四书是文言，科举考试的教科书，进身仕途的必修课。朱注四书虽不好读，但不怕困难者代不乏人。四大奇书是白话，地位不高，它的故事不胫而走，老少咸知，其影响力不在四书之下。鲁迅说中国社会有三国气、水浒气，犹如李卓吾批评士大夫有道学气与头巾气。

西周春秋是贵族社会的黄金时代，从制礼作乐，到礼崩乐坏，完成第一个轮回，其间文言成立。汉魏六朝，门阀世族强大，艺术浑然天成，王右军父子乃中国艺术的灵魂。从汉赋到骈文，可说到了文章的极致，外加前四史，后人未可企及。唐以降，科举制度兴起，庶族势力通过精通文言写作而加入统治集团，但毕竟是少数，同时白话文发展起来，供多数人骋目寓怀，文化中的大小传统之分立，与书面语上的文白之分立，大约是同步的。

大传统的延续主要依靠王权。伴随频繁的改朝换代，独尊的王权走向衰落。古文运动，若不能得到科举制度的响应，断难延续下来。小传统却伴随经济的发展、城市的繁荣、市民文化的兴盛，得到迅速的成长，而且似乎越来越壮大。白话章回体小说及戏曲文，明代已有人与《史记》《庄子》等量齐观，大传统的衰落与民间社会的成长，同步而行。在政权上，宋亡于蒙古，明亡于清，是汉族精英政治无可起救的征象。元末红巾军、清末太平天国和义和团，充分显示了民间势力日益坐大，而小传统往往扮演改朝换代的工具，一朝定鼎，以君权为核心的大传统的重建是迟早的事。历史的治乱循环似乎很难打破，两个传统时而看似对立，实则相辅相成。

二十世纪，科举废除在前，清廷覆亡在后，戊戌变法成为传统精英主义政治的天鹅之歌，排满与革命，遂成一时之风潮。后来的党派之争和军阀混战，仍可归结为两大势力：没落的精英和正在兴起的民间势力。辛亥革命后，三民主义的权威政治没有能够建立起来，从封建意识形态向资本主义意识形态的过渡，以失败而终。阶级斗争理论，遂成为中国社会最具解释力而通俗易懂的大众哲学，民粹主义的势

---

[1] 张中行：《文言津逮》，福建教育出版社 1984 年版，第 2 页。

[2] 徐时仪：《汉语白话发展史》，北京大学出版社 2007 年版，第 12 页。

力沸反盈天。白话文运动以消灭文言为旨归，以白话书面语取代文言的地位，乃是语言文字上的大革命。五四运动反对的是大传统，在王权垮台之后，将道统扫地出门，所谓砸孔家店之谓也。小传统之中本来就深深浸透着封建主义的毒素，共产党从成立之日起，面对着广大农民的非无产阶级思想，从延安整风到社教运动，收到过改造的效果，甚而取得了不小的成功，但没有根本上解决这个问题，至少在毛泽东看来没有。他是一个彻底的革命家，所以以"文化大革命"的方式，对五四运动未能触及的小传统进行攻击，以政权的力量和意识形态热情横扫民间社会，同时使权威主义的政治威风扫地。文言文基本上销声匿迹之后，仍然存在着旧道德、旧风俗、旧习惯和旧思想，大小传统均遭荡涤，其中的精华不幸湮灭，而相反的成分却顽强地生存下来。破旧立新后，我们面临更多的古今中外的糟粕。

汉字仍在使用，文言的根脉却已断绝，汉字汉语成为被任意驱使任意解释的临时性工具，使用者毫不珍惜，不明就里，不知尊重，不识好歹，得过且过，废墟瓦砾，所以今天随处随时会遭遇语言文字上的尴尬和羞辱。

网络中兴起借汉字表方音的狂潮，中学生作文出现这样的句子："偶 8 素米女，木油虾米太远大的理想，只稀饭睡觉、粗饭，像偶酱紫的菜鸟……（译文：我不是美女，没有什么远大的理想，只喜欢睡觉、吃饭，像我这样的新手……）"[1]诸如这类"火星文"的肇因，一是对乏味无趣的白话极度厌倦，一是对话语霸权的捣乱式反叛，在目前语言泥沼的生态中，无意识寻求语言中表音的层面，作出即兴发挥。作家格非说："对于一部分沉湎于网络的年轻人来说，不用说方言，即便是标准的普通话本身似乎也成了一种繁琐的'方言遗存'。他们觉得很有必要发明出一系列更经济、更简便、更前卫的符号，对普通话进行某种渗透和改造。这些符号容纳了英文、港台地区的口语、计算机编码、生僻的古汉语词汇等等，从而试图搭建一个新的交流平台，创建一个新的语言共同体。"[2]

汪德迈的《新汉文化圈》法文版问世于一九八六年，中文本出版于一九九三年，这本具有重要文化价值的著作值得我们注意：

> 中国表意文字的文典，无论是碑铭还是史学，无论是经学还是回忆录，无论是书信还是诗词，从其性质上来讲总是具有意识形态色彩的。了解这一点，对于当时还无文字的中国四邻采纳汉字后便受到深深的汉化的事实就不会感到惊讶了。从中国的世界观看来，由汉字所载乃为事物的深层意义，随汉字而完

---

[1] 转引自潘文国：《危机下的中文》，辽宁人民出版社 2008 年版，第 37 页。

[2] 格非：《文学的邀约》，清华大学出版社 2010 年版，第 261 页。

全渗进四邻民族精神中去的正是这种意义。

中国文言文随着汉代殖民于公元二世纪初传入越南、朝鲜，又随朝鲜移民潮流于公元三世纪再传至日本。在这三个国家，文言文经过三个世纪才扎下根来。汉字发音随本国方言的发音体系变化，于是产生了越南汉语、朝鲜汉语、日本汉语，这些语言除分别按越语、朝语、日语发音外，其他则同中国汉语完全一样。这三种发音不同的汉语，一直到十九世纪末都是这些国家撰拟政治、行政公文的主要工具，也是最为高雅的文字表达工具，在长达一千多年的时间里，给遥遥领先的差不多在各方面都处于统治地位的汉文化的传播提供了一条理想的通道。[1]

作者认为，在消化汉文化上日本第一，朝鲜第二，越南第三。在后来的去汉字化浪潮中，越南走得最远，朝鲜次之，日本又次之。今天日语词汇中仍有七千至八千个汉字。

日本人认为，近代意识与科学思想之所以能在日本如此迅速地传播，就是因为有汉字作为传播工具，得力于汉字词义的高度明晰。在这里，我们从一个为人所不料的角度又一次发现了汉字语言的天才的逻辑性。

在越南，汉字的弃置确然使其知识阶层一下子从各种文化传统的束缚中解放出来了。然而，结果并不是整个国家都向先进国家前进了一大步，而是仅仅给越南知识精英开辟了一条吸收西方文化的道路，使他们一个一个从其阶层中脱颖出来。在法国殖民时代，没有任何殖民地像越南一样产生了如此多的出类拔萃的文化适应人才，然而这些人才却是完全脱离其民族土壤的。[2]

把百年来中国的白话文运动和汉语拼音化运动放在汉字文化圈这个语境中看，或许会更为分明些。若说日本、朝鲜、越南是从一种外来影响脱离，向另一种外来影响靠拢的话，国人自己的去汉字化努力则无疑是文化上的自杀行为。对于汉字的优长，这位法国人看得清楚：

任何认识汉字的读者即使他没有受过任何专门训练而毫无西方科学技术方面的素养，在第一次遇到大肠杆菌病、热力学、对数、无影灯、无抵押、光

---

[1]［法］汪德迈著，陈彦译：《新汉文化圈》，江西人民出版社1993年版，第98页。
[2] 同上，第102—103页。

合成等术语时，都可以发现这些术语与寄生虫学、物理、数学等的关系。他决不至于将比利港同一个人混为一谈。对什么语言我们可以如此说呢？而且从这类举不胜举的例子中，谁会看不到汉字对普及来自另外世界的知识的雄厚力量呢？[1]

下面这段文字出自法国另一位汉学家白乐桑：

> 将来，中国人会成为具有表音和表意两种文字系统所培养的能力的人，这种建立在中国文化基础上的文字复兴，会在我们刚刚描述过的世界中产生影响，给未来带来一个崭新的模式，而我们只能依稀看到它的轮廓。[2]

汉语不仅表意，同时表音，书写汉字培养了空间感受力，以声调区分意义的四声使国人对于音调敏感，国人得到了双重训练，或许还有别的，传统中的这些素质，对于未来可能会更为重要。

第二节　古文运动与科举

孙中山一生所倡五权宪法，除立法、司法、行政三权借鉴于西洋外，另外增加了考试权和弹劾权，他把自己独创的五权宪法，作为四十余年致力于中国革命和研究各国政治得失，"独自想出来的""一部大机器"。

在关于五权宪法的演讲中，孙先生明确提出："中国的考试制度，就是世界中最古最好的制度。"他说起的这个制度，实际是当时臭名昭彰的科举。科举在一九〇五年宣布废除，新的考试制度一时无从建立。那时只见科举的种种弊端，弃之如敝屣，孙中山先生以政治家的眼光，看到历史的脉络和政治的趋向，不为同代人所理解。今天的人们逐渐认识到，所有的政治，必须植根于社会习俗和宗教传统，不能凭空产生，在孙中山看来，中国的专制时代也是有宪法的，且是三权分立，只不过是不成文宪法。考试权、弹劾权与君权（集立法、司法、行政于一身）的并立，不仅历代延续而且根深蒂固。科举考试，向来是国家大事，考试出身，为做官的正途

---

[1]［法］汪德迈著，陈彦译：《新汉文化圈》，江西人民出版社1993年版，第104页。比利港，法文为 le pirée，即雅典的比雷埃夫斯港。

[2]［法］白乐桑：《再见了，中国：我的"七零"印迹》，东方出版社2007年版，第110页。

（明代宰辅一百七十余人中翰林出身者十之有九）；而唐朝的谏议大夫和清朝的御史，是专司弹劾的官吏。由三权到五权，乃是宪政之中国化。

以考试选拔人才，被当作天经地义的事，已深入人心，科举虽然取消了，但派往各国的官费留学生，却是通过考试选拔的，一时不少才俊经由考场登上开往异国他乡的客轮。国内多种西式学校雨后春笋般建立起来，但前提是入学要经过考试。尽管国家处在战乱当中，莘莘学子亦可以通过考试寻到求学之所，这大约是那个混乱时代里相当突出的社会正义的体现。

一九四九年后，最重要的全国性考试莫过于高考了，实行无产阶级专政的新政府采取的考试政策并非全民平等，出身剥削阶级家庭和有历史问题的子女，在不同的年份里获得的考试权与被录取权有限而偶然。"文革"开始后，高考被取消，改为由贫下中农推荐，人才选拔制度一时越过唐宋元明清，退至汉代的"举孝廉"，由此，权力的介入和腐败的滋生几乎是必然的。

有考试，就有考题。八股文是科举时代最通行的一种考试方式，即命题作文，而且只考此一科。题目来自朱注四书，字数在五百左右，不能过七百字。考试时间是一日，黄昏交卷，如若没有写完，发蜡烛三支，烛尽未完成者，就要被扶出场了。这与时下分秒必争、门数众多的高考相比，实在是悠闲，相当于语文一科当中的作文。明清两朝科举，皆分乡试（三年一次，于子、卯、午、酉年八月初九、十二日、十五日举行），会试（三年一次，于丑、辰、未、戌年二月初九、十二日、十五日举行）和殿试（皇帝亲自担任主考）三级进行。一般是连考三场，每场之间隔两日休息。入考场搜身，每名考生由一名号军监视，防止作弊。交卷后，有专人用朱笔誊录其文，经过弥封、对读后送主考、同考评阅。每份考卷有八名读卷官打分。清代的读卷标识，有圈、尖、点、直、叉（○、△、·、｜、×）五种，代表五个等级，相当于今天的五级记分法。

科举制度始于隋，兴于唐，盛于明清，沿至清末，存在一千三百余年。唐虽取缔以门第取人的九品中正制，但门第观念依然很深。凭门荫入仕者，不仅得官便易，品级较高，数量也远多于科举。科场竞争激烈，存在诸多问题。安史之乱后，唐改革科举的呼声渐沸，反对进士科以诗赋取士，批评明经科以章句为学，提出学习经典，应"深达奥旨，通诸家之义"，并实施过考问经义的方法。这项改革，可以视作儒学由专习章句转变为精通义理，由注重制礼作乐转向讲求道德性理的风气，日后成为古文运动的先声。

科举取士，唐宋分常科和制科两类。考试内容，则唐宋为帖经、墨义（北宋神宗后以经义代之）、策问、诗赋等，自明宪宗成化年间（一四六五～一四八七），始盛行所谓"八股文"。

八股文在正式出现之前，有逐渐演化的过程。一般认为八股源于经义，创自北宋王安石。清刘熙载《艺概·经义概》云：

> 经义试士，自宋神宗始行之。神宗用王安石及中书门下之言定科举法，使士各专治《易》《书》《周礼》《礼记》一经，兼《论语》《孟子》，初试本经，次兼经大义，而经义遂为定制。其后元有《四书疑》，明有《四书义》，实则宋制已试《论》《孟》《礼记》，《礼记》已统《中庸》《大学》矣。今之"四书文"，学者或并称经义。[1]

八股文亦称"时文""制艺"或"制义"。每篇由破题、承题、起讲、入手、起股、中股、后股、束股八部分组成。"破题"是用两句话将题目的意义打开，"承题"是承接破题的意义而说明之。破题论及圣贤诸人须用代字，如尧舜须称帝，孔子则称圣人；承题则与此相反，可直呼其名，不再避讳。"起讲"为议论的开始，首二字用"意谓""若曰""以为""且夫""尝思"等字开端。"入手"为起讲后入手之处。下自"起股"至"束股"是正式议论，以"中股"为全篇重心。在四股中，每股又有两股排比对偶的文字，合共八股，故名"八股文"。一篇八股文的字数，明初《四书》义每篇二百字以上，《五经》义三百字以上。清顺治定为每篇不得超过五百五十字，康熙时增至六百五十字，乾隆四十三年后一律改为七百字为准，"违者不录"。

八股文注重章法与格调，本是说理的古体散文，与骈体辞赋合流，构成新的文体。这种文体要求以古人的思想口吻，代圣人立言，不得越雷池一步；格式和字数严格到近于填写，不能任意发挥。金克木《八股新论》说道："八股有特色。一是命题作文。二是对上说话。三是全部代言。四是体式固定。就体式说，又可有四句。一语破的。二水分流。起承转合。抑扬顿挫。这四句中：一是断案。二是阴阳对偶。三是结构，也是程序。四是腔调，或说节奏，亦即文气。《四书》八股，一以贯之。从秦至清，其揆一也。"[2]

因出版《天演论》而名满天下的严复，典雅不让晚周诸子古文，翻译英人著述，受到桐城派重镇吴汝纶的称许，但参加科举却屡试不售。章太炎曾批评严复的古文有八股气，在考官看来，可能八股气还远远不足。

乾隆时期，朝廷有奏折反对八股，称"今之时文则徒空言而不适于用。且墨卷

---

[1] 参见褚斌杰：《中国古代文体概论》，北京大学出版社 1990 年版，第 473 页。周作人引此文曾作《时文叹》。
[2] 启功等：《说八股》，中华书局 2000 年版，第 165 页。

房行，辗转钞袭，肤词诡说，蔓衍支离，以为苟可以取科第而止，实不足以得人"。顾炎武的态度更为激烈："八股之害，等于焚书，而败坏人才，有甚于咸阳之郊所坑者四百六十余人也。"[1]

批评八股败坏人才，说八股不足以得人，乃肤浅之见。"八股之道正是为官之道。一切都在'圣旨'里，尽在上峰的'明鉴万里'和'明察秋毫'的'洞鉴'之中了，只需要照着讲就是。朝廷需要的官就是这样的人。官依上司旨意，吏照主管官说的话办成公文，这正是八股的命题作文的轨道。'多磕头，少说话'，说话必须有分寸，合规格，万不可出了'圣人之言'的范围。这是八股妙诀，也是为官之道。"[2]

蒲松龄屡试不第，撰四百余篇精妙文言短篇小说，可算作科举制度的副产品。文言是文言，八股是八股。和鲁迅一同参加过绍兴乡试的周作人说，他的文言，是向蒲留仙学的。制艺之不足体现蒲氏的文言才分，所以另觅自由的天地，当初，韩柳尝试以文言作小说的未竟之业，至清代而有《聊斋志异》出，号称"异史"遥对《太史公书》。

八股文于文人的伤害如此之大，《儒林外史》以范进中举的刻画相回报，吴敬梓并不是一名落榜者，曹雪芹也不是，而《红楼梦》还是把科举于士人的伤害，曲折地表达出来了。抨击科举，实际是以隐蔽的方式抨击王权。一八四三年再次科场失意的洪秀全，打碎了塾中供奉的孔子牌位，创立拜上帝会，建立太平天国，以暴力来挑战王权。

周氏兄弟在绍兴参加科举考试，双双落第，之后不久，科举被废除，二人先后入矿路学堂、水师学堂，继而相继考取官费留学日本，开始别立新宗、别求新声的文章之道。他们从翻译外国文学作品入手，使用一种与八股大异其趣的文言，走向汉语写作，成为后起的白话文运动不期而至的最重要的文体家。

中唐德宗、宪宗年间的古文运动与一千二百多年后的白话文运动，不无呼在前而应在后的隔世痛感。它的反对骈文，提倡儒学，一如后来的反对古文，提倡新学。韩愈主张文从字顺，不平则鸣，也类似胡适的须言之有物、不作无病之呻吟等，连韩愈的道统观念、力挽狂澜的使命感，也与胡适"文学的国语——国语的文学"遥相对应。虽说"汲汲于富贵，以救世为事"，但韩愈生不逢时，"孤寒栖迟"，仕途坎坷，

---

[1] 顾炎武：《日知录》，清徐灵胎（徐大椿）作过一首道情俚曲《刺时文》曰："读书人，最不齐；烂时文，烂如泥。国家本为求才计，谁知道变作了欺人技。三句承题，两句破题，摆尾摇头便道是圣门高弟。可知道三通四史是何等文章，汉祖唐宗是哪一朝皇帝？案头放高头讲章，店里买新科利器。读得来肩臂高低，口角嘘唏。甘蔗渣儿嚼了又嚼有何滋味？辜负光阴昏迷一世，就教他骗得高官，也是百姓朝廷的晦气。"

[2] 金克木：《高鹗的八股文》，《文化猎言》，中国人民大学出版社2009年版，第156页。

文章充满穷苦愁思和失意忧愤，"文起八代之衰，道济天下之溺"的美誉，已是身后二百多年的事了。

韩愈作文取法甚广，《文选》不收的经、子、史，皆为其采择。韩愈为文强调"气"，他说："气盛则言之短长与声之高下者皆相宜"，这里的气，是自然的语气，自然的音节，他用散行的文字换掉排偶的句子，任其参差错落，不求整齐划一。朱自清说："他还不能跳出那定体'雅言'的圈子而采用当时的白话；但有意地将当时白话的自然音节引到文里去，他是第一个人。"[1]明确主张"文以载道"的韩愈，虽然满脑正统思想，甚至以孟子之后挽狂澜于既倒者自任，但他的文风却明显地离经叛道，或许由于他追求高古奇崛所致。

韩愈留下三百余篇古文，包括杂著、书信、序文、碑志等，柳宗元的古文超过四百篇，以论说、传记、寓言、游记为主，韩柳的这八百篇古文，继先秦诸子、两汉史传之后，成为汉语散文的第三个高峰。既能议论叙事，又能抒情言景，所谓"沉浸浓郁，含英咀华"（韩愈语），"漱涤万物，牢笼百态"（柳宗元语）。连不喜八大家的章太炎也承认，韩柳的文章能"别开生面"："韩柳二人，最喜造词，他们是主张词必己出的。"又道："韩才气大，我们没见他底雕琢气，柳才气小，就不能掩饰。"[2]韩柳的成绩，是将魏晋以来属于诗赋的主题——个人的情怀、志向、幽愤——引入散文，创造出富于文学性的新文体。"在唐朝以前，一般习惯于以诗歌体裁抒陈个人对自然界和人世间的感受，但自韩愈及柳宗元开始，用散文形式来表现这些题材的倾向已铸定型——在柳文中更著。"[3]令人惊异的是，韩愈的《毛颖传》《石鼎联句诗序》，柳宗元的《宋清传》《梓人传》《李赤传》，以传记的形式在作小说。难怪《毛颖传》被人攻击之时，柳宗元为它辩护。韩柳并称，已成习惯，二人之间，差别却极大。我们不必同意章太炎才大才小的判断，从思想渊源到才能类型、文章风格，两人适成对照。罗根泽认为，"唐代古文的有韩柳，犹之先秦儒家的有孟荀"。和韩愈的孔孟正统比起来，柳宗元的历史批判眼光和理性主义态度，的确更接近荀子，他的《封建论》在二十世纪七十年代儒法路线斗争中，被当作法家的言论，因毛泽东的重视而广为人知。[4]连他为屈原的《天问》而写的《天对》也一时被注释和出版，得到从未有过的广泛阅读。

韩愈的影响及身而没，学生李翱、皇甫湜、沈亚之等之后，古文倏而衰弊。晚

[1] 朱自清：《文学的标准与尺度》，山东文艺出版社2006年版，第31页。

[2] 张昭军：《章太炎讲国学》，东方出版社2007年版，第108页。

[3] 陈幼石：《韩柳欧苏古文论》，上海文艺出版社1983年版，第83页。

[4] 毛泽东曾有《读〈封建论〉呈郭老》诗。

唐举出名字的有刘蜕、孙樵、杜牧三人。韩愈所反对的骈文，始终占有相当的势力。初唐以四杰为代表，盛唐张说、苏颋、中唐陆贽、晚唐李商隐，直至唐末罗隐、徐铉，可谓代不乏人。清代钱振伦认为，唐代骈文"体虽沿乎旧制，才已引其新机，大抵丘壑易寻，而持论较正；枝条稍简，而骨独遒"。周作人说："自韩退之文起八代之衰，化骈为散之后，骈文似乎已交末运，然而不然：八股文生于宋，至明而少长，至清而大成，实行散文的骈文化，结果造成一种比六朝的骈文还要圆熟的散文诗，真令人有观止之叹。"[1]

假若没有欧阳修在韩愈去世二百年之后从旧书篓里发现"韩集"，给予传扬，吏部之文能否流传到今日不得而知。欧阳修赞同韩愈者，乃六经圣贤之道，"修之于身，施之于事，见之于言"，但于韩愈追求的高古奇崛，乃以简易通达易之。周作人在文章里一向不留情面地批评韩愈，他说："我对于韩退之整个的觉得不喜欢，器识文章都无可取，他可以算是古今读书人的模型，而中国的事情有许多却就坏在这班读书人手里。他们只会做文章，谈道统，虚骄顽固，而又鄙陋势利，虽然不能成大奸雄闹大乱子，而营营扰扰最是害事。讲到韩文，我压根不能懂得他的好处。"[2]

古文运动，从思想史的角度观察，是一场儒学复兴运动。文以载道，从这"道"中，后世导出宋明理学，惠及明清两朝。明人茅坤在编修文选时，称"唐宋八大家"之后，立刻流行起来，使人把唐宋的古文运动，合在一处理解，其实两者相差很大。章太炎说："唐文主刚，宋文主柔，极不相同。欧阳和韩，更格格不入。""三苏以东坡为最博，洵、辙不过尔尔。王介甫才高，读书多，造就也多。曾子固读书亦多，但所作《乐记》，只以大话笼罩，比《原道》还要空泛。"[3]

南宋之后，文调更为俗滥，开科举文之端。明朝的前后七子、归有光，清朝的桐城派，皆尚八大家，后起的文选派，越八大家直承魏晋文章，乃古文运动的一场反动。他们推崇的骈体文很难写，从汪中到章太炎，要求作者具有渊深的语言造诣与学问积累，非一般文士可及，更不消说普通百姓了。

韩愈之后的文章与制艺相结合，成为正统古文的生产机制，渐生弊端，有些坏文章并非坏在文言，而是不知善待文言，使文言的好处给损毁了。

桐城派的文章，当然非一无可取。刘大櫆关于作文的言论很可采纳："文人者，大匠也；神气、音节者，匠人之能事也；义理、书卷、经济者，匠人之材料也。""古人文章，可告人者惟法耳。""神气者，文章最精处也；音节者，文之稍粗处也；字

[1] 钟叔河编：《周作人文类编》第三卷，湖南文艺出版社 1998 年版，第 116 页。
[2] 钟叔河编：《周作人文类编》第二卷，湖南文艺出版社 1998 年版，第 667 页。
[3] 张昭军编：《章太炎讲国学》，东方出版社 2007 年版，第 109 页。

句者，文之最粗处也。然论文而至于字句，则文之能事尽矣。""神气不可见，以音节见之；音节无可准，以字句准之。"意思是"神气"终究见于"字句"的功夫。"集字成句，集句成章，集章成篇。合而读之，音节见矣；歌而咏之，神气出矣。"[1] 这些话，是文章作法的经验之谈。

姚鼐《古文辞类纂》"序目"云："凡文之体类十三，而所以为文者八，曰：神、理、气、味、格、律、声、色。神、理、气、味者，文之精也；格、律、声、色者，文之粗也。然苟舍其粗，则精者亦胡以寓焉。"[2] 后两句，是十分诚实体贴的文章训诫。对韩愈的文章，一向有所批评的周作人认为："和明代前后七子的假古董相比，我以为桐城派倒有可取处的。至少他们的文章比较那些假古董为通顺，有几篇还带有些文学意味，而且平淡简单，含蓄而有余味，在这些地方，桐城派的文章，有时比唐宋八大家的还好。"

义理、考据、辞章，用在白话文写作，依然有效。有论者认为："讲究义理就是要求观点正确，论据充分；讲究考据就是要求材料准确；讲究辞章，就是要求适合于内容的完美的形式。"[3] 这番总结，原不必当作教条的。

明清两代古文大家几乎没有不是八股文出身。刘大櫆乃雍正副榜，姚鼐是乾隆二十八年进士。古文影响到时文，时文又反过来影响古文。这一特点从唐宋以来至桐城派，非常明显。八大家实际是八股文诞生之前，科举考试的优胜者所写的一些内容相当宽泛的文章，经过后人编选，体现了八股文的要求和走向，它是习时文的一个基础。今天，八股文早已失传，但八大家在汉语散文史上的地位牢固。明清时代的八大家，已被严重地八股化了，差不多成了制艺的教科书，所以在古文写作上有抱负的人，需另辟蹊径。蒋子潇《游艺录》卷下有《论近人古文》，其中说：

> 八家者唐宋人之文，彼时无今功令文之式样，故各成一家之法，自明代以八股文为取士之功令，其熟于八家古文者即以八家之法就功令文之范，于是功令文中钩提伸缩顿宕诸法往往具八家遗意，传习既久，千面一孔，有今文无古文矣。豪杰之士欲为古文，自必力研古书，争胜负于韩柳欧苏之外，别辟一径而后可以成家，如乾隆中汪容甫、嘉庆中陈恭甫，皆所谓开径自行者也。[4]

[1] 郭绍虞、罗根泽主编：《论文偶记·初月楼古文绪论·春觉斋论文》，人民文学出版社1961年版，第4—13页。
[2] 姚鼐：《古文辞类纂》，上海古籍出版社1998年版，序目第19页。姚鼐大概想不到后来蒋湘南用"奴、蛮、丐、吏、魔、醉、梦、喘"八字形容桐城派。
[3] 施东向：《义理、考据和辞章》，《红旗》1959年第14期。
[4] 转引自钟叔河编：《周作人文类编》第三卷，湖南文艺出版社1998年版，第484页。

可见白话文运动之前，古文内部求变革、求新意的意愿，未曾稍歇。

八股文的出现，有其必然性。从文章的主旨上说，乃是由于王权的唯我独尊："作八股文的一个要点是'揣摩'。既要代圣人立言，给孔孟当义务秘书，那就必须揣摩他们说话的用意以至口气，再用决不出格的另外的语言表达出来，这样才能博得圣人点头。这是作文之道，也正是做官之道。"[1]只要王权在，文章多脱不出这个樊篱。

从文章的形式上看，八股文的对仗，来自汉文固有的修辞手段，此其一；八股文的破题技巧，得力于文人中流传甚广的"灯谜"训练，此其二；而八股文对于声调的讲究，则与民间戏曲中对于唱腔的追求，密切相关。这三项，可说皆是从汉语汉字自身特点传达出来的表现力。周作人说："八股不但是集合古今骈散的菁华，凡是从汉字的特别性质演出的一切微妙的游艺也都包括在内，所以我们说它是中国文学的结晶，实在是没有一丝一毫的虚价。"

"八股是文义轻而声调重。"[2]此一语道破玄机。由于汉语的词语具有很大的弹性，在阅读的时候区分音句和义句就不是无关轻重的。郭绍虞认为："我尝细究中国许多词语，很难肯定地说某一语词为单音或复音。我觉得中国语词的流动性很大，可以为单音同时也可以为复音，随宜而施，初无一定，这即是我们所谓弹性作用。"[3]在具体的写作和言语活动中，"尽有语言中的复音词，待写入文辞却可以易为单音；也有本来是单音词语，而在语言中必须强为凑合使成为复音"。文章的书写"正能利用这种不协调性而使之协调。利用文字之单音，遂成为文辞上单音步的音节；利用语词之复音，遂又成为文辞上二音步的音节。单复相合，短长相配，于是文章掷地可作金石声了"。[4]今时鲜有人会作八股文，但汉语词汇的弹性作用，却仍然被说话和写作所利用，只是不如在八股文当中那样自觉罢。

周作人说："因为八股是中国文学史上承先启后的一个大关键，假如想要研究或了解本国文学而不先明白八股文这东西，结果将一无所得，既不能通旧传统之极致，亦遂不能知新的反动的起源。所以，除在文学史大纲上公平地讲过之外，在本科二三年应礼聘专家讲授八股文，每周至少二小时，定为必修课，凡此科考试不及格者不得毕业。这在我是十二分地诚实的提议。"[5]一位白话文与新文学运动的健将提出

---

[1] 金克木：《高鹗的八股文》，《文化猎言》，中国人民大学出版社 2009 年版，第 157 页。

[2] 周作人：《论八股文》，《中国新文学的源流·附录一》，华东师范大学出版社 1995 年版，第 66 页。

[3] 郭绍虞：《语文通论》，开明书店 1941 年版，第 2 页。

[4] 同上。

[5] 周作人：《论八股文》，《中国新文学的源流·附录一》，华东师范大学出版社 1995 年版，第 66 页。

这样"诚实的建议",我们不能不予留意。

最早将"八股文"名称泛化的是吴稚晖,他有土八股、洋八股、党八股之论,后又增"帮八股"之名,说来都名实不符。所谓土洋党帮的各自腔调,有是有的,但哪里称得上八股,差得太远了。八股文是三百多年天下饱学之士刻意雕凿的这么一种精粹短文,岂是粗通文墨的"土洋党帮"之流稍不留神弄出来的呢,倒是当今的作家,倘若用心习染八股的几把招式,兴许文章至少在字面可以简净一些。

长年的训练,高度的技巧,短小的篇幅,无我的思想内容,严格的形式要求,八股文实乃汉语当中古已有之的所谓零度写作。同时,对于写得好的作者,当场给予奖励,朝为田舍郎,暮登天子堂,这是延续千年的中国梦,而八股文是梦想成真的常规途径。孙中山念念不忘考试权,他是以宪法保护中国人做中国梦的权利。

文言内部不是封闭板滞、一成不变的。骈文与散文的不同不和,姑且不论,从八大家到桐城派,明清文章的主流,固然受到制艺的影响,但尚有不少非主流的文章派别,突出者如明朝的公安派、竟陵派,清朝桐城派而外的文章,比如汪中,皆有完全不同的追求。周作人在一九三二年发表的《中国新文学的源流》中,把公安竟陵两派视作五四新文学的源头。

> 两次的主张和趋势,几乎都很相同。更奇怪的是,有许多作品也都很相似。胡适之,冰心,和徐志摩的作品,很像公安派的,清新透明而味道不甚深厚。好像一个水晶球样,虽是晶莹好看,但仔细地看多时就觉得没有多少意思了。和竟陵派相似的是俞平伯和废名两人,他们的作品有时很难懂,而这难懂却正是他们的好处。同样用白话写文章,他们所写出来的,却另是一样,不像透明的水晶球,要看懂必须费些功夫才行。然而更奇怪的是俞平伯和废名并不读竟陵派的书籍,他们的相似完全是无意中的巧合。从此更可见出明末和现今两次文学运动的趋向是怎样的相同了。[1]

周作人说:"明末的文学,是现在这次文学运动的来源,而清朝的文学,则是这次文学运动的原因。"他是指白话文运动作为清末八股文之反动而起,这是清晰的历史见解。桐城派经曾国藩中兴[2],文运渐衰,吴汝纶已在寻求革新了,他公然主张青

---

[1] 周作人:《论八股文》,《中国新文学的源流·附录一》,华东师范大学出版社1995年版,第28页。

[2] 刘成禺:《世载堂杂忆》,辽宁教育出版社1997年版,第30页。此书载曾国藩服膺姚姬传,临文以桐城派为指归。更扩姬传之意,浸淫汉魏。据国藩日记所述,其生平作文用功处,以桐城派为体裁骨骼,以汉魏以上文增益其声调奥衍。

年专读"西书"，一切中国古籍皆可废，但要留一部《古文辞类纂》以供习诵。阮元以"文笔之辨"背后攻击桐城派，以韵偶为文，无韵散行为笔，谓唐宋八家皆笔也，非文也。同时反对理学，从道统与文统两方面拆桐城派的台。连曾国藩也承认，"古文之道，无施不可，但不宜说理耳"。

严复的《天演论》甫一发表，产生了巨大的社会反响。林纾的翻译小说，也风靡学界，正因为有不小的读者群，他才能一部接一部地译了百部。苏曼殊二十七章的《断鸿零雁记》在《太平洋报》连载，也曾轰动一时，文言在适应新形势上的潜力，这里可以见出。典雅的古文，无碍于表达西方的进化论思想，亦能自如地讲述欧美的传奇故事，而苏曼殊一反当时写小说皆用通俗白话的习惯，且还不止于此，章回小说重点是情节，曼殊小说则塑造性格，章回小说平铺直叙，曼殊小说则讲究结构，其旖旎之风情，令人耳目一新。

此三项文言翻译和创作，处于白话文运动的前夜，特别意味深长，是旧瓶新酒的正解。瓶不在新旧，酒已醉人，当其时，广为流传，又成为适者（文言）生存（成功）的正解。它们的成功而非失败，显示三种文本的写作难度与普及难度。曹植曰："有南威之容，乃可以论于淑媛；有龙泉之利，乃可以议于断割。"文言功底如林纾、严复、苏曼殊，当得此言。从《世说新语》、唐传奇，到明清两朝的笔记体，文言所作小说，皆为短篇，没有巨制，《断鸿零雁记》却是能够长的。

胡适在《白话文学史》中把白话文学的传统溯至唐代，以此否定韩愈之后千年不绝的古文正统。从八大家到桐城派，岂能一笔抹煞。白话文运动发起之初，革命的对象是十八妖魔（归方姚刘加前后七子），这分明向我们透露了底细：文白之争，表面上是新旧之争、中西之争，实则属于汉语内部正统与非正统之争，文学脉络中主流与非主流之争。胡适之适时利用了士大夫传统的衰落和民粹主义思潮的兴起，又正好赶上科举制度的瓦解，故白话文运动趁其势而能速其效，但他非常清楚：白话文若欲成为文章文学的正宗，必须见实绩，不然宣布文言乃死语言，徒然口号而已。

五七言诗（律绝）、四六文、八股文，此三种是最具汉语特性的文体。在很短的篇幅里展示自己高超的写作才能和对于汉语表达的高度技巧，必然发展出形式要求极端严格的律诗、骈文、制艺。形式本身既是一种表现力，同时也会因自身而失去表现力。宋词、元散曲是对于五七言诗的打破，从整齐的诗行中解放出长短句，结果是丰富了汉语诗歌的种类和内涵。韩愈和唐朝的古文运动，延续到宋代，其余绪远达明清，是作为对骈文的反动而出现，古文和骈文的并行不悖，同时互相渗透、融合的事实，使它们在主张上的针锋相对变得无关紧要了。白话文运动兴起之前，科举制度已经废除，八股文的锦绣前程一去不返。梁启超的新民体和迅速出现的报章相结合，成为一时文章之胜。胡适之和陈独秀嫌梁启超走得不够远，于是新民体和八股文的对立，被扩大为白话与文言的生死存亡。

王朝崩溃、科举废除、现代教育制度、现代报刊杂志、现代政治与现代律法、西方知识范型引进……这千载难逢的历史机遇，使白话文运动未见实绩而一路告捷，跃居正统。然而为时太短，进程过速，新文学经典的付之阙如，尤显突出。亏有二周的文字，否则白话文运动就太寒伧了。而二周的学养才具，哪里得自白话文运动。胡适鼓吹白话文，策略是贬损文言，事功分明，事理偏执。百年过去，几代人目击文言的消亡与白话的百病杂陈，如若我们的认知与判断仍未超越五四一代，则连白话文运动的良苦用心也白费了。

今天仍有一种强调所谓"现代汉语的独特性"的倾向，煞有介事，似是而非，试图割裂而非清理承续汉语的传统，且指涉含混，词语不通：究竟什么才是"现代汉语"？如何定义它的"现代性"？从学术研究到教育政策的制定，类似谬见为数甚夥，如《现代汉语与中国现代文学》一书中的观点，如《请文言文退出基础教育》的言论，亦属此类。当年废文言、废汉字的文化激进主义，尚有时代的逼迫和历史的合理性，如今仍有这样的主张，使人感慨。

中学教英语教文言，学而习之，无非为阅读洋文与古书，但要阅读自如，中学程度远远不够，大学里于是深造英语，兼施四六级考试，然而古文教育却中止了。非文史专业的高校毕业生，大致终生不读古书，文史专业的学生同样未必通古文——我们可否说，不懂古文便是不懂中国语文，今天的职业文学家，患的是语言上的营养不良症，根源在不读古书。

二十世纪之前，中国文献的百分之九十九以文言记载。国人不能阅读文言原典等于文盲，而口口声声的"中国文化"，不在文言之中又会在哪里？本书建议，国家首先在人文学科试行文言测试，比照英语考试四六级，以现代国际流行的考试模式促使国人重新面对文言文。现代书面语言的成熟过程，漫长而艰难，文言乃白话的根底，白话源出于文言。不识文言，优良的白话徒托空言。全民学英语，不过造就些许读旅游手册的观光客，重建古文的教育，民族文化的复兴便可能不是说梦。胡适曾经说过，古文早在一千多年前就死了，是科举挽救了古文，延续了它的衰亡。即使胡适说的对，存亡续绝不正是士大夫的天职吗？今天谈恢复科举，无异于痴人说梦，但通过某种考试形式，提高全民的文言素养却是可以期待和论证的。

自古文章与"大众"无关。鲁迅甚至认为，在大众那里，等于没有文字。但是开科取士却是一项鼓励写文章并崇拜文章的制度，它应当被视作伟大的文章普及运动，不论科举有多少弊端，千年来是它直接塑造了中国的社会和心理，并成为一种民族习惯。文章本是达意之作，作者有想法要写出来让天下人知晓，后因科举而变成富贵的敲门砖，达意的本旨反而不彰。方望溪云："学行继程朱而后，文章介韩欧之间，为得其正。"这里的"正"是以科举之道统御文章之道，古文于是缩小成为制艺。八股文的出现有其必然性，王权的专制要求，汉语汉文本身的特点，合起来成就了它。八股容不下的，仍需要有去处，于是有东坡小品、公安、竟陵、聊斋志异与林译小说、严译名著，直至梁启超的新民体，坚持达意为主。此可视作古文的非正统，但就延续达意的主旨而言，绝对不可忽略。白话文运动开始后，因痛恨八股而将古文一律打倒，自绝于深厚的民族达意传统，反而给八股文进入白话敞开了方便之门。

第三节　骈文与散文

一

瞿兑之《骈文概论》首句写道："中国许多口语，是以骈体出之的。"虽出于为骈文辩护的目的，这却是事实。

从《周易》里的"云从龙，风从虎"，到百姓口头的"向天索价，就地还钱"，"明枪易躲，暗箭难防"，不胜枚举，汉语最大的特点是单音，所以成就了骈偶这一特殊的修辞手段。简单地说，充分发挥骈偶这一汉语特性写成的文章，即为骈文。八股文是一种特殊的骈文，却正是它败坏了骈文的声誉。瞿兑之说："普通所谓骈文，大概指两汉以至初唐这一段盛行骈偶的文章，这一段时期中，确曾出过不少的文学天才，确曾遗留不少的杰构。他们没有什么义法的拘束。就是骈偶，也并不是每句非对不可，就是用典，也不是每篇非用典不可，所用的典，也不是非叫人不懂不可。他们能细腻的亲切的写景；能密栗的说理，能宛转的抒情。能说自己要说的话；能说了叫人同情而不叫人作呕。这些都是骈文的好处，而近五六百年通行文体里所不容易找到的。"[1]

他有更惊人之论："凡是说理的文字，愈整齐愈有力量，愈反复愈易明白。整齐和反复都是骈文擅长之点。所以骈文用在说理的文字——一是论说，一是书札——都最合宜。尤其是书札，必须于陈说事理透彻详尽以外，更用妍美的色泽声调，来

---

[1] 瞿兑之：《骈文概论》，海南出版社1994年版，第3页。

发挥他的情韵。"[1] 韩愈的说理文和毛泽东的说理文，都懂得整齐和反复助其论证，虽然他们写的并不是骈文，而陈寅恪认为：

> 中国之文学与其他世界诸国之文学，不同之处甚多，其最特异之点，则为骈词俪语与音韵平仄之配合。就吾国数千年文学史言之，骈俪之文以六朝及赵宋一代为最佳。其原因固甚不易推论，然有一点可以确言，即对偶之文，往往隔为两截，中间思想脉络不能贯通。若为长篇，或非长篇，而一篇之中事理复杂者，其缺点最易显著，骈文之不及散文，最大原因即在于是。吾国昔日善属文者，常思用古文之法，作骈俪之文。但此种理想能具体实行者，端系乎其人之思想灵活，不为对偶韵律所束缚，六朝及天水一代思想最为自由，故文章亦臻上乘，其骈俪之文遂亦无敌于数千年之间矣。[2]

陈寅恪推崇两篇骈文，乃是《哀江南赋》和《隆佑太后告天下手书》（汪藻）。瞿兑之认为《离骚》之后，庾信的《哀江南赋》是无双的杰构。陈寅恪写过《读〈哀江南赋〉》，认为"兰成作赋，用古典以述今事。古事今情，虽不同物，若于异中求同，同中见异，融会异同，混合古今，别造一同异俱冥，今古合流之幻觉，斯实文章之绝诣，而作者之能事也"[3]。咸丰四年江南初乱之时，清代诗人王闿运（王先谦《骈文类纂》收录其七篇），曾模仿此文，并步其旧韵，亦写了篇《哀江南赋》。对照去阅读，是有趣的事情。

《隆佑太后告天下手书》不易见，且篇幅甚短，全文附录于此：

> 比以敌国兴师，都城失守。袯缠宫阙，既二帝之蒙尘；诬及宗祊，谓三灵之改卜。众恐中原之无统，姑令旧弼以临朝。虽义形于色，而以死为辞；然事迫于危，而非权莫济。内以拯黔首将亡之命，外以舒邻国见逼之威。遂成九庙之安，坐免一城之酷。

> 乃以衰癃之质，起于闲废之中。迎置宫闱，进加位号。举钦圣已行之典，成靖康欲复之心。永言运数之屯，坐视邦家之覆，抚躬独在，流涕何从？

> 缅惟艺祖之开基，实自高穹之眷命。历年二百，人不知兵；传序九君，世无失德。虽举族有北辕之衅，而敷天同左袒之心。乃眷贤王，越居近服。已徇

[1] 瞿兑之：《骈文概论》，海南出版社1994年版，第47页。
[2] 陈寅恪：《寒柳堂集》，上海古籍出版社1980年版，第176页。
[3] 陈寅恪：《金明馆丛稿初编》，上海古籍出版社1980年版，第209页。

群臣之请，俾膺神器之归。繇康邸之旧藩，嗣我朝之大统。汉家之厄十世，宜光武之中兴；献公之子九人，惟重耳之尚在。兹为天意，夫岂人谋？尚期中外之协心，共定安危之至计。庶臻小愒，同底丕平。用敷告于多方，其深明于吾意。[1]

《四库全书总目》云："宋汪藻，字彦章，饶州德兴人，登崇宁二年进士，历官显谟阁大学士，左太中大夫，封新安郡侯。事迹具宋史文苑传。藻学问博赡，为南渡后词臣冠冕。其集见于晁公武《读书志》者仅十卷。陈振孙《书录解题》始载有《浮溪集》六十卷。……统观所作，大抵以俪语为工。其代言之文，如《隆佑太后告天下手书》《建炎德音》诸篇，皆明白洞达，曲当情事。诏令所被，无不凄愤激发，天下传诵，以比陆贽。说者谓其著作得体，足以感动人心，实为词令之极则。其他文亦多深醇雅健，追配古人。"[2]

二

骈文之所以能够成立，乃因汉语中本有骈语的缘故。胡以鲁在《国文学草创》中说：

语意之引伸，非尽如抽稻剥茧，逐渐而起也。有相对相反对而引申者矣。此在国语大抵以双声叠韵为之。双声即同韵异音语。调节机关相同，以口腔之大小著其差也。如对于天而言地，对于阳而言阴，对于古而言今，对于生而言死，对疾言徐，对精言粗，对加言减，对燥言湿，对夫言妇，对公言姑，对规言矩，对褒言贬，对上言下，对山言水等是也。又对长言短，对锐言钝，古音皆前舌端，双声也。对文言武，古音皆两唇气音，亦双声也。

叠韵者，双声之逆，同音异韵，即口腔同形以调节机关之转移著其差也。如对旦言晚，对老言幼，对好言丑，对聪言聋，对受言授，对祥言殃，对出言纳，对起言止，对寒言暖，对晨言昏，对新言陈，皆叠韵也。对水言火，古音同在脂部，亦叠韵也。[3]

[1]　朱洪国选编：《中国骈文选》，四川文艺出版社1996年版，第616页。
[2]　（清）永瑢等撰：《四库全书总目》下册，中华书局1965年版，第1347页。
[3]　转引自郭绍虞：《骈文文法初探》，《照隅室语言文字论集》，上海古籍出版社1983年版，第398—399页。

刘勰《文心雕龙·丽辞》云：

> 造化赋形，支体必双，神理为用，事不孤立。夫心生文辞，运裁百虑，高下相须，自然成对。唐虞之世，辞未极文，而皋陶赞云："罪疑惟轻，功疑惟重。"益陈谟云："满招损，谦受益。"岂营丽辞，率然对尔。《易》之《文》《系》，圣人之妙思也。序乾四德，则句句相衔；龙虎类感，则字字相俪；乾坤易简，则宛转相承；日月往来，则隔行悬合。虽字句或殊，而偶意一也。至于诗人偶章，大夫联辞，奇偶适变，不劳经营。自扬马张蔡，崇盛丽辞，如宋画吴冶，刻形镂法，丽句与深采并流，偶意共逸韵俱发。至魏晋群才，析句弥密，联字合趣，剖毫析厘。然契机者入巧，浮假者无功。[1]

范文澜《〈文心雕龙〉注》曰：

> 原丽辞之起，出于人心之能联想。既思云从龙，类及风从虎，此正对也。既想西伯幽而演易，类及周旦显而制礼，此反对也。正反虽殊，其由于联想一也。古人传学，多凭口耳，事理同异，取类相从，记忆匪艰，讽诵易熟，此经典之文，所以多用丽语也。凡欲明意，必举事证，一证未足，再举而成；且少既嫌孤，繁亦苦赘，二句相扶，数折其中。昔孔子传易，特制文系，语皆骈偶，意殆在斯。又人之发言，好趋均平，短长悬殊，不便唇舌；故求字句之齐整，非必待于耦对，而耦对之成，常足以齐整字句。魏晋以前篇章，骈句俪语，辐辏不绝者此也。[2]

张志公认为："以整齐、对称为主，以参差错落为辅的审美观，在民族文化传统的好些方面有所反映，例如音乐、绘画、雕塑、建筑等。修辞，特别是书面语言的修辞，具有同样的特点。无论诗、赋、词、曲、各体散文，都是一样，既见于整首、整篇的总的结构，也见于段落语句的局部组织。""在汉民族文化传统的许多领域中，广泛运用一种朴素的辩证观点。事物被认为是包含着两种对立因素的统一体。这两种因素被概括为'虚'和'实'两个范畴。'虚'与'实'的关系被说成是'虚中有实，实中有虚，虚实相生'。修辞，同样运用这种观点。"[3]

---

[1] 周振甫：《〈文心雕龙〉注释》，人民文学出版社 1981 年版，第 384 页。

[2] 范文澜：《〈文心雕龙〉注》下卷，人民文学出版社 1960 年版，第 590 页。

[3]《中国大百科全书·语言文字卷》，中国大百科全书出版社 1988 年版，第 165 页。

《文心雕龙》所谓"造化赋形,支体必双,神理为用,事不孤立"是汉民族的思维习惯,始于造字之初,便主宰汉语,一直延续下来。今天的人,即便已不会对对子,不再撰春联,这一思维习惯仍起作用。阮元《四六丛话序》云:"昔《考工》有言,'青与白谓之文,赤与白谓之章'。良以言必齐谐,事归镂绘。天经错以地纬,阴偶继夫阳奇。"

过去的蒙学教材一向重视对对子,《声律启蒙》中的"云对雨,雪对风,晚照对晴空,来鸿对去燕,宿鸟对鸣虫……"陈寅恪《与刘叔雅论国文试题书》建议用"对对子"给大学中文系招生出考题,认为这是"不得已而求一过渡时代救济之方法,以为真正中国文法未成立前之暂时代用品","所对不逾十字,已能表现中国语文特性之多方面。其中有与高中卒业应备之国文常识相关者,亦有汉语汉文特殊优点之所在,可藉以测验高材及专攻吾国文学之人,即投考国文系者"。他将考试的益处细分为四项:(甲)对子可以测验应试者,能否分别虚实字及其应用。(乙)对子可以测验应试者,能否知分别平仄声。(丙)对子可以测验读书之多少及语藏之贫富。(丁)对子可以测验思想条理。并言明对子的考量标准:

> 凡上等之对子,必具正反合之三阶段。对一对子,其词类声调皆不适当,则为不对,是为下等,不及格。即使词类声调皆合,而思想重复,如燕山外史中之"斯为美矣,岂不妙哉!"之句,旧日称为合掌对者,亦为下等,不及格。因其有正,而无反也。若词类声调皆适当,即有正,又有反,是为中等,可及格。此类之对子至多,不须举例。若正及反前后二阶段之词类声调,不但能相当对,而且所表现之意义,复能互相贯通,因得综合组织,别产生一新意义。此新意义,虽不似前之正及反二阶段之意义,显著于字句之上,但确可以想象而得之,所谓言外之意是也。此类对子,既能具备第三阶段之合,即对子中最上等者。赵瓯北诗话盛称吴梅村歌行中对句之妙。其所举之例,如"南内方看起桂官,北兵早报临瓜步"等,皆合上等对子之条件,实则不独吴诗为然,古来佳句莫不皆然。岂但诗歌,即六朝文之佳者,其篇中警策之俪句,亦莫不如是。惜阳湖当日能略窥其意,而不能畅言其理耳。凡能对上等对子者,其人之思想必通贯而有条理,决非仅知配拟字句者所能企及。故可藉之以选拔高才之士也。[1]

---

[1] 陈寅恪:《金明馆丛稿二编》,上海古籍出版社1980年版,第221—228页。

三

　　骈文、律诗中的对偶,有更细更高的要求,夏仁虎以为:"尤有告者,骈体文之对偶,以采色言,不是红对绿;以音节言,不是仄对平。其根本对法,是事对事,典对典。苟隶事运典,皆得其偶,然后再求之声与色。色可不拘,声则不能不讲。六律之调,不必一宫一徵,而金石铿锵,自然悦耳。此中甘苦,固难以语初学,然亦非甚难,第多读汉魏之文,久自能得之耳。"[1]

　　《马氏文通》不提骈文文法,轻轻地用了句"等诸自邻以下",把此问题打发了。马建忠参照的是拉丁文文法,西文没有骈偶,于是将骈偶抹去。陈寅恪称其为"印欧语系化之文法",认为"夫所谓某种语言之文法者,其中一小部分,符于世界语言之公律,除此之外,其大部分皆由研究此种语言之特殊现相,归纳为若干通则,成立一有独立个性之系统学说,定为此特种语言之规律,并非根据某一特种语言之规律,即能推之以概括万族,放诸四海而准者也"。[2]他认为《马氏文通》不通。

　　《马氏文通》的长处,吕叔湘在《重印〈马氏文通〉序》中认为:"作者不愿意把自己局限在严格意义的语法范围之内,常常要涉及修辞。例如他说:'偏正两次之间,之字参否无常。惟语欲其偶,便于口诵,故偏正两奇,合之为偶,则不参之字。凡正次欲求醒目者,概参之字。'……语法和修辞是邻近的学科。把语法和修辞分开,有利于科学的发展;把语法和修辞打通,有利于作文的教学。后者是中国的古老传统,也是晚近许多学者所倡导,在这件事情上,《文通》可算是有承先启后之功。"[3]

　　汉语是世上罕有使用声调区别意义的语言,于习汉语的外国人,尤其是成年人是困难的,因为他们习惯了以音节区分意义,于相同的音节因音调(实际上是字调)的不同而意义迥异很不理解,倒是洋人的娃娃尤其低龄孩童学起来容易一些,法国汉学家白乐桑尝试在巴黎开办儿童汉语口语训练班,孩子们学习得很快。这个例子说明,习汉语的困难在于习者,而不在汉语固有的特点,难学难认难读不应被认为是汉语汉字的弊端。

　　据称欧美汉学界流传汉语的四个神话:汉语是孤立语;汉语仅能表达具体的事物;汉语不够精确;汉语难学。为此成中英批驳道:"汉语在其纵深处包含诸多层次,每一层次和清晰度及表达力的某个层次连着。汉语可伸可缩。缩则简洁含蓄而高度模糊,伸则足以刻镂精致观念内涵而纤细入微。作为美学手段,汉语既可用于吟诗

[1]夏仁虎:《枝巢四述·旧京琐记》,辽宁教育出版社1998年版,第9页。
[2]陈寅恪:《金明馆丛稿二编》,上海古籍出版社1980年版,第221—228页。
[3]吕叔湘:《语文杂记》,上海教育出版社1984年版,第137页。

作赋；作为逻辑工具，汉语又可用来思考本体论和宇宙论问题。其间的差别，惟有学养丰厚且训练有素的汉语使用者方能体味。"[1]

这反驳本着对汉语的敬意，言之在理，陈寅恪以为"中国语文真正文法，尚未能成立"，则是对汉语更深的顾惜与期望。

以汉语的声调为例，除了区别意义而外，还有另外的功用，以声调的起伏变化，巧妙地安排求得声韵上的和谐，是古代诗文的常规技艺，新白话汉语却多不善于利用，四声终其一生仅仅区别意义的价值，这实为浪费。知四声即能辨别平仄，平仄不必用来区别意义，白话诗不讲究平仄，乃因写白话诗的人听和说，没有平仄的意识和训练，写诗本来的意思，乃追求声音和意义甚至字形等特殊的语言表达效果，语言的味道需要多方调理。

四

夏仁虎认为，"散文可以腹俭为之，至为骈文，则非有辅佐之资料，不能成篇"，他举出"储材料最富之类书，以《渊鉴类函》为集大成。此外若《子史精华》《古事比》《广事类赋》《角山楼类腋》皆骈文家所必备。等而上之，则唐人之《孔白六帖》《锦绣万花谷》《北堂书钞》，宋人之《太平御览》《玉海》，并记唐宋以前事，最为上乘。再上焉，则五经注疏、《毛诗草木虫鱼疏》《文选注》，此则须自为分类矣。"[2]

《渊鉴类函》四百五十卷，清张英、王士禛等奉康熙命编就的大型类书，在明俞安期《唐类函》的基础上，进行了扩编，成书于康熙四十九年，目录四卷，分为四十五部两千余类。四十五部的分类很有意思，依照今天的原则衡量，有不严格甚至不准确之处，却实在是汉语文化了解和表述人类世界的奇妙方式：

> 天部、岁时、地部、帝王、后妃、储宫、帝戚、设官、封爵、政术、礼仪、乐部、文学、武功、边塞、人部、释教、道部、灵异、方术、巧艺、京邑、州郡、居处、产业、珍宝、布帛、仪饰、服饰、器物、舟部、车部、食物、五谷、药部、菜蔬、果部、花部、草部、木部、鸟部、兽部、鳞介、虫豸。[3]

这部类书，纲目清楚，便于检览。每类内容首列释名、总论、沿革、缘起；次

---

[1] 成中英著，刘梁剑译：《略论汉语的特质》，《本体与诠释》第六辑，上海人民出版社 2007 年版，第 438 页。
[2] 夏仁虎：《枝巢四述·旧京琐记》，辽宁教育出版社 1998 年版，第 10—11 页。
[3] 张英、王士禛：《渊鉴类函·目录》，上海古籍出版社 2008 年版，第 1—91 页。

之以典故，以朝代为次序；第三为对偶，不拘朝代，但以工致相俪；第四为摘句，或取诗赋，或摘序记，取辞藻华赡者以备览观；诗文居五，分体裁、按时代汇辑。各类内容分为"原""增"两部分，"原"表示《唐类函》原书所有，"增"表示清代编者所增。

以人部为例分七十四类，依其序为：

（一）君臣、旧君、社稷臣、父母、父子、知子（昧于知子、不慈并附）；（二）训子、父子继业、母子、贤母、后母、谏父母、孕；（三）生子、遗孤、丧子（无子、立嗣、祈嗣附）；（四）祖孙（祖母附）、叔侄（伯叔母、从伯叔附）、宗族；（五）夫妇（慢夫、薄妇、妻党附）、贤妇人（节烈才略，智识文学附）、恶妇；（六）妒妇、寡妇、丧妻、后妻、妾；（七）妓、去妻（夫妻再合、冥遇附）、子妇、家范；（八）兄弟（兄弟友恭、兄弟齐名、兄弟俱贵、从兄弟、义兄弟、兄弟不睦、用刑附）、丧兄弟、外祖孙、舅甥；（九）内外兄弟、姑、姨（小姨附）、嫂叔、娣姒、姊妹；（十）女（侄女、孝女、贤女、烈女附）、翁婿（择婿、友婿附）；（十一）乳母（庶母、慈母、保母、生母、孩幼、童并附）；（十二）交友、父友、荐友、思友、过友人、患难友、择交、绝交；（十三）故人、丧友、宾主、好客（宾客谒见、薄待宾客、谢宾客附）；（十四）美丈夫、丑丈夫、美妇人；（十五）丑妇人、长大人、短小人；（十六）老人（五十、六十、七十、八十、九十、百岁、上寿）；（十七）九流、奴婢、佣保（佣卖附）；（十八）头、面、目（视附）、耳（听闻附）、口；（十九）齿、舌、唇、鼻、发、须、眉；（二十）胃、心、胆、手、臂、足、骷髅、形貌（影、相似附）、神采容仪；（二十一）性命、性情、姓氏（改姓并载）、名字（同名字、改名字附）；（二十二）讳、闺情；（二十三）哀伤；（二十四）怨、愁、喜、怒、恐惧；（二十五）言语、行、讷（口吃并载）、利口（失言、诽谤附）、隐语、讴谣、吟、啸；（二十六）笑、寝、疾、泣、哭；（二十七）圣、贤；（二十八）慕贤（知贤附）、忠；（二十九）忠、忠义、忠孝；（三十）孝、禄养；（三十一）违离、不孝、仁、宽恕；（三十二）宽恕、义、义感；（三十三）义感、羞耻；（三十四）德（德服人附）、阴德、让；（三十五）让、恭敬、智（智谋、先见附）；（三十六）智（智谋、先见附）、聪敏；（三十七）聪敏、博物；（三十八）信、节操；（三十九）节操、高洁、修整；（四十）公平、正直；（四十一）谨慎、勤劳；（四十二）俭、刚、勇；（四十三）勇（无勇附）、壮；（四十四）贵（戒惧、骄佚、贪贵并附）；（四十五）富（戒惧、骄佚、祸难、贪富、吝啬并附）；（四十六）贫；（四十七）债负、乞假、贱；（四十八）隐逸；（四十九）隐逸；（五十）隐逸；（五十一）品藻、名誉；

（五十二）风流、质文、鉴戒；（五十三）鉴戒；（五十四）讽；（五十五）谏；（五十六）谏（谤谏、不谏附）、对见、对问；（五十七）说（辩附）；（五十八）嘲戏；（五十九）别；（六十）别；（六十一）别、赠答；（六十二）赠答；（六十三）言志；（六十四）言志；（六十五）行旅、逆旅；（六十六）游览；（六十七）游览、怀旧、恤孤；（六十八）施惠、施馈、庆遗、庆贺；（六十九）荐献、干谒；（七十）游侠、报德（谢恩、冥报、物报、负德并附）；（七十一）报仇（父母仇、兄弟仇、交游仇并附）；（七十二）奢、僭、宠幸；（七十三）淫（自戒附）、别嫌疑、骄傲、狂、纵逸、豪强、柔懦、愚；（七十四）偏急、怠惰、诈伪、谗佞、恶（朋党附）、争（不争附）、诟骂（诉辩附）、谗谤、黜辱、威虐、妖讹、诅咒、叛乱、寇贼（篡伐、劫质、要君并附）、窃盗（疑枉、赏用、捕捉、犇伏、掩藏并附）、杂盗。[1]

拖沓罗列此人部细目，是觉得这一划分中，包含了十八世纪国人关于人的基本知识和信念的主要内容，比那些明确传递知识宣扬信念的书或文章，要更为确凿一些。目录是很好的文本，既然汉语汉文的诗赋典故汇聚于此，构成这样的知识谱系，于写作者不能不产生一种先在的影响。

该书资料采辑繁富精审，《四库全书总目提要》云："务使远有所稽，近有所考，源流本末，一一粲然。""自有类书以来，如百川之归巨海，九金之萃鸿钧矣。与《佩文韵府》《骈字类编》，皆亘古所无之巨制，不数宋之四大书也。"[2]

《渊鉴类函》版本很多，以一八八三年上海点石斋石印本较为通行。上海古籍出版社二○○八年影印出版了十二册的《渊鉴类函》，只印了八百套，由于开本较小，字如蚁足，加之原版未及点断，阅读极为不便。可以想见如今的汉语写作，是完全不以类书为依傍了。

五

《子史精华》亦是康熙命词臣张廷玉等撰，规模有《渊鉴类函》的六分之一。广收博采子部、史部古籍中的名言、典故，依类排比而成，每条下注明出处。采录原文、注释，使学者检索便捷，是通读古人著作的阶梯。纪昀称"守兹一峡，富拟百城"。成书于雍正五年，全书勒为三十部，分别为：天、地、帝王、皇亲、岁时、礼仪、设官、政术、文学、武功、边塞、伦常、品行、人事、乐、释道、灵异、方

---

[1] 张英、王士祯：《渊鉴类函·目录》，上海古籍出版社 2008 年版，第 40—45 页。

[2] 转引自张英、王士祯：《渊鉴类函·出版说明》，上海古籍出版社 2008 年版。

术、巧艺、形色、言语、妇女、动植、仪饰、服饰、居处、产业、食馔、珍宝、器物，下设二百八十类，辑成一百六十卷，约二百七十万字。一九九六年北京古籍出版社有影印本。

一九三四年，上海中华书局出版杨喆编《作文类典》，列三十一门，四百余类，收词两万三千，合计一百二十万字，收罗宏富，书前有百多页依部首排列的词语索引，查考方便。编者陈述其旨曰："吾国文字上之流行语，至繁且博，要皆历来沿用，为国性所依托。乃者科学日兴，青年学子，自不能如昔之十年闭户，专攻文学一途。则必有一书焉，荟萃文章用语，分门别类，以资掎摭，斯取精用宏，事半古人而功且倍之。本书根据此旨，搜集腴词隽语，各以类从。因其足为作文时馈贫之粮，益智之粽，命之曰作文类典。"又述其用途："其一，初学作文，患在词不达意，或枯窘不能生发。本书于今日作文所需，门类略备，依类展卷，可得无数资料，任人驱策，或且迎机触发，涌出思潮。故可供学生作文及教员指授作文之用。其二，应用之文，如颂祝哀挽馈赠答谢之类，例须典重，自非文章巨子，不能以龙眠白描，诩为不著一字，尽得风流也。本书对于应用文诸词，旁搜至富，一经浏览，滚滚词华，纷披腕下。故可供政商学各界往来酬酢及捉刀之用。其三，自来名理无穷，脑力有限，即撑肠卷数，不下五千，而力索冥搜，在所难免。取本书而横陈之，意所欲言，眼帘顿触，其愉快自当无似。故可供文学家构思觅句之用。其四，一事不知，儒者之耻，然而人事牵帅，博览难周，所在多有。倘不获终南捷径以求之，学如牛毛，成如麟角，憾何如乎？本书于新旧各学，提纲扼要，竟委穷源，不啻摄数十巨编之小影，列为表解，故可供好学者平素自修之用。"[1]

时代变迁带来词汇上的巨变，可与同类辞书作一对比。一九八二年出版的《写作辞林》的"词语集锦"部，在"写人"这一题下，区分六个子目，分别是"肖像、言谈、动作、心理表情、性格气质和道德品质"，把五六两个子目合起来，就是"性格气质"加之"道德品质"。在一九三四年出版的《作文类典》中寻找大致对应的内容，分别看看它们收词的情况。

《写作辞林》在"性格气质"下分三类：（一）坚强、懦弱，下收双音词二十六个，四字成语二十九个，计五十五个。（二）直爽、深沉，下收双音词三十个，三音词一个，四字成语十八个，计四十九个。（三）安静、急躁，下收双音词四十五个，三音词两个，四字成语十八个，计六十五个。在"道德品质"下区分两类，"好的"和"坏的"，其中"好的"下收双音词三十个，四字成语或词组八十九个。"坏的"下收双

---

[1] 杨喆编：《作文类典·编者说明》，中州古籍出版社1990年影印1934年上海中华书局本，第4页。

音词三十五个，四字成语或词组七十八个。此两个子目合起来，收词语二百三十二个。计三页半篇幅。

《作文类典》中，我们找到了"人品门""道德门""伦纪门""性情门"四门。其人品门下分三十六子目，其名称和每项下收词语数目分别为：人品总六十四、观人二十五、品评一百零六、圣贤二十五、豪侠五十九、刚直九十、气节五十九、隐逸一百一十八、旷达六十一、才能一百四十五、人望四十、明察六十八、智巧八十六、聪慧二十、博学六十二、好学一百四十七、不学五十六、富贵一百二十九、贫贱一百零七、平民二十六、穷民四十一、游惰九十五、佣役四十八、庸碌五十一、暗弱七十四、固陋五十二、躁妄六十九、诈伪一百二十三、谗谄九十四、贪鄙九十二、奢侈二十六、骄矜六十、淫佚八十八、凶恶一百三十九、盗贼六十一、叛乱六十五。计词语两千六百七十一个。计七十七页。

在不到五十年的时间里，为学生作文而备工具书收罗的关于人品的词汇，大概萎缩到十分之一至二十分之一。半个世纪中，我们的教育体制培养出来的作家，这样以十分之一或者更少的汉语可用词汇去写作，如果有人说中国当代小说家以一种娃娃中文来写作，我们如何回嘴呢？

六

吴曾祺《涵芬楼文谈》中有《属对篇》：

> 自散体之作，别于骈俪为名。于是谈古文者，以不讲属对为自立风格。然平心而论，二者如阴阳畸耦，不可偏废。自六经以外，以至诸子百家，于数百字中，全作散语，不著一偶句者，盖不可多得。此无他，文以气为主，而气之所趋，苟一泄无余。而其后必易竭，故其中必间以偶句，以稍止其汪洋恣肆之势，而文之地步乃宽绰有余。此亦文家之秘诀，而从来无有人焉尝举以告人者也。
>
> 惟属对之法，与骈俪不同。骈俪之句法，或力求工整，或务在谐叶。汉魏以前，尚不甚拘，自齐梁以降，日严一日，其作法与诗赋相近。若散文之对法，自以参差不齐为妙，凡字之多少，句之长短，皆所不禁。且骈语则多两句为偶，或四句为偶，散体则均无不可。韩文公为一代文宗，实首变燕许之格，然其文中间有偶语者，亦往往而是，而运用之法，亦在在以金针度人。盖此中机括，全由音节而生。骈文有骈文音节，则有骈文对法；散文有散文音节，故有散文

对法。使取二者互易而用之，则数句之后，已不复可读矣。[1]

文言之无论骈散，皆需要对句，白话何尝不如此，口语中时常听到对句，就是很好的证据。

第四节　简化汉字不该仓促而行

一

周氏兄弟的写作，地道是中国传统方式，终其一生，毛笔小楷，寻章摘句，一丝不苟。他们于汉字的态度，也颇可寻味。

周作人一九四三年序夏仁虎《枝巢四述》云："目前有一件事，本极重要切实，而世间容易忽略或忘却，忽略忘却时甚不成话，而郑重提出来，又太平凡了，或者觉得可笑，此亦是大奇也。此一事为何，即中国文用汉字所写，是也。中国人用汉字是历史的事实，但是这在中国民族与文化的统一上又极有重大的意义，所以今后关于国文学之研究或创作，我们对于汉字都应该特别加以认识与重视。"[2] 在他一贯的理性认知中，包含着对于汉字的情感在。

在汉字简化的问题上，周作人向来有自己独到的见解，但未曾引起注意。一九二二年著《汉字改革的我见》一文说："总之汉字改革的目的，远大的是在国民文化的发展，切近的是在自己实用的便利；至于有益于通俗教育，那是自然的结果，不是我们唯一的期望。"[3]

他是赞成适当简化汉字的，赞成的理由与别人不同，分歧在于，周作人的目标在维护汉字和汉字文化的长远利益。都说汉字繁难，周作人以为不然，他说："凡是学一种语言，总要从三方面下手，一是音，二是义，三是形，缺一不可。本来说汉话的人，从小就听母亲说，学得了音和义，譬如从鸡字的音，就知道鸡的意义，现在只要记得这鸡的字形就成，说起来便是省了三分之二的工夫了。这问题与别的不同，这里边有本国人与外国人立场的不同，利害不一致，未可勉强混一。向来谈汉

---

[1] 吴曾祺：《涵芬楼文谈》，金城出版社 2011 年版，第 90 页。

[2] 夏仁虎：《枝巢四述·旧京琐记·周序》，辽宁教育出版社 1998 年版。

[3] 钟叔河编：《周作人文类编》第九卷，湖南文艺出版社 1998 年版，第 724 页。

字的都没有谈到这一问题，但这实在是个问题，有澄清的必要的。"[1]汉字难学的感叹，是外国人首先发出的[2]，感染了近代的国人，也附和了洋人的论调。在数千年的历史中，未有过汉字难学这类的话。

在周作人看来，简笔字的好处只在于笔画少，好写，而简笔字的发生，主因还在于文字的频繁使用。医生开药方总用到薑字，嫌十八画多，写作姜，只有八画了，但写万寿无疆的疆字，就不嫌笔画多，原因是并不要反复写这个字。"需要简化的字，使用范围有限"，这是周作人的过人之见，他还说："简字的用处全在于写的上面，而不在于看的方面。例如薑字，写作姜字省去了十笔，当然爽利，若是拿来看时，无论看十八画的薑或是八画的姜的眼睛感觉大概是一样，并分不出舒服不舒服吧。我很赞成写字大家多用简笔，可以节省光阴，至于印在纸上，这用处恐怕不大。"[3]"手写得简便，不一定看了也简单，原来'手头字'印了出来还不是一样，而且还增加了麻烦。"无论是写在纸上，还是印在书上，文字总需别义的，能够区别意义，文字的作用才算尽到。在简化汉字的时候，常常只考虑书写，想省几个笔画，别义的功能被忽视了。王力在一九三八年说过："无论是谁，如果他抱定至多不过十画（或六、七画）的主张去改造汉字，一定会走一条'绝径'的。"[4]

周作人认为："我写简字为的自己便利，但我知道简字只是写来简，看来却并没有什么简，稿纸又是要请人去排字的，总须得认得出，所以也简到适可而止。"[5]这话说得原极清楚明白的，但简化汉字却不是简单的个人行为，而是一项持续了将近百年的社会运动，在表面上有理有据的科学论述背后，包含着政治冲动和长期压抑的文化诉求。

周作人一九五七年写的短文《汉字与简化》结尾道："凡是一种大改革，我想总要考虑轻重缓急，如果这事改革了于国家人民有大利，或不改革时有大害，那就得着手改革。但是汉字问题不像是这样重大，况且是二三千年又几亿人用了下来的文字，又岂是一时代的若干人做得了主的呢？"[6]意思很清楚，简化汉字照理可以缓行，

---

[1] 钟叔河编：《周作人文类编》第九卷，湖南文艺出版社 1998 年版，第 761 页。

[2] 曾有人感叹，"一个人要学会汉语，要有铜铸的身体，铁铸的肺，橡木脑袋，苍鹰的眼，要有圣徒的心灵，天使的记忆，麦修拉的长寿"，参见周宁：《人间草木》，商务印书馆 2009 年版，第 19 页。

[3] 钟叔河编：《周作人文类编》第九卷，湖南文艺出版社 1998 年版，第 755 页。

[4] 转引自曹先擢：《汉字的表意性和汉字简化》，中国社会科学院语言文字应用研究所编：《汉字问题学术讨论会论文集》，语文出版社 1988 年版，第 26 页。

[5] 钟叔河编：《周作人文类编》第九卷，湖南文艺出版社 1998 年版，第 746 页。

[6] 同上，第 761 页。

应当十分慎重，但不幸"一时代的若干人"绝不可能罢休，某种巨大的势力，一定要行其所必行，为了一点未必真是好处的好处，给后来的时代造成数不清的麻烦和被动，甚至是无法弥补的损失。

仿佛是预感到这一运动的不可阻挡，他退而求其次，希望简化方案能够成熟合理一些，"简笔字的必要是事实，不过这也有个限度，即是每个字可能的简，却不能几个字简成一个，过了这个限度就不免要出纰漏。……它的基础是建立在汉字上，它的使命是在于帮助汉字，而不是破坏汉字的作用。在说汉语的中国人民中间，一时大概必须利用汉字，一面要使它变化得简明适用，一面也要防止它的混杂"[1]。

这话说得有针对性，因为简化汉字的一个很重要的冲动，是为了破坏汉字的表意性，为拼音文字的实行开出道路。以为别字白字辩护始，至大量使用假借手法，将同音的两个甚至三个汉字合并简化成一个，不顾意义的混淆，不惜代价，意图是明显的。今天流行于网络的所谓"火星文"，不外是假借汉字，夹杂数字、字母等符号来写方音，像黑话一般，令圈外的人一头雾水。以恶作剧看待，任其自生自灭，无伤大雅，若举全国之力来推行"火星文"，后果是不言而喻的。一九七七年颁布的二简方案遭到全社会普遍抵制，但却在十年之后才宣布废止。一九八六年六月二十四日，国务院批转国家语言文字工作委员会《关于废止〈第二次汉字简化方案（草案）〉和纠正社会用字混乱现象的请示》，以通知的方式下达，即日起停止使用。也是在一九八六年，湖南人民出版社出版了一本薄薄的小册子，舒芜所写的《周作人概观》，本是为周作人的一本散文选写的序言，结果长达六万余字，只好独立成书了。从那时起，周作人的二十八种自编文集，在钟叔河的努力下，经中央有关部门同意，以本名陆续出版。一九四九年以来，这是未有过的。

一九六四年一简方案的《简化字总表》公布，短短十三年，至一九七七年又抛出二简方案，文改会在做自己的事业，不可谓不尽职。但经历了"文革"大动荡大幻灭之后，社会心理已大为不同，极左的意识形态已破产，笼罩着简化汉字的政治光环消失，赤裸的笔画真相更为彰显无遗，残缺、丑陋，没有字样。

二

鲁迅一九三三年六月十八日《致曹聚仁》信中说："我数年前，曾拟编中国字体变迁史及文学史稿各一部，先从长编入手，但即此长编，已成难事，剪取软，无此

---

[1] 钟叔河编：《周作人文类编》第九卷，湖南文艺出版社1998年版，第750页。

许多书，赴图书馆抄录欤，上海就没有图书馆，即有之，一人无此精力与时光，请书记又有欠薪之惧，所以直到现在，还是空谈。"[1]鲁迅的早逝，使他留下许多未竟之业，文学史没有写，毕竟还有一部《中国小说史略》和断代的《汉文学史纲要》，字体变迁史则完全是空白。对于汉字和汉文学，鲁迅是有情感的，从学术上研究其变迁，则是理智的责任了。也许因为汉字字体变迁史没写，鲁迅于文字改革的见解，未能超出时代风潮之上，又因鲁迅真诚地热爱民众，对于数千年来将民众排除在外的高等文化人的习气，深恶痛绝。鲁迅在一九三四年九月的上海，写下短文《中国语文的新生》之时，他的心情一定沉痛："中国人要在这世界上生存，那些识得《十三经》的名目的学者，'灯红'会对'酒绿'的文人，并无用处，却全靠大家的切实的智力，是明明白白的。那么倘要生存，首先就必须除去传布智力的结核：非语文和方块字。如果不想大家来给旧文字做牺牲，就得牺牲掉旧文字。"[2]这种非此即彼的意见，由鲁迅说出来，可以知道那时候的矛盾已经让中国的"智力"陷入了怎样的绝境当中，难道鲁迅真的相信，拉丁化能够使中国语文新生吗？

一九三五年春，《太白》半月刊主编陈望道，联合上海的文字改革工作者组织了手头字推行会，发起一场颇有声势的手头字运动。蔡元培、邵力子、陶行知、郭沫若、胡愈之、叶圣陶、巴金、老舍、郑振铎、朱自清、李公朴、艾思奇、郁达夫、胡风、林汉达、叶籁士等当时文化教育界的知名人士二百人，以及《太白》《文学》《译文》《小朋友》《中学生》《新中华》《读书生活》《世界知识》等十五家杂志社共同发起。

> 我们日常有许多便当的字，手头上大家都这么写，可是书本上并不这么印。识一个字须得认两种以上的形体，何等不便。现在我们主张把"手头字"用到印刷上去，省掉读书人记忆几种字体的麻烦，使得文字比较容易识，容易写，更能够普及到大众。[3]

《手头字第一期字汇》收了三百个简化汉字，后来大部分被国民政府教育部颁布的《第一批简体字表》（一九三五）所采用，该表系南京政府教育部部长王世杰，从"国语筹备委员会"所提供的两千三百四十个简体字表中"用红笔圈出三百二十四个字"，于一九三五年八月二十一日由教育部正式公布。第二日，又公布了《各省市教育行政机关推行部颁简体字办法》，要求各地教育部门遵照执行。同年十月

---

[1]《鲁迅全集》第十二卷，人民文学出版社 1981 年版，第 184 页。

[2] 鲁迅：《中国语文的新生》，《鲁迅全集》第六卷，人民文学出版社 1981 年版，第 114 页。

[3]《推行手头字缘起》，《读书生活》第一卷第 9 期，1935 年 3 月 10 日。

三日，南京国民政府以中央政府主席、行政院长、教育部长的名义通令全国，要求全面推行简体字表。然而仅仅半年，至一九三六年二月五日，教育部据行政院的命令，训令"简体字应暂缓推行"，据说是国民党中央委员戴传贤给蒋介石下跪，为汉字请命的结果。中国历史上由政府主导的第一次简化汉字无果而终。鲁迅因赞成拉丁化新文字，而未参与手头字运动，"这些事情，我是不反对的，但也不热心，因为我以为方块字本身就是一个死症，吃点人参，或者想一点什么方法，固然也许可以拖延一下，然而到底是无可挽救的，所以一向就不大注意这回事"[1]。像鲁迅一样，认定"汉字和大众势不两立"的人，无论当时还是后来，都不在少数。语言和文字，是民族文化最重要的凝聚物，识字人口的比率，并不能改变这一点。对汉字的"阶级仇恨"，在百年的文字改革中时隐时现，暗流汹涌。瞿秋白把普通话看作是无产阶级的方言，当时曾被人质疑。

手头字运动，以及同期的新文字运动，在某种程度上关注的并不仅仅是文字改革的事情，而是一种变相的政治运动，至少于一部分参与者来说如此，因此许多人真实的兴趣并不在文字，倒是在政治主张上。郭绍虞曾说："在解放以前，我是赞同文字改革的。为什么赞同？一大半是为了革命。"[2] 大陆和台湾今天的"一国两字"局面，或可溯至当年国共对于简化字和拉丁化新文字日益分化的不同态度上。

抗战和后来的内战期间，共产党所辖的解放区，曾广泛地使用简体字。当时有大量的油印书报刊物多种宣传品曾采创过许多简体字，比如"擁拥、護护、幹干、產产、奮奋、紅红、會会、黨党、參参、報报、勝胜、敵敌、勞劳、運运、動动、團团、歡欢、閱阅、鬥斗、戰战、爭争、蘇苏、實实"等，共产党在全国取得胜利，这些简体字流传开来，被称作"解放字"，它们成为一九五六年公布方案的简化字的前身。

一九四九年十月，新中国成立当月，中国文字改革协会便宣告成立。一九五二年又成立中国文字改革研究委员会，一九五四年十二月改组成为中国文字改革委员会，直属国务院。五年之内，完成了从民间社团、研究机构到政府职能部门的三级跳，机构建设到这一步，文字改革已箭在弦上。

方案公布之后，简化字在技术和物质上面临的最大困难是要重铸新的字模，二十世纪五十年代中期那样一个物质短缺的时代，这个困难是巨大的，仓库里积存着许多以繁体字印好的中小学教材、工具书等，沿用多年。繁体字模全部淘汰，更新为简化字模，于印刷厂来说，不是立即可以做到的。从一九五一至一九六〇年，十年间出版的四卷本《毛泽东选集》是繁体字版。一九六四年三月七日，中国文字改

---

[1]《鲁迅全集》第六卷，人民文学出版社 1981 年版，第 280 页。

[2] 郭绍虞:《我对文字改革问题的某些看法》，《文字改革》1982 年第 1 期。

革委员会、文化部和教育部正式发表《关于简化字的联合通知》，并公布了《简化字总表》，同年四月，人民出版社使用繁体字竖排出版了合订一卷本《毛泽东选集》，在一九六六年及以后若干年，这一繁体字版毛选分发各地，进入千家万户，这部一百零五万八千字的经典著作，成为汉字简化之后，一睹繁体字风采最易得到的公开文本，深红色的三十二开硬皮装帧，薄韧的纸张，一丝不苟的校对，竖排繁体，汉字标出的页码一五二〇，厚重矜持，犹如古籍，外加函套，定价六元八角。与六十四开塑料皮一卷本简体横排的《毛泽东选集》相较，虽一字不差，却不可同日而语。这部《毛泽东选集》使简化字时代出生的人，见过了认真的大规模繁体字现代汉语。

三

盖字者，要重之器也，而器唯求于适用，清末民初这是流行的观念。人们普遍认为，"文字本是一种工具，工具应该以适用与否为优劣之标准。笔画多的，难写、费时间，当然是不适用。笔画少的，容易写、省时间，当然是适用"。于是废除汉字之外，改革汉字的呼声也起于一时。最现成的改革方案莫如采用所谓俗体字，俗体字自古有之，特别是明清以来，在民间的账簿、当票、药方、小说、唱本等处普遍使用，是汉字的破体，也叫手头字，虽不登大雅之堂，却已通行无阻，只不过没有得到官方的承认罢。

一九〇九年，《教育杂志》创刊号发表了陆费逵的文章《普通教育应当采用俗体字》，理由有三：此种字笔画简单，易习易记；已经通行于公牍考试之外的一切领域，事顺而易行；减少习字难度，增加识字人数，刻写亦便利。俗体字运动之提倡看来比白话文运动要早好几年。

简化汉字的依据，实用而外，还有所谓"人类文字发展的规律"，美国文字学家泰勒（Issac Tylor）提出，人类的文字经过了五个阶段：图画、图像标记、表言符号、表音节符号、表字母符号，其中前两种属于表义文字，后两种属于表音文字，中间一种兼属二者。他把汉字归为象形字、会意字、表言的表音字，说这些的混合是"最显著的例子，说明一种文字系统从来没有超越过最初级的习俗化的图画文字的残留"。[1] 这样的看法，是认为方块字落后，拼音文字先进，是世界文字共同的发展方向，中国也未能例外。这种以科学的名义和普遍规律的面目而出现的意识形态观念，特别容易蛊惑人心，五四时代的精英，鲜有不上其当者，而上一辈人则不然，

---

[1] 转引自潘文国：《字本位与汉语研究》，华东师范大学出版社 2002 年版，第 40 页。

如章太炎"吹万不同"的论述极为确切，他说："文字者，语言之符，语言者，心思之帜，虽天然言语，亦非宇宙间素有此物，其发端尚在人为，故大体以人事为准，人事有不齐，故语言文字亦可不齐。"[1]

傅斯年认为："反对拼音文字的人，都说拼音文字若是代替了汉字，便要妨碍到中国的文学，这是不必讳言的，我们也承认它。中国历史上的文学全靠着汉字发挥它的特别色彩，一经弃了汉字，直不啻把它根本推翻。但是我们既主张国语的文学，——未来的新文学，对于以往的文学还要顾惜吗？"[2]离开汉字谈所谓未来的国语文学，是不可思议的事情，但那时代却很平常。五十年代郭沫若曾说："汉字的归于隐退，是不是就完全废弃了呢？并不是！将来，永远的将来，都会有一部分的学者来认真地研究汉字，认识汉字，也就跟我们今天有一部分学者在认真地研究甲骨文和金文一样，甲骨文和金文不见使用了，殷代和商代的文化遗产的精华一直被保留到现在。汉字如果在日常生活中不见使用了，汉字所记录的中国历代的文化遗产的精华，也必然会一直被保留到永远的将来。"[3]尚未拼音化，却已目睹了汉字的隐退，至少是一部分汉字，地名中的生僻字和一些异体字计一千一百多字，被整编掉了，还有方案中的两千余繁体字，在《新华字典》里被加上了括号。汉字记录的十三经、二十四史之类，如果当代人不再阅读，不再是生活、思想和信仰的一部分，又怎么通过什么途径"保留到永远的将来"呢？让汉字成为供少数学者使用的拉丁文，中国会像欧洲一样分裂解体，这或许不是危言耸听。

直至八十年代，拼音化的方向仍被一些人叫得响亮。在一次全国语言文字工作会议上，有人认为"文字改革的方向还是要向拼音文字发展。当然，不是现在的事。但是，即使要一二百年以后才能实现，总还是要有个方向，就像我们说共产主义是方向，但什么时候实现，谁也说不出一个准确的时间。文字改革也相类似"[4]。

汉语和汉字，已经互相磨合了四五千年，水乳交融，难分难解。汉语被汉字如此塑造了几千年，开口说话，即使不识字的人，也不可能与汉字无关。

日本、越南、朝鲜、韩国，这些国家在历史上曾经借用汉字记录自己的民族语言，长达千年，近代以来，由于民族意识的缘故，有不同程度的"去汉字化"运动。对国人来说，汉语和汉字，同根同源，自创自用，何苦要骨肉拆散。

汉字简化和拼音化本来是两件事，且是不太相干的两事，却容易被联系起来：

---

[1] 章太炎：《规新世纪》，《民报》第 24 号。

[2] 转引自潘文国：《危机下的中文》，辽宁人民出版社 2008 年版，第 218 页。

[3] 郭沫若：《为中国文字的根本改革铺平道路》，《全国文字改革会议文件汇编》。

[4]《语文建设》1986 年第 1、2 期合刊。

"第一，简化汉字固然是汉字的一种改良，但是它冲破了文字神圣说，让人们知道，文字只不过是一种书写工具，它是要发展要变化的，人们是可以根据需要去改革它的。因此，简化汉字也为文字拼音化打下了一个很重要的思想基础，坚定了人们改革汉字的信心。第二，从汉字简化方案和群众中流行的新简化字来看，汉字的表音功能正在逐步增加，这是符合一般文字的发展规律的，也使人民认识到表音文字是先进的，这对将来实行拼音文字提供了有利条件。"[1]文字神圣说已破产，证据是敬惜字纸的习俗荡然无存。谈及汉字的表音功能，却是一桩严重的误解，数以万计的汉字，在区分声调的前提下，也只有一千四百多个读音，想消灭同音字是不可能的，以形别义，而不是以声别义，才是汉字的方向。在这个问题上，不存在"一般文字的发展规律"，在口语上区分同音字的办法，是双音词和多音词的创造。《说文解字》和《新华字典》所收汉字，字数差不多，约有半数不同，但后者超强的构词能力却使之足以应对生活。

减少汉字字数，把几个同音字合并起来，简化成一个字，只能增加混淆，破坏汉字的表意性，拼音化的最大困难正在这里。用拼音怎么区分同音字？需先解决了这个问题，再谈拼音化不迟。《新华字典》里的"衣"音部共收录一百二十七个发此音的汉字，拼音化之后，就变成一个 yi 了。全部字典的四百一十五个音节，加之四声符号，计一千六百余音节，包括双音节的同音词的问题。

汉字形体的演变是自然的过程，包含着多少无名艺术家和发明家的心血及创造。尊重汉字，是尊重民族遗产，珍视文化传统，也是自尊自爱的表现。

四

甲骨文已经是成熟的汉字，汉字在形体上的演变，依照曹先擢的说法，大体经历三个阶段：图画文字、线条文字、笔画文字。就笔画文字而言，古文字以弧线为主，隶书和楷书则发展为点、横、竖、撇、捺等一系列笔画。

自商周古字，一变而为篆，二变而为隶，三变而为楷，由繁趋简，廓然自适。"重形体"，"贵目治"，既便于婉转书写，又寻获体势之美，不失其理，不失其姿。每一字体由粗而精，由拙而雅，历经悠长的岁月。其中由篆到隶，变化最大，史称"隶变"。伸展、化约了篆的结构，笔法变圆形为方形，变弧线为直线，变圆转为方折，笔画勾连为断，趋于简，偏旁部首，适所变通。"隶变"的演化延绵好几百年，字

---

[1] 曹澄方：《文字改革工作答问》（修订本），上海教育出版社1984年版，第19页。

体结构从容定型，书法艺术亦成熟了，简明实用，合于六书之道。

所谓汉字的理据乃造字法，即"六书"。六书的理论，出现于战国末期，汉代刘歆有详载。班固、郑众、许慎各有论述，世称"三家"。班固《汉书·艺文志》曰，"象形、象事、象意、象声、转注、假借"；郑众《周礼宝氏注》曰，"象形、会意、转注、处事、假借、谐声"；许慎《说文解字序》曰，"指事、象形、形声、会意、转注、假借"；一般认为，六书次序，班固所列，比较符合汉字发展的实际，而六书的名称，许慎的概括准确恰当，次序从班，名称从许，乃得六书。以今天的推测，汉字大概先有了象形字、指事字和用象形符号拼合起来的会意字，然后才有了形声字、假借字和大部分为形声结构的转注字。前三种不带表音成分，似乎纯粹表意，形声和转注，包含了表音成分，假借字则完全表音。

其中形声字的出现是关键，有了它，汉字之孳乳繁衍，源源不断。

徐通锵认为："汉字是自源性的文字，其中的形声字约占百分之九十。字的形声体系是理据性的一种表现，反映汉语编码的理据性原理。在汉语传统的研究中，人们没有怀疑过这种理据性编码的性质大致都围绕着字的理据进行研究，只是在鸦片战争以后，西学东渐，中国语言学家接受了西方语言学的理论和方法，才一股劲儿鼓吹约定说，全盘否定理据论，中断了自己的研究传统。"[1]

汉字当然有许多不合理据处，乃是历史形成，连最有学问的人，也讲不出个所以然。沿袭至今，硬给它改成合理据，毫无必要。若信了西式的约定，否定了汉字的理据，才会随意乱改字形字体，减省笔画。约定后面跟着俗成，语言文字不同于法律制度，习惯成自然，慢慢接受下来的内容，具有天然的合理性，依赖国家的行政力量，人为地约定加以改变，只能在有限的范围之内，超出此界限，便会破坏其功能。

汉字的演化和成熟，与书法艺术的发展分不开，艺术的伟力，始终参与了塑造汉字的品格。简化汉字置汉字表意的理据于不顾，也不管意义的混淆，更不问字形的美观与否，将草书字楷书化处理时，既不考虑笔画之间的结构，也未考虑与其他字的协调配合，强使艺术就实用之范，以焚琴煮鹤喻之，不为过也。

在第一批简化字中，有一些字简得不符合书写的原则。如"长"字，规定为四笔，写起来就很不顺。下边本来是一"亡"字，一点一横是"人"的变写。本来繁体之竖提之后一撇一捺，恰好构成一个左右开合之势，有来有往，顺笔

---

[1] 徐通锵：《汉语结构的基本原理——字本位和语言研究》，中国海洋大学出版社 2005 年版，第 23 页。

自然。而现在简成了无撇有捺，看来省去了一笔，其实，笔行的轨迹中那个撇并没有去掉，只是没有落在纸上而已，从提的收笔到捺的起笔这一段过程是不可能省掉的，不在纸上走就要在空中走，不然笔过不去，到不了捺的起笔处。再者，笔在空中走和在纸上走哪个方便呢？懂得行草之比楷书便捷，就明白在纸上走比在空中走省事的道理，因为笔既离开纸，又回到纸上，就须"提""按"的活动，就须有收笔起笔的活动，如果在纸上连笔而走，只须转锋便可。大家都知道"连笔"是改楷为行为草的一种便捷的方法。所以说，"长"字省了撇，只是形式上的一种安慰，就书写而言，事实上反而更费事了。[1]

从小写不好"长"字，反复写，越看越觉得不像个字，读了这段文字，才知原来书法家也写不好，因为这个字本身有问题。繁体長字没有这样的问题。本人见过李长之先生的签名，从来写作"長之"。简化的长字，并非今人的发明，来源于长的草书，汉代的《急就章》里能找到这个写法，但草书是通篇皆草，手笔运势连贯，没有见过在楷书字阵里安插草体字的。

赞成简化的人，反复论述文字发展的自然趋势是由繁到简，其实是只见其一端，由简至繁，同样是文字演变的正常途径，形声字的大量产生，增加区别意义的形旁，至今造字时还在使用。比如化学元素——氢氧氮、钾钠钙，若去掉形旁，笔画是少了，但别义的功能却失掉了。"文字作为一种工具，人们对它的要求是精确有效，同时又方便省力。精确有效跟方便省力是一对矛盾。正是这一矛盾，推动着文字健康发展。这一矛盾具体表现为文字发展过程中的趋繁和趋简。记录语言要精确，就要求文字体系繁而严密，为学习使用时方便，就要求简而省事。双方互相制约，使得一种文字体系不致过繁或过简。"[2]

历史上字体简化是常见的事情，在繁简得当的意义上，会发现一些汉字简化得合理，但如此规模地简化更多的字则未必合理。逐字讨论每一字的合理性，俟诸他日另文。

五

今日大陆通行的简化字，乃就其笔画而言，相对于繁体字称简化字，但称作俗

---

[1] 参见欧阳中石：《方块汉字的简化应考虑到书写的问题》，中国社会科学院语言文字应用研究所编：《汉字问题学术讨论会论文集》，语文出版社1988年版，第161页。

[2] 胡双宝：《汉字的繁化与简化》，刘庆俄编：《汉字新论》，同心出版社2006年版，第666页。

体字才名副其实，因为大多是历代积累下来的。为简化的合理性辩护的人，也喜欢在这上面做文章。

有人从一九八六年公布的《简化字总表》第一表和第二表中选取了三百八十八个字头（含简化偏旁）进行溯源研究，得出的结果如下：

现行简化字始见于先秦的共四十九字，占所选三百八十八个字头的百分之十二点六三；

始见于秦汉的共六十二字，占百分之十五点九八；

始见于魏晋南北朝的共二十四字，占百分之六点一八；

始见于隋唐的共三十一字，占百分之七点九九；

始见于宋（金）的共二十九字，占百分之七点四；

始见于元朝的共七十二字，占百分之十八点五六；

始见于明清的共七十四字，占百分之十九点零七；

始见于民国的共四十六字，占百分之十一点八六；

始见于中华人民共和国成立后（截至一九五六年《汉字简化方案》公布）的一个字，占百分之零点二六。[1]

当代劳动人民自己创造的简化字，原来只有一字，就是"帘"字，取代的乃是"簾"。其余三百八十七个字头，是不同年代的古人遗赠我们的。说上面列举三百八十八个简化汉字几乎个个有历史根据是不错的，但在过去的任何一个朝代里，俗字只占很小的比例，且它的使用范围受到严格的限制，特别是科举考试，不仅要写正体字，且要写馆阁体。像这样汇集历代俗字来一次以俗为正的颠覆性的汉字革命，五千年来未曾有过。

表面上在寻找跟历史之间的联系，实际上在制造与历史之间的断裂。联系是理由和借口，断裂是后果。或说被长期压抑的某种非历史化的情绪需要宣泄。一九六四年政府出台《简化字总表》，合并和淘汰的异体字加上取消的地名中的生僻字，是一千一百多个，单独简化和由简化偏旁类推出的常用汉字，又有两千余，加起来三千余字，占七千通用汉字的近半数，如此规模的改动，自有汉字以来所未有。

两年之后，"文化大革命"爆发。"文革"的系列动乱和灾难，亦可视作汉字对于汉人的报复与惩罚，大字报上的汉字，仅仅是普通的汉字吗？因字罹祸、因字获罪的人，在那十年之中竟然有那么多，他们是在向谁讨付代价呢？这样的语言表达，

---

[1] 张书岩、王铁昆、李青梅、安宁：《简化汉字溯源》，语文出版社1997年版，第6页。

已经出离规范的论证方式，写下它们的时候，本人意识到自己或许已在把复杂的历史社会现象进行简单化处理，这与简化汉字的思路是一致的。

我们虽然认识繁体字，却写不出来，长年累月地写简化字，是在接受一种思维方式的训练，实用，功利，将复杂问题简化，避免困难的事情，逃避精神上的难度。这是汉字简化在精神层面带来的后果。

六

《汉字简化方案》所收简化字，以下列八种方法达成简化之目的：

一、保留原字轮廓：卤—鹵，娄—婁，伞—傘，肃—肅；

二、保留原字特征部分，省略一部或大部：竞—競，务—務，医—醫，开—開，疟—瘧，业—業，枭—梟；

三、改换为形体较简单的声旁或形旁：

改换声旁：运—運，辽—遼，补—補；

改换形旁：硷—鹼；

声形皆换：惊—驚，华—華，护—護；

四、另造新会意字：尘—塵，体—體，双—雙；

五、草书楷化：时—時，东—東，长—長，书—書，为—為，专—專；

六、符号代替：仅—僅，赵—趙，区—區，鸡—雞，权—權，联—聯；

七、同音代替：丑—醜，后—後，几—幾，余—餘，谷—穀，只—隻袛

八、利用古旧字体：

利用古本字：虫—蟲，云—雲，号—號，从—從，卷—捲，夸—誇；

利用古代异体字：万—萬，无—無，尔—爾，礼—禮；

利用废弃字形：胜—勝（"胜"为"腥"的本字，后不用），亲—親（"亲"为"榛"的本字，后不用）。[1]

其中第七种方法，造成的遗留问题最多。如"发"的繁体字有两个：發和髮，發達之發与頭髮之髮本来是两字，简化之后成了三字。"复"字亦如此，恢復之复，複印之复，被强行统一于这个"复"字，但其实是做不到的。《说文解字》同时收有此三字，折腾了一场之后，还是三字，一个都不能少，少了意思容易混淆。丰和豐，谷和穀，后和後，丑和醜，仇和讎，本来是两字，合起来之后，只能引起理解上的

---

[1] 张书岩、王铁昆、李青梅、安宁：《简化汉字溯源》，语文出版社1997年版，第34—35页。

混乱。再比如说"錘灵毓秀"的"錘"，与"当一天和尚撞一天鐘"的"鐘"，合并统一简化为"钟"，这本是两个意思相差很远的汉字，在简化字里无法区分。由于这个原因，钱锺书不肯将"錘"写作"钟"，冯锺璞后改名为宗璞，萧乾名字若依照简化汉字的规范要求，应写为肖干。

表面上看，笔画少了，字数也少了，但由此带来的意思上的不准确和混乱却是大麻烦。

这样的同音代替，约占《方案》中的五分之一，就是说约有一百个汉字，是采用这样的方法简化的。可以毫不夸张地说，简化一个，混淆一个，甚至是混淆几个。

一九六四年公布的简化字与繁体字对照表，收录了一九五六年以来的四批简化字共五百一十七个，后面的说明和注释达七十八条之多。比如第四条"丑醜——在古代，这两个字不通用，丑，地支名，醜，醜恶的丑"。专有一条注释规定下列十个简化字在意义容易混淆时仍用原繁体字：迭—叠、复—覆、干—幹、伙—夥、借—藉、么—麼、象—像、余—餘、折—摺、征—徵；而对于适—適和宁—寧两个简化字加了很长的注释，其注曰："古人南宫适、洪适的适（古字罕用）读 kuò。此适字本作逝，为了避免混淆，可恢复本字逝。"结果等于新添了三个字，还不如让適不简化保持自己原样的好。"作门屏之间解的宁（古字罕用）读 zhù（柱）。为避免此宁字与寧的简化字混淆，原读 zhù 的宁作㝉。"

术—術，叶—葉，吁—籲，这三组字问题更大。术和術，音义均不同，术，指白术、苍术，读作 zhú，術，用于技術等，读 shù，简化后术字一字两读，等于还是两个字，不如不简化的好。叶和葉，音义也不同，叶，读作 xié，同协，葉，读作 yè，是葉子的葉，简化成一个字之后，叶也只好两读，在"叶韵"中，读作 xié。吁，本来读 xū，因为将籲（yù）字合并简化为吁，所以也多了一个读音，在"呼吁"一词中，仍读作 yù。将不同音读的字合并为一个，增加其读音，学习的时候，等于还是两个字，且是容易混淆的两个字。

假如不简化，这些繁琐的说明和注释是不必要的。以简化始，以复杂化终；目的本是减少汉字的笔画和数量，结果是新增了两千多个汉字和不计其数的繁体字盲，事与愿违，只好将错就错，还要说成巩固改革成果而加以赞扬。一九五六年之前用的是繁体字，扫盲成绩最大，一九六四年之后的十几年里，通行简化字，文盲反而骤增。事实证明，少几个笔画，不会减少怕困难的睁眼瞎，多几个笔画，也难不倒多数国人，简化汉字的好处，是自欺欺人之谈。

七

二十世纪三十年代的手头字运动，所要求的是简化字生存的权利，能够获得与繁体字并存的资格就知足了。新中国成立之后的简化汉字工作则大为不同，它不仅获得了生存权，还取得了正统地位，代替繁体字成为正字，且剥夺了繁体字的生存权，犹如白话之于文言。除了申明足够的学术理由，时下大陆出版社不得擅出繁体字本图书。

但汉字本来有自己的章法和道理。以占汉字九成的形声字为例，形符（义符）和声符各有理据，虽说不一定全部准确，特别是在读音上，但大体来说，字的结构是可以分析和解释的，有理有据。简化却造出许多毫无理据的汉字，比如使用上述第六种符号代替法进行的简化即是如此。一些偏旁带义和又的简化字，对—對，艰—艱，观—觀，欢—歡，仅—僅，凤—鳳，权—權，劝—勸，叹—歎，邓—鄧，鸡—雞；义—義，冈—岡，岗—崗，刚—剛，刘—劉，区—區，赵—趙，等等。这两组字中的"又"和"义"，既不是声旁，也非形旁（义旁），从简化字的结构上看，是不可理解的，因为它本身就来自于手写时的方便，只是一个速记符号，本来依附于正字的手头字，它的理据性由本字来提供，所以它才可以这样写。作为正字的补充形式，临时的代用符号是可以理解的，但假若取消了正字，强迫这个手头字做正字，在不引出正字的情况下，这个简化字就无法理解了。婢做夫人，实在不像。对于这种简化法，当时有人讽刺说"叉叉、叉叉叉叉叉"。

而不合理据的简化方法的通行，势必造成更为大量的类似的简化行为和更加不通的简化字。二简方案中的许多简化字，走的是这个路子。二简方案虽然被废止，其中的不少简化字在今天手头上仍有使用，并没有什么关系，写的时候只求顺手方便，事后能辨认则可，手头上原本不必强求一律的，但印刷和出版需要用正字。手头字是正字的补充，承认它的地位，不意味着喧宾夺主，各得其所，才能保护文字的稳定。俗字的通行，可以听之任之，但要提升其地位，弄成正字，却不可以不考虑它的理据够不够了。一时之便需要照顾，但并不需要抹煞民族文化积累下来的稳定正字体系为代价。

文改派的理由是，如果不废除繁体字，用简化字取而代之，那岂不是越简化，汉字的数量越多，增加人们的识字负担吗？

文改会早就宣称，只应减少而不是增加汉字的数量。但废除汉字，哪怕是废除其中的一个汉字，也是一件极其复杂的事情，不是说声废就立刻能废得了的。古人写的字，已经印好的书，改不了废不掉；当代人手写之时，正体还是异体，写简抑或就繁，实际上也是自己的习惯，许多人不喜欢自己的姓氏被简化，一辈子只写繁体。简化字控制的领域，一是报刊杂志和普通正式出版物用字，一是学校的识字教学课堂。把一些字逐出这两个领域，也还未能使其消失殆尽，还有特区的存在，翻印古籍、繁体字毛选、人民日报海外版与港台版的图书杂志。

既然是已经存在的汉字，无论它遭遇怎样的命运，自然会有它自己的用途。

在诗词和文学作品中，选字，安排好每一汉字，必然包含对字形的考虑、形音义的综合运用，此乃修辞的本旨！

简化汉字，实际上增加了汉字的数量，更为严重的是，大量无理简化的汉字成为正字，破坏了汉字整体上的理据性，这些汉字家族的新成员，根正苗红理直气壮，实际上不伦不类不清不白。从维护汉字的理据性出发，区分正俗，恢复正字的地位，让手头字尽其所能地运用于手头，是合理的办法。胡乱简化造成的社会心理后果是潜在的，当代人目无章法为所欲为不计后果的行为方式，与汉字的仓促简化是有关联的。

八

陈梦家先生与当时文改会主流意见的最大分歧，是对汉字的根本看法："汉字又是象形的，又是有声音符号的，这种文字不见得坏。不管好不好，我们已经用了三千多年了，没有出过'漏子'。再使用下去，我看也不会出'漏子'的。因此，我个人觉得再用下去还是可以的，不一定非淘汰不可。"[1]

毛泽东对于简化汉字的指示，在他亲自修改的新闻稿中。虽然删去了两个"毛主席认为"和两个"毛主席指出"，但文改会的人，很清楚意见来自哪里，做起来自然有恃无恐。"过去拟出的七百个简体字还不够简。作基本字要多利用草体，找出简化规律，作成基本形状，有规律地进行简化。汉字的数量也必须大大减缩。只有从形体上和数量上同时精简，才算得上简化。"[2]

废除某些汉字，照理并不在简化范畴之内，但"最高指示"既出，必须照办。汉字的数量是自然形成的，由于历史长，积累下来，数量庞大，汉《说文解字》约一万，到清《康熙字典》，四万七千多。多数属于极不常用字，通用汉字在七八千

---

[1] 陈梦家：《梦甲室存文》，中华书局 2006 年版，第 245 页。

[2] 《中国文字改革研究委员会第三次全体会议的讨论记录摘要》，《中国语文》1953 年 6 月号。参见《建国以来毛泽东文稿》第四册，中央文献出版社 1990 年版，第 236 页。

左右。为落实减少数量的要求，有人提出了"音节汉字"和"基本汉字"的概念：前者指同音替代，后者是合并同义和近义字，只选取一个，其余淘汰。这种极端的想法，是完全做不到的。记录语言的需要，基本汉字就远远不能够满足，且不说文章用字。《毛泽东选集》第一至五卷，共使用了三千一百五十个左右的汉字。整理汉字，使规范化有必要，但人为地限定汉字的数量，采取行政手段废除一些汉字却不可取。

一九五五年十二月，文改会发布《第一批异体字整理表》，废除了一千零五十五个异体字。另外，在第一批汉字简化方案中，以笔画简单的同音字代替笔画较多的繁体字，也精简了一部分汉字，加之以常用字代替生僻的地名字，更改了三十多个地名用字，这样合起来共精简了一千一百多个汉字。所谓精简，就是放进了《新华字典》的括号里。"翻印古书须用原文原字的，可作例外"，"有用作姓氏的，在报刊图书中可以保留原字"。

一九五五年一月七日，《汉字简化方案草案》发表，同年八月北京、天津和其他各省市的报刊开始试用，至十月十五日北京召开全国文字改革会议，通过了《汉字简化方案》，提请国务院审定公布实行，前后不到一年。十一月二十一日教育部发出《关于在中小学和各级师范学校以及工农业余学校推行简化汉字的通知》，规定：全国中小学和各级师范学校以及工农业余学校的教学、学生作业和日常书写公告函件等，必须使用简化汉字。

一九五六年，唐兰发表了对文字改革的不同意见，"不应当忘记在今天汉字还处在当家地位，不能否定它"，"拉丁化新文字能不能用还在未定之天，目前我们不能宣传汉字必须撤退"。唐兰先生的观点立刻遭到文改派的围攻。

梁东汉在《人民日报》上发表《汉字的演变》，认为汉字"确实到了山穷水尽，非变不可的地步"。倪海曙也认为："认识了旧文字的根本缺点，我们就可以肯定改革的必然性，可以不光凭感情，还能凭理智来坚持改革，争取改革，完成改革。"他们共同的论据是：除了中国，全世界都采用拼音文字，可见其正确和进步性。

一九五七年，陈梦家在《光明日报》和《文汇报》上发表了三篇文章，《略论文字学》（《光明日报》一九五七年二月四日）、《慎重一点改革汉字》（《文汇报》一九五七年五月十七日）、《关于汉字的前途——一九五七年三月二十二日在中国文字改革委员会的讲演》（《光明日报》一九五七年五月十九日），他于《简化字方案》的意见主要有：

一、现在报刊上试用的简字，有一部分有很不好的后果，希望考虑将这个方案暂行撤回，重作慎重的考虑。

二、已公布简字的方案，主要的缺点在于公布以前的手续和方式。文字的改进应该先经过学术的研究与讨论，不宜于用行政命令来推行。

三、除了公布以外的简字，有许多是上海制造打字字模的人的"发明"。希望停止发展这种创造。

四、在没有好好研究以前，不要太快的宣布汉字的死刑。

五、在目前，一方面面临文化革命前夕，一方面全国扩大了识字教育，对于起重大作用的文字工具，不要无缘无故的打乱它。

六、关于简字和文改工作，一向是许多人所关心的，但是很少发言。现在报刊上已经开始了这些争论，非常可喜。我个人希望，将来若要开会讨论，不要像上次开会那样，如一个干部对我讲的"开会名单是预先慎重考虑又考虑的"。这种考虑，只顾到大家一致拥护他们原先拟定的要通过的方案，因此没有什么反对意见或不敢提反对意见。[1]

他个人的建议是："（一）再来一次大规模地收集缺点的工作，不要问人家好不好，要问人家什么地方不好。（二）停止公布简化汉字。这并不是说不要简化了，还要进行研究。（三）考虑收回已经公布的简化字，把简化得妥当的加以公布，哪怕十个字也好，公布时把理由根据交代清楚。"[2]

对简化字的具体方案，陈梦家认为："文字应当简化，但不应因简化而混淆。"他举例说"幹""乾"字简化成"干"，那么"乾隆"就得写成"干隆"，后来的《简化字总表》把他的这一意见作为特例收入说明当中。[3] 而对于他的六条意见和三条建议，则不予理睬。他反复说的不过是一句话："文字这东西，关系了我们万万千千的人民，关系了子孙百世，千万要慎重从事。"[4] 在那样的时代氛围中，没有人能听得进去。

据詹鄞鑫《二十世纪文字改革争鸣综述》报道："《光明日报》群众来信意见综

---

[1] 陈梦家：《梦甲室存文》，中华书局 2006 年版，第 241—242 页。

[2] 同上，第 249 页。

[3] 《简化字总表》说明四："一部分简化字，有特殊情形，需要加以适当的注解。例如'干'是'幹'（gàn）的简化字，但是'乾隆'的'乾'（qián）并不简化。"不惜用注解来追求一个字笔画的减省，平添了许多淆乱，比不简还繁复，这样的例子不止这一个。又如以"余"代"餘"，以"复"代"覆"，虽然大家已经习惯了，而在某些情况下却不适宜，需要区别，但实际上又无法区别，这是由于不该简化而硬简化带来的问题。

[4] 陈梦家：《梦甲室存文》，中华书局 2006 年版，第 243 页。

述提到文字改革'一家独鸣'已经形成一种压力，似乎谁要对文字改革表示怀疑，就会被人扣上一顶'思想落后'的帽子，甚至会被人加上'反对中央实行文字改革'的罪名。"[1]"思想落后"和"反对中央"在那个年代，无异于自蹈死地。

九

今天仅识简化字的人，与繁体字文本行如隔世。

简化字方案第一表公布的简化字是二百三十个，第二表是二百八十五个，第三表是五十四个可以类推的简化偏旁。单纯使用个体简化的方法，简化的只有五百一十五个汉字，兼用类推简化，实际上被简化的汉字达到两千多个。这个数量相当惊人。在两千五百个常用汉字中，约有九百个是简化字，占到百分之三十六，这些简化字写起来，平均每字比繁体字少了六画。扫盲的同时，在制造新的更大规模的文盲：繁体字盲，普通读者与繁体字文本之间的天然联系被人为地中断了。《简化字总表》公布之后不久，"文革"开始，古籍图书和一九五六年前出版的许多繁体字书，被当作"封资修"遭到接连抄没和焚毁。按说单个简化的汉字才五百多个，加之五十多个偏旁，在已经认识简化字的基础上学会繁体字，不是多么困难的事情。况且计算机输入汉字，并不需一笔一画地写，原来简化汉字最重要的根据和理由已经不存。由于国家的教育政策从未考虑受教育者有认识繁体汉字的必要，也从未认真对待此种需求和权利，而国家语言文字工作委员会，以自己的部门利益为重，盲目恐惧繁体字一朝恢复，就会使"我们几十年的文字改革成果毁于一旦"，置国家和民族几千年文化积累和文明传承于不顾，结果至今仍然成批量地制造着受过高等教育的"繁体字盲"。

据报载，一些儿童食品和用品的说明书是繁体字，文章认为面对这些繁体字，不要说初识汉字的学生，不少新中国成长起来的年轻爸爸妈妈们也会变成"睁眼瞎"的。引用这一材料的原作者，原本说明"滥用繁体字造成了哪些危害"[2]，那么不识繁体字而造成的危害自然也在其中，如今新中国成长起来的年轻爸爸妈妈们已不再年轻，繁体字却也识得几个，说明书问题还不大，古籍看不懂是无疑了，"要做中国人，必须知道中国是什么，若于中国文史毫无涉猎，那只是中国所出的石头草木"[3]。据说图书馆馆员据借书单上的书名《后汉书》去书库竟寻不出，繁体"後漢書"三

[1] 转引自潘文国：《危机下的中文》，辽宁人民出版社 2008 年版，第 159 页。
[2] 参见国家语言文字工作委员会政策法规室编：《语言文字工作百题》，语文出版社 1995 年版，第 82 页。
[3] 陈梦家：《论习文史》，《梦甲室存文》，中华书局 2006 年版，第 261 页。

字与简体一字未同。吴小如教授写过篇短文《汉字必"识繁"始能"驭简"》，假若他的观点成立，简化汉字岂不是白忙乎一场，与其执繁驭简，"简"和"驭"其实本也可以省去的。

汉字简化的目的，是为了大众之便捷，其依据是中国文字落后繁难，西化（拼音化）是最终归宿。在未经充分论证的前提下，不顾专家反对，不听大众反响，一意孤行，以国家行政命令推行汉字简化。今时即便从善意看待，抱有了解之同情心，仍不得不发问：将便易的工具交给大众，难道就不考虑民众也有权利认识传承了几千年的繁体汉字和这些繁体字印刷的古籍吗？谁断定大众只需要简明的工具，不需要高深的思想、伟大的艺术呢？

汉字的仓促简化，使我们今天的基础教育十分被动。自有汉字以来，未曾遇此劫难。一九五六年之后在大陆受教育的人，一律被强制识读简化汉字，据残缺的符号接受"文化教育"，屈服于权力而不知未觉，这已成为我们最大的习俗，权力的光环终会磨损淡化，那些被简化得不合理、不恰当的残缺汉字，使我们看清自己的处境和来历。

第五章　言文一致问题

第一节　言文一致的由来

一

为汉字而牺牲我们，还是为我们而牺牲汉字呢？这是只要还没有丧心病狂的人，都能够马上回答的。[1]

这句话，出自鲁迅先生一九三四年题为《汉字和拉丁化》的文章，署名仲度，初刊于八月二十五日的《中华日报·动向》，后编入《花边文学》。上引文字未加引号，试图凸显这两句话在今时语境下的荒诞感——"我们"与"汉字"，只能"牺牲"一端才得留存另一端吗？

近八十年前，是哪一种势力迫使鲁迅写出这样的话："如果大家还要活下去，我想：是只好请汉字来做我们的牺牲了。"此等决绝的念头并不始于一九三四年。一九一九年鲁迅致许寿裳信说："汉文终当废去，盖人存则文必废，文存则人当亡，在此时代，已无幸存之道。"[2]这不是鲁迅一人的想法，而是五四新文化一代人的共识。

一九三五年十二月，上海中文拉丁化研究会发起，蔡元培、鲁迅、郭沫若、茅盾、陈望道、陶行知等六百八十八位知名人士，共同发表宣言《我们对于推行新文字的意见》，文章说："中国已经到了生死关头，我们必须教育大众，组织起来解决困难。但这教育大众的工作，开始就遇着一个绝大难关。这个难关就是方块汉字，方块汉字难认、难识、难学……中国大众所需要的新文字是拼音的新文字。这种新文字，现在已经出现了。当初是在海参崴的华侨，制造了拉丁化新文字，实验结果很好。他们的经验学理的结晶，便是北方话新文字方案……我们觉得这种新文字值

[1]《鲁迅全集》第五卷，人民文学出版社 1981 年版，第 557 页。
[2]《鲁迅全集》第十一卷，人民文学出版社 1981 年版，第 357 页。

得向全国介绍。我们深望大家一齐来研究它、推行它，使它成为推进大众和民族解放运动的重要工具。"[1]

与其说是新文字运动，不如说是某种隐藏其本来面目的政治运动。所谓新文字，这里指拉丁化的拼音文字，相对于国语罗马字，两派在主张上大同小异，却弄到势不两立。唐兰在一九四九年出版的《中国文字学》中认为："民国二十三年跟着大众语运动而来的拉丁化新文字，是一种简单的粗糙的拼音文字，没有四声，所以应用时很不方便（孔子可以读成空子），他们虽然用来写方言，却不能和任何一种方言符合，虽然曾经热闹过一阵，现在似乎已无人提起了。"[2]

白话文运动在三十年代暂时停蓄，继之于大众语运动的兴起，两者的递进与终极目标，都是言文一致。文言作为"文言一致"的障碍而被白话替代之后，第二障碍即指向汉字。大众语运动的归宿是拼音化，只有拼音化，才能真正实现"言文一致"。鲁迅在《中国语文的新生》中有句醒目的话："待到拉丁化的提议出现，这才抓住了解决问题的紧要关键。"[3]后来拼音化终未实行，非不欲也，是不能也。

国语运动有两个口号，一是"统一国语"，一为"言文一致"。"言文一致"第一步是书面语去文言、用白话；第二步是废除汉字、拼音化。"统一国语"即定北京话为全国通用的国语。在言文一致上，国罗派和拉丁派是一致的，而言及"统一国语"，分歧就大了。一九四九年后推广普通话，实际是国语统一的全盘实现，只不过把国语称作普通话罢了。拼音化在此后的三十年里，箭在弦上，始终未发。批评汉字落后不易掌握，盲目向往拼音文字的所谓简便和一劳永逸那套理论，并不复杂高深，但发表的文章数量之众，舆论之强，反对的声音始终不能也未敢发出来，事关民族文化之未来，没有充分地讨论，却如大批判一般，已为最高权力机构的明令做出了准备。

想知道超越审时度势之上的学术研究者的意见，不得不到民国著述中去寻找。一九三九年出版的《文字学概论》中，汪国镇的看法是："中国言文分途之利益：东西学者谓外国言文一致，便于启迪民智；中国言文分途，不便于普及教育；此就教育工具上言之，固有一部分之理由，但细察之，则不然。章太炎于此解释颇合；其大意谓西方文字以衍声为主，诚便于教育；然彼以国土偏小，言语单纯，故衍声较易。我国自黄帝以来，领域日扩，当仓颉作书之始，若开衍声之例，则各地不免以

---

[1] 蔡元培等：《我们对于推行新文字的意见》，倪海曙编：《中国语文的新生》，时代书报出版社1949年版，第120—125页。

[2] 唐兰：《中国文字学》，上海古籍出版社2005年版，第152页。

[3]《鲁迅全集》第六卷，人民文学出版社1981年版，第115页。

方音造字，势必方音不同，文字亦因之而变，惟自古即今，各地均用同一之文字，是以语言方音，虽有楚夏之殊，而纸上所书，究无南北之别。故虽北极大漠，南抵儋耳（即今琼州），方音虽异，而文字则同；团结民族，全赖乎此。彼印度版图不下于我国，虽其文字以梵文为主，而各地依方音造出之文字，不下三十余种，语言不下百数十种；岂若吾国上下数千年，纵横数万里，至今犹得观同文之盛者乎？固知造成吾国国家之统一，民族之团结者，正言文分途之功也。"[1]

二

郭锡良认为，口语和书面语是一种语言的两种变体，各有其特点，差异产生的原因在于，口语通过口耳相传，往往随口而出；书面语是让人阅读的，经过认真思考才写出。具体来讲，口语大抵交际双方共处特定的时空间的直接交际活动，有着丰富的语调语气，声音有高低轻重，还可借助手势、面部表情等多种辅助方式，边想边说，因此可能有较多的省略，又可能出现一些重复或杂沓的句子。书面语以文字作媒介，用于传远传久的交际工具，没有口语的辅助手段，但可以反复思考，仔细推敲，因此句子一般更加完整，结构更为严密，行文更加简洁。"总体来看，两者的关系只是加工和未加工的区别，就语言系统来说，应该是一致的。其差异主要是修辞表达、言语风格方面的，是属于语言系统之外的东西。所谓'言文不一致'，不应该是指这种差异，而应该是指语言系统上的不同。"[2]这些话从语言学意义上，阐述了"言文不一致"的合理性。

就汉语的发展史而言，在郭锡良看来，书面语同口语自殷商至西汉是一致的。从东汉到唐末，是汉语书面语同口语相分离的一段时期。处于文学语言正统地位的是骈文、古文这种仿古的书面语；而不被当时重视的译经、变文、语录等文体，用的则是一种文白夹杂的书面语。"宋代以后，汉语书面语存在三种情况：一是仿古的文言文，二是在当时口语基础上进行加工的古白话，三是继承唐代以前文白夹杂的混合语。"[3]

这一结论得自不同时代的语料基础，或可商榷，但若持异议，需研究正反两面的史料据以申说。宋以后的三种状况，第二种指言文一致，胡适为白话文寻找历史根据，正在于此，五四白话文运动不过是扩大古代言文一致的份额，并非二十世纪

---

[1] 汪国镇：《文字学概论》，商务印书馆 1939 年版，第 13 页。

[2] 郭锡良：《汉语史论集》，商务印书馆 2005 年版，第 606—618 页。

[3] 同上。

的新设想和新要求。"宋元以后整个语法系统已经同现代汉语相差不远，只有少数语法成分或句式衰亡了，五四以后新产生的语法成分或句式很少。所以王力先生用《红楼梦》作为撰写《中国现代语法》的资料，基本上已经够用。词汇方面差距较大，主要是五四前后新产生的词多，消亡的词是少数。"[1]

本书讨论言文一致，主要围绕语言学上的是非而展开，但意识到这一问题自始就卷入了政治和意识形态的纠缠之中，因此亦不应以语言学范围为限，超出部分的论述，历史已经赋予——二十世纪中国语文运动的总目标，实际上是扩大了言文一致的范围与内涵。语言学上的界定固然是学理上的依据，但却未能对社会运动有更多的约束力，这也是持续不断地有废除汉字要求的原因。

曲解、夸大言文一致的内涵，有两种方式，一是强求书面语和口语绝对一致，这在实行上固然做不到，亦且不可能也无必要；但"我手写我口""明白如话"，包括全民作诗，皆属于"文言一致"想当然的强行实践，晚清白话—五四白话—大众语—工农兵语言，是其形态的演变与极端化过程，一如白话越白越好成为白话文运动的逻辑推进，五十年代之后大量出现农民诗人、工人理论大批判小组即如是观。

另一方式是以口语强求文字与其一致。切音字—罗马字、拉丁化新文字—拼音化，是其基本思路，概括说来，就是去汉字化。然而真正做到文言一致，方言亦须拼音，其后果是语言文字的分裂。语言文字既告分裂，国将不国，这在欧洲是有前例的，而五四英雄不以言文一致为满足，还进一步要求西式的"言文一致"，拼音化于是成了唯一的出路。

为何第一种扩大仍嫌不足，还要推行第二种呢？这是一笔旧账。辜正坤认为，文字一旦产生，会反作用于语言，使原有的语音模式发生偏离变化，导致音变，起首辅音、复辅音、塞音韵尾相继失落，造成音随字变，义随字生的格局。愈往后，文字的作用力愈强。他说："文字本身的独立性要求语音的相应单一化，历经数千年的演化之后，这个过程终于完成，汉语的抗拼合或曰抗拼音体系终于完美无缺地建构起来。汉字之演变为拼音文字的可能性也就被彻底地粉碎了。汉语的演变也就从远古的语音制约汉字走到其反面：汉字制约语音。在一定意义上，可以说这是视觉语言征服了听觉语言。"[2] 如今，语言的听觉功能试图颠倒主从关系，甚至要废除汉字。数千年来，汉语每一语音均被汉字塑造并规约着，目不识丁者开口说话，汉字的规约性同步趋随。鲁迅在《中国语文的新生》中说"我们倒应该以最大多数为根据，说中国现在等于并没有文字"，表达的是道德义愤，而

---

[1] 郭锡良：《汉语史论集》，商务印书馆 2005 年版，第 606—618 页。

[2] 辜正坤：《互构语言文化学原理》，清华大学出版社 2004 年版，第 126 页。

非科学判断。即便拼音强行取代汉字，语音中已然渗透的汉字的影响，也不可能消除。

三

最早提出"言文一致"者，是黄遵宪，他在一八八七年完成的《日本国志》中写道："余闻罗马古时，仅用腊丁语，各国以语言殊异，病其难用。自法国易以法音，英国易以英音，而英法诸国文学始盛。耶稣教之盛，亦在瘵《旧约》《新约》就各国文辞普译其书，故行之弥广。盖语言与文字离，则通文者少；语言与文字合，则通文者多，其势然也。"[1]

将欧洲中世纪早期由拉丁语演成各民族语言的历史经验介绍给国人，此文为最早，后亦成为胡适发起白话文运动的参照：

> 泰西论者，谓五部洲中以中国文字为最古，学中国文字为最难，亦谓语言文字之不相合也。然中国自虫鱼云鸟，屡变其体，而后为隶书，为草书。余乌知夫他日者不又变一字体，为愈趋于简、愈趋于便者乎？自《凡将》《训纂》逮夫《广韵》《集韵》，增益之字，积世愈多，则文字出于后人创造者多矣。余又乌知夫他日者不有孳生之字，为古所未见、今所未闻者乎？周秦以下，文体屡变，逮夫近世，章疏移檄，告谕批判，明白晓畅，务期达意，其文体绝为古人所无。若小说家言，更有直用方言以笔之于书者，则语言文字几几乎复合矣。余又乌知夫他日者不更变一文体，为适用于今、通行于俗者乎？嗟夫！欲令天下之农工商贾、妇女幼稚皆能通文字之用，其不得不于此求一简易之法哉？[2]

现代中国语文革新运动——国语运动、白话文运动、大众语运动，都与这段文字关系密切。十九世纪的最后十年延至二十世纪初，以言文一致为旨归的文字改革开始了。

《马氏文通》尝试从文言文范围增加读写的便易，并未触及言文不一致的问

---

[1] 黄遵宪：《日本国志》，《黄遵宪全集》下卷，中华书局 2009 年版，第 1420 页。

[2] 同上。孙民乐认为这段文字至少包含了五项信息：跨文化视域，言文分离意识，借他者眼光而看到的母语的语言文字状况，对于语言和社会教育文化发展之关系的认识，潜在的对于语言改革的期待。参见孙民乐博士论文《二十世纪中国文学中的语言问题》（未出版）。

题。马建忠说，"因西文已有之规矩，于经籍中求其所同所不同，曲证繁引，以确知华文义例之所在"。《马氏文通》于一八九八年出版，轰动一时，对后来的汉语研究，尤其是语法研究发生决定性作用，陈望道说被人"忆了万万千，恨了万万千"，但马氏方案当时并未有助于汉语文言的读写问题。孙中山在一九一八年的看法能说明问题：

> 中国向无文法之学……以无文法之学，故不能率由直径，以达速成。此犹渡水之无津梁舟楫，必当绕百十倍之道路也。中国之文人，亦良苦矣！自《马氏文通》出后，中国学者，乃始知有是学。马氏自称积十余年勤求探讨之功而后成此书。然审其为用，不过证明中国古人之文章，无不暗合于文法，而文法之学，为中国学者求速成图进步不可少者而已；虽足为通文者之参考印证，而不能为初学者之津梁也。继马氏之后所出之文法书，虽为初学而作，惜作者于此多犹未窥三昧，讹误不免，且全引古人文章为证，而不及今时通用语言，仍非通晓作文者不能领略……所望吾国好学深思之士，广搜各国最近文法之书，择取精义，为一中国文法，以演明今日通用之言语，而改良之也。夫有文法以规正言语，使全国习为普通知识，则由言语以知文法，由文法而进窥古人之文章，则升堂入室，有如反掌，而言文一致，亦可由此而恢复也。[1]

孙中山以马建忠未竟之业而寄望于后来者，但他唯瞩目于语法的发明，在文字改革的大问题上还是保守的，不过他最后的几句话，将言文一致作为改良文法的目标，明确提了出来。持此目标，激进主张随即跟进，最早的登场者是"切音文字运动"倡导者王炳耀等人。[2] 他们主张用"切音文字"取代汉字，以利语言统一。一九〇三年直隶大学堂学生何凤华上书袁世凯："中国语言一事，文字一事，已一离而不可复合矣。更兼汉字四万余，无字母以统之，学之甚难，非家计富厚、天资聪颖之人，无从问津，此亿万众妇女与贫苦下等之人所由屏于教育之外，而国步所由愈趋愈下也。"他主张"以语言代文字，以字母记语言"。《一目了然初阶》的作者卢戆章曾经说："窃谓国之富强，基于格致，格致之兴，基于男妇老幼好学识理，其所以能好学识理者，基于切音文字。……基于字话一律，则读于口则达于心。又基于

---

[1] 孙中山：《建国方略·以作文为证》，《孙中山选集》上卷，人民出版社 1956 年版，第 129 页。
[2] 王炳耀，广东东莞人，著《拼音字谱》；蔡锡勇，福建龙溪人，著《传音快字》；卢戆章，福建同安人，著《一目了然初阶》《中国切音新字》《中国新字》《中华新字》等；沈学，江苏吴县人，著《盛世元音》；劳乃宣，浙江桐乡人，著《等韵一得》《宁音谱》《吴音谱》等；王照，河北宁河人，著《官话合声字母》等。

字画简易，则易于习认，亦即易于提笔。省费十余载之光阴，将此光阴专攻于算学、格致、化学以及种种之实学，何患国之不富强也哉！"[1]这些晚清书生的主张，正与后来的五四精英相一致。梁启超也认为，"语言与文字离，则通文者少，语言与文字合，则通文者多。中国文字多，有一字而兼数音，则审音也难；有一音而兼数字，则择字也难；有一字而数十笔画，则识字也难"。"文与言合，则读书识字之智民可以日多矣。"梁氏不会想到，后来的白话要来说清他这段话，字词不知要多出几倍，而且说得不清顺。

蔡元培一九二〇年论及统一汉语的重要性："为什么要有国语？一是对于国外的防御；一是求国内的统一。现在世界主义日盛，似无国外防御的必要，但我们是弱国，且有强邻，不能不注意。国内的不统一，如省界，如南北的界，都受方言的影响……言文不一致的流弊很多。"[2]这段话，或可视为"牺牲汉语还是牺牲我们"的温和版了。

一九二八年，中华民国大学院（原教育部）正式公布由赵元任、钱玄同、黎锦熙等制定的《国语罗马字拼音法式》。一九三一年，瞿秋白、吴玉章等在苏联设计的"拉丁化新文字"，可视作晚清切音文字运动的延续。一九五八年二月十一日，全国人民代表大会批准公布拉丁字母式的《汉语拼音方案》[3]，是这版本的副产品。

四

切音字母尚未结果，一些留学生开始呼吁废除汉语，改用"万国新语"，即世界语。为首者吴稚晖，其刊物曰《新世纪》。反对者章太炎即于一九〇八年作《驳中国用万国新语说》，刘师培亦作《论中土文字有益于世》，二文均刊于《国粹学报》。

章太炎早年从俞樾治小学和经学，于清代朴学大有造诣。中国的文字、音韵、训诂之学，至乾嘉学派得以光大。章太炎的自信流露于致友人信中："若乃究极语言，审定国音，整齐文字，仆于今世有一日之长，一饭之先焉。"[4]对"巴黎留学生相集作

---

[1] 倪海曙：《清末汉语拼音运动编年史》，上海人民出版社1959年版，第18页。

[2] 蔡元培：《在国语讲习所演讲词》，高平叔编：《蔡元培语言及文学论著》，河北人民出版社1985年版，第426页。

[3] 1977年联合国地名标准化会议决定，采取汉语拼音字母作为中国地名罗马字母（即拉丁字母）拼写法国际标准。1982年国际标准化组织（ISO）决定，采用《汉语拼音方案》作为文献工作中拼写汉语的国际标准。

[4] 汤志钧：《章太炎年谱长编》，中华书局1979年版，第498页。

《新世纪》，谓中国当废汉文而用万国新语"，他有专文驳诘。章太炎认为，汉语言文字属于象形字的表意文字系统，欧陆各国的语言文字属于合音字的表音文字系统，"象形、合音之别，优劣所在，未可质言"。俄国使用的也是合音文字，其识字率却少于中国。日本使用混合文字，杂有汉字，日本人的识读并不怎样困难。开启民智，提高国人识字率，关键在于"强迫教育之有无"，"草木形类而难分，文字形殊而易别，然诸农圃，识草木必数百种，寻常杂字，足以明民共财者，亦不逾数百字耳"。[1]道理说得扼要而浅明。

刘师培曰："今人不察，于中土文字，欲妄造音母，以冀行远。不知中土文字之贵，惟在字形，至于字音一端，则有音无字者几占其半。及西籍输入，每于人名地号，迳写汉名，则所译之音，扞格不相合，恒在疑似之间。又数字一音，数见不鲜，恒赖字形为区别。若舍形存音，则数字一音之字，均昧其所指，较之日人创罗马音者，其识尤谬。知中国字音之不克行远，则知中国文字之足以行远者，惟恃字形。而字形足以行远之由，则以顾形思义，可以穷原始社会之形，足备社会学家所撷摘，非东方所克私。"[2]其中"知中国字音之不克行远，则知中国文字之足以行远者"，已将"中土文字有益于世"的道理说尽了。陈寅恪更将每一汉字视为一部文化史，徐通锵则断言"认知语言学"的大本营是在中国，依据亦同。[3]

章太炎于切音文字也有致命的批评。他说切音文字只能是注音符号，不能是一种文字。中国方言众多，若以某一方言作标准语，依其韵、纽制成"切音字母"而拼写汉语，大量方言势必消失。而汉语方言是中国文化的活化石，是大量古语、古训的坚实存证，文献的考证与阐释基于其上。而有汉字枢纽在，方言始得杂而不乱，"故非独他方字母不可用于域中，虽自取其韵、纽之文，省减点画，以相拼切，其道犹困而难施"[4]。

章太炎以上意见当时未遭遇反驳，甚至没有引起讨论，然而来自欧洲的一位语言学家，生前默默无闻，身后著作的影响却非太炎先生所可比拟——太炎先生东京

[1] 章太炎：《驳中国用万国新语说》，陈平原编：《中国现代学术经典·章太炎卷》，河北教育出版社 1996 年版，第 594 页。

[2] 刘师培：《论中土文字有益于世》，张枬、王忍之主编：《辛亥革命十年间时论选集》第三卷，生活·读书·新知三联书店 1977 年版，第 35 页。

[3] 陈寅恪曾称赞沈兼士《鬼字原始意义之试探》一书："依照今日训诂学之标准，凡解释一字，即是做一部文化史。"徐通锵语出氏著《汉语结构的基本原理——字本位和语言研究》，中国海洋大学出版社 2005 年版，第 265 页。

[4] 章太炎：《驳中国用万国新语说》，陈平原编：《中国现代学术经典·章太炎卷》，河北教育出版社 1996 年版，第 594 页。

讲学之时，索绪尔在巴黎授课。

　　一九〇七至一九一二年，瑞士语言学家索绪尔（Ferdinand de Saussure，一八五七～一九一三）在巴黎讲授普通语言学，由学生笔记整理而成《普通语言学教程》，一九一六年出版。这是西方语言学划时代的著作，索氏因此被誉为"结构主义语言学之父"。此书于一九六三年由高名凯译为汉语，迟至一九八〇年由商务印书馆出版，但早在二十世纪初，索绪尔的结论，就对中国语言学发生了巨大影响。索绪尔认为："语言和文字是两种不同的符号系统，后者惟一的存在理由是在于表现前者。语言学的对象不是书写的词和口说的词的结合，而是由后者单独构成的。"他明确表述自己的理论"只限于表音体系，特别是只限于使用的以希腊字母为原型的体系"，然而不幸的是，这一理论成为汉语语言学尊奉的信条。"一个多世纪来，我们遵循口语至上的途径研究语言，将汉字和它所提供的信息完全排除出语言研究的范围，强使以视觉的文字为中心的研究传统转入'视觉依附于听觉'的轨道。"[1]

　　一九〇六年六月，章太炎出狱后在东京公开讲学，内容三项：中国语言文字之原，典章制度所以设施之旨趣，古来人物事迹之可为法式者。听讲弟子中，钱玄同、黄侃、朱希祖等为文字学家。但太炎先生的语言文字观却未能发生索绪尔式的影响，这固然与学问传播方式的差异有关。章太炎的方式是私人授徒传统，学问思想也被视为传统，虽有报章著述，然未能产生应有的影响。而偏信西方是当时国人的普遍心态，即使语言文字学，洋人的学说也被视为楷模。现代知识生产基本来自大学，而大学模仿西方的样子，普遍开设语言学课程，而将中国的小学束之高阁。

　　尤为可叹者，乃章太炎的主张正与晚清时势相悖，新兴知识群体的口语至上和民众崇拜喧嚣声起，言文一致的深层语法与政治走向一拍即合，一九四九年，唐兰出版《中国文字学》一书，结尾感慨道，"我们也明知道，合理的未必行得通，通行的未必合理"[2]。这一倾向在此书问世之后的数十年里愈演愈烈。

　　当年章太炎亦曾慨叹："以冠带之民，拔弃雅素，举文史学术之章章者，悉委而从他族，皮之不存，毛将焉附？……语言文字亡，而性情节族灭，九服崩离，长为臧获，何远之有？"[3]另一位国粹派人物邓实说得更为分明："故一国有一国之语言文字，其语文亡者，则其国亡；其语文存者，则其国存。语言文字者，国界种界之鸿沟，

---

[1]　徐通锵：《语言学是什么》，北京大学出版社 2007 年版，第 148 页。

[2]　唐兰：《中国文字学》，上海古籍出版社 2005 年版，第 155 页。

[3]　章太炎：《规新世纪》，《民报》第 24 号。

而保国保种之金城汤池也。"[1] 在知识和潮流的蒙蔽之下，五四一代爱国者及其后继者，竟然自毁长城而不自知。

第二节　言文关系简论

一

康有为《广艺舟双楫》有言：

> 中国自有文字以来，皆以形为主，即假借形草，亦形也，惟谐声略有声耳，故中国所重在形。外国文字皆以声为主，即分篆、隶、行、草，亦声也，惟字母略有形耳。中国之字无义不备，故极繁而条理不可及；外国之字无声不备，故极简而意义亦可得。盖中国用目，外国贵耳。然声则地球皆同，义则风俗各异，致远之道，以声为便。然合音为字，其音不备，牵强为多，不如中国文字之美备矣。

黄绍箕《〈广艺舟双楫〉评语》作出进一步辨析：

> 外国以声为主，而形从之；中国以形为主，而声从之。惟其主形也，故文日繁而声日少。然字母一变，即渺不知为何语。若中国今日上读二千余年前之钟鼎文，尚可得十之六七，此犹可曰古篆隶真迁流递嬗也。至埃及古文，其流失绝矣，然西人亦尚能推见梗概，非主形何由得此？故行远以声为便，垂久以形为便。其实谐声一例，与字母配合，体异而用同。且古书两字合音者，不可枚举，但积久而不能不偏形耳。[2]

且说汉语和汉字的复杂关系，乃因欧陆拼音文字与其语言之对应，相形简便，近乎"言文一致"。上引康有为关于中西文字的比较之说，心态尚称平实，省察也颇公允，结句稍有自诩之嫌，无伤大雅，他在专论书法的论著中略涉此议（贡布里

---

[1] 邓实：《鸡鸣风雨楼独立书：语言文字独立》，王玉华：《多元视野与传统的合理化——章太炎思想的阐释》，中国社会科学出版社 2004 年版，第 256 页。

[2] 崔尔平注：《〈广艺舟双楫〉注》，上海书画出版社 1981 年版，第 27—28 页。

希曾比拟书法在中国文化中的地位，相当于音乐在西方文化中的地位）。

汉语的言文不一致，不仅在文言文与口语的相异。周祖谟认为，汉字与汉语相联系有五种情况，分别是：第一，字和词不能完全相应。一个汉字代表或一音节，但有些不代表同一意思，也即并非独立的词。比如"崎岖、唠叨、徘徊、葡萄、蔷薇、窟窿、逍遥"，等等。第二，汉字本身不能正确表示读音。除象形字、表意字外，形声字中也有相当数量不能正确地由读音显示，有的是造字之初声符近似，有的后来发生演变，还有一些字，非得靠文字学的专门知识才能辨读形声，比如"年"从禾千声，"康"从米庚声，"成"从戊丁声，"釜"从金省父声，"责"从贝束声，"产"从生彦省声，等等。第三，口语词未必有相应的字。方言土语的不少词句，往往说得出而无从写，比如陕西有一种 biang biang 面，口说无碍，查无此字，以汉字记录口语，时常犯难。第四，同一词，古今字有不同，成了废字，词有定而字无定，音同字不同，汉字简化后而成多余的"繁体废字"，为数不少。第五，大量的同音字在应用时，必须随不同词语而变更。"榆树""娱乐""愉快""剩余""愚昧"的"榆、娱、愉、余、愚"，同音字，但应用时不可代替。说汉字就是汉语的书面化，是对错并存的粗略说法。"汉字是一种表意系统的文字，它虽然很早就走向表音的道路，想尽量跟语音结合，可是没有完全脱离表意的范畴，在形体上既要表音，又要表意，这就是汉字特有的一种性质。"[1]汉字的字形、字音、字义相矛盾，不是一种"错"，而是汉字的本来形态。

康有为认为，汉字重形轻声，是平实的归纳。汉语音节单纯，总音节数量少。二十一个声母，三十八个韵母，四个声调，声韵母构成有音有字的音节计六百九十八个（声调不同的不在内）。少量语音的变化不敷区别大量语义的应用，论及文字的三要素，字音与字义的数量之差，有字形变化加以弥补，求得平衡——在此关口，汉语选择了"目视"。

二

高本汉在《中国语与中国文》中认为"中国语是单音缀的"，唐兰不同意，认为"这种错误是由于没有把'字'（Character）和'语'（Word）分析清楚的缘故"。"'字'是书写的，一个中国字，是一个方块字，也只代表一个音节。而'语'是语言的，在语言里是一个不可分析的单位，写成文字时，有时可以只是一个字，但碰

---

[1] 周祖谟：《汉字和汉语的关系》，鲁允中等编：《现代汉语资料选编》，甘肃人民出版社 1981 年版，第131—134 页。

上双音节语或三音节语，就必须写两个或三个字。"[1] 与西方文字相比，汉语当然音节短，但这是汉语之错、汉语之短吗？赵元任分析得透彻：

> 一个语言是单音节还是多音节，实际上是一个语言的词单位是单音节还是多音节的简略说法。由于汉语中没有词但有不同类型的词概念，所以我们可以说汉语既不是单音节的，也不是多音节的。
>
> 音节词（即我们所说的"字"）的单音节性好像会妨碍表达的伸缩性，但实际上在某些方面倒提供了更多的伸缩余地。我甚至猜想，媒介的这种可伸缩性已经影响到了中国人的思维方式。语言中有意义的单位的简练和整齐有助于把结构词和词组做成两个、三个、四个、五个乃至更多音节的方便好用的模式。我还斗胆设想，如果汉语的词像英语的词那样节奏不一，如 male 跟 female（阳／阴），heaven 跟 earth（天／地），rational 跟 surd（有理数／无理数），汉语就不会有"阴阳""乾坤"之类影响深远的概念。两个以上的音节虽然不像表对立两端的两个音节那样扮演无所不包的角色，但它们也形成一种易于抓住在一个思维跨度中的方便的单位。我确确实实相信，"金木水火土"这些概念在汉人思维中所起的作用之所以要比西方相应的"火、气、水、土"（fire air water earth）或（pur aer hydro ge）大得多，主要就是 jin-mu-shui-huo-tu 构成了一个更好用的节奏单位，因此也就更容易掌握——这就好比英语中代替点数用的 eeny-meeny-miney-moy 一样。
>
> 节奏整齐的一个特例是数字的名称。我曾注意到中国小孩比其他国家同年龄的孩子更容易学会乘法表。汉语乘至八十一的九九歌可以既快又清楚地在三十秒内说完。用汉语，真的是只需说 impenetrability 这一个词的时间就能表达一整段话的内容。[2]

为照顾汉字形、音、义的三重分隔，汉语的累积过程于是不断创造形声字，汉字的数量，因此越来越多。《说文解字》九千三百五十三字，据朱骏声统计，形声字八千零五十七，约占百分之八十，今时汉字有百分之九十以上属于形声字，但多数形声字并不能据其声符而确定读音，上文周祖谟所说第二项便是。形声字的构造方式是形（义）符加声符，理论上讲，形声字造字的最大数量＝声符数 × 形（义）符数。

---

［1］唐兰：《中国文字学》，上海古籍出版社 2005 年版，第 20 页。

［2］赵元任：《中国现代语言学的开拓和发展》，清华大学出版社 1992 年版，第 246—247 页。impenetrability，不可测知。

汉语普通话约四百个音节，汉字常用部首约二百个，如若一个音节只选用一个汉字做声符，可造八万汉字。今日的汉字究竟多少？《康熙字典》四万，《中华大字典》四万八千。之所以未再增多，是造词多而造字少。两个或两个以上汉字构成一个新词，词汇量于是增之无穷，今后恐怕还会不断增加，但未必需要造新字。

汉字数量的增多过程，历数千年。汉代应用文字一万余，唐宋时期，韵书所收字数增一倍，明清增至四万以上，常用汉字六七千。劳乃宣所谓"中国文字奥博，字多至数万，通儒不能遍识"，夸大了识字的困难。[1]汉语新词虽增之不已，其实是常用字的组合，词新而字旧。电脑通行之后，方便了汉语新词的流布，拼音文字却并无此利。美国人统计，英语新词年增量近一千，多为科技词汇，于学习使用是大负担，词典增补速度虽快，仍不敷应用。汉字总数庞大，但以六七千常用字新造词汇，应对裕如，远较英语便利。徐通锵序潘文国《字本位与汉语研究》一书，作出以下分析：

> 印欧语言的文字体系只有错字，没有别字。……字的形音义三位一体，其实质就是用形义结合的理据衬托和凸显"百姓日称而不知其所以之意"的音义结合的理据；别字抽掉了这种理据，使形、音、义三位分离，破坏了汉字作为"第二语言"的身份，因而为汉语社团所拒绝。
>
> "别字"作为汉人视汉字为"第二语言"的一种见证，我想是不容置疑的。我们不允许或纠正学生写别字，实际上就是对他们进行严格的"第二语言"训练，要求他们"文"与"言"一致。[2]

据上下文正确用字，是汉语书写的常态。汉语多见音同字不同，消灭别字固然便于规范化，但由此却形成汉语修辞的手段和趣味——"双关"与"谐声"，"东边日出西边雨，道是无晴却有晴"即为佳例。西人误解国人缺乏幽默感，其实同音异义的汉字中蕴嵌无数诙谐之语（《笑林广记》专事辑录这类幽默），文字既经翻译，就在外语中漏失了，此为翻译永恒的困境。

徐通锵所说"言文一致"，与上文讨论的"言文一致"并非一个意思。汉字从来不随语音，不便记录成为口语，刘师培说"有音无字者几占其半"也许夸大了，但在方言土语中，情况的确如此，拼音化主张即据此而展开论证。

---

[1] 光绪三十四年（1908），劳乃宣向西太后上《普行简字以广教育折》："中国文字奥博，字多至数万，通儒不能遍识。即目前日用所需，亦非数千字不足应用。"

[2] 潘文国：《字本位与汉语研究·序》，华东师范大学出版社2002年版。

三

倪海曙在《旧文字的根本缺点》一文中说:"旧文字是以图画为基础的,不像拼音文字那样离不开说话和容易记录说话,因此它和说话的关系就不密切。话是这么说,文章可以那么写。它造成了文章和说话的分家,使民族的书面语言离开人民语言,使人民难于学习书面语言。"[1]中国文字在近古以后,几乎完全是形声字。"图画为基础"云云,实为欺人之谈。和西语相较,汉字的确不直接记录口语,但只能说汉语书面语和口语的关系更为复杂,却不能说它没有关系。《说郛》卷七《轩渠录》载,北宋开封"有营妇,其夫出戍",其子名窟赖儿,她"托一教学秀才写书寄夫云:窟赖儿娘传语窟赖儿爷,窟赖儿自爷去后,直是忔憎,每日恨特特地笑,勃腾腾地跳。天色汪囊,不要吃温吞蠖託底物事"。那秀才无法下笔成书,只好把已收下的费用退还给她。[2]《轩渠录》还说到一位陈姓妇女寓居严州,几个儿子宦游未归,一天,她的族侄陈大琼过严州,于是陈氏叫他代作书寄给儿子,口授云:"孩儿要劣妳子又阒阒霍霍地。且买一柄小剪子来,要剪脚上骨出儿、肐胝儿也。"大琼迟疑不能下笔,这位妇女讥笑说:"原来这厮儿也不识字。"[3]在这两则故事中,营妇和陈氏的口语,毕竟还是通过汉字记录了下来,只是一般秀才所识之字不敷应付罢。记录口语,从来不是书面语的方向,它有自己的表达习惯和传统。《红楼梦》将北京口语写得惟妙惟肖,但切不可认为那是作者听到的他人对话的记录。

在结构主义语言学看来,文字的功能是记录语言,属于符号的符号,自身没有独立价值。即使是西方语言,其口语与文字也并不能完全一致。卢梭(J.-J. Rousseau)认为:"人们指望文字使语言固定(具有稳定性),但文字恰恰阉割了语言。文字不仅改变了语言的词语,而且改变了语言的灵魂。文字以精确性取代了表现力。言语传达情意,文字传达观念。在文字中,每一个词必须合乎最普通的用法,但是,一个言说者可以通过音质的变化,随心所欲地赋予言辞以丰富的含义。因为受清晰性的限制愈少,表达则愈有说服力;一种书写的语言无法像那种仅仅用来言说的语言那样,始终保持活力。写下来的是语词,不是声音;而在一种抑扬顿挫的语言中,是声音、重音及其丰富的变化,构成了语言之灵气中的核心部分,正是由于这些东西,在别的情形下亦可使用的通行的表述,成为此处惟一恰当的一句。为了对口语的这

---

[1] 倪海曙:《旧文字的根本缺点》,《语文知识》1954年第10期。

[2] 参见徐时仪:《汉语白话发展史》,北京大学出版社2007年版,第12—13页。

[3] 同上。

种特质进行补偿，各种方式大大扩充了书面语言，并使其泛滥，当它们从书本再度进入口语时，口语则被削弱了。当说就像写一样时，说就是读。"[1]

卢梭的见解日后启发了法国哲学家雅克·德里达（Jacques Derrida），他在《论文字学》中激烈批判西方语音中心主义。《剑桥语言百科全书》的编者、英国语言学家戴维·克里斯特尔（D. Crystal）说："从科学的角度看，我们对书面语的认识比对口语的认识要少得多，这主要是因为二十世纪语言学偏向于话语分析的结果——这种偏向如今刚开始得以纠正。"[2]

对索绪尔文字观持最激烈的批评者是德里达和保罗·利科（Paul Ricoeur）。利科认为：

西方文化中拼音文字的胜利及所呈现的文字附属于言语倾向来源于文字对声音的依赖性，然而我们不要忘了文字还有诸多其他的可能性：它们呈现为对思想意义的直接描述，它们在不同的语言中读法不一，这些文字展示了书写的一种普遍特征，这一特征在拼音文字里也存在，但由于依附于读音而往往被掩盖了。这一特征就是：不仅是记载体，而且是各种记号本身，其形体、位置、彼此间的距离、顺序、线性的安排等等。从听到读的转移从根本上来说，是与从声音的时间特征到文字的空间特征相联系的。印刷术的出现使语言的普遍空间化得以最终完成。[3]

四

一九四四年，吕叔湘写成《文言与白话》，确认文字为一种独立形象符号，因此"文字的起源大致和语言无关"，他同时又承认"就现在世界上的语文而论，无一不是声音代表意义而文字代表声音。语言是直接的达意工具，而文字是间接的；语言是符号，文字是符号的符号。语言是主，文字是从"。[4]前面的结论，是由汉语汉字的具体情况而得出的，后边的话却是重复索绪尔的观点，西方拼音文字的特殊规律被说成是人类语言的普遍规律，《普通语言学教程》给中国语言学家的压力是巨大的。

---

[1]［法］卢梭：《论语言的起源》，洪涛译，上海人民出版社 2003 年版，第 32 页。

[2]［英］戴维·克里斯特尔著，方晶等译：《剑桥语言百科全书》，中国社会科学出版社 1995 年版，第 282 页。

[3] 转引自潘文国：《字本位与汉语研究》，华东师范大学出版社 2002 年版，第 87 页。

[4]《吕叔湘文集》第四卷，商务印书馆 2004 年版，第 73 页。

考察书面语和口语的关系，可分为两面：中国文言文产生甚早，延绵久长，晚在唐朝以降，白话文开始发育，而口语不可能自外于书面语影响，连西方人也注意到这种关系。利玛窦（Matteo Ricci）的看法是："说起来很奇怪，尽管在写作时所用的文言和日常生活中的白话很不相同，但所用的字词却是两者通用的。因此两种形式的区别，完全是个风格和结构的问题。"[1]

徐时仪认为，东汉后的文言作品中已收入部分当时的口语，虽然刻意仿求古雅，但在或多或少吸纳当时口语的细微过程中，由先秦至唐宋的语言讯息得以透露，成为研究"古白话"形成的珍贵文本。吕叔湘在《近代汉语读本》序中说："事实是，语言总是渐变的，言文分歧是逐渐形成的，此其一；另一方面，言文开始分歧之后，书面语也不是铁板一块，在不同时期，用于不同场合，有完全用古代汉语的，有不同程度地掺和进去当时的口语的。"[2]《史记》与《尚书》的差别，一读而知，唐宋八大家与《史记》的不同，则稍费辨别之功。周作人出语醒人耳目，具体而平实，他曾指出白话与文言的差别，尚不如八大家与《尚书》的差别。

吕叔湘序江蓝生《魏晋南北朝小说词语汇释》一书道："以语法和词汇而论，秦汉以前的是古代汉语，宋元以后的是近代汉语，这是没有问题的。从三国到唐末，这七百年该怎么划分？这个时期的口语肯定是跟秦汉以前有很大差别，但是由于书面语的保守性，口语成分只能在这里那里露个一鳞半爪，要到晚唐五代才在传统文字之外另有口语成分占上风的文字出现。""长时期的言文分离，给汉语史的分期造成一定的困难。因此，是不是可以设想，把汉语史分成三个部分：语音史、文言史、白话史？这样也许比较容易论述。文言由盛而衰，白话由微而显，二者在时间上有重叠，但是起讫不相同，分期自然也不能一致。"[3]这是端正的科学态度。《汉语白话发展史》认为，文言与白话之分始于汉，汉至清两千年，汉语书面语有文有白，文白并存，初以文为主，后以白为主，直至五四白话文运动。这种划分与本章开头所引郭锡良的意见，有相当的差距。

在《文言与白话》一文中，吕叔湘这样分析：

> 每个时代的笔语都可以有多种，有和口语大体符合的，有和口语距离很近的，也有和口语相去甚远的。这些形形色色的笔语……当中也未尝不可划出一道界限：听得懂和听不懂……我们可以用这个标准把一个时代的笔语（文字）

---

[1]［意］利玛窦著，何济高、王遵仲、李申译：《利玛窦中国札记》，广西师范大学出版社 2001 年版，第 22 页。
[2]《吕叔湘文集》第四卷，商务印书馆 2004 年版，第 452 页。
[3] 江蓝生：《魏晋南北朝小说词语汇释》，语文出版社 1988 年版，第 1—2 页。

分成两类，凡是读了出来其中所含的非口语成分不妨害当代的人听懂他的意思的，可以称为"语体文"，越出这个界限的为"超语体文"。

白话是唐宋以来的语体文。此外都是文言文；其中有在唐以前可称之为语体文的，也有含有近代以至现代还通用的成分的，但这些都不足以改变它的地位。白话是现代人可以用听觉去了解的，较早的白话也许需要一点特殊的学习；文言是现代人必须用视觉去了解的。[1]

语体文与超语体文，比文言与白话的界定更为准确、严格，但后者更为流行，使用范围更大。事实上，在对文言与白话进行区分之际，"言文一致"的强大律令已经响彻其间。汉字和文言是天然的一对儿，废文言，一定导致废汉字，肯定汉字，也必然肯定文言。只要追求"言文一致"，就同时既否定了文言也否定了汉字，那么就只有一条出路——拼音化。推广普通话是实现拼音化的第一步，没有统一语音在先，不可能有统一的拼音文字。

一九五五年十月二十六日《人民日报》社论《为促进汉字改革、推广普通话实现汉语规范化而努力》，谈及汉语言文关系，有如下权威表述，对于汉语言文关系的判断，早已超出了学术的范围，成为了一种国家的语言文字政策：

汉语发展的过程是非常曲折复杂的。我们曾经长期用"文言"作为统一的书面语，留下了丰富的文献。这种书面语原来是建立在口语的基础上的，但是后来同口语的距离越来越远，学习起来非常困难，能够使用的人只占全民中的极少数，因此另外一种和口语直接相联系的书面语不得不起来同"文言"分庭抗礼。这就是后来所说的"白话"，也就是我们现在的民族共同语书面形式的主要源头。

宋、元以来，用"白话"写的各种体裁的作品层出不穷，产生了许许多多的文学巨著。这些作品的语言虽然都或多或少地带有地方色彩，但是总起来说，它们的方言基础大多数是长时期在汉语中占优势地位的北方话。这些作品也流传到非北方话的区域里去，非北方话区域的作者也有用这种"白话"来创作的，这就为北方话的推广提供了优越的条件。至于口语方面，大约同这些"白话"文学作品的广泛流传同时，以北京话为代表的北方话也逐渐取得方言区之间的交际工具的地位，被称为"官话"，但是它的发展速度是落在白话文学的后面的。

---

[1]《吕叔湘文集》第四卷，商务印书馆 2004 年版，第 76 页。

到本世纪初，随着民族民主革命运动的高涨，我们的民族共同语的长期形成过程开始加快，社会改革家提出了"言文一致"的主张。五四运动反对文言文，提倡白话文，动摇了文言的统治地位。"国语运动"和"注音字母"曾经以政令来推行，拉丁化新文字的提倡在推行北方话方面也起过一定作用。这接二连三的运动反映了汉民族共同语以书面语和口语的统一形式在加速形成的事实，"普通话"这名称逐渐代替了"官话"，也正是由这种事实决定的。[1]

在这段白话书面语中，关键词是"民族共同语"的"加速形成"，背后起推动作用的则是"革命运动"。数千年来，汉民族的语言文字状况，主要是文言加方言，既有超地域超时代的真正统一的书面语，又有生动活泼各具特色差别极大的方言，"言文不一致"是理所当然，官话和白话出现得很早，但发展缓慢，明清之后，明显加速，但其进程仍是自然的演变。

"言文一致"的提出，乃是与西方语言接触之后所产生的震荡效应。近代以来，由鸦片战争开启的系列失败，导致读书人从盲目自大到盲目自贬，五四运动以否定传统文化为旨趣，白话文运动于文言的否定和于汉字的否定是不可分割的。

今时的中国语言文字状况就这样造就了，失去了真正的书面语——文言，真正的口语——方言也在以很快的速度消亡，我们通行的是干巴巴的白话和南腔北调的普通话。然而即便如此，这二流的白话文和三流的普通话也并不一致。

五

不谈"言文一致"，就口语和笔语而言，即使在文言时代，也绝不是毫不相关的。以司马迁、班固、扬雄、王充那样的文笔，平时讲话一定精彩，只是无缘听到。他们在文章里援引了多少当时的口语精华，不好辨别却是可以肯定的。文言文中，通常看不到方言色彩，而词汇句式古今细微的变化，似乎在表明口语对于文言的某种渗透。书面语本身又可以认为是一种最大的方言——统一的读书人的方言。书面语和口语之间的融合，始终存在自然的过程。韩愈作文有意识地复古，但细察其文句，又与司马迁明显不同，这个差别不是他的追求，而是时风改换口语变化带来的，他在写作的时候不可能把这些因素排除掉。所以文言文的古今一致中，还暗含着诸多细微的差异，且没有人规定文言文只能依照古人那样写，亦步亦趋。当初鲁迅批评

---

[1] 鲁允中等编：《现代汉语资料选编》，甘肃人民出版社 1981 年版，第 17—18 页。

《学衡》和章士钊的古文不地道，正说明了他们在古文上不是完全守旧的路子。鲁迅靠近章太炎，古文喜用生僻字，追求古奥晦涩，明显有别于八大家和桐城派，相比之下，半文半白的梁启超，影响更大一些。

白话文固然方便口语的吸取，但口语经过提炼才能成为合格的、优秀的文章语，这是汉语的常态，创作拟口语风格的文体，与放弃书面语、标榜"写话"，是两种完全不同的路子。梁宗岱说："言文截然分离底坏结果固足以促醒我们要把文学底工具浅易化、现代化，以恢复它底新鲜和活力；同时却逼我们不能不承认所谓现代语，也许可以绰有余裕地描画某种题材，或惟妙惟肖地摹写某种口吻，如果要完全胜任文学表现底工具，要充分应付那包罗了变幻多端的人生，纷纭万象的宇宙的文学底意境和情绪，非经过一番探检，洗练，补充和改善不可。"[1]这番淘洗锤炼的工作，或可审慎称之为白话文的"文言化倾向"，与写作的所谓"明白如话"相反，它追求精确、凝练、艺术化，精通并调动一切修辞手段，创造文体。此不独汉语为然，世界各国的文学佳构无不追求这共同的书写境界：偏离规范的原则（deviation from the norm），若以文学写作为旨归，这种境界才是真正的"言文一致"。

与西方不同，中国文字超出语言的那部分修辞手段，精深优美，为"言文一致"的提倡者所故意忽视，但文章家则从来深味此道。汪曾祺说："其次还有字的颜色、形象、声音。中国字原来是象形文字，它包含形、音、义三个部分。形、音，是会对义产生影响的。中国人习惯于望'文'生义。'浩瀚'必非小水，'涓涓'定是细流。木玄虚的《海赋》里用了许多三点水的字，许多模拟水的声音的词，这有点近于魔道。但中国字有这些特点，是不能不注意的。"[2]此实乃经验之谈与识者之言，视觉性语言并非"无声"，精于写作和阅读的人，自会"看"出字里行间的声响来，这是汉语汉字的艺术。

字与音的关联，蕴藏着丰富的理论价值。"字本位"理论的提倡者徐通锵在习焉不察的语言常态中，揭示了字与言当下的真实状态：

　　　　什么是字？一般都认为写出来供人们看的才叫字。其实，这是一种很大的误解。"字"首先是说的，书写形体只是把说的字写下来而已，现在经常说的"万言书""洋洋数十万言"的"言"也可以为此提供一个佐证，因为这里的"言"等于"字"。我们如果要人家讲话讲得慢一点，只能是"你一个字一个字慢慢说"，

［1］梁宗岱：《文坛往哪里去——"用什么话"问题》，《宗岱的世界：诗文》，广东人民出版社2003年版，第131页。

［2］《汪曾祺文集·文论卷》，江苏文艺出版社1993年版，第10页。

绝不会是"一个词一个词慢慢说";"你敢说一个'不'字",这句话里的"字",也不能换成"词"。所以我们应该改变"写出来的才叫字"的错觉。[1]

这里的"言"和"字"两字的换位使用,并不是要混淆口语和笔语的界限。"什么是字"需要辨析的问题,并不因这个字的特殊用法而取消。看起来汉语写作者不能回避的书面语和口语的纠缠,在语言学家那里,也不是可以轻易解决的。

"言文一致"的努力,在写作上迄今收效甚微。"怎样说就怎样写",从未在书写中实现过。朱德熙在为《中国大百科全书》所写"汉语"词条总结道:"书面语和口语的差别一直相当大。五四以前实际上是古今语的区别。"他认为"现代书面语是包含许多不同层次的语言成分的混合体"。又说:"白话文学作品的语言并不是真正的口语,而是拿北方官话做底子,同时又受到明清白话小说相当大的影响,还带着不同程度的方言成分,以及不少新兴词汇和欧化句法的混合的文体。鲁迅是其代表。""总起来看,汉语的书面语和口语之间的差别是相当大的。对于外族人来说,学会了口语不等于学会了书面语。对于本族人来说,学会书面语写作也不是一件轻而易举的事情。"[2]

六

思维,指大脑对概念以及概念之间联系的符号系统的处理过程。西方思维通常基于语言符号(语言符号与文字符号基本同一),中国不然(语言符号与文字符号相异)。刘晓明据此提出了中国文学的三种思维——单文思维、合文思维和语文思维(下图据《"语""文"的离合与中国文学思维特征的演进》主要观点绘制,未经原作者过目):

春秋战国	汉魏晋南北朝	唐宋元至现代
单文思维	合文思维	语文思维
单音词占绝对优势	双音、多音词大量出现	白话逐步成长起来
刻写困难、材料为竹帛等	毛笔、纸张的发明	佛经翻译、传教
四言诗、文言文	五七言诗、汉赋、骈文	变文、俗讲、禅宗语录
这一时期言文是分离的	文字追踪语言,相互适应	元曲、明清小说;雅化口语

---

[1] 徐通锵:《汉语结构的基本原理:字本位和语言研究》,中国海洋大学出版社 2005 年版,第 80 页。
[2] 《中国大百科全书·语言文字卷》,中国大百科全书出版社 1991 年版,第 132 页。

该文认为:"从文体的演进看,一代有一代之所胜:由先秦的诗经楚辞,而汉赋,而魏晋六朝的骈文,而唐诗宋词,而元曲,而明清小说,这是一个众所周知的递进序列。这个演进的序列能否被打乱?如果不能,决定这个序列的因素是什么?显然,应该是多种因素综合作用的结果。但我以为,在诸多因素中有一个最基本的因素,就是文学思维进化,而这一进化又是由思维材料的演变导致的。单个文字为主体的时代,必然会对诗句的言数有所限制,四言诗遂应运而生;而需运用大量组合文字的五言诗、七言诗、赋骈只能产生于合文思维时代;当口语大量进入并能被文字描述时,方有元曲、明清小说。从这个意义上说,文体演变的序列早已被思维的演进预先设定了。"[1]

以此三种思维的划分并阐述文学史与文体的演变,允称新颖,如若以"单文""合文"对应思维,似可存疑。思维与语言,思维与文字,密不可分,但汉语的词语弹性很大,指称某一事物,既可用单音词也可用双音词、多音词,比如"日"—"太阳"—"阳婆婆"等,这些词音节不同,语体色彩亦各有差别,择用时取决于上下文,同时构成修辞活动本身。思维状态不可能受制于"单文思维"与"合文思维",即便擅长文言写作,怕也不是"单文思维"发达——将三种思维合称"修辞思维",并在具体的写作过程中,随意调整和变换,才能实现充分达意的目标。写作活动如此,思维活动也如是。

饶宗颐认为:"古代汉语民族圈内,文字的社会功能,不是口头语言而是书面语言,在这种情形下文字与语言是游离的。"[2]因此有人提出"汉字思维",以区分所谓语言主导的西方思维,究其实,并不准确。吕叔湘说:"一部分文言根本不是'语',自古以来没有和它相应的口语。"[3]文言的一部分确实不是语,但大部分可以是语。唐的文章有意模古,其实作者不可能不受当时的口语和方言的濡染,在直接当下的语言状态中,不可能净是"汉字思维"。思维当中的"言""文"状况,又是一个更加复杂的问题。识字者与不识字者,思维的差别可能是巨大的,用笔思考,与用嘴思考,不可能完全一致,但也不可能截然两分,说话、写作、口语、笔语,终有差别,但根本上具有同一性。"修辞思维"正是在这一既差异又同一的综合实践中,利用语言和文字的各种有效资源来达意的积极的创造性的活动,它包括汉字思维,但绝不会以此为限。

胡兰成认为:"文字与言语是二,文句与口语有密切关系,但二者有关系,非即

[1]刘晓明:《"语""文"的离合与中国文学思维特征的演进》,《新华文摘》2002年第4期。

[2]饶宗颐:《符号·初文与字母——汉字树》,上海书店出版社2000年版,第183页。

[3]《吕叔湘文集》第四卷,商务印书馆2004年版,第67页。

二者是一体。而此亦是中国文字的特色。西洋的文字只是符号，符号是代表事物的，符号自身不是事物，所以西洋的文字只是记录其言语的工具。中国文字可是造形的，其自身是事物，所以虽与言语相关，而两者各自发展。"[1]与言语相关，而又各自发展，虽然他说得并不细致，但这确是中国笔语和口语关系最重要的两端。须有这样的识见，才适宜从事笔语的创作。近代白话修辞艺术成功的一个显例，在胡兰成手中，就语言而言，诚与伪绝好的修辞释例，这实是需要专文另议的。

耿占春认为："口语是在现实世界以内说话。文字一开始就超出了这个世界。可写的比可说的远为丰富、更深入语言的内在性。写的诱惑并非说的诱惑，而是沉默的诱惑。写作的诱惑是文字的可写性的诱惑，是对文字的深不可测的暗处的探测。说话是意识与情感的表达、交流。写更为晦暗。它成了文字魔力的诱惑者。"[2]

中国的历史长，传世文本众，成语典故，通行既久，口语之中亦经常使用。口语模仿书面语，是国人自古以来的集体习性，我们赞美某人口才好，曰"出口成章"。语言、绘画甚至工艺，"自然模仿人工"是传统文化的特质。立象以尽意，立字以尽言，自然被感受，是材料，而不是模仿的对象。美国语言学家爱德华·萨丕尔（Edward Sapir）认为："语言是我们所知的最硕大、最广博的艺术，是世世代代无意识地创造出来的、无名氏的作品，像山岳一样伟大。……每一个语言本身都是一种集体的表达艺术。其中隐藏着一些审美因素——语音的、节奏的、象征、形态——是不能和任何别的语言全部共有的……艺术家必须利用自己本土语言的美的资源。"[3]国人思维的特性，艺术感受的独特方式，于世界和价值的认识、态度等，隐藏在汉语和汉字当中，数千年来自然而然地透过自己的文字和语言细细申述与交道，拼音化取代汉字的运动虽然失败了，白话文运动似乎为现代中国创造出某种可以称之为"拼音文字的灵魂"的事物，在使用汉语的时候，仿佛它不是我们的母语，普通话加新白话文，使我们的生存漂浮于历史之外，唐兰一九四九年出版《中国文字学》中的一些话，如今读来比六十年前更为痛切：

> 中国文字果真能摒弃行用了几千年的形声文字而变为直捷了当的拼音文字吗？一个民族的文字，应当和它的语言相适应，近代中国语言虽则渐渐是多音节的，究竟还是最简短的单音节双音节为主体，同音的语言又特别地多，声调

---

[1] 胡兰成：《中国文学史话》，上海社会科学院出版社 2004 年版，第 131 页。

[2] 耿占春：《中魔的镜子》，学林出版社 2002 年版，第 275 页。

[3] [美] 爱德华·萨丕尔著，陆卓元译：《语言论》，商务印书馆 1985 年版，第 197—202 页。

的变化又如此地重要，在通俗作品里含糊些，也许还不要紧，用拼音文字所传达不出来的意思，只要读者多思索一会，或者简直马虎过去就完了。但是要写历史，要传播艰深的思想，高度的文化，我们立刻会觉得拼音文字是怎样的不适于我们的语言。[1]

按理说倡导言文一致，强调口语的价值和语音的重要性，应使今天的国人能言善辩至少能说会道，事实却是对于汉语语音的普遍迟钝和缺少辨析力，读者通常能区分四声，但不懂平仄韵律，专业文字工作者，也鲜有能在写作中自觉运用声律手段增加文章的节奏感，提高文章的可读性。五七言诗与四六文，及它们对于形音义的讲究，与现代汉语不相关似的，深刻的思想、高度的文化以及深厚的历史，大家在写作与说话中，让它马虎过去。

七

"言文一致"的口号，来源于日本，其近代以来有脱亚入欧国策和去汉字化运动，但日本的言文不一致与中国的情况有别。日本自古没有自己的文字，从公元一世纪输入汉字至九世纪僧空海创假名文字之前，日本朝野概用汉文。说的是日语，写的却是汉文，其言文不一致可以想见。"日本之习汉学，萌于魏，盛于唐，中衰于宋元，复起于明季，迨乎近日几废而又将兴。"（黄遵宪语）一八八五年结束的中法战争，中国以"不败之败"，败给了普法战争的败者法国，使日本有更大的决心废弃"野蛮原始的""象形文字"，全盘西化。本来汉字在日本属于少数上层人士攻习的专利，于民众而言，难学难认超过中国本土，教育的普及要求以及"言文一致"的口号明确提出，从"国字"中驱逐汉字运动于是兴起，英国语言学家迁伯伦（Basil Hall Chamberlain，一八五○～一九三五）一八八七年在日本的一次演讲，题目就是《言文一致》，他说："为了改善人民的教育现状，提高人民的知识水平，废除从前的晦涩文体，是第一良策。"[2]一种新式的被认为是"欧文直译体"的"汉字假名混合文体"，迅速成为日本报刊杂志的流行文体。在实践言文一致的过程中，日本有了一种速记法来记录口语，事后再整理成文，"一时间甚至所有的速记者都曾染指速记相声和速记谈话"。然而，汉字到底也无法驱净，特别是翻译文本，因为其中的许多译名，只有使用汉字双音词才能表达。高调提倡言文一致和去汉字化，带给日

---

[1] 唐兰：《中国文字学》，上海古籍出版社 2005 年版，第 89 页。

[2] 转引自［日］小森阳一著，陈多友译：《日本近代国语批判》，吉林人民出版社 2003 年版，第 107 页。

本的不过是"一种多元的自我殖民化情形"[1]。

黄遵宪"言文一致"的提法,也许受到日本这一流行甚广口号的启发,但他的语言观和文化观与明治时代的日本有较大的差别。他认为日本的去汉字化,无异于自暴自弃。中国文化深植日本千年,"既如布帛菽粟之不可一日离","即使深恶痛绝,固万万无废理"。[2]黄遵宪是近代中国最早明确提出改革文体和文字的第一人,一九〇二年给严复的信中,他提出了自己对于文体和文字改革的具体设想:"第一为造新字,次则假借,次则附会,次则还音,又次则两合。第二为变文体。一曰跳行,一曰括弧,一曰最数,一曰夹注,一曰倒装语,一曰自问自答,一曰附表附图。此皆公所已知已能也。公以为文界无革命,弟以为无革命而有维新。如《四十二章经》,旧体也,自鸠摩罗什辈出,而内典别成文体,佛教亦行矣。本朝之文书,元明以后之演义,皆旧体所无也,而人人遵用之而乐观之。文字一道,至于人人遵用之乐观之,足矣。凡仆所言,皆公所优为,但未知公肯降心以从、降格以求之否?"[3]这些话的内容实质,与胡适一九一六年首次提出八不主义的《寄陈独秀》一信,有惊人的相似处。大不相同的是两信得到的反响。严复的回信,本人尚未读到,但他于文体改革的态度则是明确的。黄文提及"文界无革命"之说,出自于一九〇二年三月严复写给梁启超的信,刊于同年同月出版的《新民丛报》上,严复在信中说:"窃以谓文辞者,载理想之羽翼,而以达情感之音声也。是故理之精者不能载以粗犷之词,而情之正者不可达以鄙倍之气。""声之眇者不可同于众人之耳,形之美者不可混于世俗之目,辞之衍者不可回于庸夫之听。非不欲其喻诸人人也,势不可耳。""且不佞之所从事者,学理邃赜之书也,非以饷学童而望其受益也,吾译正以待多读中国古书之人。"[4]正是他这种傲慢的精英主义态度,黄遵宪才有"降心以从、降格以求"的建议,他知道,严复是绝不肯降的。

黄遵宪一九〇五年病逝,年五十七岁。其时十四岁的胡适从徽州进入上海,考入澄衷学堂,在这里他首次读到《天演论》和《新民丛报》,时代风潮变幻莫测,十余年后,白话文运动从这个徽州少年的手上开创出来。

诗人黄遵宪在日本做外交官时,当地文人曾以诗文向他请教。据《笔谈遗稿》载,黄遵宪直言不讳,褒贬鲜明:"大约日本之文,为游记、画跋、诗序则工,求其博大

---

[1] 转引自[日]小森阳一著,陈多友译:《日本近代国语批判》,吉林人民出版社 2003 年版,第 108 页。

[2] 转引自郑海麟:《黄遵宪传》,中华书局 2006 年版,第 305 页。

[3] 陈铮编:《黄遵宪全集》上卷,中华书局 2005 年版,第 436 页。

[4] 严复:《与梁启超书》,卢云昆编选:《社会剧变与规范重建:严复文选》,上海远东出版社 1996 年版,第 524 页。

昌明之文，不可多得也。""日本人之弊，一曰不读书，一曰器小，一曰气弱，一曰字冗，是皆通患，悉除之，则善矣。"[1]假若以当代诗文请黄先生过目，比之当年日本书人的缺点，"通患"之程度又会是怎样？

一九〇二年，黄遵宪在给梁启超的信中，谈及他于传统文化和西方文化的态度说："公谓养成国民，当以保国粹为主义，当取旧学磨洗而光大之。至哉斯言！恃此足以立国矣。虽然，持中国与日本较，规模稍有不同。日本无日本学，中古之慕隋唐，举国趋而东；近世之拜欧美，举国又趋而西。当其东奔西逐，神影并驰，如醉如梦。及立足稍稳，乃自觉己身在亡何有之乡，于是乎国粹之说起。若中国旧习，病在尊大，病在固蔽，非病在不能保守也。今且大开门户，容纳新学。俟新学盛行，以中国固有之学，互相比较，互相竞争，而旧学之真精神乃愈出，真道理乃益明，届时而发挥之。使新学者或弃或取，或招或距，或调和，或并行，固在我不在人也。国力之弱，至于此极，吾非不虑他人之挽而夺之也。吾有所恃，恃四千年之历史，恃四百兆人之语言风俗，恃一圣人及十数明达之学识也。"[2]

黄遵宪大概不会料到"中国固有之学"失传得这么快，如今谁还能够坦然地说"吾有所恃"？

第三节　方言和方言写作

一

怎样区分不同的语言和同一种语言里的不同方言？

一般的说法是，完全不能通话的是两种语言，基本上能够通话的是一种语言的两种方言。如果依照这个标准，福建话、广东话、上海话就属不同的语言。我们认为这三种彼此几乎完全不能通话的语言，是汉语的不同方言，因为它们有共同承认的标准语——官话，且这一标准语有统一的书面形式——文言，而官话和文言都是在漫长的历史中逐渐形成的。这种状况，不仅汉语当中有，西方语言中也有。吕叔湘举过两个欧洲的例子，在德国和荷兰交界的地方，两边的居民基本上可以通话，但他们说的话一个是德语方言，一个算荷兰语方言；北德意志方言和南德意志的高地方言之间，通话相当困难，但却都是德语方言。

[1] 陈铮编：《黄遵宪全集》上卷，中华书局 2005 年版，第 690—691 页。
[2] 同上，第 433 页。

中国的面积比整个欧洲要大些，方言的复杂程度远超德、荷，由于官话和文言的缘故，这些方言始终认同汉语的标准语。赵元任认为，语言分化后分到什么程度算是不同的语言，往往是由政治因素决定，不是纯语言问题。"在中国，全国方言都是同源的语言的分支，虽然有时候分歧很利害，我们认为是一个语言的不同方言。"[1]

赵元任的英文著作 *Mandarin Primer*（《国语入门》），一九四八年由哈佛大学出版社出版，一九五二年开明书店出版了李荣翻译的中文版，题名《北京口语语法》，一九五四年由中国青年出版社再版时去掉了著者姓名和《译者序言》，只署"李荣编译"，不知与赵元任这一年加入美籍是否相关，朝鲜战争刚刚结束，国内的反美情绪十分饱满。该书的第一篇，专门探讨汉语与汉字的关系，作者得出两个结论："第一，咱们可以通过任何一个主要汉语方言，掌握全部汉语文学。第二，精通一个汉语方言，是了解全部汉语的准备。"[2]

通过方言，掌握文学；而且要首先精通方言，才能了解全部汉语。这样的见识与今天流行的看法相左。或说这一学习语言的途径，被国内当下的语言教育完全忽视了。从小说普通话的孩子越来越多，许多人失去了接触方言的机会，不利于将来成为语言学家，或者文学写作上的特异之才。人类所有的自然语言皆为方言，普通话是一种人造的语言，在官话的基础上规定了标准读音，对许多人来说，说普通话几乎等于说书面语，孩子们的普通话，实际上是跟电视和广播学的，幼儿园和小学教师的普通话，在绝大部分地区从未过关，但却不使用方言。如果家长再不有意地教授孩子方言，他们将失去重要的母语财富。现今有很多家庭，父母之间说方言，父母与孩子说普通话，丰富多彩的口语方言正在流失。

人自出生之始，就生活在方言区，我们周围的世界，从来是方言的世界。普通话和方言各有所长，正确的语言学习策略，应是先学会方言，再学普通话，能够双语交流。普通话是国家标准语，通行范围广，适应性强，与别的方言区的人交流便捷，有利于小学语文的正音正字与朗读。方言生动、丰富、细腻，别有韵味儿，气息浓郁，地方色彩鲜明，凡是口语中最生动幽默、艺术性高的话，皆出自于方言。表达多种感受和自然需求，人与人之间的充分交流，是以口语为主的。有人执意要说书面语，也能够懂得，但听上去不舒服。普通话是工具，方言是艺术。交流、达意是普通话的主要功能，却成为方言的余事。方言是方言者的自我表达，甚或是一种尽兴的表演。甜言蜜语，幽情密意，吵架的话，有味道的话，让人听了一辈子忘不掉的话，只有方言说得出。大凡嬉笑怒骂，也只能以方言脱口而出，方言是国人真正的母语。

［1］赵元任：《语言问题》，商务印书馆 1980 年版，第 101 页。

［2］李荣编译：《北京口语语法》，中国青年出版社 1954 年版，第 9 页。

不能自由地随心所欲地使用自己的方言，在生活中是一件令人不快的事情。用普通话与外乡人交谈，为沟通的便利，不得不部分放弃情感的色彩、微妙的语气、语调的抑扬，表达的艺术效果大打折扣。乡下人对于外乡口音极其敏感，返乡的人若带出外地口音，被叫作撇腔，哪怕撇的是京腔也被瞧不起，乡巴佬的自负实际上是语音上的唯我主义，一个成年人舌尖上失去了乡音，还能到哪里把故乡找回来呢？所有的民间故事、民间歌谣皆是以方言说出唱出，地方戏的对白若改成普通话，还怎么听呢？

过去的中国，是文言加方言，地道的书面语和地道的口语。今天的新白话加普通话，蹩脚的笔语和同样蹩脚的口语，却言文并不一致。在中国到各地旅行，重要的乐趣之一是倾听各地的方言，有的听得懂一些，有些则几乎完全不明白，但同样好听。如今会几句外语算是特长，而精通多种方言，却能使你在各地的旅行中充分体味汉语口语无尽的魅力。

二

汉人云，"轻土多利，重土多迟；清水音小，浊水音大"。一方水土养一方人，中国地域广，历史久，方言多。

汉代有一部比较方言词汇的著作《方言》（全名《輶轩使者绝代语释别国方言》）问世。此书是否为扬雄所作，今天发现的材料还不足以作出明确的判断，《四库全书总目提要》认为其"反复推求，其真伪皆无显据。姑从旧本，仍题雄名"。可以肯定，是两千年前的著作。许慎在《说文解字》中以方言解释字义，和今本《方言》词句相同的例子有很多，说明它成书于《说文解字》之前。今本《方言》系晋郭璞的注本，凡十三卷，记载的方式，是先举出些词语来，然后说明"某地谓之某"，或"某地某地之间谓之某"。这些方言的语词是作者问询以后记下的，其所记的语言，包括古方言、今方言和一般流行的普通语。《方言》最大的特征是重视词汇，忽略语音。对于所录词汇，大抵说明其通行之区域，读者可以从中大体了解汉代方言分布的轮廓。

周祖谟在《方言校释·序》中说："方言所记汉代的语言有普通语和特殊语。其中以秦晋语为最多，而且在语义的说明上也最细，有些甚至于用秦晋语作中心来讲四方的方语。由此可以看出秦晋语在汉代的政治文化上所处的地位了。进一步来说，汉代的普通语恐怕是以秦晋语为主的。"[1]官话与方言并存互补的语言格局，自古而然，一如文言之于白话。

章太炎一九〇六至一九〇八年在日本写了一部《新方言》，十一卷，释词、释言、释亲属、释形体、释宫、释器、释天、释地、释植物、释动物、音表；收录方言词语八百条。与同期的索绪尔的共时性研究不同，章氏的重点在于历时性的比较分析和梳理。《新方言》连载于《国粹学报》，致力于考本字，求语根，"推见本始"，意在使人看到汉语古语今词之间的联系和可循之理，属于方言考古范畴，以太炎先生的小学功底和博学，自然可以胜任，有些字、音之考辨，做得有理有据。但硬要证明"今之殊言不违姬汉"，以"夏声"去正所谓"夷音"，将反清排满的政治意图贯彻于学术研究当中，其附会之处和武断之见在所不免。章氏对此书颇为自负，称"文理密察，知言之选，自谓悬诸日月不刊之书矣！自子云之后，未有如余者也"[2]。黄侃评价说："已陈之语，绝而复苏，难谕之词，视而可识。"[3]

但方言的存在，更多的是一种共时性的语言现象，不同地域之间的方音差异才是其关键所在。一九二八年作为清华学校研究院丛书第四种出版的《现代吴语的研究》，是中国第一部以现代语言学方法描写和研究方言的著作。著者赵元任是第一个在大学里开设《方音学》和《中国现代方言》课程的人，在他的主持下，中央研究院历史语言研究所在一九二八至一九三八年十年间进行了六次方言调查，他还设计了两种标调方法——五度制标调法和半圆形标调法，至今仍是记录声调的理想工具。调查内容列为六种表格，通过这些精心挑选的字词的方言发音，在声母、韵母和声调上对于方音进行客观的描写。后来的方言调查，使用的就是这个方法。赵元任、丁声树、罗常培等人主持的调查工作，培养了一批方言学的专业人才。

语言学家赵元任是语言天才，凭耳朵能辨别各种细微的语音差别，他擅长模仿各地方言，调查哪儿学哪儿的话，学哪儿的话像哪儿的话。一九二〇年罗素来华访问，在北京、上海、杭州、长沙等地发表演讲，赵元任担任口译，他把罗素在长沙的演讲，直译为湖南话，使当地人误以为他是湖南人，实际上他第一次来长沙，时间未逾一周。赵元任是宋代宗室后裔，他的六世祖赵翼是清代著名诗人和史学家，受家学熏陶，从小熟稔典籍，一九一〇年以第二名成绩考取第二期庚款留学生，与胡适同批赴美，在康奈尔大学本科读的是数学专业，哈佛取得哲学博士学位之后，

[1] 周祖谟：《问学集》下册，中华书局 1988 年版，第 700 页。

[2] 章太炎：《汉字统一会之荒陋》，转引自孙华：《章太炎〈新方言〉研究·序一》，华东师范大学出版社 2006 年版，第 2 页。

[3] 转引自《中国大百科全书·语言文字卷》，中国大百科全书出版社 1988 年版，第 428 页。

找的第一份工作是回母校康奈尔大学教授物理，后来以语言学家立名，担任过美国语言学会主席，他不仅会说中国的八大方言，还精通英、法、德、俄、西班牙、拉丁文、古希腊文、梵文和日文。

三

毛泽东既没有接受过现代语言学的任何训练，也没有做过社会学、人类学的田野工作经验，却走上了一条特殊的调查研究的路子。早年开始，在长沙第一师范读书的时候，暑假和同学结伴到乡下进行社会调查，他对于湖南农民运动的考察及其报告非常有名，改变了中国革命的进程。毛泽东个人持续时间最长的调查活动在一九三〇年五月，一九二九年他曾大病一场，甚至有传闻说已病故，一九三〇年，远在莫斯科的共产国际还发表了一篇千余字的讣告。在闽粤赣三省交界处的寻乌县，他有了一次非常深入的调查，写了份长达五章三十九节八万余字的《寻乌调查》，除了关注当地的经济政治状况之外，对于风俗民情和方言土语，毛泽东也给予了详尽的记载。从事方言调查的人，也会以汉字记录方言中一些特殊的读音，下面是毛泽东记录的当地方言民歌《禾头根下毛饭吃》：

> 月光光，
> 光灼灼。
> 埃跌苦，
> 你快乐。
> 食也毛好食，
> 着也毛好着。
> 年年项起做，
> 总住烂屋壳。
> 暗婧女子毛钱讨，
> 害埃穷人样得老。
> 暗好学堂埃毛份，
> 有眼当个瞎眼棍。
> 天呀天，
> 越思越想越可怜。
> 事业毛钱做，

年年总耕田，

六月割也就，

田东做贼头。

袋子一大捆，

擎把过街溜。

吗个都唔问，

问谷曾晒就？

穷人一话毛，

放出下马头。

句句讲恶话，

俨然税户头。

唔奈何，

量了一箩又一箩，

量了田租量利谷，

一年耕到又阿嗬！

又阿嗬，

会伤心，

穷兄穷弟爱同心，

穷姊穷妹爱团结，

团结起来当红军，

当到红军杀敌人！[1]

记录下来之后，对于歌中所用的方言词语，他逐一给出了注释：埃：我；毛：没有；项起做：继续做；暗婧女子：再漂亮女子；样得老：怎样得老；暗好学堂：再好学堂；割也就：刚割完；做贼头：很恶之意，如贼头一样恶；袋子一大捆：用去收租的；过街溜：洋伞；吗个都唔问：什么都不问；放出下马头：打官腔；税户头：大地主；阿嗬：没有了之意；爱同心：要同心。

这体现了毛泽东自己所说的"我平生精密考察事情，严正督促工作"[2]，而这种态度正是五四运动之后科学态度有成效的体现。在整理《寻乌调查》的同月，他写了一篇理论总结的短文《调查工作》，明确提出"没有调查，就没有发言权"的观点，

[1]《毛泽东文集》第一卷，人民出版社1993年版，第204—205页。

[2] 金冲及主编：《毛泽东传（1893—1949）》，中央文献出版社1996年版，第204页。

并有一个生动的比喻——调查就像"十月怀胎",解决问题正如"一朝分娩"。此文后更名为《反对本本主义》,脍炙人口。毛泽东认为:"实际政策的决定,一定要根据具体情况,坐在房子里想象的东西,和看到的粗枝大叶的书面报告上写着的东西,决不是具体的情况。倘若根据'想当然'或不合实际的报告来决定政策,那是危险的。过去红色区域弄出了许多错误,都是党的指导与实际情况不符合的缘故。所以详细的科学的实际调查,乃非常之必需。"[1]

四

章太炎的《检论·方言》主要依据历史文化分全国方言为九种,黎锦熙以江湖水域为界分十二系,赵元任起初也分为九区:北方官话区、上江官话区、下江官话区、吴方言、皖方言、闽方言、潮汕方言、客家方言、粤方言,后加之湘语和赣语区,成为十一区。王力分为五大音系:官话音系、吴音系、闽音系、粤音系、客家话。五十年代中期以后,国内流行的是汉语八大方言区的划分:北方方言、吴方言、湘方言、赣方言、客家方言、粤方言、闽南方言和闽北方言,后据方言调查的实际,将闽南闽北合为一区,即七大方言区。《中国大百科全书·语言文字卷》采用的是七大方言的区分法。

西方语言学家划分地域方言是以同言线(isogloss)为基础的,它是对于某一单一因素的分析和比较,由同一条同言线圈定的地域具有某种相同的方言特征。但造成方言差异的因素是综合的,所以用单一同言线划分方言区域在中国往往不能符合实际。汉语的方言及文化背景与西方迥异,所以很有必要为汉语方言寻求新的分区方法。

其中一个可行的新方法,周振鹤和游汝杰称之为"历史地理分析法"。"这个方法的出发点是:方言是历史的产物,历史上的行政地理对方言区的形成有十分重要的作用,特别是二级行政单位——府(或州、郡)内部政治、经济、文化、交通各方面的一体化自然会促使方言的一体化。因此有可能将旧府作为划分方言片的基本单位,经过调整和合并之后,组成一个个方言片。这个方法对于二级行政区长期稳定地区是很有效的。"[2]

现代汉语方言之间的差异,主要表现在语音上,词汇方面的差别较小,语法上的差别更小。

---

[1]《毛泽东农村调查文集》,人民出版社 1982 年版,第 182—183 页。

[2]周振鹤、游汝杰:《方言与中国文化》(第二版),上海人民出版社 2006 年版,第 56 页。

现代汉语研究中，最发达和有成就的，是方言调查和方言研究了，但他们的研究成果却局限于非常小的圈子里，各类学校只在推广普通话上用力，从不在教授方言上作为，这当然是国家语言文字政策导致的结果。对于教育者和受教育者双方来说，方言似乎一直被视作一种消极的力量，听任其自生自灭。当年的国语运动有两个口号，"统一国语"和"言文一致"，它的进步是那么地明显，反而掩盖了问题的复杂性。

普通话的学习，对于一些非北方方言区的人来说，离开书本或文字的帮助，会遇到较大的困难，而普通话的普及，与学校里的语文教育、识字教学是分不开的。但方言，却完全是在生活中自然习得，我们从小到大，从未得到过方言教材或方言读本的帮助，也没有老师和课程对普通民众的方言学习做出辅导，这不能不说是一种缺憾。

几乎人人都使用方言，但却没有任何学校教授方言，这不能不说是一件奇事。似乎方言只是少数研究语言学甚至方言学的人，才需要理会的事情。各种规模的《方言词典》被编纂出来，似乎只是给专业语言学工作者使用，普通民众，几乎不知还有这样的工具书。那些对语言和文学感兴趣的人，多不能把其文脉根扎于方言之中，同样也不能在文言之上，仅仅依靠阅读翻译的外国文学名著，与时下文学语言的贫血状况，不无关系。

假如一个作家，既不能从方言口语里习得生动的自然语言，又未能从古籍中得到涵养，只从当代人的白话文中去模仿，重复再生那些本已索然无味的书面语，又怎么可能创造无愧于古人的当代名著呢？在今天通行的几乎所有的书面语里，普遍存在的缺陷，就是既不够文，又不够白，既无文化底蕴，又不生动感人。

二十世纪八十年代以来，民间文学的搜集工作有大的进展，全国性的民间文学三套集成（民间故事、歌谣、谚语），普查和记录整理工作，共有二百万人参与其事，这一活动是历史上从未有过的，从道理上讲，应促进方言的文字化进程，对于形成地方文化特色，是不可或缺的。从业者如若能得到民俗学或方言学专业的初步培训，其工作成果会有很大的改善，这笔资料的科学价值和艺术价值会有很大的提高。从本人目前所阅各类资料来看，接受过培训的搜集人和记录人极少，在记录过程中能使用方言词典的人几乎没有。

被记录下来的民间故事，在多大程度上与口述者的讲述一致，是一个无法弄清楚的问题。这与记录者采取的方式关系密切，取决于记录人的工作态度和观念。一位著名的民间故事采集者孙剑冰曾经说过，"我的做法是尽量使这些故事保存原述者讲述的面貌"。

他于一九五四年秋天在内蒙古乌拉特前旗六个村庄采风，发现了著名女故事家秦地女，下面的片段，由秦地女讲述，他记录的一则流传于内蒙古的故事《有个讨吃的，有个鞭杆子》：

　　有个讨吃的，有个鞭杆子，鞭杆子是个讨吃的，讨吃的也是个鞭杆子。

　　天晚啦，两人下到一个店里，讨吃的不痛快，叫鞭杆子给他扎针，扎好了，两人就结拜了。讨吃的是大的，鞭杆子是二的。

　　两人打算上山砍柴。那天他们正在山上捆柴，迎头刮来一股通天的旋风，风中有个妖怪背着个穿红的女子。二人耍开大斧向风中劈去，讨吃的劈下来一只绣鞋，鞭杆子劈得妖孽流出一股腥血。

　　天又晚啦，两个就回呀。

　　皇帝的闺女叫大风刮跑了。皇帝张榜说，谁能找回他女子，要金给金，要银给银，想做官做官，要寻他闺女就寻他闺女。

　　讨吃的和鞭杆子把榜扯了。皇帝就问他俩："你们能找到我闺女？""能哩！"讨吃的说。

　　……[1]

他记录的另一则秦地女的故事《张打鹌鹑李钓鱼》，下面是故事的结尾：

　　"你还我的袄，还我的袄！"闺女直嚷嚷，也不给他做饭了，坐在灶柴上哭去啦。

　　"嗨，"张打鹌鹑说，"好人嘞，哭甚？为啥你人不当当狗呀？！"

　　张打鹌鹑把饭做熟了，叫闺女吃，闺女摇摇头不吃。

　　哎，不吃不喝也当不得真，闺女小子终究要变成老婆汉子么。

　　……[2]

　　以当代十位著名的故事搜集家和记录人为例，他们的记录方式差异很大，孙剑冰和董均伦的不同，就很典型。董均伦搜集的故事，是事后记下的，文字写定的时候一般都有适当的加工，"但加工的情形不一，而又未作具体说明，也没有保存关于这些故事讲述和流传的情况的有关资料，因此把它们作为科学材料来使用时，便

[1] 孙剑冰：《有个讨吃的，有个鞭杆子》，《民间文学》1956年第10期，第43—51页。

[2] 孙剑冰：《张打鹌鹑李钓鱼》，《民间文学》1955年创刊号。

有着一定的局限性"[1]。因此，董均伦笔下的民间故事的方言色彩和口语色彩，比孙剑冰的要少得多，差别不在故事的讲述人，而在记录者。

学习方言，比学习文言还不容易。自己家乡的方言讲不好，说不地道，欲在书面语上有所创造，不是很难的事情吗？"写起文章来，特别是写起文艺作品来，就容易犯这个毛病：自己的俚语不敢用，北方的俚语又不懂，于是自己的文章只好让它干瘪起来。"[2]

白话真正的基础是方言，官话实际上不过是一种强势方言罢了。林纾当初认为直隶人写白话比江浙人天然具有优势，是很确切的先见。奇怪的是懂得利用这一天然优势的当代作家并不多，北京作家王朔是其中的一位。不过王朔也不能做到"我手写我口"，他这样看口语写作：

> 就包括这个语言上，因为实际上从口语到文字本身已经有一个筛选过程了，这种过程做得太多。你看北京作家其实写作的人很多，我觉得有些人遣词造句就过分，就过分地修饰了，过分地修饰以后书面语是工整了，但是很多语言的那种粗糙劲儿，那种只有残缺的才有一种生劲儿，他那生劲儿没了，都做得特别熟。
>
> 我真是想以后完全用口语，纯用口语，但我得考虑那可能写不出来。大家都受了语文训练以后，它其实有一种规则已经在起作用了，其实你说我，这个规则也在起作用，要彻底没这规则可能难以成文。因为你看别人书的时候，你不知不觉也接受他的句式啊。[3]

这段话的啰嗦、重复、不精练，皆因口语，录完之后再请人整理和记录，几乎一字未改。王朔的小说语言却不是这样说出，而是认真写出来的，他自称"码字"，说的是实话。《我的千岁寒》文言化色彩比以前突出，此大概得益于北京话当中固有的文言倾向。

五

滥兮抃草滥予昌桓泽予昌州州糂州焉乎秦胥胥缦予乎昭澶秦逾渗惿随河湖

---

[1] 刘守华：《故事学纲要》，华中师范大学出版社1988年版，第224页。

[2] 王力：《论汉语标准语》，《王力语言学论文集》，商务印书馆2003年版，第557页。

[3] 王朔：《王朔最新作品集》，漓江出版社2000年版，第58—59页。

上面这段没有标点的文字，是中国历史上最早的方言文学作品《越人歌》。时鄂君子皙在一条船上，越人为其拥楫而歌，他说，"吾不知越歌，子试为我楚说之"。于是乃召越译，译为楚语，就是下面这首优美的歌谣了，梁启超称之为中国古书中最早的翻译文学，这是说错了，应当称作最早的方言文学：

> 今夕何夕兮搴舟中洲流。今日何日兮得与王子同舟，蒙羞被好兮不訾诟耻，心几顽而不绝兮得知王子。山有木兮木有枝，心说君兮君不知。

《楚辞》可能是我们今时能够读到的第一部带有方言色彩的文学作品，以楚语楚调描摹楚地风俗。未敢径直说它是方言作品，是因为传世的《楚辞》不经翻译，我们亦能心领神会，不像上面那首《越人歌》。《诗经》中的十五《国风》，似乎是用比较统一的雅言写成的，郑卫之风与秦风之间的差异，表现在风格上，而不是在语言的地方色彩上。

《颜氏家训·音辞篇》云："南方水土和柔，其音清举而切诣，失在肤浅，其辞多鄙俗。北方山川深厚，其音沉浊而鈋钝，得其质直，其辞多古语。"[1]

文言与方言无涉，白话文在宋元开始出现，正是北方官话形成的时期，其中自然夹杂不少方言。《金瓶梅》里有山东方言，《儒林外史》中有南京话，《红楼梦》里，则是北京口语。曹雪芹写景状物，擅长白描，叙事传情，多用口语，结合自然，竟能天衣无缝。有人以《红楼梦》为语料，研究北京话形成的历史渊源，作出一项推测，十八世纪以前的北京话，与京东话相近，《红楼梦》里的北京话，正好体现了北京方言演化过程中的这一阶段。作者列举了三十个口语词，分成四类，第一类，《红楼梦》与现代京东话、现代北京话都使用的口语词五个；第二类，《红楼梦》和京东话常用而北京话鲜少听到的口语词七个；第三类，《红楼梦》与京东话常用而北京话罕见的词语十三个；第四类，出现在《红楼梦》中，但今天北京话和京东话都不再用的词四个。[2]

百年后《海上花列传》作者韩邦庆说："曹雪芹撰《石头记》皆操京语，我书安见不可以操吴语？"

《海上花列传》例言中有言："苏州土白，弹词中所载多系俗字，但通行已久，

---

[1] 程小铭:《〈颜氏家训〉译注》，贵州人民出版社1993年版，第318页。

[2] 参见李思敬:《北京话和京东话的历史渊源再议》，《汉语现状与历史的研究》，中国社会科学出版社1999年版。

人所共知，故仍用之，盖演义小说不必沾沾于考据也。惟有有音而无字者，如说勿要二字，苏人每急呼之，并为一音，若仍作勿要二字，便不合当时神理，又无他字可以替代，故将勿要二字并写一格。阅者须知本无此字，乃合二字作一音读也。他者若音眼，嘎音贾，耐即你，俚即伊之类，阅者自能会意，兹不多赘。"[1]

鲁迅认为："其实，只要下一番工夫，是无论用什么土话写，都可以懂得的。据我个人的经验，我们那里的土话，和苏州很不同，但一部《海上花列传》，却教我'足不出户'的懂了苏白。先是不懂，硬着头皮看下去，参照记事，比较对话，后来就都懂了。自然，很困难。这困难的根，我以为就在汉字。每一个方块汉字，是都有它的意义的，现在用它来照样的写土话，有些是仍用本义的，有些却不过借音，于是我们看下去的时候，就得分析它那几个是用义，那几个是借音，惯了不打紧，开手却非常吃力了。"[2]

张爱玲说："《海上花》其实是旧小说发展到极端，最典型的一部。作者最自负的结构，倒是与西方小说共同的。特点是极度经济，读着像剧本，只有对白与少量动作。暗写、白描，又都轻描淡写不落痕迹，织成一般人的生活的质地，粗疏、灰扑扑的，许多事'当时浑不觉'。所以题材虽然是八十年前的上海妓家，并无艳异之感，在我所有看过的书里最有日常生活的况味。"[3]

张爱玲视《海上花列传》为接续《红楼梦》文脉的重要作品，她译此吴语为国语，分为两部，名曰《海上花开》与《海上花落》。她说："百廿回'红楼'对小说的影响大到无法估计。等到十九世纪末《海上花》出版的时候，阅读趣味早已形成了。唯一的标准是传奇化的情节，写实的细节。中国文化古老而且有连续性，没中断过，所以渗透得特别深远，连见闻最不广的中国人也都不太天真，独有小说的薪传中断过不止一次。"[4]她指的大约是《红楼梦》在一七一九年的付印。一百零一年之后，《海上花》才分期出版。

我们对照《海上花列传》原文与张译，来看这差别，以下是第十八回中的一段对话：

　　素芬道："我说要搭客人脾气对末好，脾气对仔，就穷点，只要有口饭吃吃好哉。要是差仿勿多客人，故末宁可拣个有铜钱点总好点。"蔼人笑道："耐要

---

[1] 韩邦庆：《海上花列传·例言》，齐鲁书社1993年版。

[2] 鲁迅：《汉字和拉丁化》，《鲁迅全集》第五卷，人民文学出版社1981年版，第555—556页。

[3] 张爱玲：《张爱玲典藏全集·散文卷四》第六卷，哈尔滨出版社2003年版，第57页。

[4] 张爱玲：《国语本〈海上花〉译后记》，《张爱玲典藏全集·海上花落》，哈尔滨出版社2003年版。

拣个有铜钱点，像倪是挨勿着个哉。"素芬也笑道："噢唷！客气得来！耐算无铜钱，耐来里骗啥人嘎？"蔼人笑道："我就有仔铜钱，脾气勿对，耐也看勿中碗。"素芬道："耐说说末就说勿连牵哉。"

　　素芬道："我说要跟客人脾气对嚘好，脾气对了，就穷点，只要有口饭吃吃好了。要是差不多客人，那么宁可拣个有钱点总好点。"蔼人笑道："你要拣个有钱点，像我是挨不着的了！"素芬也笑道："噢唷！好客气哦！你算没钱！你在骗谁呀？"蔼人笑道："我就有钱，脾气不对，你也看不中嚘。"素芬道："你说说就说不连牵了！"[1]

　　另一部方言名著，是以松江方言杂以苏南、浙北方言写就的《何典》，作者张南庄。鲁迅说他"谈鬼物正像人间，用新典一如古典，三家村的达人穿了赤膊大衫向大成至圣先师拱手，甚而至于翻筋斗，吓得'子曰店'的老板昏厥过去；但到站直之后，究竟都还是长衫朋友"[2]。

　　方言写作的价值，大概限于其文学性。我们经常会遇到擅长说话的人，能把方言说到艺术的化境，这种魅力只在口语中，多难以书写，即使勉强用字音标识记录，也失去语音的灵动熨帖。国语运动之初，一位语言学家讲过，谈恋爱宜找同乡，不同方言的人彼此只得说蓝青官话，多没意思。文学的那点意思与谈恋爱的意思，也许相若。倡文学而斥方言，没法子成功的。欧洲民族语言从拉丁文独立出来，也是某种方言化的结果。因为是拼音文字，文字跟着语音走，各国的文学于是弄成了今天的样子。

　　胡适早在一九二五年，就有这样的看法："老实说吧，国语不过是最优胜的一种方言；今日的国语文学在多少年前都不过是方言的文学。正因为当时的人用方言作文学，敢用方言作文学，所以一千多年之中积下了不少的活文学，其中那最有普遍性的部分逐渐被公认为国语文学的基础。我们自然不应该仅仅抱着这一点历史上遗传下来的基础就满足了。国语的文学从方言的文学里出来，仍要向方言的文学里去寻他的新材料、新血液、新生命。"又道："假如鲁迅先生的《阿Q正传》是用绍兴土话做的，那篇小说要添多少生气啊！可惜近年来的作者都不敢向这条大路上走，连苏州的文人如叶圣陶先生也只肯学欧化的白话而不肯用他本乡的方言。"[3]这一次，

---

［1］张爱玲：《张爱玲典藏全集·海上花开》第十一卷，哈尔滨出版社 2003 年版，第 175 页。

［2］鲁迅：《〈何典〉题记》，《鲁迅全集》第七卷，人民文学出版社 1981 年版，第 296 页。

［3］胡适：《吴歌甲集序》，《胡适学术文集·新文学运动》，中华书局 1993 年版，第 497 页。

胡适倒是没有带头尝试，比如说以他的安徽绩溪方言，写《文学改良刍议》之类，但鼓励作家使用方言，在他却是态度一贯的。白话文运动的主将多为南人，不擅流利的京白，但下笔皆从北方官话，即所谓"国语"。

胡适认为，在中国各地的方言之中，有三种方言已产生了比较成熟的文学。第一是北京话，第二是苏州话（吴语），第三是广州话（粤语）。但无论怎样，官话文学到底是主流，方言终究无法抗衡，这原因还得到汉字和汉语的关系中去寻。

汉字只要依然被使用，方言的势力就将始终被限制于口语之中，书面语对于方言成分的接纳，幅度很小，而且速度很慢。此即汉语的特有的"言文关系"。中国作家学习书面语的主要途径，还是前人留下的文学作品，而不是口语。这并非轻视口语，任何方言都是独特生动的，许多还是未被笔墨开发的词语资源，但迄今为止，汉语的这座富矿，被利用的部分非常有限。钱玄同说："配得上称为国语的只有两种：一种是民众底巧妙而圆熟的活语言，一种是天才底自由的生动的白话文；而后者又必须以前者为基础。所以我们认为建立国语必须研究活语言。"[1]方言和口语的优长，并不能直接转化为生动有力的书面文字，在日常生活中，我们会经常遇到一些能说会道的人，但述诸笔墨却是另一回事。

与其他地方的作家比起来，北京作家似乎具有天然的语言优势。在方言的书面化上，因为前人的积累而受益良多。吴语和粤语，这方面的积累相差很远，其他方言就更为困难，有的甚至完全写不出来。湖南作家韩少功分析其中的原因："我们说老舍、邓友梅、林斤澜、陈建功、王朔的北方话很'地道'，又说广东、福建、湖南等地作家写的北方话'不地道'，为什么？因为前者写的实际上是方言，或者是作为方言的北方话；而后者写的是普通话，是作为普通话的北方话。两个'北方话'不是一回事。前者文化性更强，所以更丰富、更鲜活、更多形象和氛围，更有创新的能量——这都是文化的应有之义。而后者只剩下工具性，文通字顺，意思明白，但是少了很多'味'，也缺乏更新的动力。"[2]

方言天然是有味儿的，与干巴巴的普通话比起来相去何止千里。下面这段话，是网友戏仿王朔的文风，以京话俚语写成，虽然粗鄙，但如改为普通话说出来，意思就没了。

王朔是什么人丫自己最清楚。丫属于做买卖挣不着钱，做演员没人愿意看的那种，怎么办啊，码字吧！北京人说的话全让丫记住了，丫也好意思，把北

[1] 钱玄同：《通信》，《国语周刊》第4期，1924年7月5日。
[2] 朱竞编：《汉语的危机》，文化艺术出版社2005年版，第253页。

京人说的话全署上自己名字，不就是把北京土语整理的比较顺吗？丫假装和人打起来了，中国人又爱看热闹，一看打起来了全往上凑，呼啦一下聚了一堆。丫的书就是为了看打群架收的门票。这些看客傻乎乎站那儿，手里拿着瓶儿啤等着再打呢，再看人都没了，散吧，等下一次吧。[1]

六

刘半农曾以江阴方言写过一部白话诗集《瓦釜集》，在自序中他说："我们做文做诗，能够运用到最高等最真挚的一步的，便是我们抱在我们母亲膝上时所学的语言，同时能使我们受深切的感动，觉得比一切别种语言分外的亲密有味的，也就是我们的母亲说过的语言。这种语言因为传布的区域很小，而又不能独立，我们叫它方言。从这上面看，可见一种语言传布区域的大小，和它感动力的大小恰恰成了一个反比例，这是文艺上无可奈何的事。"[2]

不知是否因为这"反比例"的困境，使人望而却步，在他之后，尝试以方言写白话诗的人，几乎没有产生什么影响。诗人王老九，未必能说得好普通话，但他的诗，却也几乎没有什么方言色彩，这是值得思考的现象。李季的《王贵与李香香》，一九四六年在延安发表后曾经流行一时，但无论当时还是后来的评论，均没有将它当作方言诗看待。当代诗坛上，所谓民间派和学院派，或许对立得厉害，但在使用普通话写诗这点上，还是相当的一致。如果说方言在小说里有时想传达人物独特的风貌或者特色的话，诗却似乎没有这样的需求，再土的诗人，也拽普通话抒情。

一九五一年《文艺报》有过一场"关于方言问题"的辩论，激烈异常。周立波是赞成使用方言的，他说："我以为我们在创作中应该继续的大量的采用各地的方言，继续地大量地使用地方性的土话。要是不采用在人民的口头上天天反复使用的生动活泼的，适宜于表现实际生活的地方性的图画，我们的创作就不会精彩，而统一的民族语也将不过是空谈，更不会有什么'发展'。"[3]他还举了生动的例子："我在东北乡下工作的时候，发现农民的谈话里，有一些单字，照着发音写出它的本字来，知识分子不查字典，还不认得。比方'薅草'的'薅'字，粗粗一看，好像是个古奥的僻字，但是在除草的季节里，农民的嘴里天天使用这个字。我们的先人创造这个字眼的时候，本是用来描摹用手拔草的这个生产动作的，长久地脱离生产，或是

---

[1] 王朔:《王朔最新作品集》，漓江出版社 2000 年版，第 285 页。

[2] 转引自钟叔河编:《周作人文类编》第三卷，湖南文艺出版社 1998 年版，第 746 页。

[3] 周立波:《谈方言问题》，胡裕树主编:《现代汉语参考资料》上册，上海教育出版社 1980 年版，第 147 页。

从来没有参加生产的人，不大熟悉这动作，因此也就不大熟悉这个字。它在我们的眼睛里，就成了古字和僻字，其实它是农村之中最活跃的字眼。"[1]

周定一对于采用方言的看法与周立波不同："假若方言和普通话之间的关系完全是平行的，方言有个什么说法，在普通话里也一定有个意思相等的说法，问题就简单得很，只要一对一地把方言'翻译'成普通话就行了。可是事实上语言与语言之间，方言与方言之间在词义上的关系总是错综复杂的。""然而，我们认为，正是因为有这种方言间的错综复杂现象，所以在文艺作品里应当尽量控制方言土语的运用。""谁都会承认方言之间词义错综复杂的事实，可是从方言本身去考虑，就会得出要尽量采用方言土语来表达的结论；从普通话来考虑，就认为应当要多从普通话里去找办法。我们和立波同志等人的分歧点就在这里。"[2]

周定一还举出周立波《山乡巨变》中的例子，"'我是一个撑了石头打浮漱的人，还是看年把子着。''这段姻缘，当初我就打过破。'我看这样的方言语法，很容易改成普通话的说法，而且一点也不会因此失去'传神'的效果"。

周立波的小说的确使用了大量方言土语，但在一些研究者看来，与其说出于修辞上的需要，不如说是政治上的需要。"《暴风骤雨》中充斥大量东北方言，但这部描绘土改的长篇小说完全主题先行。作者在前言中毫不讳言他的写作动机来自二十年前毛泽东的《湖南农民运动考察报告》。其中对农民语言的剥离从第一段即露端倪。由于追求'气息''色彩'，农民语言成为装饰性符号，而且是不断意识到其自身的附补性、装饰性符号；农民语言所设定、所依赖的叙述方式、想象逻辑和生活经验，被作者取消、过滤了。"[3]

沈从文是个特别的例子。他的小说以浓郁的湘西风味和特色见长，但在小说里于方言土语的采用，是非常谨慎和克制的。有论者认为"他的作品中保留了一定数量的方言土语，主要是习焉不察的习惯未能过滤干净所致，而绝非是一种主动的修辞追求"[4]。沈从文晚年，有湘西的读者问他，为什么既强调湘西的文化特色，又反对使用湘西的方言土语，他举出《海上繁华梦》作例子，指出使用纯粹的方言写作具有"致命的危害"。[5] 沈从文并没有完全摒弃方言，他在何种意义、何种敏感程

---

[1] 周立波：《谈方言问题》，胡裕树主编：《现代汉语参考资料》上册，上海教育出版社1980年版，第149页。

[2] 周定一：《论文艺作品中的方言土语》，胡裕树主编：《现代汉语参考资料》上册，上海教育出版社1980年版，第157—158页。

[3] 唐小兵：《暴力的辩证法：重读〈暴风骤雨〉》，《再解读：大众文艺与意识形态》，北京大学出版社2007年版，第118页。

[4] 格非：《方言与普通话》，《文学的邀约》，清华大学出版社2010年版，第257页。

[5] 参见王亚蓉编：《沈从文晚年口述》，陕西师范大学出版社2003年版，第75—77页。

度上调理方言，耐人寻味。这是作家的义务，是艺术家的责任，阅读沈从文的作品，读者可以产生这种难以言传的美妙的细微体会。

老舍的态度，早期和后来有很大的变化，最终是站在限制方言这一边的。他说，"从前写作，我爱用北京土话。我总以为土话有劲儿。近二三年来，我改了主张，少用土话，多用普通话"。说这话是在一九五九年。他认为："是不是减少了土话，言语就不那么有劲儿了呢？不是的。语言的有力无力，决定于思想是否精辟，感情是否深厚，字句的安排是否得当，而并不专靠一些土话给打气撑腰。北京的土话可能到天津就不大吃得开，更不用说到更远的地方了。这样，贪用土话本为增加表现力，反而适得其反，别处的人看不懂，还有什么表现力可言呢？"话说到这里，倒与沈从文的意思很接近了，但北京话的情况特殊一些，吃得开的范围不仅大，且似乎还在扩展，随着文学的开拓，得普通话之助，有强劲的势头。所以作家也不必害怕有一两个词部分读者不懂，即使不懂，也不影响理解作品，如果用得恰当，生动传神，普通话里没这个词儿，也可以让它落地生根。这正是语言艺术的过人之处，如果只敢用人人晓得的熟语滥词，只能损害表达的效果了。

老舍最后说："我知道，割舍摇笔即来的方言而代之以普通话是不无困难的。可是，我也体会到躲避着局限性很大的方言而代之以多数人能懂的普通话，的确是一种崇高的努力，这种努力不仅在于以牛易羊，换换词汇，而也是要求语言负起更重大的责任。负起语言精纯、语言逐渐统一、语言为越来越多的人服务的责任。"[1]

方言和普通话是一对矛盾，追求表现力和遵守规范有时候也是相悖的，普通话是民族共同语和标准语，为它的纯洁和健康而尽职尽责，的确是"崇高的努力"，但也不能忽视，普通话也需要不断更新，它需要从方言土语中吸收有用的词汇和有生命力的表达方式，对作家而言，首要的对于语言的责任乃是创新的责任，增加表现力，试图表达那些从未被表达过的经验，突破那些似乎无法突破的界限，才是尽到了对语言的责任。

书面语毕竟不同于口语，由于汉字的特殊性质，汉语文学具有双重性，既有听觉上双声叠韵带来的和谐韵律，又有视觉上无声的领悟和了然。并不是所有的艺术文字，都适合朗读，也不是只有读上去悦耳的文字，才是好文字。汪曾祺有篇演讲《中国文学的语言问题》说："我是不太赞成电台朗诵诗和小说的，尤其是配了乐。我觉得这常常限制了甚至损伤了原作的意境。听这种朗诵总觉得是隔着袜子挠痒痒，很不过瘾，不若直接看书痛快。文学作品的语言和口语最大的不同是精练。高尔基说

---

[1] 老舍：《土话与普通话》，胡裕树主编：《现代汉语参考资料》上册，上海教育出版社1980年版，第165—166页。

契诃夫可以用一个字说了很多意思。这在说话时很难办到，而且也不必要。过于简练，甚至使人听不明白。张寿臣的单口相声，看印出来的本子，会觉得很啰嗦，但是说相声就得那么说，才明白；反之，老舍的小说也不能当相声来说。"[1]

汉字和汉文并非不可以听，但它同时也是给人默读的，这是个朴素的道理。从这个意义上来说，在诉诸视觉的书面语中，并没有什么方言。

第四节　口语和书面语的关系

一

索绪尔的语言学一再强调口语的首要地位，或说语言的口语属性，基于这样的一个事实。在使用文字之前，口语早已存在，一个口语社会普遍存在了上万年之久；凡是有人生存的地方，就有语言，"历史上数以万计的语言中，大约只有一百零六种语言曾经不同程度地使用过文字或产生了文学，绝大多数的语言根本就没有文字。在现存的大约三千种口语语言里，大约只有七十八种语言有书面文献"[2]。

所有的语言，就来源而言是同样的古，就现在的口语而言是同样的新。人类的语言始于口头传承，我们总是先学会说话，然后才学会读写文字。而在中国五千年有文字记载的历史中，直至清朝末年，九成以上的人终其一生不能读写，以方言的形式出现的口语，是其唯一的语言。口语交流随时随地进行着，无论就规模还是历史而言，都要比书面交流巨大漫长得多。但能够保存下来的"口语文献"却非常少。

鲁迅称民间故事讲述人为"不识字的作家"。曹衍玉是河南一位有名的"故事婆"，下面是她讲的一个故事《天为啥不下面了》：

先前，天又下米，又下面，下的跟现在下雪一样。人们把面收点子回去，日子过哩容易得很。

老天爷咧，怕人们糟蹋粮食，派观音老母下来看看。观音老母下来了，变成一个要饭的老婆儿。

有一个媳妇，看她哩小孩冷了，就把面做成馍烙烙，垫到了小孩的屁股底下。观音老母咧，看巧来到她门上。她一看来了一个要饭老婆儿，说，"看，

---

[1] 汪曾祺：《汪曾祺文集·文论卷》，江苏文艺出版社 1993 年版，第 10 页。
[2]［美］沃尔特·翁著，何道宽译：《口语文化与书面文化》，北京大学出版社 2008 年版，第 3 页。

你这个大娘，你来晚了，我将将烙了一个馍，放到小孩的屁股底下，垫住了。你要是早来，就给你一点啵！"

　　观音老母回去了。老天爷晓得人们糟蹋粮食了，就不再给人们下米下面了。往后，人们都得自己种粮食了。开始种粮食，也很容易，人们把锄头敲敲就中了。锄头一敲，地里的草就锄光净了，没有了，得劲哩很。老天爷见人们还不好好干，再往后，就让人们全靠自己了。

　　人们开始一镐一锄地种庄稼，收粮食辛苦起来了。[1]

　　这是中国版的失乐园。民间故事的饶有兴味，在于它总是能够拒绝承认现实，在这个世界之"先前"，有一个不同的世界，否则怎可能有"故事"发生呢？不一样在哪里？"又下米，又下面"，——"下的跟现在下雪一样"，曹衍玉是真正的民间故事家，其标志在有自己的意识形态观念。高尔基说："故事在我面前展开了对另一种生活的希望之光，在那种生活里，有一种自由的无畏的力量在活动着，幻想着更美好的生活。"[2]这自由无畏的力量，是勇于幻想的力量。

　　民间故事从上一辈人那里听来，讲述者是传承者，但由于记忆、理解和别的缘故，更由于语言本身的缘故，不可能忠实地一字不改地复述，这样的要求是文字文化当中的背诵标准，口语文化完全不存在这样的观念。故事在传承过程中，要保持自己的生动性，在背景或者道具上随着时间的变化而调整，它总是选择那些日常的器物和听者特别熟悉的环境。开头它喜欢这样说："这才不几辈子的事。张田第一个老婆生了个闺女，叫宝英，和前庄刘和的孩子辫了娃娃亲……"[3]

　　珍妮·约伦说："动物的'语言'都只能涉及'此时此刻'，而无法表述过去和未来，惟有人类创造的故事才能够组构或改变他们生活于其中的世界。由于故事具有组合和改变的能力，词语具有某种掌握过去、现在与未来的魔力，因此讲故事者在世界各地的口头文化中普遍受到尊重。"[4]与太史公说的"余所谓述故事，整齐其世传，非所谓作也"明显不同，民间故事虽不出自讲述者的创作，但它无疑是虚构的作品，且从来不想冒充事实和历史。

[1] 曹衍玉：《故事婆讲的故事》，海燕出版社2001年版，第1页。
[2]《民间文学》1956年第5期。
[3] 董均伦、江源：《聊斋汉子》，中国民间文艺出版社1982年版，第1页。
[4]〔美〕珍妮·约伦：《世界著名民间故事大观·前言》，上海文艺出版社1991年版，第2页。

二

讲故事，在中国各地有不同的称谓，"讲古话""讲瞎话""讲大头天话""摆龙门阵""讲经""粉白""说白话"等不一而足。既然是自觉地"讲瞎话"，它的娱乐功能和游戏功能就自然突出，认识价值和教化作用是次一等的考虑，或者干脆不予考虑。儿歌里边的"颠倒话"，与这类故事如出一辙。所谓"白话无本，雾露无根"，说在口中，是语言游戏，写在纸上，无非变成文字游戏，但游戏实在是语言文字的最高境界，超越于达意之上，以它自身为目的，当作是民间的"为艺术而艺术"的主张与实践，亦不为过。

《颠倒歌》：

> 说我聊，我就聊，
> 高粱树上结樱桃。
> 蠓虫下个天鹅蛋，
> 耗子叼个大狸猫。
> 说着说着官来到，
> 坐着马，骑着轿。
> 吹铜锣，打喇叭，
> 门楼拴在马底下。
> 东西街，南北走，
> 出门看见人咬狗。
> 拿起狗来打砖头，
> 又怕砖头咬了手。
> 虽然不是绕口令，
> 驮子驮着毛驴走。[1]

《百虫造反》：

> 蜜蜂子出征丧了性命，

---

[1] 丰宁满族自治县三套集成办公室编：《中国民间文学集成·丰宁县民间故事歌谣集》第二卷，第386页。

土蜂子回营来又报军情，

轱辘蜗牛蜂子吹大号，

屎壳郎黑旗滚进大营。

蝴蝶儿披甲也要上阵，

萤火虫带灯笼也要出征，

水牛儿槽头上喂战马，

那蝈蝈调来了老山峰的蝎子兵。[1]

口头讲述故事的传统，在中国源远流长，可以相信，比有文字记载的历史长得多，这样的故事本来是通过口头代代相传的，由于教育的普及、传统意义上乡村的消失、扫盲运动的成就而迅速面临灭绝。当人们为文盲故事家学了文化可以自己把口述故事写下来而欢呼进步的时候，民间口传故事已经走到了尽头。口头创作必须有听众在场，必须说出来，由别人记录，与自己动笔去写它，则是两件事。

口传故事在被文字记录之后才得到分类和研究，西方大体区别为神话（Myth）、民间传说（Folklore）、民间故事（folktale）三类，在中国古代，口头传承的故事，被记录下来的为数不多，浩如烟海的中国古籍当中，特别是说部文献中，虽然保存了一些故事，但叙述的语言却已不是当年的口吻了。只能算作转述，而不是记录。比如晋代《搜神后记》中的《白水素女》，唐代《酉阳杂俎》中的《叶限》。

有一个民间故事，是以文言转述的，当初它是否出于口述已无法考订了，故事名曰《甲乙争妻》：

某邑甲，久客于外，十年无耗，妇及幼子贫窭实甚，乃招乙于家。乙故业成衣者，携货就妇居，新其屋宇，门设缝肆，俨然有妻有子。半载甲归，见门庭改易，不敢入，访知其故，鸣官。官传乙对簿，彼此争欲得妇，官不能决。密令隶卧妇于门板，覆以芦席，诡言某妇羞忿自尽，舁至堂上，谕曰："妇今已死，孰愿领尸棺殓？"乙云："我已豢养半年，所费不少，刻下本夫已归，不能再埋死妇。"甲云："久客无耗，其曲在我，妇改适非得已，今死，愿领殓。"官命启席，妇故无恙，乃断令甲领而逐乙焉。亦巧矣哉！[2]

假若有某位民间故事家能读懂文言，他会把上述故事翻译成他擅长的方言，讲

---

［1］丰宁满族自治县三套集成办公室编：《中国民间文学集成·丰宁县民间故事歌谣集》第二卷，第400页。

［2］钟敬文主编：《中国近代文学大系·民间文学卷》，上海书店1995年版，第92页。

给当地人听，他能把故事需要的语气口吻甚至当地裁缝和官员的特有作风加进去，一定讲得活灵活现，像他亲眼见到的事一样。以文言重写的民间故事，除了载入说部通过阅读传播外，还有它本来的口口相传的渠道。《父子同日合卺》(《中国近代文学大系·民间文学集》和许叔平《里乘》有收录，江苏广陵古籍刻印社)是另一则文言转述的民间故事，说的是亲生父子，同一天拜堂成亲的故事，与近年采录出版的湖北《武家沟村民间故事集》当中的《双拜堂》，乃是同一个故事的不同文字版，差别在于文言和白话。

> 囊游蜀中，闻土人言：乡有谋生者，有聘舅氏女一妹为妻，以中表亲，素不避面。生成童从塾师读，他日归，过舅氏之门，见女独自在家推磨。生入问舅妗，俱他出，戏曰："妹役良苦，我为效劳好否？"女曰："甚善。"时女已及笄，两人情窦俱开，调笑甚乐，以无人，遂私焉。生素畏舅，既讫事，自念女脱有孕，舅知之奈何？别女而出，徘徊中道，遂逃亡不知所之。越日，师使人探诸其家，家固以为在塾，彼此诘究，互相骇诧。到处使人踪迹之，卒无征兆，而女身果妊。久之，腹渐膨膊。母察有异，诘之，计不能隐，遂吐其实，乃使人告生父母。其父母仅此一子，以出亡，方切隐忧，闻女有孕大喜，商诸冰人，以礼迎归，待生归家，再为成礼。初生出亡，乞食至汉口，质库主人某翁，见生貌不类乞人，留使学贾。即喜其勤谨，委司会计，大为宠任。生频年蓄积，不下万余金，爰与人合伙开张布店，特归省视。既至乡里，见道鼓吹伧伫，车马喧耀，询之旁人，谓某氏子亲迎。是固有母无父者，今娶妻矣。生闻惊喜，既念生平只一索，那便有子。试详探之，果然。先是，一妹迎归分娩，果幸得男。比长，读书甚慧，十三岁应童子试，学使赏其文，拔冠一军，名噪庠序。同里某富翁有爱女，遂以字之，今适于归。生到家，见宾客满堂，姑与为礼。金谓客从何来，生诡言至自楚北，为某生作寄书邮者。其子闻有父书，喜出叩见，问父书何在，生笑抚其背曰："儿不知耶，我即汝父是也。"问父母，以先后去世，不胜凄然。其子惊喜犹疑，生窥其意，谓曰："儿如不信，可呼汝母出见，自能知之。"其子不得已，入请母出。生蘧前揖之曰："卿幸别来无恙？推磨推磨，不如我与汝磨。"其母闻之，喜谓其子曰："果儿父也。"盖生所云，乃当日推磨时相谑之词，非他人所与知也。宾客闻之，交口称贺，金请具香烛酒醴，即于是日父子姑妇同拜祭天地祖先，行庙见礼而合卺焉。[1]

---

[1] 钟敬文主编：《中国近代文学大系·民间文学集》，上海书店1995年版，第93—94页。

中国自古地域广阔，方言复杂，地方文化特色鲜明，所以流传于各地的同一个民间故事，往往有数不尽的版本——异文。被称为四大民间故事的《白蛇传》《孟姜女》《牛郎织女》《梁山伯与祝英台》，更是围绕着核心情节和戏剧性展开多重变奏，令人目不暇接。仅仅把流传于各地的同一个故事的不同版本搜集起来，就是一件艰巨复杂的工作，也是很有价值的事情。除了横向的地域差别造成的异文外，还存在历史演变的问题，从无到有，从简单到复杂，其历时性的变化，通过书面文献的考察，有迹可循，有据可依。民间创作的矿藏，地方戏曲不断地从中取材，这一点超过了作家学者对它们的重视。

三

近代中国，最早倡导记录整理和研究民间口头文献的是鲁迅和周作人。一九一三年二月在教育部《编纂处月刊》一卷一期上，鲁迅发表《拟播布美术意见书》："当立国民文术研究会，以理各地歌谣、俚谚、传说、童话等。详其意谊，辨其特性，又发挥而光大之，并以辅翼教育。"[1] 周作人撰写《童话研究》《童话略论》，经鲁迅之手发表在一九一三年教育部《编纂处月刊》第七期和第八期上。白话文运动在那时尚未发起，但周氏兄弟已经用完全不同的眼光去看待民间文学遗产了。

北京大学一九一八年成立歌谣征集处，刊出启事，向全国征集歌谣，此是中国公开面向全社会的有意识地记录、收集和整理民间口头文献的开始。顾颉刚一九二四年在《歌谣周刊》第六十九号上发表《孟姜女故事的转变》，得到刘半农的高度评价。"你用第一等史学家的眼光与手段来研究这故事；这故事是二千五百年来一个有价值的故事，你那文章也是二千五百年来一篇有价值的文章。"[2]

顾颉刚执笔的《〈民俗〉发刊词》说："我们要把几千年埋没着的民众艺术，民众信仰，民众习惯，一层一层地发掘出来！我们要打破以圣贤为中心的历史，建设全民众的历史！"[3]

一九二六至一九三三年，上海北新书局编辑过一套署名"林兰女士"（北新书局老板李小峰化名）编辑的民间故事集，近四十种，每册选录二十至四十个故事，

---

[1] 转引自常惠：《鲁迅与歌谣二三事》，《民间文学》1961年第9期。

[2]《歌谣》1925年3月22日，第83期。

[3] 参见《民俗》周刊创刊号，1928年3月21日。中山大学的《民间文艺》周刊创刊于1927年11月，由董作宾、钟敬文主编，发行12期之后，于1928年更名为《民俗》周刊，至1933年6月13日停刊，共刊出123期。

第五章　言文一致问题　　293

以江苏、浙江、广东一带的故事居多，总数约有千篇，大部分是从征集的来稿中选编而成，有些记录得很详尽，有些则仅仅是转述梗概，各册甚至每篇的文字水准和学术价值，因此而差别较大，这是中国笔录的民间故事第一次大规模的结集出版。

一九五五年创刊的《民间文学》杂志，以刊载民间故事和传说以及对于这些文本的研究为主，在一九六六年停刊前共出版了一百零七期，一九七九年复刊，此后，民间故事和传说的发表、出版繁荣，有人作过统计，仅一九八一至一九八七年间，全国报刊发表神话传说六千七百篇，故事一万余篇。

下列数据或名单，也表明了民间故事作为一项事业的兴盛，但这一领域的学术研究相比之下还不发达。

十位民间故事搜集家：董均伦、萧崇素、萧甘牛、孙剑冰、李星华、陈玮君、张士杰、黎邦农、王作栋、裴永镇。

被联合国教科文组织和中国文联授予"中国民间十大故事家"称号的是：刘德培、魏显德、靳正新、曹衍玉、张功升、王海洪、林宏、潘小蒲、罗成双、董凤琴。

还有一些故事家和故事村被发现。大批民间故事讲述家，全国能讲述五十则故事以上的九千九百余人，河北藁城县耿村、行唐县杏庵村、湖北丹江口市伍家沟村、重庆巴县走马乡等。刘守华的《中国民间故事史》列举了一个七十余人的故事家名单。

除了赵家璧主编的十卷本《中国新文学大系》（一九一七～一九二七）没有收录民间文学外，后来编辑出版的此类丛书，均收民间故事和传说、歌谣。一九九〇年编成的四十卷《中国近代文学大系》（一八四〇～一九一九）含一册《民间文学卷》，钟敬文主编，五十五万余字。《中国新文艺大系》（一九三七～一九四九）含一册《民间文学集》，刘锡诚主编，分神话、传说、民间故事、民间诗歌和歌谣四大类，九十五万字。《中国新文艺大系》（一九四九～一九六六）含两册《民间文学集》，贾芝主编，上卷韵文，下卷散文，各约八十万字。

二十世纪八十年代初，中国民间文艺家协会同文化部、国家民委共同发起，组织实施《中国民间故事集成》《中国歌谣集成》和《中国谚语集成》，据统计，共搜集民间故事一百八十七万篇，歌谣三百零二万首，谚语七百四十八万条，编印各种资料本三千余种，总字数超过四十亿。陆续出版印行已经三十年过去了，这是一笔至今还没有被创作和学术研究加以有效利用的巨大财富。

《中国民间故事集成》分省各卷，由中国 ISBN 中心出版，大十六开，每省不止一册，为编辑各省卷，各地市县自己编辑和出版了大量的民间故事、民间歌谣、民间谚语集合而成的正式或非正式出版物。如浙江丽水市编纂的《中国民间文学集成·丽水市卷》达千余页，七十万字，四川万县的《民间故事集》分上、中、下三卷，收录了八百四十二个故事，据编者说，是从搜集到的近万篇作品中精选而成。

对于民间口述故事的记录，各地和不同的个人之间差别极大。虽然民间文学研究者一再重申他们的要求，"必须反对搜集整理工作中的胡乱修改现象，忠实地记录，慎重地整理，是当前需要引起大家注意的头等重要的事情"，但从业者未必能做到。

这是一件艰难复杂的工作，"难就难在搜集整理的是艺术创作"，"同样一个故事，各个人有各个人的讲法，除了巧拙的不同，对于那些已形成自己独自风趣的高明的故事家说来，各个人又具有各个人的讲述风格。而且，就是同一个人讲同一个故事，这一次讲的和另一次讲的，也常常是不完全相同。这是由于，虽然许多传统故事的基本情节以至很多细节已有了一定的说法，但具体的讲述却不像按照一定曲调逐字歌唱的民歌那样地比较固定，而故事家也是把故事看作活的艺术而不是死的书本来讲述的，因而他们甚至可以由于当前的某些感触给故事增加一些新的内容。而讲故事者的心情，也往往影响了所讲的内容。"[1]

对于故事讲述人和讲述时机的选择，实际上已经包含了记录人的眼光、品位、判断等主观因素，即便逐字逐句忠实地记录，怎样讲就怎样记，力求一字不错，在录音设备普遍使用之前，从技术上讲，做到这一点非常困难，即使做到了，也未必保证故事的质量，加之写成书面语发表时，还需或大或小的整理加工，在何处加工，如何遣词造句，怎样把握分寸，是民间故事修辞的大讲究。

上世纪五六十年代，有把劳动人民身上的所谓剥削阶级意识和所谓迷信思想剔除干净的需要，但这类思想和意识是大量存在的，不仅存在于话语中，还潜藏于故事情节之中，剔除工作往往会损害故事的原样，这是政治原因。

还有道德原因，即所谓猥亵故事。在各地的口头流传故事中，这类故事占有相当的比重，但记录下来并印成资料或正式出版物当中，这样的故事却不易寻见，《笑林广记》中大量记载的那些所谓"荤故事"，在当代民间故事集中已看不到了。北大的《歌谣周刊》一九二二年曾经专门修改章程，向寄稿人明确"歌谣性质并无限制，即语涉迷信或猥亵者亦有研究之价值，当一并录寄，不必先由寄稿者加以甄择"[2]。周作人还在《语丝》第四十八期上以本名刊登《征求猥亵的歌谣启》："无论这些文句及名称在习惯上觉得是怎样的粗俗，我们都极欢迎，因为这不是在绅士淑女的交际场中，乃是一间很简陋的编辑室，在这里一切嘴里说不出的话都是无妨写在纸上

[1] 毛星：《从调查研究说起》，《民间文学》1961年4月号，第73期。

[2] 转引自周作人：《猥亵的歌谣》，钟叔河编：《周作人文类编》第六卷，湖南文艺出版社1998年版，第554页。

的。文词务求存真，有音无字的俗语可用注音字母或罗马字拼写，或用汉字音注亦可。"[1] 文后给出周作人、钱玄同、常惠三人的通信地址。

与五四时代的科学态度相比，六十年后的歌谣征集和民间故事征集，在涉及迷信、猥亵的处理上，要保守得多，这实在是一种退步。与此同时，一九五五年创刊的《民间文学》，每期把大量的篇幅用以刊登歌颂共产党和毛主席的所谓新编故事和新编歌谣，歌颂历代农民起义反映阶级斗争的歌谣，这些文字在当时也许的确表达了百姓的心声，时过境迁去阅读，既无传统故事和歌谣的价值，在艺术上又相当粗糙，乏善可取。

四

民间故事中涉及字谜、对联和古诗词的故事各地都有，而且比较发达，往往与文人逸事紧密相连，这类故事明显看出文字对于口语的影响，这是迥异于西方文化的。文字在口传故事中有时被赋予某种神奇的功能，《学话得胜》的故事，《老虎怕"漏"》的故事，在许多地方可以找到。对对子、对诗、猜字谜、测字等与汉字相关的故事，占据各地民间故事的重要地位，同一个故事，异文之多，不可胜数。对穷秀才的挖苦、教书先生的嘲讽和迂腐读书人的捉弄，也是数量众多的一类。普罗普依据俄罗斯民间故事素材而划分的故事类型，未必适合中国，尤其是上述两类，在外国的民间故事类型当中，就找不到对应物。中国民间社会，自古以来就在方言方音的离心力和汉字文言的向心力之间，一直在寻求某种平衡，而大量的民间故事，似乎特别喜欢在这个平衡点上做文章。对于这类故事的研究，也许能够探测到中国文化独特的密码。

卡尔维诺为他所编《意大利童话》中文版写的题词中说："民间故事是最通俗的艺术形式，同时它也是一个国家或民族的灵魂。"在《编者序言》中，卡尔维诺有透辟的阐述，"在民间故事的汪洋大海里，隐藏着一些与种族生存息息相关的基本因素，必须加以挖掘"。后来出版的列入《卡尔维诺文集》的《意大利童话》中译本，不知出于什么原因，删掉了这篇长达二十九页的文字。卡尔维诺在其中不仅介绍了他的编写方法，尤其是毫不掩饰地表达了他对于民间故事的热爱之情：

> 在着手利用手头资料编纂民间故事的时候，我渐渐地染上了一种狂热，想获得越来越多的各种民间故事的版本。材料的核定、分类和比较，几乎成了我

---

[1] 转引自周作人：《猥亵的歌谣》，钟叔河编：《周作人文类编》第六卷，湖南文艺出版社1998年版，第563页。

的嗜好，我感到自己被类似昆虫学家们的那种特有的热情所支配。我想，这也是赫尔辛基民俗学家协会的学者们特有的热情吧。这种激情迅速地转化为一种狂热的癖好，其结果是：为了换取《金驴粪》故事的新版本，我会拿出普鲁斯特写的所有小说。[1]

这位以写小说闻名于世的意大利人，喜用托斯卡那地区的谚语"故事若要动人，就得增添色彩"来阐释自己的写作观。"民间故事的价值常常取决于后人增添的新东西。代代相传的民间故事恰如一条没止境的长链，我把自己看成长链上的一环；这条长链不是消极的传递媒介，而是故事的真正'作者'。"[2]

中国面积是意大利的三十二倍，人口是意大利的二十五倍，方言众多，地域辽阔，民间故事之富，不可胜数。本书作者有位朋友，穷十年之力，搜集各地编辑、印刷和出版的各类民间故事，卷帙浩繁，至今仍在不断增加完善之中，那些常听人说起老掉牙的民间故事，往往能找出几十乃至上百种异文。卡尔维诺曾表示，对于中国的民间故事，他百读不厌。

对于今天从事搜集、记录和整理民间故事的人来说，有一个重要的原则不可不知晓。

　　要把劳动人民的口头创作，作为艺术珍品，按照它的原样把它挖掘出来，并力求符合原来的面貌用文字把它写定。因此，力求忠实，就应该成为搜集和整理工作的一个最为根本的原则。特别是，极为忠实的记录，应该是这一工作的基础。[3]

五

说书起源于"说话"，"说话"是唐宋人的习语，宋朝的民间艺人讲故事，成为一门职业，在勾栏瓦肆之中，以"说话"谋生，所说的内容，多有所本，或历史演义、英雄传奇、帝王将相、才子佳人，虽为口语艺术，却来自于（不论直接抑或间接）书本，故称之为说书。

天下最有名的说书人，是明末清初的柳敬亭，他后来差不多成为了行业神，有

---

[1]［意］伊泰洛·卡尔维诺：《意大利童话·编者序言》，上海文艺出版社1985年版，第6页。
[2] 同上，第12页。
[3] 毛星：《从调查研究说起》，《民间文学》1961年4月号，第73期。

自己的牌位。柳敬亭生于明代万历十五年（一五八七），卒年不详，据推测享年近九十岁，八十多岁的时候还在登台献艺。说书家地位卑微，流落市井，但柳敬亭有所不同，他出入豪门相府，做过左良玉将军的幕僚，与东林党人和复社的关系非同一般，他去世几十年后，孔尚任还在名剧《桃花扇》中公开对他的仰慕。黄宗羲和吴伟业曾作《柳敬亭传》，张岱《陶庵梦忆》中有一篇《柳敬亭说书》，说他"黧黑，满面疤瘰，悠悠忽忽，土木形骸"，人称"柳麻子"，与他交往的士大夫多，诗词中提及或者描摹其说书的也多，朱一是《听柳敬亭词话》诗云："突兀一声震云霄，明珠万斛错落摇。似断忽续势缥缈，才歌转泣气萧条。檐下猝听风雨人，眼前又睹鬼神立。荡荡波涛瀚海廻，林林兵甲昆阳集。座客惊闻色无生，欲为赞叹词莫吐。"[1]

说书人通常不是文人，而是艺人。柳敬亭虽喜向文人索诗，却从未与他们唱和，杜首昌曾有《柳敬亭持笔所书，口占赠之》七绝一首："能令千古事长新，一往从何辨假真。天地欲存三寸舌，江湖难老八旬人。"柳敬亭能说多样书，尤擅《西汉演义》《隋唐演义》《水浒传》，虽然能把这些历史故事和英雄传奇讲得头头是道，但他却不通文墨，在任左良玉秘书之际，参与擘画由司笔札的儒生记录并润色。柳去世之后，钱谦益著文《为柳敬亭募葬疏》，为他筹款安葬。

柳敬亭的弟子，扬州人居辅臣，康熙二十七年曾在南通、如皋一带说书，以讲秦琼故事闻名。连阔如《江湖丛谈》载，据谢起荣的说法，犁铧调儿是柳敬亭传的。"当大秋丰收，农工劳顿，所操之事甚微，柳敬亭先生有耕地所用的破犁片两块当作板儿，一手击案，一手敲犁，唱曲颇可动听。农工操作，闻歌忘劳。有人问先生所歌为何调，柳称为'犁铧调儿'。时人争而习之，自此'犁铧调儿'泰州无人不会。敝人问谢先生，柳敬亭之犁铧大鼓有何考证？谢答：无书可考，据我们'柳海轰儿'的老前辈所传吧。"[2]

《柳下说书》，相传为柳敬亭秘传之孤本，有巾箱留珍本，原为南社中坚刘禺生（一八七六～一九五三）家藏，后借黄侃，视作珍宝，不欲归还，黄侃身后不知下落，胡士莹以为失传。汪辟疆曾在黄侃处见过此书，并在日记里有详细记载，刘成禺《世载堂杂忆》，对这一孤本秘籍有专文考：

> 所述《柳下说书》，书凡百篇，共八册，其篇目能记忆者，曰《杜、孟、米三老争襄阳》，曰《元、白二人争湖》，曰《宋江气出梁山泊》，曰《程咬金第四斧头最恶》，曰《隋炀帝往来扬州》；其与《今古奇观》相类者，曰《蒋兴

---

[1] 转引自陈汝衡：《说书艺人柳敬亭》，上海文艺出版社 1979 年版，第 77 页。

[2] 连阔如：《江湖丛谈》，当代中国出版社 2005 年版，第 241 页。

哥重会珍珠衫》）；其与《天雨花》相类者，曰《金银瓶两小姐赌法宝》；其他奇怪篇目，曰《黄巢杀人八百万》，曰《赵家留下一块肉》，沈痛悲壮，远及二帝北狩，后终庚申君亡国破家之状，阅之泣下，影射崇祯亡国，弘光走死，朱明子孙，无噍类也。其不能记忆者，篇目甚多。是书刊于康熙十年前后，为大巾箱本，如《两般秋雨》格式，文章典雅，掌故纵横，属事遣词，有突出唐宋人说部处。篇中字句，多方密之、冒辟疆、钱牧斋、吴梅村、吴次尾集中常用之口吻。……此书必经当代文人过目，润色涂改而成，藏书家皆叹为奇书孤本，真孤奇可信也。[1]

陈汝衡认为，《柳下说书》"虽用柳敬亭攀柳条改姓的故事作为书名，根本上却不是他的话本。它依然是文人表现才藻的游戏之作，不过假用柳叟说书，穿插古典文学上和小说上著名掌故，成为新著而已"[2]。

柳敬亭之后的说书人，多能亲事创作，他们的代表作通常出自创作或改编。比如韩圭湖的《武宗平话》，浦琳的《清风闸》，叶霜林的《宗留守交印》，邹必显的《飞跎传》，石玉昆的《龙图公案》，龚午亭的《清风闸》，马如飞的《珍珠塔》。这些艺人，不仅能识文断字，有的还是秀才出身，可以写文章。苏州弹词名家王周士，著《书品》和《书忌》。据说浦琳"不读书，一日过市肆，闻坐客说评话，悦之，遂日取小说家因果之书，令人诵而听之；听之一过，辄不忘。于是润饰其词，摹写其状，为人复说。听者靡不动魄惊心，至有唏嘘泣下者"[3]。叶霜林不仅会说书，字还写得好，"好欧阳通书法，摹之逼肖"，焦循有《叶霜林传》，记之甚详。龚午亭"少居扬州读书，好稗官小说，一见能背诵如流，尝资以谈说，风趣横生，闻者每屏原书而喜聆午亭口述"。据《龙图公案》改编而成的小说《三侠五义》，至今还署着石玉昆的名字。

六

子弟书又名子弟段、八旗子弟书、清音子弟书，是清代北京、奉天府（沈阳）一带流行的鼓类说唱艺术，起于乾隆时期，终于清末，绵延一百六十余年。著名作者有罗松窗、鹤侣、韩小窗、煦园等，均为旗人，有好的文学修养，取材于正史野史、话本小说、戏曲传奇，文词典雅，句式灵活，韵律和谐，弥补了自古以来汉语韵文

---

[1] 刘成禺：《世载堂杂忆》，辽宁教育出版社1997年版，第254页。

[2] 陈汝衡：《说书艺人柳敬亭》，上海文艺出版社1979年版，第86页。

[3] 金兆燕：《扒子传》，转引自胡士莹：《话本小说概论》下册，中华书局1980年版，第625页。

叙事作品的不足，作品以短篇为主，有少量中长篇。一九三五年郑振铎的《世界文库》第四、第五两期，曾经分别选登了罗松窗的子弟书东调五种，西调六种。

傅惜华认为："子弟的价值，不在其歌曲音节，而在其文章，词句虽近于俚浅，妇孺易晓，然其写情则沁人心脾，写景则在人耳目，述事则如出其口，极其真善美之致。其意境之妙，恐元曲而外，殊无与伦者也。"[1]

长篇弹词《再生缘》（陈端生），《天雨花》（陶贞怀），《笔生花》（邱心如），作者均为女性，文字修养极高。《再生缘》以七言排律的形式演绎至八十余万言，乃人间奇迹。陈寅恪一九五四年写就《论〈再生缘〉》认为："世人往往震矜于天竺、希腊及西洋史诗之名，而不知吾国亦有此体。"[2]郭沫若评说："陈端生的本领比之十八九世纪英、法的大作家们，如英国的司考特、法国的司汤达和巴尔扎克，实际上也未遑多让。他们三位都比她要稍晚一些，都是在成熟的年龄以散文的形式来从事创作的；而陈端生则不然，她用的诗歌形式，而开始创作时只有十八九岁。这应该说是更加难能可贵的。"[3]

评书名家连阔如（一九〇三～一九七一），以说《东汉演义》起家，跟师傅李杰恩学的是《西汉演义》，为什么自己改《东汉》了呢？连阔如说："《西汉》那部书是墨刻的，与各书局所售者相同，听这书的座儿很少，不懂历史的人不能听，懂得历史的人花两角钱买部《西汉》，几天就能看完，较比听书又短少时间，又少花钱。好在他们说书的所说的段子，与买的书内一样，何必去听评书？评书界的艺人说墨刻书的都不能挣大钱，就是那书拉不住座儿。"[4]他有了这种觉悟，便弃了《西汉》，改学《东汉》，牺牲了半年的光阴，耗费了许多银钱，学会了一部地道的道活。自从会说《东汉》，北平的大书馆儿纷纷来约，听书的座儿知道评书界有个说《东汉》的连阔如。

无线电扩展了连阔如的影响，二十世纪三十年代在东交民巷伯力威电台播讲《东汉演义》，名扬京城。这个"万子活"向师傅张诚斌学来的，吸收了田岚云的精华和长处。不仅如此，连阔如还是报纸的专栏作家。三十年代曾以"云游客"笔名在北平《时言报》发表长篇连载《江湖丛谈》（一九三八年出版单行本），介绍北平天桥、天津三不管等地的变迁以及艺人小传、艺人生活状况而外，还极为详尽地披露了清末民初江湖行当的内幕和骗术。"以我的江湖知识说呀，所知道的不过百分

---

[1] 转引自张寿崇主编：《子弟书珍本百种·前言》，民族出版社 2000 年版，第 2 页。

[2] 陈寅恪：《论〈再生缘〉》，《中华文史论丛》第八辑，上海古籍出版社 1978 年版。

[3] 郭沫若：《序〈再生缘〉前十七卷校订本》，《光明日报》1961 年 8 月 7 日。

[4] 连阔如：《江湖丛谈》，当代中国出版社 2005 年版，第 270 页。

之一。不知道的还多着哪，等我慢慢地探讨，得一事，向阅者报告一事，总以爱护多数人，揭穿少数人的黑幕，为大众谋利除害，以表示我老云忠于社会啊！"

以笔名"云游客"给报纸写专栏的事是不公开的，为了撇个清楚，他在文章里叙述"我老云"有一天遇到了评书名家连阔如，并随他一同去听了场临时性的替人说书。

连阔如没有不良嗜好，不讲究穿戴，说书挣来的钱，买了书刊，是琉璃厂旧书店的常客。为考证汉献帝的"衣带诏"一事，购买和翻阅了七八种《汉书》和《三国演义》的版本。

唱大鼓不论什么调，离不开十三道大辙。连阔如列出的"海轰之十三道大辙"为：一中东辙，二人辰辙，三江阳辙，四发花辙，五梭波辙，六灰堆辙，七衣齐辙，八怀来辙，九由求辙，十苗条辙，十一言前辙，十二姑苏辙，十三叠雪辙。

"鼓界所难学的为万子活，整本大套的书，没个几年功夫是说不了的。万子活教法都是口传心授，即或有册子，笔录的亦都是'梁子'（江湖人管秘本的笔记书里的结构穿插，调侃叫'梁子'），外人瞧着亦是不懂。"[1]

"敝人曾与白云鹏请论，所唱之曲词，是江湖秘本为佳？还是票友们编纂的为佳？据他所说，江湖的曲词都是平俗粗劣，还是子弟票友们攒弄的活儿为美（江湖人管编纂曲词调侃叫攒弄活儿）。今日鼓界盛行的曲词，以早年韩小窗攒弄的为最佳。民初庄荫堂攒弄的活儿亦颇可取。"[2]

说书艺人的学者化看来是必然的趋势，明清两朝已开始，从柳敬亭到石玉昆、连阔如，是这一历程的体现。

七

与此相反的一个进程乃是当代职业作家或者文人的工农兵化，高玉宝式写作的成功。培养工农或者下层劳动阶级出身的作家，是五四新文学运动的一个理想。从大众语运动，到延安的为工农兵服务，越来越接近了这个写作主体工农化的崇高理想。

---

[1] 连阔如：《江湖丛谈》，当代中国出版社 2005 年版，第 389 页。

[2] 同上，第 391 页。鼓界名角白云鹏与刘宝全齐名，刘身材魁伟，多演武段，如《华容道》《战长沙》《长坂坡》《宁武关》《截江夺斗》等；白身小神足，文质彬彬，多演文段，如《宝玉探病》《宝玉娶亲》《哭黛玉》《探晴雯》《太虚幻境》《窦公训女》《千金全德》《骂曹训子》等，因好学深究，开创了白派艺术。

一九五九年九月十三日召开的中宣部文艺座谈会上提出依靠全党全民办文艺，要在文学、电影、戏剧、音乐、美术、理论研究等方面争取"大跃进"，放"卫星"。十月全国文化行政会议又提出，群众文化活动要做到：人人能读书，人人能写诗，人人看电影，人人能唱歌，人人能画画，人人能舞蹈，人人能表演，人人能创作。

农民诗人王老九，种着二十四亩地的陕西临潼县北王村六十一岁的农民，守灯熬夜，在三年时间里写出了三十多篇快板，代表作《想起了毛主席》：

梦中想起毛主席，

半夜三更太阳起；

种地想起毛主席，

周身上下增力气；

走路想起毛主席，

千斤担子不知累；

吃饭想起毛主席，

蒸馍拌汤添香味；

开会欢呼毛主席，

千万拳头齐举起；

墙上挂着毛主席，

一片红光照屋里；

中国有了毛主席，

山南海北飘红旗；

中国有了毛主席，

老牛要换拖拉机。

读者要求王老九介绍自己的写作经验，他说："因为我热爱我的生活，我就有唱不完的歌，说不尽的话。我常常想，假若谁不热爱他的生活，对新社会的事情抱着袖手旁观的态度，那就别想写出好东西来。"[1]

一九五五年四月，辽宁省复县人高玉宝的自传体小说《高玉宝》第一部出版，因为贫穷，他只读了一个月零几天的书，给地主放猪，九岁随父母流浪到大连，做了童工。一九四七年参军后自学文化，一九四九年八月开始写作。

[1] 李默主编：《新中国大博览》，广东旅游出版社1993年版，第127页。

他遇到的困难是，许多字不会写，只好用别字、图形或符号来代替；心里虽然有许多话要讲，却找不到适当的词句来表达，给逼得满头大汗；他的意志终于战胜了困难，在一九五一年一月写成二十万字的小说初稿，寄给了中国人民解放军中南军区政治部，作家荒草被派去帮助他。荒草仔细阅读后提出一些修改意见，高玉宝参照这些意见修改，有些段落往往改了十几遍。全书改好后，又经荒草在文字上加以润饰，成为现在出版的作品，印数九十八万五千册。

在《我是怎样学习文化和学习写作的》中，高玉宝说："股长、干事常常不在家。我为了早点把书写出来，就想了一个办法，订它一个大本子，一个小本子。首长们在家的时候，就在大本子上写，首长们不在家的时候，就在小本子上写，不会写的字，我就画一个鬼脸；蒋介石那个'蒋'字不会写，我就画一个漫画上的蒋光头；一群东西那个'群'字不会写，我就画一些小圆圈；杀人的'杀'字不会写，我就画一个小人脖子上安一把刀……除这些外，我还有很多困难，有时，有些事情想不起来，把脑子都想疼了，这样写也不行，那样写也不好，急得满头大汗，在房子里走来走去，晚上连觉都睡不着，一下子想起来了也不管是白天，是晚上，是半夜，起来就写。"

"我不知道那本小说的作者是谁，我就问他，迟股长就给我讲起《钢铁是怎样炼成的》的故事来了。他又说那个作家是个瞎子，他怎样努力写书，我们一个睁眼的，虽然没有文化，慢慢学着写，总比瞎子好得多吧。我更下定决心，非把书写出来不可。"[1]

八

高尔基说："语言是文学的第一要素。"语言修养是文学家的起码条件，在当代的出版物中，普遍地缺少语言的修养，是一个触目惊心的事实。程度虽有不同，大家都是高玉宝。领导出思想，群众出生活，作家出技巧，三结合式的写作模式的出现具有必然性，它的集中体现，是文学写作的贫乏，与文学史上的传世作品没有关系，与汉语本身的特性和对于这些特性的艺术使用及其漫长修辞传统基本上没有关系。"文革"毕竟已经过去了，但汉语言的生态并没有得到恢复。知识分子工农化的一个重要的标志，是在语言修养上究竟与工农没有多大的差别。鲁迅在为高尔基的短篇小说《一月九日》译本写的《小引》中说："中国的工农，被压榨到救死尚

---

[1] 高玉宝:《高玉宝》，人民文学出版社 1984 年版，第 6—7 页。

且不暇，怎能谈到教育；文字有这么不容易，要想从中出现高尔基似的伟大的作者，一时恐怕是很困难的。不过人的向着光明，是没有两样的，无祖国的文学也并无彼此之分，我们当然可以先来借看一些输入的先进的范本。"[1]如果是从事科学工作的知识分子，这样也无可厚非，偏偏作家和从事文字艺术工作的人，在文字上既不能通过饱读诗书吸取前人的书面语的营养，又不能在生活中得到生动丰富口语的浸润，搬弄一些半生不熟的句式，干巴巴的欧化书面白话，加之比较低下的精神状况，语言令人生厌。

向民间学习，尤其是向民间的语言——口语学习，在民族书面语的发展过程中，实际上从未停止过。汉赋所使用的铺采摘文的华丽辞藻，似乎距离口语很远，但汉赋这一文体的起源，却可以追溯到口语艺术之中。"这种讲说和唱诵结合的艺术形式，在秦汉时代可能就叫作赋，是民间的文艺，也就是今天称为民间赋的作品。而在汉代盛极一时的文人赋，主要就是采取了民间赋的形式和技巧，也吸收了前代各种文体的特点，融合而成的一种新的文学样式，所以它最接近于民间带说带唱的艺术形式。"[2]

口语的艺术，在那些说方言的民间故事家的讲故事当中，体现得最为充分。所谓写话，应当是记录下来他们的话，从这样的口述故事当中，读者不仅能学到好的故事，更能学到活的口语。民间故事搜集家董均伦举过一个例子，山东昌南牟家庄的一位四十多岁的妇人，她的口语就生动极了。"死人也能叫她说活了。她的几个侄儿，从小就没有娘了，有一次，她在跟前说：'他娘死的时候，他弟兄们，跟一溜小燕样，张口吃食的有，那有一个中用的。他娘咽了那口气，看看五个孩子没有一个有鞋的，天冷地冻的，脚板还跟那地拍光。有他娘别人不笑话咱，没他娘，别人不笑话他亲婶子？我晚上怀抱那灯，做到半夜，散了头发也给孩子弄上双鞋。'他那些侄儿们都有了媳妇，只有大侄还没有媳妇，分开家以后也没分着个住处。她又这样说：'别人都有了人疼，不用我疼了；就是大侄，跟那没眼的鹅一样，东撞一头，西撞一头，我看着心里不难受！'"[3]这样的语言，不过是位妇人的平常话，以她这样的语言能力说故事，没法子不生动形象。她的说话被记录下来，可以是好文章，至少是精彩的片段。在现实当中，这样的语言天才并不多见，如果以为随便什么人的话，只要写下来就是文章，甚至是好文章，那就错了。

主张写话，乃是白话文运动的题中之义。黄遵宪所谓"我手写我口，古岂能拘

[1]《鲁迅全集》第七卷，人民文学出版社1981年版，第395页。

[2] 胡士莹：《话本小说概论》上卷，中华书局1980年版，第9页。

[3] 董均伦：《搜集整理民间故事的几点体会》，《民间文学》1958年7、8月号合刊，第112页。

牵"即为此意。口语既能入诗,用到文章里,自然无不可。最早明确以写话相号召的,是胡适,他那两句"白话文歌诀"是"有什么话说什么话,话怎么说就怎么说"[1]。周作人评说:"这两句话寥寥十六个字,明白流丽,不但读起来顺口,听去也干脆可喜,可是要想照样去做,却是有点无从下手。第一,有什么话,这自己便很有点茫然。即使有了想说的话了,话怎么说,这也是一个大难问题。"[2]虽然他赞成"写话"这个口号[3],但写什么话,怎么写话的问题并没有解决。就达意而言,写和说具有共同性,但动手和动嘴的差别,绝不可以无视。话说得好坏不当紧,听的人(人数有限)只要懂得了你的意思,说话的目的就达到了,所说的话,随风而去,永远不会再回来。文章却不同,好和坏,白纸黑字留在那里,任人评说,一个字放得不稳当,实为寝食难安的事。写文章讲究言之有物、言之有序,后来却终于弄出起承转合这些名堂,而到了言之无物的境地。写话的主张,乃是文章革新之道,对于老的套路厌烦了,想别出心裁,跳出起承转合的窠臼,但详略先后仍是言之有序的老问题。写话的主张丝毫没有降低写文章的难度,反而提出了更高的要求。新文学运动,假如还承认自己是文学运动,就不得不直面汉语文学的一切遗产和语言文字本身的种种手段。

郭沫若后来的写话主张,出发点明显不同:"在汉字采取拼音化之前,我认为我们的文章必须先走上写话的道路。""在今天鼓励以工农兵和少年为对象而写作,也就是鼓励我们写话,减少不常用的汉字的使用,使文章和语言愈见接近起来,做到言文一致,对于汉字改革无疑是会减少许多困难的。"[4]白话文运动原本以言文一致为基本目标,拼音化正是实现这一目标的必由之路。既然要拼音化,写作当中凡是依据汉字本身的优长而产生的所有的修辞手段,就以不使用为上策,否则,拼音化之后,这一切将化为乌有,要想写出能够经得起拼音化的汉语典范文章,恐怕需要另起炉灶。拼音即使勉强写得了白话,绝对写不了文言。白话取代文言,乃是拼音化的前提和第一步。

一个民族真的有可能从零开始,另外创生出一套语汇和价值吗?

以拼音化的理由取消民族传承的艺术和文化遗产,是荒唐的。高玉宝式的写作

---

[1] 胡适:《建设的文学革命论》,《胡适学术文集·新文学运动》,中华书局 1993 年版,第 41 页。

[2] 钟叔河编:《周作人文类编》第三卷,湖南文艺出版社 1998 年版,第 286 页。

[3] 周作人认为:"学校里作文的功课,现在改叫作写话,这是最确当也没有的。只要有真实的感情和思想发表出来,那么直截说的话便是好的演说,照样写下来也即是好的文章。"参见钟叔河编:《周作人文类编》第三卷,湖南文艺出版社 1998 年版,第 320 页。

[4] 郭沫若:《爱护新鲜的生命》,《人民日报》1952 年 5 月 28 日。

能够走多远？他或许有纯正的动机，感恩的心理，述说自我的愿望，宣扬时代的热情，政治上的意识形态认同，更有朴素的感情，克服困难的勇气，但却没有成为真正艺术家的训练和积累，语言文字上的素养，特别是表述上的天分，但时势还是硬把他造成了一位作家。

语言文字在内容上也还有禁区，有些话不能说，或者不能直接说，这有点像早先的官讳，避开个别字，以其他字代之，依旧写文章作诗，从艺术上讲，损失不算太大。但说话的方式，遣词造句的手段，语源的利用，以及就全部完整的语言文字教养来说，一切必不可少的修辞意图和修辞技巧，绝不可以有限制，否则就谈不到语言文字的艺术。

艺术的前提是动用一切可能性，吸收前人表达上的优长，别出心裁地去触及当代人的生存经验和思想、生活和情感世界，让汉语和汉字，说出它从未说过的。

"静坐芸窗忆旧时，每寻闲绪写新词。纵横彩笔挥浓墨，点缀幽情出巧思。"

第六章　汉语欧化问题

用词造句须遵守语言习惯，不能随便杜撰生造，但有些限制也并不是不能突破的。举例来说，修饰语不宜过长，这是汉语的特点之一，毛泽东在《丢掉幻想，准备斗争》一文中有这样一句话：

> 美国白皮书和艾奇逊信件的发表是值得庆祝的，因为它给了中国怀有旧民主主义思想亦即民主个人主义思想，而对人民民主主义，或民主集体主义，或民主集中主义，或集体英雄主义，或国际主义的爱国主义，不赞成，或不甚赞成，不满，或有些不满，甚至抱有反感，但是还有爱国心，并非国民党反动派的人们，浇了一瓢冷水，丢了他们的脸。[1]

朱德熙认为，"人们"前边的修辞语长达九十余字。从内容上说，这句话全面而准确地刻画出所谓民主个人主义者的本质；从语言风格上说，利用长修饰语以及一连串的"或"字，创造了一种风趣的新鲜句式。[2] 这个句式，可以视作汉语欧化的一个成功的范例。但总感觉它成功在其修辞上，汉语的句子，修辞假如精彩的话，语法上的惯例常常可以打破。

汉语是一种独特的表意文字系统，自古以来受不成文的语法约束，其核心可以归结为语义型的语言结构，与欧洲的几种主要语言表音文字系统与语形型语言结构适成对比。西学东渐最后的壁垒和最终的对峙，或许就是汉语的欧化了。

中国文化内部没有发育出自我批判意识和彻底的反省精神，全盘西化作为打破这一文化总体上的同一性的基本策略，已经在社会生活的方方面面引起了巨变，汉

---

[1]《毛泽东选集》，人民出版社 1964 年版，第 1377 页。

[2] 朱德熙：《谈文章的生动性和创造性》，《写作论文选》，吉林人民出版社 1980 年版，第 282 页。

语欧化的追求也是对这总体同一性的破坏。但语言是全民性的约定俗成系统，习惯性力量之强大是难以想象的。一个世纪以来，倡导者有之，反对者有之，他们的理论根据与话语实践为今天的研究者留下了清晰的踪迹，本章出入于鲁迅、周作人、刘半农、傅斯年、林语堂、朱自清、王力、郭绍虞、张志公、汪曾祺等人的论述之间，透过这百年来的思考，试图澄清与梳理汉语欧化的得失利弊。

在汉语的字、词、句、篇四个层次上，欧化作出过哪些具体的探索，取得了什么样的成绩？从语法、修辞、文体、风格上分别考察欧化的作为，越往上越容易达成，延伸至思想、观念、理论上进行的欧化，成就最大，但这已经超出本书论述的范围。汉字的欧化最难，但当初欧化的倡导者无不以此为设想的前提或最终的旨归，是拼音化汉字，或曰以拼音取代汉字，这也曾经一直是文字改革的基本目标和方向，正是在这点上，他们遭遇到了很大的挫折。时下赞成走拼音化道路的人越来越少，政府的文字改革委员会已更名为国家语言文字工作委员会，五四时期被贬称为"方块字"的汉字，重新燃起了国人的热情，这些现象似乎表明，汉字的欧化已不那么时髦了。那么在词汇、句子、篇章诸层次，欧化策略为汉语带来了什么呢？

现代汉语成文的语法由于来自对西方语法规则的借鉴，往往并不能体现汉语的特质，这样的语法对于使用汉语言说和写作的人有多少用处呢，而真正从汉语事实出发总结出来的语法尚未建立。一种以汉语为主要对象同时可以涵盖西方语言现象的普通语言学有待成立。也许中国式的理论思维就包含在这一建构之中。

第一节　欧化问题的缘起

一

胡适在一九二九年为《中国基督教年鉴》写过一篇文章《中国今日的文化冲突》，明确提出"全盘西化"的主张。后来他有些让步，"为了免除许多无谓的文字上或名词上的争论，与其说'全盘西化'，不如说'充分世界化'"。但实际上他仍然主张"全盘西化"，他自己解释道，全盘是百分之百的意思，充分虽然算不得全盘，但可以包括百分之九十九。作为白话文运动的发起人，在提倡白话，反对文言上，胡适一生不遗余力，但于现代汉语的欧化却始终有所保留。刘半农曾经说，在语体的保守与欧化上，各给出一个限度的话："我以为保守的最高限度，可以把胡适之做标准；

欧化的最高限度，可以把周启明做标准。"[1]

与胡适相左，鲁迅一向是赞成欧化的，他说：

> 欧化文法的侵入中国白话中的大原因，并非因为好奇，乃是为了必要。
> 我主张中国语法上有加些欧化的必要。这主张，是由事实而来的。[2]

> 中国的文或话，法子实在太不精密，作文的秘诀，是在避去熟字，删掉虚字，就是好文章，讲话的时候，也时时要辞不达意，这就是话不够用，所以教员讲书，也必须借助于粉笔。这语法的不精密，就在证明思路的不精密，换一句话说，就是脑筋有些糊涂。倘若永远用着糊涂话，即使读的时候，滔滔而下，但归根结蒂，所得的还是一个糊涂的影子。要医这病，我以为只好陆续吃一点苦，装进异样的句法去，古的，外省外府的，外国的，后来便可以据为己有。这并不是空想的事情。[3]

但汉语果然"话不够用"吗？教员授课需要借助于粉笔，是因为汉语同音字太多，单凭口说区分不了，意义的差别离不开字形的帮助。自古便有口耳之学无根，有字才能有据。这不见得是缺点。而汉语语法的"不精密"，则是与西方的成文语法相比，我们的不成文语法尚未总结出来，西方的语言学传统固然悠久，中国却把文字学研究得很深，曾经跟章太炎学习过《说文解字》的鲁迅，当然知道这点。

什么是语法？刘半农认为，"所谓某种语言的文法，就是根据了某种语言的历史或习惯，寻出个条理来，使大家可以知道，怎样的采用这种语言的材料，怎样的把这种材料配合起来，使他可以说成要说的话"。这本是好的见解，但在那样一个时代，我们却轻易将西方语法观，视作语言的共性。词和句（word & sentences）是西洋的说法，汉语无此对应，据 sentences 的定义，用汉字的"字""句"去套那"组词造句的规则"，除了欧化，别无良策。

徐通锵曾重新定义语法，认为"语法就是语言基本结构单位的构造规则"，可以涵盖"语法是组词造句的规则"，因而适用不同语言的语法研究。他认为汉语的基本结构单位是"字"，在汉语传统中，研究文字、音韵、训诂，原是真正的汉语"语法"，而且符合新定义下的"语法"。

---

[1] 刘复：《中国文法通论》，中华书局 1939 年版，第 121 页。

[2] 鲁迅：《玩笑只当它玩笑》，《鲁迅全集》第五卷，人民文学出版社 1995 年版，第 520 页。

[3] 鲁迅：《关于翻译的通信》，《鲁迅全集》第四卷，人民文学出版社 1995 年版，第 382 页。

《马氏文通》模拟的"语法"，实际上属于中国近代以来各行业崇尚欧化的"深层语法"。《马氏文通》除了在汉语上有些"不通"，在其他一切领域通行无阻。它其实只有一句话，模仿西方，或曰西化。如若汉语连语法都可能西化的话，还有什么是不能呢？

　　鲁迅或许对这不能西化的事实倒是看得太清楚，所以放胆地提倡欧化：

　　　　我于艺术界的事知道得极少，关于文字的事较为留心些。就如白话，从中，更就世所谓"欧化语体"来说罢。有人斥道：你用这样的语体，可惜皮肤不白，鼻梁不高呀！诚然，这教训是严厉的。但是，皮肤一白，鼻梁一高，他用的大概是欧文，不是欧化语体了。正唯其皮不白，鼻不高而偏要"的呵吗呢"，并且一句里用许多的"的"字，这才是为世诟病的今日的中国的我辈。[1]

二

　　最早提倡欧化的是傅斯年。一九一九年二月，他在《新潮》一卷二号上刊发《怎样做白话文》，副题："白话散文的凭藉——一、留心说话，二、直用西洋词法"。他明确提出："照我回答，就是直用西洋文的款式，文法，词法，句法，章法，词枝（Figure of Speech）……一切修词学上的方法，造成一种超于现在的国语，欧化的国语，因而成就一种欧化国语的文学。"[2]傅斯年说：

　　　　直用西洋文的款式，大家尚不至于很疑惑，现在《新青年》里的文章，都是这样。直用西洋文的文法，词法，句法，章法，词枝，一切修词学上的方法，大家便觉着不然了。这宗办法，现在人做文章，也曾偶尔一用，可是总在出于无奈的时节，总有点不勇敢的心理，总不敢把"使国语欧化"当做不破的主义。据我看来，这层顾忌，实在错了。要想使得我们的白话文成就了文学文，惟有应用西洋修词学上一切质素，使得国语欧化。[3]

　　文章的结论为：

---

［1］鲁迅：《当陶元庆君的绘画展览时》，《鲁迅全集》第三卷，人民文学出版社1995年版，第550页。

［2］傅斯年：《怎样做白话文》，胡适编：《中国新文学大系·建设理论集》，良友图书公司1935年版，第217—227页。

［3］同上。

文学家对于语言有主宰的力量，文学家能变化语言，文学家变化语言的办法，就是造前人所未造的句调，发前人所未发的词法。造的好了，大家不由得从他，就自然而然地把语言修正。我们现在变化语言的第一步，创造的第一步，做白话文地第一步，可正是取个外国榜样啊！[1]

傅斯年理想的白话文是：（一）逻辑的白话文。就是具逻辑的条理，有逻辑的次序，能表现科学思想的白话文。（二）哲学的白话文。就是层次极复，结构极密，能容纳最深最精思想的白话文。（三）美术的白话文。就是运用匠心做成善于入人情感的白话文。

照事实看来，中国语受欧化，本是件免不了的事情。十年以后定有欧化的国语文学。日本是我们的前例。偏有一般妄人，硬说中文受欧化，便不能通，我且不必和他打这官司，等到十年以后，自然分明的。[2]

八十年后我们重读此文，感慨良多。傅孟真所说的欧化，把作为文章题旨的思想意识、美学风格、修辞取向和构筑文章的语言——当然包含语法、逻辑混为一谈了。与其说文学家能变化语言，倒不如说他能以我们的语言表达从未说过的内容。变化语言和以语言表述那正在变化的世界似乎不好区分，但又必须区分。"前人所未造的句调""前人所未发的词法"到底是什么，如果弄到大家不懂，结果只能退回去，退到大家都懂的地方，这正是语言作为工具的保守性所在。此即一九一三年辞世的索绪尔所说的"集体惰性对一切语言创新的抗拒"。索绪尔又说："这点超出了其他的任何考虑。语言无论什么时候都是每个人的事情；它流行于大众之中，为大众所运用，所有的人整天都在使用着它。在这一点上，我们没法把它跟其他制度作任何比较。法典的条款，宗教的仪式，以及航海信号等等，在一定的时间内，每次只跟一定数目的人打交道。相反，语言却是每个人每时都在里面参与其事的。因此它不停地受到大伙儿的影响。这一首要事实已足以说明要对它进行革命是不可能的。在一切社会制度中，语言是最不适宜于创制的。它同社会大众的生活结成一体，而后者在本质上是惰性的，看来首先就是一种保守的因素。"[3]

---

[1] 傅斯年：《怎样做白话文》，胡适编：《中国新文学大系·建设理论集》，良友图书公司 1935 年版，第 217—227 页。

[2] 同上。

[3] ［瑞士］索绪尔著，高名凯译：《普通语言学教程》，商务印书馆 1999 年版，第 110 页。

三

傅文发表二十年后，郭绍虞一九三九年四月在《文学年报》第五期刊发长文《新文艺运动应走的新途径》，专论"欧化问题"，尤其是"欧化句式的利弊问题"：

新文艺有一点远胜旧文艺之处，即在创格，也即是无定格。欧化所给与新文艺的帮助有二：一是写文的方式，又一是造句的方式。写文的方式利用了标点符号，利用了分段写法，这是一个崭新的姿态，所以成为创格。造句的方式，变更了向来的语法，这也是一种新姿态，所以也足以为创格的帮助。这即是新文艺成功的原因。

不过，句式的欧化，固然成为新文艺的要素，然而过度欧化的句子，终不免为行文之累。假使说新文艺有可以遭人轻视的话，则由形式方面言之，正应着眼在这一点了。所以由造句的方式言，可以说是有成功亦有失败。

从前文人，不曾悟到标点符号的方法，于是只有平铺直叙的写，只有依照顺序的写；不曾悟到分行写的方法，于是只有讲究起伏照应诸法，只有创为起承转合诸名。这样一来，不敢有变化，也无从有创格，平稳有余，奇警不足，这是旧文艺所以日趋贫乏的原因。

论到句式的欧化，我以为也是新文艺所以能成为创格的一种原因。大凡一种新文体之建立，必有其特殊的作风，而此特殊的作风即建筑在句子的形式上面。

口头的话与笔底的文既不能十分符合，所以可以古化，同时也可以欧化。古化，成为古文家的文；欧化，也造成了新文艺的特殊作风。白话文句式假使不欧化，恐怕比较不容易创造他文艺的生命。"我站在树旁"的确不如说"站在树旁的我"；"许多人从大礼堂出来"的确不如"大礼堂吐出了许多人"；"泪光滢滢，似表谢意"的确不如"从两眼滢滢的泪光中，射出感谢我的笑意"。

何以白话文又不适于过度欧化的句子？则以过度欧化的句子又太忽略了中国语言文字特性的关系。忽略了中国语言文字的特性，而又违反了口头的语言习惯，那么，在一般旧一些的眼光的人们，当然要看作不通而加以轻视了。

我们若要说明中国语言文字之特性与文学之关系，则应着眼在两点。其一，是语言或文字所专有的特性；其二，是语言与文字所共有的特性。由前者言，造成了语体的文学与文言的文学，造成了文字型的文学与语言型的文学。由后者言，又造成了中国文学所特有的保守性与音乐性。

文字型与文字化的语言型，既与欧化问题无关，那么现时所应讨论的即是语言型的文学如何欧化的问题。语言型的文学所以不适于过度欧化，其情形与以前古文运动也有些类似。由以前古文运动而言，其太重古化，不合当时语言惯例者，便不易成功。现在的新文艺，若使过求欧化，不合中土语言惯例，其结果也不易成功。因此，由这方面而言，毋宁从文言文方面体会一些中土语言惯例，反足以补救过度欧化之失。[1]

郭绍虞以为欧化"造成了新文艺特殊的作风"，说得有趣。是的，论欧化，"'我站在树旁'的确不如说'站在树旁的我'；'许多人从大礼堂出来'的确不如'大礼堂吐出了许多人'；'泪光滢滢，似表谢意'的确不如'从两眼滢滢的泪光中，射出感谢我的笑意'"。今日的读者与当年新文艺语境总算隔阂了，大致会同意前句其实比后句顺畅，才是地道的汉语，新文艺运动光环消失后，当初大量名噪一时的作品，已不堪卒读。每一时代大约如是，传世之作少而又少，我们无意苛求前人，张爱玲说得中肯："其实我们的过去这样悠长杰出，大可不必为了最近几十年来的这点成就斤斤较量。"[2]

在烂熟的旧作风闪现片刻的陌生感，初使人眼前一亮，终难持久回味。林语堂更讲得直截："今人作白话文，恰似古人作四六，一句老实话，不肯老实说出，忧愁则曰心弦的颤动，欣喜则曰快乐的幸福，受劝则曰接受意见，快点则曰加上速度，吾恶白话之文，而喜文言之白，故提倡语录体。依语录体老实说去，一句是一句，两句是两句，胜于别扭白话多多矣。吾非欲作文学反革命者。白话作文是天经地义，今人作得不好耳。今日白话文或者比文言还周章，还浮泛，还不切实，多作语录文，正可矫此弊。"[3]林语堂懂得批评白话之"文"、珍惜文言之"白"，这是他的过人之处。而白文之"文"的一个重要来源，就是欧化。

四

白话文不是白话文运动所创造的新语言。即使迄宋元起算，它也有千余年了，比英语的历史还要长一些。以白话讲述理学的《朱子语类》出版于十二世纪末，二百七十多年后，第一本英语印刷书籍才面世。王力在二十世纪四十年代出版的《中国现代语法》中说："我们所谓现代，并不是指最近的十年或二十年而言。《红楼梦》

[1] 郭绍虞：《新文艺运动应走的新途径》，《语文论集》，开明书店1946年版，第4页。
[2] 张爱玲：《国语本〈海上花〉译后记》，《张爱玲散文全编》，浙江文艺出版社1992年版，第452页。
[3] 林语堂：《论语录体之用》，《论语》杂志第26期，1933年10月1日。

离开现在二百余年了，但我们依旧承认《红楼梦》的语法是现代的语法，因为当时的语法和现在北京的语法是差不多完全相同的。"王力的这部语法书，正是以《红楼梦》为基本语料所写，辅之以《儿女英雄传》。他在《自序》中说得明白。[1] 所谓语法，其定义是"族语的结构方式"，"每一个族语自有它的个别的语法，和别的族语的语法绝不能相同。民族和民族之间，血统关系越微，语法的相似点也越少。咱们想要为全世界创造一种普遍的语法固然是不可能；就是想要抄袭西洋族语的语法来做汉语的语法，也是极不自然，极不合理的事"。语法学家能排除语言内容的干扰，专注于语言的形式，所以说出清楚明白的见解。

五四之前，白话文已是相当成熟的书面语，有《红楼梦》等为证。至五四止，白话文长达千年的演变，未曾有过丝毫"欧化"。"欧化"绝不是语言发展必须发生的变化，"欧化"之于汉语，不是规律使然，而是人为的事变。汉译佛典对中国文体的影响，看似与欧化相类，但实情大不同。在王力看来，欧化的语法"不完全够得上称为中国现代语法"，"因为它往往只在文人的笔下发现，尚未为口语所采用；纵或在口语中采用，也只限于知识社会的一小部分的人。由此看来，欧化的语言在现代只能算是一种特别语"。[2]

从语言学角度怎样看待欧化？视作汉语自身变化的偶然干扰，还是可资吸纳的外源？

欧化改造汉语的作用，被少数人夸大了，甚至认定现代汉语根本就是一种欧化语言，并从语言系统将五四白话与晚清白话，硬性划分为两种语言。这种看法固然没有学术根据，但非常流行。

看起来要区分思想观念的欧化和语言表达的欧化，并不容易。任何一种语言，除了能表达自身所产生的观念和思想而外，亦能够表达来自于其他语言所承载的意旨，翻译的可能性奠立于此。

新词和新意义，一个世纪以来，在汉语中大量涌现，这是思想观念的欧化，还是汉语本身的欧化？同样的一个汉字，假如它在过去的语境中曾经积累和获得的意义从公众中消失殆尽，该汉字已经退化为一种语素的时候，我们使用的汉语，还是过去的汉语吗？

由于半个多世纪以来汉语古籍持续退出阅读领域而导致的能指大幅度地萎缩，所指的无限扩张，结果只能是准"零度汉语"的诞生。

---

[1] 王力在自序中说："二十六年夏，中日战事起，轻装南下，几于无书可读。在长沙买得《红楼梦》一部，寝馈其中，才看见了许多从未看见的语法事实。于是开始写一部《中国现代语法》，凡三易稿。"

[2] 王力：《中国现代语法·导言》，商务印书馆 1985 年版，第 4 页。

要获得欧洲文化的意义和价值，离开中国文化自身固有的意义空间和价值场域是不可能的。在译文中对于文本的重建，不能靠零度汉语，而必须依赖与汉语的基本文献的意义关涉。关涉越深，意义的增殖才越大。与严译《天演论》相比，现代白话文翻译的赫胥黎，意思变小了，而不是相反。

五

白话文运动的几位前贤均曾事翻译。周氏兄弟译《域外小说集》《现代小说译丛》，陈独秀与苏曼殊合译雨果《悲惨世界》。胡适《尝试集》收入一首美国女诗人的短诗译作《关不住了》，对其推崇有加，遭梁宗岱严厉批评，指他毫无鉴赏力。之前更有两位翻译先驱严复、林纾，竟能以桐城古文的余绪远接西洋文脉，文言因之绽放奇葩，成一代绝响。少年鲁迅与胡适未识外语之前受到严译《天演论》的极大影响，始知域外的新思想。时至今日，社会科学、人文科学要是离开西方学理和基本词汇，几乎不能思考，无以言说。指现代汉语成为一种"翻译"语言，也许并不为过，其代价何其大也，假如说既失去汉语的纯正，又抑制了汉语的潜能，这不是等于承认了欧化的影响了吗？

一九三九年，朱自清在演讲中说："这时代是第二回翻译的大时代。白话文不但不全跟着国语的口语走，也不全跟着传统的白话走，却有意地跟着翻译的白话走。这是白话文的现代化，也就是国语的现代化。中国一切都在现代化的过程中，语言的现代化也是自然的趋势，是不足怪的。"[1]

"翻译的白话"，是一种什么样的白话呢？我们得问一问是谁的翻译。鸳鸯蝴蝶派作家的几位代表人物，也从事翻译。包天笑、周桂笙、陈冷血、周瘦鹃、徐卓呆等，他们的译文和创作却是一致的。以徐卓呆为例，一九〇六年他翻译德国苏虎克（Heinpich Zschokke，一七七一～一八四八）的长篇小说《大除夕》，用的是丝毫也不欧化的白话书面语："大除夕的晚上，九点钟光景，跛足巡更人的老婆，靠在窗边，探出头来，观看街上天上密云遮满，不多一刻，就降下雪来了。雪势渐大，竟把街的一面遮没了。室内洋灯的光，从窗内透出，照耀积雪之上，越发白得似银子一般。"[2]这段文字，如果不事先声明，可能看不出是译笔。一九三三年他与人合作发表在《金刚钻月刊》上的小说《江南大侠》，在语言上与他的译文，没有明显的差别："那女子期待似的对推门进去的三个人微微一笑，把手中的东西放下来，启口

---

[1] 朱自清:《文学的标准与尺度》，山东文艺出版社 2006 年版，第 38 页。

[2] 施蛰存:《中国近代文学大系·翻译文学集一》，上海书店 1990 年版，第 316 页。

道，'三位大侦探，请坐，坐了我们可以细谈啊'。又对四面看看，不见有第二人，忙问道，'我们是找南荟狂生来的，不知在此否？'女子笑了一笑，说道，'你们找他，不如找我……'"

朱自清把所有的翻译视作有统一倾向的文体追求，才会这样说话，他所谓的"现代化"，实际上等同于"欧化"，他明确讲过："新文学运动和新文化运动以来，中国语在加速变化。这种变化，一般称为欧化，但称为现代化也许更确切些。这种变化虽然还多见于写的语言——白话文，少见于说的语言，但日子久了，说的语言自然会跟上来。"[1]

不知道朱先生这种自信源于何处。我们知道好的译文，各有所长，其长处俱是译者努力的结果，难以自动形成一种所谓"翻译的白话"，倒是失败的翻译，具有一个最大的共性，就是使人不懂，而不令人懂得，是连欧化也谈不上的。

译者处在两种文化中间，扮演媒介的角色，就其策略而言，无非两种。钱锺书认为："一种尽量'欧化'尽可能让外国作家安居不动，而引导我国读者走向他们那里去；另一种尽量'汉化'，尽可能让我国读者安居不动，而引导外国作家走向咱们这儿来。然而，欧化也好，汉化也好，翻译总是以原作的那一国语文为出发点，而以译成的这一国语文为到达点。从最初出发以至终竟到达，这是很艰辛的里程。"[2]他说的汉化就是本土化，把外国作品带到读者面前来，尽量使用读者熟悉的文体和语言习惯，以利于特定内容的接受和传播，比如严译《天演论》，进化论思想获得那么大的影响，不能不归于这一翻译策略的成就。他说的欧化，即异域化，或曰陌生化，把读者带到外国作品里面去，有意地制造一种违反语言习惯的表达方式，以洋腔洋调达意，至少是部分地通过改变阅读习惯来体会异域文化，把接受的方式也当作接受的内容处理。鲁迅所提倡的直译，应归入这一类。一九一八年，刘半农在一首译诗《我行雪中》的《译者导言》中说："两年前，余得此诗于美国 *Vanity Fair*月刊，尝以诗赋歌词各体试译，均苦为格调所限，不能竟事。今略师前人译经笔法写成之，取其曲折微妙处，易于直达，然亦未能尽惬于怀。意中颇欲自造一完全直译之文体，以其事甚难，容缓缓尝试之。"[3]与汉化相比，欧化难度更大。因为不论怎样"直译"，本国的语文却是你必须到达的终点。既然终点只有一个，那就是本国的语文，汉化与欧化的区别又在哪里呢？

失败的翻译好辨别，它把读者滞留在了中途。

［1］王力：《中国现代语法·朱自清序》，商务印书馆1985年版。

［2］钱锺书：《林纾的翻译》，《钱锺书散文》，浙江文艺出版社1997年版，第270页。

［3］转引自施蛰存：《中国近代文学大系·翻译文学集一·导言》，上海书店1990年版。Vanity Fair，《名利场》。

时下的翻译工作，能够借助电脑上的翻译软件，工作条件大为改善，它相当于一个快捷的词典，能迅速提供义群供选择，但理解原文、组织译文的责任，在另一语言中创造意义的责任并未丝毫减少。翻词典的劳动量节省下来，应集中精力于创造性的"叛逆"，令人遗憾的是，许多译文的质量却没有明显提高，随意翻看新近的译书，能发现不懂的地方与明显的差错、别扭的句子、不通的白话文比比皆是。

六

汉语受外来语的影响，并非自近代始。"葡萄""石榴""苜蓿""狮子""玻璃"等西域词汇早已收入汉语。佛经的汉译，不仅输入"禅""偈""般若""菩提""悉檀""伽蓝""菩萨""罗汉""地狱"等词，而且造就与文言文有别的"内典文体"。王力在《汉语史稿》中指出："汉语的基本词汇和语法构造具有高度的稳固性。""在佛经的翻译中，意译的胜利，也表现了汉语的不可渗透性：宁愿利用原有的词作为词素来创造新词，不轻易接受音译。这种意译的优良传统一直到今天还没有改变。汉语对于外语的影响，有这样大的适应性，就使汉语更加稳固了。"[1]

新词语的创造不等于欧化。每一种语言都会不断增创新词。王力说："现代汉语新词的产生，比任何时候都多得多。佛教词汇的输入中国，在历史上算是一件大事，但是比起西洋词汇的输入，那就要差千百倍。从鸦片战争到戊戌变法，新词的产生是有限的。从戊戌变法到五四运动，新词增加得比较快。五四运动以后，一方面把已经通行的新词汇巩固下来，另一方面还不断地创造新词，以应不断增长的文化需要。现在一篇政治论文里，新词往往达到百分之七十以上。从词汇的角度来看，最近五十年来汉语发展的速度超过以前的几千年。"[2]

新词语的创造方式，恰好印证了欧化的不易行通。许多音译的新词很快淘汰，让位于意译的词语。钱玄同在《中国今后之文字问题》中举出几个造词新例——"萨威棱帖""迪克推多""暴哀考脱""札斯惕斯"之类，今已不可知。语言的变化与化变，交付时光，哪些留下了，哪些消失了，越久越是看得分明。而词语的陌生化并非新意，而是修辞的效果。当年欧化句式的流行类似今日网络语言，备觉新鲜刺激者有之，而今安在？

沈锡伦撰文指出，魏晋佛教文化对汉语句式的影响在四个方面：一、判断句普遍使用系词"是"来连接主宾语，句末不再出现"也""耳""焉"等语气词。二、

---

[1] 王力：《汉语史稿》下册，中华书局1980年版，第596页。

[2] 同上，第523页。

被字句结构趋于复杂化。"被"字后出现施动者（或动作工具）的句式，是在梵语的影响下形成的，佛教文学中带施动者（或动作工具）的被字句所见甚多。三、把字句的出现。大约从魏晋南北朝开始，"把"字开始虚化，在佛经及佛经文学中把字句较多见。四、动态助词的出现。"着""了"在魏晋以前都是动词，魏晋以后虚化为助词，"这种变化恐怕是梵语的形态在汉语中借助于助词得到体现的最早的例子"。[1]今天所谓的"欧化句式"，至少有一部分，能够在魏晋以来佛教的影响中找到根源，此为跨越千年考察汉语句式演变的线索。

梁启超早经注意到佛经文体的特点，他说："吾辈读佛典，无论何人，初展卷必生异感，觉其文体与他书迥然殊异。"这"迥异感"，梁启超归为十条："（一）普通文章中所用'之乎者也矣焉哉'等字，佛典殆一概不用（除支谦流之译本）。（二）既不用骈文家之绮词丽句，亦不采古文家之绳墨格调。（三）倒装句法极多。（四）提挈句法极多。（五）一句中或一段落中含解释语。（六）多覆牒前文语。（七）有联缀十余字乃至数十字而成之名词。——一名词中，含形容格的名词无数。（八）同格的语句，铺排叙列，动至数十。（九）一篇之中，散文诗歌交错。（十）其诗歌之译本为无韵的。凡此皆文章构造形式上，画然辟一新国土。"[2]

以《阿弥陀经》为例，"舍利弗，彼土何故名为极乐？其国众生，无有众苦，但受诸乐，故名极乐。又舍利弗。极乐国土，七重栏楯，七重罗网，七重行树，皆是四宝周匝围绕。是故国名为极乐。又舍利弗。极乐国土，有七宝池，八功德水，充满其中，池底纯以金沙布地。四边阶道，金、银、琉璃、玻璃合成。上有楼阁，亦以金、银、琉璃、玻璃、砗磲、赤珠、玛瑙而严饰之"。[3]吕叔湘认为，佛经文字含有较多的口语成分，这段文字大致印证了他的结论。

同时，句式的差别也即思维的差异。宋理学兴起，作为儒学的第二期，从佛教的系统化、思辨性有所借鉴，陈寅恪将它视作中外文化融合的范例，在宗教哲学领域，当属荦荦大者。刘梦溪《汉译佛典与中国文体的流变》一文，即探讨这另一重文学因缘。[4]而佛典之于汉语的影响，王力概括为句法的严密化。

王力是这样表述的："佛教的传入中国，对汉语的影响是大的。'声明'的影响只在汉语体系的说明上（如等韵学）；'因明'则影响到逻辑思维的发展。唐代是佛教比较成熟的时期，唐代的汉族知识分子，在逻辑思维上或多或少地都受过佛教的

［1］沈锡伦：《从魏晋以后汉语句式的变化看佛教文化的影响》，《汉语学习》1989年第3期。

［2］夏晓虹编：《中国现代学术经典·梁启超卷》，河北教育出版社1996年版，第609页。

［3］《阿弥陀经·法华经普门品》，金陵刻经处1931年刊，第2页。

［4］刘梦溪：《汉译佛典与中国文体的流变》，《文艺研究》1992年第4期。

影响。"[1]他认为汉语句法的严密化到唐朝进入新阶段，体现在两方面："一方面是把要说的话尽可能概括起来，成为一个完整的结构"，另一方面是，"化零为整，使许多零星的小句结合成为一个大句，使以前那种藕断丝连的语句变为一个有联系的整体"。[2]

刘半农认为：

> 中国的文字，虽然是始终独立，没有感受到别种文字的影响，而文体和文句构造法，却不免有被外国文学同化的时候，最早的一次，就是佛教输入中国，译经的时候，把梵文的气息，随同输入到中国文字里来。例如《金刚经》第一句的"如是我闻"，和《心经》里"亦无无明尽……亦无老死尽"那种句法，在中文里，可算得开空前未有之奇；在 Indo-European 语族里，却非常普通。后来凡是与佛教有关系的著作，大都带有这一种梵文的气息。佛教以外的文字，虽然也有受到他的影响的，却是成分甚少，态度不甚鲜明。这就是文字上一部分的同化。
>
> 第二次是元人入主中国以后，把许多蒙古话，参杂到中国话里来。我们拿一部《元曲选》，随便翻翻，就可以发现许多形迹。但是这种没有文学的初等语言，势力非常薄弱，只能于一时一地，起些语言的变动，决不能在文法上占到什么地位。[3]

唐代近体诗的成熟，得益于四声的自觉，有意识地区分平仄，隋代陆法言著《切韵》，总结了当时音韵学的成就，而汉语在声音上的这些讲究，却与佛经翻译和属于印欧语系的梵文的影响分不开。俞敏认为"从武则天时代开始，密教大量流行。密教掺杂着巫术，得大量念咒；咒音不准，引来恶果。人们就开始学习悉昙。悉昙就是梵文的识字发音的入门读本，包括字母、拼音、连读规矩等等。汉族和尚学了它，得到分析语音的能力和术语。他们也利用这些知识分析汉语语音"[4]。古代"念"佛是一心想念佛，密教念佛，是大段地背诵梵文咒。通梵文者少，所以咒靠汉字写出，每一梵文音对应哪个汉字，曾经得到充分的讨论。那时的密教念佛，大约像今日一些声乐歌手唱意大利歌剧，意思未必明白，尽量去发那些音。对音事业的兴旺，

---

[1] 王力：《汉语史稿》中册，中华书局 1980 年版，第 477—478 页。

[2] 同上。

[3] 刘半农：《中国文法通论》，中华书局 1939 年版，第 21 页。

[4] 参见《中国大百科全书·语言文字卷》，中国大百科全书出版社 1988 年版，第 175 页。

却有利于汉语音韵的发展，守温字母的问世，就是这一潮流的产物。有论者甚至认为："可以毫不夸张地说，从汉代到公元一五〇〇年后受耶稣会影响产生出考证学的清代，其间中国语言学每一项重要的进步，特别是音韵学，都是以这种或那种方式依靠佛教或以之为条件而发生的。"[1]他举出的例子包括反切法、成系统的等韵、守温字母等。

严羽《沧浪诗话》云："《风》《雅》《颂》既亡，一变而为《离骚》，再变而为西汉五言，三变而为歌行杂体，四变而为沈、宋律诗。"[2]此变乃是汉语诗歌自身发展的一个大的轨迹，其中，外来语言对于汉语语音所产生的影响虽未言明，却是格外清楚的。《全唐诗》中定字、定韵、定对、定声的五、七言律诗占全数的五分之二。唐之后，作为诗体，律诗虽然慢慢衰落着，但声律向散文的扩展却找到了新的出路，八股文对于声律的讲求，已经没有人能看出它的受外来语音影响的源头了。

第二节　欧化诸现象分析

一

文学概念与汉语概念相脱节的现象发人省思。近代文学指一八四〇至一九一九年之间的文学，上下不足六十年；近代汉语却指称晚唐以来的书面语连续体，前后超过千年。现代文学通常指一九一九至一九四九年的文学，虽则三十年，却地位显赫，成就为一门独立的学科，据说为现代汉语书面语提供了大量范本，这充分体现了现代人厚今薄古的思想，然而在语言学家眼里，现代汉语或许是近代汉语的一个很小的阶段。

黎锦熙一九二八年提出"近代语"的概念，将宋元明清九百年间涵盖其中，"此大段实为从古语到现代语之过渡时期，且为现今标准国语之基础"。作为近代汉语研究的奠基者，吕叔湘认为："以晚唐五代为界，把汉语的历史分成古代汉语和近代汉语两个大的阶段是比较合适的。至于现代汉语，那只是近代汉语内部的一个分期，不能跟古代汉语和近代汉语鼎足三分。"他的理由是："现代汉语只是近代汉语的一个阶段，它的语法是近代汉语的语法，它的常用词汇是近代汉语的常用词汇，只是

---

[1]　[美]梅维恒：《佛教与东亚白话文的兴起：国语的产生》，朱庆之编：《佛教汉语研究》，商务印书馆 2009 年版，第 372 页。

[2]　郭绍虞：《〈沧浪诗话〉校释》，人民文学出版社 1983 年版，第 48 页。

在这个基础上加以发展而已。"[1]

经济发展、政治变动与权力结构的调整，对于人的思想意识和观念影响很大，鸦片战争之后，文学呈现出与此前不同的风貌。语言是社会中相对稳定的一种符号系统，观念、思想和价值态度的变化引发语言的改变是一个相当缓慢的历史过程，只有在长的时段里去考察，才可看出其变化的轨迹。由佛经的翻译而带来的汉语的变化，持续了千年，依照吕叔湘的看法，现代汉语更多的是上千年历史积累和语言自身演变的结果，我们把百年来的语言变化（包括欧化）看得是否太大了呢？物质生活由于科技的进步而发生了天翻地覆的变化，思想观念和眼界也与从前大不相同，学会区分文学的变化和语言的变化，是我们进行严肃认真的学术研究的一个基本前提。汉语的字、词、句、篇，从组织原则到结构方式，理应是我们关注的重点，属于意义或内容的成分须事先排除在考量之外。

五四白话文运动以大力改造汉语书面语言为己任，曾经在短时间内创造了一种夹杂着大量外文单词、汉语音译人名地名的欧化文体，成为一时之尚，时过境迁，那个时代的文本，为后代的读者究竟到底留下多少在语言上堪称典范的佳作，值得认真甄别。

视语言为改良的工具，是五四一代的共识。然而语言本身很难改良，甚至不宜改良。索绪尔在《普通语言学教程》中谈到"集体惰性对一切语言创新的抗拒"时说，"这点超出了其他的任何考虑"。[2]五四人把接受外来思想往往和语言本身的"改变"，不加区分，混为一谈。或者干脆认为语言的改变乃是思想改变的必要前提，结果弄成了一种书面的"欧化汉语"。本杰明·史华慈在《五四运动的反思》导言中说："很快变得显而易见的是，白话文成了一种'披着欧洲外衣'、负荷了过多的西方新词汇甚至深受西方语言的句法和韵律影响的语言。它甚至可能是比传统的文言更远离大众的语言，就像鲁迅常常尖锐嘲讽的那样。"[3]书面语能够脱离口语而独立存在，是汉语特有的双轨制，这种由文言文造就的格局，在今天正在演变为另一种新的双轨制，即欧化汉语和口语的不一致。

但我们切不可认为在五四时代，就没有妥当的意见。一九二一年九月在《小说月报》上，周作人曾为"语体文欧化讨论"写过意见：

---

［1］吕叔湘：《刘坚〈近代汉语读本〉序》，上海教育出版社1995年版。

［2］［瑞士］索绪尔著，高名凯译：《普通语言学教程》，商务印书馆1999年版，第110—111页。

［3］［美］本杰明·史华慈著，王中江编：《思想的跨度与张力——中国思想史论集》，中州古籍出版社2009年版，第210页。

关于国语欧化的问题，我以为只要以实际上必要与否为断，一切理论都是空话。反对者自己应该先去试验一回，将欧化的国语所写的一节创作或译文，用不欧化的国语去改作，如改的更好了，便是可以反对的证据。否则可以不必空谈。但是即使他证明了欧化国语的缺点，倘若仍旧有人要用，也只能听之，因为天下万事没有统一的办法，在艺术的共和国里，尤应容许各人自由的发展。所以我以为这个讨论，只是各表意见，不能多数取决。[1]

刘半农在《中国文法通论》第四版附言中说："我们尽可以看着某种语言变化到如何脱离本相，仔细一推求，他的变化的可能，还是先天所赋有的，决不是偶然的，也决不是用强力做成的。"为此他举了一简单的类似玩笑的例子：

> 子曰："学而时习之，不亦说乎？"
> 这太老式了，不好！
> "学而时习之"，子曰，"不亦说乎？"
> 这好！
> "学而时习之，不亦说乎？"子曰。
> 这更好！为什么好？欧化了，但"子曰"终没有能欧化到"曰子"。[2]

赞成欧化的鲁迅对这"玩笑"不以为然，老友亡故之后，他还写过两篇文章，再三申说"玩笑只当它玩笑"。

小说家汪曾祺讲过一句意味深长的话："用一种不合语法，不符合中国的语言习惯的，不中不西、不伦不类的语言写作，以为这可以造成一种特殊的风格，恐怕是不行的。"[3]

此可以视作文学写作向汉语回归的一个明显的征兆。但学术论文的欧化却似乎越走越远，弄到普通读者看不懂的地步，仍面无悔色。

二

鲁迅一九三四年著短文《中国语文的新生》（收入《且介亭杂文》），其中两句

---

[1] 钟叔河编：《周作人文类编》第九卷，湖南文艺出版社 1998 年版，第 767 页。
[2] 刘复：《中国文法通论》，中华书局 1939 年版，第 121 页。
[3] 汪曾祺：《我是一个中国人》，《汪曾祺文集·文论卷》，江苏文艺出版社 1993 年版，第 240 页。

话很重要：其一，"待到拉丁化的提议出现，这才抓住了解决问题的紧要关键"。未待到之前共有些什么呢？清末的切音字方案、办白话报纸，五四白话文运动，以及关于大众语的论战，这三个阶段的语言革新，都没有完成其给自身规定的任务。任务是什么？至少在鲁迅看来，就是把文字交给大众。所以文章开头的第一句便是，"中国现在的所谓中国字和中国文，已经不是中国大家的东西了"。一个句子里出现了四个"中国"，中国的事情总要弄成这样，改良的路已经走到了尽头，只剩下革命这一最后的方法了。拉丁化——废除汉字，于是乎箭在弦上，这样就有了第二句特别重要的话："如果不想大家来给旧文字做牺牲，就得牺牲掉旧文字。"[1]

拉丁化，作为中国语文的新生的总体方案，就这样被郑重地提出，既没有征求大众的意见，也未经过严密的论证。但这结论似乎又不容争议，至少在那个时代，几乎成为文化界和思想界的压倒性"意见"，蔡元培等六百八十八人署名《我们对于推行新文字的意见》乃其佐证。欧化的主张和实行，早已被纳入这总体性的"语文新生"当中去了。

王力一九三六年发表于《独立评论》一九八期的文章《中国文法欧化的可能性》曾明确指出："中国语法欧化难，而中国文法欧化易。如果采用了拼音文字，则文法欧化更是毫不费力的一件事。"[2]

朱自清一九四三年为王力的《中国现代语法》所作序中说："新文学运动和新文化运动以来，中国语在加速变化。这种变化，一般称为欧化，但称为现代化也许更确切些。这种变化虽然还多见于写的语言——白话文，少见于说的语言，但日子久了，说的语言自然会跟上来。"[3]

这里，朱先生对于书面语和口语之间的影响关系也许弄颠倒了，通常总是书面语随着口语来变化，而不是相反。现代书面语欧化之后，要求句子在字面上都要有主语，否则不完整。然而这只是一种看法，口语并不受此限制。"下雨了""出日头了""打雷了"，大家天天这么说，无须主语。汉语语法的根本特点，比如说缺少形态变化，词序固定，虚词起重要作用，以及板块化的倾向等，面对欧化浪潮，丝毫没有改变。

"欧化"与"现代化"怎能轻易等同？前者乃外来影响的吸纳或辅助，后者为自身的延展与演化。两种不同质的语言，连可译性皆是可疑的，所谓可渗透性，真的存在吗？有谁听说过英语的汉化吗？以印欧语的眼光看待汉语，并相信世界上真

[1]《鲁迅全集》第六卷，人民文学出版社1981年版，第114页。
[2]《王力文集》第十六卷，山东教育出版社1990年版，第209页。
[3] 同上。

的有"普通语言学",才会有"欧化"一说。将欧化等同现代化,等于公然承认印欧语比汉语优越,故"欧"而"化"之,或"化"之而趋附于"欧"。"欧化"提出之时,值进化论大行其道,汉语落后,欧化补救,势成定论。废除汉字,改用拉丁字母记录汉语,才是彻底的欧化,可惜实行不了。

白话文运动之始,就伴随着欧化的提倡,改造语言,曾经是胡适、鲁迅一代人萦绕不去的梦想。欧化,当然是从书面语开始,而且往往是从欧化提倡者个人的写作和翻译开始,目的据说是为了补救汉语表达的不够严密,等等。欧化的终极指向虽然是拉丁化,但我们毕竟不能把它们当成一回事儿。拉丁化方案偃旗息鼓之后,来讨论近百年来汉语书面语欧化的种种表现,也许不无益处。

赵元任的英文著作 *A Grammar of Spoken Chinese*(吕叔湘译为《汉语口语语法》),曾经举过一个鲁迅的例子,"因为从那里面,看见了被压迫者的善良的灵魂,的辛酸,的挣扎(鲁迅《祝中俄文字之交》)";他评论说:"这当然不是平常说话,可是这个例子除了作为'的'使形容词、动词、名词化的例子而外,还表现了鲁迅对于粘着语素'的'字努力取得自由的一种感觉——不但是后头自由(这已经实现了),并且前头也要自由(这据我所见,还是唯一的例子)。"[1]

鲁迅对于"的"字的这样使用,在现代汉语书面语里,并没有流行开来。

三

王力在《中国现代语法》一书中,谈到他对"欧化语法"的意见时说:

> 这种受西洋语法影响而产生的中国新语法,我们叫它作欧化的语法。咱们对于欧化的语法,应该有两种认识:第一,它往往只在文章上出现,还不大看见它在口语里出现,所以多数的欧化的语法只是文法上的欧化,不是语法上的欧化;第二,只有知识社会的人用惯了它,一般民众并没有用惯。[2]

《中国现代语法》列出欧化的六个子目,分别是"复音词的创造""主语和系词的增加""句子的延长""可能式,被动式,记号的欧化""联结成分的欧化"与"新替代法和新称数法"。朱自清为其序曰:"看了这个子目,也就可以知道欧化的语法的大概了。中国语的欧化或现代化已经二十六年,该有人清算一番,指出这条路子

---

[1]赵元任:《汉语口语语法》,商务印书馆1979年版,第150页。

[2]同上。

哪些地方走通了，哪些地方走不通，好教写作的人知道努力的方向，大家共同创造'文学的国语'。"

今日看来，"复音词的创造"不能说是欧化语法。汉语本来就有复音词，近代更多，欧化文章的复音词固然尤多，但不能因复音词多于一定比例，就称之为"欧化"。不少复音词伴随西洋文化传入而造出，但"欧化"的是语言的内容，不是语言本身。语言之所以是语言，即不断会自创新词语，纳入新内容，历史上许多汉语词汇来自西域、印度，未见有人说是汉唐语的"西化"。英语掺杂大量法文词汇，英人何尝见承认英语的"法化"？唐作藩谈及汉语词汇发展的基本趋向时，认为汉语吸收外来词的特点是："依照外来事物或概念的某些特点，利用汉语原有的语素，采用汉语构词法，以创造新词。但也适当地采用音译借词的手段，而音译词除人名地名外也要求尽可能符合汉语的特点，利用音兼意，或者不超过三个音节，在书写上也尽量做到表意，使它融合在汉语里，成为自己的东西。"[1]

"主语和系词的增加"是欧化语法吗？也不是。"主语""系词"，已是西洋术语，印欧语每个句子通常有一个主语，中国语却不然。汉语之中的"句"，与英文"sentence"并不一致，后者以"主语——谓语"为基本模式，前者则是"话题——说明"式。英语汉语的不同是常识，不能彼此套用语法规则，假如说汉语省略主语，仍有套用英语语法之嫌。话题——说明式的结构，是汉语句子的本相。硬以主谓关系看待，结果是汉语句子出现多余的主语和系词，无益于表达，虽然也不至于使人不懂，却成了无必要的欧化。再者，所谓"欧化"不过是"英化"，并非指其他语种。

再说"句子的延长"。表面看，现代汉语文章的确句子比较长，翻译的文句更长，因为西洋文句本来比中国句子长。长句子，主要指复音词、附加语和修饰语的长度，句子结构变化不大，结构主干各自拖带，于是长了起来。王力说："有时候，若要运用现代的思想，使文章合于逻辑，确有写长句子的必要，但是，勉强把句子拉长仍该认为是一种毛病，所以句子的欧化应该是不得不然的，而不应该是勉强模仿的。"[2]什么情况下才算"不得不然"呢？这已超出语法范畴，属于修辞的讲究了。

"可能式，被动式，记号的欧化"。王力认为，"可"字在中国原来的意义是表示为情况所允许。现在欧化的文句，有时"可"字乃是"或者如此"或"未必不如此"之意，原本不在"可"的字意中，现在"可"字向"可以"和"可能"的字意上滑动。此一"欧化"大概已成习惯，不读王力这些话，我们不知道"可"字原来如此曲折。"被动"式，在汉语叙述中是不如意或不企望之意，并非一切的叙述句都可变为被

---

[1] 唐作藩：《汉语史学习与研究》，商务印书馆 2001 年版，第 349 页。

[2] 王力：《中国现代语法》，商务印书馆 1985 年版，第 352 页。

动式，但受欧化影响，上述区别逐渐淡化。例如，"他被选为会长"。做会长并非"不如意"，"嫌犯已被释放"，释放也非"不企望"。在这里，纯正的汉语是主动式，但现在大家接受了被动式。之所以能接纳，并不意味着它是最好的表达，反而证明汉语的灵活变通。记号的欧化，如表复数的"们"，表进行时态的"着"，其实都可以不用，"用它，乃是现代的一种风气"，则简直是"为欧化而欧化"了。比如《卡拉马助夫兄弟们》，是一九四七年初版时的书名，后来再版时改为《卡拉马佐夫兄弟》，去掉了"们"，因为它多余。

至于"联结成分的欧化"，王力讲了三种办法：一、扩充中国原有的联结成分的用途；二、以中国本来的动词抵挡英文联结词，如以"在"去对付 in，以"当"对付 when 等；三、以中国动词和联结词合成一体抵挡英文的联结词。如用"对于"或"关于"应付 to 或 for。以上每一案例都不同，归结为二："（一）中国本来有这种联结成分，但它们的应用往往是随便的；至于现代欧化的文章里，它们是必需的，例如'和''而且''或''因''虽''纵''若'等。（二）中国本来没有这种联结成分，欧化文章里借中国原有的某一些动词来充数，例如'在''当''关于''对于''就……说'等。"[1]

最后是"新替代法和新称数法"。以"他、她、它"分别对应英文的 he、she、it，甚至比英文进一步，从 they 分出"他们、她们、它们"，但仅限于文法，汉语读音未予区别，正是重形轻音的特点。这三个人称代词中，"他"的历史最漫长，王力的学生郭锡良著有专文考索，结论是："第三人称代词'他'是由先秦的无定代词'他'演变成的。先秦时代'他'的意义是'别的'。汉末到南北朝时期，'他'由'别的'演化出'别人'的意思，成为向第三人称代词转变的重要阶段。初唐'他'开始具有第三人称代词的语法功能，盛唐以后才正式确立起作为第三人称代词的地位。"[2]代词本来不分性别，后区分性别，确是欧化影响。阴性的"她"乃是刘半农发明，从"他"中分化而出，但依然是中国式表达。至于"它"字，王力说："可以说是新创造的一个代词，它的许多用途都不是中国所原有的。"并且说："在多数情形下，'它'字实在太不合中国的习惯了；凡是可以不用的地方，还是不用的好。"实际上在许多场合与文句中，人称代词是多余的，虽然在西洋语法中不可少。关于单位名词，中国本来就有，如果习惯上中国不用单位名称，在欧化文章里，遵循如下两个原则：有形的称"个"，无形的称"种"，现在这两种用法也被认可了。

王力认为："欧化是大势所趋，不是人力所能阻隔的；但是，西洋语法和中国语

---

［1］王力：《中国现代语法》，商务印书馆 1985 年版，第 352 页。

［2］郭锡良：《汉语史论集》，商务印书馆 2005 年版，第 1—33 页。

法相离太远的地方，也不是中国所能勉强迁就的。欧化到了现在的地步，已完成了十分之九的路程；将来即使有人要使中国语法完全欧化，也一定做不到的。"[1]

从语法讨论汉语欧化，以上分析得到两个结论：第一，大量欧化的实施范围限于词汇，无论造新词、扩大旧词的意义、增加关联词，都可说并不是"欧化"。第二，欧化文句即使能懂，被认可，也不见得非得效仿。可能它没有语法错误，但不是好的文句。再则，汉语不少"语法"规则直接来自西方语法，这类语法知识越普及，越鼓励汉语的欧化。但是，语感是语言最大的作用力，欧化走不远，根源在此。

书面语终究是要向口语靠拢的。

四

张志公在《修辞概要》中专门讲到所谓"欧化句法"：

适当的吸收外国语语法中能够容纳于本国语、而且于本国语的发展有益的部分，是可以的，必然的，也是应该的。事实上今天的汉语里，来源于外国语的影响而我们逐渐不大觉察的东西，已经相当多了。比较长的句子，比较多的修饰语，比较多的联合成分，特别是运用虚词连接的联合成分，比较多的被动句，这一切都或多或少是受了西洋语言的影响才广泛应用起来的。这类欧化句法，一般是先由翻译作品介绍进来，逐渐影响了一部分人的写作，写作再影响了口语。惟其要经历这么些过程，这中间也就有了选择的余地。凡是能够融合在祖国语言里被大家广泛应用起来的外国句法，一定合乎两个条件：第一，不抵触祖国语言的基本规律，因而尽管开始用的时候觉得不大习惯，但逐渐就会习惯了的；第二，有一定的用处，足以加强祖国语言的语法，而不会削弱了它。所以我们不能单说欢迎欧化句法，得说欢迎哪种欧化句法，欢迎怎样用的欧化句法；也不能单说反对欧化句法，得说反对哪种欧化句法，反对怎样用的欧化句法。

一般说来，汉语是比较适宜于短句的。这可以说是汉语的一个特点，因为在汉语里，不用实词的形态变化来表示语法关系，一个句子的语法关系往往靠词的排列次序和虚词来表示。如果一个句子里用了过多的词，它们的次序往往难于安排得好，因而它们之间的关系势必不很容易表明。关系既不易表明，说

---

[1] 王力：《中国现代语法》，商务印书馆 1985 年版，第 334 页。

起来就有麻烦，理解起来也就困难。所以，我们说话的时候，往往是用只包含几个词的短句，很少用到长句。

我们可以想一想，句子怎么会长起来的。主要的有两个原因：第一，修饰语用得多，句子就长；第二，联合成分多了，句子也会长。修饰语用得多有什么效果呢？话可以说得细致严密。因为修饰语是用来修饰主语、谓语、宾语等句子成分的；修饰得好，描写就会细致，各种关系（如时间关系、空间关系、因果关系、条件关系等等）就表现得严密。联合成分多又有什么效果呢？可以把互相关联的事物连缀起来，一气说出，不使语气中断；也就是说，联合得好可以使文章的条理贯通，气势畅达。

总起来说，短句和长句各有好处、各有独特的效用的。使用长句或短句，要看文章的性质、自己的思想感情、乃至文章的对象来决定。短句要短得自然，长句要长得清楚。[1]

以修辞专著讨论欧化问题，比参照语法书更适当。表达方式的选择，不是语法问题，而是修辞问题。但张志公的两项条件"不抵触祖国语言的基本规律""足以加强祖国语言的语法，而不会削弱了它"有失笼统，"祖国语言的基本规律"既待发现，也需总结。陈寅恪认为："今日印欧语系化之文法，即《马氏文通》'格义'式之文法，既不宜施之于不同语系之中国语文，而与汉语同系之语言比较研究，又在草昧时期，中国语文真正文法，尚未能成立，此其所以甚难也。"[2]

好的语法从来不靠语法书。开口说话，下笔著文，语法自在其间，自循其理，无所谓"加强"或"削弱"。语法稍错，文句就别扭，说者听者读者，大家别扭。汉语语法再欧化，还须是通顺的汉语，语句通顺，谈不上什么欧化，不通顺，再欧化亦无用。读句断文，低标准是通不通，高标准看好不好。汉语既经欧化，往往首先不大通，其次不大好。

赵元任说："汉语语法实际上是一致的。甚至连文言和白话之间惟一重要的差别也只是文言里有较多的单音节词，较少的复合词，以及表示所在和所从来的介词短语可以放在动词之后而不是一概放在动词之前。此外，文言的语法结构基本上和现代汉语相同。"[3]这是古今一致的汉语的本相，但在今天许多人眼里，却是一种"中外一致"的汉语。

---

[1] 张志公：《修辞概要》，上海教育出版社 1982 年版，第 39—41 页。

[2] 陈寅恪：《金明馆丛稿二编》，上海古籍出版社 1980 年版，第 221 页。

[3] 赵元任：《汉语口语语法》，商务印书馆 1979 年版，第 13 页。

五

我们来看《修辞通鉴》的词条"欧化句式":

> 欧化句式即现代汉语吸收的英、法、俄等语的句型、句式。这种句式与汉语的一般句式不同,具有明显的英法俄等语的语法特点:修饰语和联合成分、特别是运用虚词连接的联合成分比较多,因而多为长句;常常采用联合短语把可以分开说的话集中在一起说,又常常采用详略呼应的结构,把一句话分开来说,喜欢在代词和名词前面加修饰语,或用被动句表达愉快、企望的心情。欧化句式出现于我国五四运动前后白话文兴起的时候。当时一些白话文作家,受了西洋语言、翻译作品的影响,在写作中采用了某些欧化句法,以后逐渐扩展,进而影响到口语,形成欧化句式。这种句式的恰当使用,会使说话和文句更细致、更严密,并能起突出内容,加强情感等作用,产生积极的修辞效果。所以,这种句式逐渐被现代汉语所吸收,并在书面语特别是政论语体、文艺语体中得到比较广泛的运用。但是,吸收,采用欧化句式是有条件的:第一它能融合到汉语原有的规律中去,不能和汉语的基本规律相抵触;第二对丰富祖国语言的语法,加强汉语的表达能力有一定的用处。常用的欧化句式有以下六类:(一)带长修饰语的欧化句式。(二)联合成分多的欧化句式。(三)用联合词组凝缩句子结构的欧化句式。(四)详略呼应的欧化句式。(五)代词或名词前面带定语的欧化句式。(六)用被动句表达愉快、期待心情的欧化句式。

这六类归纳与前述王力、张志公所说大同小异。此一词条而后,有"外来句式"与"新兴句式",每条下列多种常见句式。在本人看来,除了所谓欧洲,外来语就是日语了。现代日语的源头还是欧洲,比如欧洲新语的日译,早已大量移入汉译,绕了许久,仍属欧化句式。被归入外来句式的有:"(一)'关于、对于'等介词的句式。(二)'在……上(下)'等方位介词词组组成的句式。(三)配置有联合副词短语的句式。(四)组合'特别是……''至少是……'等插说成分的句式。(五)充分修饰主语代词的句式。"[1]

"新兴句式"的称谓颇奇怪,如何新兴?受何方影响?口语还是古语?被归入新兴句式的有:"(一)多联合成分的句式。(二)同位语从句句式。(三)结构复杂

---

[1] 成伟钧、唐仲扬、向宏业:《修辞通鉴》,中国青年出版社1991年版,第267—271页。

的长句句式。（四）虚拟假设句式。（五）对照假设句式。"[1]这十类句子互有重叠，与前文所言五类欧化句式也有重复，其分类欠严谨，不拟讨论。

《修辞通鉴》所举欧化范例如下：

这是我们交际了半年，又谈起她在这里的胞叔和在家的父亲时，她默想了一会之后，分明地，坚决地，沈静地说了出来的话。（鲁迅《伤逝》）

当春间二三月，轻飔微微地吹拂着，如毛的细雨无因的由天上洒落着，千条万条的柔柳，齐舒了它们的黄绿的眼，红的白的黄的花，绿的草，绿的树叶，皆如赶赴市集者似的奔聚而来，形成了烂漫无比的春天时，那些小燕子，那么伶俐可爱的小燕子，便也由南方飞来，加入了这个隽妙无比的春景的图画中，为春光平添了许多的生趣。（郑振铎《海燕》）

《水浒》里的武松、李逵、解珍、解宝等英雄人物打虎、杀虎、猎虎的壮举，就是最典型的艺术反映。（霍松林《打虎的故事·前言》）

我的孩子们：憧憬于你们的生活的我，痴心要为你们永远挽留这黄金时代在这册子里，然这真不过像"蜘蛛网落花"，略微保留一点春的痕迹而已。（丰子恺《给我的孩子们》）

在林区长大的孩子，怎能不爱森林：……森林啊，森林，它是孙长宁的乐园：他的嘴巴被野生的浆果染红了；口袋被各种野果塞满了；额发被汗水打湿了；心被森林里的音乐陶醉了。（张洁《从森林里来的孩子》）[2]

鲁迅的长判断句，欧化无疑。郑振铎的"当……"与"……着"着实可免。霍松林罗列的词组多了些，但句子的主干仍是汉语的，还算清通。丰子恺在"我"前加的修饰语，有些别扭，口语不这样说话的。张洁以被动句表达愉快情绪，这句式王力在四十年代举证过，今时大家习以为常，但深究起来，还是被动式与负面经验的联系紧密些。这些例子，可谓汉语欧化的明证，但实在看不出汉语"欧化"的优长在哪里。欧化若欲渗透汉语的修辞，还须见于上好的汉语文学，以上选例，似

---

[1] 成伟钧、唐仲扬、向宏业：《修辞通鉴》，中国青年出版社1991年版，第267—271页。

[2] 同上。

乎仍在生熟之间，实验性多于艺术性。郭绍虞说："汉语的妙处常在这一点。一方面词组和词都可以无限制地拉长，以表达复杂的思想；一方面又可以缩短语句，化一句为二句，所以又能于简易中表复杂。这正是汉语的灵活之处。"[1]

鲁迅留给我们的文字，文言的成分比他愿意承认的要多得多，欧化的成分比他愿意承认的要少得多。鲁迅的主张与他的写作，有一种意味深长的"言行不一"。公意的一面，他声援新派；私行的一面，他深谙传统的尺度。以上所引，微妙地含有讽刺，或可解作修辞与主张之间的自主伸缩与进退维度。索绪尔谈及语言符号的可变性，指出"符号正因为是连续的，所以总是处在变化的状态中。在整个变化中，总是旧有材料的保持占优势；对过去不忠实只是相对的。所以，变化的原则是建立在连续性原则的基础上的"[2]。一九二六年朱光潜撰文评论周作人的《雨天的书》，认为"想做好白话文，读若干上品的文言文或且十分必要。现在白话文的作者当推胡适之、吴稚晖、周作人、鲁迅诸先生，而这几位先生的白话文都有得力于古文的处所（他们自己也许不承认）"[3]。此为中肯之语。

第三节　对欧化的评价

一

视语言为改良的工具，是五四一代的共识。然而语言本身很难改良，不宜改良。索绪尔谈及"集体惰性对一切语言创新的抗拒"时说："这点超出了其他的任何考虑。语言无论什么时候都是每个人的事情；它流行于大众之中，为大众所运用，所有的人整天都在使用着它。在这一点上，我们没法把它跟其他制度作任何比较。法典的条款，宗教的仪式，以及航海的信号等等，在一定的时间内，每次只跟一定数目的人打交道；相反，语言却是每个人每时都在里面参与其事的，因此它不停地受到大伙儿的影响。这一首要事实已足以说明要对它进行革命是不可能的。在一切社会制度中，语言是最不适宜于创制的。它同社会大众的生活结成一体，而后者在本质上是惰性的，看来首先就是一种保守的因素。"[4]五四时期，接受外来思想往往与语言

---

[1] 郭绍虞：《汉语语法修辞新探》下册，商务印书馆 1979 年版，第 638 页。

[2]〔瑞士〕索绪尔著，高名凯译：《普通语言学教程》，商务印书馆 1999 年版，第 112 页。

[3] 商金林编：《朱光潜作品新编》，人民文学出版社 2009 年版，第 176 页。

[4]〔瑞士〕索绪尔著，高名凯译：《普通语言学教程》，商务印书馆 1999 年版，第 110—111 页。

的承载、包容和"改变"，不加区分，混为一谈。

　　韩愈的古文运动以模仿古人为能事，白话文运动则以模仿洋人视为圭臬。以汉语模仿汉语，还得些许古味，桐城派之不可一笔抹煞，即在此理。以汉语模仿西语印欧语言，用的还是汉字，则洋腔土调，两不及格。郭绍虞的看法在理而分明：

　　　中国文章中之句，有音节的句与意义的句之别。而在句中所用的词，也有音节的词与意义的词之分。

　　　所以在中国文句中意义的词与音节的词如不相调协的时候，宁愿迁就音节的词。使每句音节的词匀整而明显，自不会了解不了这一段的意义。这是中国旧文学所以不用标点符号而仍能使人了解的重要原因。不仅如此，这些语句的精神，更藉音节以表现呢！假使中国旧文学有需要朗诵的地方，即应注意这一点。否则，徒然揣摩一种腔调，结果，反会做成不通的句子。

　　　讲到此处，然后知道过度欧化的原因，即在不了解音节的句与音节的词之作用与其重要性；然后知道文言文的长处在白话文中犹有用得到的地方，也在这一些关系。为什么？因为这是中土语言文字特性的关系。文言的散文犹是土货所以与此惯例相合，而过度欧化的句子便有些不合了。适度的欧化是可以的，过度欧化则可以不必；倾向欧化可以使白话增变化是可以的，不倾向欧化而能显出本土语言之精神也未尝不可。[1]

　　音节的句和意义的句之间的矛盾、对立和紧张关系，在汉语律诗当中得到了最完美的解决，我们甚至可以认为，由杂言发展到齐言（五七言），由转韵发展到连韵，由散行趋向骈俪，由声气趋于声调，终于完成了定字、定韵、定对、定声的五七律的创造，乃是汉语音节和意义双重要求下的必然产物。五七言律诗，尤其是杜甫的《秋兴八首》，代表了汉语古典诗歌的最高成就，犹如巴赫的音乐之于西方。白话新诗，至今没有能够勇敢地面对这个双重要求的难题，它似乎只看得见意义的需求，而无视音节的价值。倒是诗以外的语言经验，尤其是口语，从来没有这样的忽视。

　　毛泽东为游击战争总结的十六字方针"敌进我退，敌驻我扰，敌疲我打，敌退我追"，是汉语词句精练的典型，假如以欧化的眼光分析，丁勉哉认为"这四句的结构全是复句的紧缩"[2]。语音节律（包括重音、轻音或轻声、停顿、连续变调、语调等）在汉语口语中常常具有语法功能，作为一种广义的语法形态，已经受到语法

---

[1] 郭绍虞：《新文艺运动应走的新途径》，《语文论集》，开明书店 1946 年版，第 76 页。

[2] 丁勉哉：《谈复句的紧缩》，鲁允中编：《现代汉语资料选编》，甘肃人民出版社 1981 年版，第 578 页。

研究者的重视。[1]

二

　　周作人的文学活动自翻译始,译著甚丰,他对欧化有过明确的意见。在《国粹与欧化》(一九二二)一文中,周作人说:"我的主张则就单音的汉字的本性上尽最大可能的限度,容纳'欧化',增加他表现的力量,却也不强他所不能做到的事情。总之,我觉得国粹欧化之争是无用的;人不能改变本性,也不能拒绝外缘,到底非大胆的是认两面不可。"[2]这样地谈论欧化的文字,本身即上好的汉语。

　　一九二一年九月在《小说月报》上,周作人曾为"语体文欧化讨论"写过意见:

> 　　关于国语欧化的问题,我以为只要以实际上必要与否为断,一切理论都是空话。反对者自己应该先去试验一回,将欧化的国语所写的一节创作或译文,用不欧化的国语去改作,如改的更好了,便是可以反对的证据。否则可以不必空谈。但是即使他证明了欧化国语的缺点,倘若仍旧有人要用,也只能听之,因为天下万事没有统一的办法,在艺术的共和国里,尤应容许各人自由的发展。所以我以为这个讨论,只是各表意见,不能多数取决。[3]

　　一九二二年九月,周作人又在《东方杂志》上谈论现代国语的建设,须得就通用的普通语加以改造,他提出三项:一是采纳古语,二是采纳方言,三是采纳新名词,及语法的严密化。在第三条里,他谈到"最重要的还是在于语法的严密化"——"因为没有这一个改革,那上边三层办法的效果还是极微,或者是直等于零的"。而"这件事普通称作国语的欧化问题,近年来颇引起一部分人的讨论,虽然不能得到具体的结论,但大抵都已感到这个运动的必要,不过细目上还有应该讨论的地方罢了"。

> 　　因为欧化这两个字容易引起误会,所以常有反对的论调,其实系不同的言语本来决不能同化的,现在所谓欧化实际上不过是根据国语的性质,使语法

————————

[1] 参见叶军:《汉语语句韵律的语法功能》,华东师范大学出版社2001年版。

[2] 周作人:《国粹与欧化》,钟叔河编:《周作人文类编》第一卷,湖南文艺出版社1998年版,第187页。

[3] 周作人:《国语欧化问题》,钟叔河编:《周作人文类编》第九卷,湖南文艺出版社1998年版,第767页。

组织趋于严密，意思益以明了而确切，适于实用。[1]

关于实行的方法，周作人提出："一、从国语学家方面，编著完备的语法修辞学与字典。二、从文学家方面，独立的开拓，使国语因文艺的运用而渐臻完善，足供语法字典的资料，且因此而国语的价值与势力也始能增重。三、从教育家方面，实际的在中小学建立国语的基本。"关于第三条，他尤为强调：

> 以前的教国文是道德教育的一种变相，所教给学生的东西是纲常名分，不是语言文字，现在应大加改革，认定国语教育只是国语教育，所教给学生的在怎样表现自己的和理解别人的意思，这是惟一的目的，其余的好处都是附属的。[2]

文章最后的总结是：

> 我对于国语的各方面问题的意见，是以"便利"为一切的根据。为便利计，国民应当用现代国语表现自己的意思，凡复兴古文或改用外国语等的计画都是不行的，这些计画如用强迫也未始不可实现，但我觉得没有这个必要，因为成效还很可疑，牺牲却是过大了。为便利计，现在中国需要一种国语，尽他能力的范围，容纳古今中外的分子，成为言词充足、语法精密的言文，可以应现代的实用。总之我们只求实际上的便利，一切的方法都从这一点出来，此外别无什么理论的限制。[3]

三

林语堂认为：

> 白话文学提倡以来，文体上之大变有二，一则语体欧化，二则使用个人笔调。语体欧化，在词汇上多用新名词，在句法上多用子母句相系而成之长句。

---

[1] 周作人:《国语改造的意见》，钟叔河编:《周作人文类编》第九卷，湖南文艺出版社 1998 年版，第 770—778 页。

[2] 同上。

[3] 同上。

此种句法，半系随科学而来，谓之科学化亦无不可，因非如此结构缜密之句法，不足以曲达作者分辨入微之意。若曰"据说仁者人也"，"义者，似乎宜也"在古文中断断不许，然其精微表示思想，却系进一大步。又如曰"某派有溃灭，或腐化之倾向"亦系欧化句法，古文中断断不能将原意如此这般表出。此种句法，开始于梁任公。章行严则恢复古文句法，而以西洋逻辑语调，断成四字句，归入新式古文，论理方面，较古文的确严谨得多，然少用双音语，总是求雅之累，读来颇似严几道《天演论》，未能餍足读惯西洋科学文者之望。白话文学改梁任公之乎也者为的吗呢了，是承梁之遗绪，而在解放句体方面发展，因而有所谓语体欧化发见。其弊在鲁里鲁苏。好的欧化语体未尝不可读，而普通译笔之诘屈聱牙，却非欧化之罪，乃译者原文不懂，中文不通之故而已。[1]

因科学本为达意，文学修辞等不在其虑。三十年代即曾有人感叹如今政论家、科学家的白话文最通。概念准确，判断周密，推理合乎逻辑，当然，科学家无意中创造各式各样的汉语条件复句、因果复句等，使汉语功能拓展到前所未至的领域。这与其说是欧化之功，不如说得助于汉语涵容化变的能量，反倒是苦于欧化而用力甚勤的文学事业与某些学术文体，未获可观的实绩。汪曾祺说过，"全盘西化"有一条是"西化"不了的，就是中国文学总得是中国语言写中国人。五四后以国语而写国人，在许多人看来已是经过"欧化"的中国语言，所写者也正是变化中（西化）的中国人。然而汉语的欧化终究流于说法，未成事实。我更倾向于视现代汉语的百年流变，为汉语自身的拓展与应变，其间固有外来影响，但变动主脉始终是汉语自身。张志扬以"西学中取"重述近代哲学上的所谓"西学东渐"，似乎较近于事实，思想层面如此，语言层面，王力说得更为分明：

　　五四以后，汉语的句子结构，在严密性这一点上起了很大的变化。基本的要求是主谓分明，脉络清楚，每一个词、每一个仂语、每一个谓语形式、每一个句子形式在句子中的职务和作用，都经得起分析。这样，也就要求主语尽可能不要省略，联结词（以及类似联结词的动词和副词）不要省略，等等。古代汉语不是没有逻辑性，只是有些地方的逻辑关系可以意会而不可以言传，现在要求在语句的结构上严格地表现语言的逻辑性。所谓句子结构的严密化，一方

---

[1]《林语堂文集：且行且歌》，北京新华先锋文化公司 2011 年版。

面是上面所说的要求每一个句子成分各得其所，另一方面还要求语言简练，涵义精密细致、无懈可击。[1]

句子结构如何严密化，王力从六个方面衡量：第一，定语增加长度和复杂化；第二，行为名词的应用；第三，对于某一判断、叙述、描写的范围和程度有确切限定；第四，时间观念更为明确；第五，表示事物依存关系的条件句的使用；第六，对于特指的使用。他说："现代汉语曾经接受和正在接受西洋语言的巨大影响，这种影响包括语法在内，这是不容否认的事实。但是直到现在为止，事实证明，汉语是按照自己的内部发展规律来接受这种影响的。"[2]

当语言的使用者们普遍失去理智而陷入判断上的错误，企图将语言带入到一个人为的危险地带之时，语言本身的理智却从来没有动摇过，汉语本身的主体性比我们一百年来的语言革新者要健全得多，也清醒得多，事实证明是可以托付终身的。

四

曹聚仁在《白话文言新论》中举过一个欧化的例子，郭沫若一九二二年所译歌德《少年维特之烦恼》中五十八字的长句：

> 当那秀美的山谷在我周围蒸腾，杲杲的太阳照在浓荫没破的森林上，只有二三束光线偷入林内的圣地来时，我便睡在溪旁的深草中，地上千万种的细草更贴近地为我所注意；我的心上更贴切地感觉着草间小世界的嗡营，那不可数、不可穷状的种种昆虫蚊蚋，而我便感觉那全能者的存在，他依着他的形态造成了我们的，我便感觉着那全仁者的呼息，他支持着我们漂浮在这永恒的欢乐之中的。[3]

在引文之后，曹聚仁评论道，"这样复杂的结构，乃是从前文言文所没有的"，并且说，"白话文受了欧化，将文句变成非常复杂，我们应该承认是一种进步的现状"。[4]

一九八二年出版的《少年维特之烦恼》，侯浚吉翻译的这个段落在句子结构上

［1］ 王力：《汉语史稿》中册，中华书局 1980 年版，第 479—485 页。

［2］ 同上。

［3］ ［德］歌德著，郭沫若译：《少年维特之烦恼》，人民文学出版社 1955 年版，第 7 页。

［4］ 曹聚仁：《文思》，生活·读书·新知三联书店 2002 年版，第 166 页。

很可能受到了郭译本的影响，用词习惯、句子顺序虽有些变化，但仍是一个超长的句子，与郭译相类：

> 当雾霭自秀丽的山峡冉冉升腾，太阳高悬在浓荫密布的森林上空，只有几缕阳光潜入林阴深处时，我便躺在涓涓溪流旁，倒卧在深草里，贴近地面，观赏千姿百态、形状迥异的细草；我感到我的心更贴近草丛间熙熙攘攘的小天地，贴近无数形态各异的蚁虫蚊蚋，这时，我便感觉到全能的上帝的存在，他依照自己的形象创造了我们，我感觉到博爱众生的上帝的气息，他支撑我们在永恒的欢乐中翱翔。[1]

值得注意的是，相隔六十年，欧化色彩有所减少。"地上千万种的细草更贴近地为我所注意"，这样被动式的句子，明显不符合汉语的习惯，被改成"观赏千姿百态、形状迥异的细草"。"他依着他的形态造了我们的"，一看便是从外文直译过来的，作为汉语句子不完整，新译改为"他依照自己的形象创造了我们"。

阅读六十年前的文字，翻译也好，创作也好，时常感觉有不顺口的地方，除了作者的原因而外，还有一个悄悄的变化，就是口语的习惯，说话的方式，影响当下的语感。文字毕竟受口语的约束，或说书面语向口语的归化造成了这样的变化。写的语言想改造说的语言，结果是自己反而被改造。这样的例子不胜枚举。

张爱玲一向欣赏中文的所谓"秃头句子"：

> 旧诗里与口语内一样多，译诗者例必代加"我"字。第三人称的 one 较近原意。——这种轻灵飘逸是中文的一个特色。所以每次看到比谁都罗嗦累赘的"三、四个""七、八个"，我总是像给针扎了一下，但是立即又想着："唉！多拿一个字的稿费，又有什么不好？""不管看见多少次，永远是反应，一刺，接着一声暗叹。"[2]

刘半农举过一个例子："两月前张申父到巴黎来，我向他说：'你从前译过些东西，登在《新青年》上，我实在看不懂，我觉得反是看原文容易得多。'他说：'到了现在，连我自己也看不懂！'这样说，可见我们不但是自己做文章，便是翻译外国文章，

---

[1]〔德〕歌德著，侯浚吉译：《少年维特的烦恼》，上海译文出版社 2006 年版，第 7 页。
[2]张爱玲：《对现代中文的一点小意见》，《中国时报》1978 年 3 月 15 日。

其语体的欧化，也只能到不背中国语句的根本组织法的一步为止。"[1]欧化到感觉别扭，话不地道，意思大约还是清楚的，再向前走一步，便是不知所云了。当我们对汉语的表达力产生怀疑，觉得它是一种有缺陷的语言，我们便装出一副很懂的样子说它缺少逻辑、不严密、语法不完善，我们应该反问自己，我们真的懂得自己说的这些话吗？词不达意的原因往往是你的语言修养浅、语汇不足、手段少，而不是这一语言本身有什么问题。

甘阳认为："近百年来我们是一直把中国传统文化无逻辑、无语法这些基本特点当作我们的最大弱点和不足而力图加以克服的（文言之改白话，主要即是加强了汉语的逻辑功能），而与此同时，欧陆人文学哲学却恰恰反向而行，把西方文化重逻辑、重语法的特点看作他们的最大束缚和弊端而力图加以克服。"[2]

五

一九二一年，即《小说月报》组织"语体文欧化讨论"的那年，比胡适小一岁的德国犹太人本雅明为自己翻译的波德莱尔《巴黎的风光》写了篇有名的序言《译作者的职责》：

> 译作绝非两种僵死语言之间的干巴巴的等式。相反，在所有文学形式中，它承担着一种特别使命。这一使命就是在自身诞生的阵痛中照看原作语言的成熟过程。
>
> 正如诗人的语句在他们各自的语言中获得持久的生命，最伟大的译作也注定要成为他所使用的语言发展的一部分，并被吸收进该语言的自我更新之中。[3]

这一翻译理论对于欧化的赞成者无疑是相当有力的支持，当时并没有能引起国人的注意，一九八八年之后这位作者的名字才为汉语学术界所渐知。

本雅明的翻译观源于他独特的神学论语言观，在他看来，语言之间的亲缘关系来自于共同的原初语言——纯粹语言，或说上帝的言语。

《译作者的职责》一文中他所引鲁道夫·潘维茨的话，仿佛是为汉语欧化声援。

---

[1] 刘复：《中国文法通论》，中华书局 1939 年版，第 121 页。

[2] ［德］卡西尔著，甘阳译：《语言与神话》，生活·读书·新知三联书店 1988 年版，第 25 页。

[3] ［美］汉娜·阿伦特编，张旭东、王斑译：《启迪——本雅明文选》，生活·读书·新知三联书店 2008 年版，第 85 页。

他批评德国的翻译，往往从一个错误的前提出发，认为"我们的翻译家对本国语言的惯用法的尊重远胜于对外来作品内在精神的敬意"。

　　翻译家的基本错误是试图保存本国语言本身的偶然状态，而不是让自己的语言受到外来语言的有力的影响。当我们从一种离我们自己的语言相当遥远的语言翻译时，我们必须回到语言的最基本的因素中去，力争达到作品、意象和音调的聚汇点，我们必须通过外国语言来扩展和深化本国语言。人们往往认识不到我们能在多大程度上做到这一点，在多大程度上任何语言都能被转化，认识不到语言同语言间的区别同方言与方言之间的区别是多么一样。[1]

　　又说："译作者的任务就是在自己的语言中把纯粹语言从另一种语言的魔咒中释放出来，是通过自己的再创造把囚禁在作品中的语言解放出来。为了纯粹语言的缘故，译者打破了他自己语言中的种种的腐朽的障碍。"本雅明认为杰出的德语翻译家路德、弗斯、荷尔德林、格奥尔格皆拓展了德语的疆域。与通常的看法相反，他认为："原作的语言品质越低、特色越不明显，它就越接近信息，越不利于译作的茁壮成长。对翻译这种特殊的写作模式而言，内容不是一个杠杆，反倒是一个障碍，一旦内容取得绝对优势，翻译就变得不可能了。反之，一部作品的水准越高，它就越有可译性，哪怕我只能在一瞬间触及它的意义。"

　　本雅明的翻译论与我们的欧化实践和主张很合拍，但其翻译论是建立在他的神学论的语言观之上的，要接受这个前提，对于汉语来说，是一个巨大的考验。

　　与希腊传统相比，希伯来传统奠基于信仰之上的价值世界，是我们几乎无法进入的世界。本雅明的文章，理论上讲皆可译为汉语，正如《新旧约全书》的被译一样。但汉译本《圣经》想取得它的英译本、德译本在英语和德语中的地位是不可能的，还不仅仅是因为英德文早翻译了数百年。

　　"四书五经"在汉语中的地位，不可能随着科举制度的终结和文言文遭到排斥而在一夜之间烟消云散，它持续影响汉语汉文两千余年，渗透民族语言的血脉之中灵魂深处，最激进的革命派，也拿它没有什么好的办法。

　　从知识论的意义上，可以了解基督教的神学观念，能够知晓本雅明的神学论的语言观，甚至像他那样去看待他所论述的语言，但问题在于我们能这样看待自己的语言吗？我们看待自己语言的方式早已与这一语言自身发展的历史融为一体，发达

---

[1]［美］汉娜·阿伦特编，张旭东、王斑译：《启迪——本雅明文选》，生活·读书·新知三联书店 2008 年版，第 93 页。

的历史悠久的小学——训诂、音韵、校雠学之中所包含的知识和信念，不是随意可以更改的。现代科学或许可以掩盖格物致知之学，但假若有人把西方的现代语言学知识当作自身的语言学观念，不过是自欺欺人。只要还没有废除中国话，那么这一语言中所包含的基本信念就会持续不断地起作用。剥离语言和思维是不可能的，哪怕是一个精通西方语言的中国人，他的自我理解和自我认同也首先会建筑在汉语之上，这也正是当年大力提倡欧化的先驱者们的基本信念。

汉语欧化和国人西化，孰为因孰为果并不重要，我们不是语言决定论者，但必须看到被经济决定论和社会发展决定论所忽略的非常重要的因素——语言要素。汉语不会一成不变，但也难于轻易改变。说汉语的人的思维方式、情感方式、表达方式，或称其主观和客观世界，都不得不受到汉语和汉字的影响。

对于语言的变革，首先由使用这一语言的艺术家和诗人完成，不是在语言的社会运动中，而是在寂静的书房里，在个人化的写作活动中，在灵感闪现的刹那，在落笔成文的瞬间。推动语言创新的意识，隐藏得那么深远，它的细微动作不可能被轻易察觉。广义的欧化是过去百年间对于此无形之手某种略带夸张甚至是偏激的描述，但仔细观察，发现它至少描述了语言运动的某种明显的倾向。

汉语汉字的确不同于西方的语言文字，但作为人类的语言和文字，又有共同之处，否则翻译就完全不可能。从口语向书面语的转型中，文本的地位确立下来。这是中西共同之处。《圣经》的翻译，曾是基督教最为重要的传教活动。西方主要的几种语言，英、法、德、西班牙、俄等，都是在上帝的光照下成熟起来的。汉语假如也受到过外来宗教的改造的话，那是两千年前的佛教的进入中土。佛经的翻译历时千年之久，且卷帙浩繁，梵文属于印欧语系，中国早在与欧洲文化遭遇之前，已经积累了把印欧语言译为汉文的丰富经验。或说，汉语汉文已经有过超越千年的欧化史，内典文体自成一格，且深深地影响了汉语和汉字。

在本雅明生前未发表的论文《论原初语言和人的语言》中，他谈到"一个实体的语言就是其精神存在得以传达的中介。这一从未中断的传达之流奔腾于整个自然之中，从最低形式的存在到人，又从人到上帝。……自然语言犹如一个秘密口令，由每一个士兵用自己的语言传给下一个士兵，但口令的意义就是士兵的语言本身。所有较高一级的语言都是对较低一级的语言的翻译，直至上帝的语词展示出终极的澄明，这便是由语言构成的这一运动的整体"[1]。

汉语自身要理解这段汉语译文所表达的意思，并不需要经过怎样的脱胎换骨。

---

[1] ［德］本雅明著，李茂增、苏仲乐译：《写作与救赎——本雅明文选》，东方出版中心2009年版，第17—18页。

任何一种成熟的语言，皆能准确无碍地表达和转述别的语言所表达出的含义，甚至是几乎触摸到了那些意思，这是语言的神奇之处，荷马、但丁、莎士比亚、塞万提斯、歌德、福楼拜、托尔斯泰、卡夫卡、乔伊斯，在汉语中的再生，不是原文的缩小，而是其放大，减少的那部分，可以通过阅读原文寻找回来，但增加的那部分，才是最为重要、最不可思议的。这是天才在写作的时候，无论如何想象不到的。这些译文，不必以改造汉语相标榜，假若它们中的每一部，表达了汉语和汉文中过去从未表达过的激情、思想、经验和价值，读者跟随熟悉的言语，被带到了一块陌生的领地，返回的途中，他惊异地发现自己被这意外的旅行所改变，这不正是汉语汉文精良多姿、潜力巨大、传之久远的明证吗？行走在古老、馥郁而幽秘的路上，我们有时也驻足观望。

第四节　翻译文体对现代汉语的影响

一

鲁迅说："倘要论文，最好是顾及全篇，并且顾及作者的全人，以及他所处的社会状态，这才较为确凿。"[1]

把现代白话文本当作一大篇文章，翻译文字自是其中重要的一部分。这个缘故朱自清有过论述，他说如今的白话，不跟着口语走，却跟着翻译走。白话文跟着口语走，本是其题中应有之义，但实际上难度很大，根本原因在言文不一致，通过千锤百炼之后，才能写得明白如话，那是很高的境界，是好文章的终点，而不是起点，只有在鲁迅、周作人、毛泽东等人的部分文字中，才可以找到这样的明白如话。至于说到作者的全人，甚至可以认为，白话文与其说是作者的创作，不如说是译者的创造，包括早期的外国传教士和各种版本《圣经》的译者、严译名著、林译小说、马恩列斯著作的未署名译者，直至时下借助于翻译软件的"三不通"式译者。百年来中国的社会状态始终是一边倒，从早期列强的长驱直入，租界林立，教堂建到了乡村，到日本的全面占领，独立统一之后的模仿苏联，再到改革开放之后的西化浪潮，影响的焦虑一直占据上风。中国本土文化、本国传承的语言文字，始终处在此一巨大的冲击中，由文言而白话，由繁体正字而简化俗字，由汉字而拼音，正是这

---

[1]　鲁迅:《题未定草》,《鲁迅全集》第六卷，人民文学出版社 1981 年版，第 430 页。

些冲击下的仓皇应对。倘要确凿地理解白话文，绝不能忽视这一社会状态。

周作人曾谈起过"关于编写中国翻译史"的问题，他认为："第一段落，六朝至唐之译佛经，其集体译述的方法恐怕大有可供学习之处，只见过梁任公、杨仁山文中稍有谈及，须着力调查。第二段姑且说清末之译'圣'经，以至申报馆、广学会等工作，别一枝则由制造局译书以至《时务报》时代。中间以严几道、林琴南为过渡，到达新文学，则为第三段落矣。"[1]

佛教混合汉语（Buddhist Hybrid Chinese），指的是以翻译佛典的语言为代表的汉文佛教文献语言。这一文献数量巨大，广义上包括全部的汉译佛经、中土人士的佛教撰述和以宣扬教义为目的的文学作品，计约八千万字。作为古代印度语言和文化对汉语和汉文化深刻影响的直接产物，它是汉语有史以来第一次的系统欧化，近年来得到了比较详尽的研究和论述。朱庆之编的《佛教汉语研究》汇集了部分研究成果，其中一文的结论令本书作者感兴趣："中国的口语最初被记录下来的方式是个十分有趣的现象。白话文最早千真万确是在佛教的背景下出现的。""从中国白话文发展的全貌来看，我相信我们有理由明确主张：在白话文被确立为一种可行的表达方式的过程中，佛教起了主导作用。"[2]如此说来，白话文可说是主要被佛教创立的，经过上千年的发展，扩张至佛教以外的领域，宋儒的语录、明清的小说等，作为汉语的第二书面语的地位，早已具备。

民国初年开始的白话文运动，在西方语言和文化的影响下，似乎想要创立汉语的第三书面语——新白话，结果造成了白话书面语的一种异化形式，粗糙、粗鄙、粗劣的"三粗"白话。为什么成为这样，是因为把文言和白话对立起来看待，盲目地追求纯粹白话，自有汉语书面语以来，无论文言还是白话，很少有作者能写作出其纯粹形式，大体上皆是半文半白的混杂，其中文言和白话占据不同的比例，文白之分，只在于比例的多少，非此即彼的绝对情况，绝不会有。白话文中的许多成语，无论就其来源、语法，还是其用字的方式上考察，皆为文言式的，即使白话纯粹论者，也不可能禁绝成语在白话文中的使用。

二

基督教的进入中国，《圣经》等西方典籍的翻译，作为语言碰撞的第二波，已

---

[1] 钟叔河编：《周作人文类编》第八卷，湖南文艺出版社1998年版，第789页。

[2][美]梅维恒：《佛教与东亚白话文的兴起：国语的产生》，朱庆之编：《佛教汉语研究》，商务印书馆2009年版，第361、383页。

然有了佛经的先例，可以说有迹可循。虽然在国家的政治、军事、外交以及文明的竞争力上，攻守异势，但在语言文字交流的先后及方式上，以及欧化的策略等方面，则一如既往。最早将佛经译为汉文的是东汉的安世高、支谶，西晋的无罗叉，东晋的鸠摩罗什、佛陀跋陀罗等，他们是西域僧人，而近代最早以汉语翻译《圣经》的，也是外国传教士。

天主教传教士从明末清初陆续来华，但不知什么缘故，直至十七世纪末，一直未将《圣经》译为汉语。一七〇〇年之后，情况有所改观。最早是巴黎外方传教会的传教士巴设，译述了一部分"新约"。十八世纪末，耶稣会的传教士贺清泰，将《圣经》的部分内容译为汉文，但并未刊行，也未得到流传，马礼逊曾在伦敦的博物馆抄录过这部未刊译稿。

马礼逊一七八二年生于大不列颠岛北部小镇莫佩斯的一家农户，在教会学会了拉丁文、希伯来文和希腊文，考入伦敦霍克斯顿神学校，在高斯坡神学院学过些汉语，一八〇七年成为牧师，同年被派往中国传教。在广州的美国商馆闭门习中文一年，进步很快，一八〇八年，在东印度公司任职的马礼逊，应伦敦大英圣经公会指示，开始将《圣经》译为中文。五年的努力，一八一三年译完《新约全书》，于广州雇了几位刻板工人，排印了两千部，工本费三千八百元西班牙银币。一八一四年起，他和另一位伦敦会传教士米怜合作，开始翻译《旧约全书》，米怜译了十三卷，马礼逊译了其余的二十六卷，又花去五年时间，一八一九年十一月二十五日全部译完。由于当时清政府查得紧，无法在广州刊刻，马礼逊将译稿送往南洋马六甲，由米怜聘请中国刻板工人刊刻排印，至一八二三年全部印毕，装订成二十一卷线装书，名为《神天圣书》。一八二四年马礼逊回英国休假，曾把这套中文《圣经》呈献给乔治四世，得到了英王的高度嘉奖。

马礼逊是中文版《圣经》的第一位译者，亦是第一部《华英字典》的编纂者。编字典与翻译圣经同时开始，持续十五年，整部字典在一八二三年完成，六大部，计四千九百九十五页，由他一人编纂。第一份中文期刊《察世俗每月统纪传》，也由马礼逊筹备创办，一八一五年创刊，米怜任编辑，在南洋印刷，出了七卷，一八二一年停刊，主要撰稿人除马礼逊、米怜而外，还有英国传教士麦都思。第一份在中国境内创办的中文期刊，也出自马礼逊之手，《东西洋考每月统纪传》，创刊于一八三三年七月，一八三七年停刊，由奥地利传教士郭实腊编辑，出版了四卷。[1]

继马礼逊之后，到一八七七年止，《圣经》已经出版十一种文言（"深文理"）译本。

---

[1] 参见顾长声:《从马礼逊到司徒雷登：来华新教传教士评传》，上海书店出版社 2005 年版。马礼逊夫人编，顾长声译:《马礼逊回忆录》，广西师范大学出版社 2004 年版。

官话译本，亦即白话文译本，最早出自麦都思、施敦力之手。《新约》版于一八五六或一八五七年，译文为南京官话。其后，在北京的艾约瑟、丁韪良、施约瑟、包约翰、白汉理等以北京官话翻译《新约》于一八六六年出版。施约瑟独译《旧约》则于一八七四年出版。上述两种北京官话译本曾合订为一部《圣经全书》，于一八七八年出版。

官话和合译本的《圣经》重译，由狄考文、富善、鹿依士等人完成，自一八九一年底启动，至《圣经全书》出版，历时二十七年，其间人员变动多。《新约》的重译由狄考文主持，于一九〇七年出版官话和合译本。该译本译文准确，文字不够流畅，后屡经修订，至《圣经全书》出版时，与初版相较改动甚多。《旧约》重译工作由富善主持，并议定五项译经原则，如译文须切合原文，须是通用的白话文，不使用地方方言，而又便于上口诵读等。《旧约》译出历时十三载，于一九一九年初与新约合订出版官话和合本《新旧约全书》，有"神"和"上帝"两种版本。六十多年来，该译本在中国基督教（新教）内流传最广，且对五四以来的白话文运动有一定影响。[1]

三

一八六二年出版的《古新圣经问答》，书前刊有文言写成的"主教准据"："中国圣教书籍虽甚繁赜，然究论古新圣经者甚稀。余于书篋得《古新圣经问答》一册，披阅之下，甚喜。此书典训切实，于教中信友大有裨益。虽其文词庸俗，然便于人人通晓，能使阅者洞明圣教原始要终之道，显扬天主抚育保存之恩，凡诚心事主之人，自克全其信望爱之德矣。故付剞劂，以公同好，聊为教众热心之一助云。"[2] 下署主教若瑟玛尔济亚尔慕理孟准镌。此人乃 Mouly Joseph Martial（一八〇七～一八六八），中文名孟振生，法国遣使会教士，一八五六年起任直隶主教。中国社会科学出版社一九八一年版《近代来华外国人名辞典》收录有"孟振生"，介绍极为简略，共六句话。全书分两部分，古圣经题目十四端，新圣经题目十五端，合起来共二十九端，每端先论，后有问有答。除第一端（天主造世界）外，每端之题目皆以论开头，比如第二端"论初人犯罪"，第三端"论洪水讲性教"，第十五端"论耶稣基利斯督降诞"。它不是对于圣经原文的翻译，而是转述其大意。本书感兴趣的是它的白话文体。在中国的传统中，自古以来，凡论皆出于文言。以白话作论，不得不认为是

---

[1] 参见汪维藩撰写的"圣经汉语译本"词条，《中国大百科全书·宗教卷》，中国大百科全书出版社1992年版，第355—356页。

[2] 涂宗涛点校：《古新圣经问答》，天津社会科学院出版社1992年版，第1页。

此书的创举，虽然以今天的眼光看去，颇难认同这一论的方式。

　　一八八五年出版的《佐治刍言》（傅兰雅口译，应祖锡笔述）全文以文言写就。总论以下共分三十一章，每章标题亦皆以论开头。如第一章"论家室之道"，第二章"论人生职分中应得应为之事"。此为早期翻译文本中，以文言作论的另一例。

　　下面是《古新圣经问答》第一端"天主造世界"的论以及问答，当是对于《旧约·创世记》第一、二章主要内容的叙述。

　　　　天主为发显自己的光荣，从无中只用一命，造成世界，六日内万物齐备，至第七日罢工。天主用土造了人的肉身，又赋给一个像似天主的灵魂，使他生活，为能认爱奉事天主。这是天主造人的本意。第一个人，名叫亚当，天主又取亚当的一条肋骨，造一女人，与亚当配为夫妇。为令亚当爱顾女人，如他的本身肢体一样，这是天主立婚配礼的起头。第一个女人，名叫厄娃。天主将亚当、厄娃安置在地堂内。地堂是很美很快乐的地方，叫他们享福；但止享福无以见功，故禁一树之果，以试其心。除此之外，地堂内不拘何树之果，全许他们食。彼时不用衣服，因为性情未坏，并不羞愧，且无各样苦难灾病死亡等事。再者，天主还造无数的无形纯神，就是天神。

　　　　问：谁造的世界？

　　　　答：天主。

　　　　问：用什么造的？

　　　　答：从无中造的。

　　　　问：天主怎么样造了世界？

　　　　答：只用一命。

　　　　问：天主为什么造世界呢？

　　　　答：为发显自己的光荣。

　　　　问：天主用什么造第一个人？

　　　　答：用土造肉身。

　　　　问：他的灵魂呢？

　　　　答：从无中造了灵魂。

　　　　问：灵魂像似谁？

　　　　答：像似天主。

　　　　问：天主为什么造人？

　　　　答：为要人认爱天主。

问：天主用什么造第一个女人？

答：用亚当一条肋骨。

问：这是什么意思？

答：表夫妇原是一体。

问：地堂是什么？

答：是天主给亚当、厄娃预备的美好快乐地方。

问：他们在地堂怎么样？

答：在地堂享福。

问：他们在地堂，有死没有？

答：在地堂没有死。

问：天神是什么？

答：是无形的纯神。[1]

序言使用文言而外，全书另有一段文字也刻意以文言出之，与其间的白话形成对比。我们不知作者为谁，但"主教准据"中说此书"文词庸俗"，目的是"便于人人通晓"，看来，他至少不认为白话比文言更有价值，相反的结论也许倒能成立。第十八端"论耶稣讲道"中，最后一问是"何为天主经？"回答乃是文言：

在天我等父者，我等愿：尔名见圣；尔国临格；尔旨承行于地如于天焉。我等望尔：今日与我，我日用粮；而免我债，如我亦免负我债者。又不我许陷于诱惑，乃救我于凶恶。亚孟。

这样的文言不高明，恐怕连一八六二年全国普通秀才文言文的平均水平还没有达到。这段话在《圣经·新约》里非常关键，它是著名的"主祷文"，和合本《圣经》的白话翻译是这样的：

我们在天上的父，愿人都尊你的名为圣。愿你的国降临。愿你的旨意行在地上，如同行在天上。我们日用的饮食，今日赐给我们。免我们的债，如同我们免了人的债。不叫我们遇见试探，救我们脱离凶恶。因为国度、权柄、荣耀，全是你的，直到永远。阿门。（《马太福音》第六章）[2]

---

[1] 涂宗涛点校：《古新圣经问答》，天津社会科学院出版社 1992 年版，第 10—11 页。

[2] 《新约全书》，中国基督教协会印发，第 7 页。

《路加福音》第十一章给出的"主祷文"第三、四句稍有差别:"我们日用的饮食,天天赐给我们。赦免我们的罪,因为我们也赦免凡亏欠我们的人。"

四

由于中国文字与语言的脱节,造成传教士说汉语易、写汉文难的状况,特别是撰写古雅的文言文更觉得异常困难。为提高效率,亦便于中国读者理解,十九世纪的传教士一般雇请中国文士捉刀代笔,由其口授,撰成专文专书。林译小说亦采取了这一模式。早期佛经的翻译,也要经过中国僧人的润色,或者直接由其笔授。

《泰西新史览要》亦同此理,李提摩太口译,蔡尔康笔录,连载于一八九四年的《万国公报》,次年由广学会出版单行全本,八册,二十四卷。其书原名《十九世纪史》,英人麦肯齐著,一八八九年于伦敦首版。

日本人森有礼编《文学兴国策》,也以如此方法译为汉语,美国传教士林乐知口译,光绪进士任廷旭笔述。森有礼(一八四七~一八八九),萨摩藩武士家庭出身,早年留学英国,任驻美公使期间,曾向美国政界、学界发函咨询教育强国之道,将收到的十三份复函编为一帙,这里所说的"文学",非今日之文学艺术,乃文化教育是也。

直到鲁迅周作人在翻译《域外小说集》的时候,用的也还是文言。

一八九〇年至五四运动二十年,是中国文化史上继佛经翻译之后的第二次翻译高潮。一八九九年,林纾与王寿昌合作,后者口授,前者笔述,署名"冷红生、晓斋主人合译",翻译了法国小仲马的名作《巴黎茶花女遗事》,风行万余册,引起震动。胡适在《五十年来中国之文学》里说,《茶花女》的成绩,遂替古文开辟一个新殖民地",还说,"古文的应用,自司马迁以来,从没有这样大的成绩"。[1] 它不仅是林纾翻译外国小说的第一部,且是欧洲纯文学作品介绍入中国的第一部。它的流行使当时传统的才子佳人小说被淘汰。周作人说:"林译小说有一个时期很是贪看,大概自一九〇一至一九一〇年这十年间,以后便不大看了。"[2]

华蘅芳译《代数术》,严复译《天演论》,林纾译《巴黎茶花女遗事》《黑奴吁天录》,成为一时之杰作。《黑奴吁天录》一九〇一年译出后,引起反响,欧阳予倩改编为剧本《黑奴恨》,连续上演很久。当时有人把《黑奴吁天录》再翻译成(改写为)白话章回体小说的样子,刊在一九〇三年三月上海出版的《启蒙画报》上,今天能

---

[1] 姜义华主编:《胡适学术文集·新文学运动》,中华书局 1993 年版,第 108、110 页。

[2] 钟叔河编:《周作人文类编》第八卷,湖南文艺出版社 1998 年版,第 731 页。

看到的只有三回,载于《中国近代文学大系·翻译文学集一》,演义首回作"鉴黑奴伤心论时事,演白话苦口劝痴人"。林纾于一九〇四年出版的《吟边燕语》,是翻译兰姆的《莎士比亚戏剧故事集》,其中将《威尼斯商人》译作《肉券》,《罗密欧与朱丽叶》译为《铸情》,《哈姆雷特》译成《鬼诏》。于早期的翻译而言,大家以目的语归化源头语的意图是明显的。

伍光建以"君朔"的笔名翻译了大仲马的两部历史小说《侠隐记》正续编,一九〇七年由商务印书馆出版,另译《法宫秘史》前后编,每部三十万字,据英译本译出,值得注意的是,它是白话文译本,仍以回称其章,但回目却没有做成对联体。

一八四〇年广东出版了一本题名《意拾喻言》的书,英汉对照的方式,收录了八十二则寓言,注有国语和粤语拼音,署名蒙昧先生著,门人懒惰生编译,实际上译者是英国人罗伯特·汤姆。意拾,即伊索的粤语音译。出版此书的目的,是为英国人学习汉语提供方便,这一点在《译叙》中说得很清楚:

> 余作是书,非以笔墨取长,盖吾大英及诸外国欲习汉文者,苦于不得其门而入,即如先儒马礼逊所作《华英字典》,固属最要之书,然亦仅通字义而已;至于词章句读,并无可考之书。故凡文字到手,多属疑难,安可望其执笔成文哉!余故特为此者,俾学者预先知其情节,然后持此细心玩索,渐次可通,犹胜傅师当前过耳之学,终不能心领而神会也。学者以此长置案头,不时玩习,未有不浩然而自得者,诚为汉道之梯航也,勿以浅陋见弃为望。[1]

该书出版后曾引起反响。后来依据古希腊原文翻译过《伊索寓言》的周作人,曾在一九二五年和一九五〇年两次著文谈到这部书。曹聚仁在一九三七年出版的《文思》中也论及此书。他说道光年间,这本书风靡一时,后因有讥刺当道之嫌,而被列入违碍书目查禁。其中有一则寓言《鼠防猫害》英译文如下:

The Mice in Council

Once upon a time the mice being sadly distressed by the persecution of the cat, resolved to call a meeting, to decide upon the best means of getting rid of this continual annoyance. Many plans were discussed and rejected; at last a young mouse got up and proposed that a bell

---

[1] 施蛰存主编:《中国近代文学大系·翻译文学集三》,上海书店 1991 年版,第 225 页。

should be hung round the cat's neck, that they might for the future always have notice of her coming, and so be able to escape.

This proposition was hailed with the greatest applause, and was agreed to at once unanimously.Upon which an old mouse, who had sat silent all the while, got up and said that he considered the contrivance most ingenious, and that it would, no doubt, be quite successful; but he had only one short question to put, namely, which of them it was who would bell the cat ?

It is one thing to propose, another to execute. [1]

鼠受害于猫久矣！一日，群鼠聚议曰："吾辈足智多能，深谋远虑，日藏夜出，亦可谓知机者矣！无如终难免猫之害，必须设一善法，永得保全，庶可安生矣。"于是纷纷献策，多所不便，乃后一鼠献曰："必须用响铃系于猫颈，彼若来，吾等闻声，尽可奔避，岂不善哉？"众鼠拍手叫妙，曰："真善策也！"于是莫不欣然，各以为得计。其中有不言者，众问之曰："汝不言，宁谓此法不善乎？"曰："善则善矣，而不知持铃以系其颈者谁也？请速定之。"由是，众鼠面面相觑，竟无言可答。如世人多有自以为得计者，及其临事，终不能行，吾多见矣。[2]

一八九八年《无锡白话报》以《海国妙喻》的题目发表的"伊索寓言"，署名梅侣女史译，我们找到同一则寓言，题名为《老鼠献计结响铃》如下：

老鼠受猫的害已经长久了。有一日，一群老鼠聚在一堆议论道："我们实在伶俐乖巧想得周的，日里聚拢夜头出来，也算知趣的了，怎么总不免受猫的害？总要想个好法子，保住永远不受猫的害，才可以放心托胆安安顿顿地过日子。"一群老鼠都要想献出好计策来，你说这样，我说那样，却都是有关碍、做不到的。又有一只老鼠说道："只要在猫颈里结一个响铃，猫一动，我们就听见响声，就可以逃开避拢了。这条计策，岂不好么？"一大群老鼠，都拍手拍脚地叫道："好极好极！真正是好法子。"大家高兴已极，都觉着有好法子了。这一群里有一个老鼠，不声不响不开口。大家都问他道："你不开口，难道这个法子不好么？"那个老鼠答道："法子好是好的，但不知道，把这响铃结在猫颈

---

[1] 颜瑞芳：《清代伊索寓言汉译三种》，五南图书出版股份有限公司 2011 年版。
[2] 施蛰存主编：《中国近代文学大系·翻译文学集三》，上海书店 1991 年版，第 241 页。

里，哪一个肯去，请你们快些定见。"那一群老鼠竟你看我，我看你，一句话也说不出。唉！这种说空话的老鼠，世界上最多。说话是好听的，但说得出，做不到，就叫这献计的老鼠自己去做，他也一定要想法逃走的。这种说空话的老鼠，岂不可恨可怜么？[1]

无论是文言译文，还是白话译文，都未忠实于原文。尤其是结尾，与原文出入较大。两相对照，可以发现时隔五十八年，汉语文体已经发生了大变化。文言向白话的趋近是历史的大势，这六十年的时间中，文体上的改换，似乎突然加快了。

五

英国生物学家赫胥黎著《进化论与伦理学及其他论文》出版于一八九四年，翌年，严复以文言文翻译了该书前两部分，分上下卷出版，风靡一时。"物竞天择，适者生存"成为中国知识界最流行的口号，鲁迅爱不释手反复诵读，少年胡适为之更名。《天演论》的翻译是在白话文运动之前，译文有先秦诸子的风神，遣词造句极为精严，尽量不用汉代后的字词句法，唯恐有损文意。赫胥黎的这本科学著作，原名 *Evolution and Ethics*，虽以文言译出，然大体忠实于原文，又审慎保留字词句之间的微言大义，吴汝纶推崇备至："严子一文之，而其书乃骎骎焉与晚周诸子相上下。"

导言第一篇"察变"：

赫胥黎独处一室之中。在英伦之南。背山而面野。槛外诸境。历历如在几下。乃悬想二千年前。当罗马大将恺撒未到时。此间有何景物。计惟有天造草昧。人功未施。其借征人境者。不过几处荒坟。散见陂陀起伏间。而灌木丛林。蒙茸山麓。未经删治如今者。则无疑也。怒生之草。交加之藤。势如争长相雄。各据一抔壤土。夏与畏日争。冬与严霜争。四时之内。飘风怒吹。或西发西洋。或东起北海。旁午交扇。无时而息。上有鸟兽之践啄。下有蚁蝝之齿伤。憔悴孤虚。旋生旋灭。菀枯顷刻。莫可究详。是离离者亦各尽天能。以自存种族而已。数亩之内。战事炽然。强者后亡。弱者先绝。年年岁岁。偏有留遗。未知始自何年。更不知止于何代。苟人事不施于其间。则莽莽榛榛。长此互相吞并。混逐蔓延而已。而诘之者谁耶……[2]

---

[1] 施蛰存主编：《中国近代文学大系·翻译文学集三》，上海书店 1991 年版，第 257—258 页。
[2] ［英］赫胥黎著，严复译：《天演论》，科学出版社 1971 年版，第 3 页。

现代白话是这样说：

> 可以有把握地假定，二千年前，在恺撒到达不列颠南部之前，从我正在写作的这间屋子的窗口，可以看到整个原野是处在一种所谓"自然状态"之中。也许除了就像现在还在这里或那里破坏着连绵的丘陵轮廓的为数不多的一些垒起的坟堆以外，人的双手还没有在它上面打上标记。笼罩着广阔高地和狭谷斜坡的薄薄的植被，还没有受到人的劳动的影响。本地的牧草和杂草，分散着的一小片儿一小片儿的金雀花，为了占据贫瘠的表面土壤而互相竞争着；它们同夏季的干旱斗争，同冬季的严霜斗争，同一年四季时而从大西洋时而从北海不断吹来的狂风斗争；它们竭尽全力来填补各种地面上和地下的动物破坏者在它们行列中间所造成的空隙。年复一年，它们总维持着一种平均的类群数量，也就是本地植物在不断的生存斗争中维持着一种流动的平衡。无可怀疑，在恺撒到来之前的几千年中，这个地区就已经存在着一种基本上类似的自然状态；除非人类进行干预，那么就没有任何明显的理由来否定它能够在同样长久的未来岁月中继续存在下去。[1]

两种译文的高下是非，读者可以自己判断。严复《译例言》首次指出"译事三难信达雅"，"用汉以前字法句法，则为达易。用近世利俗文字，则求达难"。"译文取明深义。故词句之间。时有所傎到附益。不斤斤于字比句次。而意义则不倍本书"。并说"一名之立。旬月踟蹰"。他在给其子璪的信中说："中国今日之事，正坐平日学问之非，与士大夫心术之坏。由今之道，无变今之俗，虽管葛复生，亦无能为力也。""严译八著"，三十年代集印为《严译名著丛刊》。[2]

王国维曾经著文《论新学语之输入》，指出侯官严氏将 Evolution（进化）和 Sympathy（同情）分别译为"天演"和"善相感"，是错误的翻译。他还批评严复将穆勒（John Stuart Mill, 一八〇六～一八七三）的 *System of Logic* 译为《名学》，"古则古矣，其如意义之不能了然，何以吾辈稍知外国语者观之，毋宁手穆勒原书之为快也"。他说：

---

[1]［英］赫胥黎著，进化论与伦理学翻译组译：《进化论与伦理学》，科学出版社 1973 年版，第 5 页。

[2]"严译八著"：继《天演论》之后，又有亚当·斯密的《原富》(1897—1900)；约翰·穆勒的《自繇论》(1899)，后改为《群己权界论》)及《名学》(1900—1902)；耶芳斯的《名学浅说》(1908)；斯宾塞的《群学肄言》(1898—1902)；甄克斯的《社会通诠》(1903)；孟德斯鸠的《法意》(1902)。严复的翻译得到了详尽的研究，参见王宪明：《语言、翻译与政治：严复〈社会通诠〉研究》，北京大学出版社 2005 年版。

夫言语者，代表国民之思想者也，思想之精粗广狭，视言语之精粗广狭以为准，观其言语，而其国民之思想可知矣。周秦之言语，致翻译佛典之时代而苦其不足；近世之言语，至翻译西籍时而又苦其不足，是非独两国民之言语间有广狭精粗之异焉而已，国民之性质各有所特长，其思想所造之处各异故。其言语或繁于此而简于彼，或精于甲而疏于乙，此在文化相若之国犹然，况其稍有轩轾者乎？……故新思想之输入，即新言语输入之意味也。[1]

使用汉语当中旧有的字和词翻译西方术语，由于内涵和外延相差极远，不能对等，特别容易混淆，反而不如以新造的词汇来得直截。严复赞成日本人多用双字，甚至四字，所以容易精密，中国人喜欢用单字，假如译得不恰当，只能遭人唾弃。严复之于译事，一面追求"信、达、雅"，一面并不严格照原书翻译，经常把自己的理解和意见加进去。他在《译者自序》中，曾说得很明白："盖吾之为书，取足喻人而已，谨合原文与否，所不论也。朋友或訾不佞不自为书，而独拾人牙后慧为译，非卓然能自树者所为。不佞笑颔之而已。"[2]

梁启超介绍《原富》之时，称许译者"于西学中学皆为我国第一流人物"，但"文笔太务渊雅，刻意模效先秦文体，非多读古书之人，一番殆难索解。文界之宜革命久矣。著译之业，将以播文明思想于国民也，非为藏山不朽之名誉也。文人结习，吾不能为贤者讳矣"。

以文言翻译外文，今时看来，难度尤甚，今人能作文言者几稀？周氏兄弟的文学事业和写作生涯从翻译开始，先文言而后白话，一如其创作。

六

林语堂在《论翻译》中说："谈翻译的人首先要觉悟的事件，就是翻译是一种艺术。凡艺术的成功，必赖个人相当之艺才，及其对于该艺术相当之训练，此外别无成功捷径可言，因为艺术素来是没有成功捷径可言的。翻译的艺术所依赖的：第一是译者对于原文文字上及内容上透澈的了解，第二是译者有相当的国文程度，能写清顺畅达的中文，第三是译事上的训练，译者对于翻译标准及手术的问题有正当的见解。"[3] 翻译是一种艺术，这一觉悟国人普遍缺乏，未习画者，不会轻易弄丹青，

---

[1]《王国维文集》，北京燕山出版社1997年版，第333—334页。

[2]《严译名著丛刊·名学浅说》，商务印书馆1981年版，第1页。

[3] 林语堂：《论翻译》，《语言学论丛》，开明书店1933年版，第326页。

不通乐者，也未敢贸然操琴，但凡会几句外语者，却皆有胆染指翻译。二十世纪的汉语翻译文献，规模空前，够得上林语堂所举三条资格的翻译家，却不多见。鲁迅在一九二五年回答青年必读书时劝大家多读外国书，但他何尝不知，能直接阅读外国原文毕竟少数，多数读书人只能依靠汉译本，翻译质量不仅决定文本的命运，也关联时代的知识生产。

周作人谈及译事之难，说过有意味的话："外国语的智识不深，那时不识艰难，觉得翻译不很难，往往可以多有成绩，虽然错误自然也在所不免。及至对于这一国语了解更进，却又感到棘手，就是这一句话，从前那么译了也已满意了，现在看出这里语气有点出入，字义有点异同，踌躇再四，没有好办法，结果只好搁笔。这样的例很是普通，有精通外国语的前辈谦虚的说没法子翻译，一生没有介绍过他所崇拜的文人的一篇著作。"[1] 译作难道都是靠无知者的无畏造出来的吗？周作人本人倒是一位极端勤勉的译者。他从英文、日文和古希腊文翻译了大量名著。

文言文和古代典籍退出大众阅读范围，翻译作品正可弥补。一切西方的知识、思想、文艺进入中国，终究先要成为汉语的文本，而翻译的质量，就显得特别重要了。

在"翻译的白话"成批倾销了欧化语言后，这些译作的语言并未如早期欧化倡导者所愿，提升汉语的品质和严密性；也未如五四新文学那样，呈现丰富多彩的异域文化，多数译者只是以粗略的汉语转述外文，质不高而量巨大，长期浸淫其间的作者编者读者，对这种"欧化"早已习焉不察，更当然视为汉语欧化的成功，殊不知正是劣质译本培养了劣质的阅读品位。口语不通顺，我们不会说出口，书面语则不受限，竟使无数"不通"间杂于译文，于是白话文衍生出了新的"言文不一致"，致使书面语整体水准持续下降。电视的普及，使大量书面语以声音的方式传播，加剧了口语的萎缩，反过来影响书面语的清通，过去只在书面语中出现的句式，渐渐有入侵口语的嫌疑。所谓文艺腔、官员腔、新闻腔流行，泛滥成灾。生动、形象、活泼的口语反而越来越少，这个时代的书面语，正在面临着整体水准持续下降的考验。同时，越来越多的学人著书立说，惯于使用"翻译体"书面语，携带着唯恐不长的修饰语，看上去有逻辑性却未必有真正的逻辑，读者很难理解他在说什么，甚至这种语言已成为学术规范的一部分了，学术离了这种书面语，就不会说话了吗？社会科学人文科学的诸多领域，若离开西方学理与基本词汇，几不能思考，无以言说，有人称为我们这个时代患有"失语症"，从这个意义上说，现代汉语是一种"翻译"语言也并不为过，它的代价是巨大的。游离了文化上的根，既失去了汉语的纯正，

---

[1] 周作人：《谈翻译》，钟叔河编：《周作人文类编》第八卷，湖南文艺出版社1998年版，第687页。

又抑制了汉语的潜能，一个作者不知道自己到底想说的是什么，我们甚至无法表达自身的语言困境。

一九四九年以后出生的大陆的作家与学者，大多以阅读翻译文本开蒙，他们的写作资源也多是翻译文本。母语和外语没有学好的人事翻译，译文不好是自然的，读者浸读不佳的译著，重新调理母语也会遇到困难，这样的言语环境，汉语既失固有之美，又欠丰富的表达。据说是先进国家的先进思想与价值观云云，这些竟能以贫乏的欧化语言获得完整的跨文化传播吗？

刘禾认为，文化以语言为媒介，语言之间的透明互译是不可能的，也不存在文化交流的透明度：

> 当概念从一种语言进入另一种语言时，意义与其说发生了"转型"，不如说在后者的地域性环境中得到了（再）创造。在这个意义上，翻译已不是一种中性的、远离政治及意识形态斗争和利益冲突的行为。相反，它成了这类冲突的场所，在这里被译语言不得不与译体语言对面遭逢，为它们之间不可简约之差别决一雌雄，这里有对权威的引用和对权威的挑战，对暧昧性的消解或对暧昧性的创造，直到新词或新意义在译体语言中出现。[1]

有趣的是，这话在作者的英文著作汉译本中再现时，与上引文字略有差别：

> 当概念从客方语言走向主方语言时，意义与其说是发生"改变"，不如说是在主方语言的本土环境中发明创造出来的。在这个意义上，翻译不再是与政治斗争和意识形态斗争冲突着的利益无关的中立的事件。实际上，它恰恰成为这种斗争的场所，在那里客方语言被迫遭遇主方语言，而且二者之间无法化约的差异将一决雌雄，权威被吁求或是遭到挑战，歧义得以解决或是被创造出来，直到新的词语和意义在主方语言内部浮现出地表。[2]

这一译文的差别不容小觑，后引译文中的"主方语言""客方语言"是一对关键概念，前引译文中的"一种语言""另一种语言"则失去了语言的主客之分，在跨语际实践中，主客之分绝非可有可无。汉语的"主方语言"地位并不会自动建立，相反，由于西语的强势地位，使汉语在国际交往与学术交流中长期处于"客方"，

---

[1] 刘禾：《语际书写》，上海三联书店 1999 年版，第 36 页。

[2] 刘禾著，宋伟杰等译：《跨语际实践》，生活·读书·新知三联书店 2002 年版，第 37 页。

未经翻译，难获承认，这是客方语言的地位所决定的。无论从事自然科学还是社会科学，中国学者在国际学术界发表文章获取地位，以英文撰写专业论文是必不可少的，这样一来，汉语连客方语言的地位也丧失了。以英文写作，意味着要跟着英语世界的问题意识走，自己没有问题，或说中国唯一的问题，是获得世界承认的问题，怎能有自己的文化身份呢？自然科学与人文学科相比，大概不存在这个悖论。

欧化的写作，在某种层面上，大概可以归结为对于某种"世界诗歌"的想象。宇文所安认为：

> 对阅读译作的读者群的想象必将伴随着他们的写作。对一个诗人来说，这样的情形接近噩梦的边缘。……这种希望自己的作品在翻译以后得到认可的期待，导致了在诗歌写作上使用可替换的字词的压力。传统上，诗的文字依赖于在其特定语言中的使用历史，诗里的每个字应该是不能被别的字替换的。可是，使用"错误的语言"写作的诗人（即便是用像中文这样有大量人口使用的语言），不仅必须想象他们的诗歌被翻译成另一种语言，以求达到其广大程度令诗人感到满意的读者群，而且，他们还必须参与一项奇特的活动：想象出一种世界诗歌，并把自己放置在里面。[1]

话虽严苛，然而揭示了汉语新诗写作的悖论性处境。写作除了对语言本身负有责任之外，还有更多其他的责任吗？诗人须在汉语内在的要求与国际承认的压力之间做出选择，然而真正的诗人与借助诗歌的功名之辈，在此分道扬镳。

七

在翻译语言的引导下，汉语书面语，这样一步一步走到了今天。

一九五四年王力在《论汉族标准语》一文中说："至于就整个语言结构来说，汉语也有了很大的进步。现在报纸上杂志上的文章，差不多可以逐词逐句译成俄文或英文，不需要在结构上有什么大的更动。尤其是作者用马克思列宁主义武装头脑之后，语言的逻辑性和系统性更是前人所不能及。如果拿桐城派的古文和现代的好文章相比较，我们会觉得汉语有了惊人的发展。"[2]这是对报章文字的批评，还是赞扬，暂可不论，欧化的语言结构，竟然在短时间内普及到如此程度，这是令人惊讶的。

---

[1] ［美］宇文所安著，洪越译：《什么是世界诗歌》，《新诗评论》2006 年第 1 辑。

[2]《王力语言学论文集》，商务印书馆 2003 年版，第 554 页。

马列主义并不是一些超越于语言之上的普遍真理，而是实实在在的词句，晦涩的德文、俄文，包括其逻辑性和系统性，在号召全民要掌握马克思主义活的灵魂的年代里，文风上的欧化，无论如何是不可避免的。报刊杂志编辑文章的标准，就是作者的指挥棒，你在打算投稿之时，该怎么写已经是确定的了。时代文风对于每个人的影响，是笼罩性的，谁也不能逃避。或者出于作者在写作时对于"世界论文"的想象，为被翻译成俄文或英文做好了准备，或者在阅读马列的过程中，耳濡目染，习焉不察，或是已忘记了中国话该怎么说、中国文章该怎么作，以印欧语言的眼光看待汉语，时间久了，仿佛书面语天生就该洋腔洋调，人们以看待文言的方式看待欧化，或说接纳欧化，汉语的言文不一致的传统，给欧化的被容忍，铺平了道路，但于达意也许并没有更多的帮助。本书无法同意王力的判断，拿桐城派与"现代的好文章"相比，不大会有什么"惊人的发展"，与现代不好的文章比较，才会看出"惊人的发展"。

什么是汉语的好文章，这个标准真的变得与自己本来的意思相反了吗？

李长之在《文艺史学与文艺科学》一书译者序中说："语言就是一种世界观的化身，就是一种精神的结构，假若想丰富我们民族的精神内容，假若想改善我们民族的思想方式，翻译在这方面有很大的助力。我又说到德国书的长处了，那长处就是让人的精神一刻也不能松懈，紧张到底，贯彻到底，这是因为否则就不能把握。这是一个最好的训练啦，所以，我常劝人看德国书至少也要常看德国书的译文。"[1] 马克思、恩格斯是两位德国人，他们的书——四十卷本的《马克思恩格斯全集》，在过去的六十年里，在中国大陆有很大的发行量和很高的位置，特别是译文的质量，绝对是上乘的，这来自于译者的精心挑选和他们工作方式的严肃认真，经过了这样的一种德式洗礼，对于国人的思维影响几何？

章太炎云："译书当通小学。今通行文字，所用名词，数不逾万，其字无逾三千，何能包括外来新理？求之古书，未尝无新名，而涵义不同，呼鼠寻璞，终何所取？非深明小学，何能融会贯通？晋唐译佛典者，大抵皆通小学。今观玄应、慧琳二家所作《一切经音义》，慧苑所作《华严经音义》，征引小学诸书，凡数十种，可见当时译经沙门，皆能识字。而文人之从事润色者，亦知遵修旧文，而不穿凿。"[2] 佛经之翻译，持续了一千年，译者不仅精通梵汉文字，而且态度虔敬、极端谨慎。推动这一文字转译工作的动力乃是宗教热情，或者说信仰的力量。今天的翻译西典，绝大多数是功利行为，有很多直接就是商业性的，而出版机构对于译作的质量，缺乏

---

[1]《李长之文集》第九卷，河北教育出版社 2006 年版，第 130 页。

[2] 章太炎：《蓟汉三言》，辽宁教育出版社 2000 年版，第 138 页。

有效的监管。市场经济下的翻译，有一个优势，就是自然淘汰，让读者去选择。好在中国市场很大，每一种西方经典名著，目前都有不止一种译本，有的甚至多达十种以上译本，让它们去竞争，优胜劣汰，时间最终会站在优质译本的那一方。能阅读外文的读者在持续增加，购买原版书的渠道越来越畅通，从网上可以买到刚刚出版的英文小说、法文理论，订单一下，几天后就送到了手中，这实在是一个全球化的时代，在这样的时代里，读不懂外文，你的损失是多么巨大！

汉语的历史悠久，意味着积累的翻译和被翻译的经验丰富，当代精彩的译例还是有的，王道乾所译杜拉斯的小说，朱生豪之于莎士比亚戏剧，梁宗岱、屠岸之于莎士比亚十四行，傅雷之于《约翰·克利斯朵夫》，李健吾翻译的福楼拜，穆旦译的《唐璜》和普希金，汝龙之于契诃夫等，有较高的声誉。废名翻译波德莱尔（Charles Baudelaire，一八二一～一八六七）的散文诗《窗》，是一篇短小的杰作，虽然可能从英文转译而来，但比后来一些名家的译文显然要好一些：

> 一个人穿过开着的窗而看作为，决不如那对着闭着的窗的看出来的东西那么多。世间上更无物为深邃，为神秘，为丰富，为阴暗，为眩动，较之一支烛光所照的窗了。我们在日光下所能见到的一切，永不及那窗玻璃后见到的有趣。在那幽或明的洞隙之中，生命活着，梦着，折难着。
>
> 横穿屋顶之波，我能见一个中年妇人，脸打皱，穷，她长有所倚，她从不外出。从她的面貌，从她的衣装，从她的姿态，从几乎没有什么，我造出了这妇人的历史，或者不如说是她的故事，有时我就念给我自己听，带着眼泪。
>
> 倘若那是一个老汉，我也一样容易造出他的来罢。
>
> 于是我睡，自足于在他人的身上生活过，担受过了。
>
> 你将问我，"你相信这故事是真的吗？"那有什么关系呢？——我以外的真实有什么关系呢，只要他帮助我过活，觉到有我，和我是什么？[1]

---

[1] 王风编:《废名集》第一卷，北京大学出版社 2009 年版，第 10 页。

第七章 修辞思维与写作伦理

第一节 西方的修辞思维

一

西方文明对于修辞的态度始终是自相矛盾的。以卓越的口才说服听众，使他们赞同演说者的主张，甚至任其驱遣，是一项收效显著的活动，同时也潜藏着危险。从公元前五世纪的古希腊时代开始，修辞就"被界定为一门旨在进行劝说的艺术，同时也是一种能够通过言说操控人类情感、态度和行为的力量"。"修辞产生效力的心理机制是心志的内在缺陷造成对意见的依赖。"[1]美国总统大选中的电视辩论，至今仍是选战中一个相当重要的环节，候选人在公众面前的修辞表现，对于赢得还是失去选票，非同小可。两位有实力者之间，可以比拼的内容固然很多，但最富于戏剧色彩的是口头辩论。据说当年肯尼迪和尼克松辩论时，美国中上阶层已经普及了电视，下层民众在听收音机，面庞英俊的肯尼迪赢得了电视观众的青睐，而尼克松依靠雄辩的口才征服了无线电的听众。西方文明看起来赞同修辞对政治产生巨大的影响，尽管它到底是什么性质的影响，难于得出一个简单的结论。雅典执政官伯里克利（Pericles）以其卓越的言说才能，成为言文行远的典范。从古希腊时代起，修辞集中于三个公共话语领域，可谓源远流长，即属于政治修辞的审议性言说、属于法律修辞的庭辩性言说和属于仪典修辞的表现性言说。

中国人对无论哪一个层次的选举，均持谨慎的怀疑态度。对于演讲、辩论与一个人的政治才能之间的联系，亦有所保留。这倒不能归咎于国人的现代民主意识落

---

[1] 刘亚猛：《西方修辞学史》，外语教学与研究出版社 2008 年版，第 34 页。

后，习俗的力量不尽然是消极的。传统文化对于个人修辞素养的甄别，通常以书面语衡量。早在英语还没有形诸文字的时代，中国人就把天下的读书人召集起来，让他们在限定的时间里撰写文章，优胜者进入庞大的文官系统，参与国家的治理。一千三百年来，隋唐宋元明清，朝代虽然更替，科举制度文章取士的传统却沿袭不改。一九〇五年以来可称之为后科举时代，考试在中国的社会生活中依然拥有要责。孔门四科所谓的德行、政事、言语与文学，后两项与今日所谓修辞密切相关，假如不能以考试衡量，就仍然无法成为选取人才的标准。

英文"修辞"Rhetoric 一词，源出希腊语 Rhētorikē，由两个词素——表达"言说"的 rhē 和表达"艺术"的 ikē 构成。

修辞学体系的中西不同，在于西方的修辞学偏重于口语，等同于"言说的艺术"（the art of speaking）或者"说服的艺术"（the art of persuasion），而中国的修辞学重心始终在"写作的艺术"。

杨树达一九三三年出版《中国修辞学》，其《自序》云："语言之构造，无中外大都一致，故其词品不能尽与他族殊异，治文法者乃不能不因。若夫修辞之事，乃欲冀文辞之美，与治文法才求达者殊科。族姓不同，则其所以求美之术自异。况在华夏，历古以尚文为治，而谓其修辞之术与欧洲为一源，不亦诬乎？昧者顾取彼族之所为一一袭之，彼之所有，则我必具，彼之所缺，则我不能独有，其贬己媚人，不亦甚乎！"[1]"尚文为治"的"文"，乃是文字，以文字治理国家，由来已久，古人称作"目治"，以耳治事者众，以目治世者寡，目治的地位较高。在求知的过程中，也特别称颂过目不忘的阅读本领，视口耳之学不足为凭。

一九五三年，由于徐特立的推荐，杨著《中国修辞学》增订后由科学出版社再版，作者在《增订本自序》中曰："颇闻国人方欲取民族形式之文字改用异民族形式之音标为之，文字之不保，何有于修辞！然则吾今此之所为，殆不免于多事矣。"[2]感慨之沉痛，十个字胜过千言万语。

陈望道一九三二年出版的《修辞学发凡》，尽管受到了西方重语言倾向的影响，同样以研究文字的修辞为目标，他给修辞下的定义是，"修辞不过是调整语辞使达意传情能够适切的一种努力"。"修辞学就是研究修辞现象，探讨恰当运用语辞以适应各种各样题旨情境的学科……修辞学所可利用的是语言文字的习惯及体裁形式的遗产，就是语言文字的一切可能性。修辞所须适合的题旨和情境，语言文字的可能性可说是修辞的资料、凭藉；题旨和情境可说是修辞的标准、依据……凡是成功的修

---

[1] 杨树达：《中国修辞学》，科学出版社 1954 年版，第 1 页。

[2] 同上。

辞，必定能够适合内容复杂的题旨，内容复杂的情境，极尽语言文字的可能性，使人觉得无可移易，至少写说者自己以为无可移易。"[1]以语言文字并称，写说者共举，无非是想涵盖口语和书面语，但举出来的例子，也只能做到"兼顾古话文今话文"。刘大白在《修辞学发凡·序》中说："此书，就是关于修辞学的根本观念也和旧稿不同，完全换了以语言为本位。"[2]这是一个错误的判断。只要是讲汉语修辞的书，不管由谁来写，一定是以文字为本位的，杨树达的感慨是对的，离开文字谈修辞，对汉语来说不可能。

伊索克拉底认为，"良好的表达能力是具有正常头脑的最准确标志，而真诚、合法、公正的话语是善良、诚信的灵魂的外在形象"。他还说，"好的言说必须具备三种品质，即所说的话与所处的场合相适配，文体风格恰如其分，表达独具匠心"，但他认为"文字的应用则没有以上这些要求。这一点最为突出地彰显出言说艺术和文字艺术的区别"。[3]

西塞罗是较早意识到写作的训练对于修辞的重要性的人。在他之前，希腊和罗马修辞学一直以口头表达为对象和目标。西塞罗对这一传统进行了反思，他认为一个雄辩家的修辞素质离不开"长时间和大量的写作训练"。

罗马修辞学界普遍认为，口语和书面语是两种截然不同的表达方式，口语必须比书面语在表达上更加有力，还必须采用一切能取悦没有受过教育的听众的种种手段，才能有效地说服他们。昆提利安不同意这样的看法，他发展了西塞罗重视写作的观点，提出"对交流而言，使用笔杆子最费力同时也提供了最大的好处，因此我们必须尽量多写并尽可能认真地写。雄辩的根基在于写作"[4]。尽管这样，不管是西塞罗还是昆提利安，仍然是围绕着"言说的艺术"组织他们的著作。

二十世纪西方修辞学家凯姆·帕尔曼（Chaim Perelman），以他在修辞学领域的开拓性工作，促成了当代西方话语思想从"逻辑中心"向"论辩中心"的范式转换。在他看来，论辩与哲学意义上的"确证"，大异其趣。论辩不是像确证那样将结论构筑在前提的基础上，通过前提的正确性证明结论的正确性，而是力求将"受众对被用作前提的那些命题的信奉，由前提转移到结论上去"。[5]

二十世纪另一位修辞学家肯尼斯·博克（Kenneth Burke）认为，当代修辞学的

---

[1]陈望道：《修辞学发凡》，上海教育出版社 2006 年版，第 11 页。

[2]同上，第 282 页。

[3]转引自刘亚猛：《西方修辞学史》，外语教学与研究出版社 2008 年版，第 45 页。

[4]同上，第 130 页。

[5]同上，第 333 页。

兴趣并不在"知识"，而于其"方法"。在他看来，人是象征性地对环境作出反应的。"我们必须给有利和不利的功能和关系命名，以便使我们对之有所作为。在这一命名的过程中，我们形成了自己的性格，因为名称浸润着态度，而态度暗示了行动。"[1]

肯尼斯·博克给修辞的定义是，"一些人对另一些人运用语言来形成某种态度或引起某种行动"。在他看来，"人是制造象征的动物，否定的发明者，用自己创造的工具使自己与自然分离，受等级观念的驱使，因要求完美而腐坏"。[2]

修辞，就其真义，乃"致力于理解、掌握、开发和应用言语力量的一门实践"。由于这一力量的开发与利用只能在一定的社会政治环境内进行，必然导致这一环境内人与人之间的关系的再调整。肯尼斯·博克认为，人类的处境，基本上可以被看作是一个巨大的修辞情境，要理解人类在这一情境下的修辞行为，有待于修辞学及其概念的拓展。他说："如果要用一个词来概括旧修辞学与新修辞学之间的区别，我将归纳为：旧修辞学的关键词是'规劝'，强调有意的设计；新修辞学的关键词是'认同'，其中包括无意识的因素。"[3] 他指出：

> 只有我们能够讲另外一个人的话，在言辞、姿势、声调、语序、形象、态度、思想等方面做到和他并无二致，也就是说，只有当我们认同于这个人的言谈方式时，我们才能说得动他。通过奉承进行说服虽说只不过是一般意义上的说服的一个特例，但是我们却可以完全放心地将它当作一个范式。通过有系统地扩展它的意义，我们可以窥探到它背后隐藏着的使我们得以实现认同或达致"一体"的各个条件。通过遵从受众的"意见"，我们就能显露出和他们一体的"征象"。例如，演说者为了赢取受众的善意就必须显露出为受众所认同的性格征象。毋庸讳言，修辞者可能必须在某一方面改变受众的意见，然而这只有在他和受众的其他意见保持一致时才办得到。遵从他们的许多意见为修辞者提供了一个支点，使得他可以撬动受众的另外一些意见。[4]

听上去很像老子的谋略"将欲取之，必先予之"。

---

[1]［美］肯尼斯·博克等著，常昌富、顾宝桐译：《当代西方修辞学：演讲与话语批评》，中国社会科学出版社 1998 年版，第 15 页。

[2] 同上，第 16 页。

[3] 同上。

[4] 转引自刘亚猛：《西方修辞学史》，外语教学与研究出版社 2008 年版，第 346 页。

二

西方对于修辞学的根本性困境有着充分深刻的理解和讨论，对于修辞的负面影响或作为工具的中性价值取向始终有着清醒的意识，从柏拉图、亚里士多德、西塞罗、昆提利安，直至二十世纪的帕尔曼和博克，皆有精彩的论述："在巨著丛书传统中，修辞学既被称赞为一个有用的、受过教育的人们应该具备的训练，又被谴责为正派的人不应向其屈尊的不诚实的伎俩。"[1]

在柏拉图看来，修辞根本不是艺术，不过是讨好的一种形式："正如烹饪术尽力满足的是人们的味觉嗜好而不关心什么对身体有益，照柏拉图看来，修辞学的目的是使人高兴而不关心什么对灵魂或国家有益。烹饪术和修辞学是医学和政治学这样的真正的艺术的赝品或冒牌货，医学和政治学以善好而不是愉悦为目的。"[2]

不过柏拉图的修辞批判，是通过修辞手段的娴熟应用而得到实现的，这说明在公元前四世纪整个希腊的修辞水平于那一时代的人发生了渗透性的影响。正因为他自己是一位修辞的行家，所以才能一眼看透修辞的内幕。刘亚猛《西方修辞学史》评论说：

> 他对修辞方式和技巧的无情"揭发"将人们的注意力引向修辞本身往往讳莫如深的工作机制，引向"修辞效果究竟是怎么产生的"这个关键问题。它提醒人们不管修辞的结论听起来多么雄辩有力、不容置疑，这些结论终究只不过是未经确证的"意见"，总是存在着质疑的空间。它要求人们认真考虑修辞者的资格和动机，并用"真实""道义"等标准来要求、衡量和约束一切修辞活动。所有这一切为在修辞框架内逐步发展起来的"修辞批评"这一领域，即"以理解修辞过程为目的而对一切象征行为和产物进行的系统调查和解释"，提供了最初的观念基础和范式。时至今日，西方修辞批评家仍然"无可避免"地遵循柏拉图树立的样板，经常"就修辞的好坏作出伦理、道德判断"，或者从政治、意识形态角度揭示、分析和抨击修辞产物所服务的利益。柏拉图对修辞的严厉批评可以说为这门年轻艺术的平衡发展提供了必要的空间。
>
> 在任何复杂的社会形态下，正常、健康的修辞实践总是由修辞行为和对这一行为的反制和抵抗构成的一体两面。一方面，修辞者在各种目的和利益的驱使下总是尽力运用并且不断发明各种说服手段对受众施加影响；另一方面，受

---

[1]《西方大观念》第二卷，华夏出版社 2008 年版，第 1346 页。

[2] 同上，第 1350 页。

众成员总是通过洞察修辞生效的机制、审视修辞行为背后潜藏的利益动机，使自己在面对各种说辞时能够有所警惕、有所鉴别，不至于轻易为用心险恶的巧言佞词所误导和蛊惑。[1]

亚里士多德的《修辞学》，被视为西方修辞学的奠基之作。他将修辞界定为使我们"不管碰到什么事情都能发现可资利用的说服手段的那种能力"，提出"修辞者应能够证明针对任何争议的两个对立观点"，或者说针对每个议题，修辞者都必须同时掌握相互对立的两个立论和两套证明。但他强调这一基本要求并不意味着在现实生活中人们必须随时准备为"卑劣"的那一方作出有效辩护，而只是为了使修辞者具备从不同角度考虑问题、把握话语互动全局的能力。

亚里士多德还触及修辞的另一个根本特征，即只有当所采取的手段不被觉察到的时候修辞才具有充分的说服力。刘亚猛评论说："这一看法将'自我韬晦'定位为修辞进行运作并发挥效力的一个根本条件，并指出之所以如此，是因为修辞能否不暴露自己的作用方式事关修辞的根本关系即修辞者和受众之间的关系。受众只有在不觉得修辞者是在耍弄手法诱使他们作出一个可疑决定的时候才能真正被说服。而避免受众产生这种感觉的途径只能是言说者尽力将自己的修辞构思和修辞手段掩盖起来。"[2]

亚里士多德以观察家和学者的角度研究修辞，与柏拉图对于修辞持严厉的批评态度不同，也与西塞罗的实践家兼理论家身份相异。亚氏的修辞学说，在当时及随后的漫长岁月里，一直未能引起修辞学家的广泛兴趣。《修辞学》一书直至十三世纪才有了第一个拉丁文译本，十五世纪之后开始引起意大利人文学者的注意，并首次被出版，成为经典是十九世纪发生的事情。

纵观西方文明的发展史，无论是二希（希腊、希伯来）传统，罗马的共和理念，中世纪的基督教神学，文艺复兴的人文主义以及后来的启蒙运动，法国大革命，无不贯穿着高度发达的修辞思维，始终在生产着形形色色的意识形态。因此对于西方的人文社会学科包括古典学在内，或许有必要从修辞的角度冷静审视，对它宣称的真理性和普遍有效性，保持清醒、质疑，作出自己的批判。

在当代西方，修辞不仅不露声色地支撑着交流、传播、公关、广告及一切形式的宣传，为所有这些以象征手段调节大众看法和态度的行业提供了基础观

---

[1] 刘亚猛：《西方修辞学史》，外语教学与研究出版社 2008 年版，第 49 页。
[2] 同上，第 55 页。

念、总体思路和基本方法，而且在保证国家根本体制的正常运转、构筑主流意识形态、维持和增强所谓'软性权力'等事关社会和民族兴亡盛衰的要害利益上，起着举足轻重的作用。[1]

翻译西方的典籍，不是一件轻而易举的事情，精通其语言必不可少，但精通二字不容易担当得起，学习语言没有捷径，长期浸淫才能熟悉其修辞习惯、看透其背后的秘密。有时自以为读懂了含义，但许多著作既有显白义，又具隐微义，两者交织难分彼此，甚至互相矛盾构成其完整的表述，译者假如没有修辞学的高级素养及通识之才，怎么可能保证译作的质量呢？刘亚猛说："修辞历来一直同时是理解和误解、正道和邪道、说服和蛊惑、道理和诡辩的孵化器。"修辞思维不是关于修辞的知识，而是在语言运用上的见多识广、洞幽烛微的能力，老吏断狱的锐利，而读不懂书的人擅长的是把自己弄成书呆子。

人思考的媒介乃是语言，字、词、句，知识系统与价值系统，不但和言语密切相关，亦且发端于语言，体现为语言。人类的许多创造活动，皆归因于如何使用语言，或说莫不以言语求得理知，求得阐释。语言作为现象，行使观察，亦被观察。教育，意味着从无量的书面语获得无尽的资源，丰富受教育者的言说，扩大其存在的幅度与维度，以及人性的深度。

对于口语的要求，容易说清楚。其一，话要说得通，就是要让人能听懂，感到清通，母语之所以为母语，因开口说话不必思想语法，只要顺口就通，不顺口就不通，这亦是任何语言起码的要求或曰底线；其二，话要说得好，恰当、得体、简短、一语中的等，令听者如沐春风，如痴如醉，对于"好"的追求是没有止境的。写文章也是这样的两项，但比起来说话，你可以反复琢磨多次修改，考虑了又考虑，所以对文章的要求亦应更高。

人开口说话，多数场合并不深思熟虑，但实际上没有一刻离开过修辞思维。其包含之所以说话的原因，并立即关乎字句的斟酌。形式与内容，在语言中难以区分，亦不必区分，言说者的知识学养、语言技巧、情感态度、言语的自觉、语感的强弱，以及言说伦理、表述动机、预期效果、评价反思、调整调理、语境限制、言说目的的设定等，是不可分割的统一的精神／意识活动——此一全过程，无意识亦始终没有缺席，假若我们着眼于过程，就会看到无时不在的创造性言语活动，此即修辞思维。有时话已经到嘴边儿，还是没有说出来，不言也是修辞思维的一种选择。

[1] 刘亚猛：《追求象征的力量：关于西方修辞思想的思考》，生活·读书·新知三联书店2004年版，第3页。

尼采说："语言本身就是纯粹修辞游戏和手段的产物……语言之所以是修辞学，是因为它只打算传达一个见解（opinion），而不打算传达一种真实（truth）……各种修辞手段不是某种可以被随心所欲地从语言中增加或减去的东西；它们是语言的最真实的性质。根本就不存在仅仅在一定的特殊情况下才能被传达的本义。"[1]

修辞思维，实际上意味着人类思维的语言本性。无论是作为表达的语言，还是作为行为的语言，从产生的那一刻起，语言就注定是修辞性的。"我们也许改变了修辞方式，但是我们必定逃脱不了修辞学的掌握。我们不能对此抱有期望。"

修辞思维固然涉及人类已知的知识领域，但它真正的性质乃是语言的艺术，是个人得自于遗传的才能。我们驾御文字的能力，一端连着古老的传统，一端连着无根的未来。言语随时随地供人驱遣，向人暗示出种种未命名的方式，多种可能性，艺术的根，一端连着民族语言丰富的矿脉，一端连着个体鲜活的生命体验和强力意志，里尔克宣称他相信从未被言说的事情，这也是一切诗人的信条。

西方社会创发的权力机制极具自身的调节功能，比其他文明更富于想象力，因为他们有更为发达的修辞思维。福柯说："人们对权力的忍受是以权力大体上将自己的真相掩盖起来为条件的。权力的成功率与它将自己的工作机制隐藏起来的能力成正比。权力如果对自我暴露完全无所顾忌，它还会被接受吗？对权力来说，自我保密从本质上说不是一种非法行为，而是它发挥作用必不可少的一个条件。"[2]

三

基督教源自古代希伯来民族的犹太教，《圣经·旧约全书》的开篇《创世记》的核心思想，可以概括为"太初有言"，可以见出语言在这一宗教活动中的无上地位。"上帝说要有光，就有了光。""人活着不是靠食物，而是靠神所说的话。"在人类的一切修辞发明中，直截了当地赋予话语如此神圣地位的设想，并不多见。《论语·阳货》有："子曰：天何言哉？四时行焉，百物生焉。天何言哉？"《庄子》亦主张"天地有大美而不言"，《老子》走得更远，"善者不辩，辩者不善"，儒道两家或许没有把言说太当回事。《周易》中虽有"鼓天下之动者存乎辞"的说法，但亦没有将"辞"置于创世的高位上。中国人的信念，假如追本溯源，应该归结为"太初有道"，这个"道"字，包含有语言文字的意思，但不止于这个意思。

---

[1] 转引自［美］保尔·德·曼著，沈勇译：《阅读的寓言——卢梭、尼采、里尔克和普鲁斯特的比喻语言》，天津人民出版社 2008 年版，第 112 页。

[2] Michel Foucault, *The History of Sexuality*, Vol.1：An Introduction.New York：Vintage Books, 1980：pp.85-86.

《圣经·新约全书》，是以希腊文写就，作者保罗和路加等人受过良好的教育，熟悉希腊文学的各种修辞技巧，因此我们今天从《新约》文本中，可以见到大量古代希腊的修辞范例。圣保罗的书信，比如《哥林多前书》第十三章，在许多人看来，与罗马帝国的雄辩演说，毫无二致。

耶稣死后，新生的基督教在罗马帝国的希腊文化圈内秘密传播，这是充满敌意的严酷环境，主流意识形态视其为邪教组织，不仅对基督徒围剿、迫害且制造舆论，散布基督徒耸人听闻的罪行，说他们破晓时分聚会，戕害儿童，饮食血肉。从公元二世纪始，早期基督徒不得不以希腊和拉丁文撰写面向庞大异教人群的"护道文"，为自己的宗教教义和实践辩护。《圣经》注释及程式化的布道文，也是从那时开始，成为基督教传播其教义的一种基本方式。

促成基督教修辞理论的成熟，是一位成年后皈依的罗马修辞学教授。公元三五四年圣奥古斯丁生于北非的沙加斯特，他的母亲是一位虔诚的基督教徒，他自幼接受良好的修辞教育，十九岁时皈依了摩尼教，一度醉心于新柏拉图派的著作，在迦太基担任雄辩术教授八年，后在米兰担任修辞学教授，具有很高声望。基督教典籍，缺乏西塞罗式的高雅，一开始对他没有太大的吸引力，三八七年他接受洗礼，皈依基督教，后任希波主教，是古代基督教拉丁教父中著述最多者。公元三九七至四二六年间，他写就《论基督教教义》一书，以不分行业和地位的大众为接受对象，对西塞罗的修辞思想进行了成功的改造，使之适应基督教教义的要求。与希腊传统中修辞人格与实际人格的互不关联形成巨大反差，他提倡两者的一致。"没有任何表达方式能胜过真诚的描述"，他要求言说者的日常为人处事本身就必须是"一篇雄辩的演说"，"用自己的生活方式书写一篇充满说服力的文章"。

圣奥古斯丁的另一部书《忏悔录》更为脍炙人口，在书中，他对自己的行动和思想作了深刻的分析，文笔细腻生动，是晚期拉丁文学的代表之作：

> 我现在懂得圣经不是骄傲者所能体味，也不是孩子们所能领会的，入门时觉得隘陋，越朝前越觉得高深，而且四面垂着奥妙的帷幕，我当时还没有入门的资格，不会曲躬而进。我上面说的并非我最初接触圣经时的印象，当时我以为这部书和西塞罗的典雅文笔相较，真是瞠乎其后。我的傲气藐视圣经的质朴，我的目光看不透它的深文奥义，圣经的意义是随孩子的年龄而俱增，但我不屑成为孩子，把我的满腔傲气视为伟大。[1]

---

[1]［古罗马］奥古斯丁著，周士良译：《忏悔录》，商务印书馆1963年版，第41页。

《圣经》中一再重复这样的字句："你所念的你明白吗？"《圣经》阐释学逐渐发展为一门博大精深的学问，比如"最大的义，乃最大的不义"，怎么理解这句费解的话，当代神学家卡尔·巴特（Karl Barth）的解释是："人没有在别人面前客观地拥有公义的权利，他给自己披上的'客观性'外袍越大，他给别人造成的不义就越严重。"接着他以马克思挑战资本主义制度的气度质问道，"哪种合法性的根源不是非法的？"[1]

在《圣经》阐释过程中，解释的依据是什么？是《圣经》原文，抑或阐释者的理解与发现？这是一个复杂的修辞学问题，阐释者假如不能创造性地理解《圣经》文本，并把自己的生命体验和信仰感悟投射其中，无法作出能够打动信众的解释，但他在按自己的理解言说或者写作时，又怎么保证忠实于《圣经》的本义呢？巴特说："忠实原文字句何用之有，如果这忠实是以对话语的不忠实为代价？"他在其成名作《罗马书释义》中以一个最具创意的公式，表达了他对于上帝和俗世的关系的理解。

若将现存的秩序如国家、教会、权利、社会、家庭等等的总体设为：（a b c d）；将上帝的本源秩序对这总体的扬弃设为括号前的负号：—（＋a＋b＋c＋d）；那么显然，革命作为历史行为即使再彻底，也不能视为在括号前对人类秩序的总体实行全面扬弃的神性负号，而是充其量只能视为这样一种可能成功的尝试：扬弃括号内的现存秩序作为现存秩序拥有的人性正号。于是得出以下公式：—（—a—b—c—d）。

在这一公式中必须注意，括号前巨大的神性负号很快就会出乎我们意料地将括号内人擅自以革命方式抢先改设的负号重新变成正号。换言之，鉴于神人之间的局面，旧事物经革命的算法在崩溃之后会以新的形式卷土重来，而且比以前有过之而无不及。[2]

巴特在《罗马书释义》出版前言中说："保罗是作为时代之子向同时代人说这番话的。但比这事实重要得多的是：他又是作为上帝王国的先知和使徒，向所有时代的所有人说这番话的。诚然，应该注意古今之别，彼此之别。但注意旨在认识：就事情的本质而言，这些差别毫无意义。诚然，历史—批判的《圣经》研究方法不无道理，它为理解作准备，决非多此一举。但若让我在这一方法与古老的感悟说之间

---

[1]［瑞士］巴特著，魏育青译：《罗马书释义》，华东师范大学出版社2005年版，第430页。

[2] 同上，第433页。

做出选择，我会毫不踌躇地选择后者；后者的道理更伟大、更深刻、更重要，因为它揭示了理解活动本身，而离开理解活动本身，则任何准备措施均无价值可言。诚然，我为自己无需在两者之间作出选择而感到欣慰。但我的全部注意力聚于一点：透过历史事物窥见《圣经》的永恒精神。"[1]

在基督教的众多圣徒中，尼采批评得最激烈的一个人，就是圣保罗。尼采的"重估一切价值"和以"敌基督者"自居的想法，大约是将自己放在了巴特公式中括号前那个神圣的"负号"的位置上，假如这个公式仅仅是一项修辞发明的话，从根本上否定它或者取消它，至少在理论上是可能的。尼采，这个十九世纪末期年轻的修辞学教授，志在为欧洲文化寻找千年迷宫的出口，他终生批评最多的一个人，是柏拉图。在精神崩溃之前，他为自己写下的自传，定名为《瞧，这个人》（拉丁语：ECCE HOMO），这名称来自《圣经》，传说耶稣上十字架前，头戴荆冠，身披紫袍，受尽凌辱和嘲弄，罗马帝国驻巴勒斯坦总督彼拉多，指着耶稣对围观者说："瞧，这个人，他自称自己是全世界的王！"

公元三一三年的米兰赦令，等于承认了基督教的合法地位，接下来君士坦丁大帝在尼西亚召开主教会议，建立了整个教会的最高领导机构——基督教公会。基督教从一个尽受迫害的小布道团体，用了不到三百年的时间，"一跃成为罗马帝国的国教，并且最终支配了整个欧洲，在事实上控制着整个西方的公共甚至私人生活的各个方面。这一戏剧性变化固然有其极为深刻复杂的文化、社会和政治的原因，但是修辞在其中所发挥的作用是怎么估计也不会过分的"[2]。

四

出自于佚名著的《献给赫伦尼厄斯的修辞学》，成书于公元前八九至前八六年间，是保留下来最完整的罗马修辞手册。这本手册首次提出了把修辞分为五部分：修辞发明（invention），即构想出真实或大抵如此的说法，以便使所提出的论点令人信服；谋篇（disposition），即分派言说的次序，使每一点排列在什么地方一清二楚；文采（eloution），即选用恰当的词句，使之顺应所构想出的说法；记忆（memorization），即将说法、言辞以及它们的排列顺序牢牢记在心中；发表（delivery），即优雅地对声音、表情和动作加以调节。[3]

---

[1]［瑞士］巴特著，魏育青译：《罗马书释义》，华东师范大学出版社 2005 年版，第 5 页。

[2] 刘亚猛：《西方修辞学史》，外语教学与研究出版社 2008 年版，第 144 页。

[3] 同上，第 82 页。

获得上述五种能力的途径有三：理论、模仿、实践。此外，它还将话语风格分为宏大、中和、简朴三种类型，衡量风格的三个标准：得体性、整体性、卓越性。罗马的修辞思维水平，明显超越了古希腊。公元四世纪之后，由于基督教取得了在整个欧洲的支配地位，宗教化的政治秩序，取代了古典的世俗社会，西方的古典修辞传统，事实上被改头换面之后以隐形的方式在基督教的修辞体系中顽强地延续着，直至文艺复兴。

文艺复兴最重要的组成部分之一，就是修辞复兴。从十二至十三世纪的一百年中，亚里士多德的全部著作，从阿拉伯文转译成拉丁文，他的思想体系，产生了至今我们还能感觉到的影响。成立不久的巴黎大学，迅速成为亚里士多德的研究中心。

意大利人文主义者认为，西方最初的学科是修辞学，而不是哲学。人有了语言，才有了理解世界的途径。文艺复兴前后两百多年，修辞学始终是西方教育的中心学科。维科（Giambattista Vico，一六六八～一七四四）认为语言使人的存在形成秩序，人从无意义之中创造意义，进而创建了社会。他将修辞视作一切艺术的核心，是人理解世界的关键。

培根说，"数学的和政治的表达风格之间有很大的不同"。他显然在谈论此两门差异极大的学科的修辞方式。用修辞思维去考察人类的知识体系和学科划分，是一件饶有趣味的事情。

"在每一个主题或学问领域里，都有一个在交流思想的过程中如何使语言最有效地给人启发或使人信服的共同问题。这个问题不仅出现在组织一整篇话语中，也出现在写一个单一的句子中。"[1]

欧几里得写作《几何原本》的方式，是一种展示的风格，不仅有逻辑的特征，还有修辞的特征。欧几里得的这种修辞方式，别的作者、别的学科也可以借用。我们在斯宾诺莎的《伦理学》和牛顿的《自然哲学的数学原理》中，就看到了对这一来自于几何学的修辞方式的精彩运用。

欧洲中古时代的"烦琐学派"（Scholastic）把修辞学列为"七艺"之一，与文法、逻辑、天文、算术、几何、音乐并列。其中文法、逻辑与修辞属于低级学科（the trivium），后四种属于高级学科（the quadrivium）。今天看来，低级学科的重要性，要远远超过高级学科。

文法不仅明显存在于语言中，而且以隐身的方式存在于人类社会的诸多事务之中。照本维尼斯特的一种直观的说法，语言的结构即为社会性本身。结构主义方法

---

[1]《西方大观念》第二卷，华夏出版社 2008 年版，第 1354 页。

从语言学里诞生之后，迅速扩延至几乎所有的人文社科领域，根源即在此。逻辑是思维的规则，属于确然性的领域，修辞则是或然性的领域，正因为两可，才存在说服。近代科学以寻求确然性为其旨归，所以科学主义在欧洲的兴起，伴随着对于修辞思想的压抑。

从十七世纪开始，大约三百年的时间里，欧洲思想受科学实证主义的笼罩，科学与理性占据了新的高位。在笛卡儿、康德、洛克等启蒙思想家的推动下，人们普遍相信，人类借助与生俱来的理性感知官能，通过对语言的合理使用，能够在所有领域获得"确定无疑的知识"，科学思想坚信，"现实"（reality）作为客观存在，不仅可以被认知，且亦能够被正确地表述。据此信念，"客观真理"被建构起来，并成为人们普遍接受的信条，成为欧洲教育的中心学科，修辞学被彻底取代了。

二十世纪中期之后，"理性与科学"主导的西方智力环境发生了剧变，修辞学重新抬头，启蒙话语本身，就是一种修辞，甚至是意识形态，必须被置于研究者的审视之下。人类的真实观也发生了巨大的变化。对于"真实是什么"？尼采回答说："是一群移动的隐喻、换喻和拟人说，总之是人类关系的总结。人们正从诗学和修辞学上对这些人类关系加以理想化、更换和美化，直至在长期反复应用之后，人们感到它们已经可靠、规范和不能废除。真实是其假象性已经被遗忘的假象，是已经被用尽、丧失其特征、现在仅作为金属品而不再作为硬币起作用的隐喻。"[1]

认知又是什么呢？尼采说："是'解释'，赋予意义，——不是'阐明'（在大多数情况下是对一个古老的、变得不可理解的、现在只是一个符号的解释的新解释）。事实构成是不存在的，一切都是流动的、无法牢牢把握的、向后退去的；只有我们的看法是最持久的东西。"[2]

五四先驱向西方寻求真理之际，最先遭遇的学术系统正是科学的"认识论"，确认其为真理，或曰"确定无疑的知识"。在科学认识论者看来，真理与知识普遍有效，与表述它们的言语基本无关，而且能跨越文化，直达真实。西方这一十八世纪的真理观和知识观，在西方当时的语境下，自有其历史必然性，五四先贤未加审视而引入，奉为德赛二先生，以为改造中国的旗帜则可，倘若视为真理，并以之为鹄的，判断中国历史的是非与现实的走向，差错则不可避免。五四运动之发生距今近百年了，我们今天对于西方的认识，确有超过前人之处吗？翻译的西方典籍增加了数百倍，普通民众皆能出国旅行，留学欧美成为青年人接受高等教育的平常途径，

[1] 转引自［美］保尔·德·曼著，沈勇译：《阅读的寓言——卢梭、尼采、里尔克和普鲁斯特的比喻语言》，天津人民出版社 2008 年版，第 118 页。

[2] ［德］尼采著，维茨巴赫编，林笳译：《重估一切价值》上卷，华东师范大学出版社 2013 年版，第 147 页。

国际会议，商业交流，没有停息，但要透过种种修辞的迷雾，越过意识形态陷阱，读懂西方文化并不容易。美国人征服全球据说有三大利器——美元、美军和美国的价值观，秣马厉兵与人民币坚挺之外，砥砺我们的修辞思维，何可少也？

<h1 style="text-align:center">五</h1>

概念、判断、推理和以此为基础的三段论，是亚里士多德理论的核心，也是西方形式逻辑的基础，前提为真，结论即推为真，这一论断，长期被视作人类思维的普遍形式，但它产生于印欧系语言结构，离开印欧系语言，未必亦能奏效。三段论思维着眼于概念的外延，以外延确定类的种属关系，离开这一种属关系，思维即不成其为思维。印欧语语法框架建立于命题结构，它的公式可以表述为"A 是 B"，这里的"是"，指在语法结构中主谓语之间的关系一致。这关系，事关印欧语语法结构的"纲"，其他规则直接间接受这一"纲"的控制——印欧语的深层语法，此之谓也。

亚里士多德将现实区分为十个范畴：实体、性质、数量、关系、地点、状态、情景、动作、被动、时间。其中实体乃本质，其他九个范畴用以表述实体的偶有属性。对此，傅斯年的观察异常敏锐，他说："亚里士多德的所谓十个范畴者，后人对之有无穷的疏论，然而这是希腊语法上的问题，希腊语正供给我们这些观念，离开希腊语而谈范畴，而范畴断不能是这样子了。"[1]

思维方式与思维能力，是两回事。思维能力乃人类各文明所共有，但它应当是以不同的思维方式呈现出的。五四时代的偏颇，大概是将西方式的思维方式，误作普遍的思维能力了。

作家韩少功说："我不知道是欧洲公理化思维造就了他们的语言，还是他们的语言促成了欧洲的公理化的思维，但欧洲文化的遗传特性，在理论语言中表现得特别明显。简单地说，这构成了一张言必有理的逻辑之网，却不一定是一面言必有据的生活之镜。形而上学，理性主义，乃至经院哲学，在这种语言里水土相宜，如鱼得水，似乎只能在这一类的语言里，才能获得抽象不断升级和逻辑无限演绎的可能。"[2]

西方二十世纪的语言学研究，有一个同质语言学向异质语言学的转向。从结构主义至生成语法，出于同质语言观，认为语言是形式的，不是实质的，因而重形式研究，轻意义研究，强调语言作为共时的、自足的系统，尽可能排除来自外部的干

---

[1] 参见周法高：《中国语文研究》，株式会社中文出版社 1970 年版，第 147—148 页。

[2] 韩少功、王尧：《语言的工具性与文化性》，朱竞编：《汉语的危机》，文化艺术出版社 2005 年版，第 241 页。

扰因素。二十世纪六十年代后，菲尔墨（Fillmore）、兰姆（Lamb）、雷科夫（Lakoff）等人转向异质语言研究，试图打通语言和言语、内部与外部、历时和共时等因素，或许正是这一学术进路，启发了中国的字本位理论。

徐通锵认为："语义的生成规则不受'A 是 B'那种反映种属关系或上下位概念关系的规则的支配，完全是由此及彼的一种联想；只要语言社团能在两种事物之间建立起联想关系，就能以此喻彼，用 A 指 B，使 A 具有新的意义。"[1]他认为汉语的思维方式是隐喻式的，语义的生成基于这种隐喻式的思维。

譬如说"形"和"神"这对中国哲学概念，何曾有人定义过究竟何为"形"、何为"神"，然而"形""神"之说所以奏效，乃是因为可以将比喻作为例证。桓谭喻之为"精神居形体，犹火之燃烛矣"；王充的说法是"人之精神，藏于形体之内，犹粟米在囊橐中也"；嵇康则以为"精神之于形骸，犹国之有君也"；范缜曰："形之于质，犹利之于刃；形之于用，犹刃之于利。利之名非刃也，刃之名非利也；然而舍利无刃，舍刃无利，未闻刃没而利存，岂容形亡而神存？"徐通锵将汉语的这种思维习性归纳为"A 借助于 B，从 A 与 B 的相互关系中去把握、体悟 A 和 B 的性质与特点"，他称这一公式可以是汉语研究的方法论基础，使人联想到以色列哲学家马丁·布伯"我与你"这样一对哲学概念，他们与此一公式有怎样的联系，在两个主体之间，我们是强调同一，还是强调差异呢？

西方哲学在语言中还有一个奠基性、决定性的范畴——动态的系词意义，希腊文是 einai，英文乃 to be，德文为 sein，兼有表真、存在、方位等多层含义，汉语却难以找到对应词语，译为"是""有""存在""存有"，皆似不确。据王力的研究，"是"自东汉后就自觉作为系词，但并不具有上述西文词语的动态性。古希腊、中世纪直至近现代，西方哲学虽则派系纷繁，但于 einai（to be，sein）的理解与诠释，乃各派有所差异的理据根源。据说，海德格尔与胡塞尔的分歧，就在对于 einai 的不同理解上。

黑格尔说："一个有文化的民族竟没有形而上学——就像一座庙，其他各方面都装饰得富丽堂皇，却没有至圣的神那样。"[2]这是黑格尔的偏颇，世界上本有各种各样的神庙，也同样有各种各样的神，构成诸神的世界。在一神论者看来，只有他自己的神才是神，其他的神皆是偶像。古代希腊、罗马皆信奉多神，有时还将异邦的神接纳为本地神，例如古埃及司生育之女神伊西斯（Isis），古波斯光明之神密特

---

[1] 徐通锵：《汉语结构的基本原理：字本位和语言研究》，中国海洋大学出版社 2005 年版，第 222 页。

[2]［德］黑格尔：《逻辑学》上卷，商务印书馆 1965 年版，第 2 页。

拉（Mithra），在罗马帝国时代就曾被引进。

"每一语言里都包含着一种独特的世界观"，洪堡特认为，摆脱一种语言世界观的束缚，唯一的良方，是熟练掌握另一种语言，以一种以上的语言，辅助思维。德国语言学家魏斯格贝尔（L. Weisgerber）的看法是，语言和语言的差别，隐含着巨大的哲学意义、语言学意义、文化史意义，甚至美学与法学意义，他指出了每种具体语言世界观的片面性和某种主观性：

> 假如人类只有一种语言，那么，语言的主观性就会一成不变地固定认识客观现实的途径。语言一多就防止了这种危险：语言多，就等于实现人类言语能力的途径多，它们为人类提供了必要的、多种多样的观察世界的方法。这样一来，为数众多的语言就以其世界观的丰富多样同惟一的一种语言不可避免的片面性对立起来，这也就可以防止把某一种认识方法过高地评价为惟一可能的方法。[1]

理解西方"形而上学"开初的一步，要在上述奠基性范畴上下功夫，否则无从谈起。语言文字是文化的根系，追究文化的种种异质性，莫不缘起于文字的差异。仅仅阅读西方哲学的中文译著，会发生大的偏差，须从源头处考虑文字的可译性，正视哲学概念、范畴和体系与语言之间的共生关系，才是正本清源的工作。[2]

六

一九七一年美国出版的《修辞学的前景》（*The Prospect of Rhetoric*）一书，将修辞界定为"象征或象征系统借以对信念、价值、态度和行为产生影响的那个过程"，修辞研究可以采纳包括"哲学、历史、批判、实证、创造（文学）和教育"等方法。这一过于广阔的范围，和几乎无所不用的方法，事实上取消了修辞学作为学科的传统领地，依照这一定位，修辞学研究应当根据具体场合和需要，对流通中的各种方法随意征用、予取予求，不拘泥于任何具体的模式和体系。理查德·麦克基恩（Richard Mckeon），试图说得简短些，他认为修辞是一门"关于基本建构的艺术"（an architectonic art），它使得"所有跟知、行、造相关的原理和产物获得了它们的结构

---

[1] 转引自［苏］兹维金采夫著，伍铁平等译：《普通语言学纲要》，商务印书馆1981年版，第337页。

[2] 清华大学哲学系与中华全国外国哲学史学会所编《BEING 与西方哲学传统》一书，是此工作的重要收获，于2002年出版。

形态"。[1]从表述上看,不仅脱离了语言这个基本范畴,而且距离 Rhetoric 一词的本义过于遥远了。汉语的"修辞思维"四字,既明确清晰,又抓住了要害。

修辞手段不是语言的派生的、边缘的或反常的形式,而是典型的语义学范例。比喻结构不是其中的一种语言模式,而是它就照这样来体现语言的特征。修辞思维,言明的是语言的此一修辞本性。凡使用语言处,俱离不开修辞思维,区别只在于有没有意识到,任何学科概莫能外。

譬如说"个体化"这个概念,在哲学、社会学、历史学、心理学、教育学、人类学当中,皆不得不处于核心地位,但它的产生实际上是缘于一种修辞上的需求,保尔·德·曼认为:"个体化概念,即作为有特许的观察点的人类主体的概念仅仅是隐喻而已。人类凭借隐喻将自己对世界的解释强加于整个宇宙,用一种令他的空虚得以释明的以人类为中心的意义替代一种将他归结为宇宙秩序中的纯粹昙花一现的偶然存在的意义,从而免得自己成为一个微不足道的生灵。隐喻替代是反常的,但人们自我如果不犯这个错误就不可能存在。当自我面临它的非存在的事实时,它将会遭到毁灭,就像一只昆虫被吞噬它的火舌烧毁一样。"[2]

刘亚猛说:"西方话语传统赋予'rhetoric'的任务不仅是研究如何更好地表达先已存在的思想,而首先是研究如何根据面临的'修辞形势'产生、发掘、构筑和确定恰当的话题、念头、主意、论点,也就是说,产生和确定按语境要求'该说的话'或该表达的思想。在西方修辞学家看来,产生并游离于具体语境之外,修辞完全没有染指,因而浑然无雕饰的'纯思想'从来就不曾存在。任何念头或想法的萌发都意味着修辞的参与并在其中发挥关键作用。"[3]

这实在是修辞思维的洞见,超越了对修辞学功能的认识,直探人类诸事务的修辞情境。正所谓"微而显,志而晦,婉而成章,尽而不汙,惩恶而劝善"[4]。

尼采说:"只要一个人在世界中寻求真实,他就处于本能的支配之下:他需要快乐,不需要真实;他需要相信真实和这个相信所产生的快乐效果。"德·曼在引用了尼采的这段名言之后说:"唯有能将整个世界设想为外观的艺术家才能不受本能的支配思考真实:这导致自由而轻松的情感,这个情感是一个摆脱了指称真实的束缚

[1] 转引自刘亚猛:《当代西方修辞学学科建设:迷惘与希望》,谭学纯、林大津主编:《修辞学大视野》,海峡文艺出版社 2007 年版,第 127—128 页。
[2] [美] 保尔·德·曼著,沈勇译:《阅读的寓言——卢梭、尼采、里尔克和普鲁斯特的比喻语言》,天津人民出版社 2008 年版,第 118 页。
[3] 刘亚猛:《追求象征的力量:关于西方修辞思想的思考》,生活·读书·新知三联书店 2004 年版,第 3—4 页。
[4] 《左传·成公十四年》,转引自杨树达:《中国修辞学》,科学出版社 1953 年版,第 1 页。

的人所特有的，亦即最近巴特所谈到的'能指的解放'。"[1]他指的是法国符号学家罗兰·巴特（Roland Barthes）。能指与所指是索绪尔的概念，对于有声语言来说，他把符号看作是音响形象与概念的结合，其中音响形象是符号的"能指"，概念就是"所指"。如果从有声语言，扩大到书写语言，符号就成为书写标志与概念的结合。罗兰·巴特倒是宁愿暂时终止书写与概念的结合，结合的前景是可以预料的，那便是单词。为了停留在符号的书写层面上，他选择了埃尔泰的字母表。画家埃尔泰用女人体绘制的一个一个的单独的字母，"先于单词的不稳定状态而存在：它独自去寻求发展，不是向着它的姐妹们发展（沿着句子），而是向着它的个体形式的无休止的隐喻发展：这是真正诗性的途径，该途径不通往话语、不通往逻各斯，不通往系统，而是通往无止境的象征"[2]。

能指脱离所指的控制，或者说不再为所指服务，它想是它自己，是它自己的一个形体，可以被书写、被识别，但拒绝立刻被编入单词之中。"字母表的能力便是：重新找到字母的某种自然状态。因为字母如果是单一的，那么它就是淳朴的：当有人排列字母以使之成为单词的时候，错误也就开始了。"[3]

在本书看来，罗兰·巴特的种种文本实践，以及德里达对于书写的强调，事实上不过是在寻求一种新的修辞手段，修辞思维的拓展，差不多已经穷尽了拼音文字的所有可能性，假如从书写上或者视觉上下功夫寻找，未必不能找出点什么。但西方的语言终究是声音中心主义的，修辞活动的主战场，还是在语言，硬在文字上、字母上挖掘，也不过止于对 S/Z 的有限联想和发挥罢了。罗兰·巴特关于"声音的编织"的论述，比他的字母论述精彩许多：

> 每个符码都是一种力量，可控制文，都是一种声音，织入文之内。在每个发音内容旁边，我们其实都能说听到了画外音：这就是种种符码：在编织之中，种种符码（声音）的起源在一大片已写过的透视远景中"失落"，它们亦迷失了发音行为的起源：众声音（众符码）的汇聚成为写作，成为一个立体空间，其中，五种符码、五种声音交织：经验的声音（布局符码），个人的声音（意素符码），科学的声音（文化符码），真相的声音（阐释符码），象征的声音（象

---

[1]［美］保尔·德·曼著，沈勇译：《阅读的寓言——卢梭、尼采、里尔克和普鲁斯特的比喻语言》，天津人民出版社 2008 年版，第 121 页。巴特原话是"能指的解放，对唯心主义压抑的反抗，发动差异和欲望的力量来对抗认同的法律和秩序"。

[2]［法］罗兰·巴特著，怀宇译：《显义以隐义》，百花文艺出版社 2005 年版，第 123 页。

[3]同上。

征符码）。[1]

在这众声喧哗之中，意识形态的声音，由于高强度和高渗透性，总是显得特别刺耳，称之为我们这个时代最流行最普遍的噪声，亦不为过。置身语言之中的人，是无法远离意识形态的。"某种无情的局域（topique）将语言的生命管住了；语言总是出自某个场合，它是作战的地方（topos）。"[2]罗兰·巴特的写作，可以视作克服意识形态的个人化努力。

"我自说自话的语言，不是我的时代的语言；它自然地遭到意识形态迹象的蹂躏；如此，我就必须与这语言作斗争。我写作，因为我不想要我得到的词语：出于摆脱之因。"[3]

在一切有组织的地方，首要的工作便是统一语言，中西古今皆然。一九七四年，巴特曾经访问过中国，行程是北京—上海—南京—洛阳—西安—北京，正值"批林批孔"运动，对于在中国的见闻，他"拒绝使用政治语言谈论"，"人们的感觉是，巴特悬置了所有的意见，搁置了一切判断性思考"。[4]《中国行札》是在他一九八〇年去世后才发表的。

罗兰·巴特是批评家，在他的著作中，除了论述字母外，还详析了许多精心挑选的法文单词，也有完整的文学作品的解读，比如巴尔扎克的小说《萨拉辛》，及于绘画、摄影等图像的评论。在本书看来，最能体现他解构功力的，是其对于句子的理解和认识。"'每一意识形态活动均呈现于综合地完成了的语句形式中。'也可以从相反的方向来理解朱丽叶·克里斯特娃的这一命题：凡是业已完成了的语句均要冒成为意识形态之物的风险。实际上，恰是这完成之力，解释了句子的权力和标志，似乎具有着最重要、最高昂的赢获与征服的手段，这是句子的原动力。"[5]

格言在被传诵的句子中一向地位显赫，尼采和鲁迅的格言写作给德语和汉语留下了丰富的感受。罗兰·巴特认为，一切写作都只能是片段式的，但对于使用格言体，他始终心存疑虑，下面的文字是其关于格言的"格言"：

他在这本书中完善着一种警句声调（我们，人们，总是）。然而，格言在

［1］［法］罗兰·巴特著，屠友祥译：《S/Z》，上海人民出版社 2000 年版，第 85 页。

［2］［法］罗兰·巴特著，屠友祥译：《文之悦》，上海人民出版社 2002 年版，第 39 页。

［3］同上，第 51 页。

［4］埃里克·马尔蒂著，胡洪庆译：《罗兰·巴特：写作的职业》，上海人民出版社 2011 年版，第 1 页。

［5］［法］罗兰·巴特著，屠友祥译：《文之悦》，上海人民出版社 2002 年版，第 62 页。

有关人的本性的一种本质论思想之中受到了损害，它是与古典的意识形态连在一起的：它是言语活动的最为傲慢的（通常是最为愚蠢的）形式之一。为什么不放弃它呢？像以往一样，其原因在于情感方面：我写作一些格言（或是概述其意念），为的是使我放心：在出现一种精神混乱的时候，我借助于确信一种超越我的固定性来减轻这种混乱："实际上，总是这样"：于是格言就诞生了。格言是一种句子名词，而命名则是使平静。此外，这种情况也是一种格言：格言可以减轻我在写作格言时对于出现偏移的担心。

（X 的电话：他向我叙述他的度假情况，但丝毫不询问我的度假情况，就像我两个月以来不曾动一动地方一样。我在其中看不到任何的不关心；我看到的更可以说是表明一种辩解：在我不在的那个地方，世界是静止的：格言的静止性正是以这种方式来使疯狂的组织安静下来。）[1]

这段文字中，巴特的修辞手段包括对于冒号、括号的使用，对于某些文字的加重以及说话般的口吻，大约还包括一些特殊词语的挑选，使细微的差别得以显示（"出辞气，斯远鄙倍矣"）。由于作者无力释读法文原著，无以辨析其用词造句，作进一步的评论。

第二节　在修辞立诚和方便法门之间

一

关于修辞，在中国历史上有若干不容置疑的伟大教条，经过百千年的传扬，早已深入人心，但认真考量一番，又未必真能一一遵守实行：

（一）草创之、讨论之、修饰之、润色之。（二）微而显，志而晦，婉而成章，尽而不汙，惩恶而劝善。（三）其旨远，其辞文，其言曲而中。（四）不辞费。（五）辞达而已。（六）物相杂，故曰文。（七）立象以尽意，设卦以尽情伪，系辞以尽其言，变而通之以尽利，鼓之舞之以尽神。（八）言以足志，文以足言；不言，谁知其志！言之无文，行而不远。（九）志于道，据于德，依于仁，游于艺。（十）

[1]［法］罗兰·巴特著，怀宇译：《罗兰·巴特自述》，百花文艺出版社 2002 年版，第 160 页。

兴、观、群、怨。以上所列，举例而已，详细讨论，俟诸他日。

其中首要的信条乃是"修辞立其诚"。

《周易·文言·乾卦》"九三"曰："君子终日乾乾，夕惕若，厉无咎。何谓也？子曰：君子进德修业。忠信，所以进德也。修辞立其诚，所以居业也。知至至之，可与几也。知终终之，可与存义也。是故居上位而不骄，在下位而不忧，故乾乾因其时而惕，虽危无咎矣。"[1]这是汉语文献迄今所见最早的"修辞"一语。

唐孔颖达《正义》云："修辞立其诚，所以居业者，辞谓文教，诚谓诚实也。外则修理文教，内则立其诚实。内外相成，则有功业可居，故云居业也。"[2]孔颖达的解释，并没有把立诚当作对于修辞的要求，反以内外之别，明确地区分了两者。"外则修理文教，内则立其诚实"，分明是并列的两件事，虽然以"内外相成"把它们联系起来，但后世的理解——"以立诚的态度修辞"还是明显脱离了本义。

金景芳《周易讲座》的解释是："为了进德修业，所以终日乾乾，夕惕若。怎么样进德呢？忠信，所以进德也。《论语》说'主忠信'。说：'为人谋而不忠乎，与朋友交而不信乎，传不习乎？''修辞立其诚，所以居业也'，是说居业离不开修辞，但修辞还要立诚立信。"[3]

罗根泽认为："这可以说是十足的儒家学说。虽则只是短短的几句话，却影响了后来的载道派的文学观。我们应当注意者，是它所谓'立诚'是以'居业'的，而'居业'又是与'进德'并举的。"[4]

联系上文《周易·文言·乾卦》"九二"之中的"庸言之信，庸行之谨。闲邪存其诚，善世而不伐，德博而化"的意思，在这里"立诚"与其说是专对"修辞"而言，还不如说是"进德居业"的前提条件，是"闲邪存其诚"的深化。从大的语义环境来看，修辞和立诚，皆是为了进德居业，因为乾卦处在九三位上，以刚居刚，上不在天，下不在田，只有因时而惕，才能虽危无咎。金景芳和罗根泽以周易研究、文学批评两个不同学科的眼光看这段话时，皆注意到了这一点。

依照今人的一种解释，"修辞立其诚"有这样两重含义，即"立言修辞内容的真实和立言修辞态度的忠信"，"以道德修养为前提，以言行一致为准绳"。[5]这与西

---

[1]《周易·朱熹注》，上海古籍出版社1987年版，第3页。

[2]转引自周振甫：《中国修辞学史》，江苏教育出版社2006年版，第18页。

[3]金景芳著，吕绍纲整理：《周易讲座》，吉林大学出版社1987年版，第112页。

[4]罗根泽：《中国文学批评史》第一卷，中华书局1958年版，第54页。

[5]陈光磊、王俊衡：《中国修辞学通史·先秦两汉魏晋南北朝卷》，吉林教育出版社1998年版，第7页。

方修辞作为"说服的艺术"在根本的指向上，有着明显的差异。

周振甫的解释亦大致相同，他说："修辞要建立在真诚上，文辞是表达情意的，修辞就是把自己的情意用文辞来表达，像一台天平，一头是情意，一头是文辞，两者要做到轻重悉称，没有偏重偏轻的毛病，这就是修辞立诚。文辞同情意是否轻重悉称，只有自己最清楚，所以要靠自己的立诚，才能做好修辞工作。"[1] 这是知书达理有真气节之士的秘密天平，它依靠道德自律来称量货物投桃报李。我们也常常阅见现代汉语有一些漂亮修辞下掩映的狭隘卑鄙，往往并不自律，这已是题外话了。

"内容的真实"和"态度的忠信"未必合乎古人的原意，至于"道德修养，言行一致"云云，就相距更远，但却是今天通行的看法。而这一看法并非没有来由，孔子对"忠信"的提倡，儒家对"文以载道"的主张，早已是中国文化之中突出的意识形态信条了。对于人文社会科学诸领域的所谓学术研究，往往以具体问题入手，以赞同或者归顺各种意识形态结论告终，仿佛不如此不足以证明真理的伟大和万川归海的事实重于泰山。

《论语·宪问》云："子曰：有德者必有言，有言者不必有德。"[2] 孔子明确否定了言与德，即修辞和立诚之间的必然联系。《论语·为政》云："子曰：视其所以，观其所由，察其所安，人焉廋哉？人焉廋哉？"[3] 孔子相信通过观察可以了解一个人的真实面目，但观察的对象是其"所以""所由""所安"，而非"所言"，他当然知道听其言不如观其行来得可靠。

《礼记·表记》曰："子曰：情欲信，辞欲巧。"对于情和辞，分别以不同的要求和标准去衡量，这意味着孔子对于做人和作文，早已分开考量。而且情之信否，辞之巧否是两码事，不构成因果关系，但偏偏今天的许多人要混为一谈。

修辞和增进道德上的善，两者之间的复杂关系无疑是修辞的根本性的困境，此一困境需要深味修辞的人来诠释详析其诸多例证，包括求证于希腊罗马的古典修辞及西方当代修辞，若仅以一句含混的"修辞立其诚"将此一窘境掩盖起来糊涂过去，并不可取。

二

汉语简短，成语众多，一旦某个语句警策醒目，脱颖而出，便不再受原来语境

---

[1] 周振甫：《周振甫讲修辞》，江苏教育出版社 2005 年版，第 11 页。

[2] 杨伯峻：《论语译注》，中华书局 1980 年版，第 146 页。

[3] 同上，第 16 页。

的约束，而获得了独立的意义。"修辞立诚"甚至很早就成了古人的一种信念，当然不是唯一的信念，与之相反的信念，始终存在，只不过处于被压抑的状态，成了社会的无意识。

王充《论衡·超奇》曰："实诚在胸臆，文墨著竹帛。外内表里，自相符称。意奋而笔纵，故文见而实露也。"

韩愈《答尉迟生书》曰："夫所谓文者，必有诸其中，是故君子审其实。实之美恶，其发也不掩。本深而末茂，形大而声宏，行峻而言厉，心醇而气和。"[1]

《礼记·表记》曰："是故君子耻服其服而无其容，耻有其容而无其辞，耻有其辞而无其德，耻有其德而无其行。"严厉批评一个人言不顾行，行不顾言，恰证明了言行不一辞巧情伪的普遍存在。

对于修辞者的道德要求，并不能代替修辞行为本身，即使有了一己之诚，也不能保证"辞"之必"达"。道德修养与修辞素养是两件事，其关联委婉复杂，孔子的前半句"有德者必有言"，亦未必完全成立。

在今天的修辞学语境下，"修辞立诚"四字假如还可以讲得通的话，可以把它解释成"没有任何表达方式，能胜过真诚的自然流露"。进一步的解释，是需要区别修辞人格与修辞者的实际人格，意思是通过在文本中建立某种"真诚"和"人格"打动读者，是一种有效的修辞方式，在某种条件下，甚至比别的修辞方式更有效。但作者综合运用修辞手段建立于文本之中的"真诚""人格"，并非作者本人存在于文本之外、实际生活之中的"真诚""人格"，两者可以一致，也可以不一致。修辞学关注的乃是"修辞人格"的建立。

"修辞立诚"的古老信念，可以简要地表述为"修辞先立诚，作文先做人"。这当然已不是一个修辞学命题了，它包含着中国文化的奥秘，不能轻易放弃。

"修辞立诚"，此"诚"字是中国文化的核心词汇，就其重要性而论，大概只有"道"字能与它相类。在修齐治平的八纲目中，"诚意"乃是一个人成人之起始的关键环节，"格物而后知至，知至而后意诚，意诚而后心正，心正而后身修，身修而后家齐，家齐而后国治，国治而后天下平"。

《四书集注》于"诚意"的解释非常详尽："所谓诚意者，毋自欺也。如恶恶臭，如好好色。此之谓自谦。故君子必慎其独也。小人闲居为不善，无所不至，见君子而后厌然，掩其不善而著其善。人之视己，如见其肺肝然，则何益矣。此谓诚于中，形于外。故君子必慎其独也。曾子曰：'十目所视，十手所指，其严乎！'富润屋，

---

[1]《韩愈集》，岳麓书社 2000 年版，第 199 页。

德润身，心广体胖。故君子必诚其意。"[1]

李卓吾《四书评》指出："此篇文字极精，《大学》枢要全在于此。先儒以为人鬼关，王阳明亦说《大学》之道诚意而已矣，都是有见之言。但其中线索尚未经人摘破，今为一一言之。劈头'所谓诚意者，毋自欺也'二语，大旨了了。'如恶恶臭'三语，不过足此二语耳。下面便教人'慎独'，又把'小人闲居'一段描写自欺光景。'此谓诚于中'以下，转说到'诚意'上来。'十目所视'三语，正是'慎独'工夫，'诚中'光景，吃紧处全在于此，非泛泛引证语已也。下面'富润屋'三语，不过指点形外景象一番。故末句又急急收到'诚意'上去，不是'诚意'最为《大学》一书枢要乎！"[2]

刘宗周之学，围绕"诚意"此要害而建立，所谓"意根最微，诚体本天"，"《中庸》诚身，《大学》诚意"，后被牟宗三称作"诚意之学"，而蕺山本人，也在明亡之后投水自尽，以死明志，实践了自己的学说，此不详论。

本我的"恶恶臭""好好色"不学而能，不教自会，乃是一种本能；超我是"十目所视，十手所指"下形成的道德主体，无论君子抑或小人，俱无所逃于天地之间，但说到底，这是一种外在的道德压力，与发自内心的"诚于中"不相干。处于本我和超我之间的自我，受到内外两边的夹击，去做"慎独"的功夫，本我特别强大难以摆脱的那部分人，就成了小人，迫于社会压力，不得不装成君子的模样儿，剩下一条路可走——伪君子。另一些天资卓异之士，经过艰苦磨砺，克服了本我，达到了超我的崇高目标，从一己之小我，进入天地境界的大我之中，成为真君子，乃至圣贤，这是中国历史上真正的文化英雄，至少不是如今之媒体式修辞打造出来的诚意者与兵家。人既有身，不能将本我排除干净，因此做真君子比做伪君子困难得多。有私心杂念不让别人看到易，不使自己看见却难，"毋自欺"三字，真正才是"吃紧处"。

对于行仁义和以仁义行的辨别，乃是对于真善和伪善的区分，从道德文章上分辨此两者，已经是少数人的学问才可以达到的境界了。

在社会生活中伪善的通行与真善的四面楚歌是稍有阅历者明白的必然现实。人既是道德主体，又是利益主体，利益的得失与道德上的得失相冲突时，多数人会放弃道德而跟从利益，他们这样做的时候，甚至根本就没有觉得付出任何代价，因为道德的评判，除去一己之良知外，更无另外的法庭，社会舆论可以用伪善去应对，从功利角度看，伪善是成本最低的"善"。宋儒对于诚的大力提倡，导致诈伪的横行于世，这当然不能说是提倡者的过错。王阳明说《大学》是诚意之学，但明清两朝，《大学》以及《四书》始终是科举的教科书。《大学》章句的普及和诚意精神的衰亡，

---

[1] 朱熹：《四书集注》，岳麓书社 1985 年版，第 10 页。

[2] 李贽：《四书评》，《李贽文集》第五卷，社会科学文献出版社 2000 年版。

形成鲜明的对比。从文章的角度看,八股文于格律声色的讲究,巧则巧矣,早已经变成修辞立诚的反面了。

李卓吾是中国历史上罕见的修辞批评家,对于"诚"的挚爱,对于"伪"的痛恨,使他的文字获得一种大勇主义的犀利风格,他自称"所言颇切近世学者膏肓,既中其痼疾,则必欲杀我矣",他的自编文集以《焚书》《续焚书》题之。万言长篇书信《答耿司寇》,为嵇康《与山巨源绝交书》以来所仅见。

> 试观公之行事,殊无甚异于人者。人尽如此,我亦如此,公亦如此。自朝至暮,自有知识以至今日,均之耕田而求食,买地而求种,架屋而求安,读书而求科第,居官而求尊显,博求风水以求福荫子孙。种种日用,皆为自己身家计虑,无一厘为人谋者。及乎开口谈学,便说尔为自己,我为他人;尔为自私,我欲利他;我怜东家之饥矣,又思西家之寒,难可忍也;某等肯上门教人,是孔孟之志也,某等不肯会人,是自私自利之徒;某行虽不谨,而肯与人为善,某等行虽端谨,而好以佛法害人。以此而观,所讲者未必公之所行,所行者又公之所不讲,其与言不顾行、行不顾言何异乎?以是谓非孔圣之训可乎?翻思此等,反不如市井小人,身履是事,口便说是事,作生意者但说生意,力田作者但说力田,凿凿有味,真有德之言,令人听之忘倦矣。[1]

假如说修齐治平是过去两千年中国最大的意识形态的话,那么这一意识形态的发条已经拧断,内圣外王的理想已破灭,中国的社会生活,依靠惰性和习惯势力以及皇权及其替代物、物质利益维系。五四运动时期于新思想、新道德、新风尚和新文化的巨大渴望,恰逢西学东渐,干柴遭遇烈焰,爆发出破坏性能量,但摧枯拉朽易,别立新宗难。直至今日,我们还被笼罩在这一除旧布新的口号声中,前不见文化传统,后不见新涌之泉。在一个诚意枯竭的时代里谈论修辞,特别是谈论立诚是可悲的,对于伪善的揭露中,或许还保存着一念之诚。

三

《周易》之"言有序""言有物",成为后世对于文章的两个基本的总要求。前者说的写文章要有条理,先后详略有考虑,起承转合要安排,遣词造句须推敲,开

---

[1] 李贽:《答耿司寇》,《焚书·续焚书》,岳麓书社 1990 年版,第 30 页。

头结尾宜呼应。文章作法之类，乃其末流，虽无定法，通则却是有的。运用之妙，存乎一心，所以古人有得失寸心之论。

"言有物"看似简单，其实复杂。如果说"言有序"是文章的内部研究，类似于二十世纪西方文论中的形式批评、结构主义和文本研究之流，"言有物"则是外部探索。内部研究有明确的范围和界限，超出这一界限，就暂时不予考虑。外部则无限广大，漫无边际。抒情言志，体物载道，称名取类，辞近旨远，实在是不可方物。物不得其平则鸣，骨鲠在喉，一吐为快，言岂一端，各有所当，虽说言语之美，穆穆皇皇，然而，鼓天下之动者存乎辞，不可不慎也。《周易·系辞》云："乱之所生也，则言语以为阶。"死生存亡之，文章之作，或有过于用兵者乎？如此广大的外部，所谓诗外功夫，又绝非"言有物"三字可穷尽也。

《论语·雍也》子曰："质胜文则野，文胜质则史，文质彬彬，然后君子。"刘宝楠《论语正义》注曰："野如野人，言鄙略也。史者，文多而质少。彬彬，文质相半之貌。礼有质有文。质者，本也。礼无本不立，无文不行，能立能行，斯谓之中。失其中则偏，偏则争，争则相胜。君子者，所以用中而达之天下者也。……当时君子非质胜文，即文胜质，其名虽称君子，其实则曰野、曰史而已。夫子为之正名，究其义，曰文质彬彬，然后君子，言非文质备，无以为君子矣。"[1]在这里，孔子讲的是礼教和做人，如果把此语应用于文章之道，"文"和"质"，可以分别对应于"言有序"和"言有物"，刘勰所谓"斯斟酌乎质文之间，而括隐乎雅俗之际，可与言通变矣"。用时下更为粗糙的说法，近似于形式和内容。

朱熹《四书集注》在解释这段字句之后说："言学者当损有余，补不足，至于成德则不期然而然矣。杨氏曰：文质不可以相胜，然质之胜文，犹之甘可以受和，白可以受采也。文胜而至于灭质，则其本亡矣。虽有文，将安施乎？然则与其史也，宁野。"[2]此段文字所表明的在历史进程中文质关系的紧张，却是千载以往《韩非子》重质轻文论调的遥远回响。《韩非子》明确提倡"息文学而明法度，塞私利便而一功劳"，主张"无书简之文，以法为教；无先王之语，以吏为师"。他说："和氏之璧，不饰以五彩；隋侯之珠，不饰以银黄；其质至美，物不足以饰之。夫物之待饰而后行者，其质不美也。"[3]

以"辞章"二字，称呼古今之一切诗文由来已久，至晚在汉代已见之文献记载。既以"辞章"称之，那么，在文质的不安关系中，偏重于文，是题中应有之义。

［1］《诸子集成·卷一·论语正义》，岳麓书社1996年版，第151页。

［2］朱熹：《四书集注》，岳麓书社1985年版，第115页。

［3］转引自罗根泽：《中国文学批评史》第一卷，中华书局1958年版，第67页。

《后汉书·蔡邕传》有云："好辞章、术数、天文，妙操音律。"以辞章与术数、天文、音律并列，说明辞章已是独立的一科。《文心雕龙·通变》云："晋之辞章，瞻望魏采。"[1]这里的"辞章"二字，也是对于诗文的称谓。

韩愈《柳子厚墓志铭》云："闲居益自刻苦，务记览为词章，泛滥停蓄，为深博无涯涘，而自肆于山水间。"又云："然子厚斥不久，穷不极，虽有出于人，其文学词章，必不能自力，以致必传于后，如今无疑也。"[2]柳宗元的文章，无论是山水游记，还是《封建论》这样的论文，甚至《天对》，韩愈均以"词章"称之。词章，即辞章也。

在《濂关洛闽书》中，程颐曰："古之学者一，今之学者三，异端不与焉。一曰词章之学，二曰训诂之学，三曰儒者之学。欲趋道，舍儒者之学不可。"[3]

程颐的这一看法，来自于其师周敦颐："文辞，艺也；道德，实也。笃其实而艺者书之，美则爱，爱则传焉。贤者得以学而至之，是为教。故曰：言之无文，行之不远。然不贤者，虽父兄临之，师保勉之，不学也；强之，不从也。不知务道德而第以文辞为能者，艺焉而已。噫！弊也久矣！"[4]理学家与文学之士的分道扬镳，至宋代开始显著起来。至此，文与质的对立，亦不可避免。

有人问程颐："作文害道否？"答曰："害也。凡为文不专意则不工，若专意，则志局于此，又安能与天地同其大也。《书》云，玩物丧志，为文亦玩物也。"他还引用吕与叔的诗为证，"学如元凯方成癖，文似相如始类俳。独立孔门无一事，只输颜氏得心斋"。又道："古之学者，惟务养情性，其他则不学。今之文者，专务章句，悦人耳目。既务悦人，非俳优而何？"[5]理学家对于词章的批评，给人的印象似乎是宋代辞章之盛，使儒道不彰。不过从文艺家的立场看去，也许正好相反，倒是理学的发达，使诗文衰落。苏轼在书信中曾抱怨，"文字之衰，未有如今日者也"。

既然作文害道，诗也在不提倡之列。"既学诗，须是用功，方合诗人格。既用功，甚妨事。"古人曾云，"吟成五个字，用破一生心"。又谓，"可惜一生心，用在五字上"。此言说到了程颐心坎上。他说："某素不作诗，亦非是禁止不作，但不欲为此闲言语。且如今言能诗，无如杜甫。如云'穿花蛱蝶深深见，点水蜻蜓款款飞'。如此闲言语道出做甚？某所以不尝作诗。"[6]老杜名句的好处，程夫子不能体会，直视之为无

[1] 范文澜：《〈文心雕龙〉注》下册，人民文学出版社1958年版，第520页。

[2] 严昌校点：《韩愈集》，岳麓书社2000年版，第360页。

[3] 陶秋英编选：《宋金元文论选》，人民文学出版社1984年版，第151页。

[4] 同上，第121页。

[5][6] 同上，第153页。

关痛痒的"闲言语"。朱元晦虽然懂得"木晦于根，春荣晔敷。人晦于身，神明内腴"的道理，还花了大的气力作《诗集注》，但在文质之间，明确主张宁可失之于野，与二程的态度一脉相承。

李梦阳《空同子论学》云："宋儒兴而古之文废矣；非宋儒废之也，文者自废之也。古之文文其人，如其人便了。如画焉，似而已矣。是故贤者不讳过，愚者不窃美。而今之文文其人，无美恶，皆欲合道传志，其甚矣，是故考实则无人，抽华则无文。故曰宋儒兴而古之文废。"[1]

宋濂《文说赠王生黼》曰："文者果何繇而发乎？发乎心也。心乌在？主乎身也。身之不修，而欲修其辞；心之不和，而欲和其声，是犹击破缶而求合乎宫商，吹折苇而冀同乎有虞氏之箫韶也，决不可致矣。"[2]

经李、宋这样一番分析，文质之间的紧张关系，似乎转化成了"诚"与"伪"的对立。"修辞立其诚"这个强大的声音，虽然没有出现在他们的文本之中，但这一信念毫无疑问是他们作出上述判断的共同前提。

《周易·系辞下》曰："将叛者其辞惭，中心疑者其辞枝，吉人之辞寡，躁人之辞多，诬善之人其辞游，失其守者其辞屈。"[3]仿佛来自于观察或者实验，但从逻辑上讲，即使这些举证属实，也无法得出情与辞之间存在普遍的对应关系的结论。

情与辞之间的复杂关系，刘勰深味于此，《文心雕龙》云："夫篇章杂沓，质文交加，知多偏好，人莫圆该。慷慨者逆声而击节，蕴藉者见密而高蹈，浮慧者观绮而跃心，爱奇者闻诡而惊听。会己则嗟讽，异我则沮弃，各执一隅之解，欲拟万端之变。所谓东向而望，不见西墙也。"[4]

《礼记·乐记》曰："德者，性之端也，乐者，德之华也，金石丝竹，乐之器也。诗，言其志也，歌，咏其声也，舞，动其容也，三者本于心，然后乐器从之。是故情深而文明，气盛而化神，和顺积中而英华外发，惟乐不可以为伪。"后一句话耐人寻味，"惟乐不可以为伪"，因为音乐的形式本身，是它要表达的内容，它的含义与其表达方式之间无法分离，音乐的语言只为音乐所使用，它没有另外的功用，也没有另外的价值，在这一点上，语言文字永远无以与音乐齐观之。

每每道德信念与修辞信念混淆，道德批评与修辞批评难分难解，却在这种混淆之中盲目地强化"修辞立诚"的信念；既然"惟乐不可以为伪"，为人为文皆不在

［1］郑奠、谭全基编：《古汉语修辞学资料汇编》，商务印书馆1980年版，第363页。

［2］同上，第349页。

［3］陈鼓应、赵建伟注译：《周易今注今译》，商务印书馆2005年版，第694页。

［4］范文澜：《〈文心雕龙〉注》下卷，人民文学出版社1958年版，第714页。

此列；社会中大量的伪善者和伪君子，从没有绝迹过，稍有头脑的人皆明白巧言令色谀辞诈伪在生活中的畅行无阻：却偏拘执于"修辞立诚"的自欺欺人之谈，乃是十足的掩耳盗铃。

读进去古书不易，读出来却更难。古人的论证，修辞手法高明，比如文字上的排比与对偶，明知其对于论证过程而言，不该具有决定性的影响，更不能主宰其结论的对错，但一旦读进去，就身不由己地跟着走了。思考力不强的人，立刻陷入古人精织的修辞之阵，究其原因，还是修辞思维的贫困所致。对于文言中的种种修辞手法，需要非常熟稔，犹如十八般兵器，三十六种阵法，七十二洞妖魔，善破其招式，不为其所惑。

章学诚《评沈梅村古文》一文结尾曰："古之作者，不患文字不工，而患文字之徒工而无益于世教；不患学问之不富，而患学问之徒富而无得于身心。《易》曰：'言有物而行有恒。'又曰：'修辞立诚。'所谓'物'与'诚'者，本于人心之所不容已。仁者见仁，知者见知，要于实有其所见，故其所言自成仁知而不诬，不必遽责圣贤道德之极至，始谓修辞之诚也。盖人各有能有不能，与其饰言而道中庸，不若偏举而谈狂狷，此言贵诚而不尚饰也。文士怀才，譬若勇夫握利兵焉，弓矫矢直，洞坚贯札，洵可为利器矣。或用之以为盗，或用之以御盗，未可知也。此则又存乎心术矣。"[1]

这段文字显示了章学诚在接受和理解"修辞立诚"此一古老信念上的错综复杂的心态和自相矛盾的立场。文字之工与否，是修辞的真实命题，是否有益于世教，乃是修辞的功用，即增进道德上的善的问题，修辞本身不能保证。所以利器在手，既可以为盗，又可以御盗，能清楚地说出这一点，是其过人之处。这段文字首尾一致，判断清晰有力，中间却夹缠混乱，把不相干的事物放在一起，说作了一处。"言有物"与"修辞立诚"固然皆出自《周易》，但一胡一越，本不相属。把"言有物"和"立其诚"皆解释成内心的"不容已"，即是真情实感，甚至是与圣贤道德不合而自成仁知的"狂狷"，略嫌牵强。明明要说修辞之工，足成利器，无关乎道德，以之为善可，为恶亦可，但拈出"修辞立诚"放在中间，即使别出心裁解作"不容已"，又何有于身心之得，世教之益？恐怕作者也不大清晰，这其中的心结，是修齐治平给人的巨大压力，可称作"诚意之症"，匹夫匹妇亦不能幸免，况以"学诚"作名字的读书人了。

对于宋儒之失，沈有鼎一九三七年撰写的《中国哲学今后的开展》有如下论述：

---

[1] 郑奠、谭全基编：《古汉语修辞学资料汇编》，商务印书馆1980年版，第556页。

"宋学的失败，在缺乏慎思明辨的逻辑，在不能摆脱几百年来的唯物思想与虚无思想，不能达到古代儒家那一种创造的、能制礼作乐的多方面充实的直觉。没有那开展的建设的能力，而只作到了虚静一味的保守，以迷糊空洞的观念为满足。宋儒轻视艺术，对文化也有一种消极的影响。结果只是教人保守着一个空洞的不创造的'良心'，在中国人的生活上加起重重的束缚，间接地招致了中国文化的衰落。"[1]

四

在佛教看来，奠基于语言的人类知识，是一种颠倒之见。龙树认为，一切价值判断均源自分别，即人所具有的区分、分析和二元对立的思维方式。在他看来，虚妄分别是人类受苦的根源。

我们知道，语言的产生，始终离不开分别。《墨子·大取》："夫辞，以类行者也；立辞而不明于其类，则必困矣。"当然，佛教的传播也不能离开语言，但它始终不肯信任语言。有关佛陀生平的叙述，是公元一世纪马鸣所撰的一首叙事诗《佛所行赞》，原文尚存半部，这部梵文学史上的名著，汉语译本却是全的。北凉昙无谶和南朝宋宝云两种汉译与藏文译本，内容大致相同。

佛陀本人三十五岁在菩提树下悟道，天眼洞开，不仅看透了自己的前世，而且将一切欲念和无知连根拔除，"完成了一切应做之事"。那个地方名曰菩提迦耶，他留在那里七周，筹划自己的未来。这位释迦族的觉悟者，考虑自己是否应当成为一位新的宗教创始人，他因担心教义深奥，无法向众生传播而长时间踌躇不决。我们无法得知，使他最终下决心讲道说法的根由。

佛陀来到波罗奈附近的鹿野苑，在这里，他第一次说法，这是佛教史上的大事，其初次说法的内容被记入《转法轮经》，讲的是苦、集、灭、道——四圣谛精义。初次说法这件事，成为法轮常转的原动力。此后，佛陀说法持续了四十五年。八十岁时，佛陀在拘尸那加（Kusinagara）进入涅槃，临终遗言是"诸事无常，精勤努力，以求解脱"。

佛陀在说法的时候，大概使用的是阿达摩根底语的当地方言，他允许弟子们以不同的语言记录。佛经从开始就使用不同言语记录佛说的话，且在记录时就经过了翻译。法藏部以犍陀罗语，一切有部以梵语，上座部以巴利语，严格说也不能称作记录，因为佛经文本的诞生，是在佛陀去世之后，众弟子对于佛所说的法的一种回

[1]《沈有鼎集》，中国社会科学出版社 2006 年版，第 279 页。

想和记忆。

佛教是一种依靠个人修持获得解脱的宗教，自来经典众多，理论庞杂，深奥难明。佛说，即使浩瀚如大海亦只有一种味道，盐的味道，佛陀的教律也是一样，那就是解脱。在我们看来，这解脱不仅是从生命、轮回中的解脱，首先也是从语言中的解脱。《大乘入楞伽经》云："我经中说，我与诸佛菩萨不说一字，不答一字。所以者何？一切诸法离文字故，非不随义而分别说。"[1]

佛教在使用语言之时，是把语言当作一种行为来对待的。佛教的戒律——不杀生、不偷盗、不邪淫、不妄语、不饮酒，乃是对于信众行为的约束。佛教中的终极实在，不是上帝、存有或者实体，而是空。他认为现象界之物的外在显现，表面看起来真实和实在，但实际上内部是虚弱和空虚。它不可用言语描述，空本身是一个假名，表示不存在任何一种自我，在缺乏任何一种生存实在或自我存在的意义上，万物皆空，没有自性。同时，空的自我否定或者空之自空，仍是必要的，即是说客观化和概念化的空本身，也必须被放空，既不应执守于空的观念，也不固执于空这个词语或者假名。中观派的空是主观与客观的泯灭，没有任何性质或规定的内容，是理智和科学思维所不及的存在。

但佛教的空，不是虚无主义，它有一个积极肯定的面向。在空的教法中，被否定的是任何一种自我和实体化的存在。透过我与法的否定，真正的实在，会自身显现。

佛教认为寻求个体心理成熟，获得自由，要通过按部就班地培养戒（moral rules）、定（Samadhi）、慧（wisdom）来达到，这是佛陀的亲身体验。戒有专律，定有专法，慧依我空。在佛教看来，人的欲望是一系列因素中的一部分，这些相关因素之间的关系，称作缘起。此有故彼有，此起故彼起，此无故彼无，此灭故彼灭。唯一的解脱之道，乃是以利刃的方式斩断。

据说一个人念诵三宝（三皈依：皈依佛，皈依法，皈依僧）三次，就能成为佛教徒。在西藏，还要加上第四个告白：皈依喇嘛。但我们判断一个人是不是真正的佛徒，不必听他关于佛理的那些高深的言谈，更不必注意他的头衔、学历等，只要看看他的私有财产就够了。一个比丘允许拥有的个人财产包括：三件袈裟、一条腰带、一个乞食的钵、一把剃刀、一根缝衣针、一个盛水的容器。

中国有一句俗语：当一天和尚撞一天钟，而不说当一天和尚念一天经。可见打钟比读经重要。佛经里的话，虽然很多出自于佛之口，"如是我闻"便是证据，但

---

[1] 转引自傅杰编：《章太炎学术史论集》，云南人民出版社 2008 年版，第 305 页。

却未经过佛陀本人审定。在长期说法中，佛的语言和思考，依我们的理解，应该有一个完善和逐渐定型的过程，佛陀身后于佛理的阐发，以龙树、提婆、无著、世亲、马鸣等人的著述为重要。但佛陀并没有在去世之前指定他的继承人，据《大涅槃经》中记载，"阿难，佛灭后，你们要以佛所说的法和律为师"。阿部正雄认为："由作为全体或个人的僧伽，透过方便的运用来使佛教运转是非常清楚的事实。'慈悲是佛教之本，方便是佛教之门。'由僧伽所运用的四种方便模式，可以佛教的四种主要面向、方面或阶段来确认，这就是上座部、大乘、密教和禅宗。"[1]佛教虽然部派众多，但这些不同部派之间，并非水火不容，佛教相信一切法门，皆是方便法门，不论你从哪一个门进入，到达解脱的终点是一样的。语言作为临时上手的工具，借来说法，领悟了法之后，就可以忘掉它了。禅宗在语言问题上走得最远，以言语道断，不立文字相标榜。佛教对于禅定的修习，确然是超乎语言文字之上的。

关大眠在《佛学概论》中将禅定定义为"在受控方式的诱导下进入意识的改变状态"，它体现了"作为宗教的佛教所具有的'经验'维度"。个人不仅通过对自我"空"的本质的深刻了解来获得智慧，也通过凝神静思进入禅定境界，他认为"修习禅定略同于练习乐器演奏，需要的是决心、毅力以及日复一日的苦练"。[2]

虽然在说法的时候，劝人不执着于语言文字，但在日常的生活中使用文字语言的时候，却极端谨慎，甚至可以说有严厉的要求，这一点佛教与其他宗教明显不同。

在佛教的五戒当中，妄语戒中包含着佛教道德观，语言观自然亦在其中。佛教把妄语分为大妄语、小妄语、方便妄语。妄语的定义是，不知言知，知言不知，不见言见，见言不见，不觉言觉，觉言不觉，不闻言闻，闻言不闻。妄语的方法，包括自妄语，教人妄语，遣使妄语，书面妄语，现相妄语（现异惑众等）。凡是存心骗人，不论利用何种方法，使得被骗之人领解之时，即成妄语罪。

妄语之中，尚包括两舌——挑拨离间、搬弄是非，恶口——诽谤、攻讦、骂詈、讽刺等，绮语——花言巧语、海淫海盗、情歌艳辞、说笑搭讪等，凡此三种，犯可悔罪。尤其不得无根（由见、由闻、由疑称证罪的三根）议论出家人的操守，否则犯谤人罪。

五戒的毁犯，有轻重之别，重罪不通忏悔，称为不可悔。说大妄语犯不可悔的重罪。"一般的世戒，只有形式的遵守，并无戒体的纳受，所以也没有戒罪和性罪的分别。佛戒则不然，佛戒是由佛制，佛弟子的受戒须是师师相授，讲求戒体的传承与纳受，惟有受了戒的人，才能将戒传给他人，此一戒体，是直接传自佛陀，受

[1]［日］阿部正雄著，张志强译：《佛教》，上海古籍出版社 2008 年版，第 111 页。
[2]［英］关大眠著，郑柏铭译：《佛学概论》，译林出版社 2011 年版，第 78 页。

戒而纳受戒体，便是纳受佛的法身于自己的心性之中，以佛的法身接通人人本具的法身，以期引导各人自性是佛的发明或证悟。受了佛戒，而再破戒，等于破了佛的法身，所以罪过很大，戒罪的程度远比性罪为大。"[1]

戒妄语，实际上是儒家的修辞立诚的另一种表达方式。劝善与惩恶，两种思路，两重效果。佛教观察人心世道老辣，通晓谨言慎行之难，不相信人可以轻易远离谎言，不得已祭起重罪。

汉译佛经，始于三国时期，下迄宋元，名家辈出，鸠摩罗什、真谛、玄奘、不空被后世称作四大佛典翻译师。除了玄奘外，皆非汉人，视译经为弘扬佛法大业，不辞劳苦慎重从事，对于宗教的热诚，非庸常之人可以想象。隋代彦琮总结的译者八备，是这一持续了千年翻译活动的真实写照："诚心爱法，志愿益人，不惮久时，其备一也。将践觉场，先牢戒足，不染讥恶，其备二也；荃晓三藏，义贯两乘，不苦暗滞，其备三也；旁涉坟史，工缀典词，不过鲁拙，其备四也；襟抱平恕，器量虚融，不好专执，其备五也；沈于道术，澹于名利，不欲高衒，其备六也；要识梵言，乃闲正译，不坠彼学，其备七也；薄阅苍雅，粗谙篆隶，不昧此文，其备八也。"[2]

鸠摩罗什，父亲是天竺人，母亲是龟兹王之妹，到中国后"转能汉言"，传说他译经能"手执梵本，口宣秦言"。《高僧传》卷二本传载，其临终与众僧告别时说："因法相遇，殊未尽伊心，方复后世，恻怆何言。自以暗昧，谬充传译，凡所出经论三百余卷，惟十诵一部未及删繁，存其本旨，必无差失。愿凡所宣译，传流后世，咸共弘通。今于众前发诚实誓，若所传无谬者，当使焚身之后，舌不燋烂。"[3]"修辞立诚"四字，恐怕只有德才如鸠摩罗什者，方担得起。

阿部正雄根据马克斯·韦伯的理论，把宗教在传播过程中与地方性和民族性文化接触后的互动模式划分成三种，佛教属于"使者"范畴，基督教属于"约定"范畴，伊斯兰教属于"代理"范畴。佛教能在不同的国家形成它自己的特色，它把那里当作自己的家，这些特色能应对各式各样的冲击，并使之融为一体。在他看来，以无我为宗旨的佛教，给这个宗教多元主义的世界贡献了两个最为可贵的思想：一、对自我实现的热情。二、对所有生命的同情。[4]

智、仁、勇被儒家奉为三达德，无论贤愚不肖，皆知其好，但如何达到呢，儒家的策略是鼓励、表扬，忠臣孝子，节妇烈女，到处立牌坊，建生祠，谀墓之文谎

[1] 圣严：《五戒及其内容》，吴平编：《名家说佛》，北京图书馆出版社2003年版，第209页。

[2] 转引自罗根泽：《中国文学批评史》第一卷，中华书局1958年版，第268页。

[3] 释慧皎撰，汤用彤校注：《高僧传》，中华书局1992年版，第54页。

[4] [日]阿部正雄著，张志强译：《佛教》，上海古籍出版社2008年版，第118页。

话连篇，不顾事实，连年饥馑匮患，老幼转乎沟壑，照样说满大街都是圣人。

佛教戒妄语，只见贪嗔痴，真想说不的话，拿戒定慧去对付。

五

梦是人类的一种极其普通的生理和心理经验，在睡眠中进入幻境，乃是人人熟悉的日常经验。古代中国和古代希腊，都曾经相信梦是某种"神授"或者"着魔"，《周公解梦》这样的书在中国百姓中，至今还有相当的信众。古罗马的 A. T. 马克罗比乌斯和 D. 阿尔米多鲁斯将梦分成两类，一类反映现在和过去，一类预测未来。《黄帝内经·素问》中有"甚饱则梦予，甚饥则梦取；肝气盛则梦怒，肺气盛则梦哭"的说法。

莎士比亚的《哈姆雷特》中，那段著名的王子独白就提到了梦，To die, to sleep; To sleep: perchance to dream; ay , there's the rub, For in that sleep of death what dreams may come.[1] 不过，我们普遍相信，人死之后，就不再能做梦了。

邯郸一枕，黄粱未熟，梦幻颠倒，荒诞不经，千百年来，人类并不把梦当回事儿。尼采在一八七二年出版的《悲剧的诞生》，以日神和酒神阐释希腊的文化和艺术，而这两者来源于人类的日常经验——梦和醉。梦和醉可以视作尼采哲学和思想的基本词汇，甚至是尼采的根本性的研究方法。一九〇〇年，即尼采去世的那一年，弗洛伊德出版了他的名著《梦的释义》，在最初的十年里，这本古怪的书没人注意，仅售出六百本。此后销路激增，被译为欧洲各主要语言出版，成为精神分析理论形成的一个重要标志。潜意识、抵抗与压抑、性的重要性，作为精神分析的三大基石，在《梦的释义》中已具雏形。

尼采和弗洛伊德有一个共同点，就是不把梦仅仅当作梦看待，而是把梦视作一种修辞。梦的经验模式（于尼采而言还有醉），实际上提供了理解人类自身心理活动、精神创造活动和艺术活动的一种重要的途径。在尼采和弗洛伊德之前，庄子对此念早已了然于心。

维特根斯坦认为，哲学的终极行动是描述而不是解释，尤其是描述我们的基本经验。瑞士汉学家毕来德（J. F. Billeter），《庄子》的法文译者，认为庄子的作品"根本上乃是一种对经验的描述，甚至是对共通经验的描述"[2]。

《齐物论》包含了庄子的语言哲学和修辞思想，是理解《庄子》三十三篇全文

---

[1] Jonathan Bate、Eric Rasmussen 编：《莎士比亚全集》，外语教学与研究出版社 2008 年版，第 1957 页。

[2]［瑞士］毕来德著，宋刚译：《庄子四讲》，中华书局 2009 年版，第 32 页。

的关键，而"大圣梦"和"庄周梦蝶"的寓言，又是理解整篇《齐物论》的关键。章太炎认为"夫能上悟唯识，广利有情，域中故籍，莫善于《齐物论》"[1]。

> 梦饮酒者，旦而哭泣；梦哭泣者，旦而田猎。方其梦也，不知其梦也。梦之中又占其梦焉，觉而后知其梦也。且有大觉而后知此其大梦也，而愚者自以为觉，窃窃然知之。君乎，牧乎，固哉！丘也与女，皆梦也；予谓女梦，亦梦也。是其言也，其名为吊诡。万世之后而一遇大圣，知其解者，是旦暮遇之也。[2]

> 昔者庄周梦为胡蝶，栩栩然胡蝶也，自喻适志与！不知周也。不知周之梦为胡蝶与，胡蝶之梦为周与？俄而觉，则蘧蘧然周也。周与胡蝶，则必有分矣。此之谓物化。[3]

庄子对于梦的关注点，与尼采、弗洛伊德不同。从梦中醒来的经历，是一个人再次成为自我的经历，且是一种只能从内部认识的经验。"不管一个人在经验上对醒是否会弄错，对一个虚假的醒的纠正性理解只能从内部作出。从梦中醒来的经历是自我认识和自我纠正的。"[4]

对于汉学家爱莲心所看重的"认识维度"，我们不见得赞成，但他从促进和描述心灵转化的角度理解庄子，颇可赏味。他反复论证说，《庄子》的全部目的，在于读者的自我转化：我们必须改变我们的理解模式，犹如从梦中觉醒。

"忘"，一如"梦"，也是人类的日常经验之一。通常指识记过的内容不能被再认识和再现，或者被错误地再认识和再现，可分为暂时和永久两大类。遗忘是保持的对立面，也是巩固记忆的一个条件。如果不遗忘那些不必要的内容，要想记住和恢复那些必要的材料是困难的。记和忘是一对矛盾，而选择的作出似乎是本能自动完成的。这是否意味着人的本能比所谓知识、意见等更加可靠呢？《庄子》文本中频繁出现"忘"字，屠友祥统计"凡八十二见，其义大体一致，或忽略，或无睹，或遗忘，皆出于无心"[5]，爱莲心从汉字的构形上，以"去心"释读，指出英文译作

[1] 傅杰编：《章太炎学术史论集》，云南人民出版社 2008 年版，第 305 页。
[2] 郭庆藩撰：《庄子集释》第一册，中华书局 1982 年版，第 105 页。
[3] 这里采纳的是经过爱莲心调整语句顺序后的这段庄子的文字，关于为什么如此调整，他有详细的论证。
　　见爱莲心著，周炽成译：《向往心灵转化的庄子：内篇分析》，江苏人民出版社 2004 年版，第 91 页。笔者认为，既然只有这样调整才解释得通，就应当赞成这是符合庄子原意的。
[4] ［美］爱莲心著，周炽成译：《向往心灵转化的庄子：内篇分析》，江苏人民出版社 2004 年版，第 90 页。
[5] 屠友祥：《言境释四章》，上海古籍出版社 2004 年版，第 183 页。

forgetting，很多时候并不准确。忘，从心从亡，亡表义兼表音，《说文解字》云："忘，不识也。"《诗经·小雅》中有"中心藏之，何日忘之"。笔者认为庄子以修辞思维看待"忘"，这也是庄子行文的惯技，他总是在文字中述诸读者的日常生活经验，把日常经验的模式，扩大到对于抽象事物，形上观念的理解，这差不多成了进入庄子的"方便法门"。

> 荃者所以在鱼，得鱼而忘荃；蹄者所以在兔，得兔而忘蹄；言者所以在意，得意而忘言。吾安得夫忘言之人而与之言哉！（《庄子·外物》）

> 善游者数能，忘水也。
> 忘足，履之适也；忘要，带之适也。（《庄子·达生》）

> 有治在人，忘乎物，忘乎天，其名为忘己。忘己之人，是之谓入于天。（《庄子·天地》）

> 泉涸，鱼相与处于陆，相呴以湿，相濡以沫，不如相忘于江湖。与其誉尧而非桀也，不如两忘而化其道。
> 孔子曰：鱼相造乎水，人相造乎道。相造乎水者，穿池而养给；相造乎道者，无事而生定。故曰，鱼相忘乎江湖，人相忘乎道术。
> 颜回曰：回益矣。仲尼曰：何谓也？曰：回忘仁义矣。曰：可矣，犹未也。他日，复见，曰：回益矣。曰：何谓也？曰：回忘礼乐矣。曰：可矣，犹未也。他日，复见，曰：回益矣。曰：何谓也？曰：回坐忘矣。仲尼蹴然曰：何谓坐忘？颜回曰：堕肢体，黜聪明，离形去知，同于大通，此谓坐忘。（《庄子·大宗师》）[1]

《大宗师》结尾的"坐忘"，大约与《齐物论》开头的"吾丧我"意思相近，庄子对于语言的态度，章太炎认为与佛教唯识论接近，所以他以佛解庄："齐物者，一往平等之谈，详其实义，非独等视有情，无所优劣，盖离言说相，离名字相，离心缘相，毕竟平等，乃合齐物之义。"[2]

人无法成为自己的某种意识的消失的见证者，这一点与入眠相类，我们无法见证自我沉入梦乡。毕来德认为，庄子是"另一种类型的哲学家。他这样关注活动机

---

[1] 郭庆藩撰：《庄子集释》第四册，中华书局 1982 年版。
[2] 傅杰编：《章太炎学术史论集》，云南人民出版社 2008 年版，第 303 页。

制的变化，关注意识的不连续以及随之而来的诸种悖论，乃是在探求一种我们可以称之为'主体性的基础物理学'的学问。而要读懂庄子，则必须意识到这一点"[1]。

《庄子》独特的修辞方式，体现于他的三言——寓言、重言、卮言，这是庄子的赋、比、兴。言在彼而意在此，谓之寓言。人与人常常有争胜心理，同辈者不肯承认，只好以寓言出之。"重言"是借重古先圣哲或者当时名人的话，来压抑时论。但庄子对于名人的态度，并不认真，不论是谁，他要你充作什么，你就不得不充作什么。"卮言"，乃无心之言，卮是圆形酒杯，也有人认为是漏斗。"空满任物，倾仰随人"，就是无成见之言，自然的传声筒。宋代黄震曾说："庄子以不羁之才，肆跌宕之说，创为不必有之人，设为不必有之物，造为天下必无之事，用以眇末宇宙，戏薄圣人，走弄百出，茫无定踪，固万世诙谐小说之祖也。"[2]把《庄子》当小说读，是一个绝妙的主意，只是对于读者的阅读能力，要求较高。

《庄子》原有五十二篇，现存三十三篇，其中包含了二百二十四个故事，这些故事分别发生在百余地点，涉及近四百人物，篇幅十万余字。大多数人物的名字只出现在一个页次中，出现最多的是孔子，六十页次。名字出现五个页次以上的人物有孔子、子路、子贡、比干、史鰌、庄子、列子、老子、汤、尧、伏戏、纣、伯夷、武王、神农、禹、桀、盗跖、黄帝、啮缺、曾子、惠子、舜、楚王、颜渊、墨子二十六人。

美国汉学家南乐山说："庄子的独特性部分在于，在所有人之中，惟有庄子消除了信仰和理性二者的直接性(immediacy)。每一种信仰都是可变的、相对化的、可笑的。庄子甚至是比尼采还世俗的哲学家，因而他对于我们这个世俗化的时代在讨论神圣的救世神学的正当理由时更为有效。"[3]

郭象是第一个注释《庄子》的人，在今天许多人看来，也是对《庄子》歪曲最多者。据说他甚至按照自己的意思，对《庄子》的文章删改。《庄子》一书的早期文本，竹简、帛书之类，至今未见出土，后世注家蜂起，但所依据的文本却单一。焦竑认为中国有史以来最具原创性的作品有三部，《楚辞》《庄子》《史记》。

刘文典著有《庄子补正》，其序云："庄子之书，齐彭殇，等生死，寂寞恬淡，休乎天均，固道民以坐忘，示人以悬解者也。以道观之，邦国之争，等蜗角之相触；世事之治乱，犹蚊虻之过前。一人之生死荣瘁，何有哉！"[4]

---

[1][瑞士]毕来德著，宋刚译：《庄子四讲》，中华书局 2009 年版，第 51 页。

[2]转引自刘生良：《鹏翔无疆：庄子文学研究》，人民出版社 2004 年版，第 203 页。

[3][美]爱莲心著，周炽成译：《向往心灵转化的庄子：内篇分析》，江苏人民出版社 2004 年版，第 3 页。

[4]《刘文典诗文存稿》，黄山书社 2008 年版，第 41 页。

今天阅读和理解《庄子》，可以在古人研究的基础上，也可以抛开注释家的束缚，直接面对庄子。毕来德说："我们不再是根据这些历代的注释去理解《庄子》，除非是在一些细节上，而是反过来，让《庄子》引导我们去评判其注释者。读他创作的对话，可以想象他对他们当中大部分的人会有何感想。这一颠转，恢复了一种久遭覆盖的根本性的内部矛盾，使中国思想史重新产生张力，形成磁场。随着时间的推移，将来或许能产生一种大的视野转换。"[1]

六

《易传·系辞》云："古者包牺氏之王天下也，仰则观象于天，俯则观法于地；观鸟兽之文，与地之宜，近取诸身，远取诸物，于是始作八卦，以通神明之德，以类万物之情。"[2]

大概人类所有的语言，皆以隐喻为其生命。隐喻一失，语言不能独存。在科学取代神话的"祛魅"时代，潜藏于语言之中的隐喻，也正在发生习焉不察的变化。维科认为："一切语种里大部分涉及无生命的事物的表达方式都是用人体及其各部分以及用人的感觉和情欲的隐喻来形成的。"[3]又道："一般地说，隐喻构成全世界各民族语言的庞大总体。"[4]

与日常语言中隐喻在使用上的微妙变化比起来，人类对于隐喻的认知，特别是它在语言中的核心价值的认识，是二十世纪下半叶之后语言学和修辞学的重要成果。考恩认为："隐喻渗透了语言活动的全部领域并且具有丰富的思想历程，它在现代思想中获得了空前的重要性，它从话语的修饰的边缘地位过渡到了对人类的理解本身进行理解的中心地位。"[5]

汉语的修辞研究，长期以来将隐喻理解为一种辞格，是比喻的一种。张志公认为："在汉语修辞中大量用'比'，用得多，用的方面广。……大量的、多方面的用'比'，反映汉民族文化传统的一个侧面。有些比，许多年来长期使用，几乎成了一种定型的惯用语，甚至浓缩为一个常用词，如'推敲''琢磨'等。在汉语词汇里有一部分词，实质上就是用比的方法构成的。不少文章整篇是一个比喻，用来阐明

———————

[1]［瑞士］毕来德著，宋刚译：《庄子四讲》，中华书局2009年版，第122页。

[2]《周易·朱熹注》，上海古籍出版社1987年版，第64页。

[3]［意］维科著，朱光潜译：《新科学》，人民文学出版社1986年版，第181页。

[4]同上，第205页。

[5]转引自保罗·利科著，汪家堂译：《活的隐喻》译者序，上海译文出版社2004年版，第6页。

一种道理。这个事实是汉语用比特别多的一个有力证明。"[1]

分门别类，罗列现象，这个传统很古老。刘勰《文心雕龙·比兴》曰："夫比之为义，取类不常：或喻于声，或方于貌，或拟于心，或譬于事。"[2]

宋代陈骙的《文则》分比喻为十种：直喻、隐喻、类喻、诘喻、对喻、博喻、简喻、详喻、引喻、虚喻——以上种种，白话文讲修辞格的书，已经没有那么复杂了。他所说的直喻，就是中学教科书的明喻。对于隐喻，他给出的定义是"其文虽晦，义则可寻"，最奇特是"虚喻"，"既不指物，亦不指事"，似乎不可理解。[3]

明代徐元太，搜罗历代譬喻的资料，编成一百二十卷《喻林》。启功这样介绍：

> 范围是早自经史，晚到小说，旁及佛典，凡古人用作比喻的话，少自片语，多至成篇，无不采择，真可谓洋洋大观。当然不能说古代譬喻尽收无遗，更不包括语言词、句本身原始的比喻部分。读者从这书里可知比譬的作用多么大，被用的时间多么久，方面多么广，方法多么巧妙复杂。仅止书面上记载的古代比喻资料竟有一百多卷，似乎可称完备了，其实这只可算九牛一毛。因为它们只是狭义的比喻，事物或道理的比喻，或说生活事物中的比喻。如果按前边说过的语言文字范围中，每一个语音，每一个字形都是从比拟而来的道理去探求，那么即要说明每一事物的命名、每一名的发音都为甚？从何而来？每一字形成，它在历史上形的变化是怎么发生的？简言之，对每一物一事，用声比拟、用形比拟的确切情况，要都能说明所以然，那恐怕许慎复生，也会无所措手；而扩大重编《喻林》，再有若干倍的一百二十卷也将容纳不下的。[4]

今有研究者提出"微隐喻"和"宏隐喻"的概念，认为"隐喻不仅是修辞现象，而且是广泛的文化现象，修辞学意义的隐喻是微隐喻，文化学意义上的隐喻是宏隐喻。宏隐喻体现着微隐喻的文化学含义，微隐喻凸显出宏隐喻的修辞学特性，二者之间的关系是普遍与特殊的关系"[5]。终于脱离具体的辞格来谈论比喻现象了。

其实无论言说抑或写作，往往不是"微隐喻"和"宏隐喻"之间区分，而是两者的打通。为什么人们认为象征主义并不仅指文学的一派，而是世界范畴的语言现

---

[1]《中国大百科全书·语言文字卷》，中国大百科全书出版社 1988 年版，第 165 页。

[2] 周振甫：《〈文心雕龙〉注释》，人民文学出版社 1981 年版，第 395 页。

[3] 郭绍虞主编：《文则·文章精义》，人民文学出版社 1960 年版，第 12 页。

[4] 启功：《汉语现象论丛》，中华书局 1997 年版，第 95 页。

[5] 季广茂：《隐喻视野中的诗性传统》，高等教育出版社 1998 年版，第 177 页。

象？因为人类的语言根基，正是隐喻。

英国学者查德维克说："今天，如此众多的文学所描写的那个既具有奇特的真实而又非真实的世界，这些作品试图用来创造某种感情状态而非传达知识信息的那些方法，以及这些作品如此经常地采用的那些标新立异的形式，在今后的年代里将证明，这一切都是在很大程度上蒙受了十九世纪后半期法国象征主义诗歌的恩泽。"[1]

一九二六年，王独清致友人书信说："我们现在唯一的工作便是锻炼我们的语言。我很想学法国象征派诗人，把'色'（Couleur）与'音'（Musique）放在文字中，使语言完全受我们底操纵。我们须得下最苦的功夫，不要完全相信什么 Inspiration（灵感——引者按）。"[2]

汉字和汉语大约是世界上最适合写诗的语言和文字，这一断语不含主观色彩和神秘主义信念，因为汉字的形音义之间的关联复杂，可供造成奇巧效果的手段特别多、前人积累的经验极富，擅长利用文字本身的巧妙而有所创作的作品历代不绝。怎奈早期的白话诗人多受外国诗的影响，不懂得利用汉字的特长。象征主义诗歌运动，在二十世纪三十年代的中国昙花一现，随即夭折了。从外国的象征派得到灵感，固无不可，但实践起来，还要依靠在汉字上的功夫和创造性的发现。

《论语·雍也》云，"能近取譬，可谓仁之方也"。可见孔子已经懂得重视隐喻的价值，这句圣人之言，今天应该修改为"能近取譬，可谓诗人之方也"。

与隐喻不同，象征（symbol）是一个外来概念，季广茂认为："隐喻和象征都涉及两类事物或情状，两类事物或情状之间具有文化上、心理上、语言上的联系，或者是在一类事物的暗示之下感知、体验、想象、理解、谈论另一类事物，或者用一类事物暗示另一类事物，也都可以生成意义。所不同的是，隐喻是用'彼类'事物暗示'此类'事物，'彼类'事物只是理解'此类'事物的背景，'此类'事物才是主体关切的焦点；而文学意义上的象征则是用'此类'事物暗示'彼类'事物，'此类'事物只是理解'彼类'事物的背景，'彼类'事物才是主体关切的焦点，'此类'事物充其量也只是要求予以充分的注意而已。如果把隐喻和文学意义上的象征比作一个剧场的话，隐喻使人关注正在表演的舞台，象征则使人神往于幕后。"[3]

这一区分颇令人解颐，隐喻也好，象征亦罢，无非是"言在此而意在彼"，既

[1] 转引自金丝燕：《文学接受与文化过滤——中国对法国象征主义诗歌的接受》，中国人民大学出版社 1994年版，第 6 页。

[2] 王独清：《再谭诗——寄给木天、伯奇》，杨匡汉等编：《中国现代诗论》上卷，花城出版社 1985 年版，第 103 页。

[3] 季广茂：《隐喻视野中的诗性传统》，高等教育出版社 1998 年版，第 85—86 页。

以彼此称之，其中的"彼此"实在是彼此彼此，本可以互换，岂能以胡越视之。隐喻其实就是象征，象征亦就是隐喻。隐喻是中国本有的概念，象征是引入的说法，其内涵的差异，似应从中西文化的不同上去探寻。

季广茂从隐喻的角度对于汉语文献中政治修辞学和审美修辞学的区分，却是有意义的。只是看到两者的"截然不同"而外，还要注意它们千丝万缕的联系和你中有我我中有你的渗透。

耿占春认为隐喻和隐喻思维是宗教、仪式、巫术、习俗、信仰等人类古老生活的基础：

> 隐喻不仅是一种诗的特性，不仅是语言的特性，它本身是人类本质特性的体现，是人类使世界符号化即文化的创造过程。隐喻不仅是诗的根基，也是人类文化活动的根基。隐喻不仅是语言的构成方式，也是我们全部文化的基本构成方式。正像隐喻总是超出自身而指向另外的东西，它使人类也超出自身而趋赴更高的存在。语言的隐喻功能在语言中创造出超乎语言的东西，隐喻思维使人类在思维中能思那超越思维的存在。隐喻思维使得人类把存在的东西看作喻体去意指那不存在的或无形的喻意。[1]

隐喻何尝不是现代生活的基础呢？

雷考夫和约翰逊合著《我们赖以生存的隐喻》一书，强调隐喻不仅仅是语言问题，更应当把它理解为"隐喻概念"；隐喻的本质在于"通过某事物来理解和体验另一不同种类的事物"；就人类思维、行动而言的"普通概念系统"归根结底具有隐喻的本质特性，人类语言即为其主要证据。[2] 一切哲学的工作，以韦恩·布斯的话说，是哲学家们"细致地批判"前辈或同行所使用的隐喻。而依照培帕的观点，甚至科学本身亦是在四种"根隐喻"基础上类推来构想认识世界的。[3]

卡西尔认为："全部理论认知都是从一个语言在此之前就已赋予了形式的世界出发的；科学家、历史学家以至哲学家无一不是按照语言呈现给它的样子而与其客体对象生活在一起的。"[4] 既然隐喻是语言的生命，那么不同的语言，应建立在不同的隐喻之上，也会具有不同的生命。

---

[1] 耿占春：《隐喻》，东方出版社 1993 年版，第 5 页。

[2] 转引自张沛：《隐喻的生命》，北京大学出版社 2004 年版，第 203 页。

[3] 同上，第 195 页。

[4] [德]卡西尔著，甘阳译：《语言与神话》，生活·读书·新知三联书店 1988 年版，第 55 页。

索绪尔认为大众有一种肤浅的理解，只把语言看作一种分类命名集，即一份与同样多的事物相当的名词术语表，这就取消了对它的性质作任何探讨。他的看法是，"语言是一种表达观念的符号系统，是一种社会制度"[1]。

七

在西方的几种主要语言中，都有类似的说法，就是把一种完全不能理解无法释读的东西叫作中文。这是相隔遥远历史上缺少交往造成的，同时也因为汉语汉文与西方的语言文字差距太大。

汉语是异常独特的语言，英国东方学家塞斯（Archibald Henry Sayce）认为："汉语语法，除非我们把欧洲语法学那一套名称术语连同它们所表示的观念本身统统抛弃掉，我们就永远也不会理解它。"[2]

提及语法，容易想到名动形和主谓宾、词类划分和句子成分，前者称形态学或词法，后者称造句法，完全是从西方语言那里搬过来的。汉语是非形态语言，为什么要以舶来品强己所难呢？

朱德熙认为："在中国的传统的语言学领域里，音韵学、文字学、训诂学都有辉煌的成就，只有语法学是十九世纪末从西方传入的。所以汉语语法研究从一开始就受到印欧语语法的深刻影响。早期的汉语语法著作大都是模仿印欧语语法的，一直到本世纪四十年代，才有一些语言学者企图摆脱印欧语的束缚，探索汉语自身的语法规律。尽管他们做了不少有价值的工作，仍然难以消除长期以来印欧语语法观念给汉语研究带来的消极影响。这种影响主要表现在用印欧语的眼光来看待汉语，把印欧语所有而为汉语所无的东西强加给汉语。"[3]

"用印欧语的眼光看待汉语"，实为这个时代最奇特之事了，尤其是那些从来没有学过外语，不知印欧语为何物的人，也能用印欧语的眼光看待汉语。表现方式倒不是发表什么明确的语言观、语法论，而是在说话写文章的时候，不把汉语当汉语使，不能做到清通自然。其中一条是欧化句式的泛滥，虽然也可以理解，但就是感觉别扭。

在张志公看来，"汉语有语法，但是汉语语法没有形态学和造句法这样两个部分"。他认为，"汉语的语法就是组合法"。他把汉语语法的特点概括为三项，第一，

---

[1]［瑞士］索绪尔著，高名凯译:《普通语言学教程》，商务印书馆1999年版，第37页。

[2]转引自张志公:《汉语辞章学论集》，人民教育出版社1996年版，第28页。

[3]朱德熙:《语法答问·日译本序》，商务印书馆1985年版，第3页。

汉语的组合有二合、三合、多合，但以二合为主。第二，汉语组合简便，容易，依靠语义、逻辑事理、约定俗成，强制性规则少，可选择性规则多，灵活性大。第三，汉语各级语言单位的组合具有一致性。从语素与语素的组合、词与词的组合、短语与短语的组合，到句与句的组合，组合方式和组合关系基本一致。最主要的两种组合手段，一是语序，二是虚词。因此，语序和虚词，就是汉语语法的核心。这样的语法体系，的确跟西方的体系相差很远。[1]

郭绍虞也有相近的看法，他把汉语的语法特征概述为三：一、简易性；二、灵活性；三、复杂性。他说："找寻汉语脉络的方法，不外两途，一个是词组，一个是虚词。说穿了，中国以前的骈文，是可在词组中找句法的脉络的；以前的所谓'古文'是可在虚词中找出它的脉络的。"[2]他反复强调："汉语的语法可说经常与修辞结合的。结合是正常的，不结合是部分的。所以讲汉语语法一方面比较简易，简直不烦多语，一说就明；但是也有它的艰难复杂处，就在结合修辞这些方面。"[3]

把语法和修辞合起来讲，始于二十世纪五十年代初吕叔湘、朱德熙合著的《语法修辞讲话》，作者在《序》中说："最初打算只讲语法。后来感觉目前写作中的许多问题都是修辞上的问题，决定在语法之后附带讲点修辞。等到安排材料的时候，又发现这样一个次序，先后难易之间不很妥当，才决定把这两部分掺和起来，定为六讲。"[4]这六讲的标目分别为：（一）语法的基本知识，（二）词汇，（三）虚字，（四）结构，（五）表达，（六）标点。第一讲而外，每标目下，语法和修辞是合起来讲的。"但是修辞部分只限于句子范围，并且以消极方面为主"，这是作者给自己限定的范围。陈骙有言，"鼓瑟不难，难于调弦，作文不难，难于炼句"[5]。

语法管的是把话说对头，把句子写正确。对于以汉语为母语的人来说，甚至不需要什么语法理论，所以语法书可以编得很薄。张志公说，和语法相对待的学科——汉语辞章学，却肯定会编得很厚。辞章学管的是把话说好，而好是没有止境的。况且什么是好，恐也不易有统一的标准。当初《语法修辞讲话》在《人民日报》上连载，作者首句就把目标定为"帮助学习写文章的人把文章写通顺"，并有所说明："不说把文章写好，因为要有好文章必得先有好内容，要有好内容又得先有丰富而正确

———————————

[1] 张志公：《汉语辞章学论集》，人民教育出版社 1996 年版，第 77—79 页。

[2] 郭绍虞：《汉语语法修辞新探》上册，商务印书馆 1979 年版，第 7、14 页。

[3] 同上，第 6 页。

[4] 吕叔湘、朱德熙：《语法修辞讲话》，开明书店 1952 年版，第 1 页。

[5] 郭绍虞主编：《文则·文章精义》，人民文学出版社 1960 年版，第 27 页。

的社会实践；这里只就使用语言说话，所以只说是把文章写通顺。"[1] "好内容"与"正确的社会实践"是那个年代巨大的修辞发明，两位是语言学家，有意无意地回避着。

古人云，词章之学，见之易尽，搜之无穷。张志公从二十世纪六十年代初开始提倡建立"辞章之学"，他认为："凡是写作（作诗和作文）中的语言运用问题，无论关乎语法修辞的，关乎语音声律的，还是关乎体裁风格的，都属于辞章之学。就中谈得最多，在写作实践中最注意的，是炼字炼句的功夫，再就是所谓文章的'体性'。""炼字炼句是掌握语言的根基，是语法修辞之学和语音声律之学的综合运用；所谓文章的体性，无非是表达效果的集中表现。"[2]《文心雕龙·章句》曰："夫人之立言，因字而生句，积句而成章，积章而成篇。篇之彪炳，章无疵也；章之明靡，句无玷也；句之清英，字不妄也；振本而末从，知一而万毕矣。"[3]从字词到段落、篇章，句是关键。汉语的句子，从修辞的角度，可以划分为"音句和义句"，这名称是郭绍虞提出来的。周振甫说："句有两意，一就语气言，语意未完语气可停的是句；一就语意言，语意完足的是句。古人的句就语气说，如《诗经·周南·关雎》：'关关雎鸠，在河之洲。窈窕淑女，君子好逑。'就语意说是两句，就语气说是四句。"[4]就语气而言，实际上就是音句。徐通锵称之为"形句""意句"，古人则作"读"（dòu）与"句"。汉语的"句"与英文"sentence"本不同，后者以"主语—谓语"为基本模式，前者则是"话题—说明"式。

辞章之学的英文，张志公定作 the Art of Writing：a Linguistic Approach，直译为"写作艺术：从语言学角度探索"。虽不能说与内容无关，但其侧重于语言的运用，或说偏重于文章的形式。

依照张志公的看法，古代有关辞章之学的材料异常丰富，大致散见于四类书籍中。一是历代学者作家的学术论著或文集，其论文、书札或杂记间或谈到；二是历代笔记小说；三是历代的"诗话""词话"；四是宋元以来的诗文选本和专集评注本，其中的评批，多是谈论辞章的。"前三类范围太广，涉猎为难，过去有过些辑录汇编的书，多少可以提供一些便利，例如《诗人玉屑》《诗话总龟》《历代诗话》《清诗话》《词林纪事》《文学津梁》等。第四类数量也很多，比较通行的如《古文观止》

---

[1] 吕叔湘、朱德熙：《语法修辞讲话》，开明书店 1952 年版，第 1 页。

[2] 张志公：《汉语辞章学论集》，人民教育出版社 1996 年版，第 13、14 页。

[3] 周振甫：《〈文心雕龙〉注释》，人民文学出版社 1983 年版，第 375 页。

[4] 同上，第 380 页。

《唐诗三百首》《读杜心解》等。"[1]这是就材料的搜集而言，给出的一个范围。

陈望道著《修辞学发凡》，他给自己要求是"搜集事实材料"，即修辞的诸般用法，"和研究别的科学一样地，尽力观察、分析、综合、类别、说明、记述"，"可以说是一种语言文字的可能性的过去试验成绩的一个总报告"。他在结语中说："我们生在现代，固然没有墨守陈例旧说的义务，可是我们实有采取古今所有成就来作我们新事业的始基的权利。而且鸟瞰一下整个的修辞景象，也可以增加我们相当的知识和能力，免得被那些以偏概全或不切不实的零碎语所迷惑，于写说也非丝毫无补。"[2]

以笔者看法，鸟瞰固不可少，透视更为必要。特别是把那些过去没有划入修辞范围但又实在是至关重要的内容，我想到的是传统的小学、习字以及书法艺术，蒙童读物，比如说《声律启蒙》《龙文鞭影》《幼学琼林》《增广贤文》等这些东西，甚至包括"三百千千"。

欲作文必先识字，识字的意思不是简单知道其读音，了解其大意，识字意味着懂得起码的文字学的常识。六书、四体的演变，汉字的理据，形音义的关系。区分四声不仅可以别义，运用平仄还能够谐声。《说文解字》的五百四十个部首，现在归纳为大约二百个偏旁，与英文的相同数目的字根一样，可以方便识字记忆，同一字族之间的汉字有很深的意义关联。自古以来，习字的目的从来不是学会写这个汉字，把笔画写对，而是要写好它。书法艺术的普及与蒙童的识字过程相伴而行，书法家的童子功，皆是这一差不多人人参与的普遍训练而无意造就的。今天的心理学研究表明，幼儿是学习语言的最佳时期，假如错过这一时期，在人的一生中会造成无法弥补的损失。中国儿童的习字课，集语言文字的认知教育和书法艺术练习于一体，培养孩子对于文字美的感悟，无意之中树立起来的牢固的审美趣味和审美习惯，会成为他们终身的财富，这些无疑会体现在他日后的写作当中。提起文字之美，自然首先是汉字形体结构之美，笔法、笔势、笔意之美。汉字的实用性和它的艺术性，是那样地水乳交融，亲密无间，穷达咸宜。即便从最俗的意义上说，考科举须写好八股文，还得练好馆阁体，穷秀才落第之后，往往坐馆授徒，教人写文章练书法，再不济也混得个鬻字糊口。看不起科场的才子，代不乏人，文章之道与法书之艺，如高山大海，令你曲尽其致，还有诗词歌赋，供你呈才使性，展示锋芒。"文之英蕤，有秀有隐。隐也者，文外之重旨者也；秀也者，篇中之独拔者也。隐以复意为工，秀以卓绝为巧，斯乃旧章之懿绩，才情之嘉会也。夫隐之为体，义主文外，秘响傍通，

---

[1] 张志公：《汉语辞章学论集》，人民教育出版社 1996 年版，第 13—14 页。

[2] 陈望道：《修辞学发凡》，上海教育出版社 2006 年版，第 275 页。

伏采潜发，譬爻象之变互体，川渎之蕴珠玉也。"[1]

这些幼童时期的训练，在过去的几千年里，从来没有中断过，汉语文脉能延续不绝，跟这种基础教育的传承不断关系很大。

有了上面的基础，就可以钻研《说文解字》《昭明文选》《文心雕龙》了。等把这三本书熟读之后，才可以谈写作。《古文辞类纂》《古文观止》之类，不必看。

《周易·系辞》曰："鼓天下之动者，存乎辞。""子曰，君子居其室，出其言善，则千里之外应之，况其迩者乎？居其室，出其言不善，则千里之外违之，况其迩者乎？言出乎身，加乎民，行发乎迩，见乎远。言行，君子之枢机。枢机之发，荣辱之主也。言行，君子之所以动天地也，可不慎乎。"[2]

第三节　著述传统与写作伦理

一

盖文章经国之大业，不朽之盛事。年寿有时而尽，荣乐止乎其身，二者必至之常期，未若文章之无穷。是以古之作者，寄身于翰墨，见意于篇籍，不假良史之辞，不托飞驰之势，而声名自传于后。

古人贱尺璧而重寸阴，惧乎时之过已。而人多不强力，贫贱则慑于饥寒，富贵则流于逸乐。遂营目前之务，而遗千载之功，日月逝于上，体貌衰于下，忽然与万物迁化，斯志士之大痛也。融等已逝，惟幹著论成一家言。[3]

曹丕的《典论》，刻石立于庙门之外及太学，作者亲自誊写赠送孙权和张昭。曹丕活了三十九岁，在位七年。曹氏父子三人俱能文，有诗文著作传世，曹植据说有八斗之才，汉语中的"才"字，不加介定的话乃指文才，才子即擅长写文章之人，在汉语语境下，文学才能之于人的诸多才能中，似乎天然具有首要地位。

司马迁《高士传》云："迁闻君子所贵乎道者三：太上立德，其次立言，其次立功。"《左传》有这样的故事：

---

[1] 范文澜：《〈文心雕龙〉注》下卷，人民文学出版社1958年版，第632页。

[2] 朱熹注：《周易》，上海古籍出版社1987年版，第59页。

[3] 曹丕：《典论·论文》，郭绍虞主编：《中国历代文论选》第一册，上海古籍出版社1979年版，第159页。

二十四年春，穆叔如晋。范宣子逆之，问焉，曰："古人有言曰'死而不朽'，何谓也？"穆叔未对。宣子曰："昔匄之祖，自虞以上，为陶唐氏，在夏为御龙氏，在商为豕韦氏，在周为唐杜氏，晋主夏盟为范氏，其是之谓乎？"穆叔曰："以豹所闻，此之谓世禄，非不朽也。鲁有先大夫曰臧文仲，既没，其言立。其是之谓乎！豹闻之，大上有立德，其次有立功，其次有立言，虽久不废，此之谓不朽。若夫保姓受氏，以守宗祊，世不绝祀，无国无之，禄之大者，不可谓不朽。[1]

　　臧文仲任职鲁国，春秋时期的政治人物，并无个人著述，他所谓"立言"，依刘畅的看法，不过是"立德""立功"的另一表达而已。有论者认为："穆叔虽然把'立言'的地位放在'立德''立功'之后，但毕竟把'立言'与'立德''立功'区别开来，肯定其独立地位及垂诸永久的价值。这种认识，常被后世文学批评用来作为讨论文学的地位和作用的理论依据。"[2]这个结论实际上夸大了这里"立言"的地位和作用。刘畅认为："'三不朽'之说带有鲜明的'公天下'的色彩，而这种'公天下'的思想核心是以处于宗法制度上一级的利益为公，下一级的利益为私，它本能地要求立言紧紧依附于立德与立功。'立言不朽'并非如某些学者所说，获得了独立的地位。"[3]

　　立言而外，由孔子、屈原、司马迁开创的著述传统，是中国文学发展的引擎，直至曹雪芹、蒲松龄、鲁迅，仍是此一传统的承续。假若以周作人的两分法视之，可以清晰看到立言、载道、纪功与著述、言志、抒情的分别。

　　鲁迅的第二部小说集《彷徨》，引《离骚》作题词："朝发轫于苍梧兮，夕余至乎县圃；欲少留此灵琐兮，日忽忽其将暮。吾令羲和弭节兮，望崦嵫而勿迫；路漫漫其修远兮，吾将上下而求索。"[4]据五十年代初参观过北京的鲁迅故居的人回忆说，在鲁迅书房的墙上，有一副对联，为乔大壮所书，魏碑的味道很足，"望崦嵫而勿迫，恐鹈鴂之先鸣"，乃是集《离骚》之句而成。

　　中国历史上的第一位诗人是屈原，但第一个明确论述这一著述传统的人，是司马迁，在《屈原贾生列传》中他说：

---

[1]《左传·襄公二十四年》，江苏广陵古籍刻印社 1995 年影印阮元校刻《十三经注疏》下卷，第 1979 页。

[2] 王运熙、顾易生：《先秦两汉文学批评史》，上海古籍出版社 1996 年版，第 47 页。

[3] 刘畅：《三不朽：回到先秦语境的思想梳理》，《文学遗产》2004 年第 5 期。

[4] 1926 年北新书局初版《彷徨》题词误作"縣國"，《鲁迅全集》改为"县圃"。

屈平之作《离骚》，盖自怨生也。《国风》好色而不淫，《小雅》怨诽而不乱。若《离骚》者，可谓兼之矣。上称帝喾，下道齐桓，中述汤武，以刺世事。明道德之广崇，治乱之条贯，靡不毕见。其文约，其辞微，其志洁，其行廉，其称文小而其指极大，举类迩而见义远。其志洁，故其称物芳。其行廉，故死而不容。自疏濯淖汙泥之中，蝉蜕于浊秽，以浮游尘埃之外，不获世之滋垢。皭然泥而不滓者也。推此志也，虽与日月争光可也。[1]

假如说"怨生《离骚》"这一判断，所指乃屈原一人、《离骚》一文，其《太史公自序》则建构了由来已久的发愤著述的统绪，究诸史实虽未必尽合，但《史记》的写作，却建立在对这一统绪有意识地加以认同的基础上。

　　七年而太史公遭李陵之祸，幽于缧绁。乃喟然而叹曰："是余之罪也夫！是余之罪也夫！身毁不用矣。"退而深惟曰："夫诗书隐约者，欲遂其志之思也。昔西伯拘羑里，演《周易》；孔子厄陈蔡，作《春秋》；屈原放逐，著《离骚》；左丘失明，厥有《国语》；孙子膑脚，而论兵法；不韦迁蜀，世传《吕览》；韩非囚秦，《说难》《孤愤》；《诗》三百篇，大抵圣贤发愤之所为作也。此人皆意有所郁结，不得通其道也，故述往事，思来者。"于是卒述陶唐以来，至于麟止，自黄帝始。[2]

董允辉《中国正史编纂法》认为："太史公作《自序》，不特历述先世与自记生平事业而已，且借以明述作之本旨，见去取之从来。"[3]

鲁迅《汉文学史纲要》评价《离骚》"逸响伟辞，卓绝一世"，缘此"欲遂其志"的著述传统，鲁迅阐释得清醒自觉："较之于《诗》，则其言甚长，其思甚幻，其文甚丽，其旨甚明，凭心而言，不遵矩度。故后儒之服膺诗教者，或訾而绌之，然其影响于后来之文章，乃或在三百篇以上。"[4]不过，鲁迅引的是《报任安书》，其文字与上引《太史公自序》相近，这封书信因《汉书·司马迁列传》的引用，而得以保存了下来。

　　所以隐忍苟活，函粪土之中而不辞者，恨私心有所不尽，鄙没世而文采不

———————

［1］司马迁：《屈原贾生列传》，《史记》第八册，中华书局 1959 年版，第 2482 页。

［2］司马迁：《太史公自序》，《史记》第十册，中华书局 1959 年版，第 3300 页。

［3］转引自杨燕起等编：《历代名家评〈史记〉》，北京师范大学出版社 1986 年版，第 749 页。

［4］鲁迅：《汉文学史纲要》，上海古籍出版社 2005 年版，第 20 页。

表于后也。古者富贵而名摩灭不可胜记，惟倜傥非常之人称焉。盖西伯拘而演《周易》；仲尼厄而作《春秋》；屈原放逐，乃赋《离骚》；左丘失明，厥有《国语》；孙子膑脚，《兵法》修列。……《诗》三百篇，大抵圣贤发愤之所为作也。此人皆意有所郁结，不得通其道，故述往事，思来者。及如左丘无目，孙子断足，终不可用，退论书策，以舒其愤，思垂空文以自见。仆窃不逊，近自托于无能之辞，网罗天下放失旧闻，考之行事，稽其成败兴坏之理，凡百三十篇。亦欲以究天人之际，通古今之变，成一家之言。草创未就，适会此祸，惜其不成，是以就极刑而无愠色。仆诚已著此书，藏之名山，传之其人，通邑大都，则仆偿前辱之责，虽万被戮，岂有悔哉？然此可谓智者道，难为俗人言也！[1]

引过这话之后，鲁迅评说司马迁："恨为弄臣，寄心楮墨，感身世之戮辱，传畸人于千秋，虽背《春秋》之义，固不失为史家之绝唱，无韵之《离骚》矣。惟不拘于史法，不囿于字句，发于情，肆于心而为文。"[2]

在鲁迅看来，发奋著述的传统，等于"寄心"的传统，他在《河南五论》以及未完成的《破恶声论》中，反复强调"心声"的重要，在东京打算创办的第一份文学刊物，取名为《新生》，即"心声"之谓也。发抒一己之心声，个人方可获得新生，正是鲁迅那时相信的文学树人之路。

《摩罗诗力说》云："如中国之诗，舜云言志；而后贤立说，乃云持人性情，三百之旨，无邪所蔽。夫既言志矣，何持之云？强以无邪，即非人志。许自繇于鞭策羁縻之下，殆此事乎？"[3]"言志"与"寄心"是一致的，但后贤所谓的"持人性情"却是另一回事了。鲁迅一生的著述活动，须当放在屈原、司马迁所开创的"寄心"与"言志"的伟大传统中加以理解。

韩愈因其《原道》的写作和提倡，一向被目为载道派，实际上并不尽然。其《送孟东野序》提出了与"发愤著述"相近的"不平则鸣"式的写作观：

大凡物不得其平则鸣，草木之无声，风挠之鸣，水之无声，风荡之鸣，其跃也或激之，其趋也或梗之，其沸也或炙之。金石之无声，或击之鸣。人之于言也亦然，有不得已者而后言，其歌也有思，其哭也有怀。分出乎口而为声者，其皆有弗平者乎！……凡载于《诗》《书》六艺，皆鸣之善者也。周之衰，孔

[1] 司马迁：《报任安书》，班固：《汉书·司马迁列传》，《汉书》第九册，中华书局 1962 年版，第 2733—2735 页。

[2] 鲁迅：《汉文学史纲要》，上海古籍出版社 2005 年版，第 52—53 页。

[3] 鲁迅：《摩罗诗力说》，《鲁迅全集》第一卷，人民文学出版社 1981 年版，第 68 页。

子之徒鸣之。其声大而远。传曰："天子将以夫子为木铎。"其弗信矣乎！其末也，庄周以其荒唐之辞鸣。楚，大国也，其亡也，以屈原鸣。臧孙辰、孟轲、荀卿，以道鸣者也。[1]

韩愈身上即使有道学气，亦与宋儒不同，《石鼓歌》曰："陋儒编诗不收入，二雅褊迫无委蛇。孔子西行不到秦，掎摭星宿遗羲娥。嗟余好古生苦晚，对此涕泪双滂沱。"[2]这样唐突孔子的诗，宋人便写不出。韩愈于宋诗的走向，产生了大影响，然而其诗名终被其文名所遮盖，八大家云云，是后人弄出的名堂，与韩文公何涉？

蒲松龄为《聊斋志异》而写的《自志》，仿佛是对这一发愤著述传统的总结，他的笔触表面描摹花妖狐媚，实则写尽世态人情，讲述了帝王将相的官史之外的另一部民间的历史。他仿照司马迁的做法，在故事讲完后大发议论，抨击权贵，直言不讳，每以"异史氏"自称。

披萝带荔，三闾氏感而为骚；牛鬼蛇神，长爪郎吟而成癖。自鸣天籁，不择好音，有由然矣。松，落落秋萤之火，魑魅争光；逐逐野马之尘，魍魉见笑。才非干宝，雅爱搜神；情同黄州，喜人谈鬼。闻则命笔，因以成编。久之，四方同人，又以邮筒相寄，因而物以好聚，所积益夥。甚者：人非化外，事或奇于断发之乡；睫在眼前，怪有过于飞头之国。遄飞逸兴，狂固难辞；永托旷怀，痴且不讳。展如之人，得毋向我胡卢耶。然五父衢头，或涉滥听；而三生石上，颇悟前因。放纵之言，有未可概以人废者。松，悬弧时，先大人梦一病瘠瞿昙，偏袒入室，药膏如钱，圆粘乳际，寤而生松，果符墨志。且也少羸多病，长命不犹。门庭之栖寂，则冷淡如僧；笔墨之耕耘，则萧条似钵。每搔头自念：勿亦面壁人果吾前身耶？盖有漏根因，未结人天之果；而随风荡堕，竟成藩溷之花。茫茫六道，何可谓无其理哉！独是子夜荧荧，灯昏欲蕊；萧斋瑟瑟，案冷疑冰。集腋为裘，妄续幽冥之录；浮白载笔，仅成孤愤之书：寄托如此，亦足悲矣！嗟乎！惊霜寒雀，抱树无温；吊月秋虫，偎栏自热。知我者，其在青林黑塞间乎！[3]

---

［1］韩愈：《送孟东野序》，郭绍虞主编：《中国历代文论选》第二册，上海古籍出版社1979年版，第125页。

［2］《全唐诗》（增订本）第五册，中华书局1999年版，第3817页。

［3］蒲松龄著，但明伦评：《聊斋志异》，齐鲁书社1994年版，第7页。此节文字刊出时三处有误，已根据本书作者收藏的道光二十二年但评本原刻，参校别种版本自序校改。

二

体现个人自由的"寄心""言志"著述活动，与专制王权是不相容的。汉唐文禁松弛，个人发抒的空间较大，司马迁、王充、李白这样的特异之才，尚能够冲破羁縻，后世文网愈来愈密，并以高官厚禄相诱，把人硬逼到以富贵为心的路上去。

周作人认为，凡专制王权稳定的时期，载道派占上风，遇到权力周期循环，打破些坛坛罐罐，便给了言志派机会，所以春秋末期、魏晋南北朝、五代十国、宋元之际、明末，直至清末民初，思想和文学格外活跃。在漫长的历史上，从秦始皇焚书开始，便有大量个人作品遭到毁禁，作者受到迫害，这是另一种传统。明清两朝，文字狱被发明出来，仿佛不行恐怖政治，不足以压制人们发自心底的言论自由。

放胆为文口出狂言的李贽，辞官之后，不归故土，四方漫游，求友讲学，小心翼翼与各地官员周旋，赢得一点个人自由。因著《焚书》《续焚书》《藏书》《续藏书》《史纲评要》《初潭集》《四书评》等书，李贽以"敢倡乱道，惑世诬民"罪被捕，万历三十年春，七十六岁时在北京狱中自刭。

为逃避体制的管束，李贽欲以"流寓客子"的个人名分，在王权的秩序下寻求合法的个人生存空间，屡屡不能如愿，落发为僧，仍未能免祸善终。

夫人生出世，此身便属人管了。幼时不必言；从训蒙师时又不必言；既长而入学，即属师父与提学宗师管矣；入官，即为官管矣。弃官回家，即属本府本县公祖父母管矣。来而迎，去而送；出分金，摆酒席；出轴金，贺寿旦。一毫不谨，失其欢心，则祸患立至，其为管束至入木埋下土未已也，管束得更苦矣。我是以宁飘流四外，不归家也。其访友朋求知己之心虽切，然已亮天下无有知我者；只以不愿属人管一节，既弃官，又不肯回家，乃其本心实意。特以世人难信，故一向不肯言之。然出家遨游，其所游之地亦自有父母公祖可以管摄得我。故我于邓鼎石初履县时，虽身不敢到县庭，然彼以礼帖来，我可无名帖答之乎？是以书名帖不敢曰侍生，侍生则太尊己；不敢曰治生，治生则自受缚。寻思四字回答之，曰"流寓客子"。夫流寓则古今时时有之，目今郡邑志书，称名宦则必继之以流寓也。名宦者，贤公祖父母也；流寓者，贤隐逸名流也。有贤公祖父母，则必有贤隐逸名流，书流寓则公祖父母等称贤矣。宦必有名乃纪，非名宦则不纪，故曰名宦。若流寓则不问可知其贤，故但曰流寓，盖世未有不是大贤高品而能流寓者。晦庵婺源人，而终身延平；苏子瞻兄弟俱眉州人，而一云郏县，一云颍州。不特是也，邵康节范阳人也，司马君实陕西夏县人也，而皆终身流寓洛阳，与白乐天本太原人而流寓居洛一矣。谁谓非大贤上圣而能随寓皆安者乎？是以不问而知其贤也。然既书流寓矣，又书客子，不已赘耶？盖流而寓矣，非筑室而居其地，则种地而食其毛，欲不受其管束又不可得也。故兼称客子，则知其为旅寓而非真寓，如司马公、邵康节之流也。去住时日久近，皆未可知，县公虽欲以父母临我，亦未可得。既未得以父母临我，则父母虽尊，其能管束得我乎？故兼书四字，而后作客之意与不属管束之情畅然明白，然终不如落发出家之为愈。[1]

李贽做过姚安知府，致仕之后仍有俸禄，依照大明律，拘禁四品以上官员，须经皇帝亲自批准，这一限制，曾使许多欲制之于死地的权贵迟疑无奈。

王夫之，李贽殁后十七年出生，湖南衡阳人，二十四岁考取明崇祯朝举人，组织匡社，明亡后抗清失败，隐居湘西石船山，七十四岁完发以终，怀抱孤愤著书，其著作在清代被列为禁书，身后百余年方刊行面世，即曾国藩兄弟所刻之《船山遗书》，计百余种，四百余卷。谭嗣同推为"五百年来真通天人之故者，船山一人而已"，刘献廷称他"其学无所不窥，于六经皆有发明"。其生前自拟墓志铭曰："抱刘越石之孤愤而命无从致，希张横渠之正学而力不能企。幸全归于兹丘，固衔恤以永世。"[2]

王永祥一九三四年所作《船山学谱·自序》云：

余束发受书，即好深湛之思。忆负笈离家之初，家大人授以梁任公所辑《德育鉴》一书，谓之曰："此当今之《近思录》也。孺子读此而身体力行之，庶于进德修业少有裨益，其勉行之。"其后校课之余，每为披览。虽觉其中不无老生常谈，而所采船山先生诸条，则独以为在语录中别开生面，启发实多。予之有会于船山，实自此始。迨年事渐长，稍研史学，时同学辈恒取坊本《纲鉴》为自修之助，家大人则又授以司马光《资治通鉴》，并张天如《历代史论》、王船山《读通鉴论》二书。张氏诸论只便记忆，无甚精彩，家大人虽责以每篇背诵，不足以张兴致也。于先生书则开卷跃然，使人忘倦，终日咿唔，不绝于口，于是船山之印象益深。丙辰之春，因疾辍学，离平赴津。临行之前，虑病床无以遣闷，至厂肆选购书籍，入门而《船山遗书》四字首触余目，亟购之以归，挑灯快读，惊喜欲狂，不自知疾疢之在体也。自是厥后，困顿床褥几及三载，瘦

[1] 李贽：《焚书·续焚书》，中华书局 1975 年版，第 185—186 页。
[2] 王之春：《船山公年谱》，《船山全书》第十六册，岳麓书社 1996 年版，第 397 页。

骨伶仃，累濒于危，家中长老咸为惴惴，而予则胸怀坦然，意气益复奋发，静室独居，书册纵横，仰首高吟，俯枕构思，人皆谓为辗转呻吟之苦，而不知予之乐有非局外人所能领略者，盖予是时已服膺船山先生盈虚屈信往来原反之说，将生死一关早为勘破矣。病愈之后，转学津门，讲习西哲名著，益觉先生之学，条理细密，体大思精，在古代哲人中实为特出之才。居恒谓历来理学诸儒，偏重行为修养，乃于宇宙心性认识论等诸大问题，皆未能从纯粹知识方面作严密之探讨、精细之阐发，大都零碎语录，简略不详，随兴而谈，不加组织。自宋儒提倡道学以来，理学之书，虽汗牛充栋，而皆烂翻旧账，不脱前人窠臼，求如船山先生之说理深邃，鞭辟入里，新有创发，完成统系者，实难其选。[1]

李卓吾、王船山，从落笔为文的那一刻起，即知其著作皆为后世之人而写，他们无法预料的是，不到五百年，这个国家的读书人和所谓精英分子，已经到了普遍疏于阅读自己民族著作的地步了。

伽达默尔说："文字流传物并不是某个过去世界的残留物，它们总是超越这个世界而进入到它们所陈述的意义领域。正是词语的理想性（Idealitat）使一切语言性的东西超越了其他以往残存物所具有的那种有限的和暂时的规定性。因此，流传物的承载者决不是那种作为以往时代的证据的手书，而是记忆的持续。正是通过记忆的持续，流传物才成为我们世界的一部分，并使它所传介的内容直接地表达出来。凡我们取得文字流传物的地方，我们所认识的就不仅仅是些个别的事物，而是以其普遍的世界关系展现给我们的以往的人性本身。"[2]

三

在伽达默尔看来："语言的自然状态决定了不再可能对人类还没有语言时的原始条件进行探询。因此关于语言起源的真正问题便统统取消了。他赞成赫尔德和威廉·冯·洪堡的观点：语言在本质上是人的语言，人在本质上是一个语言存在物，这个见解对于人类的世界观具有根本意义。"[3]

罗兰·巴特说："语言不能被看作思想的简单工具，无论是实用的还是装饰的。不管是作为族类还是个体，人都不是先于语言存在的。"从来没有一个人能够脱离

[1] 王永祥：《船山学谱·自序》，《船山全书》第十六册，岳麓书社 1996 年版，第 977—978 页。

[2] ［德］伽达默尔著，洪汉鼎译：《真理与方法》下卷，上海译文出版社 2004 年版，第 504 页。

[3] ［德］伽达默尔著，张志扬等译：《美的现实性》，生活·读书·新知三联书店 1991 年版，第 129 页。

语言而存在，然后为了表达自己头脑中的思想而创造语言，是语言界定了人，而不是人界定了语言。[1]

回顾二十世纪，中国最大的功利主义，就是语言上的功利主义！

有此功利主义想法在前，必有白话文运动行其后。工具主义的语言观直至今日，在汉语当中，依然是占统治地位的语言观，或习焉不察，或视作当然。语言使用上的工具主义一日不破除，写作伦理则一日无从建立。

白话文运动成功地使大部分国人不识文言，识了白话，也未见得能写好白话。文言白话曾并存千年，自然而然，没有想过主从尊卑，遣词造句，立诚达意而已。一句之中，文白夹杂，一段之内，雅俗莫辨。古人云，物相杂，故曰文。文言成熟早，乃汉语书面语之根本，依凭丰富的字形弥补字音的相对贫乏，与此相应，形成中国特有的认知经验，目治重于耳治。历史的演进，白话地位渐重，在文字和书面表达中占的份额加大是情理中事，晚清白话文运动，意味着这一趋势的加速，至五四时代，文化激进主义大张其帜，整套意义系统被人为地骤然更替，白话文运动造成的语言震荡至今犹在。由于激进的语言政策所导致的白话主义，已不可逆转，文言作为汉语的精华与书面语言的主体，几乎要从汉语中退场了。

宇文所安认为："在二十世纪，我们常常考虑的是如何'保存'传统文化。然而，当它变成一个被'保存'的东西的时候，传统文化已经被深刻地改变了。"[2]

使白话文运动的"消极成果"加倍"消极"的，是现代传媒的过分发达，虽然包括古籍在内的图书，比任何时代印刷得都多，发行亦广，但读书的机会尤其是阅读古书的概率，却大为减低，其显著的后果不容忽视，就是语言生态的恶化。书面语言生态的恶化，是这一国家这一时代文化整体危机的一个突出的表征。

报纸、广播、电视以及互联网、手机短信、微博、微信等，在语言的使用上共铸了超强的模式，构成技术主宰时代的统治话语，其传播速度之快之广，远非过去所谓"文明三利器"可以比拟。新的混合型的意识形态，迅速取代了传统的意识形态，这是当代最大的体制。当代的汉语写作，其个人化程度远远低于五四运动之后的二三十年代，以残缺的语言教养，面对如此强劲的趋势，甚至连表面上的反叛性表述，亦是对这一统治话语的屈服，每日产出的海量文本，基本上可视作这一新兴意识形态的自我复制。

不精纯的语言的特征之一，在于它的惯性（套路化）和意识形态性——由

---

[1] 转引自耿幼壮：《书写的神话：西方文化中的文学》，中国人民大学出版社 2006 年版，第 3—4 页。

[2]［美］宇文所安著，田晓菲译：《他山的石头记》，江苏人民出版社 2006 年版，第 281 页。

于缺少对习惯语式的反思性偏离，它的词汇来源、意义使用方式，它的句法和腔调都被一种沿袭性的模式所限制，因而它几乎必定是类型化的。而那种对意识形态和习成语言的简单反叛，事实上也寄生在它所要反对的语式之上，并且把该语式的粗糙性全部继承了下来。这种不成熟的语言反叛，其底下的经验方式也仍然处在意识形态的界限之内，亦即只是一种倒转了的意识形态。[1]

当代社会突出的现象之一，是成年人的普遍幼稚化，这与汉语的不成熟状态有直接关联。其表征是国人与母语产生了疏离和隔阂。欧洲成年人的基本含义是能阅读，或说具有阅读能力。依照这样的标准衡量，时下的中国，找不到太多的成年人。文言教育的薄弱，使受过高等教育的人最终不能无障碍地阅读古典文献，加之现代传媒的过于强大，既非口语又非书面语的一种媒体语言甚嚣尘上，在如何言说的问题上，即使获得高学位、高职称的人，在其专业领域成绩骄人的专家，开口说话，谈论公共话题，也词不达意，捉襟见肘，更莫要说满口主语皆是"我"的那些停不下来的知识人了，知识分子单向度的品性令人触目惊心。为什么我们的学者不理解艺术，为什么我们的艺术家缺乏人文素养，为什么我们的公民有了些文化修养，却连最基本的语言教养都没有？有一个古老的中国，存身于现实的中国当中，历史已经越来越成为当下失去教养的一种反差。

当代汉语写作的难度在于，作者需要证明其文字配得上同样写白话文的曹雪芹与吴敬梓。鲁迅个人的写作活动，或许比整个白话文运动更有价值。

抵御现代混合型意识形态的侵袭，到常人不及的语言富矿中汲取资源，古籍、多种经典白话的慢读，留意方言和真正的口语。在现代媒体还没有侵染的偏僻乡村，或许保留着语言的原始生态。自我放逐的汉语，需经几代人的努力，才能回到正路上去。生活在白话文运动所创立的临时汉语中的我们，从出生之日起，就成为被传统汉语抛弃的一代。这是无法选择的命运。也许漫长也许短暂的波折之后，我们的后人会与我们的先辈会合，彼此投缘。

四

汉语的声音特别丰富：节奏（顿）、四声（平仄）、重音、韵、长短、单音、多音、叠韵、叠字，包括方言和口语，无不要求适恰而巧妙的配置，其难度犹如作曲

---

[1] 一行：《词的伦理·自序》，上海书店出版社 2007 年版，第 9 页。

家把握和声对位及音乐创作的全部细节一样。

老舍说:"我写文章,不仅要考虑每一个字的意义,还要考虑到每个字的声音。不仅写文章是这样,写报告也是这样。我总希望我的报告可以一字不改地拿来念,大家都能听得明白。虽然我的报告作的不好,但是念起来很好听,句子现成。比方我的报告当中,上句末一个字用了一个仄声字,如'他去了',下句我就要用个平声字,如'你也去吗?'让句子念起来叮当地响。好文章让人家愿意念,也愿意听。""好文章不仅让人愿意念,还要让人念了觉得口腔是舒服的。随便你拿李白或杜甫的诗来念,你都会觉得口腔是舒服的,因为在用那一个字时,他们便抓住了那个字的声音之美。……为什么不该把平仄调配的好一些呢?当然,散文不是诗,但是要写得让人听、念、看都舒服,不更好吗?有些同志不注意这些,以为既是白话文,一写就是好几万字,用不着细细推敲,他们吃亏也就在这里。"[1]

将意义视作形式(而不是内容),使意义融解为语言的形式,既是天才说话者的本分,也是语言观念的突破。庞德谈及韵律强调"不要让文字的含义分散读者对于节奏的注意"。罗布-格里耶在《未来小说的道路》中说:"我们必须制造一个更实体、更直观的世界,以代替现有的这种充满心理的、社会的和功能意义的世界。让物件和姿态首先以它们的存在去发生作用,让它们的存在驾临于企图把它们归入任何体系的理论阐述之上,不管是感伤的、社会学的、弗洛伊德主义,还是形而上学的体系。"[2]乔伊斯的实验,正可印证这种努力。

王世贞云:"首尾开阖,繁简奇正,各极其度,篇法也。抑扬顿挫,长短节奏,各极其致,句法也。点掇关键,金石绮彩,各极其造,字法也。篇有百尺之锦,句有千钧之弩,字有百炼之金。文之与诗,固异象同则。"[3]出声朗读这样的语言理论,正是老舍所谓"口腔的舒服"。其实汉语的妙要无须庞德提醒——不让文字含义分散读者对于节奏的注意——优秀的汉语是当读音铿锵之时,"文字的含义"才可饱满而清晰。

语言之所以是语言,当它获得好的言说时,方才成其为语言——反之亦然——这是言说的伦理,也是写作伦理,其最高体现,则在于那垂范后世的文学作品。

鲁迅《答北斗杂志社问》说:"写完后至少看两遍,竭力将可有可无的字、句、段删去,毫不可惜。宁可将可作小说的材料缩成Sketch,决不将Sketch材料拉成小

[1]老舍:《关于文学的语言问题》,刘锡庆、朱金顺:《写作通论》,北京出版社1983年版,第141—142页。
[2]吕同六主编:《20世纪世界小说理论经典》上卷,华夏出版社1995年版,第521页。
[3]王世贞:《艺苑卮言》卷一,《历代诗话续编》第十六卷,上海文明书局1943年版,第9页。

说。"[1]鲁迅谈及自己的写作，向来谦抑而简单，但这寥寥数语，难能可贵，今时多少作家语文水准荒芜贫瘠，恐怕未必知道如何审断自己文章里哪些是"可有可无的字、句、段"，更不知"毫不可惜"地删去。

鲁迅和周作人终生以毛笔书写，文言改为白话后，毛笔未经废除，周氏兄弟和毛泽东，没有改用新式的钢笔、自来水笔之类——此大有深意。毛笔书写固然费时费力，速度缓慢，誊写费工，磨墨须得耐烦，文房四宝不可缺一。但毛笔书写天然蕴涵着手工操作的庄重之感与人文气息。文字，是这一切的目的与结晶，满写一纸，乃是郑重其事的修炼，犹如仪式，亦且调节气息，养护身体。每一字，一笔一画，节奏有度，字体有形，同时思路缜密，字斟句酌，文章于是一纸一纸宛然成稿，连缀成篇。鲁迅与周作人的手稿，正笔小楷，略近行书，内敛而蕴藉，竖排，繁体，字迹工致，文面雅净，识读爽然，值得留存传诵。文字与文学虽概念不同，然文学存身于文字，目遇之为形，心得之为义。周作人、鲁迅不以书家自赏，却是独具风神的文人字，这样的书法涵养了其文字，而这样的文字，乃有其文风与文学。

卢辅圣说："在文字中，符号的指涉意义是直接的、明晰的、原生型的，呈现为一种'聚焦'现象；在书法中，符号的指涉意义却是间接的、混沌的、衍生型的，呈现为一种'变焦'现象。"涵养就在这"聚焦"和"变焦"所产生的张力空间中。中国文化而有毛笔，非同小可。"势来不可止，势去不可遏，惟笔软则奇怪生焉。"（蔡邕《九势》）"任何硬笔的运动方式，都被限制在平动的基本范畴内，只有毛笔的锥毫，可以在此之外再兼具绞转和提按功能，巨细收纵，幻化无穷，加上枯湿浓淡迟速之变，所画线形具有随心宛转、神奇莫测的表现性。线结构平面静止的形相，在它的点化下，顿时成了律动流走的体势气脉。"[2]

> 西方文化艺术，其所以不与中国相同——表现不出生动的气韵、道媚的点画、高深的境界，正是由于不懂毛笔，不会使用毛笔，不理解毛笔的性能功用之奇妙。没有毛笔，不仅仅是中国艺术不会是"这个样子"的，就连整个中国文化的精神面貌，也要大大不同。……毛笔不是锤子、刀子……它能"通灵"，具有灵性。否则，它如何那么擅长表现使用者个人千变万化的不同气味、气质、性情、意志、精神世界、生活态度……笔是中国文豪艺匠的心和气，是血肉相

［1］《鲁迅全集》第四卷，人民文学出版社 1981 年版，第 289 页。Sketch 原指画家的初稿，是以后成熟作品的基础，这里指结构简单的作品。速写的特点是勾勒场景、人物或事件，不必是全部情节和精细的人物塑造。
［2］卢辅圣：《书法生态学》，浙江美术学院出版社 1992 年版，第 5—10 页。

连的生理的一个"组成部分"。这一点需要文化的消化与悟知。没有毛笔（名称、概念、理解、使用实践）的异文化，当然无法承认中国有"五大"发明创造。因为"四大"皆是形而下的科技文化，所以西方能晓能用能估价。至于毛笔，已是涉入于形而上的物情事理了，因而异文化对它就十分陌生而无法认识评估了。[1]

　　本人曾在故宫武英殿面对苏东坡尺牍原件长久凝视，无可如何。书法，是抽象抑或具象？其笔意怫郁，笔势缥缈，其"轻拂徐振，缓按急挑，挽横引纵，左牵右绕"（成公绥语），董其昌跋曰："东坡真迹，余所见无虑数十卷，皆宋人双勾廓填。坡书本浓，既经填墨，盖不免墨猪之论，唯此二帖（新岁、人来）则杜老所谓须臾九重真龙出，一洗万古凡马空也。"隔着玻璃凝望着那老旧宣纸上的每一汉字，点画笔迹，清晰生动，若在昨天，想象那握笔之手，似乎并没有远去，扩大这想象，扩至苏轼文集、诗集、词集中的每一字，皆为其人以心凝神，亲手写在纸端，遗诸后世，那一刻必然懂得珍惜它们、珍爱它们了。"吾文如万斛泉源，不择地而出，在平地滔滔汩汩，虽一日千里无难。及其与山石曲折，随物赋形，而不可知也。所可知者，常行于所当行，常止于不可止，如斯而已矣。其他虽吾亦不能知也。"[2]

　　汉字的形体演变与文言文的发展几近同步。汉字被称为"衍形文字"，"衍形文字并不比只有少数字母的拼音文字容易固定，而要经过漫长的字体演变过程。由篆而隶，由隶而楷，是纵向时空的演变；由正而草，由草而正，是横向时空的演变。纵向时空的演变，使字体从繁趋简，横向时空的演变，使从繁趋简的轨迹保持'之'字形前进的活力"。"文字演变的活力，一方面催化着书法艺术的不断自觉，一方面又在书法艺术的自觉中，发掘和攫取着新的文字演变活力。书法艺术生命与文字演变活力之间，有着一种互为体用、同源并流的密切关系。"[3]

　　尼采是西方第一位从修辞学的古典传统中开拓出清晰而强劲的修辞思维之人。从一八七二年写下第一部著作《悲剧的诞生》起，他的修辞思维就极端活跃，直至一八八八年出版的《瞧，这个人》，他哲学的核心概念酒神精神、日神精神、永恒轮回、悲剧精神、超人、权力意志等，俱是具有极大阐释力的修辞发明。他生前未出版的《权力意志》手稿，后来经过维茨巴赫编辑，以《重估一切价值》为名出版，中译本由林笳翻译，展示了尼采晚年思想的风貌。尼采生活在十九世纪后期，与晚

［1］周汝昌：《笔墨是宝》，转引自申小龙：《汉语与中国文化》，复旦大学出版社 2008 年版，第 16—17 页。
［2］苏轼：《自评文》，《苏轼文集》第五册，中华书局 1986 年版，第 2069 页。
［3］卢辅圣：《书法生态学》，浙江美术学院出版社 1992 年版，第 5—10 页。

清白话运动同时，尼采敏感于欧洲文脉的劫难在即，企图揭穿柏拉图以来的西方修辞策略，尤其致力于解构基督教的修辞。

"所有文学衰微的特征是什么？那就是，生命不再存在于整体之中。词胜过于句子而跃出句子之外，而句子则因其伸展太远以至于模糊了一页的含义。而后者的生命又以牺牲整体为代价。"[1]

五

鲁迅《呐喊·自序》中有一个"铁屋子"的隐喻：

> 假如一间铁屋子，是绝无窗户而万难破毁的，里面有许多熟睡的人们，不久都要闷死了，然而是从昏睡入死灭，并不感到就死的悲哀。现在你大嚷起来，惊起了较为清醒的几个人，使这不幸的少数者来受无可挽救的临终的苦楚，你倒以为对得起他们么？
>
> 然而几个人既然起来，你不能说决没有毁坏这铁屋子的希望。
>
> 是的，我虽然自有我的确信，然而说到希望，却是不能抹杀的，因为希望是在于将来，决不能以我之必无的证明，来折服了他之所谓可有，于是我终于答应他也做文章了，这便是最初的一篇《狂人日记》。[2]

多数理解将"铁屋子"视作封闭的传统中国社会，那大嚷的人，是首先觉悟的革命者，较为清醒的几位，是革命者的同党。这样的阐释失之简陋。鲁迅于"铁屋子"的描述，是"绝无窗户而万难破毁的"，就中国社会而言，在五四时期则已经破毁，辛亥革命虽没能建立真正的民国，但旧的封建秩序已瓦解，继续说它是铁屋子，不大像。其次，鲁迅的《呐喊》是十多篇小说，并不是号召革命的煽动性文章，与邹容、陈天华的著作不同，而且以小说号召政治革命，也太间接了，鲁迅在《河南五论》发表十年之后，慎重地选择了写小说弄文学，有他自己的成熟的考虑，特别是基于对语言本身的深思熟虑和清醒判断。

罗兰·巴特于一九七七年一月七日在法兰西学院主持文学符号学讲座时的就职演说中说：

---

[1] 转引自［美］马斯洛著，胡万福等译：《人类价值新论》，河北人民出版社1988年版，第79页。

[2]《鲁迅全集》第一卷，人民文学出版社1981年版，第419页。

现代的"天真"，把权力说成似是而非的东西，我们也曾认为权力是典型的政治事物，现在认识到它也是意识形态的对象。潜入那些人们不易即刻理会的地方，潜入教育和教学机构中，但总的说来，它却总是一个对象。

有时我们猜测权力存在于社会交往的最微小机制中，不仅在国家、阶级、集团中，而且存在于流行习俗、大众舆论、演出、游戏、体育、新闻传播、家庭和私人关系，直至企图反对它的解放力量之中。

某些人希望我们这些知识分子在任何情况下反对（大家的）"权力"；但我们真正的战斗，而是另外一种；我们的战斗是针对权力具体形式的战斗，而这并不是轻而易举的。因为在社会范围内作为具体形式的权力，均衡地、长期地存在于历史时间进程中，尽管声名狼藉，虚弱不堪，但也会再生，永不消亡，即使经过一场摧毁性的革命仍旧复活。它之所以持久不竭、无所不在，因为权力是同全部人类历史，而不只是政治史和史学史相联系的跨社会机体的寄生物。这种在人类永恒性中被称为权力的东西，就是言语（parole），或更精确地以不得不采用的说法，就是语言（langue）。

我们没有看到存在于语言中的权力，因为我们忘记了每一种语言是一种分类，而分类是强制性的。[1]

在语言结构中，奴役和权势必然混合在一起。如果我们说自由不只是指逃避权势的能力，同时尤其是指不使别人屈从自己的能力，那么这种自由就只能存在于语言之外。遗憾的是人类语言没有外部，它"禁止旁听"（un huis clos，萨特有同名剧本，亦译《他人即地狱》）。我们只能求诸不可能之事来越出语言之外……对我们这些既非信仰的骑士又非超人的凡夫俗子来说，惟一可做的选择仍然是用语言来弄虚作假和对语言弄虚作假。这种有益的弄虚作假，这种躲躲闪闪，这种辉煌的欺骗使我们得以在权势之外理解语言，在语言永久革命的光辉灿烂之中来理解语言。我愿把这种弄虚作假称作文学。[2]

文学认为对不可能事物之欲望是合理的。它赋予知识以间接的地位，而这种间接性正是文学珍贵性之所在。文学所聚集的知识既不是完全的，也不是最

［1］［法］罗兰·巴尔特著，钮渊明译：《文学符号学》，《哲学译丛》1987 年第 5 期。（罗兰·巴尔特即罗兰·巴特，只是译法不同而已，后文不再一一说明。）

［2］［法］罗兰·巴尔特著，李幼蒸译：《法兰西学院文学符号学讲座就职讲演》，《符号学原理》，生活·读书·新知三联书店 1988 年版，第 6 页。

终的，它不说它知道什么，而是说它听说过什么，即它知道许多有关人的一切。

文本似乎成为去权势化的编织本身。文本揭掉了那个沉甸甸地压在我们集体性话语上面的普遍性、道德性、非区别性的盖子。[1]

从罗兰·巴特对于抗拒权势的文学定义上看，我们可以将鲁迅的"铁屋子"读作"语言"，或者说语言结构中的权势，"话一旦说出来了，即使它只在主体内心深处，语言也要为权势服务"（罗兰·巴特语），而逃避语言结构中的权势的唯一途径，就是对于语言的超常使用——文学。

只有从这个意义上看待文学这一特殊的语言活动，才能理解文学家反抗权势的苦心和伦理追求上的洁身自好。不以任何权势的名义开口说话，容易被理解，在语言活动中拒绝与潜藏在语言结构中的权势合作，既不易做到，亦不易被了解！鲁迅坚持严格的文学立场，始终"赋予知识以间接的地位"。在鲁迅的文字中，由于担心读者误解了他的意思而造成伤害，他总是一再地消解自己的结论，或者干脆避免提供任何结论。"铁屋子"隐喻的核心，实际上隐藏在这段文字的后半截，"惊起了较为清醒的几个人"。由于大嚷而将他人从沉睡中"惊起"，说得准确一些，是唤醒。

在鲁迅看来，文学是沉睡因素的唤醒，文学始终止于做唤醒的力量，唤醒之后的决定是由被唤醒者本人做出的，且是在清醒的状态下的自主行为。文学既不公开也不隐蔽地组织他人从事某种类似社会革命的活动，文学于自身的唤醒作用始终保持节制。这一点与《庄子》中对于梦醒模式的利用，可以说是如出一辙。《红楼梦》的总体寓意，即在于这一梦醒之后的个人"悔悟"和对于梦境的逼真描述。

使用语言，又严格地约束自己的使用方式，拒绝成为权势的合谋或者奴役他人的工具，自觉地抵制意识形态，这大概称得上是文学的贞节了，现代以来有贞操的汉语作家究竟有几位呢，我看见的只有鲁迅。

世间的事情往往会越出文学的界限，弄成政治或者群众运动。政治斗争中，能够依赖的似乎只有权势和权势对于人的控制，或者说政治运动的目标，就是权势以及权势对人的控制，语言在政治当中所扮演的，不过是权势的工具而已。

尼采是鲁迅所推崇的哲人，他的全部著作，是作为诗人哲学家的个人宣言，极具文学品质的表达，修辞思维的杰构。它是要一些清醒的个人，少数有勇气且有才力者，摆脱陈词滥调的统治，从语言的束缚中挣脱出来，特别是从时代加诸语言的限制中解脱出来，成为你自己！——与其说人存在于所谓阶级关系、经济关系之中，

---

[1]［法］罗兰·巴尔特著，钮渊明译:《文学符号学》,《哲学译丛》1987年第5期。

不如说人寄身于语言之中。金钱和物质财富的占有量，的确表达了个人显在的社会属性，而个人与语言的关系——即修辞思维水平，包括使用语言的方式，自我表述、潜在的自我意识，对于人生价值和意义的感受，对于事物的判断、自我评价等，才以隐微的方式显示出个人存在的深度和广度。人的作为和存在，离不开语言，或者说首先就是语言的作为和存在。

在此本书愿意引用尼采的话：

> 保持独立，这是极少数人的事情，——它是强者的一个特权。谁尝试这样做，还带着最好的权利，但又不必这样做，谁就以此证明了：他很可能不仅强大，而且其大胆已到了放纵的地步。他进入了一个迷宫，他使生命本身已经导致的许多危险增长千倍，这些危险中并非最小的危险是：没有人用眼睛看到他如何和在何处迷路，变得孤独，并且一块一块地被良心的半人半牛的怪物所撕碎。假定这样一个人毁灭，那么，这情况之发生是出于人们的理解：他们对此既无感觉，又无同情；——而他不再能够返回！他也不再能够返回到人们的同情！

> 神经病在个人那里是某种少见的东西，——但在集团、党派、民族、时代那里，它是规则。
> 谁从根本上是教师，谁就只在与他的学生的关系中严肃对待一切事物——甚至他本身。

> 如果不是在通向认识的道路上有如此多的羞耻要被克服，那么，认识的吸引力是微不足道的。

> 并非强大，而是伟大的感受的持续，造成了伟大的人。

> 完全没有道德现象，而只有对现象的一个道德的解释。

> 我们在醒着时也像在梦中一样做相同的事。我们仅编造和虚构我们与之交往的人。——并立即忘掉这件事。[1]

---

[1]［德］尼采著，程志民译：《善恶之彼岸》，华夏出版社 2000 年版，第 32—83 页。

尼采对于自己的全部著作虽有很高的期许，但生前卖得并不好，他曾经明确说过，自己是写给一百年后的人读的。尼采死后一百余年，其全集的中文译本正陆续出版，这恐怕是尼采本人也未必料想的。尼采思想在法国的传播，对于福柯、德里达、德勒兹、罗兰·巴特等人的出现和这些思想家的面貌，可说具有决定性的影响。尼采的影响力，在英语世界中虽有朗佩特、彼肖普等人竭力鼓吹，但远不及德法。汉语学界可以拿鲁迅与尼采作一篇论文，但第二篇就很难作出来。

尼采认为他是在死后才诞生的，这等于说他真正的生命在他的文字当中。如今随着各种中文版《尼采全集》的出版，尼采应该第一次在汉语中获得了较为完整的生命，这是译者赋予他的生命，好在每一种著作，都有不止一个译本供尼采和读者选择（《查拉图斯特拉如是说》至少已有十种不同的中译本），尼采真正期待的，还是从读者那里获得生命，为数不必多，他在写作之时，曾想象过他们，他的"命中注定的读者"。尼采说："事件要成其伟大，必须同时具备两个方面：成事者的伟大官能和受事者的伟大官能。"[1]

第四节　风雅久不作，何日兴再起

荀子曰："言而当，知也；默而当，亦知也。"在过分的喧嚣中，假如想保持沉默，终生需要捍卫的就是缺席的权利。庄子所期待的忘言之人忘名之士，我们有幸得而与之言吗？

蛰伏于历史深处的一种写作冲动正在酝酿，完整的古今一致的汉语，以对于当今世界的感受和对生命的思考将获得表达。地球村的现实，使我们距离世界任何一个国家、一种异域文化从没有像今日这么近，同时，距离我们自身的历史文化也从没有像今昔这么遥远。百年以来，言说主体的地位似乎特别突出，语言始终为工具，今天它正从我们的手中挣脱出来，自己成为言说的主体，在沉默的深处，会有一个声音从寂静中响起吗？

一

白话文运动之初，一些脍炙人口的文献中，隐藏着许多被当时和后来有意无意

---

[1]［德］尼采著，周国平译：《悲剧的诞生：尼采美学文选》，生活·读书·新知三联书店1986年版，第109页。

地忽视的段落。历史总是通过压制一种声音放大另一种声音来选择方向的。重温这些当年未被人们听到的文字，或许可以帮助我们理解历史的严酷和肇事者的无奈。这些文本属于五四新文化运动，却从来不属于白话文运动，后者正是通过遮蔽这些微弱的声音而成为它自己的。本书的论证已然结束，该是将那些曾经发出过的一切能寻找到的声音，放大给这个时代的时候了。刘半农在《我之文学改良观》（加点字为引者所加重，下同）中认为：

> 文言白话可暂处于对待的地位。何以故？曰：以二者各有所长，各有不相及处，未能偏废故。胡陈二君重视"白话为文学之正宗"，钱君之称"白话为文章之进化"，不佞深信不疑，未尝稍怀异议。但就平日译述之经验言之，往往同一语句，用文言则一语即明，用白话则二三句犹不能了解。是白话不如文言也。然亦有同是一句，用文言竭力做之，终觉其呆板无趣，一改白话，即有神情流露，"呼之欲出"之妙，则又文言不如白话也。今既认定白话为文学之正宗与文章之进化，则将来之期望，非做到"言文合一"或"废文言而用白话"之地位不止。此种地位，既非一蹴可几，则吾辈目下应为之事，惟有列文言与白话于对待之地，而同时于两方面，力求进行之策。进行之策如何？曰：于文言一方面，则力求其浅显使与白话相近；于白话一方面，除竭力发达其固有优点外，更当使吸收文言所具之优点，至文言之优点，尽为白话所具，则文言必归于淘汰，而文学之名词，遂为白话所独据，固不仅正宗而已也。或谓白话为一种俚俗粗鄙之文字，即充分进步，至于施曹之地，亦未必竟能取缜密高雅之文言而代之。吾谓白话自有其缜密高雅处，施曹之文，亦仅能称雄于施曹之世。吾人自此以往，但能破除轻视白话之谬见，即以前此研究文言工夫研究白话，虽成效之迟速不可期，而吾辈意想中之白话新文学，恐尚非施曹所能梦见。[1]

半农先生所不曾梦见的是，文言迅速退场，早已不与白话相对待，研究文言的功夫尽失，所以白话自身也难以为继，"吾辈意想中之白话新文学"，亦成泡影。

傅斯年《文言合一草议》云：

> 文辞远违人情，语言切中事隐，月前著文，抒其梗概，今即不复赘言。废文辞而用白话，余所深信而不疑也。虽然，废文词者，非举文词之用一括而尽

---

[1] 刘半农：《我之文学改良观》，胡适编：《中国新文学大系·建设理论集》，上海良友图书公司 1935 年版，第 67 页。

之谓也。用白话者，非即以当今市语为已足，不加修饰，率尔用之也。文言分离之后，文词经二千年之进化，虽深芜庞杂，已成陈死，要不可谓所容不富。白话经二千年之退化，虽行于当世，恰合人情，要不可谓所蓄非贫。以白话为本，而取文词所特有者，补苴罅漏，以成统一之器，乃吾所谓用白话也。正其名实，与其谓"废文词用白话"，毋宁谓"文言合一"，较为惬允。[1]

孟真先生的设想不可谓不周全，但其前提是用白话者须要十分熟悉"文词所特有者"，方可以去取，否则就真的是"废文辞而用白话"。"文言合一"的理想终于变成空想。

刘永济《对于改良文字的意见》（署名今非）一九二〇年刊于《太平洋》第二卷第三号上：

关于文的：一、体无骈散；二、用无古今；三、境有虚实；四、意有深浅；五、法有工拙；六、言有真假。

关于字的：一、体无雅俗；二、用无死活；三、习有生熟；四、形有正误；五、音有通转；六、义有本借。

关于改良文字应有下列六种书：一、由浅入深的字典；二、由浅入深的文法；三、由浅入深的成语字典；四、修词学；五、发音学；六、文学史。

其中关于"文学史"他说的是，"用最明的眼、最公的心、最密的法，寻出条理，使古今文学所以递变的理，一代风俗政教所以盛衰的故，原原本本，考察清楚，著为专书"[2]。他的期待，实在不应该落空。

二

《新青年》杂志第二卷第二号通信栏目发表了胡适提出的"文学革命须从八事入手"，第四号刊登了常乃惪的不同意见，这段文字不易阅见，本人在中科院图书馆顶层轻轻翻动发黄的八十年前的杂志，全文笔录如下：

---

[1] 傅斯年：《文言合一草议》，胡适编：《中国新文学大系·建设理论集》，上海良友图书公司1935年版，第121页。

[2] 刘永济：《文学论·默识录》，中华书局2010年版，第355—357页。

独秀先生座右：前从友人处假得《新青年》二卷一、二两号读之，伟论精言，发人深省。当举世混浊之秋，而有此棒喝，诚一剂清凉散也。惟仆于二号通信中，胡适君论改革文学一书，窃有疑义，愿为先生及胡君陈之，乞裁正焉。胡君所陈改革八事，除五、八二项先生已论及外，其余若二、六两项，仆极端赞成，亦无庸赘言。惟一、三、四、七各项，咸有一二疑义，不敢自默也。吾国于文学著作，通称文章。文者对质而言，章者经纬相交之谓，则其命名之含有美术意义可知。夷考上古文之一字，实专指美术之文而言。其他若说理之文谓之经。纪事之文谓之史。各有专称，不相混淆。降至汉晋，相沿勿衰，故观江都、龙门诸子所为纪事说理之文，要皆锡以专名。而如《文选》所载，虽多浮艳之词，实文之正体也。自韩退之氏，志欲标异，乃创为古文之名。后人推波助澜，复标文以载道之说，一若除说理之文而外，即不得谓之文者。摧残美术思想，莫此为甚。胡先生以古文之敝，而倡改革说，是也。若因改革之故，而并废骈体，及禁用古典，则期期以为不可。夫文体各别，其用不同，美术之文，虽无直接之用，然其陶铸高尚之理想，引起美感之兴趣，亦何可少者。譬如高文典册，颂功扬德之文，以骈佳乎，抑以散佳乎？此可一言决矣。仆以为改革文学，使应于世界之潮流，在今日诚不可缓。然改革云者，首当严判文史之界（今假定非美术之文，命之曰史），一面改革史学，使趋于实用之途。一面改良文学，使卓然成为一种完全之美术，不更佳乎？若六朝之散，非因骈体，实用骈而无法以部勒之散也。譬如衣木偶以华衣，华衣累木偶乎？木偶累华衣乎？今若取古文之法以御骈文，斯可矣。尝观今之老师宿儒，动倡保存国粹之论，其所谓国粹者，乃指道德学说而言。然愚以为道德学说乃世界之公物，非一国所得私有，即不得目为国粹。真正之国粹，正当于此等处求之。吾国之骈文，实世界最惟一最优美之文（他国文学，断无有能于字数、音节、意义三者对整而无参差者），而非可以漫然抛弃者也。至专以古典填涂，而全无真义御之，如近世浮薄诗家所为，固在必革之列。然若因此而尽摒古典，似不免矫枉过正。诗文之用古典，如服装之御珍品，偶尔点缀，未尝不可助兴，但不可如贫儿暴富，着珍珠衣过市而已。若用俗字入文一项，愚意此后文学改良，说理纪事之文，必当以白话行之，但不可施于美术之文耳。忆某报文艺话中，曾有一则，谓白话小说不如韵文能写高尚之情，即如京戏谱，可谓鄙俚，然其词句亦有非白话所可代替者。如"走青山望白云家乡何在"一语，写思家之情，断非白话所能形容云云。愚谓他日白话体进步，此种语情未必不可表出。但今日之白话，则非其伦耳。为今之计，欲改革文学，莫若提倡文史分途。以文言表美术之文，以白话表实用之文，则可不致互相牵掣矣。且白话作文，亦可免吾国文言异致之弊，于通俗教育，大有关系。较之乞灵罗马字母者，似亦稍胜也。诗文须有真性情，独标我见，不相依傍，自是作文要诀。然此第于平日之蓄养致力可耳。若于执笔作文之际，乃怀不落窠臼之见，此与所谓文以载道之习气，实无以异。诚恐人见虽除，而支离之弊又起也，未审然否。惠年未及冠，智识非所敢言，惟愿以其不完全之理想议论，敬乞长者为之完成耳。或亦先生之所许乎。

北京高等师范预科生晋后学常乃惠上言

　　再观先生驳康南海书一文，亦有愚见，略陈左右。先生之驳康南海书是也，独其中有"孔教与帝制有不可离散之因缘"一语，未审所谓孔教云者，指汉宋儒者以及今之号为孔教孔道诸会所依傍之孔教云乎？抑指真正孔子之教云乎？（教者教训，非宗教也。）如指其前者，则仆可以无言，如指其后者，则窃以为过矣。孔子之教，一坏于李斯，再坏于叔孙通，三坏于刘歆，四坏于韩愈，至于唐宋之交，孔子之真训，遂无几微存于世矣。所可考见者，惟其一生之行迹耳。然亦经伪儒之涂附而令人迷所选择。孔子一生历干七十二君，岂忠于一主者乎？公山、佛肸皆欲应召，岂拘泥叛名者乎？其所以扶君权者，以当时诸侯陪臣互争政柄，致成众人专制之象，犹不若一人专制之为愈也。所以尊周室者，以当时收拾时局在定于一，而周室于理最顺故也。岂忠于周哉？孟子以继孔自命，而独不倡尊周，且大张民权之说，斯可知矣。又文中引《论语》"民可使由"及"天下有道"二节，似有不慊于原文者。仆以为所谓天下有道，则庶人不议云者，谓无可议也，非如近世民贼独夫之钳制舆论也。代议政治，本非郅治极轨，则孔子之言，亦未可非也。至"民可使由之不可使知之"一节，则纯系对于当时立论，非可范围后世，且平心论之，今世学者，竞言民权矣。其实言民权毋宁言士权之为愈，必欲于今世求可言民权之国，惟德意志，其或庶几。（以其国民皆士也。）若其他诸国，则远逊矣。若于吾国则所谓民权者，亦等于专制之称天而已，而不然者，试以吾国之国政，尽公诸四万万人，而求所谓大多数之民意者，诚恐蓄发辫、用旧历、废学校、复拜跪诸政将继续而颁行矣。然则苟非世界大同，人尽圣哲，民权未易言也。孔子之言，又何可非哉？[1]

――――――――――

[1]《新青年》第二卷，第4号。

面对这样一个不足二十岁的大学预科学生，陈独秀的回信很讲道理的，并不是如他本人宣称的那样不容商量，以自己为绝对之是，他人为绝对之非：

章实斋分别文史，诚为卓见。然此为著作体裁而言，足下欲径称说理纪事之应用文为史，此名将何以行之哉？足下意在分别文学之文与应用之文作用不同，与鄙见相合，惟鄙意固不承认文以载道之说，而以为文学美文之为美，却不在骈体与用典也。结构之佳，择词之丽（即俗语亦丽，非必骈与典也），文气之清新，表情之真切而动人，此四者其为文学美文之要素乎？应用之文，以理为主；文学之文，以情为主。骈文用典，每易束缚情性，牵强失真。六朝之文，美则美矣，即犯此病。后人再踵为之，将日惟神话妄言是务，文学之天才与性情，必因以汩没也。又如足下所谓高文典册，颂功扬德之文，二十世纪之世界，其或可以已乎？行文偶尔用典，本不必遮禁。胡君所云，乃为世之有意用典者发愤而道耳。足下对于孔教观念，略同于顾实君。笔鄙意以为，佛、耶二教，后师所说，虽与原始教主不必尽同，且较为完美繁琐，而根本教义，则与原始教主之说不殊。如佛之无生，耶之一神创造是也。其功罪皆应归之原始教主圣人。后人之继者，决非向壁虚造，自无而之有。孔子之道，亦复如是。足下分汉宋儒者以及今之孔教孔道诸会之孔教，与真正孔子之教为二，且谓孔教为后人所坏。愚今所欲问者，汉唐以来诸儒何以不依傍道法杨墨，人亦不以道法杨墨称之，何以独与孔子为缘而复败坏之也。足下可深思其故矣。愚于来书所云，发见一最大矛盾之点，是即足下一面既不信孔子教与帝制有不可离散之因缘，意谓后人所攻者，皆李、刘、叔孙、韩愈所败坏之孔教，真正孔教非主张帝王专制者也。一面又称孔子扶君权，尚一人专制，又谓代议政治非郅治极轨，民权未易言，孔子之言未可非。由足下之言，更明白证实孔子主张君主专制（无论孔子主张君主专制，为依时立论与否，吾辈讲学，不可于其学说实质以外，别下定义），较之李斯、叔孙通、刘歆、韩愈，树义犹坚矣。足下所谓孔教坏于李斯、叔孙通、刘歆、韩愈者，不知所指何事。含混言之，不足以服古人。足下能指示一二事为刘、李、叔孙通、韩愈之创说而不发源于孔孟者乎？今之尊孔者，多丑诋宋儒，犹之足下谓孔教为后人所坏。不知宋儒中朱子学行不在孔子之下，俗人只以尊古而抑之耳。孔门文史，由汉儒传之。孔门伦理道德，由宋儒传之。此事彰著，不可谓诬，谓汉宋之人独尊儒家，墨法名农诸家皆废，遂至败坏中国则可，谓汉宋伪儒败坏孔教则不可也。足下谓孔子一生历七十二君，非忠于一主，愚则以为可惜者，孔子所干有七十二君，而无一民也。足下揣测孔子之意，以为众人专制，不若一人专制。窃以众之与专，为绝对相反之形容词。既为众人，何云专制。此亦甚所不解者也。足下又谓天下有道，庶人不议云者，无可议也，非钳制舆论。此语尤觉武断。上古有道之世，果一无可议如足下所想象者乎？古代政治，果善于欧美近代国家乎？古代文明进化，果优于二十世纪而完全无缺乎？不然，何得谓之无可议耶？（吴稚晖先生有言，成周三代曾隆，汉唐之治曾盛，所谓满清康熙乾隆朝曾极治者，而其所留遗人间之幸福，即以洛阳长安北京之街道而言，天晴一香炉，下雨一酱缸而已。使吾民拖泥带水，臭秽郁蒸之气，数千年祖祖宗宗，鼻管亲尝而已。见十一月八日《中华新报》。此可为天下有道之写真。）且足下不观庶人不议之上文乎？孔子意在独尊天子，庶人无权议政，亦犹之诸侯无权征伐。合观全文，宁有疑义？足下又谓"民可使由之不可使知之"一节，乃对当时立论，非可范围后世。夫学者政治家非预言者，对时立论，何独孔子一人。正以其立论不能范围后世，则后世亦不能复尊之耳。愚尚有一言正告足下及与足下同一感想之人曰，吾人宁取共和民政之乱，而不取王者仁政之治，盖以共和民政为自动的自治的政制，导吾人于主人地位，于能力伸展之途，由乱而治者也，王者仁政为他动的被治的政制，导吾人于奴隶地位，于能力萎缩之途，由治而乱者也。倘明此义，一切旧货骨董，自然由脑中搬出，让自由新思想以空间之位置、时间之生命也。尊见如何，尚希续教。独秀。[1]

在随后的《新青年》中，刊登过另外两封常与陈的通信，话题集中在孔教上，虽然彼此敬重，但各持己见，互不相让。

《新青年》三卷六号刊登的《陈独秀答冯维钧》（一九一七年八月一日），对于读者提出的"应读何书，获益可期最多，进步可期最速"，陈独秀回答说："具有中学国文程度者，应读《马氏文通》《助字辨略》《文字蒙求》《经传释词》《古书疑义举例》等书，庶几于用字造句之法，稍有根底。具有高等大学国文程度者，倘志在文学，研究名家诗文集，自不待言。而《尔雅》、扬氏《方言》、许氏《说文》、《论衡》《广雅》《文心雕龙》《史通》《艺苑卮言》《文史通义》等书，亦不可不精读也。"[2]

以陈独秀开出的书目看，他于传统文字之学以及文章之道造诣颇深，在这封信中明确提出"大学文科，自应以小学为主要科目"。"求深造之士，未可以'小学'之名而轻之也"。陈独秀于"小学"的兴趣贯彻其一生，他一九四〇年代在狱中、出

---

[1]《新青年》第二卷，第5号。
[2]《新青年》第三卷，第6号。

狱后，于贫病中撰成《小学识字教本》，内容包括《中国古代语音有复声母说》《广韵东冬钟江中之古韵考》《中国古史表》《老子考略》《禹治九河考》《荀子韵表考释》《实庵字说》等，刊登在《东方杂志》上，商务印书馆打算给他出单行本，并预付了稿酬。时任国民党教育部长的陈立夫阅过，建议将书名中"小学"两字加以更改，陈独秀断然拒绝："陈立夫懂得什么？'小学'指声音训诂、说文考据，古来有之，两字一字也不能改。"

"行无愧怍心常坦，身处艰难气若虹。"这是陈独秀赠朋友的一副对联，也是他一生的写照。

三

一九一五年曾毅在上海泰东书局出版过一部《中国文学史》，他读了《新青年》之后，写信给陈独秀，并把自己的上述专著寄给陈请教。也许是料到收件人未必会有时间通读赠书，他特地将自己书的结论一节抄录在信中，后来与陈独秀的回信一起收入《独秀文存》卷三。

> 中国之文，坏于用意摹仿。自扬雄著其端，而所师尚在乎意。至明清袭其习，而所法全在乎形。（中略）文至于貌同是求，而后虚薄浮滥之文，乃充塞于艺苑矣。

> 中国之文，尤坏于滥用典故。圣作明述，吐词为经；语意渊涵，初无衬垫。战国诸子，明事达情，妙于取象，偶一遣用，意主左证，用兼隐括，初无意于篆刻也。西汉犹少，东京始繁。自是以来，比兴之义亡，铺张之情亟；恣意渔猎，漫涂粉黛；鹤胫续凫，张冠李戴；炫博者务为獭祭，好奇者窜入蚕丛；以古官代今名，托僻典为影喻；几使读者茫然不知真意之所在，文至此盖可云一大劫矣！

> 因摹仿之足崇，故文范之论起。归震川之史记录本，赵秋谷之声调谱，揣摩声音章句之间，规其所以似古人者，几于无微不至。陋者从而效之，徒以抑扬转折为事，略为文之本，而后文以病而益荒。文本天地之元气也。天有阴阳寒暖，地有燥湿平陂，人有刚柔缓急，应乎理以为言，自然中节而有秩，无所谓法也。文之有法，聊为初学者示捷径可耳，而必执之以为高，则有流于机械而无变化之用矣，岂不谬哉！

> 因典故之是尚，故文料之书繁，摘屈宋之艳辞，采史汉之隽语，分类篡辑，

用资取求，可省记忆之劳，可盖枵腹之丑，事至便也。其初也意本乎训蒙，其极也遍行于场屋。或则数典忘祖，或以袭谬因讹。原书束而不观，空疏衍而弥甚。就令博记，而零缣断锦，何与通才？自非划除，则真气雅言，终于沈晦。故欲尽文之能事，不于本求之，区区拾古人之牙慧，无当也。

文本于学，孔老释迦，非所计也。观古今文人，莫非学人。苟非学人，即亦不足为文人。而后之人不于学加深研，营逐于文字之末，何者为汉魏，何者为唐宋，宜其刉敝而不振也。文本于字，字不明而欲能文，譬之舌蹇而求能辩也。虽许、郑、戴、段不以文名，而能文者未有不稍具许、郑、戴、段之学者。辞赋如扬马，文章如韩欧，其深明字义，常人之所不逮，而后之人不于小学加考求，惟以剽窃为工夫，涂抹为墙壁，是犹却步而求及前人也。夫有学无字，则辞不雅驯；有字无学，则文为空衍。二者兼具，乃可言文。今之人动曰文荒矣，而不知实学荒也，字荒也。古人余力学文，孩提学书，今则壮不知字，老不知学，岂不悖哉？韩昌黎云务去陈言，予以为尤贵去陈理。去陈言本乎字，去陈理本乎学。温故知新，宣尼所重，后人徒知好古，无意更新，苟能出新，定能不朽。前人已言者，吾改头换面言之，何取乎灾梨而害枣也？前人所未言者，吾能从而发明之，若是乎文乃可贵矣。文贵通裁，辞贵达意，通故道明，达故用显。奇辞奥义者非通，钩章棘句者不达；居今饰古者非通，假甲为乙者不达；宜雅而俗者非通，芜词累气者不达；当隶为篆者非通，以经书券者不达。昌黎文之佳者，在于文从字顺；六经文之美者，在于意味深长。典谟之文，惟唐虞宜之，王莽效之则陋矣；渊云之文，惟汉时宜之，李何效之则袭矣。对扬庙廷，则宜庄重典雅；谕譬黎庶，则宜明白晓畅。要其贵于通达，以适时用，古今中外一也。

知文之贵于通，散可也，骈可也，骈散兼行亦可也；知文之要于用，法古可也，用典可也，二者并斥亦无不可也。处今之世，尤亟务焉。一国之兴废，视民智之多寡高下以为准。文之为用，瀹民智之利器，鼓学术之风炉。明道弼教，治官察民，端赖于是。察邻国之文，能适于浅，而吾国乃好为高古也；能进于整，而吾国乃日滋冒滥也；此非文病，学先病耳。（中略）乡使西学不东，犹是闭关却扫，一二学者，亦惟是起伏于古人之窠臼而已，其能有所振拔耶？顾亭林有言："诗文之所以代变，有不得不变者。一代之文沿袭已久，不容人人皆道此语。"然则今之文学之敝也，殆已达穷变通久之运者乎？一代之盛也，必先之以共同酝酿之功，而其衰也，常在于菁华已竭之后。东汉为西京之酝酿，赵宋本唐代之调和。明三百年上承宋，下启清。明而未融，故其敝尤著。今之文运，适与李唐朱明等观。混合之时，而非化合之候。吾人生丁此际，偏于西不可，偏于中不能，但务调剂中西之精英，以适于现今之实用。一旦两质融化，发生特别之光华，若宋之所谓理学者，又何患文之不至哉？议者苟嗤吾说失中，谓中国代传之美文，何可尽废。夫以今学术之分科发达，文欲存汉魏六朝之体，诗欲追葩经乐府之遗，特设一科以供嗜古玩者之求，无不可也；安所取滔滔者而皆学科斗篆隶之书也乎？夫文出乎学而要乎用，文之本职也。但使人人能尽其本职，虽不美，庸何伤？[1]

　　《齐东野语》载山谷言，士大夫子弟，不可令读书种子断绝，有才气者出，便当名世矣。士大夫早已不存，斯文扫地，读书种子断绝，曾是教育革命追求的基本目标。古人有言，夫学，殖也。不学将落。当今白话文之写手，普遍无学殖，其进德修业之难，不下于为无米之炊。欲求德成于上，艺成于下，何其难也。《礼记·学记》云，虽有至道，弗学不知其善也。荀子曾说："人皆知以食愈饥，不知以学愈愚。"

　　曾毅在给陈独秀的信中谈到，"仆向者尝慨吾国文学之坏滥，纂辑《文学史》一小册。其中取材虽浮滥，而其义则独抒鄙见者，实占十之七八。又窃自幸同于足下与胡君适之所主张者，亦十之七八。当仆命笔之时，实亦挟改革文学之志愿"。距曾毅的《中国文学史》首版，快一百年了。如今不论是由谁来撰写《中国文学史》，都不可能再那样"独抒鄙见"，因为百年以来，大家接受的文学教育是那样地一致，所读的书是那般相同，声调又怎么可能不同呢？

四

　　在至少精通一种外语之后，于母语有意识地采取客观冷静的立场，观察其语言学事实，描述其特征，总结其规律，独立地研究和判断，其有成就者，赵元任、李方桂、吕叔湘、朱德熙、王力诸公，阅读他们的著作，能够培养对于语言结构、语言现象的精细感受和精密分析，他们与章太炎的不同，乃是语言学家和语文学家的不同。

　　尼采说："古典于语文学最重要的步伐永远不可以远离理想的古代，而必须走向理想的古代，并且恰恰在人们妄论圣坛倾覆之时，建立起新的、更加高贵的圣坛。"[2]

　　语文学家的出发点并不是客观的理智兴趣，而是爱国的历史情怀。章太炎在一九〇六年认为："为甚提倡国粹？不是要人尊信孔教，只是要人爱惜我们汉种的历史。

---

[1] 转引自水如编：《陈独秀书信集》，新华出版社1987年版，第127—130页，内部发行。

[2] 转引自凌曦：《早期尼采与古典学》，中山大学出版社2012年版，第315页。

这个历史，是就广义说的，其中可以分为三项：一是语言文字，二是典章制度，三是人物事迹。"[1]

美国人没有国粹这个概念，但所谓爱国主义教育并不少见，且大致亦是同样的内容。张旭东说："从罗蒂的逻辑出发，艺术家和知识分子的天职在于通过构造民族历史和优秀人物的叙事和形象来不断地为民族认同和立国理念增添新的活力。"[2]

马建忠著《马氏文通》之时，有意以印欧语系的语法为参照，寻找适用于不同语系之间的共同的语法规律，这是一种比较语言学的方法，亦可以称之为历时性分析。汉语文言的基本语法，约两千年没有太大的变化，白话文起，现代汉语出，在共时性研究为主的世界潮流面前自然不能不屈服。在语言学家那里，对现代汉语或者通行的口语进行共时性的结构主义式描写，不仅是有价值的，也是可行的，为了研究句法而暂时排除语义和语用的干扰，有时也是必要的。语言当然可以成为少数人的研究对象，但它一刻也不能停止成为全民日常生活和交际的依托，成为文学写作的资源。

汉语不同于西方任何语言的重要的特征，是其历时性的资源特别丰富，如果置之不顾，企图成为一种纯粹的现代汉语，只能是掩耳盗铃。历史上的典章制度人物事迹，早已融会于语言文字之中。成语的文言性质用不着争论，白话文在最白的时代里也没有宣称禁绝成语的使用，中国人如何定义自我？共时性令人生活在当下，历时性才能归还人以过去和未来。

运动一词，古已有之，乃转动运行之义。汉代董仲舒《雨雹对》有："运动抑扬，更相动薄。"陆贾《新语·慎微》云："因天时而行罚，顺阴阳而运动。"《后汉书·梁统传论》曰："夫宰相运动枢极，感会天人，中于道则易以兴政，乖于务则难乎御物。"

近现代以来，"运动"一词频繁使用，太平天国运动、禁烟运动、洋务运动、义和团运动、农民运动、工人运动、学生运动、五四运动、新文化运动、新文学运动、新文字运动、国语运动、大众语运动、新生活运动、大生产运动、整风运动、土改运动、扫盲运动、爱国卫生运动、消灭四害运动、人民公社化运动、三反五反运动、反右运动、社教（四清）运动，直至文化大革命这一集大成的终结性运动，此后尚有批林批孔运动、反击右倾翻案风运动、四五运动等。

一九九三年商务印书馆出版《汉语新词语词典》解释"运动"之第四义，"指社会运动，一种有组织、有目的、规模较大的群众活动"。"运动员"这个词，喻指

---

[1] 章太炎：《东京留学生欢迎会演说辞》，汤志钧编：《章太炎政论选集》上卷，中华书局1977年版，第276页。

[2] 张旭东：《知识分子与民族理想》，理查德·罗蒂：《筑就我们的国家》附录，生活·读书·新知三联书店2006年版，第112页。

历次政治运动中那些"挨整"的人，受害者。"运动"从不凭空而起，但运动发起者往往藏身幕后，操纵运动，使依照其意图运行。各类"运动"异常复杂，有自发性的也有刻意为之，有革命性并伴随武装冲突，有以学术为基础，有政府提倡群众参与，有公开或半公开，所谓一波未平，一波又起。

运动的目的是政治。中国数千年来或许只有一种政治的可能，即集权或者独裁——"运动之枢极"。具体的运动口号，则因时因地而宜。巴金说："大家对运动也有看法，不少人吃够了运动的苦头。喜欢运动的人可能还有，但也不会太多。根据我的回忆，运动总是从学习与批判开始的。运动的规模越大，学习会上越是杀气腾腾。所以我不但害怕运动，也害怕学习和批判（指的是批判别人）。"[1]

近代以来的运动中，至今与每个人关系密切甚至生死与共者，唯有此白话文运动。从出生之日起我们便承受着它所造成的后果，白话文是人人不得不去就的范。语言学家可以冷静面对当代语言这一巨大的人为变动，研究国家的语言政策于语言使用产生的影响。语文学家钟情的，乃是这一语言之中的魂魄，那曾经宪章文武、陶铸尧舜的古文，已经离我们而去。

尼采不是语言学家，他是出色的语文学家，他在《朝霞》的前言中说：

> 语文学是一门让人尊敬的艺术，要求其崇拜者最重要的是：走到一边，闲下来，静下来和慢下来——语文学是词的金器制作术和金器鉴赏术，需要小心翼翼和一丝不苟地工作；如果不能缓慢地取得什么东西，语文学就不能取得任何东西。但也正因为如此，语文学在今天比任何其他时候都更为不可或缺；在一个"工作"的时代，在一个匆忙、琐碎和让人喘不过气来的时代，在一个想要一下子"干掉一件事情"、干掉每一本新的和旧的著作的时代，这样一种艺术对我们来说不啻沙漠中的清泉，甘美异常：——这种艺术并不在任何事情上立竿见影，但它教我们以好的阅读，即，缓慢地、深入地、有保留和小心地，带着各种敞开大门的隐秘思想，指头放慢一点，眼睛放尖一点地阅读。[2]

五

一九一九年五月四日在北京发生了学生抗日活动和游行示威，章宗祥的被打伤，曹汝霖住宅被烧，六十名学生被逮捕，一千多人不肯散去。当局尽管采取了封锁消

[1] 巴金：《真话集》，人民文学出版社 1986 年版，第 96—97 页。
[2] ［德］尼采著，田立年译：《朝霞·前言》，华东师范大学出版社 2007 年版，第 5 页。

息的措施，还是有学生设法透过天津租界的一个外国机构，以电报的形式，把它捅了出去。一则只有几十字的新闻，刊登在了上海第二天的各大报纸的头版上。这个消息在上海引发的声援活动，包括罢课、游行、罢工、罢市等，几天之内蔓延全国，迫于压力，北京政府令三名亲日官员辞职，释放了被捕的学生。

这一结果出乎意料，对学生来说，极大鼓励了他们对于功课以外事务的热情，中国的校园从此进入多事之秋。在蔡元培两次离任时代理北大校长的蒋梦麟在回忆这段往事时写道：

> 教员如果考试严格或者赞成严格一点的纪律，学生就马上罢课反对他们。他们要求学校津贴春假中旅行费用，要求津贴学生活动的经费，要求免费发给讲义。总之，他们向学校予取予求，但是从来不考虑对学校的义务。他们沉醉于权力，自私到极点。

> 学生运动中包含各式各样的分子。那些能对奋斗目标深信不疑，不论这些目标事实上是否正确，而且愿意对他们的行动负责的人，结果总证明是好公民，而那些鬼头鬼脑的家伙，却多半成为社会不良分子。[1]

北京大学前身是京师大学堂，创立于一八九八年，是戊戌变法的产物，而且是这一百日维新运动的唯一遗留物。五四运动发生时，担任北大校长的是虚怀若谷的蔡元培，他一九一七年一月上任，推行兼容并蓄的政策，被保守派指责为"三无主义"——无政府、无宗教、无家庭。

五月四日的抗议活动发生后，蔡元培于五月九日辞去校长之职，由蒋梦麟代理，张国焘曾作为学生会代表前往迎接蒋校长。去职期间，蔡元培曾于八月发表《告北京大学学生暨全国学生联合会书》，九月复职。回任之时亦有《回任北京大学校长在全体学生欢迎会演说》，十月，再次去职。赴欧洲考察教育，并为北大采购仪器，出国期间由蒋梦麟第二次代理校长。

蔡元培临出国前有《与北京大学学生话别》的言说，其中谈到："五四而后，大家很热心群众运动，示威运动。那一次大运动，大家虽承认他的效果，但这种骤用兴奋剂的时代已过去了。大家应做脚踏实地的工夫。"[2]此时距五四运动发生一年有半。后来的历史表明，蔡先生的判断是完全错误的，"骤用兴奋剂的时代"才刚刚开始，而且用兴奋剂把学生组织起来，也需要"做脚踏实地的工夫"。从我们的观察来看，

---

[1] 蒋梦麟：《西潮》，天津教育出版社 2008 年版，第 121 页。
[2] 《蔡孑民先生言行录》，岳麓书社 2010 年版，第 264 页。

历史没有跟着教育走，而是跟着政治走。

一九二〇年五月，五四运动一周年的时候，许多大学都举办了纪念活动。蔡元培作了一篇短文《去年五月四日以来的回顾与今后的希望》：

> 从罢课的问题提出以后，学术上的损失，实已不可限量。至于因群众运动的缘故，引起虚荣心、依赖心，精神上的损失，也着实不小。然总没有比罢课问题的重要。
>
> 就上头所举的功效和损失比较起来，实在是损失的分量突过功效。依我看来，学生对于政治的运动，只是唤醒国民的注意；他们运动所能收的效果，不过如此，不能再有所增加了，他们的责任，已经尽了。
>
> 现在学生方面最紧要的是专心研究学问。试问现在一切政治社会的大问题，没有学问，怎么解决？有了学问还恐怕解决不了吗？所以我希望自这周年纪念日起，前程远大的学生，要彻底觉悟：以前的成效万不要引以为功；以前的损失，也不必再作无益的愧悔。"从前种种譬如昨日死，以后种种譬如今日生。"打定主意，无论何等问题，绝不再用自杀的罢课政策。专心增进学识，修养道德，锻炼身体。如有余暇，可以服务社会，担负指导平民的责任，预备将来解决中国的——现在不能解决的——大问题，这就是我对于今年五月四日以后学生界的希望了。[1]

朱希祖，浙江海盐人，长鲁迅两岁，官费留日，章门弟子中卓然有成者，历史学家。一九二〇年时任北京大学国文研究所主任，当年夏天起担任北大历史系主任，直到一九三二年。他的《五四运动周年纪念感言》发表在一九二〇年出版的《新教育》第二卷第五期上。从行文看，是五月四日当天对学生的一个演说，在哪一所大学未详。大约是因为学生以罢课的方式来纪念这一运动，所以朱希祖对于罢课一事在演讲中批评较多，这一点与蔡校长相同。"学生的学课，就是国家的滋补品，就是一种最大的运动。……我们中国的学生，现在为了一个校长要罢课，为了一个省长或督军要罢课，为了外交的不利要罢课，不问轻重，总以罢课为利器，所谓'以珠弹雀'未免太不经济了。"他没有提为了收讲义费而罢课，乃是长者之仁。

现在学生中，有一部分就要毕业的。毕业之后，断不可为政府考试的羁縻，

---

[1]《蔡孑民先生言行录》，岳麓书社 2010 年版，第 144 页。

政党权利的笼络，选举的收买，报馆的豢养——指政府及官僚的机关报——可以做普及教育的事业，地方自治的联络，发展有益的实业，传布文化的文章，研究精深的科学，组织有力的团体，监督政府，指导社会。其余离毕业尚远的，一面恢复学业，永不罢课，为积极的运动，储根本的实力。一面多出报纸，传布思想，制造舆论，批评群治，转移人心。政府朝禁一报，则学生夕出十报。又与各处学生及毕业生联络一致，劝告讲演，多方并进，成就比较现在宏大。

今天却好是五四运动的周年，就此可以清算账目，重整门面，明后天就可以开课了。不种田是不行的，不吃饭是不值得的，今天换一种方法进行，以前就算失败，却看最后的胜利是谁！[1]

蔡校长、朱教授的意见比较一致，二人均把伟大的五四运动，看得稀松平常，甚至认为得不偿失，特别是再三告诫学生，回到学业上来。二人说话的口气都十分自信，这种自信来自于作为教育者对教育本身的价值毫不怀疑的信念。这是一种真正的理想主义情怀。我们不清楚这一珍贵的情怀在师生之间是怎么传递的，但我们从当时的学生领袖傅斯年、罗家伦等人身上，看到了同样的情怀。

周年纪念之时，后来教科书上对于五四运动的评价以及这一百年来不断的再评价，还完全不存在，因为切近，它的真实气息还能被感知到，还处于与这一运动发生之时相同的语境里，我们读了觉得十分真切。

《告北京大学学生暨全国学生联合会书》是蔡元培在五月九日辞去校长职务后，九月复职前写的公开信，表达他个人的以教育为本位的思想，特别明晰。

我国输入欧化，六十年矣：始而造兵，继而练军，继而变法，最后乃始知教育之必要。其言教育也，始而专门技术，继而普通学校，最后乃始知纯粹科学之必要。诸君以环境之适宜，而有受教育之机会，所以对吾国新文化之基础，而参加于世界学术之林者，皆将有赖于诸君。诸君之责任，何等重大！

他再次谈到了唤醒民众的问题，完全是启蒙者的立场。

然以仆所观察，一时之唤醒，技止此矣，无可复加。今若为永久唤醒，则非有以扩充其知识，高尚其志趣，纯洁其品性，必难幸致。[2]

---

[1]《朱希祖文存》，上海古籍出版社 2006 年版，第 13 页。
[2]《蔡孑民先生言行录》，岳麓书社 2010 年版，第 176 页。

蔡元培在《北京大学二十二周年开学式之训词》（一九一九年九月）中说：

> 诸君须知大学，并不是贩卖毕业的机关，也不是灌输固定知识的机关，而是研究学理的机关。所以大学的学生，并不是熬资格，也不是硬记教员讲义，是在教员指导之下自动的研究学问的。为要达上文所说的目的，所以延聘教员，不但是求有学问的，还要求于学问上很有研究的兴趣，并能引起学生的研究兴趣的。不但世界的科学取最新的学说，就是我们本国固有的材料，也要用新方法来整理他。[1]

五四新文化运动的精神遗产是什么？这是一个我们回答不了的问题。我们只知道，曾经有一位校长，一位教授，在五四运动周年纪念的时候，分别发表过一个简短的讲话或者文章。

六

修辞批评，意味着解构形形色色的意识形态，在这一过程中，提高公众的修辞意识，或可间接推动文字和阅读能力的进步。

白话文运动是当代社会最大的一项修辞发明，被历史教科书弄成了一个关于进步和革命的神话，我们剖析它的历史形成，揭示它的工作原理和机制，戳穿它的意识形态真相，目的在于维护汉语的完整，清除它加给文言的污蔑之词。

语言文字之中那些适宜于修辞的因素始终存在，静静地等候在那里，犹如蕴藏丰富的矿脉，沉睡在大地的深处，那懂得在语言中采冶之士，或许还没有到来。巨大的事物是无声的，山岳不响，大地沉寂，深处的矿脉，千万年如斯。文人得典籍之资，犹如画家得江山之助，"阳春昭我以烟景，大块假我以文章"，汉语写作，是一件终日不语的工作，既不孤独也不寂寞，因为你胆敢为文，就已经置身于群星之间，假如你无法从无声的事物那里得到力量，又怎么驱除周身的黑暗，把自己变成光明之所在呢？

周作人说："我不是传统主义的信徒，但相信传统之力是不可轻侮的。"这传统之力，即寄身于语言文字中。《中华字海》收录了八万汉字，常用字加次常用字，还不足其十分之一。识字意味着知其音、解其义，但汉字往往有不止一个读音。有文

---

[1]《蔡子民先生言行录》，岳麓书社 2010 年版，第 153 页。

读白读的差异，有方言发音的差别，读不出音，却不影响理解义。据形构义的汉字，根据其偏旁结构，大体可以判断其意义。逐页翻阅《中华字海》，会感受汉字天然具有超语言的符号功能。文字学论文和著作，多以手写影印出版，因为需要讨论的大量汉字，是尚未能确定其归属的字形。阅读典籍，要选择善本，在传写过程中一字不可移易，必须学会一个字一个字地阅读，小心翼翼地辨析，还需见多识广，才有能力潜入文本的细节，事实上这亦是历史的细节，历史除了寄身于浩如烟海的文本外，无处寻觅。识字的历程没有止境，除了规范汉字外，还存在大量异体字，报刊上难觅其踪，旧籍中却无处不在。这些异体字为追求特殊效果的写作者，提供了庞大的可选择性，一些被沾染得一无是处的字，想避开它的流行意义，换个面貌，不失为一种办法。

章学诚《文史通义》卷四内篇《说林》的论述，最接近本书所界定的修辞思维。"'出辞气，斯远鄙悖矣。'悖者修辞之罪人，鄙则何以必远也？不文则不辞，辞不足以存，而并将所以辞者亦亡也。诸子百家，悖于理而传者有之矣，未有鄙于辞而传者也。"[1] 他生于乾隆初年，卒于嘉庆六年，早于尼采一个世纪，虽出入文史，辨别源流，以学识见长，却深通修辞。当时风气，将天下学术分为义理、考据、辞章三途，章氏批评各家之弊曰："学博者长于考索，岂非道中之实积？而骛于博者，终身敝精劳神以徇之，不思博之何所取也。才雄者健于属文，岂非道体之发挥？而擅于文者，终身苦心焦思以构之，不思文之何所用也。言义理者，似能思矣，而不知义理虚悬而无薄，则义理亦无当于道矣。此皆知其然，而不知其所以然也。"[2]

天下不能无风气，风气不能无循环。能救风气之失者，学术研究也。能救白话文风气之失者，修辞思维也。

在汉语修辞中，"兴"占有特别的地位。"兴、观、群、怨"的"兴"，读平声，朱熹解释为"感发志意"；"赋、比、兴"的"兴"，读去声，朱熹解释为"先言他物以引起所咏之词也"。许慎《说文解字》云："兴，起也。从舁从同，同力也。"有"共同举起"和"起始"之义。《论语·泰伯》云："兴于诗，立于礼，成于乐。"

周作人一九二六年在《扬鞭集·序》中说："新诗的手法我不很佩服白描，也不喜欢唠叨的叙事，不必说唠叨的说理，我只认为抒情是诗的本分，而写法则觉得'兴'最有意思，用新名词来讲或可以说是象征。让我说一句陈腐话，象征是诗的最新的写法，但也是最旧，在中国也'古已有之'，我们上观国风，下察民谣，便可以知道中国的诗多用兴体，较赋与比要更普通而成就亦更好。……这是外国的新潮流，

[1] 章学诚著，严杰、武秀成译注：《文史通义》（全译本）上册，贵州人民出版社1996年版，第453页。
[2] 同上，第176页。

同时也是中国的旧手法；新诗如往这一路去，融合便可成功，真正的中国新诗也就可以产生出来了。"[1]

鲁迅《摩罗诗力说》云：

> 盖诗人者，撄人心者也。凡人之心，无不有诗，如诗人作诗，诗不为诗人独有，凡一读其诗，心即会解者，即无不自有诗人之诗。无之何以能解？惟有而未能言，诗人为之语，则握拨一弹，心弦立应，其声澈于灵府，令有情皆举其首，如睹晓日，益为之美伟强力高尚发扬，而污浊之平和，以之将破。平和之破，人道蒸也。[2]

鲁迅此言说在百年之前，那撄人心者缺席，造成了我们心中无诗。社会上唯有运动。刘勰《文心雕龙·比兴》曰：

> 《诗》文弘奥，包韫六义，毛公述《传》，独标兴体；岂不以风通而赋同，比显而兴隐哉！故比者，附也；兴者，起也。附理者，切类以指事；起情者，依微以拟议。起情，故兴体以立；附理，故比例以生。比则蓄愤以斥言，兴则环譬以托讽。
>
> 楚襄信谗，而三闾忠烈，依《诗》制《骚》，讽兼比兴。炎汉虽盛，而辞人夸毗，诗刺道丧，故兴义销亡。[3]

黄侃《〈文心雕龙〉札记》注释说："案《离骚》诸言草木，比物托事，二者兼而有之，故曰'讽兼比兴'也。""题云比兴，实侧注论比，盖兴义罕用，故难得而繁称。原夫兴之为用，触物以起情，节取以托意，故有物同而感异者，亦有事异而情同者，循省六诗，可权举也。""自汉以来，词人鲜用兴义，固缘诗道下衰，亦由文辞之作，趣以喻人，苟览者恍惚难明，则感动之功不显，用比忘兴，势使之然，虽相如、子云，未如之何也。"[4]

刘永济于文字的"释义"说："比者，著者先有此情，亟思倾泄，或嫌于径直，乃索物比方言之。兴者，作者虽先有此情，但蕴而未发，偶触于事物，与本情相符，

---

[1] 钟叔河编：《周作人文类编》第三卷，湖南文艺出版社1998年版，第740—741页。

[2] 鲁迅：《摩罗诗力说》，《鲁迅全集》第一卷，人民文学出版社1981年版，第68页。

[3] 祖保泉：《〈文心雕龙〉解说》，安徽教育出版社1993年版，第696页。

[4] 黄侃：《〈文心雕龙〉札记》，华东师范大学出版社1996年版，第219—220页。

因而兴起本情。前者属有意，后者出无心。有意者比附分明故显，无心者无端流露故隐。"由于体裁的限制，后世能继承兴者，乃是诗词。"唐诗宋词，托兴尚多，而汉魏辞赋，兴义转亡，体实限之也。"[1]

李重华《贞一斋诗说》曰："兴之为义，是诗家大半得力处。无端说一件鸟兽草木，不明指天时而天时已恍在其中；不显言地境而地境宛在其中。"[2]

在上述的这些论析之中，"兴"是被当作技巧来理解的。

罗兰·巴特认为：

> 技巧是一切创作的生命。因此，结构主义与某种技巧密不可分地联系在一起的程度也就是结构主义与其他分析或创作方式相区别而存在的程度：我们重建客体是为了使某些功能显示出来，可以说，是方法造成作品；这是为什么我们必须说结构主义活动，而不说结构主义作品。[3]

刘勰的《文心雕龙》成书于公元六世纪初，是中国真正伟大的修辞学著作，全书十卷五十篇，约三万八千字。刘勰字彦和，东莞莒人。约生于南朝宋明帝泰始元年，即公元四六七年，早孤，笃志好学，家贫不婚娶，依沙门僧祐，与之居处，积十余年，博通经论。《文心雕龙》写成后，不为时流所称，刘勰负其书，等候在沈约出入必经之途，"干之于车前，状若货鬻者"，沈约读了之后，十分器重，以为深得文理，常陈诸几案。刘勰曾担任昭明太子萧统宫中的通事舍人，主管章奏。晚年出家，改名慧地，卒于梁武帝萧衍大同四年（公元五三八年），享年七十二岁。黄叔琳说："刘舍人《文心雕龙》一书，盖艺苑之秘宝也。观其包罗群籍，多所折中，于凡文章利病，抉摘靡遗。缀文之士，苟欲希风前秀，未有可舍此而别求津逮者。若其使事遣言，纷纶葳蕤，罕能切究。"[4]

《文心雕龙》五十篇，皆以骈文写成，非刻意呈才，一时之风尚也。每一篇的结尾，都有一简短的赞语。本人尤喜其《物色篇》的赞语，内云："山沓水匝，树杂云合。目既往还，心亦吐纳。春日迟迟，秋风飒飒。情往似赠，兴来如答。"[5]仅此而已。

———————————

[1] 刘永济：《〈文心雕龙〉校释》上卷，中华书局 2007 年版，第 127 页。

[2] 转引自林东海：《诗法举隅》（修订版），上海文艺出版社 2004 年版，第 157 页。

[3] ［法］罗兰·巴尔特著，袁可嘉译：《结构主义——一种活动》，《文艺理论研究》1980 年第 2 期。

[4] 范文澜：《〈文心雕龙〉注》上卷，人民文学出版社 1958 年版，第 2 页。

[5] 范文澜：《〈文心雕龙〉注》下卷，人民文学出版社 1958 年版，第 695 页。

结 语

生年不满百，常怀千岁忧。唯汉字识得此忧，英法德意西诸文，未逾千载，朝菌不知晦朔，蟪蛄未识春秋，固然之理也。汉人每下笔为文，立言传世，期之千年凝锦。呕心经营，名山事业，片石之添，何其难也。义理存乎识，辞章存乎才，征实存乎学。属意立文，心与笔谋，才为盟主，学为辅佐。主佐合德，文采比霸，才学褊狭，虽美少功。

流风时尚，起于因缘际会，一朝成势，难以阻逆。自来随波逐流者众，劈波斩浪者鲜，然文心文脉，不绝如缕，才才辉映，灯灯相照。龙虫并雕，由来久矣，文白双流，雅俗相得，濯缨濯足，听凭君便。或秀或隐，亦庄亦谑，岂能拘于一格？识文断字，当积追溯本源之功，吟诗填词，须通格律平仄之道。常弄闲于才锋，贾余于文勇。使刃发如新，膝理无滞，虽非胎息之万术，斯亦卫气之一方也。

文章千古之事，得失不易知也。章实斋云："风气之开也，必有所以取，学问、文辞与义理，所以不无偏重畸轻之故也。风气之成也，必有所以敝，人情趋时而好名，徇末而不知本也。是故开者虽不免于偏，必取其精者，为新气之迎；敝者纵名为正，必袭其伪者为末流之托。此亦自然之势也。"[1] 验诸白话文运动之开与成，古之人不吾欺也。

积习避难就易，因陋就简，与文章之道，适得其反。白话之劫，得时代之助，酿成文患，危机四伏，字以俗为正，文以简为工，粗糙、粗陋、粗鄙之风蔓延，辞章之衰，非同小可，风雅不作，骈散歇绝，江山为之失色，乾坤以是黯淡，草木因之而凋零，有史以来所未见。语言文字，生民之所倚，传承数千年，叶茂根深，一朝顿失，何枝可依？叹今日域中，舞文弄墨之徒，读书太少，摇舌鼓唇之士，名利过多，立诚本旨，达意功夫，几失其传，幸坟典未亡，文献尚存，供好学深思者徜徉，

---

[1] 章学诚著，严杰、武秀成译注：《文史通义全译》上卷，《原学·下》，贵州人民出版社 1997 年版，第 176 页。

得窥古人堂奥。

鲁迅杂文，毛氏公牍，为有根之白话，故能枝繁叶茂，时人仰之，以为楷模，然揆诸己，徒具树形，而无生机，神采尽失，危若累卵，改弦更张，正其时乎？余岂好辩，不得已也。翻箱倒箧，剑拔弩张，采故实于前代，观通变于当今，理不谬摇其枝，字不妄舒其藻。正文章之宜，而不谋其利，明作者之道，何计其功也。

天地悠悠，古往今来，逝者如斯，谁人能易？道术已裂，阴阳消长，仁钦义钦，迭用柔刚，一代无文，何足挂齿。逐物实难，凭性良易，百年生死，旦暮之间。傲岸泉石，咀嚼文义，与古为徒，频有不忍释卷者，讽诵未毕，长夜已彻，慎终追远之思，未能尽吐。东方欲晓，天工开物，振衰起敝，寄诸来哲。

二〇〇九年三月初稿
二〇一一年九月二稿
二〇一三年三月三稿

附　录：

本书涉及的百余年来语言文字及文学大事简表

1872 年：《申报》创刊。《圣经》官话译本在湖北发行。曾国藩逝世，他是科举出身的最后一位文章与事功兼能的人物。清政府设招商局，始派留学生。

1873 年：梁启超（1873—1929）生。康有为十六岁。

1879 年：陈独秀（1879—1942）生。

1881 年：鲁迅（1881—1936）生。章太炎十二岁。陀思妥耶夫斯基（1821—1881）逝世。

1883 年：卡夫卡（1883—1924）生。

1885 年：周作人（1885—1967）生。雨果（1802—1885）逝世。

1887 年：黄遵宪撰《日本国志》。

1889 年：康有为撰《广艺舟双楫》。广学会发行《万国公报》。俞樾将石玉昆所述《三侠五义》删改重编为《七侠五义》。日本公布宪法。

1890 年：上海新教传教士大会成立三个《圣经》翻译委员会，分别用文言、浅近文言、白话翻译《圣经》，这些译本后陆续出版。

1891 年：胡适（1891—1962）生。

1892 年：卢戆章《一目了然初阶》在厦门出版，这是第一个由中国人自己创制的字母式汉语拼音方案。韩邦庆在上海创办主要发表他个人作品的文学刊物《海上奇书》，本年出版十五期，《海上花列传》（署名花也怜侬）连载刊行。本雅明（1892—1940）生。

1893 年：毛泽东（1893—1976）生。

1894 年：中日甲午战争。《日本国志》刻成，薛福成为之序，"此奇作也，数百年来，少有为之者"。李慈铭临终前将日记七十余册交沈曾植请为刊刻，成读书札记《越缦堂日记》六十四册。

1895 年：公车上书。康有为《新学伪经考》成书，康有为筹设强学会。《万国公报》创刊。甲午海战败，中日《马关条约》签订，割让台湾。恩格斯逝世于伦敦。

1896 年：谭嗣同《仁学》成书。严复翻译《天演论》成稿。子弟书作者韩小窗逝世。

1898 年：戊戌变法失败，六君子遇害。京师大学堂创立。第一份白话文报纸《无锡白话报》创刊，主编裘廷梁发表《论白话为维新之本》，明确提出"崇白话而废文言"的主张。第一部语言著作《马氏文通》问世。张之洞印行《劝学篇》。甲骨文在安阳小屯被发现。

1899 年：瞿秋白（1899—1935）生。闻一多（1899—1946）生。章太炎《訄书》出版。

1900 年：留日学生最早的刊物《译书汇编》在东京创刊。尼采（1844—1900）逝世。

1901 年：废名（1901—1967）生。李鸿章逝世。梁启超《清议报》停刊，共出一百期。

1902 年：梁启超在日本创办《新民丛报》（半月刊），每期销售万份，"新民体"散文随之问世。黄遵宪提倡"诗界革命"。章太炎在东京发起中夏亡国二百四十二年纪念会。《大公报》创刊于天津。

1903 年：梁启超创办《新小说》，倡导"小说界革命""文界革命"，四大谴责小说（李宝嘉《官场现形记》、吴沃尧《二十年目睹之怪现状》、刘鹗《老残游记》与曾朴《孽海花》）问世。鲁迅以文言翻译、改写的历史小说《斯巴达之魂》、雨果的短篇小说《埃尘》刊载于《浙江潮》。《中国白话报》创刊于上海。

1904 年：陈独秀创办并主编《安徽俗话报》，共发行二十二期。商务印书馆的《东方杂志》在上海创刊，至 1949 年止，曾五度停刊，屡仆屡起，实际刊行半个多世纪。

1905 年：科举制度废除。邓实、黄节主编的《国粹学报》创刊于上海。黄遵宪逝世。陈天华蹈海，邹容病逝狱中。《民报》创刊，孙中山撰写创刊词，正式提出民族、民权、民生三大主义，此为三民主义第一次见诸文字。

1906 年：章太炎出狱后于东京讲学，旋主编《民报》。章太炎主编《民报》刊载朱执信摘译的《共产党宣言》。章太炎发表《文学论略》《诸子学论略》《论语言文字之学》。据阿英《晚清戏曲小说目》统计，本年有创作小说四十五种，翻译小说一百零一种，戏曲十四种。赵树理（1906—1970）生。

1907 年：梁启超《饮冰室诗话》连载于《新民丛报》。鲁迅筹备《新生》杂志，未成。吴敬恒等在巴黎创办《新世纪》。《京报》创刊。本年是晚清小说刊行最多的一年，据阿英统计，创作小说六十种，翻译小说一百三十种。《申报》出售给华人经理席子佩。俞樾逝世。秋瑾遇害。

1908 年：慈禧太后、光绪帝卒。章太炎在《国粹学报》发表《驳中国改用万国新语说》，不赞成采用拼音文字。鲁迅《摩罗诗力说》《文化偏至论》等文刊载于《河南》。王国维《人间词话》发表。刘师培《论中土文字有益于世》发表。胡适主编《競业句报》。

1909年：周作人、鲁迅合译的《域外小说集》第一、二集出版。南社成立。

1910年：《教育今语杂志》在东京创刊。章太炎《国故论衡》出版。《小说月报》在上海创刊。胡适赴美国入康奈尔大学农科。托尔斯泰（1828—1910）逝世。李长之（1910—1978）生。

1911年：武昌起义。鲁迅创作文言小说《怀旧》。著名报人汪康年病逝于天津。

1912年：清帝退位，清朝二百六十八年统治结束。教育总长蔡元培发表《对于新教育之意见》。王国维撰成《宋元戏曲考》。苏曼殊《断鸿零雁记》在《太平洋报》连载。史量才接办《申报》。

1914年：《礼拜六》杂志在上海创刊，为鸳鸯蝴蝶派代表刊物，第一期售出两万册以上，前后共出二百期。章士钊《甲寅杂志》在日本创刊。徐枕亚主编《小说丛报》创刊。章太炎著《检论》，手定《章氏丛书》。

1915年：《科学》（月刊）杂志在上海创刊，是我国最早的横排刊物，到1949年，共刊行三十二卷。胡适万字长文《论句读及文字符号》在《科学》杂志发表。陈独秀《青年杂志》创刊，第二卷起更名为《新青年》。陆费逵、欧阳溥存等编著《中华大字典》由中华书局出版，收四万八千多字，比《康熙字典》多一千多字。

1916年：《新青年》杂志开始使用两种标点符号（句号、顿号）。胡适《寄陈独秀》发表于《新青年》，"文学革命"口号与"八不主义"提出。中华民国国语研究会在北京成立。蔡东藩《清史通俗演义》出版。梁启超《饮冰室全集》出版。王闿运逝世，后有《湘绮楼全集》结集。索绪尔《普通语言学教程》在巴黎出版。章太炎《菿汉微言》完成。

1917年：胡适在《新青年》发表《文学改良刍议》，明确主张以白话文代替文言文，成为白话文运动的公开信号。陈独秀以《文学革命论》响应胡适的主张。林纾《论古文之不当废》发表于上海《民国日报》。蔡元培发表《以美育代宗教说》。周瘦鹃以文言翻译的《欧美名家短篇小说丛刊》（三卷五十篇）出版。蔡元培任北大校长。

1918年：陈独秀、李大钊创办《每周评论》，发行至次年八月止，刊行三十六期。胡适发表《建设的文学革命论》，鲁迅发表《狂人日记》。《新青年》发表胡适、刘半农、沈尹默等的白话新诗。胡适独幕剧本《终身大事》发表。

周作人编写《欧洲文学史》并出版。谢无量《中国大文学史》出版。苏曼殊逝世。

1919 年：五四运动。《新青年》出版"马克思主义专号"。本年采用白话的刊物达四百余种。国语统一筹备会成立。《国民》杂志创刊（1921 年 5 月停刊，共出八期），《新潮》杂志创刊（1922 年 3 月停刊，共出十二期）。胡适《中国哲学史大纲》上卷出版。胡适挑起"问题与主义"之争。周作人新诗《小河》发表。傅斯年《怎样做白话文》发表。鲁迅译尼采《察拉图斯忒拉的序言》发表于《新潮》。毛泽东《湘江评论》创刊。刘师培逝世。《章氏丛书》出版。少年中国学会成立，《少年中国》月刊创刊，存在一年，刊出十二期。胡适发表《新思潮的意义》。

1920 年：教育部训令全国各国民学校将一、二年级国文改为语体文，称"国语"。胡适评论说"这个命令是几十年来第一件大事。它的影响和结果，我们现在很难预先计算。但我们可以说：这道命令把中国教育的革新，至少提早了二十年"。教育部发布《通令采用新式标点符号文》。刘复《中国文法通论》出版。钱玄同在《新青年》发表文章，提倡简体字。北京成立国语讲习所。胡适《尝试集》出版。毛泽东在湖南创办文化书社。张爱玲（1920—1995）生。北京大学马克思学说研究会成立。

1921 年：文学研究会在北京成立。创造社在东京成立。《阿 Q 正传》连载于《晨报副刊》，随后周作人发表评论。《胡适文存》出版。《章太炎的白话文》出版。沈知方在上海创建世界书局。

1922 年：胡适创办《努力周报》，蔡元培、胡适、梁漱溟等十六人发表《我们的政治主张》，鼓吹"好人政府"。《学衡》杂志创刊。为纪念《申报》创刊五十年，胡适撰写长文《五十年来中国之文学》，梁启超则写了篇短文《五十年中国进化概论》，对于白话文运动未置一词。陈独秀在上海被捕，旋获释。

1923 年：胡适撰写《国学季刊》的"发刊宣言"。鲁迅《中国小说史略》成稿。7 月 19 日鲁迅与周作人断交，8 月 2 日从八道湾十一号迁出至西城砖塔胡同六十一号。小说集《呐喊》出版。周作人文集《自己的园地》出版。郭沫若发表《我们的文学新运动》，被视作"革命文学"的前奏。

1924 年：黎锦熙《新著国语文法》出版。孙伏园等人的《语丝》周刊创刊，胡适等人的《现代评论》周刊创刊。鲁迅有《致李秉中》信。列宁逝世。黄埔军校成立。孙中山系统讲演三民主义，民族主义六讲，民权主义六讲，民生主义四讲后因故停止。

1925 年：章士钊《甲寅》周刊在北京复刊，专力于文言作品。张恨水《金粉世家》在《世界日报》连载。鲁迅赴西安讲学《中国小说的历史变迁》。孙伏园的《京报副刊》征求"青年必读书"，鲁迅的答复引起争议。孙中山逝世，留有《国是遗嘱》《家事遗嘱》《给苏联政府遗嘱》。五卅惨案发生。毛泽东发表《中国社会各阶级的分析》。

1926 年："三·一八"惨案发生。鲁迅《彷徨》出版，《纪念刘和珍君》发表于《语丝》周刊。著名报人邵飘萍、林白水在北京先后遇害。

1927 年：太阳社在上海成立。王国维自沉。毛泽东《湖南农民运动考察报告》发表。李大钊在北京遇害。鲁迅《野草》出版，校勘辑印《唐宋传奇集》，其讲义《汉文学史纲要》整理完成，在香港发表演讲《无声的中国》。周作人《谈龙集》《泽泻集》出版。

1928 年：《新月》在上海创刊。《国语罗马字拼音法式》正式公布。赵元任《现代吴语的研究》出版。杨树达《词诠》出版。朱自清散文集《背影》出版。胡适《白话文学史》出版，张荫麟发表《评胡适〈白话文学史〉上卷》。闻一多《死水》出版。国民党公布《训政纲领》。

1929 年：胡适发表《人权与约法》等文，受到国民党当局的警告。张恨水《啼笑因缘》出版。瞿秋白写成《中国拉丁化字母方案》。朱自清在清华大学创立并开设"中国新文学研究"课程。梁启超逝世。

1930 年：以周作人为核心的《骆驼草》在北平创刊。中国左翼作家联盟在上海成立，提出"文艺大众化"问题。杨树达《高等国文法》出版。国民政府通令推行注音符号。郭沫若《中国古代社会研究》出版，中国社会性质问题论战和中国社会史问题论战爆发。

1931 年：中国文字拉丁化第一次代表大会在海参崴召开，拉丁化新文字开始由苏联远东边区新字母委员会在侨苏的十万工人中推行，作为扫盲和普及教育的工具。《北斗》杂志在上海创刊，丁玲任主编。鲁迅请内山嘉吉讲授木刻艺术。鲁迅主编的《十字街头》创刊。

1932 年：胡适与丁文江等在北平创办《独立评论》，最高发行三万份，到 1937 年 7 月停刊，刊出二百四十四期。综合性文学月刊《现代》在上海创刊，1935 年停刊，刊出三十四期。"左联"的机关刊物《文学月报》创刊，共刊出六期。陈望道《修辞学发凡》出版，金兆梓《实用国文修辞学》出版。周作人《中国新文学的源流》出版。林语堂《论语》杂志半月刊在上海创刊，1949 年

5月停刊，刊出一百七十七期。废名《莫须有先生传》出版。邹韬奋等创办生活书店。陈独秀被捕，公开审判，章士钊为其辩护。

1933年：鲁迅、郑振铎合编《北平谱笺》刊行，鲁迅以文言为序。瞿秋白撰《鲁迅杂感选集序言》。胡适《四十自述》出版。

1934年：汪懋祖发表《禁习文言与强令读经》《中小学文言运动》，许梦因发表《文言复兴之自然性与必然性》《告白话派青年》，大众语讨论开始。鲁迅发表《中国语文的新生》。朱起凤《辞通》出版。黎锦熙《国语运动史纲》出版。周作人发表《五十自寿诗》，引起风波。艾思奇《哲学讲话》（后更名为《大众哲学》）连载于《读书生活》杂志。刘半农逝世。鲁迅主编的《译文》创刊，出至1937年6月，刊出二十九期。陈望道主编《太白》半月刊创刊，1935年9月停刊，刊出二十四期。《申报》总经理史量才被暗杀。

1935年：《中国新文学大系》（1917—1927）出版。郑振铎主编《世界文库》出版。王新命等十教授发表《中国本位的文化建设宣言》。上海组织"手头字推行会"，中国最早的新文字刊物《Sin Wenz月刊》创刊。国民政府教育部公布《第一批简体字表》三百二十四个。中国新文字研究会在上海成立，《我们对于推行新文字的意见》征求签名，蔡元培、鲁迅等六百八十八人签名，毛泽东对《意见》大加赞赏。瞿秋白遇害。黄侃逝世。唐兰《古文字学导论》出版。周作人《苦茶随笔》出版。李长之《鲁迅批判》发表。曹禺1933年完成的《雷雨》出版。《宇宙风》文艺半月刊创刊，前后共刊出一百五十二期。《大众生活》周刊创刊，最高时发行二十万份，刊出十六期后被封禁。郑振铎《世界文库》创刊。

1936年：王力《中国文法学初探》发表，文法革新大讨论开始。王力《中国音韵学》出版。高本汉《中国音韵学研究》中译本出版。舒新城、张相《辞海》上册出版。容庚《简体字典》出版，收四千四百四十五字。周作人发表《关于鲁迅》《关于鲁迅之二》，该年出版《苦竹杂记》《风雨谈》。徐开垒应《新少年》征文获奖。《文艺界同人为团结御侮与言论自由宣言》发表。梁启超《饮冰室合集》四十册由中华书局陆续出版，钱穆《先秦诸子系年》出版，赵家璧《中国新文学大系》、李长之《鲁迅批判》出版。《迎中国的文艺复兴》出版，艾思奇《大众哲学》出版。新启蒙运动。国民党通令收回上年8月公布的"第一批简体字表"。容庚《简体字典》（收字四千四百四十五个）、陈光尧《常用简字表》（收字三千一百五十个）出版。王力《中国文法初探》出版。《新诗》月刊在上海创刊。刘麟生《中国骈文史》由上海商务印书馆出版。高尔基逝世。章太炎逝世。鲁迅逝世。"国防文学"与"民族革命战争的大众文学"两个口号之争。

1937年：陈独秀发表《我对于鲁迅之认识》。街头剧《放下你的鞭子》演出。《骆驼祥子》出版。黎锦熙、钱玄同主编的《国语辞典》出版。该书是我国第一部描写性详解型现代汉语词典。国共两党及国民政府先后公祭黄帝陵，林伯渠宣读毛泽东起草的《四言诗·祭黄帝陵》。《解放》周刊创刊于延安，一度发行五万份，1941年8月31日，共出版了一百三十四期。

1938年：中华全国文艺界抗敌协会在武汉成立。《鲁迅全集》（二十卷）出版。陈望道在上海发起关于文法革新问题的讨论。张世禄《中国音韵学史》出版。胡适出任驻美大使。鲁迅艺术学院在延安成立。中共中央根据周恩来建议，作出党内决定，以郭沫若为鲁迅的继承者，中国革命文学界领袖，并由全国各地党组织向党内外传达。

1939年：光未然组词、冼星海作曲的《黄河大合唱》发表。关于文艺民族形式的讨论从延安开始。钱玄同逝世。郭绍虞发表《新文艺运动应走的新途径》，毛泽东《纪念白求恩》发表。埃德加·斯诺采访毛泽东。

1940年：《中国文化》在延安创刊，艾思奇任主编，毛泽东在创刊号上发表《新民主主义论》。吴玉章发表《新文字与新文化运动》。李长之《道教徒的诗人李白及其痛苦》出版。

1941年：李长之《西洋哲学史》出版。毛泽东《改造我们的学习》发表。《解放日报》在延安创刊。

1942年：吕叔湘《中国文法要略》上卷出版。毛泽东发表《整顿党的作风》《反对党八股》讲话，中宣部发出《关于在全党进行整顿三风学习运动的指示》。李长之《迎中国的文艺复兴》发表。李长之批评文集《苦雾集》《批评精神》在重庆出版。王实味《野百合花》发表于《解放日报》。陈独秀逝世。

1943年：王力《中国现代语法》上册出版。《小二黑结婚》《李有才板话》发表。张爱玲《倾城之恋》《金锁记》发表。李长之《德国的古典精神》出版，译著《文艺史学和文艺科学》（玛尔霍兹著）出版。毛泽东《在延安文艺座谈会上的讲话》发表于《解放日报》。

1944年：吕叔湘《文言和白话》发表于《国文杂志》。张爱玲《传奇》《流言》出版。周作人《我的杂学》发表。毛泽东《为人民服务》发表。李长之《迎中国的文艺复兴》出版。废名《新诗讲稿》出版。

1945年：赵树理《李家庄的变迁》出版。周作人出版文集《立春以前》。毛泽东《愚公移山》发表。李长之《梦雨集》出版。

1946 年：李长之《韩愈》出版。胡适就任北大校长。

1948 年：周立波《暴风骤雨》出版。李长之《司马迁之人格与风格》出版。废名《莫须有先生坐飞机以后》在《文学杂志》上连载。

1949 年：中华全国文学艺术界联合会成立。中国文字改革协会正式成立。唐兰《中国文字学》出版。《自由中国》在台湾创办，胡适任发行人。周作人译著《希腊的神与英雄与人》成稿。废名《一个中国人民读了新民主主义论后欢喜的话》完成。

1950 年：中国科学院语言研究所成立。周作人翻译《伊索寓言》成稿。7 月 11 日《人民日报》发表李立三翻译的斯大林《论马克思主义在语言学中的问题》，认为语言不是社会的上层建筑，语言只有全民性，没有阶级性，对马尔学派的错误论点有尖锐的批评。此文对中国语言学界影响很大。8 月，时代出版社出版了由草婴翻译的《斯大林论语言学问题》。

1951 年：《人民日报》发表社论《正确地使用祖国的语言，为语言的纯洁和健康而斗争！》。吕叔湘、朱德熙合著的《语法修辞讲话》在《人民日报》连载，12 月 15 日全部登完。中央人民政府出版总署发布《标点符号用法》。5 月 20 日，《人民日报》发表社论《应当重视电影〈武训传〉的讨论》，此后在全国展开对《武训传》的批判。周作人开始写作《鲁迅的故家》和《鲁迅小说中的人物》。《毛泽东选集》第一卷出版，印行二百万册。李长之《李白》出版。陆志韦《北京话单音词词汇》出版。曹伯韩《新语文运动中的一些思想》在《人民教育》发表，鼓吹以推行拼音文字迎接新的文化高潮。

1952 年：吕叔湘、朱德熙合著的《语法修辞讲话》由开明书店出版单行本。《中国语文》杂志创刊，开始连载中国科学院语言研究所语法小组编撰的《语法讲话》，后来更名为《现代汉语语法讲话》(丁声树主编)，1961 年出版。《毛泽东选集》第二卷出版。

1953 年：魏建功主编的《新华字典》由人民教育出版社出版。李长之《陶渊明传论》（署名张芝）出版。《毛泽东选集》第三卷出版。

1954 年：《文艺报》转载《文史哲》发表的李希凡、蓝翎《关于〈红楼梦简论〉及其他》一文，并加编者按语，批判俞平伯的《红楼梦研究》。批判胡适开始。张爱玲《秧歌》《赤地之恋》英文版及中文本在香港出版。李长之《中国文学史略稿》出版。

1955 年：中国报纸开始实行横排。赵树理《三里湾》发表。《人民日报》社论《为促进汉字改革、推广普通话、实现汉语规范化而努力》发表。批判胡风开始。

1956 年：发布《汉字简化方案》，发布《关于推广普通话的指示》，发表《汉语拼音方案》。毛泽东在最高国务会议上提出"百花齐放，百家争鸣"的文艺方针。李长之《孔子的故事》出版。废名《和青年谈鲁迅》出版，李长之《文学史家的鲁迅》发表。

1957 年：《鲁迅的青年时代》出版，署名周启明。陈梦家《略论文字学》《慎重一点改革汉字》《关于汉字的前途》发表。李长之发表《关于简化字讨论的发言》。赵树理《我与汉字》发表。

1958 年：全国人民代表大会批准《汉语拼音方案》。周恩来《当前文字改革的任务》发表。赵树理《语言小谈》发表。胡适就任台湾"中央研究院"院长。

1959 年：八卷本《胡适思想批判》由三联书店出版。《人民日报》社论《大规模地收集全国民歌》。胡适劝蒋介石不要再连任"总统"。

1960 年：《毛泽东选集》第四卷出版。

1962 年：台湾出版《中文大字典》。胡适在台北逝世。周作人《知堂回想录》完成。

1963 年：周作人翻译《路吉阿诺斯对话集》成稿。

1964 年：《简化字总表》颁布。周作人《八十自寿诗》《知堂年谱大要》成稿。

1965 年：姚文元在《文汇报》发表《评新编历史剧〈海瑞罢官〉》。

1966 年：6 月 13 日，中央通知将本年高等院校招生工作推迟半年进行，实际上废除了高考制度，直至 1977 年恢复。8 月 7 日，毛泽东《炮打司令部——我的一张大字报》印发八届十一中全会；8 月 17 日，作为"中央文件"下发，传达至县团级，在全国广为传抄张贴；8 月中央制定了加速赶印毛泽东著作的计划，《毛泽东选集》在会后的两年印行三千五百万部。《毛泽东著作选读》甲种本、乙种本和单行本由各省、市、自治区印刷。8 月 18 日到 11 月 25 日，毛泽东在天安门八次检阅红卫兵。老舍自杀，傅雷夫妇自杀。

1967 年：周作人逝世。废名逝世。

1970 年：赵树理逝世。

1976 年：毛泽东逝世。《鲁迅书信集》（上下册）出版。

1977 年：《第二次汉字简化方案》发表。《毛泽东选集》第五卷出版。诗人穆旦逝世。

1978 年：李长之逝世。《现代汉语词典》出版。

1979 年：计算机汉字编辑排版系统主体工程研制成功。

1980 年：四卷本《赵树理文集》出版。

1984 年：废名《谈新诗》出版。

1985 年：中国文字改革委员会更名为国家语言文字工作委员会，仍为国务院直属机构。十八卷《王力文集》(收入其语言学著作三十余种，论文二百余篇)出版。

1986 年：《汉语大字典》开始分卷出版，收汉字五万六千多个。二简方案废止。周作人自编文集二十八种由岳麓书社陆续出版。李荣《汉字的演变与汉字的将来》发表。罗竹风主编的《汉语大词典》分卷出版。

1990 年：汉语水平考试（HSK）通过鉴定。

1993 年：八卷本《毛泽东文集》出版。十三卷本《建国以来毛泽东文稿》出版。

1994 年：皇冠出版公司《张爱玲全集》十五册出版。

1995 年：张爱玲逝世。

1998 年：十卷本《周作人文类编》出版。

2000 年：废名写于 1943 年的《阿赖耶识论》首次出版。

2002 年：国家语言文字法颁布。

2006 年：十卷本《李长之文集》出版。《木心作品集》陆续在中国大陆出版。

2009 年：六卷本《废名集》出版。《周作人散文全编》出版。张爱玲遗著《小团圆》出版。

主要参考文献

A

《中国新文学运动史资料》，阿英（署张若英）编，光明书局 1934 年版

《从理学到朴学——中华帝国晚期思想与社会变化面面观》，［美］艾尔曼著，赵刚译，江苏人民出版社 1997 年版

《符号学和语言哲学》，［意］埃科著，王天清译，百花文艺出版社 2006 年版

《关键词：文学、批评与理论导论》，［英］安德鲁·本尼特、尼古拉·罗伊尔著，汪正龙、李永新译，广西师范大学出版社 2007 年版

《语言论——言语研究导论》，［美］爱德华·萨丕尔著，陆卓元译，商务印书馆 2002 年版

B

《五四以来汉语书面语言的变迁和发展》，北京师范学院中文系汉语教研组编著，商务印书馆 1959 年版

《语言的文化史》，［英］彼得·伯克著，李霄翔、李鲁、杨豫译，北京大学出版社 2007 年版

《发达资本主义时代的抒情诗人》，［德］本雅明著，张旭东、魏文生译，生活·读书·新知三联书店 1989 年版

《德国悲剧的起源》，［德］本雅明著，陈永国译，文化艺术出版社 2001 年版

《技术复制时代的艺术作品》，［德］本雅明著，胡不适译，浙江文艺出版社 2005 年版

《阅读的寓言：卢梭、尼采、里尔克和普鲁斯特的比喻语言》，［美］保尔·德·曼

著，沈勇译，天津人民出版社 2008 年版

《波德莱尔美学论文选》，［法］波德莱尔著，郭宏安译，人民文学出版社 1987年版

《十九世纪文学主流》，［丹］勃兰兑斯著，张道真等译，人民文学出版社 1988年版

《日本现代文学的起源》，［日］柄谷行人著，赵京华译，生活·读书·新知三联书店 2003 年版

《法律与宗教》，［美］伯尔曼著，梁治平译，生活·读书·新知三联书店 1991年版

《十九世纪西方音乐文化史》，［美］保罗·亨利·朗著，张洪岛译，人民音乐出版社 1982 年版

《论语言、思维和现实》，［美］本杰明·李·沃尔夫著，高一虹等译，湖南教育出版社 2001 年版

C

《中国现代思想史资料简编》，蔡尚思主编，浙江人民出版社 1982 年版

《文思》，曹聚仁著，生活·读书·新知三联书店 2002 年版

《中国学术思想史随笔》，曹聚仁著，生活·读书·新知三联书店 1999 年版

《中国思想小史》，常乃惪著，上海古籍出版社 2005 年版

《我们断然有救》，陈独秀著，东方出版社 1998 年版

《柳如是别传》，陈寅恪著，上海古籍出版社 1980 年版

《寒柳堂集》，陈寅恪著，上海古籍出版社 1980 年版

《金明馆丛稿初编》，陈寅恪著，上海古籍出版社 1980 年版

《金明馆丛稿二编》，陈寅恪著，上海古籍出版社 1980 年版

《元白诗笺证稿》，陈寅恪著，上海古籍出版社 1980 年版

《陈世骧文存》，陈世骧著，辽宁教育出版社 1998 年版

《修辞学发凡》，陈望道著，新文艺出版社 1955 年版

《陈望道文集》，陈望道著，上海教育出版社 1980 年版

《梦甲室存文》，陈梦家著，中华书局 2006 年版

《人民公敌蒋介石》，陈伯达著，华北新华书店 1949 年版

《五四前后东西文化问题论战文选》，陈崧著，中国社会科学出版社 1989 年版

《传统与现代——人文主义的视界》，陈来著，北京大学出版社 2006 年版

《中国现代学术研究机构的兴起：以北大研究所国学门为中心的探讨》，陈以爱著，江西教育出版社 2002 年版

《五四新文化的源流》，陈万雄著，生活·读书·新知三联书店 1997 年版

《章太炎的白话文》，陈平原编，贵州教育出版社 2003 年版

《中国现代学术经典·章太炎卷》，陈平原编，河北教育出版社 1996 年版

《触摸历史与进入五四》，陈平原著，北京大学出版社 2005 年版

《中国现代学术之建立》，陈平原著，北京大学出版社 2005 年版

《从文人之文到学者之文：明清散文研究》，陈平原著，生活·读书·新知三联书店 2004 年版

《中国文学研究现代化进程二编》，陈平原主编，北京大学出版社 2002 年版

《作别张爱玲》，陈子善编，文汇出版社 1996 年版

《文论要诠》，程会昌著，开明书店 1948 年版

《中国诗画语言研究》，〔法〕程抱一著，涂卫群译，江苏人民出版社 2006 年版

《象征理论》，〔法〕茨维坦·托多罗夫著，王国卿译，商务印书馆 2004 年版

《巴赫金、对话理论及其他》，〔法〕茨维坦·托多罗夫著，蒋子华、张萍译，百花文艺出版社 2001 年版

D

《现代汉语语法讲话》，丁声树等著，商务印书馆 1979 年版

《论文字学》，〔法〕德里达著，汪家堂译，上海译文出版社 2005 年版

《书写》，〔法〕德里达著，张宁译，生活·读书·新知三联书店 2001 年版

《文学行动》，〔法〕德里达著，赵兴国等译，中国社会科学出版社 1998 年版

《论精神——海德格尔与问题》，〔法〕德里达著，朱刚译，上海译文出版社 2008 年版

《马克思的幽灵：债务国家、哀悼活动和新国际》，〔法〕德里达著，何一译，中国人民大学出版社 1999 年版

《中国近代思维的挫折》，〔日〕岛田虔次著，甘万萍译，江苏人民出版社 2008 年版

E

《语言与神话》，[德] 恩斯特·卡西尔著，于晓等译，生活·读书·新知三联书店 1988 年版

《人论》，[德] 恩斯特·卡西尔著，甘阳译，上海译文出版社 1985 年版

F

《〈文心雕龙〉注》（上、下），范文澜注释，人民文学出版社 1958 年版

《中国哲学简史》，冯友兰著，涂又光译，北京大学出版社 1985 年版

《中国文学批评》，方孝岳著，生活·读书·新知三联书店 1986 年版

《"中学"与"西学"：重新解读现代中国学术史》，方朝晖著，河北大学出版社 2002 年版

《中国语文现代化百年记事（1892—1995）》，费锦昌编，语文出版社 1997 年版

《章太炎学术史论集》，傅杰编，云南人民出版社 2008 年版

《普通语言学教程》，[瑞士] 费尔迪南·德·索绪尔著，高名凯译，商务印书馆 1980 年版

《惶然录》，[葡] 费尔南多·佩索阿著，韩少功译，上海文艺出版社 1999 年版

《伟大的中国革命（1800—1985）》，[美] 费正清著，刘尊棋译，国际文化出版公司 1989 年版

《唤醒中国：国民革命中的政治、文化与阶级》，[澳] 费约翰著，李恭忠等译，生活·读书·新知三联书店 2004 年版

G

《语文通论》，郭绍虞著，开明书店 1941 年版

《语文通论续编》，郭绍虞著，开明书店 1949 年版

《学文示例》，郭绍虞著，开明书店 1946 年版

《照隅室古典文学论集》，郭绍虞著，上海古籍出版社 1983 年版

《汉语语法修辞新探》，郭绍虞著，商务印书馆 1979 年版

《中国历代文论选》四卷，郭绍虞主编，上海古籍出版社 1980 年版

《汉语史论集》，郭锡良著，商务印书馆 2005 年版

《汉语与中国传统文化》，郭锦桴著，中国人民大学出版社 1993 年版

《近五十年中国思想史》，郭湛波著，上海古籍出版社 2005 年版

《互构语言文化学原理》，辜正坤著，清华大学出版社 2004 年版

《被冷落的缪斯：中国沦陷区文学史（1937—1945）》，耿德华著，张泉译，新星出版社 2006 年版

《失去象征的世界——诗歌、经验与修辞》，耿占春著，北京大学出版社 2008 年版

《在美学和道德之间》，耿占春著，山东文艺出版社 2006 年版

《现代学术史上的胡适》，耿云志、闻黎明著，生活·读书·新知三联书店 1993 年版

《古今中西之争》，甘阳著，生活·读书·新知三联书店 2006 年版

《寻找家园》，高尔泰著，北京十月文艺出版社 2011 年版

《惘然集》，郜元宝著，湖北教育出版社 2004 年版

《在语言的地图上》，郜元宝著，文汇出版社 1999 年版

《在失败中自觉》，郜元宝著，中国人民大学出版社 2004 年版

《汉字的魔方：中国古典诗歌语言学札记》，葛兆光著，复旦大学出版社 2008 年版

《修辞学与文学阅读》，高辛勇著，北京大学出版社 1997 年版

《中国现代语文教育百年事典》，顾黄初著，上海教育出版社 2001 年版

《从马礼逊到司徒雷登——来华新教传教士评传》，顾长声著，上海书店出版社 2005 年版

《中国语与中国文》，［瑞典］高本汉著，张世禄译，文史哲出版社 1985 年版

《二十世纪中国文学史》，［德］顾彬著，范劲等译，华东师范大学出版社 2008 年版

《关于"异"的研究》，［德］顾彬著，曹卫东译，北京大学出版社 1997 年版

H

《中国新文学大系·建设理论集》，胡适编，上海良友图书印刷公司 1935 年版

《胡适学术文集·新文学运动》，胡适著，中华书局 1993 年版

《胡适学术文集·语言文字研究》，胡适著，中华书局 1993 年版

《胡适学术文集·哲学与文化》，胡适著，中华书局 1993 年版

《胡适说文学变迁》，胡适著，上海古籍出版社 1999 年版

《国语文学史》，胡适著，安徽教育出版社 2006 年版

《白话文学史》，胡适著，新月书店 1929 年版

《中国的文艺复兴》，胡适著，外语教学与研究出版社 2001 年版

《读书与治学》，胡适著，生活·读书·新知三联书店 1999 年版

《中国章回小说考证》，胡适著，实业印书馆 1942 年版

《尝试集》，胡适著，人民文学出版社 1984 年版

《胡适讲演》，胡适著，中国广播电视出版社 1992 年版

《胡适精品集》（十六卷），胡明主编，光明日报出版社 1998 年版

《胡适之先生晚年谈话录》，胡颂平编，新星出版社 2006 年版

《中国小学史》，胡奇光著，上海人民出版社 2005 年版

《灵地的缅想》，胡河清著，学林出版社 1994 年版

《中国文学史话》，胡兰成著，上海社会科学院出版社 2004 年版

《今生今世：我的情感历程》，胡兰成著，中国社会科学出版社 2003 年版

《中国的礼乐风景》，胡兰成著，远流出版事业股份有限公司 1991 年版

《汉语三论》，何九盈著，语文出版社 2007 年版

《中国现代语言学史》，何九盈著，商务印书馆 2008 年版

《越界与想象：晚清新教传教士译介诗论》，何绍斌著，上海三联书店 2008 年版

《〈文心雕龙〉札记》，黄侃著，华东师范大学出版社 1996 年版

《知堂书信》，黄开发编，华夏出版社 1995 年版

《暗示》，韩少功著，人民文学出版社 2002 年版

《中国近代小说的兴起》，〔美〕韩南著，徐侠译，上海教育出版社 2004 年版

《到民间去：1918—1937 年的中国知识分子与民间文学运动》，〔美〕洪长泰著，董晓萍译，上海文艺出版社 1993 年版

《启迪——本雅明文选》，〔美〕汉娜·阿伦特编，生活·读书·新知三联书店 2008 年版

J

《金圣叹评点才子全集》，金圣叹著，光明日报出版社 1997 年版

《逻辑》，金岳霖著，生活·读书·新知三联书店 1961 年版

《大历诗人研究》，蒋寅著，中华书局1995年版

《中国诗学研究的思路与实践》，蒋寅著，广西师范大学出版社2001年版

《古典诗学的现代诠释》，蒋寅著，中华书局2003年版

《金陵生小言》，蒋寅著，广西师范大学出版社2004年版

《隐喻视野中的诗性传统》，季广茂著，高等教育出版社1998年版

《汉语现状与历史的研究》，江蓝生、侯精一著，中国社会科学出版社1999年版

《什么是哲学》，[法]吉尔·德勒兹、菲力克斯·迦塔利著，张祖建译，湖南文艺出版社2007年版

K

《历史理性批判文集》，[德]康德著，何兆武译，商务印书馆2005年版

《判断力批判》（上、下），[德]康德著，宗白华译，商务印书馆1987年版

《中国20世纪文艺学学术史》，旷新年著，上海文艺出版社2001年版

《意识形态与乌托邦》，[德]卡尔·曼海姆著，艾彦译，华夏出版社2001年版

L

《梁启超哲学思想论文选》，梁启超著，北京大学出版社1984年版

《梁启超选集》，梁启超著，人民文学出版社2004年版

《中国之美文及其历史》，梁启超著，东方出版社1996年版

《宗岱的世界》，梁宗岱著，广东人民出版社2003年版

《吕叔湘文集》，吕叔湘著，商务印书馆2004年版

《汉语语法分析问题》，吕叔湘著，商务印书馆1979年版

《训诂简论》，陆宗达著，北京出版社2002年版

《陆宗达语言学论文集》，陆宗达著，北京师范大学出版社1996年版

《中国中古文学史》，刘师培著，人民文学出版社1984年版

《国粹与西化》，刘师培著，上海远东出版社1996年版

《中古文学论集》，刘师培著，中国社会科学出版社1997年版

《刘半农文选》，刘半农著，人民文学出版社1896年版

《半农杂文》，刘复著，河北教育出版社1995年版

《中国文法通论》，刘复著，中华书局 1939 年版

《十四朝文学要略》，刘永济著，中华书局 2007 年版

《唐人绝句精华》，刘永济著，中华书局 2007 年版

《中国文学发展史》，刘大杰著，上海古籍出版社 1982 年版

《中国现代学术要略》，刘梦溪著，生活·读书·新知三联书店 2008 年版

《论国学》，刘梦溪著，上海人民出版社 2008 年版

《学术思想与人物》，刘梦溪著，河北教育出版社 2004 年版

《中国现代文明秩序的苍凉与自信》，刘梦溪著，中华书局 2007 年版

《陈寅恪与红楼梦》，刘梦溪著，中央编译出版社 2006 年版

《红楼梦与百年中国》，刘梦溪著，中央编译出版社 2005 年版

《庄子与现代和后现代》，刘梦溪著，河北教育出版社 2004 年版

《传统的误读》，刘梦溪著，河北教育出版社 1996 年版

《情问红楼：贾宝玉林黛玉爱情故事的心理过程》，刘梦溪著，广西师范大学出版社 2007 年版

《传统与中国人》，刘再复、林岗著，生活·读书·新知三联书店 1988 年版

《追求象征的力量：关于西方修辞思想的思考》，刘亚猛著，生活·读书·新知三联书店 2004 年版

《西方修辞学史》，刘亚猛著，外语教学与研究出版社 2008 年版

《语言运动与中国现代文学》，刘进才著，中华书局 2007 年版

《语言学论丛》，林语堂著，开明书店 1933 年版

《汉语和汉语研究十五讲》，陆俭明、沈阳著，北京大学出版社 2004 年版

《历史的喘息》，蓝英年著，中央编译出版社 2005 年版

《李长之文集》（十卷），李长之著，河北教育出版社 2007 年版

《中国现代思想史论》，李泽厚著，天津社会科学院出版社 2003 年版

《中国近代思想史论》，李泽厚著，人民出版社 1979 年版

《中国古代思想史论》，李泽厚著，人民出版社 1981 年版

《走我自己的路》，李泽厚著，安徽文艺出版社 1994 年版

《实用理性与乐感文化》，李泽厚著，生活·读书·新知三联书店 2005 年版

《中国文艺论战》，李何林著，陕西人民出版社 1984 年版

《知识分子立场：激进与保守之间的动荡》，李世涛著，时代文艺出版社 2002 年版

《人文寻求录：当代中美著名学者思想辨析》，林同奇著，新星出版社 2006 年版

《危机时刻的文化想象》，罗岗著，江西教育出版社 2005 年版

《二十世纪中国文学发生论》，栾梅建著，广西师范大学 2006 年版

《聂绀弩诗全编》，罗孚编，学林出版社 1999 年版

《论语派论》，吕若涵著，上海三联书店 2002 年版

《鲁迅全集》（十六卷），人民文学出版社 1981 年版

《鲁迅全集》（八卷），新疆人民出版社 1998 年版

《鲁迅全集》（十卷），人民文学出版社 1957 年版

《鲁迅全集》（二十卷），人民文学出版社 1973 年版

《鲁迅自编文集》（十九册），天津人民出版社影印 1999 年版

《鲁迅辑录古籍丛编》（四卷），人民文学出版社 1999 年版

《中国传统的创造性转化》，〔美〕林毓生著，生活·读书·新知三联书店 1988 年版

《语际书写：现代思想史写作批判纲要》，〔美〕刘禾著，上海三联书店 1999 年版

《跨语际实践：文学、民族文化与被译介的现代性（中国，1900—1937）》，〔美〕刘禾著，宋伟杰等译，生活·读书·新知三联书店 2002 年版

《万物：中国艺术中的模件化和规模化生产》，〔德〕雷德侯著，张总等译，生活·读书·新知三联书店 2005 年版

《历史和阶级意识：马克思主义辩证法研究》，〔匈〕卢卡奇著，张西平译，重庆出版社 1989 年版

M

《毛泽东选集》（四卷），人民出版社 1991 年版

《毛泽东文集》（八卷），人民出版社 1996 年版

《毛泽东论文学和艺术》，人民文学出版社 1965 年版

《毛泽东论文艺》，人民文学出版社 1958 年版

《毛泽东书信选集》，人民出版社 1983 年版

《建国以来毛泽东文稿》（十三卷），中央文献出版社 1992 年版

《毛泽东早期文稿》，湖南出版社 1990 年出版（内部发行）

《科学的播火者：中国科学社述评》，冒荣著，南京大学出版社 2002 年版

《从传统到现代：19 至 20 世纪转折时期的中国小说》，〔美〕米琳娜著，北京大

学出版社 1991 年版

《中国现代文学批评发生史（1917—1930）》，〔斯洛伐克〕玛利安·高利克著，陈圣生等译，社会科学文献出版社 1997 年版

《文学复古与文学革命》，〔日〕木山英雄著，赵京华译，北京大学出版社 2004 年版

N

《中国语文的新生：拉丁化中国字运动二十年论文集》，倪海曙著，时代出版社 1949 年版

《语言·文字·思想》，聂绀弩著，大风书店 1937 年版

《语言与心理》，〔美〕诺姆·乔姆斯基著，牟小华、侯月英译，华夏出版社 1989 年版

《神力的语言：圣经与文学研究续编》，〔加〕诺斯洛普·弗莱著，吴持哲译，社会科学文献出版社 2004 年版

《查拉图斯特拉如是说》，〔德〕尼采著，杨恒达译，译林出版社 2007 年版

《人性的，太人性的》，〔德〕尼采著，杨恒达译，中国人民大学出版社 2006 年版

《不合时宜的沉思》，〔德〕尼采著，李秋零译，华东师范大学出版社 2007 年版

《快乐的科学》，〔德〕尼采著，黄明嘉译，华东师范大学出版社 2007 年版

《朝霞》，〔德〕尼采著，田立年译，华东师范大学出版社 2007 年版

O

《狱中记》，〔英〕奥斯卡·王尔德著，孙宜学译，广西师范大学出版社 2000 年版

P

《危机下的中文》，潘文国著，辽宁人民出版社 2007 年版

《字本位与汉语研究》，潘文国著，华东师范大学出版社 2002 年版

Q

《现代中国文学史》，钱基博著，中国人民大学出版社 2004 年版

《七缀集》，钱锺书著，上海古籍出版社 1985 年版

《人·兽·鬼》，钱锺书著，中国华侨出版社 1999 年版

《谈艺录》，钱锺书著，中华书局 1984 年版

《周作人研究二十一讲》，钱理群著，中华书局 2004 年版

《唐宋古文运动》，钱冬父著，上海古籍出版社 1962 年版

《多余人心史》，瞿秋白著，东方出版社 1998 年版

《瞿秋白文集》，瞿秋白著，人民出版社 1987 年版

《文字学概要》，裘锡圭著，商务印书馆 2002 年版

《汉语现象论丛》，启功著，中华书局 1999 年版

《戴震学的形成：知识论述在近代中国的诞生》，丘为君著，新星出版社 2006 年版

《书法的形态与阐释》，邱振中著，中国人民大学出版社 2005 年版

《中国文学史》，[日]前野直彬著，骆玉明等译，上海古籍出版社 1995 年版

R

《文言·白话·大众语论战集》，任重著，民众读物出版社 1934 年版

《固安文录》，饶宗颐著，辽宁教育出版社 2000 年版

《符号·初文与字母——汉字树》，饶宗颐著，上海书店出版社 2000 年版

《论语言的起源》，[法]让-雅克·卢梭著，洪涛译，上海人民出版社 2003 年版

《简明语言学史》，[英]R. H. 罗宾斯著，许德宝等译，中国社会科学出版社 1997 年版

S

《中国近代思想史参考资料简编》，石峻著，生活·读书·新知三联书店 1957 年版

《二十世纪中国文学中的"语言问题"》，孙民乐博士论文，北京大学 1997 年（未出版）

《鲁迅与周作人》，孙郁著，辽宁人民出版社 2007 年版

《"学衡派"谱系：历史与叙事》，沈卫威著，江西教育出版社 2007 年版

《近代散文抄》，沈启无编选，东方出版社 2005 年版

《沈有鼎集》，沈有鼎著，中国社会科学出版社 2006 年版

《周作人概观》，舒芜著，湖南人民出版社 1986 年版

《汉语与中国文化》，申小龙著，复旦大学出版社 2008 年版

《中国语言学：反思与前瞻》，申小龙著，河南人民出版社 1993 年版

《申小龙自选集》，申小龙著，广西师范大学出版社 1999 年版

《文艺"民族形式"论争研究》，石凤珍著，中华书局 2007 年版

《中国启蒙运动：知识分子与五四遗产》，〔美〕舒衡哲著，刘京建译，新星出版社 2007 年版

T

《中国文字学》，唐兰著，上海古籍出版社 2005 年版

《汉语史学习与研究》，唐作藩著，商务印书馆 2001 年版

《文章修养》，唐弢著，生活·读书·新知三联书店 1983 年版

《回忆·书简·散记》，唐弢著，上海文艺出版社 1979 年版

《学习"为人民服务"》，田家英著，学习杂志社 1951 年出版

《再解读：大众文艺与意识形态》，唐小兵著，北京大学出版社 2007 年版

《晚清的白话文运动》，谭彼岸著，湖北人民出版社 1956 年版

《西方翻译简史》，谭载喜著，商务印书馆 1991 年版

《现代性赋格》，童明著，广西师范大学出版社 2008 年版

《胡适口述自传》，〔美〕唐德刚著，安徽教育出版社 2005 年版

《汉字的文化史》，〔日〕藤枝晃著，李运博译，新星出版社 2005 年版

V

《散文理论》，〔俄〕维·什克洛夫斯基著，刘宗次译，百花洲文艺出版社 1994 年版

《思维与语言》，〔俄〕维果茨基著，李维译，浙江教育出版社 1997 年版

《新科学》，〔意〕维柯著，朱光潜译，商务印书馆 1997 年版

W

《文字蒙求》，王筠著，中华书局 1962 年版

《王国维文集》，王国维著，北京燕山出版社 1997 年版

《宋元戏曲史》，王国维著，华东师范大学出版社 1995 年版

《中国现代语法》，王力著，商务印书馆 1985 年版

《汉语史稿》，王力著，中华书局 1980 年版

《中国语言学史》，王力著，复旦大学出版社 2007 年版

《王力文集》（十八卷），王力著，山东教育出版社 1990 年版

《〈文心雕龙〉创作论》，王元化著，上海古籍出版社 1984 年版

《"文革"对"五四"及"现代文艺"的叙述与阐释》，王尧著，文史哲出版社 2005 年版

《二十世纪中国文学史论》，王晓明著，东方出版中心 2003 年版

《无法直面的人生：鲁迅传》，王晓明著，上海文艺出版社 1993 年版

《语言学资料选编》，王振昆、谢文庆、刘振铎编，中央广播电视大学出版社 1983 年版

《中国反封建思想革命的一面镜子》，王富仁著，北京师范大学出版社 2000 年版

《鲁迅与"左联"》，王宏志著，新星出版社 2006 年版

《汉语修辞学》，王希杰著，北京出版社 1983 年版

《废名集》（六卷），王风编，北京大学出版社 2009 年版

《现代中国思想的兴起》（四卷），汪晖著，生活·读书·新知三联书店 2004 年版

《反抗绝望》，汪晖著，河北教育出版社 2000 年版

《去政治化的政治》，汪晖著，生活·读书·新知三联书店 2008 年版

《别求新声》，汪晖著，北京大学出版社 2008 年版

《汪曾祺文集·文论卷》，汪曾祺著，江苏文艺出版社 1993 年版

《鲁迅评传》，吴俊著，百花洲文艺出版社 1992 年版

《中古汉译佛经叙事文学研究》，吴海勇著，学苑出版社 2004 年版

《文学运动史资料》（五册），上海教育出版社 1979 年版

《新汉文化圈》，［法］汪德迈著，陈彦译，江西人民出版社 1993 年版

《语言的艺术作品》，［瑞士］沃尔夫冈·凯塞尔著，陈铨译，上海译文出版社1984年版

X

《文学语言与文章体式：从晚清到"五四"》，夏晓虹、王风等著，安徽教育出版社2006年版

《摩登与现代——中国现代文学的实存分析》，解志熙著，清华大学出版社2006年版

《大众语文论战·续编》，宣浩平著，上海益智书局1934年版

《语言与翻译的政治》，许宝强、袁伟著，中央编译出版社2001年版

《徐梵澄随笔：古典重温》，徐梵澄著，北京大学出版社2007年版

《汉语白话发展史》，徐时仪著，北京大学出版社2007年版

《语言学是什么》，徐通锵著，北京大学出版社2007年版

《汉语结构的基本原理：字本位和语言研究》，徐通锵著，中国海洋大学出版社2005年版

《历史语言学》，徐通锵著，商务印书馆1991年版

《语言论：语义型语言的结构原理和研究方法》，徐通锵著，东北师范大学出版社1997年版

《从历史看人物》，［美］许倬云著，广西师范大学出版社2007年版

《从历史看时代转移》，［美］许倬云著，广西师范大学出版社2007年版

《中国现代小说史》，［美］夏志清著，刘绍铭等译，复旦大学出版社2005年版

《文学的前途》，［美］夏志清著，生活·读书·新知三联书店2002年版

《夏济安选集》，［美］夏济安著，辽宁教育出版社2001年版

《文字学刍议》，向光忠著，商务印书馆2012年版

《简明汉语史》（上、下），向熹著，商务印书馆2011年版

Y

《语言学纲要》，叶蜚声、徐通锵著，北京大学出版社1981年版

《文章例话》，叶圣陶著，生活·读书·新知三联书店1983年版

《中国文字学概要·文字形义学》，杨树达著，上海古籍出版社2006年版

《语言文化十讲》，姚小平著，外语教学与研究出版社 2006 年版

《余光中选集》卷四，余光中著，安徽教育出版社 1999 年版

《中国文论：英译与评论》，［美］宇文所安著，王柏华、陶庆梅译，上海社会科学出版社 2003 年版

《他山的石头记》，［美］宇文所安著，田晓菲译，江苏人民出版社 2006 年版

《中国思想传统及其现代变迁》，［美］余英时著，广西师范大学出版社 2004 年版

《史学、史家与时代》，［美］余英时著，广西师范大学出版社 2004 年版

《儒家伦理与商人精神》，［美］余英时著，广西师范大学出版社 2004 年版

《中国知识人之史的考察》，［美］余英时著，广西师范大学出版社 2004 年版

《中国思想传统的现代诠释》，［美］余英时著，江苏人民出版社 1995 年版

《现代危机与思想人物》，［美］余英时著，生活·读书·新知三联书店 2003 年版

《修辞学》，［古希腊］亚里士多德著，罗念生译，生活·读书·新知三联书店 1991 年版

Z

《国学讲演录》，章太炎著，华东师范大学出版社 1995 年版

《菿汉三言》，章太炎著，辽宁教育出版社 1999 年版

《章太炎全集》卷三，章太炎著，上海人民出版社 1984 年版

《章太炎讲国学》，章太炎著，东方出版社 2007 年版

《中国现代语言学的开拓和发展》，赵元任著，清华大学出版社 1992 年版

《汉语口语语法》，赵元任著，吕叔湘译，商务印书馆 1979 年版

《中国史纲》，张荫麟著，上海古籍出版社 2004 年版

《素痴集》，张荫麟著，百花文艺出版社 2005 年版

《语言学背景下的古汉语语法研究》，张家文著，燕山出版社 2000 年版

《禅与诗学》，张伯伟著，浙江人民出版社 1992 年版

《锺嵘诗品研究》，张伯伟著，南京大学出版社 1993 年版

《中国诗学研究》，张伯伟著，辽沈出版社 1999 年版

《全唐五代诗格校汇考》，张伯伟著，江苏古籍出版社 2002 年版

《中国古代文学批评方法研究》，张伯伟著，中华书局 2002 年版

《辛亥革命前十年间时论选集》，张枬、王忍之主编，生活·读书·新知三联书店 1977 年版

《危机中的中国知识分子：寻求秩序与意义》，张灏著，高力克、王跃译，新星出版社 2006 年版

《语言学概论》，张世禄著，上海中华书局 1934 年版

《文言津逮》，张中行著，福建教育出版社 1984 年版

《文言和白话》，张中行著，黑龙江人民出版社 1988 年版

《散简集存》，张中行著，中国社会科学出版社 1999 年版

《全球化时代的文化认同：西方普遍主义话语的历史批判》，张旭东著，北京大学出版社 2005 年版

《走出封闭的文化圈》，张隆溪著，生活·读书·新知三联书店 2004 年版

《道与逻各斯》，张隆溪著，江苏教育出版社 2006 年版

《同工异曲》，张隆溪著，江苏教育出版社 2006 年版

《缺席的权利：阅读、讲演与交谈》，张志扬著，上海人民出版社 1996 年版

《门：一个不得其门而入者的记录》，张志扬著，同济大学出版社 2004 年版

《渎神的节日》，张志扬著，上海三联书店 1997 年版

《形而上学的巴别塔》，张志扬、陈家琪著，同济大学出版社 2004 年版

《禁止与引诱：墨哲兰叙事集》，张志扬著，上海三联书店 1999 年版

《创伤记忆：中国现代哲学的门槛》，张志扬著，上海三联书店 1999 年版

《偶在论》，张志扬著，上海三联书店 2000 年版

《现代性理论的检测与防御》，张志扬著，社会科学文献出版社 2000 年版

《语言空间》，张志扬著，福建教育出版社 2000 年版

《修辞概要》，张志公著，上海教育出版社 1982 年版

《汉语辞章学论集》，张志公著，人民教育出版社 1996 年版

《钱锺书与中国文化精神》，臧克和著，百花洲文艺出版社 1993 年版

《晚清文选》，郑振铎编，中国社会科学出版社 2002 年版

《中国新文学大系·文学论争集》，郑振铎编，上海良友图书印刷公司 1935 年版

《晚清国粹派文化思想研究》，郑师渠著，北京师范大学出版社 1997 年版

《古汉语修辞学资料汇编》，郑奠、谭全基编，商务印书馆 1980 年版

《中国修辞学史》，郑子瑜著，文史哲出版社 1990 年版

《中国文学现代性的起源语境》，郑家建著，上海三联书店 2002 年版

《周作人早年佚简笺注》，张挺、江小惠编，四川文艺出版社 1992 年版

《文学的标准与尺度》，朱自清著，山东文艺出版社 2006 年版

《古诗歌笺释三种》，朱自清著，上海古籍出版社 1981 年版

《诗言志辨》，朱自清著，华东师范大学出版社 1996 年版

《诗论》，朱光潜著，生活·读书·新知三联书店 1984 年版

《汉语的危机》，朱竞编，文化艺术出版社 2005 年版

《二十世纪西方文论》，朱刚著，北京大学出版社 2006 年版

《语法答问》，朱德熙著，商务印书馆 2007 年版

《朱德熙文集》卷四，朱德熙著，商务印书馆 2004 年版

《佛教汉语研究》，朱庆之著，商务印书馆 2009 年版

《周祖谟文字音韵训诂讲义》，周祖谟著，天津古籍出版社 2004 年版

《知堂回想录》（上、下），周作人著，安徽教育出版社 2008 年版

《周作人自编文集》（二十八种），周作人著，河北教育出版社 2002 年版

《中国新文学的源流》，周作人著，上海华东师大出版社 1995 年版

《周作人日记》（影印本，上、中、下），周作人著，大象出版社 1996 年版

《〈文心雕龙〉注释》，周振甫注释，人民文学出版社 1981 年版

《中国文学与文化的认同》，周宪著，北京大学出版社 2008 年版

《21 世纪的华语和华文》，周有光著，生活·读书·新知三联书店 2002 年版

《周作人讲演集》，止庵编，河北人民出版社 2004 年版

《周作人文类编》（十卷），钟叔河编，湖南文艺出版社 1998 年版

《周作人文选》（四卷），钟叔河编，广州出版社 2006 年版

《启功讲学录》，赵仁珪等编，北京师范大学出版社 2004 年版

《中国当代文学研究资料·赵树理专集》，福建人民出版社 1981 年版

《五四运动：现代中国的思想革命》，[美]周策纵著，周子平等译，江苏人民出版社 1996 年版

致　谢

　　这份书稿思考于十余年前。初稿写作始于二〇〇七年，二〇〇九年初春以之为博士论文答辩之后，修改扩充历时四年。

　　感谢指导老师刘梦溪先生，他过目二十余万字的初稿，写出了详细的审读意见。上世纪八十年代他创刊《中国文化》，为大陆少有以繁体字印制的高端学术刊物；九十年代主编《中国现代学术经典》丛书，嘉惠学林，对承接民国学术道脉不可或缺；他对陈寅恪、王国维、马一浮的绍介，对中国文化狂者精神的阐述，学理艰深，能明白如话，驭繁而不就简，为后学示范。

　　感谢中国艺术研究院，我在此工作学习十五载，这是使我成长的地方。感谢帮助过我的人，感谢善待我理解我的人！

　　感谢蒋寅先生，在西方，古典学和语文学是一切人文学科的基础，当今的中国诸学科也正在回归正途，古典文学研究学问深、地位重是自然的。感谢陈丹青先生，他对辞章理解得深，修辞能力强，其作家素质，使我对语言有了一些新的体会。需要说明的是，此书写作年长，序文涉引的部分内容，或已在行文中更改。

　　感谢温儒敏、耿占春、朱良志、王列生、张庆善、丁亚平、梁治平、摩罗诸先生于论文初稿的评价和意见，它们曾置案头，切实地帮助我思考。感谢论文答辩委员会主席汪晖先生在书稿修改期间，给予的尖锐批评与诚恳帮助。还记得多年前第一次阅读《现代中国思想的兴起》之"科学话语共同体"受到的思想冲击，后来于语言学著作的重视与日本汉学家的阅读，均受其影响，但我的学术立场，尤其于白话文运动的态度，始终与先生有着深刻的分歧。

　　这些年写作过程与《鲁迅全集》相伴。直面鲁迅，我时时感觉，鲁迅个人的写作，或许比整个白话文运动更有价值。如今像他那样思考的人再也没有，他那样的人使我怀想。其深沉伟岸的人格，慷慨温厚的热忱，纯良真挚的情感，特别是他丝毫不拜势、不伪饰的风骨，片言只语亦彪炳独树。鲁迅阅世很深，所以不为世故所昧，偏又不愿和光同尘，更不屑同流合污，因此与老于世故的人为敌，表面看似是私怨，但实为处世理念之异，每每意味着新精神与旧习惯之立场冲突，壁垒分明在此，嫉恶如仇如是，至死一个也不宽恕。所以然者，欲开拓国人生存的真自由，使后来者多呼吸几口新鲜空气。改造国民性或许是千年的事业，百倍的努力亦未见得一分成效，鲁迅知其不可而为之。晚年遭受左翼文人围剿，加入"左联"后反被尊为盟主，身后得到毛泽东极评，一九四九年后成为旗帜，数十载鲁迅研究脱离学术，政治化色彩重，其"思想转变"几成定论，新时期以来言论空间增大，但左派面具仍遮蔽着真实的鲁迅。钱基博《现代中国文学史》别具只眼，将鲁迅列为"文艺之右倾"，惜未能详述。在本人看来，鲁迅争自由与求平等同样热切，超乎左右之上，以微观启蒙，致力于中国文化的更生！鲁迅著作发行量巨大，无论全集抑或单行本流布神州，加之教材多纳其文，言其读者遍天下亦不为过，然衡其思想之影响力，人格之召唤力，文章之启发力，修辞之示范力却极不相称，今日中国竟乌有能望其项背者！白话文运动至此，不以危机视之可乎？

感谢恩师林冠夫先生，感谢林东海、陈四益诸先生，他们的旧学造诣与品行修养涵育我，他们的老师朱东润、刘大杰、郭绍虞诸先生，承五四"整理国故"之余绪，使我得绍先贤。感谢周勋初、鲁国尧、张伯伟、武秀成等先生。上世纪九十年代中期游学南京大学古典文献研究所，在六朝旧都钻研文献目录学、研读《昭明文选》、参加素心会，我至今受益于当年学习的文献学理论与方法，此后无论面对何种繁杂的史料，都不敢稍有轻纵之心。"人似秋鸿来有信，事如春梦了无痕"，伯伟先生这句临别赠语使我非常感伤，十八年过去，回望某些议题当年与他最初的争辩，如今这份书稿的思考与回答，不知先生是否满意些了。

我感恩亲爱的父亲母亲。他们培育我爱敬他人的美德，崇尚个体独立，在逆境中安而处之，勤勉向上，做正派的人，做有意义的事！父母亲于一九四九年大学毕业，后在母校任教多年，满怀挚情投身社会，遭遇那代知识分子的共同命运，深陷其中，历尽磨难，没有错过上世纪五十年代以来任何一场政治运动：亦即语言的运动！这部勉力之作，献给我的父亲母亲，献给五四前后那几代清正之士！

我自幼喜爱绘画，每见好画，难以为怀。当代的中国绘画，不知为何大抵却不好看，或对中国的传统缺乏理解，或将西来的观念生吞活剥，巧薄俗滞，少能感人。古人云气韵生动，今人的画有气乏韵，所谓"气"亦多为匠人气、烟火气、江湖气、官吏气与脂粉气。艺术既体味分寸更需审辨清浊，苏轼之于陶潜，可谓同声相应，同气相求，表面看传承的是趣味，然而艺术背后的认同与追求更为紧要。艺术的传统，要求对传统的艺术始终抱持恰当的态度，一代又一代的创新积累了传统，创新的传统是传统中最有生命力的部分，向传统学习创新或为正途。中国画的笔墨与意境皆衰落了，笔墨的技法有强烈的精神性，笔墨就是中国哲学，其精神需要留存，其概念可以扩展，与意境的关系可以重建。艺术是终生的自修，绘事于我意味着师古人之心、得造化之法，从中国画自身的脉络探寻出路：以现代的手段追求古典意境，以传统的笔墨抒写现代意味。

近代汉语白话文的变迁，在我看来，与中国文人画的变迁是同一幅图景，是生长在一起的文化生态，经过激进的二十世纪荡涤之后，如今还留下几许可以保守之物？幸运的是我们守住了汉字，我们还要守住笔墨。书面汉语和笔墨的复兴，或是中国文化可以想象和寄望的未来。

比起道德风尚，审美趣味更能透露世道人心的真实状况，语言生态的不良，或可以归咎于"白话文运动"，传统水墨自"美术革命"以来，难道也走上了大体相近的道路？

尼采说："人必须以雷霆和烟火向迟钝而昏睡的灵魂说话，但美却柔声细语，它只是悄悄潜入最清醒的灵魂！"

感谢《中山大学学报》《社会科学论坛》《江淮论坛》及台湾《国文天地》等学刊对部分书稿内容的刊用。

感谢生活·读书·新知三联书店各级领导的支持与帮助，感谢责任编辑王海燕女士，感谢蔡立国先生，二〇〇九年作为朋友他即为本书设计了装帧。文化的传承是千年的伟业，很大程度取决于出版工作者的素养和责任，遇到他们是我最大的幸运！

"心婵媛而伤怀兮，眇不知其所跖！"

李春阳癸巳春杪于北京，乙未立夏又及

图书在版编目(CIP)数据

白话文运动的危机 / 李春阳著 . 一北京 : 生活 · 读书 · 新知三联书店，2017.1
ISBN 978-7-108-05352-7

Ⅰ.①白… Ⅱ.①李… Ⅲ.①白话文－汉语史－研究
Ⅳ.① H109.4

中国版本图书馆 CIP 数据核字（2015）第 104322 号

责任编辑	朱利国　王海燕
装帧设计	蔡立国
责任印制	宋　家
出版发行	生活 · 讀書 · 新知 三联书店
	（北京市东城区美术馆东街22号）
网　址	www.sdxjpc.com
邮　编	100010
经　销	新华书店
印　刷	北京市松源印刷有限公司
版　次	2017年1月北京第1版
	2017年1月北京1次印刷
开　本	787毫米×1092毫米　1/16　印张 31.5
字　数	562千字
印　数	0,001-6,000册
定　价	68.00元

（印装查询：01064002715；邮购查询：01084010542）